Springer-Lehrbuch

Springer
Berlin
Heidelberg
New York
Barcelona
Hongkong
London
Mailand
Paris
Singapur
Tokio

Franz Eisenführ · Martin Weber

Rationales Entscheiden

Dritte, neubearbeitete
und erweiterte Auflage

Mit 90 Abbildungen
und 83 Tabellen

Springer

Prof. Dr. Franz Eisenführ
Universität zu Köln
Seminar für Allgemeine Betriebswirtschaftslehre
Albertus-Magnus-Platz
D-50923 Köln

Prof. Dr. Martin Weber
Universität Mannheim
Lehrstuhl für Allgemeine Betriebswirtschaftslehre,
Finanzwirtschaft, insb. Bankbetriebslehre
L5, 2
D-68131 Mannheim

ISBN 3-540-65614-6 Springer-Verlag Berlin Heidelberg New York
ISBN 3-540-58302-5 2. Aufl. Springer-Verlag Berlin Heidelberg New York

Die Deutsche Bibliothek – CIP-Einheitsaufnahme
Eisenführ, Franz; Weber, Martin: Rationales Entscheiden: 3., neub. u. erw. Aufl. / Franz Eisenführ, Martin Weber. – Berlin; Heidelberg; New York; Barcelona; Hongkong; London; Mailand; Paris; Singapur; Tokio: Springer, 1999
(Springer-Lehrbuch)
ISBN 3-540-65614-6

Printed in Italy

SPIN 10547088 42/2202-5 4 3 2 1 0 – Gedruckt auf säurefreiem Papier

Vorwort zur dritten Auflage

Seit der ersten Auflage hat dieses Lehrbuch eine außerordentlich positive Aufnahme gefunden. Dies gibt uns die Möglichkeit, auf vielen Verbesserungsvorschlägen der Leser und der Entwicklung in der Literatur aufbauend, diese neue Auflage herauszubringen.

Wir haben das Buch grundlegend überarbeitet und dabei drei Schwerpunkte gesetzt. Zum ersten waren wir bestrebt, das Buch didaktisch noch weiter zu verbessern. Zum zweiten haben wir uns bemüht, der rasanten Ausweitung des Wissens im Bereich der deskriptiven Entscheidungstheorie Rechnung zu tragen und haben das entsprechende Kapitel 14 neu konzipiert und erweitert. Zum dritten war es unser Anliegen, den Anwendungsbezug der präskriptiven Entscheidungstheorie noch mehr als bisher zu betonen. So haben wir auch neue Anwendungsbeispiele und Aufgaben hinzugefügt.

Generell kann man ein wachsendes Interesse an der Methodik rationalen Entscheidens beobachten. In den USA werden diese Methoden in immer größerem Ausmaß in der betrieblichen Praxis eingesetzt. Manager gehen mit Entscheidungsbäumen, Wahrscheinlichkeitsverteilungen und Risikoprofilen um. Es gibt inzwischen erste populärwissenschaftliche Bücher namhafter Autoren, die die Grundsätze der Entscheidungstheorie einem breiten Leserkreis nahebringen. Auch ist eine große Menge von Software auf dem Markt, die den Anwendern den Einsatz des Instrumentariums erleichtert. Wir planen, im Springer-Verlag eine Fallstudiensammlung herauszugeben, die dem Anwender den Schritt vom Verständnis der Theorie zur Lösung des eigenen Problems erleichtern soll.

Wir danken unseren Mitarbeitern Michael Schauff und Dipl.-Kfm. Frank Voßmann für ihren großen Einsatz bei der Fertigstellung der Druckvorlage.

Franz Eisenführ — Martin Weber

Vorwort zur 1. Auflage

Dieses Buch soll Ihnen helfen, schwierige Entscheidungen rationaler zu treffen als zuvor. Es baut auf einem überzeugenden theoretischen Gerüst auf. Aus einfachen Anforderungen an rationales Entscheiden lassen sich zwingende Kalküle zur Bestimmung optimaler Handlungsalternativen ableiten. Diese axiomatische Orientierung bedeutet, daß wir manche Instrumente und Methoden, die ebenfalls Optimierung oder Entscheidungsunterstützung zum Ziel haben, in diesem Buch nicht behandeln.

In den letzten 25 Jahren hat sich die präskriptive Entscheidungstheorie stark entwickelt. Die psychologische Forschung hat systematische Verzerrungen aufgedeckt, die bei intuitivem Entscheiden auftreten, insbesondere bei der Bildung von Präferenzen und von Wahrscheinlichkeitsurteilen über unsichere Ereignisse. Diese Erkenntnisse erhöhen die Bedeutung eines methodisch korrekten Vorgehens. Wesentliche Fortschritte sind in der Theorie der Entscheidung bei mehrfachen Zielen erreicht worden; auch die Verwendung unvollständiger Information ist in den Vordergrund getreten.

Diese Entwicklungen haben die präskriptive Entscheidungstheorie zu einer angewandten Disziplin heranreifen lassen. Unter anderem durch Aufgaben und Fallbeispiele aus der Praxis, die wir den wichtigsten Kapiteln angefügt haben, möchten wir Sie davon überzeugen, daß der Stoff dieses Buches keine rein akademische Diät ist, sondern hohen praktischen Nährwert enthält. Die Denkweise, mit der die Theorie an Entscheidungsprobleme herangeht, wird Ihnen helfen, selbst wenn Sie die hier angebotenen Verfahren der Entscheidungsunterstützung nicht im Detail anwenden.

Wir danken unseren Mitarbeitern Martin Ahlbrecht, Lukas Mangelsdorff und Dr. Rüdiger von Nitzsch für die aktive Mitarbeit an einzelnen Kapiteln. Darüber hinaus haben Roselies Eisenberger und Sinan Perin das Manuskript kritisch durchgesehen. Für wertvolle Hinweise haben wir insbesondere Prof. Dr. Klaus Brockhoff, Prof. Dr. Harald Dyckhoff und Dr. Lothar Gutsche zu danken.

Jeder Verbesserungsvorschlag von Ihnen würde uns freuen.

Franz Eisenführ　　　　Martin Weber

Inhaltsverzeichnis

Kapitel 1: Worum es geht

1.0 Zusammenfassung

1. In komplexen Entscheidungen ist der Mensch mit seinem sogenannten gesunden Menschenverstand oft überfordert. Dies kann an der Unsicherheit der Zukunft oder an der Vielfalt der Ziele liegen, die man anstrebt und die sich nicht voll vereinbaren lassen. Zu wenige oder zu viele Handlungsalternativen und eine große Zahl von Einflußfaktoren können das Problem weiter erschweren.

2. Durch rationales Vorgehen lassen sich die Erfolgsaussichten von Entscheidungen verbessern. Rationalität ist kein klarer Begriff. Man kann ihn jedoch dadurch konkretisieren, daß man einerseits gewisse Anforderungen an den Entscheidungsprozeß aufstellt (prozedurale Rationalität) und sich andererseits auf Grundsätze der Konsistenz, d. h. Widerspruchsfreiheit, festlegt.

3. Komplexe Probleme werden durch Dekomposition, d. h. Zerlegung in Teilprobleme vereinfacht.

4. Es gibt keine objektiv richtigen Entscheidungen. Vielmehr beruhen Entscheidungen notwendig auf subjektiven Erwartungen, die nur in Grenzen überprüfbar sind, sowie auf ebenfalls subjektiven Zielen und Präferenzen des Entscheiders.

5. Menschen haben Mühe, ihre subjektiven Erwartungen und Präferenzen eindeutig zu artikulieren. Entscheidungsunterstützung durch formale Verfahren muß die Unschärfe der Informationen in Betracht ziehen, indem sie einerseits die Konsistenz der Aussagen überprüft und andererseits notfalls mit unvollständigen Informationen auszukommen versucht. Die präskriptive Entscheidungstheorie ist relevant für Entscheidungen auf verschiedensten Gebieten. Sie ist nicht nur für wirtschaftliche, sondern ebenso für politische, medizinische, juristische oder technische Entscheidungen von Bedeutung.

1.1 Was macht Entscheidungen schwierig?

Dieses Buch ist eine Einführung in die *präskriptive* Entscheidungstheorie. Im Englischen ist dafür der Ausdruck *Decision analysis* üblich. Dies ist eine Disziplin, die Menschen bei komplizierten Entscheidungen unterstützen will.

Die *deskriptive* Entscheidungstheorie, die tatsächliches menschliches Entscheidungsverhalten beschreiben und erklären will, ist von großer Bedeutung für eine entscheidungsunterstützende Theorie. Psychologen haben eine Anzahl von systematischen Fehlern aufgedeckt, denen wir alle immer wieder unterliegen.[1] Diese Fehler führen nicht nur zu schlechten intuitiven Entscheidungen, sondern können auch die Anwendung der Verfahren der präskriptiven Entscheidungstheorie beeinträchtigen. Wir werden häufig in diesem Buch auf Aussagen der deskriptiven Theorie zurückgreifen.

Ausgangspunkt der präskriptiven Entscheidungstheorie ist die Tatsache, daß der Mensch Schwierigkeiten mit neuartigen, nicht routinisierten Entscheidungssituationen hat. Was macht Entscheidungen schwierig?

Zum einen kann es die *Unsicherheit* der Zukunft sein. Es ist nicht mit Bestimmtheit absehbar, welche Folgen die eine oder die andere Handlungsalternative haben wird. Für den Patienten, der vor der Wahl steht, sich einer Operation zu unterziehen, die ihn heilen, die aber auch tödlich verlaufen kann, ist die Unsicherheit das Hauptproblem. Ähnlich geht es dem potentiellen Kläger, der einen Schadensersatzanspruch von 200.000 € durchsetzen will, aber nicht weiß, ob er vor Gericht gewinnen wird. Der Schuldner bietet ihm einen Vergleich an: Zahlung von 100.000 €. Soll der Kläger das Angebot akzeptieren oder es auf einen Prozeß ankommen lassen, den er möglicherweise verlieren könnte? Auch Entscheidungen über Forschungs- und Entwicklungsprojekte oder über die Markteinführung neuer Produkte sind typischerweise mit hoher Unsicherheit behaftet.

Zum anderen können die Konsequenzen unterschiedlicher Handlungen sich in mehr als einer Dimension voneinander unterscheiden. Die Wahl zwischen einem Kombi und einem Sportwagen kann schwerfallen, weil der Entscheider *mehrere Ziele* hat – ihn interessieren Hubraum, Fahrkomfort, Sicherheit, Styling und andere Attribute des Autos. Jede Alternative hat Vorteile gegenüber anderen. Daher ist der Entscheider im Zielkonflikt. Dies gilt in sehr vielen bedeutenden Entscheidungssituationen. Bei Personalentscheidungen sind in der Regel viele Eigenschaften der Bewerber von Bedeutung: Berufserfahrung, Ausbildung, Zuverlässigkeit, Führungsqualitäten, Verhandlungsgeschick usw. Bei Standortentscheidungen können Grundstückspreise, Verkehrsanbindung, Umweltschutzauflagen, örtlicher Arbeitsmarkt und viele andere Attribute eine Rolle spielen. Die Bedeutung von Zielkonflikten kann schon für den einzelnen, individuellen Entscheider gewaltig sein; sie ist potentiell noch größer bei Entscheidungen, an denen mehrere Entscheider mitwirken.

Eine dritte Quelle der Schwierigkeit kann darin liegen, daß zu wenige oder zu viele *Alternativen* zur Verfügung stehen. Im ersten Fall besteht das Dilemma, sich

---

[1] Siehe z. B. Kahneman, Slovic und Tversky (1982), Dawes (1988), Russo und Schoemaker (1989), Bazerman (1994), Jungermann et al. (1998).

auf die unter Umständen aufwendige und vielleicht erfolglose Suche nach weiteren Möglichkeiten zu begeben oder sich mit der besten der bekannten, aber wenig attraktiven Lösungen zu begnügen. Im zweiten Fall müssen Strategien der Vorauswahl gefunden werden, um die Fülle der Möglichkeiten auf eine überschaubare Anzahl von detaillierter zu bewertenden Alternativen zu reduzieren.

Die *Komplexität* der Entscheidungssituation wächst, wenn mehr Faktoren zu beachten sind. Je mehr unsichere Einflüsse auf das Ergebnis einwirken und je mehr Ziele zu beachten sind, desto komplexer wird die Situation. Relativ einfach ist zum Beispiel die Frage zu entscheiden, ob man seinen Hausrat versichern soll. Höchst komplex dagegen war die Entscheidung Präsident Bushs, nach Ablauf des Kuwait-Ultimatums den Irak anzugreifen. Viele Entscheidungen politischer Instanzen sind wegen der Vielzahl der zu berücksichtigenden Interessen und wegen der Ungewißheit der Auswirkungen von hoher Komplexität. Sollen weitere Atomkraftwerke gebaut oder andere Energiequellen genutzt werden? Ist es sinnvoll, harte Drogen kontrolliert freizugeben? Soll die doppelte Staatsangehörigkeit generell akzeptiert werden?

Je komplexer die Situation, desto größer ist die Bedeutung einer Unterstützung durch Verfahren, die für eine systematische Erfassung und Verarbeitung der relevanten Informationen sorgen sollen. Der Mensch braucht formalisierte Regeln und Prozeduren, um seine teilweise unbewußten, unklaren, widersprüchlichen Erwartungen und Wünsche zu formen und transparent zu machen und um Informationen konsistent zu verarbeiten. Die präskriptive Entscheidungstheorie kann als „a formalization of common sense for decision problems which are too complex for informal use of common sense" definiert werden (Keeney 1982). Oder mit den Worten von Howard (1988):

> Today we have a discipline of decision analysis: a systematic procedure for transforming opaque decision problems by a sequence of transparent steps. Opaque means "hard to understand, solve, or explain; not simple, clear, or lucid." Transparent means "readily understood, clear, obvious." In other words, decision analysis offers the possibility to a decision maker of replacing confusion by clear insight into a desired course of action.

Der allgemeine Ansatz der präskriptiven Entscheidungstheorie macht sie für vielfältige Entscheidungssituationen verwendbar, von hochkomplexen wie dem Standort eines Großflughafens bis zu relativ einfachen wie der Auswahl eines Videorecorders. In vielen Bereichen der Gesellschaft werden ständig Entscheidungen getroffen, deren Auswirkungen von großer Bedeutung für Menschen sind: In der Politik, in den Unternehmen, in Behörden, in Schulen und Hochschulen, in den Kliniken und den Gerichtssälen. Jeder, der je solche Entscheidungen verfolgt hat, wird gelegentlich erstaunt gewesen sein über das geringe Maß an systematischer Analyse, das zu beobachten war. Und auch wichtige private Entscheidungen werden manchmal mehr intuitiv als nach fundierter Durchdringung getroffen.

Die Denkweise, die die präskriptive Entscheidungstheorie vermittelt, kann in jeder Entscheidungssituation von Nutzen sein. Diese Theorie sollte daher zum Pflichtprogramm der Ausbildung für jene Berufe gehören, in denen Entscheidungen an der Tagesordnung sind. Zu diesen Berufen gehören neben dem des Managers zum Beispiel die der Ärzte, der Politiker, der Richter und der Ingenieure. Und auch im privaten Leben jedes Einzelnen gibt es immer wieder Situationen der Ratlosigkeit und Unentschlossenheit, in denen die entscheidungstheoretische Denkweise zu einer Lösung helfen kann, bei der man das Gefühl hat, eine fundierte, rationale Entscheidung getroffen zu haben.

1.2 Die Grundprinzipien der präskriptiven Entscheidungstheorie

1.2.1 Das Streben nach Rationalität

Die präskriptive Entscheidungstheorie will Entscheidern helfen, möglichst rationale Entscheidungen zu treffen. Allerdings mangelt es an einem eindeutigen Begriff von „Rationalität", so daß man schwer feststellen kann, wie gut oder schlecht eine bestimmte Entscheidung ist. Man kann nicht von „rational" oder „irrational" sprechen, sondern nur von „mehr oder weniger rational". Es liegt nahe, die Qualität einer vergangenen Entscheidung wenigstens hinterher an ihrem Ergebnis zu messen. Der spätere *Erfolg* oder *Mißerfolg* ist aber kein zuverlässiger Maßstab. Haben Sie zum Beispiel nach sorgfältiger Analyse ein Wertpapier gekauft und geht später der Kurs in den Keller, so wird die Entscheidung dadurch nicht nachträglich weniger rational. Setzt der Bafög-Student seine letzten hundert Mark beim Roulette auf die Zahl 17 und gewinnt tatsächlich, so wird die Entscheidung durch ihren Erfolg nicht rationaler, als sie es vorher war. Man muß also unterscheiden zwischen einer rationalen und einer erfolgreichen Entscheidung. Zwar ist es der Zweck erhöhter Rationalität, erfolgreichere Entscheidungen zu produzieren. Aber wenn Ergebnisse unsicher sind, kann man Pech oder Glück haben. Entscheidungen, die sich häufig wiederholen oder wenig Unsicherheit enthalten, können eher anhand von Ergebnissen beurteilt werden als singuläre, schwerwiegende Entscheidungen unter großer Unsicherheit. Wenn ein Materialdisponent immer wieder Fehlbestände an Rohstoffen verursacht, kann man vermuten, daß er häufig schlechte Entscheidungen trifft. Entscheidet sich ein Arzt für die Operation eines Schwerkranken und stirbt der Patient dabei, so sagt dies traurige Ergebnis nichts über die Rationalität der Entscheidung aus.

Die nachträgliche Erfolgskontrolle ist dennoch nicht überflüssig. Sie kann Schwächen des Entscheidungsprozesses aufdecken. Wird zum Beispiel ein neu eingeführtes Produkt zum Flop, muß man sich fragen: Haben wir die Möglichkeit einer so geringen Nachfrage in Betracht gezogen? Wurden die Risiken realistisch eingeschätzt? Wenn nein: Hätten wir es bei sorgfältigerer Analyse besser wissen können? Die Chance für eine solche Ex-post-Kontrolle besteht aber nur, wenn die Grundlagen der Entscheidung transparent dokumentiert sind. Größtmögliche Transparenz der Entscheidungsgrundlagen herzustellen ist ein wesentliches Ziel der präskriptiven Entscheidungstheorie. Auf diese Weise wird auch dem sog. *Hindsight-Bias* entgegengewirkt. Das ist die Neigung des Menschen, hinterher, wenn er schlauer ist, zu glauben, er sei auch vorher schon so schlau gewesen bzw. so schlau hätte man sein müssen. Diese Art der Wahrnehmungsverzerrung kann dazu verleiten, fälschlich einen Mißerfolg auf Fehlentscheidungen (meist anderer

Personen) oder einen Erfolg auf die (eigenen) weisen Entscheidungen zurückzuführen.

Was also bedeutet „rational"? Es handelt sich nicht um eine objektive, beweisbare Eigenschaft. Wir müssen uns darauf zurückziehen, Anforderungen an Entscheidungen zu definieren, deren Vernünftigkeit den meisten Menschen einleuchtet. Es bleibt jedoch jedem überlassen, diese Anforderungen zu akzeptieren oder nicht. Wer überzeugt ist, daß er am besten fährt, wenn er „aus dem Bauch heraus entscheidet", oder wer glaubt, daß sowieso alles vom Schicksal vorherbestimmt ist, der braucht keine Entscheidungsunterstützung. (Die Verfasser dieses Buches würden allerdings keinen Politiker wählen, der sich Rat bei der Wahrsagerin holt.)

Das Streben nach Rationalität ist keine Garantie für den Erfolg einer Entscheidung. Es trägt vermutlich dazu bei, daß Entscheidungen im Durchschnitt erfolgreicher werden. Beweisbar ist dies allerdings nicht.[2]

Wir unterscheiden im folgenden zwei verschiedene Kriterien für rationale Entscheidungsprozesse. Das erste ist die *prozedurale Rationalität,* das zweite ist die *Konsistenz,* d. h. Übereinstimmung einerseits der in die Entscheidung eingehenden Prämissen untereinander und andererseits die Beachtung gewisser als rational akzeptierter Anforderungen an das Denken.

1.2.2 Prozedurale Rationalität

Die *Prozedur*, die zur Entscheidung führt, kann mehr oder weniger rational sein. Hier folgen einige Anforderungen an Entscheidungsprozeduren.

1. Der Entscheider sollte sich überlegen, ob er das *richtige Problem* löst. Jede Entscheidung betrifft nur einen Ausschnitt aus der Gesamtmenge der Probleme, die der Entscheider im Lauf seines Lebens zu treffen hat. Menschen und auch Organisationen neigen dazu, Probleme durch Flickwerk zu lösen; man ändert so wenig wie möglich am Status quo. Es könnte aber angebracht sein, das Problem zu erweitern, also statt eines lokalen ein globales Optimum zu suchen. Umgekehrt kann es sinnvoll sein, das ursprüngliche Problem aufzuspalten in ein Teilproblem, das jetzt zu lösen ist, und weitere Teilprobleme, deren Lösung auf später verschoben wird.
2. Der Entscheider sollte in die Informationsbeschaffung und -verarbeitung soviel *Aufwand* investieren, wie der Bedeutung der Entscheidung angemessen ist. Rationalität verlangt eine angemessen sorgfältige und systematische, aber nicht *maximale* Entscheidungsvorbereitung - sonst würde nie ein Problem gelöst werden. Vereinfachung ist unverzichtbar.
3. Der Entscheider sollte bei der Bildung von *Erwartungen* über die Zukunft relevante objektive Daten in Betracht ziehen. Er sollte sich der Gefahr von Wahrnehmungsverzerrungen bewußt sein und diese möglichst vermeiden.
4. Der Entscheider sollte sich über seine eigenen *Ziele* und *Präferenzen* gründlich klarwerden und die Gefahren, die aus Selbsttäuschung oder mangelndem Vorstellungsvermögen rühren, zu vermeiden suchen.

Hierzu einige Beispiele.

---

[2] Siehe hierzu Rescher (1993), Kapitel 3.

Das richtige Problem. Ein Unternehmen hat festgestellt, daß die Qualität eines Produkts unzureichend ist, und erwägt verschiedene Maßnahmen zur Verbesserung der Qualitätskontrolle wie umfangreichere Prüfungen oder qualitätsabhängige Prämien. Alle Maßnahmen kosten Geld, und gesucht wird die Lösung, die die geforderte Qualität mit dem geringsten Aufwand zu ermöglichen verspricht. Ist das Problem vielleicht zu eng gefaßt? Man könnte die Frage auch viel weiter, strategischer spannen. Dann wären vielleicht „Beibehaltung der jetzigen Qualität, verbunden mit einer Preissenkung“ oder „Fremdbezug statt Eigenfertigung einzelner kritischer Bauteile“ sinnvolle Alternativen.

Angemessener Informationsaufwand. Generell lohnt sich um so mehr Aufwand, je komplexer die Entscheidung ist und je mehr auf dem Spiel steht. Manch einer läuft eine Stunde lang durch die Stadt, um den preisgünstigsten Spargel zu finden, entscheidet sich aber spontan und ohne Suche nach Alternativen, eine Lederjacke zu kaufen, weil sie von 1.700 auf 700 € herabgesetzt wurde. Leute beurteilen Preise relativ – wenn sie sich ein Radio in das alte Auto einbauen lassen, ist eine Preisdifferenz von 200 € zwischen zwei Modellen Anlaß zum Nachdenken; beim Kauf eines Neuwagens dagegen wird ohne viel Überlegen das um 500 € teurere Radiomodell geordert, weil es „darauf jetzt auch nicht mehr ankommt“.

Bildung von Erwartungen. Unsicherheit der Zukunft wird in der präskriptiven Entscheidungstheorie durch *Wahrscheinlichkeiten* abgebildet. Auf welche Tatbestände soll man bei der Bildung von Wahrscheinlichkeiten zurückgreifen? Ein Obstbauer überlegt, ob er seine Bäume gegen Nachtfrost schützen soll. Dazu muß er sich ein Urteil über die Wahrscheinlichkeit eines Nachtfrosts für den nächsten Monat bilden. Er kann dazu amtliche Wetteraufzeichnungen benutzen, den Wetterdienst anrufen oder einer einschlägigen alten Bauernregel vertrauen. Die meisten von uns werden geneigt sein, historische Wetterdaten und die amtliche Vorhersage für eine rationalere Basis zu halten als die Bauernregel.

Bildung von Zielen und Präferenzen. Besonders in neuartigen Entscheidungssituationen haben wir zunächst oft keine klare und vollständige Vorstellung von unseren Zielen und Präferenzen. Wir neigen dazu, nur jeweils ein einziges oder wenige Attribute der Alternativen wahrzunehmen. Bei der Überlegung, welches Auto wir als nächstes kaufen, sind uns heute die Kosten das wichtigste, nach einer Probefahrt ist es morgen der Fahrkomfort und nach der Lektüre eines Testberichts steht übermorgen die Sicherheit im Vordergrund. Erst wenn der Entscheider alle für ihn bedeutsamen Aspekte zusammengetragen und sich eine stabile Vorstellung von deren subjektiver Wichtigkeit gemacht hat, wird man von einer rationalen Entscheidung sprechen können.

Inwieweit diese Anforderungen an eine rationale Entscheidungsprozedur erfüllt sind, ist grundsätzlich niemals objektiv und genau feststellbar. Dennoch ist es wichtig, den Entscheidungsprozeß an ihnen auszurichten.

1.2.3 Konsistenz der Entscheidungsgrundlagen

Es ist irrational, eine Entscheidung auf Prämissen zu gründen, die sich widersprechen. Man kann vernünftigerweise nicht gleichzeitig die Astrologie als Aberglauben ansehen und bei der Partnerwahl das Sternzeichen berücksichtigen. Rationalität bedeutet ferner Übereinstimmung mit gewissen Anforderungen, deren Berechtigung der Entscheider anerkennt und nach denen er sich richten möchte. Solche „Rationalitätspostulate" betreffen einerseits den Umgang mit Wahrscheinlichkeiten, andererseits die Bildung von Präferenzen.

Hier ist ein bekanntes Beispiel für Verstöße gegen Grundsätze der Wahrscheinlichkeitsrechnung (Tversky und Kahneman 1982):

> Linda ist 31, Single, geradeheraus und sehr intelligent. Im College hatte sie Philosophie als Hauptfach. Als Studentin engagierte sie sich gegen Diskriminierung und in anderen gesellschaftlichen Fragen und nahm an Anti-Atom-Demonstrationen teil. Welche Feststellung ist wahrscheinlicher:
>
> (a) Linda ist Bankkassiererin.
> (b) Linda ist Bankkassiererin und aktiv in der Frauenbewegung tätig.

Viele halten intuitiv (b) für wahrscheinlicher als (a). Dies ist aber unvereinbar mit den Regeln der Wahrscheinlichkeitsrechnung, denn (b) ist ein Unterfall von (a).

Die wichtigsten Forderungen, die man gemeinhin an rationale Präferenzen stellt, sind die folgenden:

1. Zukunftsorientierung. Die Wahl zwischen Alternativen sollte nur von ihren jeweiligen Konsequenzen abhängen.
2. Transitivität. Wenn der Entscheider *a* gegenüber *b* vorzieht und *b* gegenüber *c* vorzieht, so sollte er auch *a* gegenüber *c* vorziehen.
3. Invarianz. Die Präferenzen sollten nicht davon abhängen, wie das Entscheidungsproblem dargestellt wird, vorausgesetzt die Darstellungen sind äquivalent.
4. Unabhängigkeit von irrelevanten Alternativen. Ob der Entscheider *a* gegenüber *b* vorzieht, sollte nicht davon abhängen, ob eine dritte Alternative c existiert.

Zukunftsorientierung. Das Prinzip der Zukunftsorientierung erklärt es für rational, Entscheidungen nur darauf zu gründen, welche alternativen zukünftigen Situationen infolge der Entscheidung eintreten können. Irrational ist es hingegen, wenn Vergangenes, daher nicht mehr zu Änderndes, die Wahl beeinflußt. Irrational ist demnach folgendes Verhalten: Ein Anleger will Aktien, die derzeit bei 300 notieren, nicht verkaufen; er begründet dies damit, daß er „keinen Verlust machen wolle, denn er habe die Aktie für 350 gekauft." Als er in seinen Unterlagen nachsieht, stellt er fest, daß er sich geirrt hat: Tatsächlich hat er die Aktien für 280 erworben. Daraufhin atmet er auf und gibt eine Verkaufsorder.

Aus einem Artikel der „ZEIT" über das Rüstungsprojekt Jäger 90:

> ... Die Bundesregierung tut sich indes schwer damit, das umstrittene Rüstungsprogramm für die Luftwaffe zu stoppen. Ließe die Koalition jetzt noch den Jäger abstürzen, so kann sie sich auf eine lebhafte Diskussion über die Verschleuderung gewaltiger Summen einstellen. Immerhin hat der Bundesfinanzminister in den zurückliegenden Jahren schon über sechs Milliarden Mark für die Entwicklung des Fliegers ausgegeben. Die wären verloren, ginge die Kampfmaschine anschließend nicht in Serie. ... (Nr. 15/1992, S. 23).

Das Projekt fortzusetzen, weil es schon gewaltige Summen verschlungen hat, würde gegen das Postulat der Zukunftsorientierung verstoßen. Die Vergangenheit kann durch die jetzt anliegende Entscheidung nicht geändert werden. (Frühere, heute nicht mehr zu ändernde Ausgaben werden als *sunk costs* bezeichnet.)

Wenn allerdings – wie zu vermuten – das Zielsystem des Entscheiders (Regierungskoalition) über die rein finanzielle Auswirkung hinaus andere Ziele umfaßt, kann es aus seiner Sicht subjektiv durchaus rational sein, das Projekt fortzusetzen. Wenn der Abbruch des Projekts vom Wähler als Eingeständnis einer früheren Fehlentscheidung gewertet werden und die Wahlchancen der Koalition vermindern würde, wäre dieser Fall gegeben.

Transitivität. Wenn Sie Seezunge lieber mögen als Hamburger und Hamburger lieber als Grießbrei, so sollten Sie Seezunge dem Grießbrei vorziehen. Aber nicht immer halten wir uns an dieses Prinzip, wie folgendes Beispiel zeigt:

Professorin P ist dabei, den Job zu wechseln. Sie weiß: wenn zwei Angebote sich im Gehalt stark unterscheiden, wird das Gehalt den bestimmenden Einfluß auf ihre Wahl haben. Ansonsten werden Faktoren wie das Prestige der Universität ins Spiel kommen. Schließlich bekommt sie drei Angebote, die partiell wie folgt beschrieben seien:

	Gehalt	Prestige
x	\$ 65.000	Niedrig
y	\$ 50.000	Hoch
z	\$ 58.000	Mittel

Nach einiger Überlegung kommt P zu dem Schluß, daß $x \succ y$, $y \succ z$ und $z \succ x$.[3]
(Fishburn 1991, S. 120)

Invarianz. Ergebnisse von Entscheidungen können oft auf unterschiedliche Weise dargestellt werden. Die Wirkung einer Impfung gegen eine Epidemie kann als Prozentsatz der Geretteten oder als Prozentsatz der trotz Impfung Gestorbenen gemessen werden. Wenn die Darstellungen äquivalent, also ineinander überführbar sind, sollte nach dem Invarianz-Postulat die Entscheidung nicht von der Darstellungsart abhängen.

Sie haben eine Theaterkarte für 60 € gekauft. Am Theatereingang stellen Sie fest, daß Sie sie verloren haben. Kaufen Sie eine neue? Die meisten Befragten antworten mit Nein. Jetzt betrachten Sie folgende Situation: Sie haben telefonisch einen Platz reserviert. An der Theaterkasse bemerken Sie, daß Ihnen aus einer Jackentasche 60 € abhanden gekommen sind. Sie haben aber im Portemonnaie noch genug Geld, um die Karte zu bezahlen. Tun Sie es? Hier antworten die meisten mit Ja. Ökonomisch sind beide Situationen jedoch identisch. Als Erklärung für die unterschiedlichen Entscheidungen wird angenommen, daß der Mensch im Rahmen einer „inneren Buchführung" *(mental accounting)* Ressourcen

[3] Das Symbol $\succ$ bedeutet: „wird präferiert vor". $x \succ y$ heißt also, die Entscheiderin zieht Job x gegenüber Job y vor.

bestimmten Zwecken zuordnet. Dies widerspricht jedoch dem Postulat der Invarianz der Entscheidung gegenüber alternativen Darstellungsformen.

Unabhängigkeit von irrelevanten Alternativen. Die Bedeutung dieser Anforderung wird an folgendem Beispiel klar. Auf der Speisekarte stehen Seezunge und Wiener Schnitzel. Als Sie die Seezunge bestellen wollen, teilt der Kellner mit, daß es auch Kasseler mit Sauerkraut gibt. Daraufhin bestellen Sie Wiener Schnitzel.

Diese Postulate erscheinen als mehr oder weniger selbstverständlich. Dennoch wird selbst in einfachen Entscheidungssituationen so oft gegen sie verstoßen, daß sie als deskriptive Hypothesen über menschliches Verhalten nicht taugen. Die Tatsache, daß unser Handeln oft nicht im Einklang mit elementaren Rationalitätspostulaten steht, erhöht den Wert der präskriptiven Entscheidungstheorie für diejenigen, die rational im Sinne der genannten Regeln entscheiden wollen. Es sei allerdings nicht verschwiegen, daß keineswegs alle Entscheidungstheoretiker alle genannten Rationalitätspostulate als für vernünftiges Handeln zwingend notwendig anerkennen.

1.2.4 Dekomposition

Die Komplexität läßt sich reduzieren, indem man das Entscheidungsproblem in Komponenten zerlegt, deren jede einzeln und für sich modelliert wird. Die Komponenten sind:

1. Die Handlungsalternativen, zwischen denen zu wählen ist,
2. die mit dem Ergebnis verknüpften Ziele und Präferenzen des Entscheiders,
3. die Erwartungen über die Umwelteinflüsse (d. h. die vom Entscheider nicht zu beeinflussenden Ereignisse),
4. die kombinierte Wirkung von Handlungsalternativen und Umwelteinflüssen auf das Ergebnis, d. h. die Konsequenzen der Entscheidung.

Ein simples Beispiel soll das illustrieren. Ein Manager muß am Montag morgen um 9.00 Uhr zu einer wichtigen Besprechung in Köln sein. Er wohnt in Aachen und steht vor dem Problem, wie er nach Köln gelangen soll. Seine Analyse des Problems führt zu folgender Beschreibung der Komponenten.

Die *Alternativen,* die sich zunächst aufdrängen, sind: Fahrt mit dem Zug am Montag morgen, Fahrt mit dem Auto am Montag morgen oder Anreise schon am Sonntag abend und Übernachtung im Hotel.

Die *Ziele:* Es ist dem Manager wichtig, nicht zu spät zu der Besprechung zu kommen. Aber dies ist nicht der einzige Aspekt, der zählt. Der Manager steht nicht gerne früh auf, er haßt es, im Stau zu stehen, und die Kosten sind ihm auch nicht völlig gleichgültig. Bei Anreise am Sonntag abend ist außerdem der gemütliche Abend zu Hause verloren.

Als *Umwelteinflüsse,* die für die Entscheidung wichtig sind, kommen dem Manager in den Sinn: Eine mögliche Verspätung des Zuges sowie der Zustand der Autobahn und damit die Fahrtdauer. Diese Einflüsse sind nicht sicher vorauszusehen; allerdings können Erfahrungen dem Entscheider helfen, *Erwartungen* zu formulieren, etwa der Art: Da kein Bahnstreik angekündigt ist, braucht man mit einer Zugverspätung von mehr als 20 Minuten nicht zu rechnen, oder: Am Montag morgen ist um diese Jahreszeit auf der Autobahn eine Fahrtdauer zwischen 60 und

70 Minuten zu erwarten; bei Nebel oder Stau kann es aber auch erheblich länger dauern.

Die *Wirkungen* von Handlung und Umwelt, d. h. die möglichen Konsequenzen, lassen sich in Feststellungen wie diesen beschreiben: Fahre ich mit dem Zug am Montag morgen und hat dieser keine Verspätung, so habe ich Kosten von 40 € und komme pünktlich und ohne Stress zum Ziel. Fahre ich mit dem Auto und ist die Autobahn verstopft, so habe ich Kosten von 30 € und erreiche das Ziel gestresst und zu spät.

Innerhalb jeder Komponente kann oder muß eine weitere Dekomposition stattfinden. So lassen sich nicht selten Handlungsalternativen aus Modulen zusammensetzen. Die Entscheidung eines Autoherstellers über ein neues Modell wird in eine große Zahl von Einzelentscheidungen zerlegt über Motoren, Karosserieform etc. Andere Beispiele für modular zusammengesetzte Alternativen sind Unternehmensstrategien oder Vertragstexte. Auch Umwelteinflüsse können in Unterfaktoren zerlegt als Aggregation einer Vielzahl von Einzelfaktoren abgebildet werden. Zum Beispiel kann der erwähnte Manager das Risiko einer verstopften Autobahn in die Einzelrisiken von Frühnebel, Glatteis und Unfall zerlegen. Das Risiko eines schweren Reaktorunfalls läßt sich nicht global abschätzen. Man wird eine Liste aller möglichen Unfallursachen aufstellen und Wahrscheinlichkeiten dieser einzelnen Ereignisse schätzen, um so zu einer Erwartung über das Risiko der Anlage zu kommen. Das Präferenzsystem eines Entscheiders ist nur im Wege der Dekomposition zu ermitteln. Der Autofahrer, der mit seinem alten Fahrzeug nicht mehr zufrieden ist und einen Neuwagenkauf erwägt, muß das globale Ziel, einen „besseren" Wagen zu besitzen, in eine Anzahl konkreter Einzelziele zerlegen.

Die präskriptive Entscheidungstheorie enthält eine Anzahl von Verfahren, die dem Entscheider bei der Zerlegung in leichter handhabbare Komponenten helfen.

1.2.5 Subjektivität

Das Konzept der Rationalität einer Entscheidung enthält keine Vorschriften über die Inhalte von Erwartungen und Präferenzen. Salopp gesagt: Jeder Entscheider kann erwarten und wollen, was er will. Erwartungen und Präferenzen sind grundsätzlich subjektiv. Sie müssen jedoch begründet und konsistent mit den Rationalitätspostulaten sein, die der Entscheider anerkennt. „Rational" ist zum Beispiel in betriebswirtschaftlichen Problemen nicht identisch mit Gewinnmaximierung oder Kostenminimierung. Ob es für einen mittellosen Gelegenheitsarbeiter rational ist, am Essen zu sparen, um sich einen Cardin-Anzug leisten zu können, hängt allein davon ab, ob er sich diese Entscheidung gründlich überlegt und im Einklang mit seinen Erwartungen und Zielen getroffen hat.

Deshalb können in einer äußerlich gleichen Entscheidungssituation zwei Personen zu unterschiedlichen Entscheidungen kommen, ohne daß eine Person rationaler handelte als die andere: Der Grund kann in unterschiedlichen Einschätzungen der Zukunft und/oder unterschiedlichen Zielen liegen.

Das gründliche Überlegen der eigenen Ziele und Präferenzen kann sehr hohe Anforderungen an die Vorstellungskraft stellen, insbesondere wenn es um Entscheidungen geht, deren Auswirkungen sich über viele Jahre erstrecken. Im privaten Bereich sind dies etwa Entscheidungen über Partnerwahl, Familienplanung oder berufliche Laufbahn. Im öffentlichen Bereich kann man den Bau eines neuen Flughafens in der Nähe eines Ballungsgebiets, den Standort eines atomaren Zwischenlagers oder den Erlaß eines Strafgesetzparagraphen zur Abtreibung als Beispiele nehmen. Schon in privaten Entscheidungen, die nur die eigene Person betreffen, ist es nicht einfach, sich die eigenen Wünsche und Prioritäten vorzustellen, die man in zwei, zehn oder zwanzig Jahren haben wird. Sind mehrere Personen oder gar große Teile der Bevölkerung betroffen, ist diese Aufgabe noch schwieriger.

Problematisch ist die Frage, ob es rational ist, die eigenen gegenwärtigen Wünsche über die durchaus voraussehbaren zukünftigen zu stellen. Odysseus ließ sich angesichts der bevorstehenden Verlockung durch die Sirenen[4] von seinen Mitstreitern an den Schiffsmast fesseln und beschwor sie, ihn nicht loszubinden, selbst wenn er es ihnen befehlen sollte. Eine solche „Selbstbindung", also Einschränkung des zukünftigen Entscheidungsspielraums, kann als rational gelten, wenn der Entscheider voraussieht, daß er in den zukünftigen Entscheidungssituationen kurzsichtig, also irrational entscheiden würde (Elster 1979). Beispiele finden wir etwa bei Menschen, die sich das Rauchen abgewöhnen wollen. Um die Versuchung zu vermeiden, vernichten sie alle Zigaretten im Hause und teilen allen Bekannten ihre Absicht mit. Andererseits ist nicht sicher, daß der Entscheider im jetzigen Zeitpunkt die bessere Einsicht hat als später. Mancher Mensch vertritt den Standpunkt, daß er bei einem schweren Unfall lieber umkommen als querschnittsgelähmt überleben würde. Tritt der Unfall aber ein, so wird er nach einer gewissen Zeit das Überleben vorziehen.

Erwartungen und Ziele sind nicht abrufbereit in den Köpfen von Menschen gespeichert. Die Entscheidungstheorie hat Verfahren entwickelt, die es erleichtern, subjektive Erwartungen und Präferenzen zu entwickeln und zu artikulieren. Dies kann ein mühsamer Prozeß sein, aber er läßt sich trainieren. Ein wesentlicher Effekt der Beschäftigung mit der Entscheidungstheorie ist, daß sie dazu verhilft, im Laufe der Zeit Entscheidungen bewußter von den eigenen Erwartungen und Zielen leiten zu lassen.

1.2.6 Unvollständiges Wissen und das Dominanzkonzept

Wir können unsere Erwartungen über unsichere Ereignisse oft nur ungenau formulieren. Die Umgangssprache ist voll von unscharfen Ausdrücken wie „höchstwahrscheinlich", „eventuell" und „vermutlich". Ebenso vage drücken wir uns oft aus, wenn wir unsere Präferenzen artikulieren. Wir sind „einerseits" für individuelle Bewegungsfreiheit, räumen aber „andererseits" ein, daß gegen die Überfüllung der Innenstädte durch Autos etwas geschehen muß.

Manchmal sind wir auch übertrieben präzise in unseren Äußerungen. Wir halten es für „absolut ausgeschlossen", daß unser langjähriger Freund Redlich eine Unterschlagung begehen würde. Wir würden „niemals" in eine Großstadt (oder aufs flache Land) ziehen. Würden wir aber im Ernst Haus und Hof darauf verwet-

---

[4] Wesen der griechischen Mythologie, die auf einer Insel lebten und durch ihren betörenden Gesang Seefahrer anlockten, um sie zu töten.

ten, daß Redlich nicht doch eines Tages einer Versuchung erliegt? Und ist wirklich keine Situation denkbar, in der für uns eine Großstadtwohnung (bzw. ein Bauernhof) erstrebenswert wäre?

Die präskriptive Entscheidungstheorie versucht, bei der möglichst zutreffenden Artikulation der Erwartungen und Präferenzen zu helfen, aber sie muß die Existenz eines Unschärfebereichs anerkennen. Es genügt nicht, auf der Basis geäußerter Erwartungen und Präferenzen eine Alternative als „die optimale" zu identifizieren, sondern man sollte auch untersuchen, wie stabil diese Lösung gegenüber Variationen der verarbeiteten Informationen ist.

Es ist kennzeichnend für die moderne präskriptive Entscheidungstheorie, daß sie nicht nach Optimierung um jeden Preis strebt und die verfügbaren „weichen" Daten nicht überstrapaziert. Wie wir in späteren Kapiteln zeigen werden, können unvollständige Wahrscheinlichkeiten und unvollständige Präferenzen durchaus hinreichen, um ein Entscheidungsproblem stark zu vereinfachen oder sogar eine optimale Alternative zu finden.

Wenn es möglich ist, eine Alternative a als gegenüber einer anderen Alternative b überlegen zu identifizieren, obwohl über die Erwartungen und/oder die Präferenzen des Entscheiders keine vollständige Information vorliegt, spricht man von „Dominanz" (a dominiert b). Sie werden im Lauf der Lektüre mehrere Spielarten der Dominanz kennenlernen. Diese unterscheiden sich einerseits darin, welche Information unvollständig ist (Wahrscheinlichkeiten oder Präferenzen), andererseits darin, welche Entscheidungsregel die Rangfolge der Alternativen bestimmen soll. Dies mögen folgende Beispiele illustrieren.

1. Sie suchen einen Assistenten. Ihre Ziele betreffen die Fachkenntnisse, die Strebsamkeit und die Teamfähigkeit der Bewerber. Jeden Bewerber bewerten Sie auf einer 10-Punkte-Skala nach jedem der genannten Kriterien. Als Entscheidungsregel haben Sie sich ausgedacht, daß derjenige gewinnen soll, der die höchste Punktzahl erreicht, wobei jedoch die drei Kriterien nicht gleichwichtig sind, sondern die Einzelpunkte vor der Addition noch mit einem Gewichtungsfaktor multipliziert werden müssen. Nun zeigt sich, daß ein Bewerber a hinsichtlich jedes Kriteriums mehr Punkte aufweist als ein Bewerber b. Für die Wahl zwischen den beiden brauchen Sie sich über die Gewichtungsfaktoren keine Gedanken zu machen; Ihre Präferenzen brauchen insoweit nicht vollständig definiert zu sein. Hinsichtlich der Entscheidungsregel „maximale gewichtete Punktsumme" wird b von a dominiert.
2. Ganz ähnlich liegt der Fall, wenn Sie sich über die Wahrscheinlichkeiten alternativer Umweltzustände noch keine Meinung gebildet haben. Der Gewinn eines Projekts hängt vom eintretenden Umweltzustand ab, und als Entscheidungsregel wollen Sie den mathematischen Erwartungswert (Summe der mit den Wahrscheinlichkeiten multiplizierten Gewinne) anwenden. Gibt es unter Ihren Alternativen ein Projekt x, das bei jedem Zustand einen höheren Gewinn verspricht als ein Projekt y, so ist trotz fehlender Wahrscheinlichkeitsinformation klar, daß x einen höheren Gewinnerwartungswert aufweist als y und also dominant ist. Diese Art von Dominanz wird als „Zustandsdominanz" bezeichnet.

3. Eine Alternative *a* dominiert bei Unsicherheit eine Alternative *b*, wenn die schlechtestmögliche Konsequenz von *a* immer noch besser ist als die bestmögliche Konsequenz von *b*. Diese Dominanz heißt „absolute Dominanz".

1.3 Anwendungen und Praxisrelevanz der präskriptiven Entscheidungstheorie

Die moderne präskriptive Entscheidungstheorie ist überwiegend von US-amerikanischen Forschern und Beratern entwickelt worden. Dementsprechend finden sich ihre Anwendungen überwiegend im englischsprachigen Raum.

Eine Aufzählung von Artikeln, die in ausgewählten amerikanischen Zeitschriften im Zeitraum 1970-1989 über praktische Anwendungen der Entscheidungstheorie berichten, geben Corner und Kirkwood (1991). Die Anwendungen werden in die Bereiche

- Energiewirtschaft,
- Sachgüterproduktion und Dienstleistungen,
- Medizinische Anwendungen,
- Öffentliche Politik und
- Sonstiges

untergliedert.

Weitere Überblicke über Anwendungen wurden u. a. von Brown (1970), Keeney und Raiffa (1976), Howard, Matheson und Miller (1976), Krischer (1980), Ulvila und Brown (1982), von Winterfeldt und Edwards (1986) sowie Watson und Buede (1987) publiziert.

Über die tatsächliche Verbreitung des entscheidungstheoretischen Instrumentariums sagen diese Beispiele wenig aus. Edwards (1984) spricht von der „invisibility of decision analytic practice", die er wie folgt begründet:

- Viele Anwendungen werden von Beratern und Beratungsfirmen durchgeführt und sind in der allgemein zugänglichen Literatur nicht zu finden.
- Viele Anwendungen betreffen sehr bedeutende Entscheidungen und sind entweder von der (US-) Regierung oder von Unternehmen als geheim eingestuft.
- Viele Anwendungen dauern nur 1-2 Tage.
- Anwendungen werden zunehmend in bereichsspezialisierten Zeitschriften veröffentlicht, so daß man sie nicht kennt.

Trotzdem kann man davon ausgehen, daß das Potential der präskriptiven Entscheidungstheorie in der Praxis noch längst nicht ausgeschöpft wird. Zum einen ist dies auf mangelnde Kenntnis zurückzuführen. Ein großer Teil der Forschungsergebnisse hat den Weg von der akademischen Lehre und den Fachzeitschriften in die Praxis der Unternehmen, sonstiger Institutionen und des Privatlebens noch nicht gefunden. Zum anderen ist mit Akzeptanzbarrieren zu rechnen. Die Entscheidungshilfen setzen voraus, daß der Entscheider seine wirklichen Erwartungen und seine wahren Präferenzen rückhaltlos offenlegt. Dies liegt nicht immer im persönlichen Interesse von Managern oder Politikern oder sonstigen Personen, die im Zusammenspiel mit anderen Menschen Entscheidungen treffen. Offenheit gegenüber Dritten reduziert die taktischen Möglichkeiten und ruft unter Umständen Opposition hervor (Wrapp 1984). Die Transparenz der Entscheidungsgrundlagen, die von der Theorie gefördert wird, macht den Entscheider verwundbar, wenn die Entscheidung später durch andere überprüft wird. Schließlich fürchtet der Manager auch, durch Benutzung eines theoretischen Verfahrens der Entscheidungsunterstützung die Kontrolle über die Entscheidung aus der Hand zu geben. Wie kann er sich auf ein Verfahren festlegen, bevor er weiß, welche Entscheidung dabei herauskommt?

Mögen solche taktischen Überlegungen auch die Anwendung entscheidungstheoretischer Verfahren in Gruppenentscheidungen bei starken Zielkonflikten zwischen den Personen behindern, so bleibt doch der Wert dieser Verfahrensweisen für die individuelle Entscheidungsfindung unberührt.

In den publizierten Fallstudien über die Anwendungen der präskriptiven Entscheidungstheorie spielt der *Decision Analyst* eine große Rolle. Hierbei handelt es sich um einen meist externen Berater, der das entscheidungstheoretische Instrumentarium beherrscht und einem Projektteam Rat und Hilfe im Prozeß der Problemstrukturierung und Lösung bietet. Der Entscheidungsanalytiker ist nicht der Entscheider. Er bringt das Methodenwissen ein; das Problemwissen besitzt er zunächst nicht. Er ist unparteiisch und daher für eine moderierende Rolle eher geeignet als ein Mitglied der zu beratenden Unternehmung, Regierungsbehörde usw.

Die entscheidungstheoretische Denkweise und ihre Verfahren sind für die Entscheidungsfindung in allen Bereichen nützlich. Einen externen Berater anzuheuern, ist natürlich nur für relativ große Entscheidungen sinnvoll. Wir verfolgen mit diesem Buch das Ziel, Ihnen diese Denkweise und diese Verfahren so nahe zu bringen, daß Sie sie verinnerlichen und bei Ihren späteren Entscheidungen beruflicher oder privater Art als hilfreich empfinden.

Die Modellierung ist keineswegs eindeutig; die gleiche Problemsituation kann auf verschiedene Weisen durchaus gleichwertig abgebildet werden. Der Rest des Kapitels gibt einen Überblick über einige Möglichkeiten und Hilfsmittel der Modellierung. Spätere Kapitel gehen auf wesentliche Aspekte detaillierter ein.

2.2 Die Modellierung der Alternativen

2.2.1 Das Problem der Alternativenfindung

In manchen Fällen ist die Bestimmung der relevanten Alternativen kein Problem; sie sind auf „natürliche" Weise gegeben. Der Manager, der um sechs Uhr morgens hört, daß die Autobahn wegen Nebels gesperrt ist, kann zwischen den Eisenbahnzügen um 6:59 Uhr und 7:13 Uhr wählen; weitere Möglichkeiten gibt es nicht, wenn er seine Besprechung pünktlich erreichen will. Die Jury kann einen Angeklagten schuldig sprechen oder nicht. Ein Bundesliga-Fußballverein kann zu einem gegebenen Zeitpunkt nur zwischen einer begrenzten Zahl von Trainern wählen.

In vielen Situationen sind akzeptable Alternativen zunächst nicht bekannt; es erscheint als bedeutender Teil des Problems, solche zu generieren. Dabei kann es sich um einen *Suchvorgang* handeln, wie etwa, wenn jemand in einer Großstadt einen gebrauchten Mittelklassewagen kaufen will. Es kann aber auch um einen kreativen Prozeß der Alternativen*erzeugung* gehen, zum Beispiel um Konstruktionsalternativen einer Maschine, verschiedene Gestaltungsmöglichkeiten für den Garten oder alternative Entwürfe für einen Gesellschaftsvertrag.

Bei der Suche nach bzw. Generierung von Alternativen entsteht prinzipiell stets die Frage, wann der Prozeß beendet und die Entscheidung gefällt werden soll. Manchmal setzen Zeit- oder Budgetrestriktionen weiterer Alternativenproduktion ein Ende, d. h. die Entscheidung duldet keinen Aufschub mehr oder es stehen keine weiteren Mittel zur Verfügung. In anderen Fällen sind die Nachteile, die mit dem Aufschieben der Entscheidung und dem weiteren Suchen oder Erdenken von Alternativen verbunden sind, gegen die Chancen abzuwägen, eine möglicherweise bessere Lösung zu finden als die, die man bereits hat. Eine zusätzliche Komplikation tritt auf, wenn durch weiteres Abwarten bereits vorhandene Alternativen (z. B. Stellenangebote, Wohnungen, Gebrauchtwagen) wieder verloren gehen können.

Diese Weitersuch- oder Stopp-Entscheidungen sind Entscheidungen für sich. Sie können im Vergleich zum „eigentlichen" Entscheidungsproblem trivial sein und ohne aufwendige Analyse getroffen werden. Wer einen gebrauchten VW Golf sucht, wird ziemlich leicht entscheiden können, ob er unter den vorliegenden Angeboten eines auswählt oder noch den nächsten Samstag abwartet. In anderen Fällen, z. B. bei der Bekämpfung einer akuten Gefahr – Tankerunfall, Geiselnahme, Epidemie – mag die Wahl zwischen den bisher vorliegenden Optionen weniger problematisch sein als die Entscheidung, ob man weitersuchen will in der Hoffnung, eine bessere Alternative zu finden.

Die Entscheidung über das Weitersuchen nach Alternativen muß, wie jede Entscheidung, von Zielen und Erwartungen geleitet sein. Ziele sind erforderlich, um die Qualität der vorhandenen Optionen beurteilen zu können und sich eine Vorstellung davon zu machen, in welcher Hinsicht noch zu suchende Lösungen besser sein sollten. Erwartungen sind zu bilden über die Anzahl und Qualität der noch zu findenden Alternativen und den dafür erforderlichen Aufwand.

Kapitel 4 dieses Buches ist dem Problem gewidmet, wie man systematisch neue Alternativen generieren und eine Vorauswahl zwischen ihnen treffen kann.

2.2.2 Die Alternativenmenge

Die endgültige Entscheidung besteht in der Auswahl einer Alternative aus der Menge der betrachteten. Wir bezeichnen die Menge der Alternativen mit A, eine einzelne Alternative mit a. Mehrere Alternativen nennen wir a, b, c usw.

Alternativen müssen – wie der Ausdruck sagt – sich gegenseitig ausschließen. Es hat keinen Sinn, zwischen „mittags essen gehen" und „abends fernsehen" zu wählen, wenn man ebenso gut beides machen kann. Hat man für das Mittagessen die Alternativen „Essen gehen" und „Zu Hause essen" formuliert und für die Abendbeschäftigung die Wahl zwischen „Fernsehen" und „Lesen", so ergeben sich vier Alternativen, die das Erfordernis erfüllen, daß sie sich gegenseitig ausschließen:

a Mittags essen gehen und abends fernsehen,
b Mittags essen gehen und abends lesen,
c Mittags zu Hause essen und abends fernsehen,
d Mittags zu Hause essen und abends lesen.

Die Alternativenmenge A enthält mindestens zwei Elemente. Ist die Anzahl der Alternativen so groß, daß nicht alle mit gleicher Intensität geprüft werden können – beispielsweise Hunderte von Bewerbungen auf eine Stellenausschreibung – so muß man Strategien zur Beschränkung ergreifen (siehe Kapitel 4). Ein Beispiel ist die Festlegung gewisser Mindestanforderungen, etwa betreffend Ausbildung und Alter der Bewerber.

Bei kontinuierlichen (=stetigen) Entscheidungsvariablen ist die Anzahl der Alternativen unendlich groß. Betrachten wir zum Beispiel als Alternativen die möglichen Beträge, die wir in eine Werbekampagne stecken, so ist dieser Betrag fast unendlich variierbar. Gleiches gilt für die Produktionsmenge eines Waschmittels oder für die Zeit, die ein Experte in ein Projekt investiert. Gewöhnlich ist eine Diskretisierung kontinuierlicher Variablen möglich, ohne das Problem zu sehr zu verfälschen. Beispielsweise kann ein Anleger einen Betrag beliebig auf Renten- und Aktienwerte verteilen. Er kann die unendliche Anzahl der Möglichkeiten aber auch auf folgende Alternativen reduzieren:

a 100% Renten,
b 75% Renten, 25% Aktien,
c 50% Renten, 50% Aktien,
d 25% Renten, 75% Aktien,
e 100% Aktien.

Auf diese Weise wird eine Vereinfachung des Problems erreicht, aber natürlich auch eine Vergröberung. Angenommen, der Entscheider findet die Kombination 75% Renten, 25% Aktien optimal. Hat er das Gefühl, die Alternativenmenge sei zu grob unterteilt, kann er in einem zweiten Schritt zwischen weniger unterschiedlichen Alternativen wählen, beispielsweise zwischen 70, 75 und 80% Rentenanteil. Wir werden uns in den meisten Fällen auf einige wenige Alternativen beschränken.

2.2.3 Einstufige und mehrstufige Alternativen

Jede Entscheidung ist ein Ausschnitt aus dem Gesamtkomplex aller Entscheidungen des Individuums. Dies gilt auch in zeitlicher Dimension: Es wird nur bis zu einem gewissen Zeitpunkt („Planungshorizont") gedacht; alles weitere wird zukünftigen Entscheidungen überlassen. Oft ist jedoch sehr wohl überschaubar, welche Umweltsituationen eintreten können, und die eigene Antwort auf diese Ereignisse planbar. Kein guter Schachspieler denkt nur einen Zug im voraus. Mehrstufige Alternativen werden auch als *Strategien* bezeichnet[1]. Eine Strategie ist eine Folge von bedingten Entscheidungen. Beispiele für zweistufige Strategien sind:

- Ich höre morgen um sechs Uhr den Wetter- und den Staubericht. Sind beide günstig, fahre ich um 7:15 Uhr mit dem Auto; andernfalls nehme ich den Zug um 6:59 Uhr.
- In das Entwicklungsprojekt werden weitere 200.000 € investiert. Falls bis Jahresende ein marktfähiges Produkt vorliegt, soll es produziert werden. Ist noch kein marktfähiges Produkt vorhanden, erscheint aber die Weiterentwicklung aussichtsreich, soll nach einem kapitalkräftigen Partner gesucht werden, der sich an der weiteren Finanzierung beteiligt. Erscheint die Entwicklung zu jenem Zeitpunkt als aussichtlos, wird sie abgebrochen.

Wie viele Entscheidungsstufen man planen will, ist eine der eigentlichen Entscheidung vorgelagerte Entscheidung, ebenso wie die über die Weitersuche nach Alternativen.

---

[1] Üblicherweise definiert man den Begriff Strategie so, daß er als Sonderfall auch die einstufige Entscheidung umfaßt.

2.3 Die Modellierung der Umwelt

2.3.1 Unsicherheit und Wahrscheinlichkeit

Bei einer *Entscheidung unter Sicherheit* ist mit jeder Handlungsalternative unmittelbar deren Konsequenz determiniert. Keine unbekannten Einflüsse wirken mehr darauf ein. Bei *Unsicherheit* dagegen – synonym sprechen wir im folgenden auch oft von *Risiko*[2] – hängt das Ergebnis von Umwelteinflüssen ab, die der Entscheider nicht (vollständig) determinieren kann. Streng genommen gibt es keine Entscheidung unter totaler Sicherheit. Jeder könnte in der nächsten Minute von einem Meteoriten oder – wahrscheinlicher – von einem Gehirnschlag getroffen werden. Es ist eine subjektive Vorentscheidung, die grundsätzlich vorhandene Unsicherheit zu vernachlässigen oder zu berücksichtigen. Vernachlässigung der Unsicherheit vereinfacht grundsätzlich das Problem, weil man es nur noch mit einem einzigen Umweltzustand zu tun hat.

Ein Grund dafür, daß die Unsicherheit vernachlässigt werden kann, ist oft nicht der, daß sie geringfügig wäre. Doch ist es nicht notwendig, die Unsicherheit in die Rechnung einzubeziehen, wenn abzusehen ist, daß bei allen möglichen Szenarien die gleiche Alternative optimal ist. Unabhängigkeit der optimalen Lösung von den Ereignissen ist zum Beispiel dann gegeben, wenn eine Entscheidung leicht rückgängig gemacht werden kann. Ist aber die Entscheidung irreversibel oder nur unter großen Opfern rückgängig zu machen, muß man das Risiko kalkulieren. In vielen Situationen ist die Unsicherheit das Hauptproblem. Das gilt häufig für Entscheidungen über große Investitionen, medizinische Behandlungen, Urteile von Gerichten und politische Entscheidungen des Gesetzgebers.

Entschließt man sich zur expliziten Berücksichtigung der Unsicherheit, so muß die Unsicherheit in einem Modell abgebildet werden. Dieses Modell enthält einen oder mehrere unsichere Tatbestände (auch als Zufallsvorgänge bezeichnet.) Ein unsicherer Tatbestand ist eine Menge von *Ergebnissen,* von denen genau eines eintreten wird. Die Ergebnismenge ist vollständig und alle Ergebnisse schließen sich gegenseitig aus. Zum Beispiel kann man den Ausgang eines Fußballspiels zwischen den Mannschaften A und B durch die Ergebnismenge {*A* siegt, *B* siegt, Unentschieden, Spielabbruch} kennzeichnen.

Als Ergebnisse werden entweder *Ereignisse* oder *Zustände* vorkommen. Der Ausgang eines Fußballspiels oder der Rücktritt eines Vorstandsvorsitzenden

---

[2] Traditionell wird Unsicherheit als Oberbegriff verwendet für die beiden Unterfälle „Risiko" (Vorliegen einer eindeutigen Wahrscheinlichkeitsverteilung der Konsequenzen) und „Ungewißheit" (Kenntnis der möglichen Konsequenzen, aber keinerlei Vorstellung über deren Wahrscheinlichkeiten). Wir weichen von diesen Definitionen ab, da wir den Fall der so definierten „Ungewißheit" für realitätsfern und theoretisch dubios halten (siehe Kapitel 10, Abschnitt 10.1). Allerdings kann bei Unsicherheit (=Risiko) die Vorstellung des Entscheiders über die Wahrscheinlichkeitsverteilung der Konsequenzen mehr oder weniger ungenau sein.

Wahrscheinlichkeit, daß diese beiden Ereignisse gemeinsam auftreten, ergibt sich multiplikativ aus den Wahrscheinlichkeiten „Trocken" und „Kommt nicht".

Andererseits möchten Sie vielleicht wissen, wie wahrscheinlich das Szenario „Morgen regnet es *oder* die Schwiegermutter kommt" ist. Hier genügt schon das Eintreten eines der beiden Ereignisse, um das Szenario zu erfüllen. Die beiden Einzelwahrscheinlichkeiten sind additiv verknüpft.

In den folgenden Abschnitten werden beide Fälle genauer dargelegt.

2.3.3 Die Multiplikationsregel

Bei der Verknüpfung von Ereignissen bzw. Zuständen sind die Konzepte der *bedingten Wahrscheinlichkeit* und der *gemeinsamen Wahrscheinlichkeit* von Bedeutung. Sei x ein Ereignis der Ereignismenge X und y ein Ereignis der Ereignismenge Y, so ist die *bedingte Wahrscheinlichkeit* $p(y \mid x)$ die Wahrscheinlichkeit, daß y eintritt, sofern x eingetroffen ist. Diese bedingte Wahrscheinlichkeit wird für $p(x) > 0$ definiert als

$$p(y \mid x) = p(x, y) \,/\, p(x). \tag{2.1}$$

Hierbei bedeutet $p(x, y)$ die *gemeinsame Wahrscheinlichkeit* von x und y. Dies ist die Wahrscheinlichkeit, daß sowohl x als auch y eintrifft.

Aus (2.1) folgt unmittelbar

$$p(x, y) = p(x) \cdot p(y \mid x). \tag{2.2}$$

Die Gleichung (2.2) stellt die Multiplikationsregel dar, mit der die Wahrscheinlichkeit des Zusammentreffens zweier Ereignisse berechnet werden kann.

Ein Beispiel mag dies erläutern. Der unsichere Umwelteinfluß X soll die wirtschaftliche Entwicklung des Landes in den nächsten drei Jahren kennzeichnen. Man unterscheidet drei Zustände: (x_1) Depression, (x_2) Stagnation, (x_3) Aufschwung. Y steht für den Ausgang der nächsten Parlamentswahl; hier seien nur die Ereignisse (y_1) konservativer Wahlsieg und (y_2) sozialistischer Wahlsieg unterschieden. Angenommen, die wirtschaftlichen Aussichten für die nächsten Jahre würden wie folgt eingeschätzt:

$$p(x_1) = 0{,}2 \qquad p(x_2) = 0{,}65 \qquad p(x_3) = 0{,}15.$$

Die Wahrscheinlichkeiten für die Wahlausgänge hängen von der wirtschaftlichen Entwicklung ab. Man vermutet, daß die Chancen für die Sozialisten um so höher sind, je schlechter die wirtschaftliche Situation ist, und bildet folgende bedingten Wahrscheinlichkeiten:

$$\begin{array}{ll} p(y_1 \mid x_1) = 0{,}4 & p(y_2 \mid x_1) = 0{,}6 \\ p(y_1 \mid x_2) = 0{,}5 & p(y_2 \mid x_2) = 0{,}5 \\ p(y_1 \mid x_3) = 0{,}6 & p(y_2 \mid x_3) = 0{,}4. \end{array}$$

Hieraus lassen sich nach (2.2) die gemeinsamen Wahrscheinlichkeiten berechnen, die in der Tabelle 2.2 zusammengefaßt sind. Zum Beispiel erhält die Kom-

bination (Szenario) „Aufschwung und sozialistischer Wahlsieg" die Wahrscheinlichkeit $0{,}15 \cdot 0{,}4 = 0{,}06$.

Tab. 2.2: Gemeinsame Wahrscheinlichkeiten der wirtschaftlichen und politischen Entwicklungen

			Y (Politische Entwicklung)	
			y_1 (Konservativ)	y_2 (Sozialistisch)
X (Wirtschaftliche Entwicklung)	x_1 (Depression)	0,20	0,08	0,12
	x_2 (Stagnation)	0,65	0,325	0,325
	x_3 (Aufschwung)	0,15	0,09	0,06
	$\sum$	1	0,495	0,505

Durch zeilenweise bzw. spaltenweise Addition der gemeinsamen Wahrscheinlichkeiten erhält man die *unbedingten Wahrscheinlichkeiten* $p(x)$ und $p(y)$ der beiden Ereignismengen. Die unbedingten Wahrscheinlichkeiten der wirtschaftlichen Entwicklungsmöglichkeiten waren vorgegeben, die der politischen Entwicklung ergeben sich nun. Zum Beispiel würden die Konservativen hier eine Chance von 0,495 haben, die Wahl zu gewinnen.

Die Ermittlung der gemeinsamen Wahrscheinlichkeiten läßt sich graphisch durch Abb. 2-1 veranschaulichen. Jeder Kreis symbolisiert eine Ereignismenge, die aus mehreren alternativen Ereignissen besteht, welche durch Äste dargestellt werden. Die Zahlen bedeuten die Wahrscheinlichkeiten der wirtschaftlichen Entwicklungen, die bedingten Wahrscheinlichkeiten der Wahlergebnisse in Abhängigkeit von der Wirtschaftsentwicklung und die sich ergebenden Wahrscheinlichkeiten der Ereigniskombinationen aus wirtschaftlicher und politischer Entwicklung.

Unabhängigkeit. Zwei Ereignisse x und y werden als (stochastisch) *unabhängig* bezeichnet, wenn

$$p(y \mid x) = p(y). \tag{2.3}$$

Setzt man hierin (2.1) ein, so ergibt sich

$$p(x, y) = p(x) \cdot p(y), \tag{2.4}$$

d. h. die gemeinsame Wahrscheinlichkeit zweier unabhängiger Ereignisse ist gleich dem Produkt ihrer unbedingten Wahrscheinlichkeiten.

2.3.4 Ereignisbäume

Ereignisbäume können nützliche Hilfsmittel für die Darstellung von Szenarien sein. Ein Ereignisbaum beginnt mit einem unsicheren Tatbestand, der zu mehreren alternativ möglichen Ereignissen führen kann. Jedes dieser Ereignisse kann

von weiteren Ereignissen gefolgt werden. Am Ende erhalten wir eine Anzahl sich gegenseitig ausschließender Konsequenzen. Deren Wahrscheinlichkeiten ergeben sich, indem wir alle Wahrscheinlichkeiten auf dem betreffenden Pfad miteinander multiplizieren. Mit Ausnahme der Wahrscheinlichkeiten am Ursprung des Ereignisbaums handelt es sich dabei um bedingte Wahrscheinlichkeiten. Je nach dem Kontext kann statt des Terminus Ereignisbaum der Ausdruck „Zustandsbaum" angemessener sein.

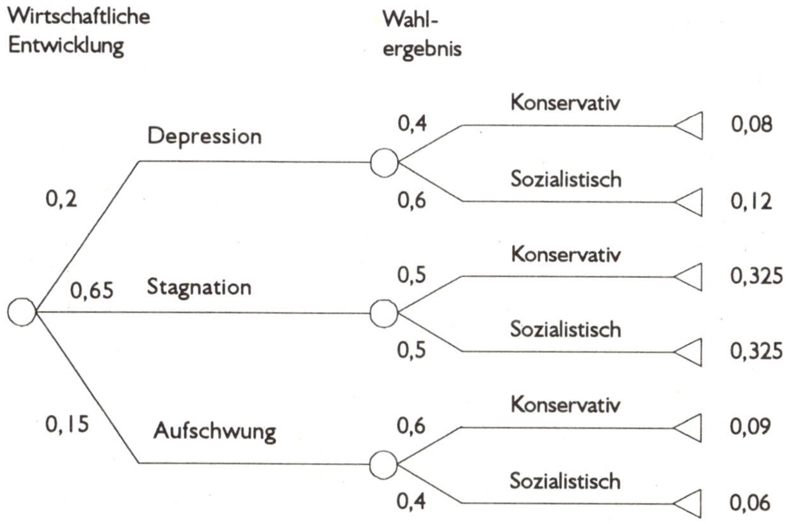

Abb. 2-1: Ereigniskombinationen und ihre Wahrscheinlichkeiten nach der Multiplikationsregel

Abb. 2-1 ist ein einfacher Ereignisbaum. Als weiteres Beispiel diene ein Ereignisbaum, wie sie in der „Reactor Safety Study" der U. S. Nuclear Regulatory Commission von 1975 (dem sog. Rasmussen-Report) verwendet wurden, um die Wahrscheinlichkeiten von schwerwiegenden Reaktorunfällen zu untersuchen.

Abb. 2-2 zeigt als Anfangsereignis einen großen Rohrbruch im Primärsystem (das Ereignis „Rohr bricht nicht" ist weggelassen). Danach wird das Verhalten anderer Teilsysteme betrachtet, nämlich der eigenen Stromversorgung, des Notkühlsystems, des Systems zur Beseitigung von Spaltprodukten und des Behältersystems. Bei jedem Teilsystem werden nur zwei Ereignisse – das Teilsystem funktioniert oder versagt – unterschieden.

Jeder Pfad durch den Ereignisbaum stellt eine theoretische Unfallsequenz dar. Nicht alle diese Sequenzen sind logisch möglich. So kann bei Ausfall der Stromversorgung keines der anderen Teilsysteme funktionieren. Ein Ereignis mit der Wahrscheinlichkeit null und alle ihm folgenden Ereignisse können gestrichen werden. Daher läßt sich der Ereignisbaum vereinfachen, wie im unteren Teil von Abb. 2-2 gezeigt.

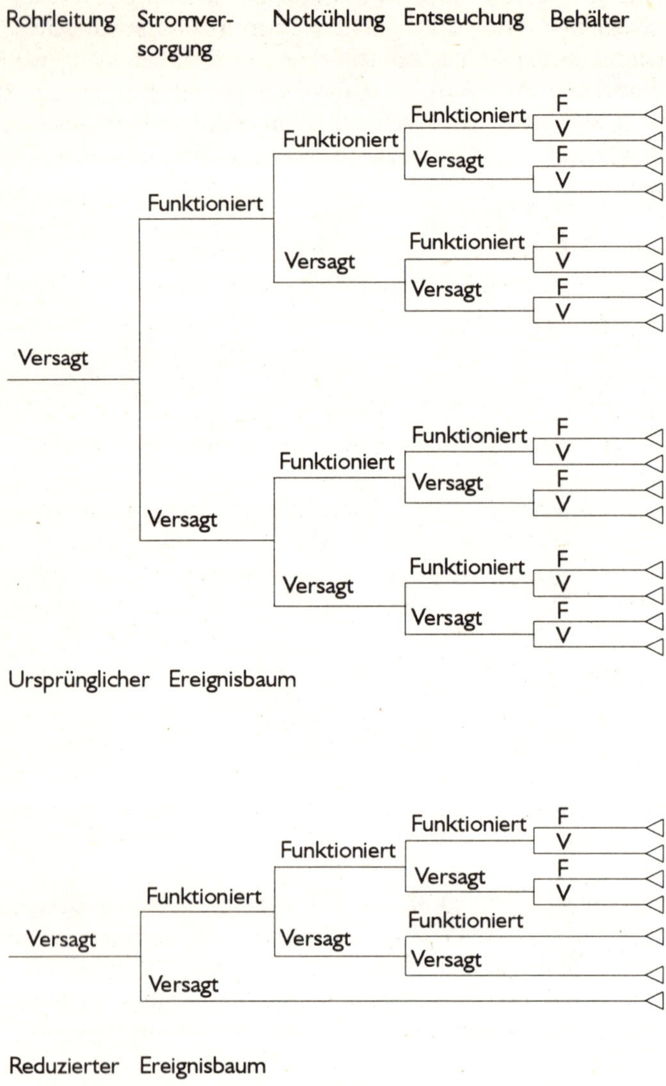

Abb. 2-2: Vereinfachte Ereignisbäume für einen schweren Reaktorunfall infolge Rohrbruchs im Kühlsystem. Quelle: Bunn 1984, S. 171

2.3.5 Die Additionsregel

Die Wahrscheinlichkeit dafür, daß entweder x oder y oder beide eintreffen, ist

$$\mathrm{p}(x \text{ oder } y) = \mathrm{p}(x) + \mathrm{p}(y) - \mathrm{p}(x, y) = \mathrm{p}(x) + \mathrm{p}(\neg x, y). \tag{2.5}$$

Der subtraktive Term wird klar, wenn man beachtet, daß sowohl $p(x)$ wie $p(y)$ die Wahrscheinlichkeit $p(x, y)$ enthalten. Dieser Term ist also doppelt gezählt und muß einmal wieder abgezogen werden.

Beispielsweise beziffert ein Landwirt die Wahrscheinlichkeit, daß seine Frucht von einem Schädling befallen wird, mit $p(x) = 0{,}2$ und die Wahrscheinlichkeit einer Dürreperiode mit $p(y) = 0{,}15$. Wie hoch ist die Wahrscheinlichkeit, daß die Ernte vernichtet wird, wenn jede der beiden Katastrophen hierfür ausreicht? Wir benötigen den Wert des subtraktiven Terms $p(x, y)$, also die Wahrscheinlichkeit, daß Dürre und Schädling gemeinsam auftreten. Falls Dürre und Schädlingsbefall stochastisch unabhängig sind, beträgt er $0{,}2 \cdot 0{,}15 = 0{,}03$. Die Gefahr des Ernteverlustes ist dann $0{,}2 + 0{,}15 - 0{,}03 = 0{,}32$. Es könnte jedoch auch eine stochastische Abhängigkeit bestehen, etwa daß bei Dürre das Auftreten des Schädlings wahrscheinlicher wird als bei ausreichendem Regen. Angenommen, der Landwirt schätzt für den Fall der Dürre, daß der Schädling mit der (bedingten) Wahrscheinlichkeit 1/3 auftritt. Dann ist $p(x, y) = 0{,}15 \cdot 1/3 = 0{,}05$ und die Gefahr, die Ernte zu verlieren, $0{,}2 + 0{,}15 - 0{,}05 = 0{,}3$.

Schließen x und y sich gegenseitig aus, können also nicht gemeinsam eintreffen, so ist der subtraktive Term gleich null und entfällt. Falls also bei Dürre der Schädling nicht überlebt und dennoch die Wahrscheinlichkeiten $p(x)$ und $p(y)$ wie angegeben gelten, geht die Ernte mit der Wahrscheinlichkeit $0{,}2 + 0{,}15 = 0{,}35$ verloren.

2.3.6 Ursachenbäume

Ein zweites Instrument, das ebenfalls bei der Erstellung der genannten Reaktorsicherheits-Studie eine große Rolle spielte, ist der Fehlerbaum (*fault tree*). Hier wird die Idee des Ereignisbaums gleichsam umgekehrt. Man geht von einem definierten Endergebnis aus und fragt, auf welche Art und Weise es entstehen kann oder konnte. Die Bezeichnung deutet darauf hin, daß diese Methode für die Analyse von Störfällen entwickelt worden ist – Reaktorunfall, Flugzeugabsturz, das Auto springt nicht an. Fehlerbäume sind geeignet, die Ursachen für das Versagen komplexer Systeme zu analysieren. Ebenso wie der Ereignisbaum ist aber der Fehlerbaum durchaus nicht auf unangenehme Ereignisse beschränkt. Wir ziehen es deshalb vor, die neutralere Bezeichnung „Ursachenbaum" zu verwenden.

Ein Ursachenbaum beginnt mit einer Wirkung und fragt nach den möglichen Ursachen. Bei jeder Ursache wird sodann gefragt, worauf sie zurückzuführen ist.

In Ereignisbäumen werden nur multiplikative Verknüpfungen („Und-Verknüpfungen") zwischen Ereignissen, also das Zusammentreffen mehrerer Ereignisse verwendet. In Ursachenbäumen dagegen kommen auch „Oder-Verknüpfungen" vor, die eine Addition von Wahrscheinlichkeiten verlangen.

Die Wirkungsweise von Ursachenbäumen können Sie anhand des Beispiels, das in Abb. 2-3 illustriert ist, erkennen. Die Mannigfach AG besitzt 20% der Anteile an der Simplex AG, die ihr auf einigen Märkten Konkurrenz macht. Der Mannigfach-Vorstand möchte eine Mehrheitsbeteiligung erwerben. Da die

Simplex-Aktien im Streubesitz sind, aber nicht an der Börse gehandelt werden, denkt man an ein öffentliches Übernahmeangebot, bei dem man den Simplexeignern einen attraktiven Preis für ihre Aktien bieten will.

Zwei Probleme sind zu bedenken. Es kann sein, daß die Aktion nicht zum Erwerb der Stimmenmehrheit führt, und falls doch, so kann das Kartellamt aus wettbewerbsrechtlichen Gründen die Übernahme untersagen.

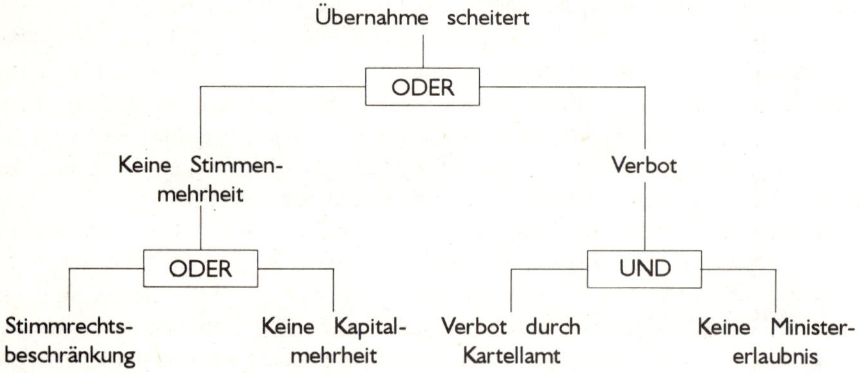

Abb. 2-3: Ursachenbaum für das mögliche Scheitern der Mehrheitsübernahme

Die Satzung von Simplex enthält eine Stimmrechtsbeschränkung, wonach kein Aktionär mehr als 5% Stimmrechte ausüben darf. Wenn diese Klausel nicht auf der nächsten Hauptversammlung beseitigt wird, ist die Mehrheitsbeteiligung für Mannigfach wenig interessant. Man muß damit rechnen, daß sich das Simplex-Management gegen die Übernahme stellt und die Satzungsänderung nicht zustande kommt. Hinzu kommt, daß Mannigfach nicht sicher sein kann, die Kapitalmehrheit zu erreichen.

Das andere potentielle Hindernis ist das Kartellamt. Es könnte den Zusammenschluß verbieten, weil er nach seiner Meinung auf dem einen oder anderen Teilmarkt eine marktbeherrschende Stellung bewirken könnte. Im Falle eines Verbotes besteht allerdings noch eine kleine Hoffnung, eine Sondererlaubnis durch den Bundeswirtschaftsminister zu erlangen.

Wie hoch ist unter diesen Umständen die Wahrscheinlichkeit, daß die Aktion scheitert? „Scheitern" kann alternativ durch die Ereignisse „Keine Stimmenmehrheit" oder „Verbot" zustandekommen. Diese beiden Ausgänge sind also durch ein Oder miteinander verknüpft. Gemäß (2.5) gilt

$$p(\text{Scheitern}) = \\ p(\text{Keine Stimmenmehrheit}) + p(\text{Verbot}) - p(\text{Keine Stimmenmehrheit, Verbot})$$

oder anders ausgedrückt

$$p(\text{Scheitern}) = \\ p(\text{Keine Stimmenmehrheit}) + p(\text{Stimmenmehrheit, Verbot}).$$

Für das Ereignis „Stimmenanteil ≤ 50%" sind wiederum zwei Oder-verknüpfte Ursachen möglich: Die Stimmrechtsbeschränkung und die Nichterlangung von über 50% der Kapitalanteile. Die Wahrscheinlichkeit für das Scheitern mangels Stimmenmehrheit setzt sich wie folgt zusammen:

$$\begin{gathered}p(\text{Keine Stimmenmehrheit}) = \\ p(\text{Stimmrechtsbeschränkung}) \\ + p(\text{Keine Stimmrechtsbeschränkung, keine Kapitalmehrheit}).\end{gathered}$$

Nun zur Wahrscheinlichkeit eines Verbots. Damit dieses eintritt, muß das Kartellamt den Zusammenschluß verbieten *und* der Minister eine Genehmigung ablehnen. Die Wahrscheinlichkeit hierfür ist gleich dem Produkt aus der Wahrscheinlichkeit, daß das Kartellamt verbietet, und der (bedingten) Wahrscheinlichkeit, daß dann auch der Minister keine Genehmigung erteilt:

$$\begin{gathered}p(\text{Verbot}) = \\ p(\text{Kartellamt verbietet}) \cdot p(\text{Minister erlaubt nicht} \mid \text{Kartellamt verbietet}).\end{gathered}$$

2.3.7 Die Abhängigkeit des Umweltmodells von den Zielen

Natürlich gibt es unendlich viele Arten, die Umwelt zu beschreiben. Welche Ereignis- bzw. Zustandsmengen der Entscheider zur Umweltmodellierung benutzt, sollte vor allem von seinen Zielen abhängen.

Nehmen wir als Beispiel zwei Männer, die sich beide überlegen, ein bestimmtes Stück Land zu kaufen. Für ihre Entscheidung sind unsichere Einflüsse maßgeblich. Der eine potentielle Käufer ist Landwirt und will dort Tomaten anbauen. Für ihn ist der Erfolg der Entscheidung davon abhängig, ob konkurrierende Betriebe sich in der Nähe ansiedeln werden, ob Einfuhrerleichterungen für ausländische Tomaten zu erwarten sind und ob die Verwendung von Insektiziden gesetzlich eingeschränkt wird. Die Szenarien, die er definiert und deren Wahrscheinlichkeiten er zu bestimmen versucht, sind also durch Kombinationen unterschiedlicher Konkurrenzsituationen, Handelsbestimmungen und Umweltschutzgesetze definiert.

Der andere Interessent hat vor, auf dem Gelände einen Freizeitpark anzulegen und kommerziell zu nutzen. Ihn interessiert offensichtlich keine der Unsicherheiten, die den Landwirt plagen, dafür aber andere, wie die über die demographische Entwicklung im Umkreis, die Bau- und Unterhaltungskosten der Einrichtung und eventuelle Zuschüsse der Gemeinde. Seine Szenarien sind völlig andere als die des Landwirts.

Hier zeigt sich, ebenso wie bei der Frage nach der Generierung neuer Alternativen, die Schlüsselstellung, die den Zielen innerhalb des gesamten Modellierungsprozesses zukommt. Nicht nur die Definition der Alternativenmenge, sondern auch die der Ereignis- oder Zustandsmenge muß zielgeleitet sein. Weiß der Entscheider (noch) nicht, was er erreichen will, kann er die relevanten ungewissen Umwelteinflüsse nicht identifizieren.

2.4 Die Modellierung der Wirkungen

Wenn eine bestimmte Handlungsalternative gewählt ist und die Ausprägungen der Umwelteinflüsse eingetreten sind (eine etwa bei der Entscheidung vorhandene Unsicherheit also aufgelöst ist), unterstellen wir das Eintreten einer eindeutigen Konsequenz. Wenn die Entscheidung also lautet: „Ich nehme keinen Regenschirm zum Spaziergang mit" und das Wetter die Ausprägung „Wolkenbruch" annimmt, so ist die Konsequenz „Ich werde naß" sicher.

Nicht immer ergibt sich die Konsequenz so trivial. Möglicherweise ist ein Wirkungsmodell erforderlich, das die Konsequenz der Entscheidung eindeutig bestimmt. Zum Beispiel sei der Gewinn einer Handelsunternehmung nach Steuern G_S aus einem Exportgeschäft eine Funktion des Verkaufspreises p, der (von p abhängigen) abgesetzten Menge m, des Einkaufspreises k, des Steuersatzes s und des Wechselkurses w. Die Entscheidungsalternativen sind die verschiedenen möglichen Verkaufspreise. Die übrigen Variablen sind Umwelteinflüsse. Die Gleichung

$$G_S = (1-s) \cdot m(p) \cdot (p \cdot w - k)$$

ist das Wirkungsmodell, das aus der Kombination der Entscheidungsvariablen (p) und der Zustandsvariablen (m, k, s, w) die Konsequenz – hier beschrieben durch die Ausprägung der Zielvariablen G_S – bestimmt.

Das Wirkungsmodell kann in einer einfachen Gleichung oder in einem Gleichungssystem bestehen, es kann sich aber auch um einen komplizierten Algorithmus handeln. Ein Beispiel: In einer Fertigungsabteilung warten eine Menge von Kundenaufträgen auf die Freigabe. Von jedem Auftrag ist bekannt, welche Maschinen er in Anspruch nimmt, wie lange dies dauert, in welcher Reihenfolge der einzelne Auftrag die Maschinen beansprucht und für welchen Termin die Lieferung geplant ist. Für den Fall, daß sich vor einer Maschine eine Warteschlange bildet – d. h., daß mehr als ein Auftrag bereit ist, auf dieser Maschine bearbeitet zu werden – kann man mit einer Prioritätsregel arbeiten. Solche Regeln lauten etwa „Wer zuerst kommt, wird zuerst bearbeitet", „Wer die Maschine die kürzeste Zeit beansprucht, wird zuerst bearbeitet" oder „Der Auftrag mit dem frühesten Liefertermin wird zuerst bearbeitet". Das Entscheidungsproblem sei, welche Prioritätsregel man anwenden will. In dem Moment, wo man sich für eine Regel entschieden hat, steht der ganze Ablaufplan fest. Das bedeutet allerdings nicht, daß man ihn schon *kennt.* Man muß ihn erst ermitteln. Dazu dient ein entsprechender Algorithmus, der – gewöhnlich per Computer – feststellt, wann welcher Auftrag begonnen wird, wann er welche Maschinen belegt und wann er fertig ist. Erst nach der Anwendung dieses Algorithmus sind die Auswirkungen der getroffenen Entscheidung auf die Zielvariablen bekannt.

2.5 Die Modellierung der Präferenzen

2.5.1 Ziele und Präferenzen

„Präferenzen" sind Einstellungen des Entscheiders zu Konsequenzen oder zu Handlungsalternativen. Wir unterscheiden folgende Relationen für $a, b \in A$:

$a \succ b$ *a* wird gegenüber *b* präferiert (vorgezogen).
$a \sim b$ Indifferenz zwischen *a* und *b*, der Entscheider zieht weder *a* noch *b* vor.
$a \succeq b$ *a* wird gegenüber *b* präferiert oder es herrscht Indifferenz.

Die Präferenzen in bezug auf die Alternativen sind nicht im voraus gegeben; der Entscheider ist sich über sie nicht schlüssig. Die präskriptive Entscheidungstheorie soll dabei helfen, sie zu finden. Der Weg dahin führt über die Klärung der Präferenzen in bezug auf die Konsequenzen, die aus den Handlungsalternativen und Umwelteinflüssen folgen.

Der Entscheider muß sich Vorstellungen darüber machen, durch welche *Eigenschaften* er die Konsequenzen seiner Entscheidung beschreiben will. Diese Eigenschaften werden auch als *Attribute, Zielgrößen* oder *Zielvariablen* bezeichnet. Beim Autokauf sind das gewöhnlich Kosten, Fahrkomfort, Zuverlässigkeit, Sicherheit, Geräumigkeit, Styling usw. Im Fall der Auftragsreihenfolgeplanung werden z. B. Zielgrößen wie mittlere Durchlaufzeit, mittlere Terminüberschreitung oder mittlere Maschinenauslastung angewandt.

Unter einem *Ziel* verstehen wir eine Eigenschaft (Zielvariable) in Verbindung mit einer Angabe über die Präferenz des Entscheiders bezüglich dieser Eigenschaft. Oft steigt oder fällt die Wertschätzung monoton mit der Ausprägung der Zielvariablen: Je geringer die Kosten, um so besser; je größer die Zuverlässigkeit, um so besser. Der Entscheider hat die Ziele „Kostenminimierung" und „Maximierung der Zuverlässigkeit". Häufig liegen optimale Werte aber auch irgendwo innerhalb des Wertebereichs: Der Urlauber strebt zwar Wärme, aber nicht die maximal mögliche Hitze an, der Surfer schätzt Wind, aber nicht den Orkan. Dann können wir sagen, das Ziel sei eine „möglichst angenehme Temperatur" oder ein „möglichst guter Surfwind".

2.5.2 Zielkonflikte

Zu den subjektiven Vorentscheidungen gehört, durch wieviele und welche Eigenschaften die Konsequenzen der Entscheidung beschrieben werden sollen. Kapitel 3 beschäftigt sich mit diesem Problem. Bei vielen wirtschaftlichen Entscheidungen ist nur *eine* Zielvariable von Belang, etwa der Gewinn oder die Kosten. Kennzeichnend für die meisten schwierigen Entscheidungen ist jedoch die Existenz *mehrerer* Ziele, die miteinander in Konflikt stehen. Der Konflikt besteht darin, daß es keine Alternative gibt, die hinsichtlich jeder Zielvariablen besser als – oder zumindest nicht schlechter als – jede andere ist. Man kann nicht alles haben. Die Lösung des Zielkonflikts verlangt stets ein Abwägen: Beim

Übergang von Alternative *a* auf Alternative *b* tritt hinsichtlich einzelner Ziele eine Verbesserung, bei anderen eine Verschlechterung ein.

Wir werden unterstellen, daß der Gesamtwert einer Konsequenz für den Entscheider das Resultat der Aggregation der Bewertung seiner einzelnen Eigenschaften ist. Dieses Prinzip kennen wir aus vielen praktischen Anwendungen, etwa bei Warentests, im Sport (z. B. Mehrkampfsportarten) oder bei der analytischen Arbeitsbewertung. In all diesen Fällen wird der Wichtigkeit der Einzelaspekte in Form von Gewichtungsfaktoren oder Punkten Rechnung getragen. Auch in der präskriptiven Entscheidungstheorie wird sehr häufig auf ein additives Aggregationsmodell zurückgegriffen. Gegenüber der meist naiven Anwendung solcher Verfahren in der Praxis kann die Theorie aber sagen, unter welchen Umständen ein additives Modell korrekt ist und wie man vorgehen muß, um Bewertungen zu erhalten, die mit der Präferenz des Entscheiders konsistent sind. Im Detail werden wir auf diese Dinge in Kapitel 5 und 6 zu sprechen kommen.

2.5.3 Risikopräferenzen

Im Fall der *Entscheidung unter Unsicherheit* spielt auch die Einstellung des Entscheiders zum Risiko eine Rolle. Bei Sicherheit hat man „nur“ zwischen Konsequenzen zu wählen (was bei Zielkonflikten schwer genug sein kann). Die beste Konsequenz zeigt die beste Alternative an. Bei Unsicherheit hat man zwischen Alternativen zu wählen, die zu unterschiedlichen Konsequenzen führen können. Jede Alternative repräsentiert ein Bündel möglicher Konsequenzen mit ihren Wahrscheinlichkeiten. In der Literatur ist es üblich, von einer Wahl zwischen „Lotterien“ zu sprechen. Vor die Wahl gestellt, für seine Ersparnisse ein Mietshaus zu erwerben, das eine niedrige, aber sehr sichere Verzinsung abwirft, oder das Geld in spekulative Wertpapiergeschäfte zu stecken, wird sich ein risikoscheuer Anleger eher für das erstere und ein risikofreudiger Anleger eher für das letztere entscheiden, ohne daß einer von beiden sich unvernünftig verhielte. Die präskriptive Entscheidungstheorie zeigt, wie man die subjektive Risikoneigung messen und komplexe Entscheidungen bei Unsicherheit entsprechend der individuellen Risikoneigung treffen kann. Hiermit beschäftigen wir uns in den Kapiteln 9 und 10.

2.5.4 Zeitpräferenzen

Die Folgen einer Entscheidung erstrecken sich oft über einen beträchtlichen Zeitraum. Man kann also sagen, daß eine Entscheidung mehrere über die Zeit verteilte Konsequenzen hat. Menschen sind gewöhnlich nicht indifferent gegenüber der zeitlichen Verteilung der Konsequenzen, sondern hegen *Zeitpräferenzen*. Zum Beispiel schiebt man eine unangenehme Operation vor sich her, während man eine Kreuzfahrt in der Karibik lieber dieses als nächstes Jahr mitmacht. Um Alternativen mit weit in der Zeit verteilten Konsequenzen bewerten zu können, ist die Modellierung der Zeitpräferenzen notwendig. Dieses Problem wird in Kapitel 11 diskutiert.

2.5.5 Abbildung der Präferenzen durch Funktionen

In der modernen präskriptiven Entscheidungstheorie werden Präferenzen von Entscheidern durch Funktionen modelliert. Es ist üblich geworden, diese Präferenzfunktionen im Fall sicherer Erwartungen als Wertfunktionen (*value functions*), bei Risiko als Nutzenfunktionen (*utility functions*) zu bezeichnen. Diese Funktionen werden aus Präferenzaussagen in einfachen Wahlproblemen gewonnen – zumindest in Problemen, die einfacher sind als das zu lösende Entscheidungsproblem. Ist der Entscheider zu konsistenten Antworten in der Lage, so läßt sich daraus aufgrund expliziter Axiome, die als Prinzipien rationalen Verhaltens akzeptiert werden können, eine Wert- bzw. Nutzenfunktion ableiten, die zur Bewertung der Alternativen herangezogen werden kann.

Gegenüber vielen in der Praxis und Literatur angebotenen, mehr oder weniger willkürlich festgelegten Kriterien, Verfahren oder Entscheidungsregeln hat das Vorgehen der präskriptiven Entscheidungstheorie den Vorzug, daß

- es auf die Abbildung der tatsächlichen Präferenzen des jeweiligen Entscheiders abzielt und
- die Bewertung der Alternativen axiomatisch begründet ist, d. h. bei Anerkennung gewisser Rationalitätspostulate logisch zwingend aus den Aussagen des Entscheiders folgt.

2.6 Rekursive Modellierung

Das Grundprinzip, ein komplexes Problem in Module zu zerlegen, die einzeln leichter zu bewältigen sind, bedeutet nicht, daß diese Module voneinander unabhängig wären. Man kann selten Handlungsalternativen, Umwelteinflüsse und Ziele völlig getrennt voneinander modellieren. Auf die übergeordnete Funktion der Ziele haben wir schon mehrfach hingewiesen.

Abb. 2-4 symbolisiert, wie diese Komponenten sich gegenseitig beeinflussen. Diese Einflüsse bewirken, daß die Teilmodelle nicht in einem einzigen linearen Durchlauf erstellt werden können. Vielmehr führt eine Veränderung in einem Teilmodell dazu, daß ein anderes Teilmodell revidiert wird. Der Entscheider kommt also immer wieder auf die einzelnen Teilmodelle zurück, um sie optimal aneinander anzupassen. Daß auch in der Realität die Ziele während des Entscheidungsprozesses sich ändern, haben empirische Studien gezeigt (Witte 1968, Hamel 1974, Hauschildt 1977). Wir wollen von rekursiver Modellierung sprechen und diesen Vorgang an folgendem Beispiel illustrieren.

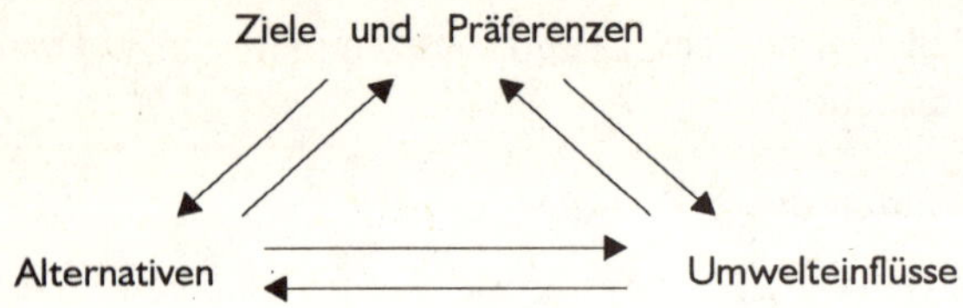

Abb. 2-4: Gegenseitige Beeinflussung der Teilmodelle

Angenommen, Sie haben sich bisher nicht für Personal Computer interessiert, ziehen aber nun doch die Anschaffung eines solchen in Erwägung. Sie sprechen mit einem Freund, der einen vom Typ JapTop besitzt und damit sehr zufrieden ist. Nach diesem Gespräch läßt sich Ihre Entscheidungssituation wie folgt beschreiben:

1. Alternativen:
   - Ich kaufe den JapTop, oder
   - ich verschaffe mir zunächst einen Überblick über das Angebot, oder
   - ich entscheide mich, vorläufig keinen PC anzuschaffen.
2. Unsichere Umwelteinflüsse:
   - Ich kenne nicht alle Eigenschaften des JapTop, und über andere Modelle weiß ich gar nichts.
   - Was kostet die Hard- und Software?
   - Werden die Preise fallen?
   - In welchem Umfang werde ich in nächster Zukunft Schreibarbeiten zu bewältigen haben, zu denen ich den Computer nutzen könnte?
3. Ziele:
   - Möglichst geringe Kosten.
   - Der Computer soll möglichst leistungsfähig sein.
   - Möglichst leicht zu bedienen.
   - Ich will durch die Verwendung des Rechners möglichst viel Zeit beim Erstellen und Korrigieren von Texten sparen.

Nehmen wir an, nach dieser ersten Modellierung der Situation lassen Sie sich in Computershops beraten und studieren einschlägige Zeitschriften.

Alternativen → Ziele. Immer mehr Modelle werden Ihnen geläufig, und da diese unterschiedliche Eigenschaften haben, die Ihr Interesse wecken, wachsen neue Ziele in Ihnen heran. Sie merken etwa, daß es angenehme und weniger angenehme Tastaturen gibt und größere Arbeitsspeicher die Verwendung anspruchsvollerer Programme ermöglichen. Die Ausweitung der Alternativenmenge bewirkt also eine Vergrößerung des Zielsystems.

Ziele → Alternativen. Aber auch der umgekehrte Effekt tritt auf. Je länger Ihre Wunschliste wird, desto stärker werden Sie motiviert, nach noch besseren Alternativen zu suchen. Neue Möglichkeiten tauchen auf, andere werden verworfen – JapTop, den Sie am Anfang schon fast gekauft hätten, ist vielleicht gar nicht mehr im Rennen. Außerdem erweitern Sie Ihre Alternativenmenge, indem

Sie nicht nur zwischen Computermodellen, sondern auch zwischen Händlern wählen, die sich in Preis und Service unterscheiden.

Umwelt → Ziele. Sie denken darüber nach, welche Schreib- und Rechenarbeiten auf Sie zukommen werden. Dabei wird Ihnen klar, daß auch graphische Darstellungen von mathematischen Funktionen in erheblichem Umfang auftreten können. Das weckt den Wunsch nach einem hochauflösenden Bildschirm - ein neues Ziel, das Sie bisher nicht hatten.

Ziele → Umwelt. Eines Ihrer Ziele ist, die Kosten möglichst gering zu halten. Daher bemühen Sie sich um Informationen darüber, wie die Computerpreise sich im Lauf des nächsten Jahres entwickeln werden. Auch ist von Interesse, welche technischen Neuerungen man für die nächste Zukunft erwartet.

Alternativen → Umwelt. Durch Zufall stoßen Sie auf ein Schnäppchen. Ein nur kurze Zeit gebrauchter PC einer weit höheren Leistungsklasse als die, über die Sie sich bisher informiert haben, wird Ihnen 40% unter Neupreis angeboten. Er kostet immer noch mehr als Sie bisher auszugeben dachten. Das Schnäppchen würde sich nur für Desktop-Publishing oder ähnliche Anwendungen lohnen. Neue unsichere Einflüsse sind also: Kommen solche Aufgaben in absehbarer Zeit in Frage? Wenn ja, wann? Was würde zu diesem Zeitpunkt ein geeigneter neuer Rechner kosten?

Umwelt → Alternativen. Während Ihres Entscheidungsprozesses fällt der US-Dollar. Sie überlegen, ob es nicht das günstigste wäre, einen Computer in Amerika zu kaufen. Ihr Verwandter in Silicon Valley könnte das für Sie erledigen.

Irgendwann ist der Zeitpunkt gekommen, da Sie sich zu einer Entscheidung durchringen wollen. Die Modellierung der Handlungsmöglichkeiten, der unsicheren Einflüsse, der Ziele und Präferenzen wird beendet. Aufgrund des gewonnenen Gesamtmodells treffen Sie Ihre Entscheidung. Diese kann auch darin bestehen, vorläufig keinen Computer zu kaufen.

2.7 Visualisierung von Entscheidungssituationen unter Unsicherheit

2.7.1 Nutzen graphischer Darstellungen

Die Strukturierung und Modellierung eines Entscheidungsproblems dient dazu, das Problem besser zu verstehen und die Rationalität der Lösung zu erhöhen. Die Darstellungsmittel, die wir jetzt besprechen, unterstützen diese Absicht. Sie zwingen den Entscheider zur Klarheit und Genauigkeit bei der Formulierung der Ziele, der Alternativen, der Umwelteinflüsse und der Konsequenzen. Sie erlauben andererseits, seine Sicht des Problems anschaulicher und eindeutiger anderen Personen mitzuteilen und zu dokumentieren, als dies mit einer rein verbalen Beschreibung möglich wäre.

Darüber hinaus bieten diese Darstellungsmittel auch Strukturen an, die die numerische Lösung des Problems erleichtern. Darauf werden wir erst in späteren Kapiteln eingehen.

2.7.2 Die Entscheidungsmatrix

Sei A die endliche Menge der Handlungsalternativen und S die ebenfalls endliche Menge der möglichen, sich gegenseitig ausschließenden Umweltzustände. Wir gehen davon aus, daß durch das Zusammentreffen einer jeden Alternative $a \in A$ und eines jeden Zustands $s \in S$ die resultierende Konsequenz c_{as} eindeutig bestimmt ist. Stellt man in jeder Zeile einer Matrix eine Alternative und in jeder Spalte ein Ereignis dar, so ist in den Zellen jeweils ein Ergebnis (eine Konsequenz) definiert. Existiert nur ein Ziel, so ist jede Konsequenz durch die Ausprägung einer Zielvariablen beschrieben; bei mehreren Zielen durch den Vektor der Ausprägungen aller Zielvariablen. Dies wird in Tab. 2.3 gezeigt. Hier bedeutet in der linken Matrix a_i die Ausprägung der Zielvariablen bei der Alternative a, wenn Zustand s_i eintrifft. In der rechten Matrix bedeutet a_{ij} die Ausprägung der j-ten Zielvariablen, wenn Alternative a gewählt wird und Zustand s_i mit der Wahrscheinlichkeit p(s_i) herrscht.

Tab. 2.3: Entscheidungsmatrizen bei einer bzw. bei mehreren Zielvariablen

	s_1	...	s_i	...	s_n
	p(s_1)	...	p(s_i)	...	p(s_n)
a	a_1	...	a_i	...	a_n
b	b_1	...	b_i	...	b_n
c	c_1	...	c_i	...	c_n

	s_1	...	s_i	...	s_n
	p(s_1)	...	p(s_i)	...	p(s_n)
a	$a_{11}, \ldots, a_{1m}$	...	$a_{i1}, \ldots, a_{im}$	...	$a_{n1}, \ldots, a_{nm}$
b	$b_{11}, \ldots, b_{1m}$	...	$b_{i1}, \ldots, b_{im}$	...	$b_{n1}, \ldots, b_{nm}$
c	$c_{11}, \ldots, c_{1m}$	...	$c_{i1}, \ldots, c_{im}$	...	$c_{n1}, \ldots, c_{nm}$

Den Fall mit nur einem Ziel soll folgendes Beispiel verdeutlichen. Ein Verleger stehe vor der Frage, wie hoch die Auflage eines Buches sein soll. Als Alternativen betrachtet er 5.000, 7.000 oder 9.000 zu druckende Exemplare. Die ungewisse Umwelt wird durch die Nachfrage beschrieben, die bei dem vorgesehenen Preis herrscht. Der Verleger sieht die Zustände 4.000, 5.000, 6.000, 7.000, 8.000 oder 9.000 nachgefragte Bücher als möglich an. Einzige maßgebliche Zielgröße ist der Gewinn.

Der Verkaufspreis soll 15 € betragen, die fixen Kosten für den Satz werden mit 10.000 € und die proportionalen Kosten je Exemplar mit 10 € beziffert. Die in Tab. 2.4 eingetragenen Gewinne G ergeben sich aus dem Wirkungsmodell

$$G = \min(A, N) \cdot 15 - 10\,A - 10.000,$$

wobei A die Auflage und N die Nachfrage bedeuten.

Tab. 2.4: Die Entscheidungsmatrix des Verlegers

	Nachfrage					
Auflage	4.000 (0,10)	5.000 (0,15)	6.000 (0,15)	7.000 (0,30)	8.000 (0,20)	9.000 (0,10)
5.000	0	15.000	15.000	15.000	15.000	15.000
7.000	–20.000	–5.000	10.000	25.000	25.000	25.000
9.000	–40.000	–25.000	–10.000	5.000	20.000	35.000

Eine rationale Lösung des Entscheidungsproblems verlangt, daß der Verleger sich Gedanken über die Wahrscheinlichkeiten macht, die den Ausprägungen der Nachfrage zuzuordnen sind. Spricht zum Beispiel eine „an Sicherheit grenzende" Wahrscheinlichkeit dafür, daß nicht mehr als 6.000 Exemplare nachgefragt werden, so bietet sich die Auflage 5.000 an. Spricht jedoch alles dafür, daß die Nachfrage 8.000 oder 9.000 beträgt, erscheint eine Auflage von 9.000 als vernünftig.

Im Beispiel sind die Wahrscheinlichkeiten, die der Verleger den verschiedenen Ausprägungen der Nachfrage zuordnet, in der Tabelle 2.4 eingetragen (eingeklammerte Zahlen). Da die Zustandsmenge in einer Entscheidungsmatrix vollständig sein und die Zustände sich gegenseitig ausschließen müssen, ist die Summe der Wahrscheinlichkeiten eins.

Sind mehrere Ziele von Bedeutung, so müssen in die Zellen jeweils die Ausprägungen aller Attribute eingetragen werden. Beispielsweise ist der Verleger nicht nur am Gewinn interessiert, sondern er sorgt sich auch darum, möglichst wenige Kaufinteressenten zu enttäuschen. Als zweite Zielvariable zieht er also die Anzahl der nicht zum Zuge kommenden Nachfrager heran. Dann ergibt sich die Entscheidungsmatrix in Tabelle 2.5.

Tab. 2.5: Die Entscheidungsmatrix des Verlegers bei zwei Zielvariablen, Gewinn (€) und enttäuschte Nachfrager (E)

	Nachfrage					
Auflage	4.000 (0,10)	5.000 (0,15)	6.000 (0,15)	7.000 (0,30)	8.000 (0,20)	9.000 (0,10)
5.000	0 €	15.000 €	15.000 €	15.000 €	15.000 €	15.000 €
	0 E	0 E	1.000 E	2.000 E	3.000 E	4.000 E
7.000	–20.000 €	–5.000 €	10.000 €	25.000 €	25.000 €	25.000 €
	0 E	0 E	0 E	0 E	1.000 E	2.000 E
9.000	–40.000 €	–25.000 €	–10.000 €	5.000 €	20.000 €	35.000 €
	0 E	0 E	0 E	0 E	0 E	0 E

2.7.3 Der Entscheidungsbaum

Für die visuelle Darstellung mehrstufiger Alternativen ist der Entscheidungsbaum häufig besser geeignet als die Entscheidungsmatrix. Ein Entscheidungsbaum enthält folgende Elemente:

- Entscheidungen, dargestellt durch Vierecke,
- Ereignisse bzw. Zustände, dargestellt durch Kreise oder Ovale,
- Konsequenzen, dargestellt durch Dreiecke.

Von jedem Entscheidungssymbol gehen Linien aus, die Handlungsalternativen darstellen, von jedem Ereignissymbol Linien, die alternative Ereignisse bzw. Zustände repräsentieren. An jedem Ereignissymbol muß die Summe der Wahrscheinlichkeiten eins ergeben. Jeder Pfad durch den Baum von links nach rechts endet in einer Konsequenz.

Abb. 2-5 zeigt ein Beispiel. Ein Unternehmen steht vor der Frage, ob eine Produktentwicklung fortgesetzt oder abgebrochen werden soll. Man mißt dem erfolgreichen Abschluß der Entwicklung eine Wahrscheinlichkeit von 0,3 bei. Sollte der Erfolg eintreten, würde zu entscheiden sein, ob eine große oder kleine Produktionskapazität errichtet werden soll. Die Wahrscheinlichkeit, daß eine hohe Nachfrage nach dem neu entwickelten Produkt entsteht, wird mit 0,6 beziffert, während die Wahrscheinlichkeit für eine geringe Nachfrage 0,4 beträgt.

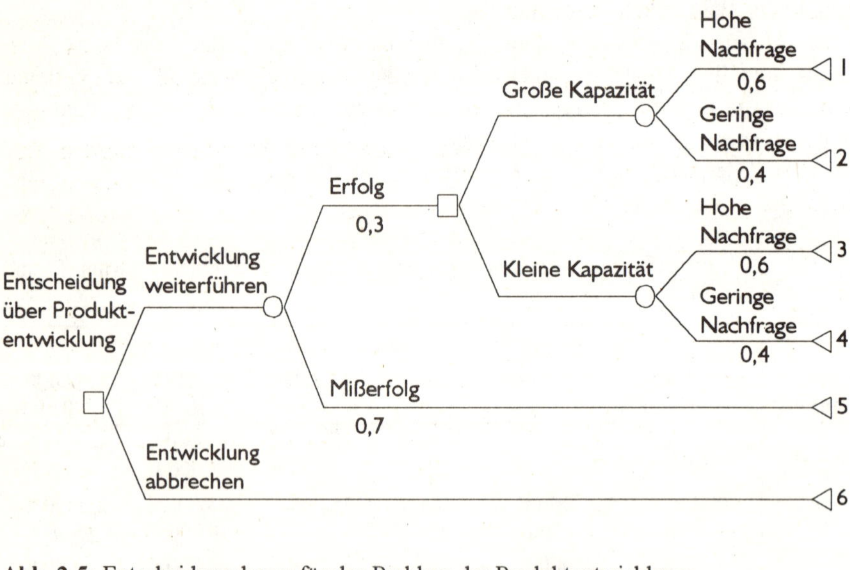

Abb. 2-5: Entscheidungsbaum für das Problem der Produktentwicklung

Die Konsequenzen sind aus Platzgründen nur mit Nummern gekennzeichnet. Für eine genaue Beschreibung müssen die jeweiligen Ausprägungen der Zielvariablen angegeben werden; zum Beispiel wäre bei einer rein finanziellen Zielsetzung die Konsequenz 2 durch die bei Projektfortführung zusätzlich anfallenden Entwicklungskosten, die Investitionsausgaben für die Errichtung einer großen Kapazität und die Deckungsbeiträge aus dem sich bei niedriger Nachfrage ergebenden Umsatz zu beschreiben.

Bei der Abbildung einer Entscheidungssituation in einem Entscheidungsbaum hat man gewöhnlich gewisse Spielräume. Zum einen kann man komplexe *Alternativen* in aufeinanderfolgende Handlungen *aufspalten.* Beispielsweise überlegt man in einem Unternehmen, dessen Raumkapazität nicht mehr ausreicht, entweder vorhandene Gebäude zu erweitern, ein Baugrundstück zu kaufen und zu bebauen oder ein fertiges Gebäude zu erwerben. Für jede dieser Alternativen werden zwei Varianten unterschieden. Sie sind in „zweistufiger" Form in Teil (a) von Abb. 2-6 dargestellt. Offensichtlich können die Handlungsmöglichkeiten aber auch gleichwertig in sechs „einstufige" Alternativen aufgelöst werden, wie es Teil (b) der Abbildung zeigt.

Zum anderen kann man analog auch *Ereignisse* zusammenfassen oder aufspalten. In der Situation, daß durch einen drohenden Streik beim Zulieferer das Material knapp wird, ist es vielleicht sinnvoll, zunächst die Wahrscheinlichkeiten abzuschätzen, ob überhaupt gestreikt und ob der Streik kurz oder lang sein wird. Im zweiten Schritt werden dann die bedingten Wahrscheinlichkeiten für Materialmangel geschätzt, wenn der Streik kurze bzw. wenn er lange Zeit dauert. In Abb. 2-7 sind zwei äquivalente Darstellungsweisen (a) und (b) für diesen Fall enthalten. In Teil (b) ergeben sich die Wahrscheinlichkeiten durch Multiplikation der Wahrscheinlichkeiten für die Streikausprägungen mit den bedingten Wahrscheinlichkeiten für die Ausprägungen der Materialversorgung in Teil (a).

Wenn für das anstehende Problem der Streik als solcher irrelevant und nur die Materialversorgung von Interesse ist, kann dieser unsichere Einfluß auf die beiden Ereignisse „Materialmangel" und „Kein Mangel" reduziert werden. Die Wahrscheinlichkeiten dafür ergeben sich durch Addition der Wahrscheinlichkeiten der entsprechenden, sich gegenseitig ausschließenden Fälle aus Teil (b) und sind in Teil (c) der Abb. 2-7 dargestellt.

Aus einem Entscheidungsbaum lassen sich alle Strategien ablesen, die dem Entscheider zur Verfügung stehen. Im Beispiel der Produktentwicklung sind es folgende:

a Entwicklung weiterführen. Falls erfolgreich, große Kapazität bereitstellen,
b Entwicklung weiterführen. Falls erfolgreich, kleine Kapazität bereitstellen,
c Entwicklung abbrechen.

Analog dazu kann man auch die Szenarien erkennen; diese stellen quasi die „Strategien der Umwelt" dar. Im Beispiel sind folgende Szenarien möglich:

1. Entwicklung erfolgreich, hohe Nachfrage,
2. Entwicklung erfolgreich, geringe Nachfrage,
3. Entwicklung mißlingt, hohe Nachfrage,
4. Entwicklung mißlingt, geringe Nachfrage.

Szenarien, die sich in ihren Konsequenzen nicht voneinander unterscheiden, kann man der Einfachheit halber zusammenfassen. Dies gilt hier für Szenario 3 und 4, die wir zusammen als das Szenario „Entwicklung mißlingt“ definieren können, da die potentielle Nachfrage beim Scheitern des Projekts keine Bedeutung hat.

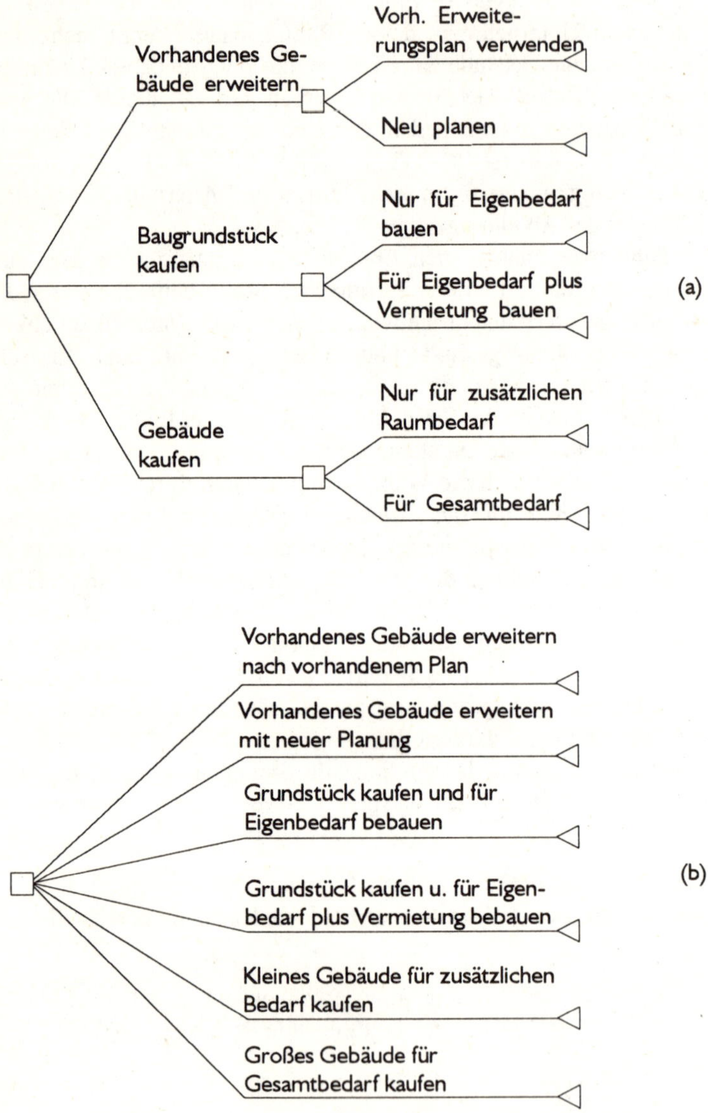

Abb. 2-6: Äquivalente Darstellungen von Alternativen

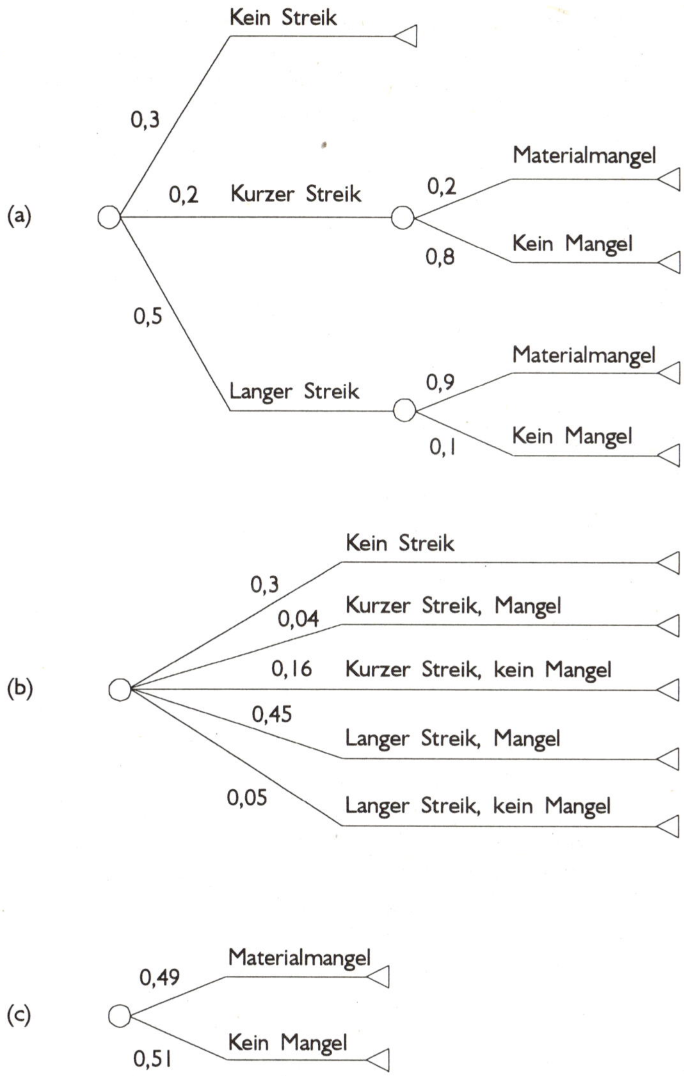

Abb. 2-7: Äquivalente Darstellungen von Ereignissen

Eine Entscheidungsmatrix kann offensichtlich stets in einen Entscheidungsbaum überführt werden. Umgekehrt kann man auch jeden Entscheidungsbaum in die Matrixdarstellung überführen, indem man in einer Tabelle die Strategien und die Szenarien gegenüberstellt und die Konsequenzen in die Tabellenfelder einsetzt. Tabelle 2.6 zeigt die Entscheidungsmatrix für das Beispiel.

Tab. 2.6: Entscheidungsmatrix für das Problem der Produktentwicklung

	Entwicklung erfolgreich, hohe Nachfrage	Entwicklung erfolgreich, geringe Nachfrage	Entwicklung mißlingt
	p = 0,18	p = 0,12	p = 0,7
a Entwicklung weiterführen. Falls erfolgreich, große Kapazität bereitstellen.	Konsequenz 1	Konsequenz 2	Konsequenz 5
b Entwicklung weiterführen. Falls erfolgreich, kleine Kapazität bereitstellen	Konsequenz 3	Konsequenz 4	Konsequenz 5
c Entwicklung abbrechen.	Konsequenz 6	Konsequenz 6	Konsequenz 6

2.7.4 Das Einflußdiagramm

Einflußdiagramme (Howard und Matheson 1984, Bodily 1985, Oliver und Smith 1990) enthalten wesentlich weniger Details als Entscheidungsbäume. Sie stellen nicht alle Handlungsalternativen dar, sondern nur die Entscheidungen als solche. Während im Entscheidungsbaum jede Alternative durch eine Linie dargestellt wird, wird im Einflußdiagramm die Alternativenmenge durch ein Symbol (Viereck) repräsentiert. Ebenso wird nicht jedes mögliche Ereignis durch eine Linie, sondern nur die Ereignismenge als solche durch einen Kreis oder ein Oval bezeichnet. Auch die einzelnen Konsequenzen treten nicht auf, sondern nur die Zielvariablen, symbolisiert durch Rauten oder Sechsecke.

Pfeile, die auf ein Entscheidungssymbol deuten, stellen das Bekanntsein einer Information im Zeitpunkt der Entscheidung dar. Pfeile zu einem Ereignissymbol bedeuten, daß die Wahrscheinlichkeiten der Ereignisse von dem unmittelbar vorausgehenden Ereignis oder der unmittelbar vorausgehenden Entscheidung abhängt.

Sind zwei Ereignispunkte durch einen Pfeil verbunden, so liegt zwischen ihnen eine stochastische Abhängigkeit vor. Diese braucht nicht unbedingt Kausalität zu bedeuten. Die Pfeilrichtung kann prinzipiell umgedreht werden, denn wenn X von Y stochastisch abhängig ist, so ist es auch Y von X. Fehlt ein Pfeil, so sind die Ereignisse unabhängig voneinander.

In Abb. 2-8 sind die wichtigsten Konstellationen zusammengefaßt. Zyklen sind nicht zugelassen, d. h. es darf keinen Weg durch das Diagramm geben, bei dem Anfangs- und Endpunkt identisch sind.

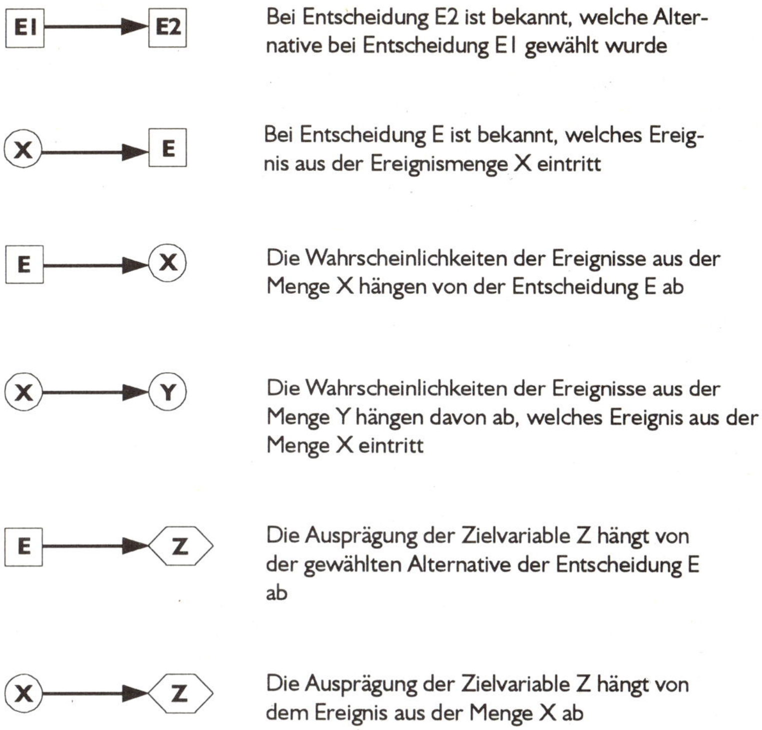

Abb. 2-8: Die Darstellung von Einflüssen im Einflußdiagramm

Beginnen wir mit einem einfachen Fall. Ein Hersteller von Autozubehör hat eine neuartige Diebstahlsicherung entwickelt. Es stellt sich die Frage, wie hoch die Produktionskapazität ausgelegt werden soll. Um die Absatzchancen abzuschätzen, will man das Produkt einige Monate lang auf einem lokalen Markt anbieten. Über den Preis ist schon entschieden, die Kosten sind bekannt. In Abhängigkeit von dem Absatz auf dem Testmarkt wird man dann die Wahrscheinlichkeitsverteilung für die Absatzmengen im Bundesgebiet schätzen und die Kapazitätsentscheidung treffen. Einzige Zielvariable ist der Gewinn. Abbildung 2-9 zeigt ein geeignetes Einflußdiagramm für dieses Problem.

Sehen wir es uns genauer an und beginnen wir mit dem Absatz auf dem Testmarkt, der zur Zeit noch unsicher ist. In dem Moment, wo er bekannt ist, kann man auf die bundesweite Nachfrage schließen (Pfeil 1). Damit kann eine deterministische Prognose oder eine Wahrscheinlichkeitsverteilung der bundesweiten Nachfrage gemeint sein. Pfeil 2 deutet an, daß der Absatz auf dem Testmarkt bekannt ist, bevor die Entscheidung über die Kapazität getroffen wird. Pfeile 3 und 4 stellen die Einflüsse der Nachfrage einerseits und der errichteten Produktionskapazität andererseits auf den Gewinn dar.

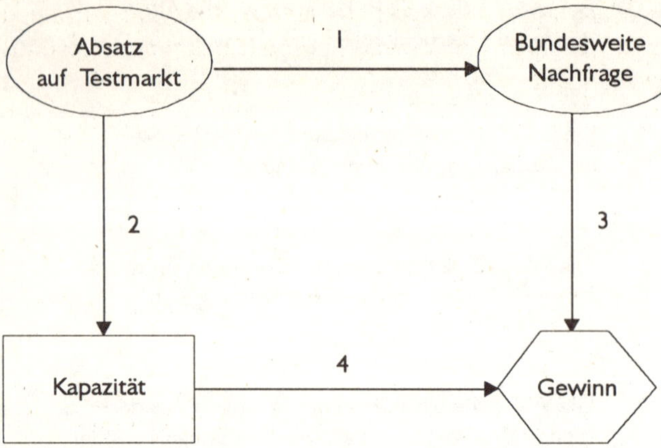

Abb. 2-9: Einflußdiagramm für die Kapazitätsentscheidung des Autozubehörherstellers

Hier sieht man, daß die Pfeilrichtung zwischen den beiden Ereignismengen „Absatz Testmarkt“ und „Bundesweite Nachfrage“ auch umgedreht werden könnte. Dies würde der wahren Kausalität entsprechen. Die gewählte Darstellung ist jedoch aus der Sicht des Entscheiders die natürliche, weil sie der chronologischen Abfolge entspricht: Zuerst wird der Absatz auf dem Testmarkt bekannt, dann ergibt sich daraus die Schätzung der bundesweiten Nachfrage.

Betrachten wir noch einen etwas komplizierteren Fall; er beruht auf einer Studie von Jensen, Tome und Darby (1989). Es geht hierbei um die Entscheidung eines US-amerikanischen Bundesstaates, Rauchmelder für Wohnhäuser gesetzlich vorzuschreiben oder nicht. Falls diese Entscheidung positiv ausfällt, ist ferner über den Grad der staatlichen Anstrengungen zur Durchsetzung der Vorschrift zu entscheiden. In welchem Ausmaß ein gesetzliches Gebot die Anzahl der Todesopfer und Verletzten vermindern kann, hängt von einer Anzahl von Einflußfaktoren ab. Je mehr Hausbesitzer ohnehin freiwillig Rauchmelder installieren, desto geringer ist der Effekt. Außerdem ist mit einer gewissen Verweigerungsrate zu rechnen; nicht alle werden das Gesetz befolgen. Hierauf kann man mit der Intensität der Durchsetzung der Vorschrift, etwa durch Kontrollen, einwirken. Weitere Einflußfaktoren sind offensichtlich die Häufigkeit von Bränden und die Versagerquote der Rauchmelder. Zu den Zielen der erwogenen Maßnahmen gehört neben der Verringerung der menschlichen Opfer auch die Verminderung von Vermögensschäden und die Minimierung der privaten und staatlichen Kosten. In Abbildung 2-10 sind die Einflüsse dargestellt.

Eine Stärke von Einflußdiagrammen liegt darin, die Strukturierung eines Problems zu unterstützen und die für wichtig erachteten Entscheidungen und unsicheren Einflüsse übersichtlich zu kommunizieren und zu dokumentieren. Die Identifikation der Einflüsse reicht natürlich noch nicht aus, um eine Entscheidung zu treffen. Vielmehr muß man anschließend diese Einflüsse in einem Wirkungsmodell quantifizieren. So müßte in dem vorangehenden Beispiel aufgrund statistischen Materials u. a. geschätzt werden, wie die Anzahl der menschlichen Opfer und die Höhe der Vermögensschäden von der Anzahl der ausgelösten Brandalarme abhängt.

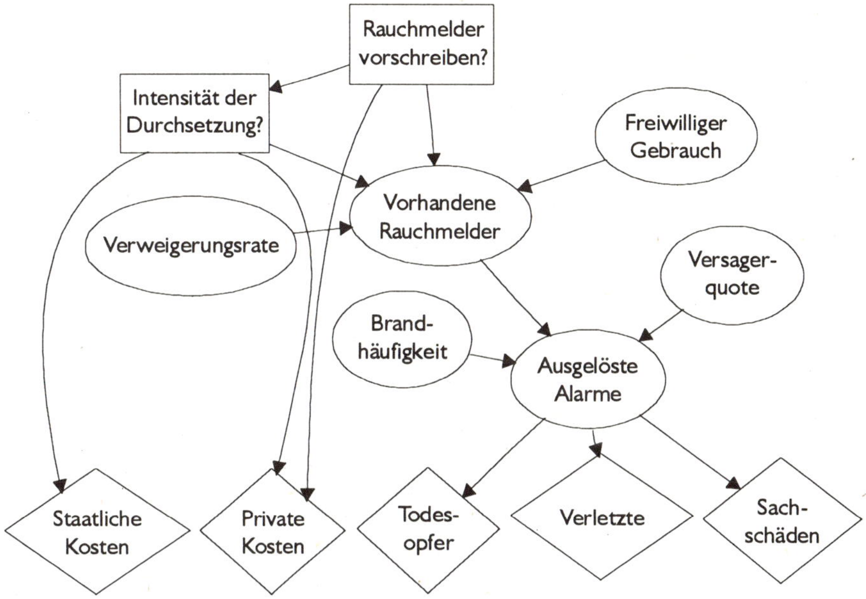

Abb. 2-10: Einflußdiagramm für die Entscheidung über ein gesetzliches Gebot zur Installation von Rauchmeldern

Bei sehr komplizierten Problemen würden Entscheidungs- oder Ereignisbäume viel zu unübersichtlich werden. Einflußdiagramme bieten mehr Transparenz. Das Beispiel in Abbildung 2-11 zeigt Einflußfaktoren auf mögliche Gesundheitseffekte 10.000 Jahre nach Verschluß einer Atommülldeponie. Es bildet ab, welche unsicheren Faktoren im Spiel sind, die zusammen mit der Konstruktion des Barrieresystems auf die Zielvariable einwirken. Das Beispiel macht deutlich, daß ein Einflußdiagramm besser als rein verbale Ausführungen geeignet ist, in der Zusammenarbeit von Experten Ansichten über komplexe Zusammenhänge zu formulieren und zu dokumentieren.

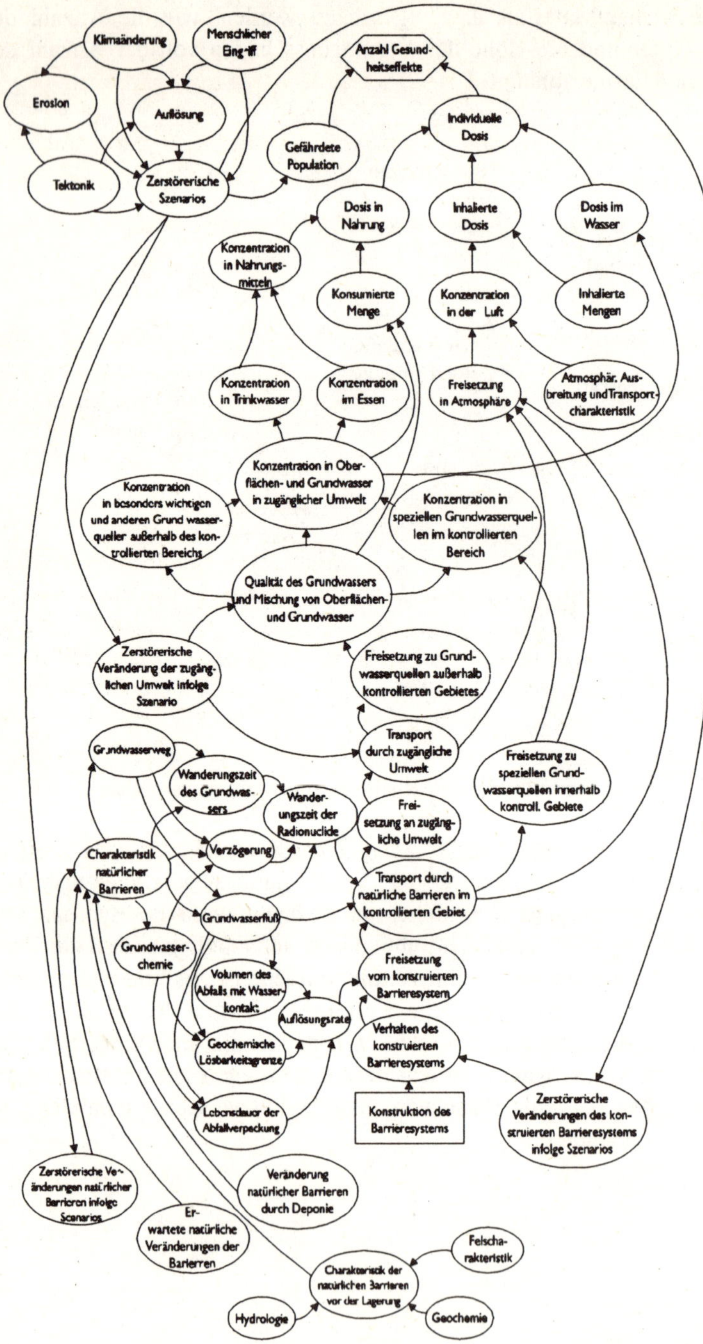

Abb. 2-11: Einflußdiagramm (Ausschnitt) zur Beurteilung möglicher Standorte für eine Atommülldeponie (Merkhofer 1990)

Fragen und Aufgaben

2.1
Sie möchten Ihrer Schwester etwas zum Geburtstag schenken. Auf der Suche nach etwas Passendem finden Sie bei einem Schaufensterbummel folgende Dinge, die Ihrer Schwester mit Sicherheit Freude machen würden:

- Ein Teddybär (15 €),
- das Buch „Töchter des Grauens" (12,80 €),
- eine Flasche Champagner (24 €).

Bei diesem Stand der Dinge beschließen Sie, die Suche einzustellen. Sie wollen nicht mehr als 50 € ausgeben und ziehen auch in Erwägung, Ihrer Schwester statt Sachgütern einen nagelneuen 50-€-Schein in Geschenkpapier zu überreichen.

Wieviele Alternativen haben Sie?

2.2
In der Zeitung lesen Sie, daß ein arbeitsloser Bewohner von Gammelsdorf im Lotto gewonnen hat. Sie machen sich Hoffnung, daß es sich dabei um Ihren mißratenen Vetter Kalle handeln könnte, der aus Gammelsdorf stammt und dort wohnt. Gammelsdorfs Bevölkerung hat einen Anteil von 30% Ausländern und eine Arbeitslosenquote von 8%. Unter den Ausländern ist die Arbeitslosenquote 15%. Wie hoch ist die Wahrscheinlichkeit, daß der glückliche Gewinner ein Inländer ist?

2.3
Sie überlegen, ob Sie Ihre neue Lederjacke anziehen, wenn Sie ins Fitness-Studio gehen. Sie würden sie gern Ihrer Freundin zeigen, die Sie möglicherweise dort treffen werden. In letzter Zeit sind im Umkleideraum häufig Wertgegenstände abhanden gekommen. Es besteht die Möglichkeit, daß Ihnen während des Trainings die Jacke gestohlen wird.

(a) Welche Szenarien sind für Ihr Entscheidungsproblem relevant?

(b) Die Wahrscheinlichkeit, Ihre Freundin im Studio zu treffen, beziffern Sie mit 60%, die Wahrscheinlichkeit, daß Ihre Jacke gestohlen wird, mit 10%. Welche Wahrscheinlichkeiten geben Sie den unter (a) identifizierten Szenarien?

2.4
Betrachtet werden zwei Ereignisse x und y. Gegeben sind die gemeinsamen Wahrscheinlichkeiten $p(x, y) = 0{,}12$, $p(x, \neg y) = 0{,}29$ und die bedingte Wahrscheinlichkeit $p(y \mid \neg x) = 0{,}90$ ($\neg$ kennzeichnet das komplementäre Ereignis).

(a) Berechnen Sie die Wahrscheinlichkeiten $p(\neg x, \neg y)$, $p(\neg x, y)$, $p(x)$, $p(y)$, $p(\neg x)$, $p(\neg y)$, $p(x \mid y)$, $p(y \mid x)$, $p(x \mid \neg y)$.
(b) Wie groß ist die Wahrscheinlichkeit $p(x \text{ oder } y)$ (die Wahrscheinlichkeit, daß mindestens eines der beiden Ereignisse auftritt)?

2.5
Ihr Schwager Calle Noni betreibt ein italienisches Restaurant. In letzter Zeit klagt er, daß er immer weniger Gewinn übrig habe. Da Sie Betriebswirtschaftslehre studieren, fragt er, ob Sie ihn nicht einmal beraten können. Sie wissen wenig über das Restaurant und nehmen sich vor, Calle zu besuchen und soviel relevante Information wie möglich zu erfahren. Zur Vorbereitung auf diesen Besuch zeichnen Sie einen Ursachenbaum, in dem Sie alle denkbaren Ursachen für den Gewinnrückgang eintragen.

2.6
Der Inhaber eines Ausflugsrestaurants überlegt am Freitagmorgen, wie viele Torten er für den Sonntag bestellen soll. Für den Fall, daß die Fußball-Nationalmannschaft in das Finale kommt, rechnet er mit so geringem Besuch, daß nur zwei Torten verkauft werden. Scheitert die Nationalmannschaft Freitag nachmittag im Halbfinale, rechnet der Wirt mit 20 Torten Absatz. Der Einkaufspreis einer Torte beträgt 10 €, der Erlös 30 €.

Der Inhaber will nur zwischen den Alternativen „Zwei Torten“, „Fünf Torten“ und „Zehn Torten“ wählen. Sein Ziel ist Gewinnmaximierung. Stellen Sie eine Entscheidungsmatrix auf.

2.7
Sie wollen einen Stadtbummel machen und überlegen sich, ob Sie einen Regenschirm mitnehmen oder nicht. Falls es regnet und Sie keinen Regenschirm haben, müssen Sie Ihre Kleidung in die Reinigung geben. Andererseits hassen Sie es, einen Schirm zu tragen, und vergessen Schirme häufig in einem Laden. Da gleich im Radio die Wettervorhersage ansteht, überlegen Sie sich, ob Sie noch die Wetterprognose abwarten sollen.
(a) Strukturieren Sie das Problem durch die Aufstellung eines Entscheidungsbaums. Kennzeichnen Sie darin die Alternativen, die Ereignisse und die Konsequenzen.
(b) Ist auch eine Darstellung des Problems in einer Entscheidungsmatrix möglich?

2.8

(a) Wieviele mögliche Strategien enthält der abgebildete Entscheidungsbaum?
(b) Kennzeichnen Sie eine davon und markieren Sie die Konsequenzen, die sie haben kann.
(c) Wieviele Szenarien sind in diesem Entscheidungsbaum enthalten?
(d) Kennzeichnen Sie eines dieser Szenarien, indem Sie alle Ereignisse markieren, die bei diesem Szenario eintreten können.

2.9

Sie überlegen, ob Sie sich mit einem Teil Ihrer Millionenerbschaft an einem neu zu errichtenden Sport- und Freizeitzentrum beteiligen wollen. Offenkundig hängt der ökonomische Erfolg eines solchen Unternehmens von vielen Faktoren ab. Stellen Sie diese in einem Einflußdiagramm dar.

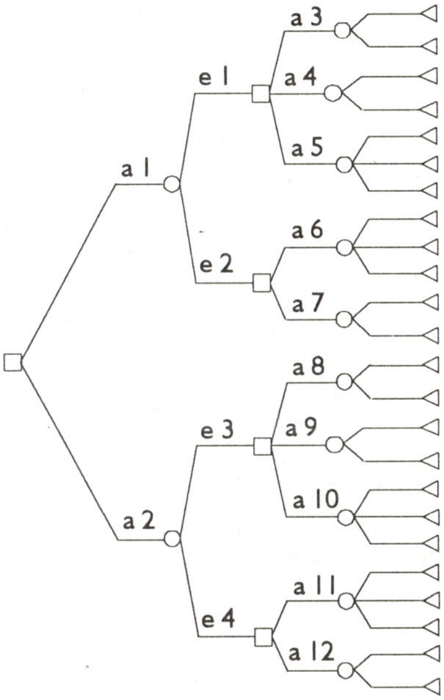

ANWENDUNGSBEISPIEL

Versteigerung der „Kuniang“

Quelle: Bell, D. A.: Bidding for the S. S. Kuniang, *Interfaces*, vol. 14, 1984, S. 17-23.

Eine amerikanische Stromversorgungsgesellschaft, die New England Electric System (NEES), stand vor der Frage, ob sie bei der Versteigerung des 1981 vor der Küste von Florida gesunkenen Schiffs „Kuniang“ mitbieten sollte. Sie könnte das Schiff dazu benutzen, Kohle von Virginia zu den Kohlekraftwerken in New England zu transportieren. Ein Gesetz von 1920 verbot jedoch die inneramerikanische Küstenfahrt mit Schiffen, die nicht in den USA gebaut waren oder nicht von Amerikanern betrieben wurden. Die „Kuniang“ war ein englisches Schiff. Ein anderes Gesetz von 1852 wies einen Ausweg: Ein Schiff konnte als amerikanisches gelten, wenn die Vorbesitzer es als Totalverlust erklärt hatten (was hier zutraf) und die Reparaturkosten mindestens das Dreifache des Bergungswertes betrugen.

Es lag eine Schätzung von 15 Millionen Dollar für die Reparatur der „Kuniang“ vor. Ungewiß war jedoch, wie die dafür zuständige US-Küstenwache den Bergungswert ansetzen würde. Der Schrottwert betrug sicherlich weniger als 5 Millionen Dollar. Falls die Küstenwache jedoch den Ersteigerungspreis zum Bergungswert erklären würde und dieser über 5 Millionen läge, so müßte NEES die Reparaturkosten entsprechend erhöhen. Eine Möglichkeit hierzu wäre, eine automatische Anlage zum Löschen der Ladung einzubauen. Dies würde 21 Millionen kosten. Vorteilhaft wäre die Verkürzung der Dauer von acht auf fünf Tage je Reise, nachteilig die Verringerung der Ladekapazität. Es war ungewiß, wie die Küstenwache entscheiden würde; bei NEES gab man dem Ersteigerungswert 70% Wahrscheinlichkeit, dem Schrottwert 30%.

Da die Transportkapazität der „Kuniang“ den Bedarf der NEES weit überstieg, würde die Rentabilität des Erwerbs stark davon abhängen, zu welchen Frachtraten das Schiff zusätzliche Transporte für fremde Kunden durchführen könnte.

Was die Chancen betraf, bei der Versteigerung den Zuschlag zu erhalten, so war man bei NEES der Meinung, daß ein Angebot von 3 Millionen Dollar chancenlos sei, daß man aber bei 10 Millionen mit Sicherheit zum Zuge kommen würde. Für die dazwischenliegenden Werte wurden folgende Wahrscheinlichkeiten angenommen:

	5 Mio	6 Mio	7 Mio	8 Mio	9 Mio
Chance	1/6	2/6	3/6	4/6	5/6

Als Alternativen zur „Kuniang“ mit bzw. ohne automatische Löschvorrichtung standen zwei Angebote amerikanischer Werften für Neubauten zur Wahl.

In folgendem Entscheidungsbaum ist die Situation dargestellt. Zur Vereinfachung wurden nur die Angebote 5, 7 und 9 Millionen Dollar eingezeichnet. Die Unsicherheiten bezüglich der Frachtraten wurden nicht dargestellt. Die Zahlen an den Konsequenzen bedeuten erwartete Kapitalwerte der Investition. Da sich von den beiden Neubau-Angeboten eines als überlegen erwies, wurde das andere nicht mehr betrachtet.

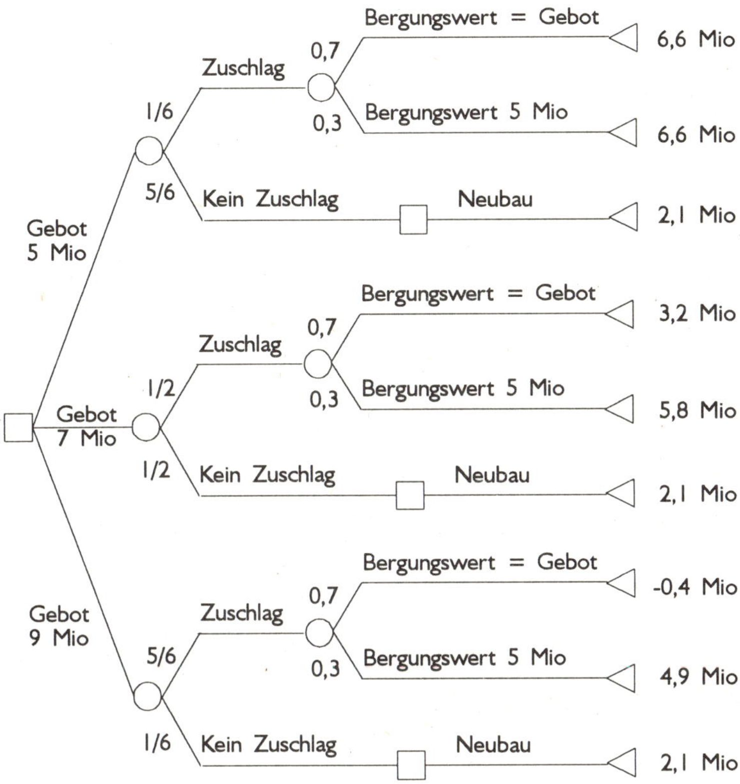

Die Gesellschaft gab ein Gebot über 6,7 Millionen Dollar für die „Kuniang" ab, erhielt jedoch nicht den Zuschlag. Das beste Gebot lag bei 10 Millionen. Die Küstenwache bewertete das Schiff zum Schrottwert, erließ jedoch eine Regelung, nach der sie in zukünftigen Fällen höhere Werte in Betracht ziehen werde.

Kapitel 3: Die Generierung von Zielsystemen

3.0 Zusammenfassung

1. Ohne Klarheit über die Ziele ist keine rationale Entscheidung möglich. Einsicht in die Ziele fördert auch das Erkennen besserer Alternativen und lohnender Entscheidungschancen.
2. Das Erkennen der eigenen Ziele kann hohen mentalen Aufwand erfordern. Es gibt jedoch eine Reihe von Anhaltspunkten: Mängel des Ausgangszustands, Vergleich von Alternativen, strategische Ziele, externe Vorgaben und die Ziele anderer betroffener Personen.
3. Fundamentalziele sind von Instrumentalzielen zu unterscheiden. Für die Bewertung der Alternativen sollten nur solche Ziele herangezogen werden, die innerhalb des jeweiligen Entscheidungskontexts fundamental sind.
4. Das System von (Fundamental-)Zielen, die in einer bestimmten Entscheidungssituation von Bedeutung sind, sollte bestimmte Anforderungen erfüllen: Vollständigkeit, Redundanzfreiheit, Meßbarkeit, Unabhängigkeit und Einfachheit.
5. Eine hierarchische Strukturierung der (Fundamental-)Ziele dient dazu, die unter Punkt 4 genannten Anforderungen an das Zielsystem zu erfüllen.
6. Für jedes (Fundamental-)Ziel, das zur Bewertung der Alternativen herangezogen werden soll, ist eine Zielvariable (=Attribut) zu bestimmen, die die Zielerreichung möglichst treffend und eindeutig wiedergibt.
7. Es läßt sich leider oft nicht vermeiden, künstliche Attribute und Proxy-Attribute anstelle natürlicher Attribute zu verwenden.

3.1 Die Bedeutung von Zielen

Entscheidungen werden getroffen, um Ziele zu erreichen. Wir beurteilen die Handlungsalternativen danach, wie nahe sie uns unseren Zielen bringen. Ohne Klarheit über die Ziele ist keine vernünftige Auswahl zwischen Alternativen möglich.

Kenntnis der Ziele ist aber auch eine Voraussetzung für das Auffinden bzw. die *Generierung neuer, bisher unbekannter oder unbewußter Alternativen.* Eine sorgfältige Definition der Ziele kann zu der Einsicht führen, daß die bisher bekannte

Alternativenmenge keine befriedigenden Lösungen enthält, und die Richtung angeben, in der nach besseren Alternativen gesucht werden sollte. Und auch die Definition der relevanten Umwelteinflüsse ist nicht denkbar ohne Kenntnis der Ziele, denn „relevant" ist ja nur das, was Einfluß auf die Erreichung von Zielen nehmen kann. Noch einen Schritt weiter führt die Erkenntnis, daß das Bewußtsein der eigenen langfristigen Ziele dazu verhilft, Entscheidungschancen besser wahrzunehmen. Eine der Botschaften des Buches „Value-Focused Thinking" von Ralph Keeney (1992), dem dieses Kapitel wesentliche Anregungen verdankt, ist: Eine zielbewußte Denkweise ermöglicht es, Entscheidungssituationen zu suchen oder zu schaffen, die der Verfolgung der Ziele nützlich sind. Statt nur auf Entscheidungs*probleme* zu reagieren, sucht der seiner Ziele bewußte Mensch Entscheidungs*chancen.* Wie oft tut man nur das, was man immer getan hat, was die Umgebung von einem erwartet oder was sich als das Nächstliegende anbietet, und vertut damit die Chance, eine Entscheidung zu treffen, die einen den eigenen Zielen näherbringt.

3.2 Die Generierung von Zielen

Ziele sind nicht einfach *da.* Sie müssen oft erst durch intensives Nachdenken erarbeitet und geformt werden. Menschen neigen dazu, diesen Aufwand zu scheuen. Das mag im Einzelfall rational sein, wenn nicht hinreichend wahrscheinlich ist, daß weiteres Nachdenken zusätzliche Ziele zutage fördert, die zu einer anderen Wahl führen könnten. Bei bedeutsamen und schwierigen Entscheidungen ist es immer vernünftig, intensiv an der Definition der Ziele zu arbeiten. Dies erfordert eine gewisse Systematik und Übung.

Aus welchen Quellen kann in einem spezifischen Entscheidungskontext der Entscheider schöpfen, wenn er Klarheit über seine Ziele sucht?

1. *Mängel* des bestehenden oder eines erwarteten zukünftigen Zustands. Beispielsweise erhält der Inhaber eines Ladens zunehmend Beschwerden von Kunden über die Verkäuferinnen. So entsteht das Ziel, die Zufriedenheit der Kunden zu verbessern. Oder jemand wird aufgrund erhöhter Blutfettwerte von seinem Arzt vor der Gefahr eines Herzinfarkts gewarnt. Ihm wird das Ziel bewußt, eine Arteriosklerose zu vermeiden.
2. *Vergleich der vorliegenden Alternativen.* Worin unterscheiden sich die bekannten Alternativen, und welche dieser Unterschiede sind für Sie von Interesse? Zum Beispiel haben Sie eine Sekretärin einzustellen und vergleichen die Bewerberinnen. Diese unterscheiden sich in ihren Fremdsprachenkenntnissen, ihren Fähigkeiten am Computer, ihrer kaufmännischen Ausbildung, im Alter, im Dialekt, in ihrem Äußeren usw. Welche dieser Unterschiede finden Sie wichtig, welche nicht? Die für Sie wichtigen Unterschiede deuten auf Ziele hin.
3. *Strategische Ziele.* Manche Ziele sind nicht an eine bestimmte Entscheidungssituation gebunden, sondern übergreifender Natur. Unternehmen verfolgen strategische Ziele wie technische Führerschaft, gutes Image, umweltverträgliche Produktion oder Förderung der Motivation ihrer Mitglieder.

Individuen mögen strategische Ziele wie die Erhaltung der Gesundheit, das Wohlergehen der Familie, die Vervollkommnung in einer Fremdsprache oder die soziale Geltung haben.

Sind die strategischen Ziele klar definiert und bewußt, so kann man in konkreten Situationen auf sie zurückgreifen. Die Entscheidung über die Verpackung eines Produkts bietet Gelegenheit, strategische Ziele wie das Image und den Umweltschutz zu fördern. In der Entscheidung, eine angebotene berufliche Veränderung wahrzunehmen, ist die Besinnung auf strategische Ziele der Gesundheitserhaltung und des Wohlergehens der Familie nützlich.

4. *Externe Vorgaben.* In Organisationen haben untergeordnete Entscheidungseinheiten Vorgaben übergeordneter Stellen zu beachten. Typischerweise betreffen diese Vorgaben Absatz- und Produktionsmengen, Umsätze, Kosten, Investitionsausgaben und Rentabilitätsziffern. In Geldeinheiten ausgedrückte Vorgaben werden auch als „Budgets" bezeichnet.

   Solche Vorgaben sind gewöhnlich „Punktziele". Sie werden aus Planungs-, Koordinations- und Motivationsgründen gesetzt (Eisenführ 1992). Hinter ihnen stehen oft Ziele, die auf Optimierung gerichtet sind. Ein höherer Gewinn als der geplante ist allemal willkommen. Warum lautet die Vorgabe also nicht „Gewinnmaximierung" bzw. „Umsatzmaximierung" oder „Kostenminimierung"? Solche Ziele wären nicht geeignet für die Steuerung und Kontrolle der organisatorischen Teileinheiten. Budgets beruhen auf einer Planung der Gesamtaktivitäten und sollen diese durchsetzen. Eine allgemeine Maximierungs- oder Minimierungsforderung würde offenlassen, welches Ergebnis herauskommt. Die Abstimmung, etwa zwischen Produktion, Vertrieb und Finanzabteilung, wäre nicht gewährleistet. Auch die Motivation zu einer gewissen Anstrengung kann durch anspruchsvolle Punktziele besser erreicht werden als durch eine Aufforderung, das Beste zu leisten. Diese Erkenntnis gilt als empirisch gut gesichert (Locke et al. 1981).

   Die Existenz solcher Vorgaben gibt einen Hinweis darauf, welche Größen aus der übergeordneten Sicht wichtig erscheinen und in einem konkreten Entscheidungsfall relevant sein können.

5. *Betroffene Personen.* Wer die Ziele formuliert, sollte sich fragen, welche Personen von den Konsequenzen der Entscheidung betroffen sind und welche Ziele diese Personen haben könnten. Bei einer persönlichen Karriereentscheidung zum Beispiel wird man zunächst die eigenen Ziele erforschen, sollte dann aber auch prüfen, welche Ziele die Familie haben mag und welche Bedeutung man ihnen einräumen will. Analoges gilt für Entscheidungen in Unternehmen, bei denen man sich die Wünsche und Interessen von Vorgesetzten, Kollegen und Untergebenen klarmachen sollte. Top-Manager müssen ständig die Interessen der Gesellschafter, Kreditgeber, Abnehmer und Arbeitnehmer ausbalancieren. Besonders deutlich ist die Notwendigkeit der Berücksichtigung fremder Interessen bei Entscheidungen von Behörden, Regierungen und Parlamenten.

3.3 Fundamentalziele und Instrumentalziele

3.3.1 Eliminierung von Mittel-Ziel-Beziehungen

Es ist in unserem Zusammenhang wichtig, Fundamentalziele von Instrumentalzielen zu unterscheiden. Ein Fundamentalziel ist ein Ziel, das um seiner selbst willen verfolgt wird und für den Entscheider keiner Begründung mehr bedarf. Wir werden diese Definition jedoch im nächsten Abschnitt relativieren: Ein Fundamentalziel ist *immer nur in einem gegebenen Kontext fundamental.* Ein Instrumentalziel wird verfolgt, weil man sich davon eine positive Wirkung auf die Erreichung eines anderen, fundamentaleren Ziels verspricht.

Im Kontext der Marketingplanung wird beispielsweise eine maximale Markenbekanntheit bei den Abnehmern angestrebt, weil sie als instrumental für die Gewinnmaximierung angesehen wird. Die Minimierung der Treibhausgase gilt als wichtiges Ziel, um befürchtete globale Klimaveränderungen zu vermeiden.

Die betriebswirtschaftliche Literatur über Unternehmensziele (z. B. Berthel 1973, Andrä 1974, Heinen 1976, Fritz et al. 1985) unterscheidet gewöhnlich nicht zwischen Fundamental- und Instrumentalzielen. Aus präskriptiver Sicht ist diese Differenzierung jedoch unerläßlich.

Damit Fundamentalziele von Instrumentalzielen unterschieden werden können, ist bei jedem Ziel die Frage zu stellen: *Warum* ist dieses Ziel wichtig? Wenn ein Ziel *X* nur deshalb wichtig ist, weil es zur Erreichung eines anderen Ziels *Y* beiträgt, so sollten Sie prüfen, ob es sinnvoller ist, das Instrumentalziel *X* aus der Liste zu streichen und durch das Fundamentalziel *Y* zu ersetzen. Dafür könnten folgende Überlegungen sprechen:

1. *Mehr Alternativen.* Durch das Erkennen des Fundamentalziels *Y* wird der Blick frei für neue Alternativen, die diesem Ziel dienen können. Zum Beispiel denkt man im Rat einer Stadt darüber nach, wie man an einer bestimmten Strecke die Einhaltung des Tempolimits erzwingen kann, da dort schon mehrere Unfälle passiert sind. Als mögliche Alternativen werden u. a. der Bau von Bodenschwellen in der Straße und der Einsatz von Radarkontrollen diskutiert. Fundamentalziel ist aber nicht die Einhaltung der Geschwindigkeitsbeschränkung, sondern die Vermeidung von Unfällen. Besinnung auf dieses fundamentale Ziel bringt möglicherweise neue Alternativen zum Bewußtsein: Man könnte eine Fußgängerampel aufstellen oder Schülerlotsen einsetzen.
2. *Doppelzählung.* Kommen in einem Zielsystem ein Fundamentalziel *Y* und ein (für *Y* instrumentales) Ziel *X* vor, so führt das zur „Doppelzählung". Daraus kann eine fehlerhafte Entscheidung resultieren. So spielt zum Beispiel in der Praxis wie der Literatur das Ziel „Minimierung der Durchlaufzeiten" in der Produktion eine große Rolle. Nun kann man dieses Ziel kaum als Selbstzweck ansehen; erreicht werden soll durch kürzere Durchlaufzeiten eine Reduzierung von Kapitalbindungskosten in den Halbfabrikaten (in gewissen Fällen kann zusätzlich auch eine Verbesserung der Marktposition eintreten, weil der Hersteller kürzere Lieferzeiten anbieten kann; davon sei

hier abgesehen). Angenommen, eine Unternehmung erwäge zwei alternative Investitionsmaßnahmen zur Kostensenkung: Die Erhöhung der Kapazität und die Verbesserung der Qualitätskontrolle während des Produktionsprozesses. Mit der Kapazitätserhöhung würde erreicht, daß die Durchlaufzeit der Aufträge sinkt, somit auch die Bestände an halbfertigen Erzeugnissen zurückgehen und mit ihnen die Kapitalbindungskosten. Die Verbesserung der Qualitätskontrolle würde kostspielige Nachbearbeitung fertiger Produkte ersparen. Bei beiden Alternativen wären die Investitionskosten gegen die Einsparungen zu rechnen. Es mag sein, daß die verbesserte Qualitätskontrolle einen höheren Kosteneinsparungseffekt hat als die Kapazitätserhöhung, daß aber trotzdem letztere bevorzugt wird – weil sie „zusätzlich" die scheinbar so wichtigen Durchlaufzeiten vermindert.

3. *Unsichere Wirkung.* Es ist unsicher, ob und wie stark instrumental X auf Y wirkt. Mit anderen Worten: Ist X überhaupt ein geeignetes Instrument zur Erreichung von Y? Beispielsweise verfolgen manche Städte offensichtlich das Ziel, Autos aus der City zu vertreiben, indem sie den Autofahrern das Leben so schwer wie möglich machen. Hierzu eignen sich unter anderem Straßenverengungen und die Beseitigung von Parkmöglichkeiten. Vermutlich ist es kein fundamentales Ziel der Stadt, Autofahrer zu ärgern; es dürfte sich dabei um ein Instrumentalziel zur Erreichung besserer Luft und geringerer Lärmbelästigung handeln. In welchem Maß das Instrument allerdings hierzu beitragen wird, ist keineswegs sicher. Es ist durchaus denkbar, daß die konsequente Verfolgung des Instrumentalziels „Autofahrer aus der City vertreiben" zu noch mehr Staus, Abgas- und Lärmbelästigung führt.
4. *Nicht eindeutige Wirkung.* Das Instrumentalziel X mag gut für die Erreichung von Y sein, aber schlecht für die Erreichung eines weiteren Fundamentalziels Z, so daß nicht eindeutig ist, inwieweit die Verfolgung von X Ihren Präferenzen wirklich entspricht. Eine Verbesserung der Produktqualität ist positiv instrumental für die Absatzchancen und den Marktanteil, steigert aber die Kosten. Wenn erhöhter Gewinn angestrebt wird, so ist die Maximierung der Produktqualität kein geeignetes Ziel.

In einem ausformulierten Zielsystem sollten sich keine Mittel-Ziel-Relationen verstecken, d. h. das System sollte keine Ziele enthalten, die ihre Bedeutung ausschließlich aus der (vermuteten) Wirkung auf andere, ebenfalls im Zielsystem enthaltene Ziele herleiten. Mittel-Ziel-Relationen enthalten *faktische Urteile,* also Aussagen über Wirkungszusammenhänge. Sie sind wichtig für die Erarbeitung von Wirkungsmodellen und die Generierung von Alternativen. Sie haben aber nichts mit Zielen zu tun, die ja aussagen sollen, was der Entscheider wünscht, also *Werturteile* enthalten. Die Marketingplaner können sich Erwartungen darüber bilden, ob ihr Produkt als Folge der höheren Markenbekanntheit besser verkauft wird. Ebenso können Verkehrspolitiker Erwartungen darüber hegen, ob der gestresste Autofahrer sich so verhalten wird, wie es mit den Maßnahmen beabsichtigt ist. Professoren und Wissenschaftspolitiker mögen darüber spekulieren, ob die Studienverhältnisse besser werden, wenn man die Studiendauern verkürzt. Die Instrumentalität der Instrumentalziele zu beurteilen, ist oft nur Fachleuten möglich

– und auch dies nicht immer zweifelsfrei. Die Fundamentalziele zu definieren ist dagegen nicht Sache von Experten, sondern desjenigen, der für sich selbst entscheidet oder ein Mandat zur Entscheidung für andere hat.

3.3.2 Kontextabhängigkeit von Fundamentalzielen

Die Unterscheidung zwischen Fundamental- und Instrumentalzielen ist relativ. In einem gegebenen Kontext ist ein Ziel dann fundamental, wenn es nicht Mittel zur Erreichung eines anderen im gleichen Kontext behandelten Ziels ist. Betrachten wir die Mittel-Ziel-Kette $X \rightarrow Y \rightarrow Z$. Hier ist X ein Instrumentalziel für das fundamentalere Ziel Y und Y ein Instrumentalziel für das fundamentalste Ziel Z. Wird bei einer Entscheidung Z nicht herangezogen, so ist Y ein Fundamentalziel.

Es ist unmöglich, in jeder kleinen Entscheidung bis auf die fundamentalsten Ziele zurückzugehen. Je fundamentaler die betrachteten Ziele werden, desto universaler wird die in Betracht zu ziehende Alternativenmenge. Sie studieren drei Sonderangebote von Pauschalreisen eines Reisebüros. Dabei kommt Ihnen „möglichst viel Sonne" als eines Ihrer Ziele in den Sinn. Warum ist Ihnen Sonne wichtig? Unter anderem wegen der Bräunung. Warum ist Bräunung wichtig? Vielleicht unter anderem wegen der Steigerung des Selbstgefühls. Nehmen wir an, Sie hätten die Steigerung des Selbstgefühls als eines der Fundamentalziele identifiziert. Sollten Sie dieses Ziel bei der Bewertung der Pauschalreisen berücksichtigen? Dann sollten Sie logischerweise auch andere Alternativen berücksichtigen als die drei Sonderangebote. Wie sonst als durch Bräunung kann man sein Selbstgefühl steigern? Zum Beispiel, indem man einen Aufsatz schreibt, der veröffentlicht wird, oder indem man seinen Aufschlag beim Tennis verbessert. Also haben Sie nicht zwischen den drei Pauschalreisen zu wählen, von denen Sie ausgingen, sondern müßten eine viel größere Alternativenmenge beurteilen, in der unter anderem die Optionen enthalten sind, statt eines Urlaubs einen Aufsatz zu schreiben oder drei Wochen lang Aufschlag zu üben. Wenn Sie Zeit und Lust haben, dieses stark erweiterte Problem zu lösen – um so besser. Aber man kann nicht bei jeder Entscheidung versuchen, sein ganzes weiteres Leben zu optimieren.

Daher ist es oft unvermeidlich, daß in einem bestimmten Entscheidungskontext „Fundamentalziele" verwendet werden, die in einem erweiterten Kontext Instrumentalziele wären. Für den Marketingplaner mag es bei der Gestaltung seiner Werbestrategie auf die Maximierung der Markenbekanntheit ankommen. Sie ist in diesem Kontext eines seiner Fundamentalziele. Bei der Produktionssteuerung mag man sich um die Minimierung der Auftragsdurchlaufzeiten bemühen, bei der Urlaubsplanung auf viel Sonne achten, bei der Verkehrsplanung das Fernhalten der Autos von der Innenstadt anstreben. Man sollte sich des instrumentalen Charakters dieser Ziele bewußt sein. Nur die unvermeidlichen Beschränkungen an Zeit, Informationen und Ressourcen rechtfertigen es, das vorliegende Entscheidungsproblem so zu verkürzen, daß nicht die dahinter liegenden fundamentaleren Ziele herangezogen werden. Ein Ziel, das eigentlich Instrumentalziel ist, kann in einem gegebenen Kontext um so eher als „Fundamentalziel" eingesetzt werden, je sicherer man ist, daß die Verfolgung dieses Ziels eindeutig die eigentlichen Wünsche und Präferenzen fördert.

Bei wirtschaftlichen Entscheidungen herrschen monetäre Ziele vor. „Gewinn" ist das häufigste Fundamentalziel in vielen Entscheidungen. Bei genauerer Betrachtung ist Gewinn für niemanden ein letztes Ziel; Gewinn ist ein Mittel zur besseren Erreichung vieler anderer Ziele, wie des Konsums (für die Gesellschafter), der Sicherheit (für Gesellschafter, Arbeitnehmer und Gläubiger) oder der Selbstbestätigung (für die Manager). Trotzdem kann Gewinn sehr oft als ein adäquates Fundamentalziel benutzt werden, weil seine instrumentale Eignung für die fundamentaleren Ziele außer Frage steht.

Abb. 3-1 illustriert, wie Fundamentalziele in einem engeren Entscheidungskontext Instrumentalziele im größeren Kontext sein können. Bei der Gestaltung eines bestimmten Produkts sind Gebrauchsnutzen, Design, Herstellungskosten und Recyclingfähigkeit unter den fundamentalen Zielen. Mindestens einige dieser Ziele wären nur noch instrumental, wenn man den Kontext so erweitern würde, daß über das gesamte Produktsortiment zu entscheiden wäre. Fundamentalziele in diesem Rahmen könnten Gewinn, Marktanteil, Wachstum und Liquidität sein.

Diese Fundamentalziele wiederum sind aus der Sicht der Gesellschafter des Unternehmens instrumental, wenn es um die Frage geht, ob sie ihre Anteile halten, verkaufen oder aufstocken sollen. Bei dieser umfassenden Entscheidung geht es vielleicht um Ziele wie heutigen Konsum und zukünftigen Marktwert der Anteile, um Selbstbestätigung als erfolgreicher Unternehmer und Prestige im gesellschaftlichen Umfeld.

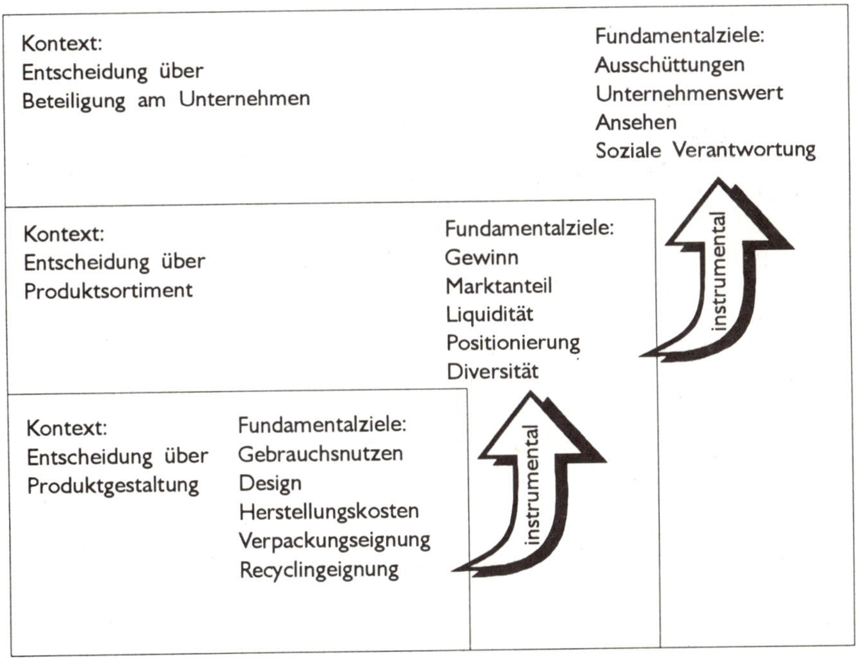

Abb. 3-1: Fundamentalziele im engeren Kontext als Instrumentalziele im weiteren Kontext

Wie schon in Kapitel 2 gesagt, sollte man vor einer Entscheidung prüfen, ob man das richtige Problem löst. Ist es zum Beispiel angemessen, sich nur mit der Gestaltung des betreffenden Produkts zu befassen, oder erscheint es sinnvoller, diese Frage mit Produktsortimentsentscheidungen zu verknüpfen? Dies wäre eine Erweiterung des Entscheidungskontextes, die fast mit Sicherheit zur Folge hätte, daß die Menge der Alternativen sich vergrößern würde.

3.4 Anforderungen an Zielsysteme

Die Gesamtheit der (Fundamental-)Ziele in einer bestimmten Entscheidungssituation sei als *Zielsystem* bezeichnet. In Anlehnung an Keeney (1992, S. 82 ff.) wollen wir die wichtigsten Anforderungen an Zielsysteme beschreiben.

1. *Vollständigkeit.* Der Entscheider muß sicher sein, daß er alle für ihn wesentlichen Aspekte der Konsequenzen berücksichtigt hat. Es passiert z. B. leicht, daß man sozial nicht akzeptierte Ziele vor anderen Personen, vielleicht sogar vor sich selbst nicht aufdeckt.
2. *Redundanzfreiheit.* Es sollte nicht mehrere Ziele geben, die das gleiche bedeuten oder die sich in ihrer Bedeutung überschneiden. Sonst besteht die Gefahr, daß einem Ziel unbewußt ein größeres Gewicht zuerkannt wird, als ihm eigentlich zukommt. Zum Beispiel würden bei der Auswahl einer Wohnung die Ziele „Gute Wohnlage", „Ruhe", „Kein Durchgangsverkehr" sich zumindest teilweise überlappen.
3. *Meßbarkeit.* Die Zielerreichung soll möglichst treffend und möglichst eindeutig meßbar sein. *Möglichst treffend* bedeutet: Es soll das gemessen werden, was dem Entscheider wirklich wichtig ist. Der Entscheider sollte die Bedeutung der verwendeten Zielvariablen genau verstehen. Daran hapert es oft; zum Beispiel sind viele Meßdaten, die von Fachzeitschriften bei Tests von Hi-Fi-Geräten oder Computern veröffentlicht werden, für den Laien wertlos.

   Mit der *Eindeutigkeit* ist gemeint, daß der Unschärfebereich der Messung möglichst klein sein sollte. Schulnoten, Floskeln in Arbeitszeugnissen, die Anzahl der Sterne in Buchkritiken oder der Gabeln in Restaurantführern sind relativ ungenau. Dagegen sind die Höchstgeschwindigkeit eines Autos in km/h, das Anfangsgehalt einer Position in €/Jahr oder der Kaloriengehalt einer Diät ziemlich genau meßbar. Beachten Sie, daß Eindeutigkeit nicht mit Sicherheit zu verwechseln ist; z. B. kann Ihr nächstes Jahreseinkommen zwar genau gemessen werden, aber infolge von Erfolgsprämien im voraus unsicher sein. Der Test auf Eindeutigkeit lautet: Kann nach Auflösung der Unsicherheit der Grad der Zielerreichung eindeutig gemessen werden?
4. *Präferenzunabhängigkeit.* Der Entscheider soll nach Möglichkeit in der Lage sein, seine Präferenzen bezüglich der verschiedenen Ausprägungen einer Teilmenge der Zielvariablen unabhängig davon zu formulieren, welche Ausprägungen die übrigen Zielvariablen haben. Die Bedeutung von Präferenzunabhängigkeit wird in Kapitel 6 genauer erklärt. Um ein intuitives Verständnis für dieses Konzept zu bekommen, betrachten Sie folgenden

Fall: Eine Fachzeitschrift sucht einen Redakteur. Offensichtlich sind Fachkenntnisse und Schreibtalent wichtige Anforderungen an die Bewerber. Zwischen diesen beiden Zielen besteht jedoch keine Präferenzunabhängigkeit, sondern eine komplementäre Beziehung: Jedes Attribut ist um so wichtiger, je besser das andere ausgeprägt ist. Je größer die Fachkenntnisse sind, desto wertvoller wird das Schreibtalent. Fachwissen ohne Schreibtalent und Schreibtalent ohne Fachwissen sind für die Position wertlos.

Nehmen wir ein weiteres Beispiel: Ein Unternehmen sucht einen Produktionsstandort. Unter den Zielen werden genannt: „Möglichst naher Autobahnanschluß" und „möglichst naher Eisenbahnanschluß". Falls eine genauere Analyse zu dem Ergebnis führt, daß Bahn- und Lkw-Transporte austauschbar sind, liegt zwischen diesen Zielen keine Präferenzunabhängigkeit vor. Je besser die Straßenanbindung eines Standortes, desto weniger wichtig ist die Anbindung an die Schiene. Die Beziehung zwischen den Zielgrößen ist in diesem Fall substitutiv.

Um einem häufigen Irrtum vorzubeugen: Präferenzunabhängigkeit hat nichts mit *statistischer* Unabhängigkeit zu tun. In einer gegebenen Alternativenmenge mag keine Korrelation zwischen Zielvariablen herrschen, z. B. zwischen Fachkenntnissen und Schreibtalent der Bewerber; die Merkmale sind also statistisch unabhängig. Dies sagt aber nichts darüber, ob Präferenzunabhängigkeit vorliegt, d. h. ob dem Entscheider die Bewertung des einen Merkmals ohne Rücksicht auf die Ausprägung des anderen Merkmals möglich ist. Statistische Unabhängigkeit ist ein objektiver Tatbestand, Präferenzunabhängigkeit ist grundsätzlich subjektiv.

Präferenzunabhängikeit ist deshalb eine wichtige Eigenschaft eines Zielsystems, weil sie die Aufstellung einer additiven multiattributiven Wertfunktion erlaubt. Schlicht ausgedrückt bedeutet dies, daß der Gesamtwert einer Alternative durch Zusammenzählen von Punkten für die Ausprägungen auf den einzelnen Zielvariablen ermittelt wird. Dies ist die einfachste mögliche Repräsentation von Präferenzen über mehreren Zielen (Kapitel 6) und wegen dieser Einfachheit höchst erwünscht.

Wenn Unabhängigkeit zunächst nicht vorliegt, kann man sie oft durch Redefinition von Zielen erreichen. Zum Beispiel könnte man die Ziele bezüglich der Verkehrsanbindung durch das (fundamentalere) Ziel „Möglichst geringe Versandzeit" ersetzen.

5. *Einfachheit.* Je weniger Ziele ein Zielsystem umfaßt, um so weniger aufwendig ist das weitere Verfahren der Präferenzstrukturierung und Alternativenbewertung. Eine Vereinfachung läßt sich erreichen, indem Ziele aggregiert werden, bei denen das auf simple Weise möglich ist. Zum Beispiel können bei einer Standortwahl die Zielgrößen Grundstückskosten, Baukosten, Transportkosten, Steuerbelastung etc. in eine einzige Zielgröße, z. B. eine Ausgabenannuität umgerechnet werden.

   Eine Vereinfachung des Zielsystems ist auch dann gegeben, wenn die Alternativensuche abgeschlossen ist und sich herausstellt, daß die vorhandenen Alternativen sich in irgendeiner Zielgröße nicht oder nur unwesentlich unterscheiden. Zum Beispiel ist bei der Suche nach einem Arbeitsplatz das Gehalt sicherlich a priori ein wichtiges Ziel. Stellt sich dann aber heraus, daß alle angebotenen Positionen nach der gleichen Tarifgruppe bezahlt werden, so kann das Ziel – sofern die unter Punkt 4 angesprochene Unabhängigkeit gilt – aus dem Zielsystem entfernt werden, da es zur Ermittlung des besten Angebots keine Rolle spielt. Mit anderen Worten: Das Ziel ist zwar wichtig, aber für die Beurteilung der vorliegenden Alternativen irrelevant.

3.5 Zielhierarchien

Es ist sinnvoll, bei der Entwicklung der Fundamentalziele für eine bestimmte Entscheidungssituation eine hierarchische Struktur zu verwenden. Ziele (im Sinne von Fundamentalzielen) können in *Unterziele* aufgelöst oder zu *Oberzielen* zusammengefaßt werden. Der Zweck besteht erstens darin, daß man in einer solchen Struktur die Vollständigkeit und Nichtredundanz (Überschneidungsfreiheit) des Zielsystems besser überprüfen kann. Zweitens ist die Auflösung eines Ziels in Unterziele ein Weg, das Ziel konkreter zu fassen und dessen Meßbarkeit zu verbessern.

Was ist ein Unterziel? Wenn Sie den für Sie passenden Freizeitsport suchen, könnte Gesundheit eines Ihrer Fundamentalziele sein. Aber dieses Ziel ist relativ umfassend und nicht besonders gut geeignet, Alternativen zu bewerten. Wie gesund ist Fußballspielen, Skilaufen, Bodybuilding? Das Ziel Gesundheit läßt sich sinnvoll aufspalten in Unterziele. Jedes Unterziel zeigt einen Aspekt des übergeordneten Ziels an. Zum Beispiel kann man das Ziel, möglichst gesund zu bleiben, nach Subsystemen des Körpers aufspalten in die Unterziele „gesundes Herz-Kreislauf-System", „gesunde Wirbelsäule", „gesundes Verdauungssystem" etc.

Beim Kauf eines Autos ist „Fahrkomfort" ein komplexes und relativ unbestimmtes Ziel. Durch Auflösung in Unterziele wie Innenraumgeräusch, Kopffreiheit, Beinfreiheit etc. wird es konkretisiert, und die Unterziele sind besser meßbar als das Oberziel „Fahrkomfort".

Man kann eine Zielhierarchie im *Top-down-* oder im *Bottom-up-*Verfahren erzeugen. *Top down* bedeutet die Entwicklung einer Zielhierarchie „von oben nach unten" durch Aufspaltung von Zielen in Unterziele. Beginnend bei dem umfassenden Oberziel (das man als „Maximiere die Qualität der Entscheidung" oder so ähnlich kennzeichnen könnte), fragt man sich zunächst, welche Aspekte für die Qualität der Entscheidung wichtig sind. Jeder dieser Aspekte wird eventuell weiter untergliedert. Dieses Vorgehen bietet sich an, wenn der Entscheider schon eine gute Vorstellung von der Grobstruktur der für die Entscheidung wichtigen Aspekte hat. Soll zum Beispiel eine Abteilungsleiterstelle neu besetzt werden, so lassen sich vermutlich leicht einige Ziele finden, die man dann in Unterziele aufgliedert (Abb. 3-2).

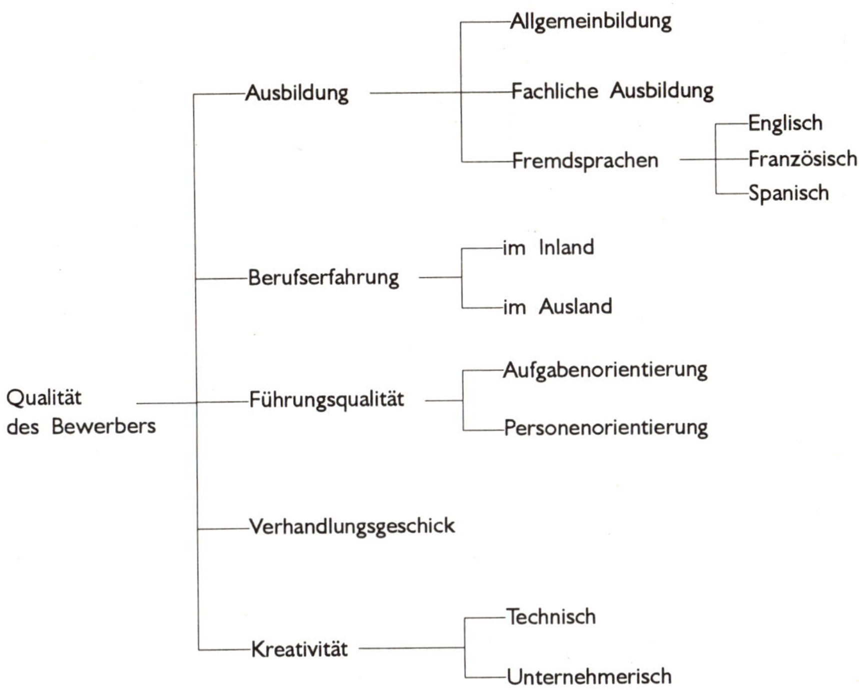

Abb. 3-2: Zielhierarchie für die Besetzung einer Führungsposition

Bei relativ neuartigen Problemen bietet sich eher ein Vorgehen „von unten nach oben" an. Hier wird zunächst eine möglichst vollständige Erfassung aller relevanten Aspekte angestrebt. Dazu können das Studium von Literatur und Unterlagen, die Befragung von Experten und Betroffenen etc. hilfreich sein. Nach der Auflistung aller möglichen Ziele versucht man, zusammengehörige Ziele zusammenzufassen, Überschneidungen zu beseitigen und Instrumentalziele zu eliminieren.

Im allgemeinen werden *Top-down* und *Bottom-up* miteinander kombiniert. Das folgende Beispiel soll das Vorgehen illustrieren. Eine Familie beschließt, sich einen Hund anzuschaffen. Zu entscheiden ist, von welcher Rasse er sein soll. Das Problem ist neuartig, weil kein Mitglied der Familie je einen Hund besessen oder sich über Hunde informiert hat. Die Familienmitglieder stellen folgende ungeordnete Liste von Zielen auf *(Bottom-up*-Verfahren):

- Soll kinderlieb sein,
- soll das Haus bewachen,
- soll auf Waldspaziergängen beschützen,
- soll nicht zu groß sein,
- soll nicht überzüchtet sein,
- soll niedlich sein,
- soll nicht zu hohen Kaufpreis haben,
- soll nicht zuviel Auslauf brauchen,

- soll nicht zu lange Haare haben.

Zunächst sollte man sich bei jedem Ziel fragen, warum es wichtig ist. So kann man Instrumentalziele erkennen und gegebenenfalls eliminieren. Bei einigen Zielen liegt es auf der Hand: Daß der Hund kinderlieb und niedlich sein soll, das Haus und die Familie bewachen soll, läßt sich leicht als Fundamentalziele erkennen, die im vorliegenden Kontext nicht hinterfragt werden müssen. (Wir setzen voraus, daß die Fragestellung nicht über den Kontext „Hundekauf" ausgedehnt werden soll). Aber warum soll der Hund „nicht zu groß" sein? Bei der Diskussion zeigt sich, daß hinter diesem Ziel die Vorstellung steckt, größere Hunde müßten mehr bewegt werden und kosteten daher mehr Zeit. Die Größe erweist sich als ein Instrumentalziel, das aus mehreren Gründen unangebracht ist: (1) Der Auslaufbedarf ist bereits gesondert erfaßt, (2) die Beziehung zwischen Größe und Auslaufbedarf ist nicht eindeutig (es könnte auch große träge Hunde geben), und (3) die Größe wirkt tendenziell positiv auf die Schutzfunktion. Die Größe wird also eliminiert, das Fundamentalziel „Möglichst wenig Zeitaufwand" hinzugefügt.

Auch das Ziel „Nicht überzüchtet" ist ein Instrumentalziel; eigentlich gemeint ist, daß überzüchtete Hunde oft Gesundheitsprobleme haben. „Gesundheit" ist das fundamentalere Ziel.

Analog erweist sich auch der Wunsch nach „kürzeren Haaren" als instrumentaler Art, denn er resultiert aus der Vorstellung, daß längere Haare mehr Zeitaufwand für die Teppichpflege verursachen. Auch dies ist kein Werturteil, sondern ein faktisches Urteil – dazu möglicherweise ein falsches. Es wird eliminiert.

Die Familie faßt nun die Ziele unter fünf Oberzielen zusammen, wie sie in Abb. 3-3 dargestellt sind.

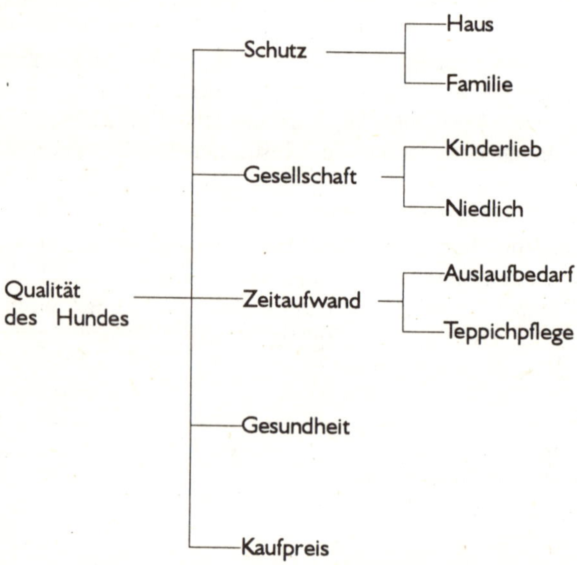

Abb. 3-3: Ursprüngliche Zielhierarchie für den Hundekauf

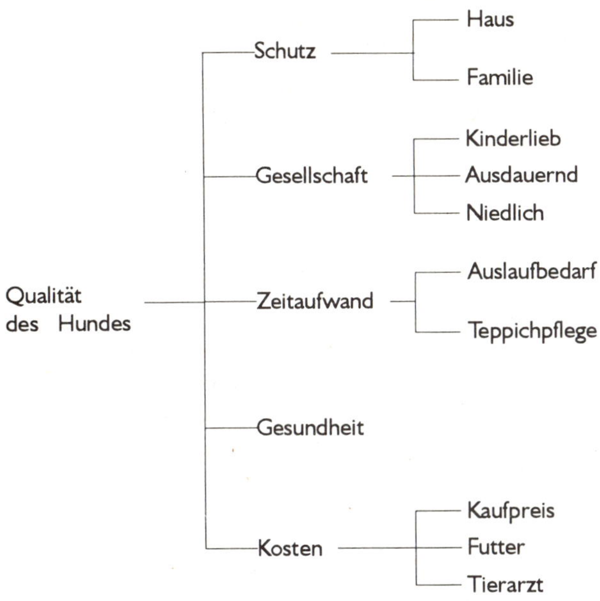

Abb. 3-4: Endgültige Zielhierarchie für den Hundekauf

Nach dieser Zielstrukturierung werden in umgekehrter Richtung, also *Top down,* die Ziele darauf überprüft, ob die Auflösung in Unterziele vollständig und nichtredundant ist. Den Eltern wird klar, daß der Hund ein Gesellschafter nicht nur für die Kinder, sondern auch für sie sein soll. Sie möchten ihn beim Jogging und zu Radtouren mitnehmen, so daß der Hund ein ausdauernder Läufer sein sollte. Das Ziel „Niedriger Kaufpreis" macht auf den Kostenaspekt aufmerksam. Hunde unterscheiden sich aber auch in den Futterkosten und den Kosten für den Tierarzt. Diese sollten als Unterziele des Ziels „Möglichst geringe Kosten" mit aufgenommen werden. Für den Zweck, die in die Wahl gezogenen Alternativen zu bewerten, genügt es dann allerdings zwecks Vereinfachung, eine aggregierte Größe „Durchschnittliche jährliche Kosten" unter Einschluß des auf die erwartete Lebensdauer umgelegten Kaufpreises zu betrachten. Somit ergibt sich schließlich die endgültige Zielhierarchie von Abb. 3-4.

Eine Zielhierarchie sollte nicht mit einer *Mittel-Ziel-Hierarchie* verwechselt werden. Letztere stellt vermutete Wirkungen von Maßnahmen auf die Erreichung von Zielen, gegebenenfalls über Zwischenstufen dar. In einer Mittel-Ziel-Hierarchie - oder besser, da Maßnahmen mehr als ein Ziel beeinflussen können, in einem Mittel-Ziel-*Netzwerk* (Keeney 1992, S. 87 ff.) ist faktisches Wissen über Wirkungzusammenhänge enthalten. Dies kann der erste Schritt zur Formulierung eines quantitativen Wirkungsmodells sein. Darüber hinaus sind Mittel-Ziel-Netzwerke nützlich zur Erzeugung sinnvoller Handlungsalternativen (hierauf kommen wir im nächsten Kapitel zurück).

Beispielsweise erwägt ein Betrieb unterschiedliche Investitionsalternativen. Als (Fundamental-)Ziele seien Gewinn, Zufriedenheit der Mitarbeiter und Schonung der Umwelt identifiziert. In Abb. 3-5 sind diese Ziele in Unterziele gegliedert, die die übergeordneten Ziele präzisieren; es handelt sich um eine Zielhierarchie.

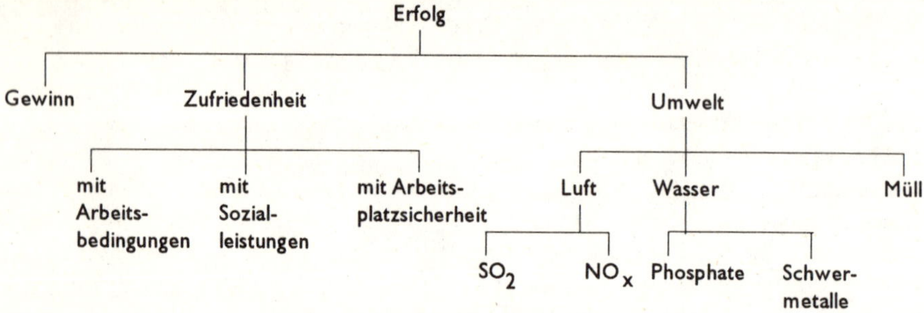

Abb. 3-5: Zielhierarchie für eine Investitionsentscheidung

In Abb. 3-6 sind unterhalb der Zielhierarchie Mittel oder Maßnahmen angegeben, mit denen die fundamentalen Ziele vermutlich erreicht werden können. Es handelt sich hier um ein Mittel-Ziel-Netzwerk. Die Pfeile deuten an, von welchen Maßnahmen man sich Wirkungen auf welche Zielvariablen erwartet.

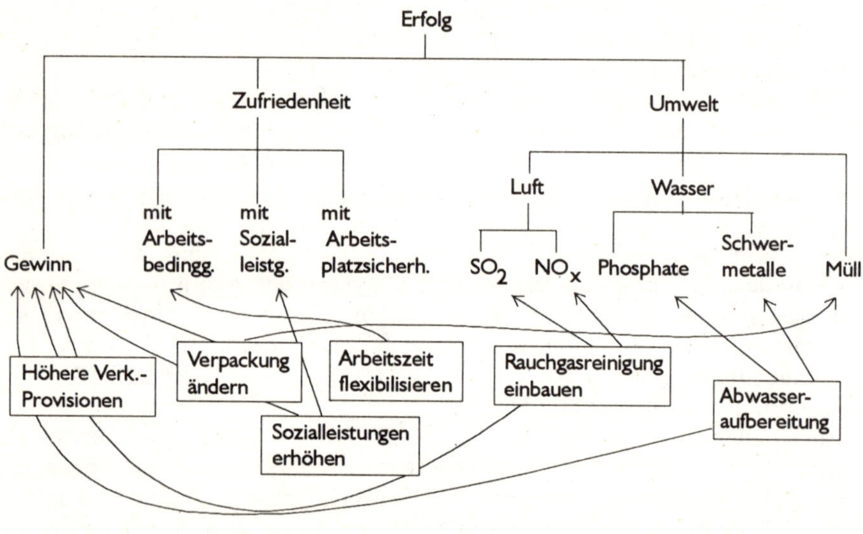

Abb. 3-6: Zielhierarchie und Mittel-Ziel-Netzwerk für die Investitionsentscheidung

3.6 Arten von Attributen

3.6.1 Natürliche und künstliche Attribute

Als Attribut (=Zielvariable) bezeichnen wir eine Variable, die den Erreichungsgrad eines Ziels mißt. Man kann von *natürlichen* Attributen sprechen, wenn sich aus der Formulierung des Ziels praktisch eindeutig ergibt, welche Variable gemeint ist. Zum Beispiel ist (relativ) klar, wie man die Stärke eines PKW-Motors, die Auflage einer Zeitung oder den Anteil am Inlandsmarkt für tragbare Fernsehgeräte messen kann. Oft sind jedoch keine natürlichen Attribute zu finden. Zum Beispiel ist die ästhetische Beeinträchtigung einer Landschaft durch Stromleitungen schwer zu quantifizieren. Gleiches gilt für Ziele wie Lebensqualität einer Person oder Prestige einer Unternehmung. Hier hat man die Möglichkeit, „künstliche Attribute" zu konstruieren (Keeney 1992, S. 101 ff.)

Künstliche Attribute werden gewöhnlich durch Kombination mehrerer Zielvariablen definiert. In einer Studie zur Beurteilung alternativer Standorte für ein Pumpwasserkraftwerk wurde die ästhetische und ökologische Beeinträchtigung der Gegend durch die Stromleitung mittels eines künstlichen Attributs „Meilenäquivalent" gemessen (Keeney 1979). Die tatsächlichen Streckenlängen wurden mit Faktoren multipliziert, die die Schwere der Beeinträchtigung ausdrückten. So bedeutete zum Beispiel

- Faktor 1: Ländliche Route durch unbewohntes Weideland; von Autostraßen erster Ordnung nicht sichtbar (mind. 3 Meilen entfernt); keine Auswirkung auf gefährdete Arten oder ungewöhnliche Habitats; kein Eindringen in unberührte Landschaft
- Faktor 2: Städtische Route durch bewohnte Gegenden; Route im Eigentum des Bureau of Land Management oder von Indianern; oder ästhetische Beeinträchtigung von Autostraßen erster Ordnung (innerhalb drei Meilen Entfernung und mehr als eine Meile parallel zur Straße)
- ...
- Faktor 5: Route durch unberührtes oder landschaftlich außerordentlich schönes Gebiet.

Die Erreichung des Ziels „Möglichst geringe Beeinträchtigung durch die Stromleitung" wurde für jeden Standort durch die Summe der mit ihren Beeinträchtigungsfaktoren multiplizierten Streckenmeilen gemessen.

Ein ähnliches Beispiel für konstruierte Kategorien finden wir in Tarifverträgen, in denen zum Zweck der Lohnfindung Lohngruppen definiert sind, die das Attribut „Anforderungen des Arbeitsplatzes" durch verbale Beschreibungen operationalisieren.

Künstliche Attribute können auch durch mathematische Verknüpfung von mehreren Subattributen gebildet werden. Ein solches künstliches Attribut enthält ein kleines Bewertungsmodell, in das implizit Gewichtungen der Subattribute eingehen. Ein Beispiel ist der in den USA gebräuchliche „Windchill", ein Maß für die empfundene Kälte, in dem Temperatur und Windgeschwindigkeit formelmäßig verknüpft sind. Bei der Wahl zwischen verschiedenen medizinischen Behandlungsmethoden mag einerseits die Dauer des noch zu erwartenden Lebens, andererseits dessen Qualität eine Rolle spielen. Die beiden Attribute sind offensichtlich nicht präferenzunabhängig: Je höher die Lebensqualität, desto wertvoller ist jedes zusätzliche Jahr. Um Unabhängigkeit im Zielsystem herzustellen, ist es üblich, beide Ziele zu einem zusammenzufassen. Es wird in der Literatur (z. B. Gold et al. 1996) als QALY (Quality adjusted life years) bezeichnet und durch Multiplikation von gewonnener Lebensdauer und einem die Veränderung der Lebensqualität messenden Index berechnet.

3.6.2 Proxy-Attribute

Oft läßt sich weder ein natürliches noch ein künstliches Attribut finden, das geeignet erscheint, die Zielerreichung hinreichend exakt zu messen, oder die Messung des exakten Attributs ist zu aufwendig. Dann ist es nötig, Attribute zu verwenden, die eigentlich nicht das gemeinte Ziel treffen. Wir bezeichnen sie als Proxy-Attribute. Es handelt sich hierbei um Hilfslösungen, die in zwei Varianten auftreten:

1. Das Proxy-Attribut ist ein *Indikator* für die Zielerreichung.
2. Das Proxy-Attribut hat den Charakter eines *Instruments* zur Zielerreichung.

Beispiele für die erste Variante sind die Anzahl von Reklamationen als Indikator für die Kundenzufriedenheit, die Fehlzeiten der Beschäftigten als Indikator für ihre Zufriedenheit und das Vorkommen gewisser Pflanzen oder Tiere als Indikator für die Schädigung der Umwelt. Bei wirtschaftlichen Entscheidungen streben Unternehmen oft die Einhaltung gewisser Bilanzrelationen an, die für sich genommen keinerlei Bedeutung haben, aber als Indikator für die Kreditwürdigkeit angesehen werden. Bei der Auswahl von Bewerbern für freie Professuren spielt die Anzahl der Veröffentlichungen in seriösen Zeitschriften eine große Rolle. Das eigentliche Ziel ist, daß der Bewerber in Zukunft wissenschaftlich kreativ sein wird; die früheren Leistungen sind dafür nur ein Indikator. Das Problem ist in allen diesen Fällen: Wie zuverlässig ist die gewählte Indikator-Variable?

Beispiele für die zweite Variante sind die Öl-Emissionen von Ölbohrinseln ins Meerwasser oder die Größe des Ozonlochs als Proxy-Attribute für die Ziele „Erhaltung der Meeresfauna“ bzw. „Schutz vor schädlicher UV-Strahlung“. Die Qualität einer Ausbildung mag durch die Anzahl der Unterrichtsstunden gemessen werden, die gesundheitliche Wirkung einer Diät durch die Anteile von Fetten, Cholesterin, Zucker etc. Bei vielen Entscheidungen, von denen mehrere Individuen betroffen sind, spielt die Zielsetzung der Fairness oder Gerechtigkeit eine Rolle. Da diese Ziele sich einer direkten Messung entziehen, kann es sinnvoll sein, ein Proxy-Attribut wie Gleichbehandlung heranzuziehen.

Die Problematik von instrumentalen Proxy-Attributen liegt auf der Hand. Wie stark ist die kausale Wirkung des Proxy-Attributs auf die Erreichung des eigentlichen Ziels? Wir haben bereits diskutiert, daß Mittel-Ziel-Relationen aus der Modellierung der Ziele möglichst herausgehalten werden sollten. Sie sollten stattdessen im Wirkungsmodell Eingang finden. Wenn es zum Beispiel möglich ist, die Auswirkungen der Kohlendioxyd-Emissionen auf die globale Temperatur und die Auswirkungen von Temperaturveränderungen auf Menschen, Tiere und Pflanzen vorherzusagen, so können die Handlungsalternativen – etwa gesetzliche Begrenzung oder Besteuerung von Emissionen – direkt an ihren eigentlich interessierenden Konsequenzen gemessen werden. Sind diese Auswirkungen zu ungewiß, um modelliert zu werden, besteht aber nichtsdestoweniger ein starker Verdacht, daß die Beibehaltung oder Steigerung der gegenwärtigen Kohlendioxydemissionen katastrophale Auswirkungen haben könnte, so werden diese Emissionen als Proxy-Attribute herangezogen. Eine gewisse Paradoxie liegt darin, daß einerseits eine starke Wirkung des Proxy-Attributs auf die Erreichung des eigentlichen Ziels unterstellt wird, andererseits diese Wirkung zu unklar ist, um sich in einem (sei es auch probabilistischen) Wirkungsmodell einfangen zu lassen.

Die Unterscheidung zwischen natürlichen, künstlichen und Proxy-Attributen ist keine absolute. In vielen Fällen sind Zielvariablen nicht eindeutig einem dieser Typen zuzuordnen. Zum Beispiel wird die Zielvariable „Inflation" in einer scheinbar natürlichen Größe, der Preissteigerungsrate, gemessen. Diese erweist sich jedoch bei näherem Hinsehen als eine sehr komplizierte und künstliche Konstruktion.

Fragen und Aufgaben

3.1

Die Mitarbeiter eines kleinen Betriebs, der in einem Gewerbegebiet liegt, sind darauf angewiesen, ihr Mittagessen selbst mitzubringen oder an einer nahegelegenen Imbißbude zwischen Bratwurst und Currywurst zu wählen. Sie als Betriebsleiter erwägen, ob Sie eine zusätzliche Möglichkeit einrichten wollen. In Frage kämen unter anderem die Belieferung mit Mahlzeiten durch eine Spezialfirma oder die Einrichtung einer eigenen Küche, in der Fertiggerichte aufgewärmt würden.

Stellen Sie ein Zielsystem für dieses Entscheidungsproblem auf. Inwieweit könnten die in Abschnitt 3.2 genannten Anhaltspunkte dabei hilfreich sein?

3.2

Einer Ihrer Freunde will sich einen Gebrauchtwagen kaufen. Obwohl er nichts von Entscheidungstheorie versteht, hat er eine Liste mit Kriterien aufgestellt:

- Niedriger Preis
- Niedriger Kilometerstand
- Guter Zustand
- Ordentlicher Vorbesitzer
- Großes Ladevolumen
- Wenig Rost
- Möglichst neu
- Katalysator
- Geringer Verbrauch
- Seitenaufprallschutz.

Halten Sie dies für eine brauchbare Hilfe, oder ließe sich das Zielsystem aus Ihrer Sicht verbessern? Wie?

3.3

Stellen Sie sich vor, Sie planten an einer Antarktis-Expedition teilzunehmen, die ein ganzes Jahr dauert. Sie werden sehr viel Zeit haben und möchten diese nutzen, eine weitere Fremdsprache zu lernen – Englisch und Französisch beherrschen Sie schon. Tonbandkassetten und Lehrbücher für viele Sprachen sind auf dem Markt erhältlich. Ihr Problem ist, daß Sie nicht wissen, welche Sprache Sie wählen sollen. Entwerfen Sie ein Zielsystem für diese Entscheidung. Bringen Sie es in eine hierarchische Form, falls möglich. Testen Sie, ob es die Anforderungen erfüllt, die im Text aufgestellt wurden.

3.4
Sie studieren an einer überfüllten Universität und wurden als Studentenvertreter in die Fakultät gewählt. Das Gremium möchte Möglichkeiten erkunden, aus eigener Kraft die Verhältnisse zu bessern. Als Ziele wurden (1) die Verbesserung der Studienbedingungen für die Studenten und (2) die Entlastung der Professoren und Assistenten vereinbart, wobei (3) die Qualität der Ausbildung zumindest nicht schlechter werden sollte.

(a) Konkretisieren Sie die Ziele durch meßbare Unterziele. Versuchen Sie zu jedem Unterziel ein Attribut anzugeben, mit dem man die Zielerreichung messen könnte.

(b) Erstellen Sie ein Mittel-Ziel-Netzwerk, in dem die positiven oder negativen Wirkungen der von Ihnen für möglicherweise geeignet gehaltenen Maßnahmen auf die Ziele durch Pfeile dargestellt werden.

(Wir nehmen Ihre Lösung gern entgegen.)

ANWENDUNGSBEISPIEL

Karriereberatung bei ICI

Quelle: Wooler, S.: A Decision Aid for Structuring and Evaluating Career Choice Options, *Journal of the Operational Research Society*, vol. 33, 1982, S. 343-351.

Die britische Unternehmung ICI entwickelte ein computergestütztes Instrument der Karriereberatung für ihre eigenen Mitarbeiter. Dieses Instrument sollte jede interessierte Person („Klient") ohne fremde Hilfe benutzen können. Es sollte dazu dienen, den Klienten die Strukturierung der eigenen Ziele zu erleichtern und ihnen bei der Beurteilung verschiedener beruflicher Optionen zu helfen.

Als einen Baustein des Systems entwickelte man das Programm HISTRA („Hierarchical Structuring Aid"), mit dessen Hilfe jeder Klient sich über seine persönlichen Ziele, soweit sie für die Karriereplanung von Bedeutung waren, klar werden und ihre subjektive Bedeutung ausdrücken sollte.

Zu diesem Zweck wurden in 17 Interviews mit einzelnen Mitarbeitern individuelle Zielhierarchien ermittelt. Aus diesen konstruierte man dann die abgebildete gemeinsame Zielhierarchie, die in HISTRA implementiert wurde.

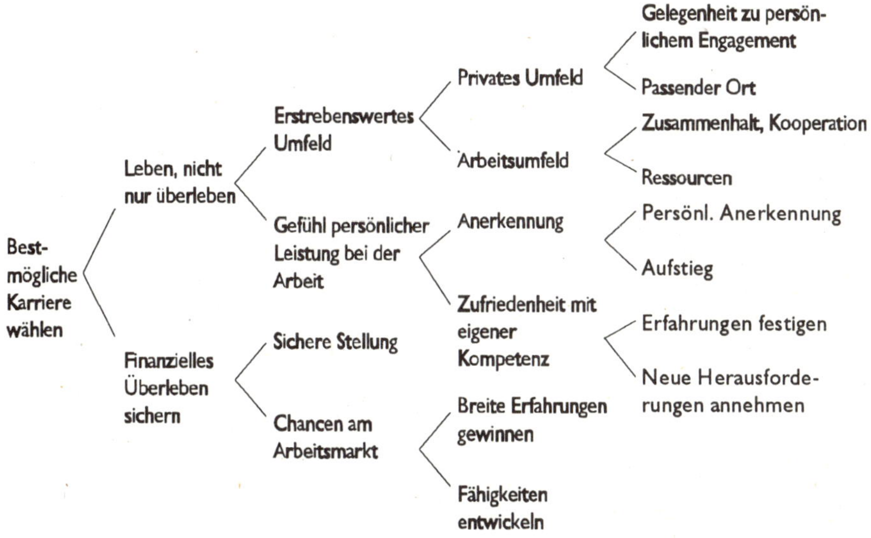

In einer HISTRA-Sitzung erklärt das Programm dem Klienten die Zielhierarchie und fragt ihn mit Hilfe eines einfachen Punktbewertungsschemas nach der Bedeutung, die die einzelnen Ziele für ihn haben. Die gewonnene Information über die Präferenzen des Klienten ist dann Input in ein weiteres Programm, MAUD (Humphreys und McFadden 1980), das dem Klienten hilft, seine Karriere-Optionen zu bewerten.

Kapitel 4: Die Generierung und Vorauswahl von Alternativen

4.0 Zusammenfassung

1. Der Rückgriff auf Ursache-Wirkungs-Analysen führt natürlicherweise zu Alternativen. Formale Wirkungsmodelle und Mittel-Ziel-Netzwerke können brauchbare Alternativen in größerer Zahl zutage fördern.
2. Eine vorgestellte Ideal-Alternative kann Ideen stimulieren, wie man einer solchen Alternative nahe kommen kann.
3. Die Erweiterung des Kontextes durch Übergang auf fundamentalere Ziele gibt Raum für neue, bisher nicht erkannte Möglichkeiten.
4. Die Konstruktion einer guten Lösung kann in vielen Fällen in eine Anzahl modularer Teillösungen aufgespalten und damit vereinfacht werden.
5. Anstatt nur einstufige Alternativen zu generieren, kann man durch Entwicklung mehrstufiger Alternativen, die Reaktionen auf zukünftige Ereignisse mit einbeziehen, mehr und oft bessere Alternativen bekommen.
6. Kreativitätstechniken wie Brainstorming und Nominal Group Technique können die Hervorbringung von Alternativen in Gruppen fördern.
7. Das Erkennen und Aussondern schlechter Alternativen ist wichtig, wenn die Anzahl der Optionen sehr groß wird. Es entsteht das Problem der Vorauswahl ohne vollständige Bewertung der Alternativen. Restriktionen und Anspruchsniveaus sind beliebte, aber problematische Mittel. Unter gewissen Bedingungen ist eine Vorauswahl nach dem Kriterium der Dominanz möglich.

4.1 Die Erzeugung aussichtsreicher Alternativen

Zweck des Entscheidungsprozesses ist es, die beste erreichbare Alternative zu wählen. Manchmal ist die Alternativenmenge „gegeben“; zum Beispiel kommen für die Besetzung eines Lehrstuhls in der Regel nur solche Personen in Frage, die sich fristgerecht auf die Ausschreibung beworben haben. In vielen Fällen jedoch ist die Suche nach bzw. die Gewinnung von Alternativen eine schwierige und aufwendige Aufgabe.

Welche Alternative die beste ist, hängt von den fundamentalen Zielen des Entscheiders ab. Die Suche nach bzw. die Erfindung von neuen Alternativen sollte daher zielgerichtet sein: Die Ziele geben die Richtung an, in der bessere Alternativen liegen könnten. Auch wenn das Zielsystem nur ein vorläufiges ist, das sich bis zur endgültigen Entscheidung noch ändern kann (insbesondere durch das Auftreten neuer Alternativen), sind die Ziele die wichtigsten Orientierungshilfen bei der Generation zusätzlicher Aktionsmöglichkeiten. Mit anderen Worten: Die Suche nach Gelegenheiten ist wenig erfolgversprechend, wenn man nicht weiß, was man will. Deshalb sollte das Zielsystem möglichst weitgehend geklärt werden, bevor man Zeit und Geld in die Erzeugung von Optionen investiert.

Tendenziell kann man um so bessere Handlungsmöglichkeiten generieren, je mehr Zeit man für die Suche zur Verfügung hat. Unter unmittelbarem Zeitdruck sind die Bedingungen ungünstig. Beispiele für unglückliche Reaktionen auf im Prinzip voraussehbare Probleme lieferten der Schweizer Chemie- und Pharmakonzern Sandoz 1986 nach der Verseuchung des Rheins durch giftige Chemikalien und Exxon 1989 nach dem Tankerunfall in Alaska, durch den hunderte von Meilen Küste mit Öl verschmutzt wurden. Hilfreich ist die rechtzeitige Vorbereitung auf voraussehbare Entscheidungen.

In der Praxis kann man häufig beobachten, daß eine systematische Suche nach Alternativen unterbleibt. Allzu oft werden wenige Vorschläge produziert, auf die sich die Diskussion schnell konzentriert. Die beteiligten Personen legen sich vorzeitig auf Alternativen fest und empfinden es als eher störend, wenn noch ein neuer Vorschlag auftaucht, der geprüft werden müßte.

Hand in Hand mit der Erzeugung neuer Alternativen geht die Überprüfung und gegebenenfalls Aussonderung von Alternativen. Einfach nur die Menge der Optionen zu erhöhen, ist nicht sinnvoll. Letzten Endes geht es meist darum, eine einzige Alternative, nämlich die beste, übrigzubehalten. Die Vermehrung der Alternativenzahl ist somit nur eine Zwischenstation auf dem Weg zu ihrer Verringerung. Neue Alternativen zu finden bzw. zu erzeugen, ist nur dann lohnend, wenn eine Chance besteht, daß eine bessere gefunden wird als die beste der bereits bekannten. Dazu ist es aber notwendig, die Qualität von Alternativen schon vor der endgültigen Auswahl wenigstens grob zu beurteilen. Wir stehen vor dem Problem einer Vorauswahl: Eine Entscheidung darüber zu treffen, ob eine bestimmte Alternative aussichtsreich genug ist, um eine genaue Analyse zu rechtfertigen.

Wir werden in dem Rest dieses Kapitels zunächst einige systematische Ansätze zur Alternativenerzeugung diskutieren. Dann folgt eine kurze Darstellung von Kreativitätstechniken, die für die Sammlung von Ideen in Gruppen entwickelt wurden. Zum Abschluß diskutieren wir Methoden zur Vorauswahl von Alternativen.

4.2 Ursache-Wirkungs-Analysen

4.2.1 Alternativenerzeugung mittels eines quantitativen Wirkungsmodells

Hypothesen über Ursache-Wirkungs-Zusammenhänge sind oft eine Quelle von Ideen für Alternativen. Ein Arzt möchte den Blutdruck eines Patienten senken; er hat bestimmte Vorstellungen darüber, mit welchen Mitteln diese Wirkung erreicht werden kann. Wirtschaftspolitiker haben Hypothesen über die Wirkungen von Diskonterhöhungen auf die Inflationsrate und die Zahlungsbilanz. Vertriebsmanager können abschätzen, welchen Werbeaufwand es kosten wird, den Marktanteil um ein Prozent zu erhöhen. Aus diesem - wenn auch häufig unsicheren - Wissen um Kausalbeziehungen lassen sich Handlungsmöglichkeiten ableiten.

Aus vorangegangenen Kapiteln kennen Sie Wirkungsmodelle, Ereignisbäume, Ursachenbäume, Einflußdiagramme und Mittel-Ziel-Netzwerke. All diese Konzepte können dazu herangezogen werden, Kausalanalysen zu unterstützen. Wir wollen in diesem Abschnitt ein Beispiel zur Verwendung eines quantitativen Wirkungsmodells und im folgenden Abschnitt ein Beispiel zur Anwendung eines Mittel-Ziel-Netzwerks geben.

Wirkungsmodelle, wie wir sie in Abschnitt 2.4 definiert haben, bilden die kombinierte Wirkung der Handlungsalternativen und der Umwelteinflüsse deterministisch im Attributeraum ab. Hat man nur eine einzige Zielvariable oder ist das multiattributive Präferenzmodell bereits vorhanden, kann man mit Hilfe des Wirkungsmodells evtl. sogar die optimale Alternative finden. Will der Entscheider mehrere Ziele verfolgen und ist sein Präferenzmodell noch nicht formuliert, so kann er mit Hilfe des Wirkungsmodells wenigstens Alternativen finden, die besser sind als andere.

Betrachten Sie als Beispiel dazu die Aufgabe eines Markenartikelherstellers, für ein Produkt den optimalen Marketing-Mix, hier nur bestehend aus Preis und Werbebudget, zu finden. Das Zielsystem des Unternehmens möge den monatlichen Gewinn, die monatliche Absatzmenge, den wertmäßigen Marktanteil und Preiskontinuität umfassen. Absatz und Marktanteil sind im Zielsystem enthalten, weil sie nicht nur als Instrumente zur Gewinnerzielung angesehen werden, sondern weil ihnen eine für die weitere Entwicklung eigenständige Bedeutung zugemessen wird.

Angenommen, die Marketingplaner haben sich über die Reaktion der Kunden auf den Preis p und das Werbebudget B eine Vorstellung gebildet, die in einer Absatzfunktion $x = x(p, B)$ die Absatzmenge x in Abhängigkeit vom Preis und den Werbeausgaben numerisch bestimmt. Außerdem gibt es eine Bestimmungsgleichung für den Gewinn, in die neben dem Umsatz die Kosten eingehen: $G = px - K$. Das Attribut Marktanteil sei definiert durch $px/(px + U_S)$, wobei U_S den Umsatz der sonstigen Anbieter bedeutet. Die Preiskontinuität sei durch den Absolutbetrag der Differenz zwischen dem heutigen Preis (15 €) und dem neuen Preis, $|p - 15|$, gemessen.

Diese Funktionen stellen das Wirkungsmodell dar, das die Entscheidungsvariablen p und B in die Zielvariablen transformiert. Mit Hilfe eines solchen Modells können Kombinationen von p und B durchgespielt und interessante Alternativen identifiziert werden. Beispielsweise mögen sich beim Ausprobieren von Werbebudgets von monatlich 300 bis 900 (Tausend €) in Kombination mit den Preisen 18, 16 und 14 € die in Tabelle 4.1 wiedergegebenen Ausprägungen der Zielvariablen ergeben.

Tab. 4.1: Mit Hilfe eines quantitativen Wirkungsmodells erzeugte Marketing-Mixes

Entscheidungsvariablen		Zielvariablen			
Werbebudget in 1000 €	Preis in €	Absatz in 1000 Stück	Gewinn in 1000 €	Markt-anteil in %	Preis-diff. in €
300	18	147	879	11,7	3
300	16	190	837	13,2	1
300	14	232	627	14,0	1
400	18	198	1.182	15,1	3
400	16	254	1.126	16,9	1
400	14	311	843	17,9	1
500	18	243	1.443	17,9	3
500	16	312	1.374	20,0	1
500	14	382	1.027	21,1	1
600	18	282	1.654	20,2	3
600	16	362	1.573	22,5	1
600	14	443	1.171	23,7	1
700	18	313	1.803	22,0	3
700	16	402	1.714	24,3	1
700	14	492	1.267	25,6	1
800	18	335	1.880	23,2	3
800	16	431	1.784	25,6	1
800	14	526	1.306	26,9	1
900	18	346	1.870	23,8	3
900	16	445	1.771	26,3	1
900	14	544	1.276	27,6	1

Eine nähere Betrachtung zeigt, daß die Werbebudgets 300 bis 700 nicht in Frage kommen. Jede Konsequenz dieser Werbebudgets ist hinsichtlich aller Zielvariablen schlechter oder zumindest nicht besser als mindestens eine andere Konsequenz. Zum Beispiel ist $B = 600$ und $p = 18$ der Alternative $B = 700$ und $p = 18$ unterlegen, weil sie bei drei Attributen eine schlechtere und bei einem Attribut eine gleichgute Ausprägung aufweist. Von Interesse sind nur die verbleibenden, in der Tabelle eingerahmten sechs Alternativen. Jede hat gegenüber jeder anderen Vor- und Nachteile. Es handelt sich um *nichtdominierte* oder *dominante* Alternativen. Dagegen sind die übrigen Alternativen dominiert in dem Sinne, daß jede von ihnen durch mindestens eine aus der Menge der dominanten Alternativen in jeder Hinsicht übertroffen oder zumindest in einer Hinsicht übertroffen und in keinem Attribut unterboten wird. Nur *nichtdominierte* Alternativen kommen in die engere Auswahl. Welche von ihnen schließlich als die beste erscheint, hängt von der noch zu generierenden multiattributiven Wertfunktion ab (siehe Kapitel 6).

Das Wirkungsmodell hat durch Auswertung der in seinen Gleichungen enthaltenen Ursache-Wirkungs-Hypothesen nicht nur eine Anzahl interessanter Alternativen generiert, sondern auch eine größere Menge anderer Alternativen als uninteressant identifiziert.

4.2.2 Alternativen als Maßnahmenkombinationen

Die vermuteten Instrumentalbeziehungen, die in einem Mittel-Ziel-Netzwerk veranschaulicht werden, bilden einen nützlichen Ausgangspunkt für das Auffinden aller aussichtsreich erscheinenden Maßnahmenkombinationen.

Nehmen Sie zum Beispiel an, in einer Produktionsabteilung sei die hohe Abwesenheitsrate zum Problem geworden. Immer häufiger fällt infolge des Fehlens von Arbeitskräften ein wesentlicher Teil der Kapazität aus. Zugesagte Liefertermine können nicht eingehalten werden, Kunden sind verärgert, Aufträge werden storniert. Die mit der Vorbereitung von Lösungsvorschlägen beauftragte Projektgruppe denkt darüber nach, wie die Abwesenheitsrate gesenkt werden kann, wobei die tatsächliche Krankheitshäufigkeit als nicht beeinflußbar angesehen wird. So geht es um das Ziel, die durch „Blaumachen" verlorenen Zeiten zu minimieren. Als weitere Zielvariable bezieht man die Kosten der zu treffenden Maßnahmen ein.

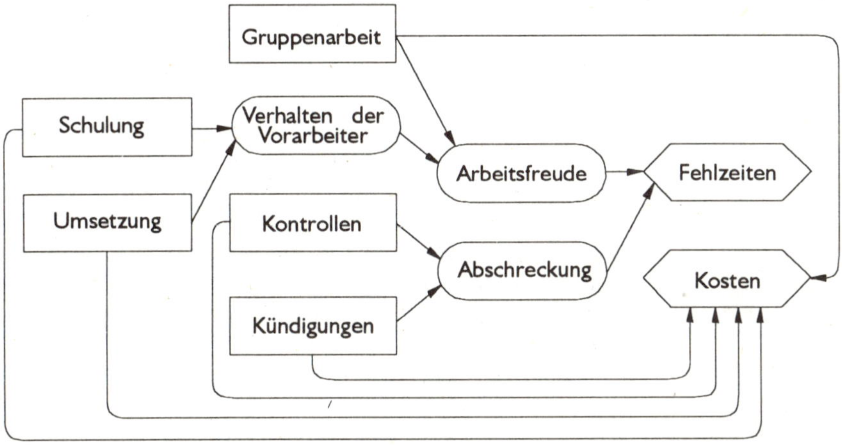

Abb. 4-1: Mittel-Ziel-Netzwerk zur Erreichung der Ziele „Möglichst geringe Fehlzeiten" und „Möglichst geringe Kosten"

Nachdenken über Mittel und Wege zur Erreichung dieser Ziele führt nun zur Entstehung eines Mittel-Ziel-Netzwerks, wie es in Abb. 4-1 dargestellt ist. In den viereckigen Kästen sind *Maßnahmen* symbolisiert, die auf die Ziele (in Sechsecken) wirken. In runden Kästchen gezeichnet sind die Instrumentalziele, die indirekt (Verhalten der Vorarbeiter) oder direkt (Arbeitsfreude, Abschreckung) auf die Fundamentalziele wirken, sofern die zugrundeliegenden Wirkungshypothesen zutreffen. Die Pfeile im Diagramm bedeuten Wirkungen. Sie müssen im einzelnen durch ein Wirkungsmodell spezifiziert werden. Falls diese Wirkungen ungewiß sind, muß die Unsicherheit ebenfalls modelliert werden. Das ist jedoch nicht der Gegenstand dieses Kapitels.

Die Fehlzeiten werden als teilweise durch die geringe Arbeitsfreude beeinflußt angenommen. Die Hypothese lautet: Je höher die Arbeitsfreude, desto weniger neigen die Menschen dazu, dem Arbeitsplatz fernzubleiben. Eine Maßnahme zur Erhöhung der Arbeitsfreude könnte der Übergang von der Fließbandtätigkeit auf Gruppenarbeit sein, da letztere mehr Gelegenheit zur Kommunikation bietet, mehr Abwechslung und Entscheidungsspielräume schafft und weniger anstrengend ist. Außerdem leidet die Stimmung oft auch unter dem Verhalten von gewissen Vorarbeitern, die als diktatorisch und ungerecht empfunden werden. Mittel zur Verbesserung könnte eine Schulung dieser Vorgesetzten sein oder ihre Versetzung auf andere Funktionen, wo ihre mangelhaften Führungsqualitäten weniger Schaden anrichten können.

Andererseits könnte man versuchen, durch Abschreckung zum Ziel zu kommen. Die Fehlzeiten könnten individuell erfaßt werden („Kontrolle"). Möglicherweise würde dies Furcht vor Kündigung hervorrufen. Man könnte sogar einen oder zwei notorische Sünder entlassen, um ein Exempel zu statuieren.

Welche Handlungsalternativen lassen sich aus dem Mittel-Ziel-Netzwerk ableiten? Wir können versuchen, alle denkbaren Kombinationen von Maßnahmen zu bilden. Jede Maßnahmenkombination ist eine potentielle Alternative. Wenn wir unterstellen, daß n Maßnahmen in beliebiger Kombination realisiert werden können, so erhalten wir 2^n mögliche Alternativen einschließlich der Nullalternative „Nichts tun". Im Beispiel sind dies $2^5 = 32$. Bei $n = 10$ wären es schon 1.024, eine zu große Anzahl, um sie alle zu analysieren.

In der Realität werden meist nicht alle Kombinationen sinnvoll sein. Zum Beispiel wird bei der Umstellung auf Gruppenarbeit die Rolle der Vorarbeiter neu definiert; die Maßnahmen zur Verbesserung ihres Führungsverhaltens sind dann überflüssig. Damit entfallen alle 12 Alternativen, in denen „Gruppenarbeit" in Kombination mit „Schulung" oder „Versetzung" auftritt. Auch ist die Kombination von Schulung und Versetzung nicht sinnvoll, wodurch vier weitere Alternativen entfallen. Die verbleibenden 16 Alternativen sind in Tab. 4.2 aufgelistet.

Tab. 4.2.: Einige sinnvoll erscheinende Alternativen zur Verminderung der Fehlzeiten

1	Schulung	9	Versetzung + Kündigungen
2	Versetzung	10	Kontrollen + Gruppenarbeit
3	Kontrollen	11	Kontrollen + Kündigungen
4	Kündigungen	12	Kündigungen + Gruppenarbeit
5	Gruppenarbeit	13	Schulung + Kontrollen + Kündigungen
6	Schulung + Kontrollen	14	Versetzung + Kontrollen + Kündigungen
7	Schulung + Kündigungen	15	Kontrollen + Kündigungen + Gruppenarbeit
8	Versetzung + Kontrollen	16	Nichts tun

Bei einem weniger systematischen Vorgehen wäre vermutlich in der Praxis nur ein Bruchteil dieser Alternativen vorgeschlagen und in Betracht gezogen worden.

4.3 Ideal-Alternativen

Die Tendenz, neue Lösungen in der Nähe der bereits bekannten zu suchen, kann die Kreativität behindern. Unternehmen suchen die Abhilfe für Probleme gewöhnlich darin, herrschende Prozeduren nur geringfügig zu ändern (Cyert und March 1963, S. 121 f.). Diese Beobachtung gilt nicht nur für Unternehmen. Professoren, die eine neue Diplomprüfungsordnung (DPO) entwerfen müssen, gehen allzu oft von der alten aus, um sie in einigen Punkten zu verbessern. (Vielleicht nehmen sie noch zwei oder drei DPOs anderer Fakultäten zum Vergleich hinzu). Der Hang, den Aufwand zu minimieren, indem man nur „Reparaturen" vornimmt, statt grundlegend neue Möglichkeiten ins Auge zu fassen, ist verständlich, aber nicht immer nützlich.

Das Nachdenken über Alternativen bei mehreren Zielen kann durch die Vorstellung einer *idealen* Lösung stimuliert werden. Auf der Basis des definierten Zielsystems stellt man sich vor, wie eine Alternative aussehen müßte, die einen restlos zufriedenstellen würde. Das wäre eine Alternative, die hinsichtlich jeder Zielvariablen die optimale denkbare Ausprägung aufwiese. Ideale Lösungen sind selten zu haben, aber sie können als Ausgangspunkt der Alternativensuche einen nützlichen Zweck erfüllen.

Anstatt zum Beispiel ratlos eine Speisekarte zu studieren, auf der Sie nichts Überzeugendes finden, könnten Sie sich überlegen, worauf Sie eigentlich Lust haben. Sie könnten sich also eine Alternative erzeugen, die für Sie in diesem Moment ideal wäre. Dann probieren Sie aus, ob der Küchenchef mit sich reden läßt. Er kann Ihnen vielleicht Vorschläge machen, die in der Nähe Ihres Ideals liegen. Vermutlich werden Sie mit dem Ergebnis zufriedener sein, als wenn Sie sich auf die Auswahl aus der Karte beschränkt hätten.

Oft kommt es vor, daß vorhandene Alternativen sehr gut bei einem oder einigen Zielen abschneiden, aber ziemlich schlecht bei anderen. Man käme einer idealen Lösung sehr nahe, wenn es gelänge, die besten Attributsausprägungen verschiedener Alternativen miteinander zu kombinieren.

Sie suchen beispielsweise eine Sekretärin. Von ihr erwarten Sie einerseits Kontaktfreude und Geschick im Umgang mit Menschen, da vormittags Publikumsverkehr abzuwickeln ist. Andererseits soll sie gern am Computer arbeiten und mit verschiedenen komplizierten Anwenderprogrammen arbeiten. Leider befindet sich unter den Bewerberinnen keine, die beide Anforderungen gleichermaßen gut erfüllt. Wohl aber gibt es zwei Bewerberinnen, die jeweils eine Qualifikation besitzen. Eine kreative Lösung könnte darin bestehen, beide als Halbtagskräfte einzustellen und so ihre besten Eigenschaften zu kombinieren.

Hat man eine in mehrerer Hinsicht sehr gute Alternative gefunden, die jedoch in anderen Aspekten sehr schlecht abschneidet, kann es sich lohnen, darüber nachzudenken, wie man die Alternative in ihren Schwachpunkten verbessern kann. Bei der Suche nach einem Standort für ein Pumpkraftwerk in New Mexico wurden zehn Alternativen in Betracht gezogen (Keeney 1979). Eine davon wies die geringsten Kosten und eine minimale Beeinträchtigung der Landschaft durch Oberleitungen auf, hatte aber den Nachteil, größere Umweltschäden an Uferbiotopen zu verursachen. Es war eine fast ideale Alternative. Sie wurde gegenüber dem ursprünglichen Entwurf so abgewandelt, daß für das untere Becken ein anderes Tal in der Nähe vorgesehen wurde (Keeney 1992, S. 212). Auf diese Weise wurden die Uferschäden vermieden und eine praktisch ideale Lösung gefunden.

4.4 Erweiterung des Kontextes

Wie schon mehrmals erwähnt, ist bei der Zielformulierung stets zu überlegen, ob man den Kontext der Entscheidung erweitern soll, indem man anstelle der zunächst formulierten Ziele auf fundamentalere Ziele übergeht. Diese Erweiterung fördert häufig neue, bisher nicht in Betracht gezogene Alternativen zutage.

Wir haben hierzu schon mehrere Beispiele gebracht. Eines davon betraf ein Unternehmen, dessen Produkt eine Reklamationsrate aufwies, die das Management als zu hoch empfand. Es wurden zunächst Vorschläge zur Qualitätsverbesserung der Produktion wie verschärfte Qualitätskontrollen oder Qualitätsprämien erwogen. Ersetzte man das (Instrumental-) Ziel „Möglichst fehlerfreie Produktion" jedoch durch das fundamentalere Ziel „Gewinnerhöhung", so konnten Alternativen ins Spiel kommen, die zuvor nicht beachtet wurden, wie Fremdbezug statt Eigenfertigung kritischer Teile oder eine Preissenkung bei diesem Produkt.

4.5 Aufgabenzerlegung

In manchen Entscheidungssituationen muß man Alternativen *finden* (einen Vorstandsvorsitzenden, eine Wohnung, einen Gebrauchtwagen), in anderen Situationen muß man sie *erfinden* (einen Text, eine Verhaltensweise, ein Produktdesign). Die Erfindung von Alternativen ist oft eine konstruktive Aufgabe, die sich hierarchisch strukturieren läßt. Dieses Konzept ist in der Organisationslehre als „Aufgabenanalyse" bekannt (z. B. Frese 1987). Ein Zweck der Aufgabenanalyse ist es, eine lückenlose Übersicht über alle Elementaraufgaben zu bekommen, um sie dann in sinnvoller Zusammenfassung auf Stellen zu verteilen (Aufgabensynthese).

Die Generierung einer oder mehrerer komplexer Alternativen durch Aufgabenzerlegung ist das Gegenteil des unter 4.2.2 geschilderten Vorgehens (Maßnahmenkombinationen). Die Aufgabe, eine möglichst gute Alternative zu finden, wird in die Gestaltung einzelner Module zerlegt. Innerhalb jedes Moduls sucht man eine oder sehr wenige gute Lösungen. Danach kombiniert man die Lösungen der Module und erhält eine oder wenige Alternativen. Obwohl natürlich Interdependenzen zwischen den einzelnen Modulen bestehen, ist eine gewisse Abkopplung in der Regel möglich. Im Lauf der Gestaltung kann es sich herausstellen, daß einzelne Module in höherem Maße den Zielen genügen als andere. Dann kann man die gelungenen Module zunächst als fertig betrachten und sich auf die Verbesserung der noch nicht befriedigenden konzentrieren. Die endgültig zur Bewertung anstehenden Alternativen unterscheiden sich dann eventuell nur noch darin, daß hinsichtlich einiger Module mehrere Varianten zur Wahl stehen. Die Bewertung einer potentiell riesigen Anzahl von Alternativen ist durch eine Serie von (Vor-)Entscheidungen über einzelne Module stark vereinfacht.

Beispielsweise wollen Sie für Freunde ein Abendessen kochen. Sie beherrschen zehn Vorgerichte, zwölf Hauptgerichte und sechs Desserts. Statt alle denkbaren 720 Kombinationen miteinander zu vergleichen, bestimmen Sie zunächst die ein bis zwei besten Vorgerichte, die ein bis zwei besten Hauptgerichte und die ein bis zwei besten Desserts. Das ergibt ein bis acht komplette Menüs.

Durch Aufgabenzerlegung wird es auch möglich, die Gesamtaufgabe auf mehrere Personen (z. B. Experten) aufzuteilen und die einzelnen Teilaufgaben zeitlich parallel zu bearbeiten.

Betrachten wir als weiteres Beispiel die Generierung eines möglichst guten Textes für einen Gesellschaftsvertrag einer offenen Handelsgesellschaft. Zunächst unterscheiden wir die notwendigen Bestandteile, wie

- Firma und Sitz,
- Gegenstand des Unternehmens,
- Gesellschafter und Einlagen,
- Beschlußfassung der Gesellschafter,
- Vertretung,
- Gewinnermittlung und -verteilung,
- Entnahmen etc.

Jeder dieser Bestandteile kann weiter untergliedert werden, zum Beispiel soll bezüglich der Beschlußfassung der Gesellschafter geregelt werden

- Art der Beschlußfassung (schriftlich oder in Gesellschafterversammlungen),
- Erforderliche Mehrheiten für Beschlüsse,
- Beschlußfähigkeit,
- Vertretung von Gesellschaftern durch Bevollmächtigte etc.

Die erforderliche Beschlußmehrheit kann weiter unterteilt werden nach normalen Angelegenheiten, Vertragsänderungen, Aufnahme neuer Gesellschafter, Auflösung der Gesellschaft usw.

Angenommen, die Gesellschafter teilen die Arbeit, einen Vertragstext zu formulieren, untereinander auf. Jeder übernimmt einige Module. Anschließend lassen sie ihre Entwürfe den jeweils anderen zukommen. Nach einigen Diskussionen und Revisionen „steht“ ein großer Teil des Vertrags. Einige Punkte sind noch strittig; hier werden den ursprünglichen Entwürfen Gegenvorschläge gegenübergestellt. Die abschließende Bewertung und Entscheidung beschränkt sich auf diese Varianten.

4.6 Mehrstufige Alternativen

Mehrstufige Alternativen wurden in Abschnitt 2.2.3 und 2.7.3 eingeführt. Eine mehrstufige Alternative ist eine Abfolge bedingter Handlungsanweisungen. Bei Entscheidung unter Unsicherheit kann man oftmals durch die Erweiterung der Entscheidung auf mehrere Stufen die Menge der erfolgversprechenden Alternativen stark vergrößern. Die unter 4.2 bis 4.5 geschilderten Vorgehensweisen einerseits und die Generierung mehrstufiger Alternativen andererseits schließen sich natürlich nicht gegenseitig aus.

In vielen Fällen sind mehrstufige Alternativen schlicht geboten, weil einstufige sich von vornherein als unsinnig erweisen. Die Einführung eines neuen Produkts etwa ist mit einem gewissen Risiko verbunden; sollte es sich als Flop erweisen, wäre es unsinnig, bis zum Ruin Verluste zu produzieren. Die möglichen Reaktionen auf einen Mißerfolg, wie Produktverbesserung, erhöhte Marketinganstrengungen oder Stillegung der Produktion sollten von vornherein als Alternativen in die Entscheidung einbezogen werden. So wie es bei Gesellschaftsspielen nicht schaden kann, einen Zug weiter zu denken als der Gegner, kann die Einbeziehung einer zweiten oder dritten Entscheidungsstufe generell die Alternativenmenge nicht verschlechtern, wohl aber sehr oft verbessern.

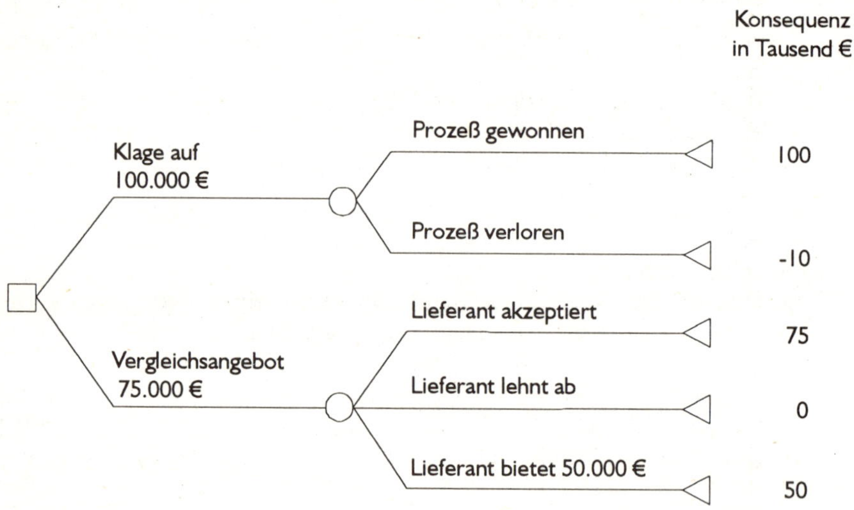

Abb. 4-2: Entscheidungsbaum der Naschwerke AG mit zwei einstufigen Alternativen

Betrachten Sie folgendes Beispiel. Ein Nahrungsmittelhersteller, die Naschwerke AG, muß im August 1998 20 Tonnen Fertigprodukte vernichten, nachdem sich ein Befall mit Salmonellen herausgestellt hat. Die Unternehmung vermutet, daß die Quelle der Vergiftung in einem Vorprodukt lag, das sie von einer ländlichen Erzeugergenossenschaft bezieht. Der Vorstand erwägt, den Lieferanten auf Schadenersatz in Höhe von 100.000 € zu verklagen.

Die Beweislage ist allerdings nicht so eindeutig, daß ein Prozeß mit Sicherheit gewonnen würde. Wenn er verloren geht, muß das Unternehmen die damit verbundenen Kosten von schätzungsweise 10.000 € tragen. Es besteht also ein gewisser Anreiz, einen Vergleich zu suchen. Der Vorstand denkt an ein Vergleichsangebot von 75.000 €. Dabei erwartet man, daß der Lieferant auf eine der drei folgenden Arten reagieren wird:

- Annahme des Vergleichs von 75.000 €,
- Ablehnung jedes Schadenersatzes,
- Gegenvorschlag, vermutlich in Höhe von etwa 50.000 €.

Die Situation läßt sich mit dem Entscheidungsbaum in Abb. 4-2 darstellen.

Nun liegt es aber nahe, für den Fall, daß der Lieferant nicht auf den Vergleichsvorschlag eingeht, die weiteren Möglichkeiten in die Analyse einzubeziehen. Lehnt der Lieferant jede Zahlung ab, so können die Naschwerke immer noch den Klageweg beschreiten. Eine zweite Möglichkeit wäre es, einen auf 50.000 € reduzierten Vergleichsvorschlag zu unterbreiten. Die Geschäftsführung ist überzeugt, daß die ländliche Genossenschaft diesen Vergleich akzeptieren würde, und sei es auch nur, um einen wichtigen Kunden nicht zu verlieren.

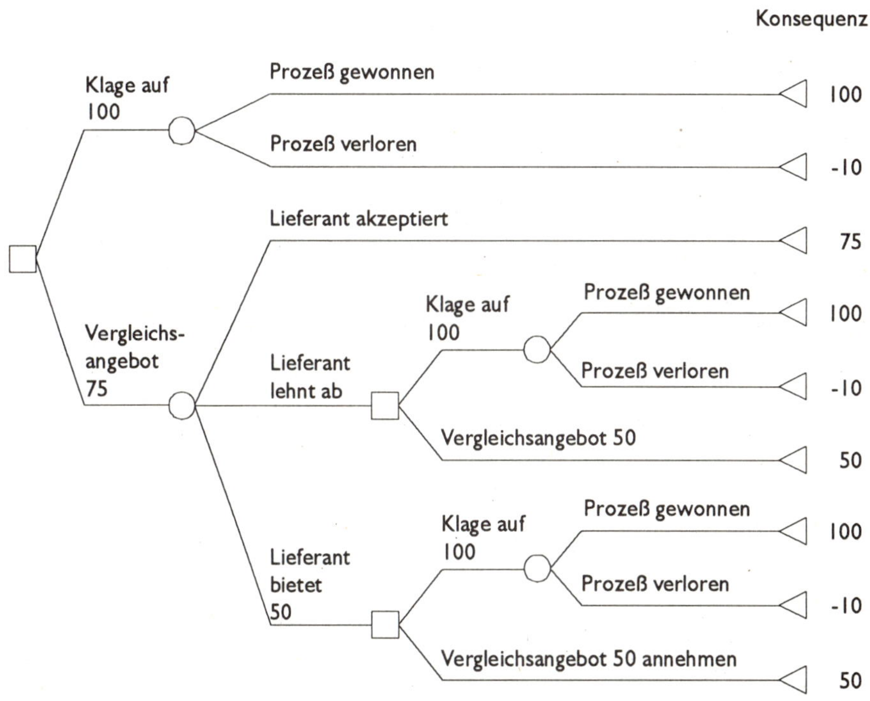

Abb.4-3: Entscheidungsbaum der Naschwerke AG mit einer einstufigen und vier zweistufigen Alternativen

Für den Fall, daß der Lieferant den ersten Vergleichsvorschlag mit einem Gegenangebot von 50.000 € beantwortet, steht es den Naschwerken ebenfalls frei, zu klagen oder zu akzeptieren.

Nach diesen Überlegungen ergibt sich die in Abb. 4-3 dargestellte Situation. Nunmehr stehen der Naschwerke AG folgende fünf Strategien zur Verfügung:

a Klage auf 100 einreichen
b Vergleich 75 vorschlagen;
  Falls Lieferant ablehnt: Klage auf 100
  Falls Lieferant 50 bietet: Klage auf 100
c Vergleich 75 vorschlagen;
  Falls Lieferant ablehnt: Klage auf 100
  Falls Lieferant 50 bietet: Akzeptieren
d Vergleich 75 vorschlagen;
  Falls Lieferant ablehnt: Vergleich 50 vorschlagen
  Falls Lieferant 50 bietet: Klage auf 100
e Vergleich 75 vorschlagen;
  Falls Lieferant ablehnt: Vergleich 50 vorschlagen
  Falls Lieferant 50 bietet: Akzeptieren.

Eine Bewertung dieser Strategien hängt unter anderem von den Wahrscheinlichkeiten der unsicheren Ereignisse ab, also der Erfolgschance im Prozeß und den Wahrscheinlichkeiten der Reaktionen des Lieferanten auf den Vergleichsvorschlag von 75.000 €.

4.7 Kreativitätstechniken für Gruppen

Die bisher diskutierten Methoden zur Alternativenfindung beruhen auf einer analytisch-systematischen Vorgehensweise. Daneben wurde eine Anzahl von Verfahren entwickelt, die eher die Intuition fördern sollen. Sie versuchen, spontane Einfälle zu provozieren und Denkblockaden zu überwinden. Erfahrungsgemäß wird Kreativität durch die Neigung behindert, Problemlösungen in der Nähe des Status quo zu suchen, was den kognitiven Aufwand und das Risiko eines Fehlschlags minimiert. Auch behindern gruppenpsychologische Effekte das Entstehen neuer Ideen, wie etwa die Angst vor Kritik (insbesondere durch höhergestellte Teilnehmer) oder der Hang zur Konformität in einer kohärenten Gruppe.

Wir können hier nur zwei der bekanntesten Methoden erwähnen, die für die Diskussion in Gruppen empfohlen werden (siehe die ausführliche Darstellung bei Schlicksupp 1992 sowie eine kritische Beurteilung bei Hauschildt 1994).

4.7.1 Brainstorming

Nach dieser weit verbreiteten und als erfolgreich geltenden Methode (Osborn 1963) soll die Gruppendiskussion sich an folgenden einfachen Regeln orientieren:

1. Jeder Teilnehmer äußert spontan die Ideen, die ihm in den Kopf kommen, mögen sie auch noch so abstrus erscheinen. Alle werden protokolliert.

2. Jegliche Kritik oder Mißfallensäußerung ist verboten.
3. Die Teilnehmer sollen auch an die Ideen ihrer Vorredner anknüpfen, sie weiterentwickeln.
4. So viele Ideen wie möglich sollen erzeugt werden.

Brainstorming soll eine Atmosphäre schaffen, in der jeder sich traut, undurchdachte Einfälle zu äußern. Die Spontaneität der anderen soll ansteckend wirken. Je wilder die Vorschläge sind, die schon gemacht wurden, desto ungehemmter wird man neue Ideen vorbringen. Typischerweise lockern sich die Teilnehmer während einer Brainstorming-Sitzung; am Anfang kommen eher konventionelle Vorschläge, später entstehen die ungewöhnlichen Ideen.

4.7.2 Nominal Group Technique

Die NGT (Delbecq und Van de Ven 1971, Delbecq/van de Ven/Gustavson 1975) will vermeiden, daß einzelne Teilnehmer faktisch von der Diskussion ausgeschlossen sind, weil dominante Gruppenmitglieder diese beherrschen. Während einer normalen, unstrukturierten Diskussion spricht jeder oder hört zu; für das Nachdenken bleibt zu wenig Zeit. Der Prozeß der Ideengenerierung läuft bei der NGT in folgenden Schritten ab:

1. Eine stille Phase, in der jeder Teilnehmer seine eigenen Ideen entwickelt und aufschreibt.
2. Die Teilnehmer geben nacheinander je eine Idee bekannt. Die Ideen werden auf einer Tafel festgehalten. Diese Phase dauert so lange, bis alle individuellen Ideenlisten erschöpft sind.
3. Diskussion und Klärung aller auf der Tafel notierten Ideen.

Durch dieses Vorgehen soll zunächst jeder Teilnehmer die Möglichkeit haben, in Ruhe und unbeeinflußt nachzudenken. Die Fokussierung auf bereits gemachte Vorschläge und die Tendenz zu einem verfrühten Konsens werden vermieden. Alle Ideen werden veröffentlicht und haben gleiche Chancen. Die Diskussion in Phase 3 ist weniger personalisiert als bei unstrukturierten Prozessen.

4.8 Die Vorauswahl von Alternativen

4.8.1 Notwendigkeit der Vorauswahl

Alternativengenerierung ist kein Selbstzweck. Jede Alternative, die analysiert werden soll, verursacht Aufwand. Bei Entscheidung unter Sicherheit müssen die Ausprägungen aller Zielvariablen für jede Alternative ermittelt werden. Hierzu können aufwendige Informationsbeschaffungsmaßnahmen notwendig sein, beispielsweise das Zusammentragen vieler technischer und wirtschaftlicher Daten über die in die Wahl gezogenen Optionen. Wenn Sie einen Gebrauchtwagen suchen, werden Sie nicht Hunderten von Angeboten nachgehen. Sie möchten auch nicht Dutzende von Bewerbungsgesprächen führen, wenn eine Schreibkraft einzustellen ist.

Bei Unsicherheit kompliziert sich die Sache noch dadurch, daß eine Alternative zu verschiedenen Konsequenzen führen kann, und daß die Unsicherheit durch subjektive Eintrittswahrscheinlichkeiten der Konsequenzen quantifiziert werden muß.

Mit anderen Worten: Je mehr Alternativen Sie haben, desto größer ist das Bedürfnis nach einer Vorauswahl. Um sinnvoll zu sein, muß die Vorauswahl weniger aufwendig sein als die Bewertung der letztlich übrigbleibenden Alternativen. Dabei stehen wir vor dem Dilemma, daß, je einfacher die Methoden der Vorauswahl sind, desto größer gewöhnlich das Risiko ist, daß gute und sogar optimale Alternativen durch die Maschen rutschen.

4.8.2 Restriktionen und Anspruchsniveaus

Sehr häufig werden Alternativen gewissen Restriktionen unterworfen. Zum Beispiel darf ein Abteilungsleiter nur Gegenstände bis zu einem bestimmten Anschaffungswert kaufen. Sie ziehen bei der Anschaffung eines Autos nur Modelle mit Katalysator in Betracht. Bei der Besetzung bestimmter Positionen kommen nur Akademiker in die Auswahl. In der Praxis bezeichnet man solche Restriktionen auch als „Killer-Kriterien“: Alternativen, die sie nicht erfüllen, sind schon gestorben. Der Vorteil solcher Restriktionen ist ihre Einfachheit. Mit ihnen kann man die Menge der Alternativen drastisch reduzieren, ohne viel über die Alternativen zu wissen. Entsprechend groß ist allerdings die Gefahr, gute Alternativen voreilig auszusondern.

Ähnliches gilt für Anspruchsniveaus bezüglich einzelner Zielvariablen. Zum Beispiel gilt bei Investitionsentscheidungen häufig eine bestimmte maximale Amortisationsdauer als Vorauswahlkriterium. Es werden nur solche Projekte in Betracht gezogen, bei denen das Geld in, sagen wir, maximal drei Jahren zurückfließt. Oder: Bei einer Stellenbesetzung werden Berufserfahrung und betriebswirtschaftliche Kenntnisse des Bewerbers gefordert. Als (Proxy-)Attribut für die Kenntnisse zieht man die Examensnote heran. Anspruchsniveaus werden formuliert: Kandidaten, die nicht mindestens fünf Jahre Berufserfahrung und eine Drei im Diplom haben, werden nicht berücksichtigt. Im Fall unsicherer Erwartungen müssen die Anspruchsniveaus probabilistisch formuliert werden, etwa in der Art: Ein Investitionsprojekt muß mindestens eine 90%-Chance bieten, sich innerhalb von drei Jahren zu amortisieren.

Ein Problem mit Anspruchsniveaus ist, daß sie gewisse Ziele als nichtkompensierbar behandeln. Ein Bewerber mit der Examensnote 3,1 wird aussortiert; er kann die Unterschreitung des Anspruchsniveaus durch keine noch so guten Ausprägungen bei anderen Zielvariablen kompensieren. Eine solche Regel wird sich selten oder nie mit den wirklichen Präferenzen des Entscheiders decken. Eine vernünftige Anwendung von Anspruchsniveaus kann deshalb nicht völlig mechanisch sein. Man wird eine Alternative, die ein Anspruchsniveau geringfügig verletzt, nicht eliminieren, wenn sie andere Anspruchsniveaus beträchtlich übertrifft.

Das grundlegendere Problem mit Restriktionen und Anspruchsniveaus ist jedoch: Wie soll man sie festsetzen? Je einschneidender die Forderungen sind, desto leichter kann es passieren, daß keine Alternative sie erfüllt. Dann müssen die

Forderungen gelockert werden. Aber welche und um wieviel? Sie suchen einen Gebrauchtwagen unter 5.000 € mit Servolenkung und Automatik, finden aber keinen. Verzichten Sie eher auf die Servolenkung oder auf die Automatik? Oder zahlen Sie lieber 500 € mehr, als auf eins von beiden zu verzichten?

Auch in der anderen Richtung haben wir das Problem: Waren die Anforderungen nicht hoch genug, um die Alternativenmenge wesentlich einzuschränken, so müssen sie verschärft werden, aber welche und um wieviel? Diese Fragen können befriedigend nur gelöst werden, wenn die Präferenzen des Entscheiders modelliert und alle Eigenschaften der Alternativen bekannt sind. Wenn das aber der Fall ist, brauchen wir keine Vorauswahl.

Restriktionen und Anspruchsniveaus können von außen vorgegeben sein, zum Beispiel durch Gesetze, Satzungen oder Anordnungen vorgesetzter Stellen. Dann stellen sie im gegebenen Entscheidungskontext kein Problem dar. Problematisch sind sie, wenn der Entscheider sie sich selber setzt, allein zu dem Zweck, die Alternativenmenge einzuschränken.

Restriktionen und Anspruchsniveaus sind also mit Vorsicht zu handhaben. Ihre Festsetzung und Variation stellen keinen formalisierten Prozeß mit überprüfbarer Rationalität dar. Sie können allerdings zur Reduzierung der Alternativenzahl notwendig sein. Dann sollten sie jedoch so eingesetzt werden, daß die Gefahr, die beste Alternative zu verwerfen, vernachlässigbar gering bleibt.

4.8.3 Dominanz

Unter bestimmten Bedingungen kann man bei Existenz mehrerer Ziele Alternativen mit Hilfe des Konzepts der Dominanz überprüfen. Allgemein haben wir mit Dominanz den Tatbestand bezeichnet, daß eine Alternative im Vergleich mit einer anderen als überlegen erkennbar ist, obwohl die für eine Bewertung im allgemeinen erforderlichen Informationen nicht vollständig vorliegen. Im einzelnen sind, abhängig von der Art und Präzisierung des Präferenzmodells, unterschiedliche Dominanzkonzepte möglich. Wir wollen uns an dieser Stelle auf den Fall beschränken, daß Alternativen unter Sicherheit bei mehreren Zielen zu vergleichen sind. Wir haben in einem vorangehenden Beispiel (Tab. 4.1) dominierte Alternativen identifiziert.

Jede neue Alternative wird paarweise mit jeder vorhandenen verglichen. Es gilt: Eine Alternative ist durch eine andere *dominiert,* wenn sie in keinem Attribut besser ist als jene, aber in mindestens einem Attribut schlechter. In diesem Fall braucht der Entscheider sich keine Gedanken über die genaue Gestalt der additiven Bewertungsfunktion zu machen. Insbesondere spielt die Gewichtung der Ziele keine Rolle. Dominierte Alternativen können ausgeschieden werden.

Dieser Dominanztest ist nur unter folgenden Bedingungen anwendbar:

1. Das Zielsystem ist bekannt, alle Zielvariablen sind identifiziert.
2. Für jede Zielvariable ist die Präferenzrichtung bekannt. Zum Beispiel kann Maximierung, Minimierung oder Erreichung eines bestimmten Wertes der Zielvariablen (z. B. einer idealen Durchschnittstemperatur am Urlaubsort) angestrebt werden. Diese Bedingung ist etwa dann nicht erfüllt, wenn ein und dasselbe Attribut für mehrere Ziele mit unterschiedlicher Präferenz-

richtung verwendet wird, etwa die Grundfläche einer Wohnung als Maß für den Wohnkomfort (Maximierung) und den Pflegeaufwand (Minimierung). Zwischen zwei Wohnungen unterschiedlicher Größe kann dann keine Dominanz existieren.

3. Zwischen den Zielvariablen herrscht Präferenzunabhängigkeit, so daß ein additives Bewertungsmodell angemessen ist.
4. Der Entscheider sucht nur die beste Alternative, keine zweitbeste oder gar eine vollständige Rangordnung aller Alternativen. Bei der Anwendung des Dominanztests kann es leicht passieren, daß Alternativen verworfen werden, die zwar etwas schlechter als die beste, aber besser als manche der in der Auswahl verbleibenden Alternativen sind. Eine Unternehmung schreibt Ausbildungsplätze für Lehrlinge aus. Die besten Bewerber sollen angenommen werden; wieviele man einstellt, ist noch nicht entschieden (es könnte z. B. von der Qualität der Bewerber abhängig gemacht werden). Dann ist die Eliminierung von Bewerbern nach dem Dominanzkriterium nicht möglich. (Um genau zu sein, sollte man in diesem Fall die einzelnen zu bewertenden Bewerber nicht als Alternativen bezeichnen, da sie sich nicht gegenseitig ausschließen.)

Sind diese Bedingungen erfüllt, ist Dominanz ein sinnvolles Auswahlkriterium. Allerdings erfordert es schon einen hohen Informationsstand. Ist zum Beispiel das Zielsystem noch nicht vollständig – der Entscheider hält es für möglich, daß im weiteren Verlauf des Entscheidungsprozesses noch neue Ziele hinzukommen – kann man Dominanz nur hinsichtlich der bisher identifizierten Ziele feststellen. Analoges gilt, wenn man noch nicht die Ausprägungen aller Zielvariablen kennt. Bei der Analyse der eingereichten Bewerbungsunterlagen sind etwa die Ausprägungen von Attributen wie Ausbildung, Examensnote, Berufserfahrung etc. feststellbar. Über andere Attribute, wie das persönliche Auftreten oder Fremdsprachenkenntnisse kann erst ein Gespräch Aufschluß geben. Dominanz ist in diesem Stadium nur partiell, d. h. bezüglich einer Teilmenge der Ziele feststellbar; keine Alternative kann schon endgültig verworfen werden. (In diesem Fall würde man zweckmäßigerweise noch keinem Bewerber seine Unterlagen zurückschicken.)

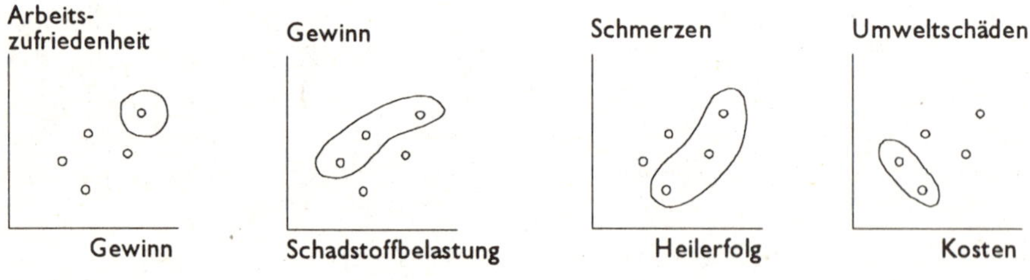

Abb. 4-4: Die markierten Alternativen sind nichtdominiert

Dominanzen lassen sich graphisch leichter als durch Zahlenvergleiche erkennen. In Abb. 4-4 sind die bezüglich zweier Attribute dominanten Alternativen markiert.

Abb. 4-5 zeigt, daß man Dominanzbeziehungen auch für mehr als zwei Attribute graphisch darstellen kann. Die Skalen müssen die gleiche Präferenzrichtung haben. Im Beispiel hat ein Autokäufer vier Autotypen die Ausprägungen von vier Merkmalen zugeordnet. Auf jedem Attribut wird die weiter oben liegende Ausprägung der weiter unten liegenden vorgezogen. Durch Verbindung der Punkte ergibt sich ein Eigenschaftsprofil für jedes Fahrzeug. Liegt das Profil einer Alternative über dem einer anderen, so dominiert erstere die zweite. Im Beispiel dominiert der Celia den Tornado, denn er ist in allen relevanten Eigenschaften besser oder zumindest nicht schlechter.

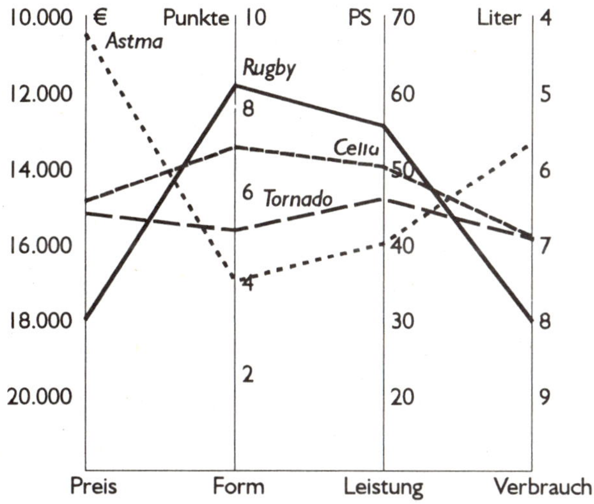

Abb. 4-5: Eigenschaftsprofile von vier Automodellen

Fragen und Aufgaben

4.1

Ihr Schwager Calle Noni (der mit dem italienischen Restaurant aus Aufgabe 2.5) klagt über die schlechte Ertragslage. Er hat zwei Ziele: den Gewinn zu steigern und dabei den Charakter eines gutbürgerlichen Eßlokals beizubehalten. Stellen Sie Ihnen geeignet erscheinende Maßnahmen in einem Mittel-Ziel-Netzwerk dar.

4.2

Die Dr. Frevel GmbH erzeugt drei Chemikalien, die hier kurz mit *X*, *Y* und *Z* bezeichnet seien. Die Geschäftslage ist schlecht, und Entlassungen werden notwendig sein. Bei der Produktionsprogrammplanung hat die Geschäftsleitung zwei Ziele vor Augen, die Maximierung des Deckungsbeitrags und die Minimierung der Anzahl zu entlassender Arbeitnehmer. Hinsichtlich dieser beiden Attribute weisen die drei Produkte folgende Eigenschaften auf.

	X	*Y*	*Z*
Deckungsbeitrag € pro Tonne	95,–	75,–	50,–
Anzahl benötigter Arbeitskräfte pro Tonne und Monat	0,20	0,25	0,35

Der Markt nimmt von *X* derzeit nicht mehr als 300 Tonnen, von *Y* maximal 500 und von *Z* höchstens 400 Tonnen im Monat auf. Die Produktionskapazität für alle drei Produkte zusammen ist 1.000 Tonnen pro Monat.

Generieren Sie einige Produktionsprogramme, von denen keines bezüglich der beiden Zielgrößen dominiert ist.

4.3

Die Zahl der Unfälle im Straßenverkehr ist zu hoch. Was könnte getan werden, um eine Reduzierung der Unfallzahlen zu erreichen? Überlegen Sie sich zunächst möglicherweise geeignete Maßnahmen. Dabei werden Sie wahrscheinlich feststellen, daß neben der Unfallreduzierung weitere fundamentale Ziele zu beachten sind. Stellen Sie ein Mittel-Ziel-Netzwerk auf, in dem Sie Fundamentalziele, Instrumente zu deren Erreichung und die vermuteten positiven und negativen Wirkungen darstellen.

Welche zusätzlichen Maßnahmen ergeben sich bei einer Erweiterung des Kontextes auf die Fragestellung „Reduzierung des Straßenverkehrs"?

4.4

Die Naschwerke AG möchte ihre Produktlinie Schokolade um einen Schokoriegel erweitern, der sich von den Konkurrenzprodukten deutlich unterscheiden und eine möglichst breite Käuferschaft erreichen soll. Versuchen Sie mit Hilfe der Aufgabenzerlegung, einen Erfolg versprechenden Schokoriegel zu entwickeln.

4.5

Im Vorstand eines deutschen Pharmakonzerns steht die Einführung eines neuen Herzmittels auf dem amerikanischen Markt zur Diskussion. In den USA wird ein jährlicher Absatz von 5 Millionen Packungen mit 30% Wahrscheinlichkeit und 10 Millionen Packungen mit 70% Wahrscheinlichkeit erwartet bei einem Preis von umgerechnet 3 € pro Packung. Vor der Einführung auf dem amerikanischen Markt muß das Produkt erst von den dortigen Gesundheitsbehörden genehmigt werden. Die Wahrscheinlichkeit eines positiven Bescheides beträgt 70%. Die Kosten für das Genehmigungsverfahren betragen 1 Million €.

Die Belieferung des amerikanischen Marktes kann entweder durch die Errichtung eines Zweigwerks vor Ort, durch den Export aus Deutschland oder durch die Vergabe der Produktion an einen Lizenznehmer erfolgen. Im amerikanischen Zweigwerk würden jährlich 6 Millionen € fixe Kosten und je produzierte Packung 0,80 € variable Kosten anfallen. Bei Produktion in Deutschland entstünden nur zusätzliche fixe Kosten von 3 Millionen € im Jahr, aber pro Packung 1,20 € variable Kosten. Bei Lizenzvergabe wäre eine Lizenzgebühr von 0,50 € pro Packung erzielbar. Die Wahrscheinlichkeit, einen Lizenznehmer zu finden, beträgt 50%. Die Kosten, die bei der Suche durch das Einschalten einer amerikanischen Unternehmensberatung entstehen, betragen 0,5 Millionen €.

Stellen Sie die möglichen mehrstufigen Alternativen in Form eines Entscheidungsbaumes dar.

4.6

Gegeben ist die Alternativenmenge in untenstehender Tabelle. Für alle Ziele gilt: Je höher die Ausprägung, desto besser. Bestimmen Sie zunächst die nicht dominierten Alternativen. Für Ziel A sei ein Anspruchsniveau von mindestens 55 festgelegt, für Ziel B von mindestens 26. Bestimmen Sie die effizienten Alternativen, die diesen Niveaus entsprechen. Gibt es Gründe, die gegen die Wahl dieser Anspruchsniveaus sprechen könnten?

Alternative	Ziel A	Ziel B	Ziel C
1	48	8	26
2	41	1	12
3	50	20	25
4	32	2	18
5	31	42	30
6	7	15	20
7	51	10	23
8	58	25	4
9	56	41	18
10	51	46	15
11	49	58	14
12	50	55	24
13	6	16	30
14	53	49	9
15	14	55	6
16	60	1	2
17	22	48	2
18	64	16	26
19	57	16	6
20	7	51	13

ANWENDUNGSBEISPIEL

Mexico City Airport

Quelle: Keeney, R. L. und Raiffa, H.: Decisions with Multiple Objectives. Preferences and Value Tradeoffs. John Wiley, 1976, Kapitel 8.

Problemstellung

Wachsender Luftverkehr zwang die mexikanische Regierung in den späten 60er Jahren, darüber nachzudenken, mit welchen Maßnahmen die Kapazität von Mexico City ausgebaut werden sollte. Zwei Gutachten waren zu total gegensätzlichen Empfehlungen gelangt. Eines schlug vor, den vorhandenen, nahe der Stadt gelegenen Flughafen Texcoco stark zu vergrößern, das andere empfahl, den gesamten kommerziellen Flugverkehr auf einen neu zu errichtenden Flughafen nahe dem Dorf Zumpango, 25 Meilen nördlich der Stadt, zu verlagern.

Da die Stadt stark gewachsen war und der Flughafen in dichtbevölkertem Gebiet lag, hätte die Erweiterung beträchtliche Nachteile mit sich gebracht, besonders hinsichtlich der Lärmbelästigung, des Risikos bei Unfällen und der notwendigen Umsiedlung von Einwohnern beim Ausbau von Startbahnen. Andererseits hätte der neue Flughafen den klaren Nachteil der weiten Entfernung von der Stadt gehabt.

Im Sommer 1971 führte das mexikanische Ministerium für öffentliche Arbeiten eine weitere Studie durch, zu der Keeney und Raiffa als Berater hinzugezogen wurden. Das Ministerium erwartete von der Studie die Bestätigung seiner Meinung, daß Zumpango die beste Lösung sei.

Das statische Modell

Das Ministerium hatte zwei Hauptalternativen vorgegeben: Ausbau von Texcoco und Neubau in Zumpango. Bei einem Neubau waren jedoch Unterfälle zu unterscheiden, denn es mußten nicht alle Luftverkehrskategorien nach Zumpango verlagert werden. Man unterschied vier Kategorien: (I) International, (N) National, (A) Allgemein und (M) Militär. Da man jede Kategorie nur auf einem Flughafen haben wollte, ergaben sich insgesamt 16 Alternativen.

Keeney und Raiffa führten noch eine zeitliche Differenzierung ein, um einen Wechsel der Nutzungsart berücksichtigen zu können. Sie definierten 1975, 1985 und 1995 als Entscheidungszeitpunkte. So könnte beispielsweise 1975 Zumpango für den allgemeinen Luftverkehr geöffnet werden, der internationale Betrieb 1985 dorthin verlagert und ab 1995 der gesamte Luftverkehr in Zumpango abgewickelt werden. Auf diese Weise erhielten sie $16^3 = 4.096$ theoretische Alternativen. Von diesen konnten jedoch die meisten eliminiert werden. Da der militärische Verkehr weniger als 5% ausmachte, konnten Alternativen, die sich nur hinsichtlich dieses Punktes unterschieden, zusammengefaßt werden. Andere Alternativen waren offensichtlich sinnlos, etwa alle Hin- und Herverlagerungen. So blieben etwa 100 Alternativen für die weitere Analyse übrig.

Als Ziele und Attribute wurden nach langen Diskussionen vom Ministerium die folgenden sechs ausgewählt.

	Ziel	Attribut
1	Minimale Konstruktions- und Unterhaltungskosten	Diskontierte Ausgaben in Millionen Pesos
2	Angemessene Kapazität	Anzahl Flugbewegungen pro Stunde
3	Minimale Zugangszeit zum Flughafen	Zugangszeit in Minuten, gewichtet mit Anzahl der Passagiere von jeder Zone in Mexico City
4	Maximale Sicherheit des Systems	Anzahl der Toten und Schwerverletzten pro Flugzeugunfall
5	Minimale soziale Reibungsverluste	Anzahl umzusiedelnder Einwohner
6	Minimale Lärmbelästigung durch Luftverkehr	Anzahl der Personen, die einem hohen Lärmniveau ausgesetzt sind*

*90 CNR oder mehr. Dieses Maß (Composite Noise Rating) ist aus Lautstärke in Dezibel und Häufigkeit des Vorkommens zusammengesetzt.

Als nächstes waren Wahrscheinlichkeitsverteilungen für die Ausprägungen aller Attribute für jede Alternative während jedes der drei betrachteten Zehnjahreszeiträume zu schätzen. Die Bewertung der Alternativen erforderte ferner die Ermittlung einer multiattributiven Nutzenfunktion. Auf die Details soll hier nicht eingegangen werden. Das Ergebnis der Analyse war, daß zwei Gruppen von Alternativen am besten abschnitten und untereinander etwa gleichwertig waren: (1) Alternativen, bei denen Zumpango sofort gebaut würde und sowohl den I- wie den N-Verkehr aufnähme, und (2) Alternativen, bei denen Zumpango schrittweise ausgebaut würde, indem es zunächst den I- oder den N-Verkehr erhielte, aber 1985 oder 1995 auch die jeweils andere Kategorie hinzubekäme.

Das dynamische Modell

In einer zweiten Analyse trugen die Berater der Tatsache Rechnung, daß es angesichts großer Unsicherheiten über zukünftige Entwicklungen sinnvoller wäre, zunächst nur eine Entscheidungsempfehlung für die Gegenwart (1971) zu erarbeiten. Fünf Jahre später könnte man dann aufgrund der inzwischen eingetretenen Entwicklung eine zweite Entscheidung treffen. Als unsichere Einflußfaktoren wurden insbesondere mögliche Flugzeugunglücke, Nachfrageveränderungen, technische Innovationen – wie leisere Flugzeuge – veränderte Einstellungen zum Umweltschutz und politisch-soziale Veränderungen in Betracht gezogen. Es wurde jedoch nicht versucht, eine optimale mehrstufige Alternative zu finden. Der Entscheidungskontext wurde formal auf die erste Entscheidung reduziert. Da mit dieser Entscheidung aber gewisse Festlegungen für die späteren Entscheidungen getroffen würden, mußten die Alternativen für 1971, zusätzlich zu den schon bekannten Attributen, auch hinsichtlich ihrer „Flexibilität“ bewertet werden.

Die Alternativen für die erste Entscheidungsstufe wurden dadurch generiert, daß die Berater je vier Ebenen des Engagements für beide Flughäfen definierten, aus denen sich 16 Kombinationen bilden ließen. Die Abbildung zeigt diese 16 Alternativen.

Investitionen in Zumpango \ Investitionen in Texcoco	Minimum	Niedrig	Mittel	Hoch
Minimum	1	2	3	4
Niedrig	5	6	7	8
Mittel	9	10	11	12
Hoch	13	14	15	16

Im folgenden sind die Engagements näher erläutert.

Texcoco:

- Minimum: Aufrechterhalten und Sicherheitsausrüstungen beschaffen.
- Niedrig: Zusätzlich Startbahnen erweitern, Hilfseinrichtungen (wie Terminals) verbessern.
- Mittel: Zusätzlich Gelände für den Bau einer neuen Startbahn und Passagiereinrichtungen erwerben und vorbereiten.
- Hoch: Einen völlig neuen Flughafen Texcoco bauen.

Zumpango:

- Minimum: Allenfalls Gelände ankaufen.
- Niedrig: Gelände kaufen, eine Startbahn für Jets und sehr bescheidene Passagiereinrichtungen bauen.
- Mittel: Gelände kaufen, eine erste Jet-Startbahn bauen und weitere planen, größere Passagiereinrichtungen bauen und einen Zubringer zur Autobahn nach Mexico City bauen.
- Hoch: Mehrere Jet-Startbahnen, größere Passagiereinrichtungen und Zugangsstraßen bauen, also einen Großflughafen in Zumpango bauen.

Das Zielsystem wurde gegenüber dem statischen Modell erweitert. Die dort verwendeten sechs Ziele wurden unter dem Oberziel „Effektivität" zusammengefaßt. Hinzu kam die „Flexibilität", die eine 1971 getroffene Entscheidung fünf Jahre später aufweisen würde. Ferner wurden „politische Konsequenzen" der Entscheidung für den Präsidenten als obersten Entscheider und die beteiligten Behörden sowie eine Restgruppe „Externe Auswirkungen" – z. B. auf die regionale Entwicklung und das nationale Prestige – betrachtet.

In intensiven Diskussionen zwischen den Beratern und Behörden wurde eine Vorauswahl aus den 16 Alternativen getroffen. Alternative 1 schied aus, weil sie den Anforderungen für die unmittelbare Zukunft nicht genügen würde. Die Alternativen 7, 8, 11, 12, 15 und 16 wurden eliminiert, weil ein mittleres bis hohes Engagement in Texcoco gleichzeitige Investitionen in Zumpango überflüssig machen würde. Alternative 3 wurde mit Alternative 4 verschmolzen, weil sie praktisch auf das gleiche hinausliefen. Somit blieben acht Alternativen.

Die Bewertung der Alternativen hinsichtlich ihrer Effizienz wurde aus dem statischen Modell übernommen. Beamte des Ministeriums bewerteten die Alternativen außerdem bezüglich der neu hinzugekommenen Zielvariablen. Es wurde nur ordinal bewertet, d. h. die Alternativen nach Rangplätzen geordnet. Die beste Alternative erhielt jeweils den Rang 1 usw. Als gleichwertig beurteilte Alternativen erhielten gleiche Rangziffern. Das Ergebnis zeigt die folgende Tabelle.

Alternative	Effektivität	Flexibilität	Politische Effekte	Externe Auswirkungen
2	7	1	3	3
4*	8	7	4	7
5	3	2	3	1
6	1	3	2	3
9*	4	4	5	2
10	5	5	1	4
13*	2	6	7	5
14*	6	8	6	6

Die mit einem Stern gekennzeichneten Alternativen sind dominiert. So schneidet beispielsweise Alternative 4 in jeder Hinsicht schlechter ab als Alternative 2. Die dominierten Alternativen wurden ausgeschieden, nicht ohne daß Keeney und Raiffa in die Rolle des Advocatus diaboli schlüpften, um zu prüfen, ob nicht wesentliche Argumente zugunsten dieser Optionen übersehen worden waren. Somit verblieben nur noch 2, 5, 6 und 10 in der Auswahl.

In einem letzten Schritt definierten die Berater die verbliebenen Alternativen präziser und unterschieden Nr. 5 noch in zwei Unterfälle, wie folgt:

- 2 In Zumpango nur Gelände kaufen. In Texcoco die beiden Hauptstartbahnen und das Vorfeld erweitern, Fracht- und Parkeinrichtungen sowie einen neuen Tower schaffen. Keine neuen Passagierterminals bauen.
- 5a In Zumpango eine Jet-Startbahn, einige Terminals und eine einfache Straßenverbindung bauen. Genug Land für den Ausbau zu einem großen Flughafen erwerben. In Texcoco nur Instandhaltung und Verbesserung der Sicherheitsvorkehrungen.
- 5b Wie 5a, außer daß in Zumpango nur das Gelände für den Erstausbau erworben wird.
- 6 In Texcoco eine Startbahn erweitern und andere Verbesserungen wie in Alternative 2. In Zumpango Gelände für einen internationalen Großflughafen kau-

fen und eine Startbahn mit einigen Passagier- und Zugangseinrichtungen bauen.

- 10 In Texcoco wie Alternative 6. In Zumpango zwei Jet-Startbahnen, größere Passagiereinrichtungen und Zugangsstraßen bauen.

Diese fünf Alternativen wurden näher analysiert und neu bewertet. Die Rangzahlen sind in folgender Tabelle enthalten.

Alternative	Effektivität	Flexibilität	Politische Effekte	Externe Auswirkungen
2	3	1	4	4
5a	3	2	3	3
5b*	4	4	5	5
6	1	3	1	1
10*	1	5	2	2

Auch hier erweisen sich Alternativen als dominiert (*). Es verbleiben noch drei Alternativen. Eine methodisch-formale Auswahl zwischen ihnen fand nicht statt. Nach Meinung der Mitglieder des Ministeriums bildete Alternative 6 die beste Lösung.

Folgerungen

Das Ministerium für öffentliche Arbeiten war von den Ergebnissen überrascht. Nachdem man sich zunächst von der Studie nur die Bestätigung erwartet hatte, daß der sofortige Ausbau von Zumpango zu empfehlen sei, hatte die statische Analyse darauf hingedeutet, daß ein stufenweiser Ausbau gleichwertig sein könnte. In einer dynamischen Betrachtungsweise und unter Hinzunahme der Ziele Flexibilität, politische Effekte und externe Auswirkungen zeigte sich die ursprünglich präferierte Option vollständig dominiert. Als Folge dieser Einsicht schwenkte das Ministerium auf eine flexiblere Haltung über und schlug dem Präsidenten Ende 1971 eine stufenweise Entwicklung von Zumpango vor.

Kapitel 5: Entscheidung bei Sicherheit und einem Ziel

5.0 Zusammenfassung

1. Vollständigkeit und Transitivität sind die Rationalitätsanforderungen, die wir bei Entscheidungen bei Sicherheit und einem Ziel an die Präferenzordnung stellen wollen.
2. Transitive, vollständige Präferenzordnungen können durch Wertfunktionen abgebildet werden.
3. Es gibt meßbare und nicht meßbare Wertfunktionen. Die meßbaren Wertfunktionen lassen im Gegensatz zu nicht meßbaren Wertfunktionen Aussagen über die Stärke der Präferenz zu.
4. Sie lernen drei Methoden zur Bestimmung der Wertfunktion kennen: die *Direct-Rating*-Methode, die Methode gleicher Wertdifferenzen und die Halbierungsmethode.
5. Konsistenzprüfungen sind ein essentieller Bestandteil jeder Methode zur Bestimmung der Wertfunktion.

5.1 Wertfunktion und Präferenz

In diesem Kapitel wollen wir das Konzept der Präferenz des Entscheiders bezüglich einer einzigen Zielvariablen wiederaufgreifen. Dabei gehen wir davon aus, daß jede Alternative genau eine Konsequenz besitzt, d. h. daß sichere Erwartungen vorliegen. Anhand dieser einfachen Entscheidungssituation soll erläutert werden, wie Präferenzen von Entscheidern durch Wertfunktionen abgebildet werden und mit welchen Methoden Wertfunktionen ermittelt werden können. Ein gründliches Verständnis der in diesem Kapitel präsentierten Theorie erleichtert das Studium späterer Kapitel erheblich. Für den einfachen Fall der Entscheidung bei Sicherheit und einem Ziel wird hier eine Vorgehensweise zur Abbildung und Messung von Präferenzen dargestellt, die wir auf den Fall mehrerer Ziele, mehrerer Umweltzustände und mehrerer Perioden übertragen werden.

Wir gehen in diesem Kapitel davon aus, daß eine endliche Alternativenmenge gegeben ist, die wir mit $A = \{ a, b, c, \ldots \}$ bezeichnen. Die Konsequenz einer Alternative a auf dem entscheidungsrelevanten Ziel bzw. Attribut X, x_a, bezeichnen wir synonym auch als Zielerreichungsgrad oder Attributsausprägung der Alternative. Die Attributsausprägungen können mit Hilfe unterschiedlicher Skalen abgebildet werden (nominal, ordinal, kardinal).

Als Beispiel für eine Entscheidung bei Sicherheit und einem Ziel sei das Entscheidungsproblem eines frischgebackenen Diplom-Kaufmanns angeführt, der nach Beendigung seines Studiums eine Anfangsstellung auszuwählen hat. Im Rahmen dieses Kapitels wird davon ausgegangen, daß der Entscheider den Jahresverdienst als einzige Zielgröße betrachtet. Die Konsequenzen der Alternativen werden in €/Jahr gemessen. Der Entscheider zieht die Berufsalternativen der Tabelle 5.1 in die Wahl.

Tab. 5.1: Drei Stellenangebote mit einem Attribut

	Alternative	Konsequenz
(*a*)	Beratungsfirma	80.000 €
(*b*)	Universität	50.000 €
(*c*)	Segellehrer	30.000 €

Ziel der weiteren Überlegungen ist es, die Präferenz von Entscheidern zu ermitteln und in einer Funktion darzustellen. Dies ist im Beispiel natürlich nicht erforderlich, um die optimale Alternative bestimmen zu können. 80.000 € haben für Sie (und unseren Diplom-Kaufmann) sicherlich einen höheren Wert als 50.000 € oder 30.000 €. Die Fähigkeit, Präferenzen abbilden und messen zu können, ist jedoch eine wichtige Voraussetzung für die Lösung komplexerer Entscheidungsprobleme. Die Vorgehensweisen zur Unterstützung von Entscheidungen bei mehreren Zielen (Kapitel 6) sowie von intertemporalen Entscheidungen (Kapitel 11) setzen voraus, daß Sie Präferenzen bezüglich eines Ziels abbilden können. Entscheidungsunterstützung bei Unsicherheit (Kapitel 9 und 10) enthält viele der in diesem Kapitel vorgestellten Gedanken.

Ein Entscheider besitzt eine *Präferenz* zwischen zwei Alternativen $a, b \in A$, wenn er entweder a gegenüber b bevorzugt ($a \succ b$) oder b gegenüber a bevorzugt ($b \succ a$) oder wenn er indifferent zwischen a und b ist ($a \sim b$). Im Rahmen der präskriptiven Entscheidungstheorie wollen wir Rationalitätsanforderungen an die Präferenz eines Entscheiders stellen.

Allgemein fordern wir, daß die Präferenzordnung des Entscheiders vollständig und transitiv ist. Eine Präferenz ist *vollständig*, wenn der Entscheider für jedes beliebige Alternativenpaar eine Präferenz besitzt. Sie ist *transitiv*, wenn für drei beliebige Alternativen a, b, c gilt: Aus $a \succ b$ und $b \succ c$ folgt $a \succ c$. Ein Entscheider, der zum Beispiel sagt, er könne die Alternative „Segellehrer" nicht mit der Alternative „Beratungsfirma" vergleichen, wird genausowenig als rational angesehen werden wie einer, der „Segellehrer" besser als „Beratungsfirma", diese Alternative besser als „Assistent" und die Arbeit an der Uni besser als „Segellehrer" findet.

Im Beispiel haben wir die Präferenz des Entscheiders aus einer Bewertung der Konsequenzen abgeleitet. Allgemein wird im Falle sicherer Erwartungen die Funktion, die die Alternativen anhand ihrer Konsequenzen bewertet und gleichbedeutend mit der Präferenz ist, als *Wertfunktion* bezeichnet. Die Wertfunktion stellt eine mathematische Abbildung der Präferenz dar. Sie wird in Anlehnung an die englische Bezeichnung (*value function*) mit v bezeichnet und sei zunächst formal definiert.

Definition 5.1 (Wertfunktion).
Eine Wertfunktion v ist eine Funktion, die jeder Alternative a eine reelle Zahl derart zuordnet, daß der Wert einer Alternative a genau dann größer als der Wert einer Alternative b ist, falls der Entscheider a gegenüber b präferiert:

$$v(a) > v(b) \Leftrightarrow a \succ b, \quad a, b \in A$$

(analog für $\sim$, $\prec$)

Nicht jede vorstellbare Präferenz läßt sich durch eine Wertfunktion abbilden. Präferenzen, die das Transitivitätsaxiom nicht erfüllen, können nicht durch die hier definierten Wertfunktionen abgebildet werden. Da Werte reelle Zahlen sind und „>" eine transitive Ordnung auf den reellen Zahlen darstellt, müssen die Präferenzen auch transitiv sein. Genau so einfach läßt sich zeigen, daß Präferenzen, die durch eine Wertfunktion abgebildet werden, vollständig sein müssen. Glücklicherweise sind Vollständigkeit und Transitivität die wesentlichen Bedingungen für die Existenz einer Wertfunktion zur Abbildung einer Präferenz. Es gilt:

Satz 5.1: Ist die Präferenz eine vollständige, transitive Ordnung (und gilt die technische Bedingung, daß die Menge A abzählbar ist, vgl. Krantz et al. 1971, S. 39), so existiert immer eine Wertfunktion, die die Präferenz abbildet.

Da wir die Axiome „Vollständigkeit" und „Transitivität" als Grundlage für rationales Entscheiden genommen haben, können wir im folgenden davon ausgehen, daß Präferenzen durch Wertfunktionen abgebildet werden können. (Zu Ausnahmen, die durch eine Verletzung der technischen Bedingungen verursacht werden, vgl. Rauhut et al. 1979, S. 34 f.) Damit ist schon viel erreicht. Nun müssen Sie „nur" noch lernen, wie die Wertfunktion des Entscheiders ermittelt werden kann, um für beliebige Alternativen seine Präferenz zu kennen und die optimale Alternative bestimmen zu können.

Die bisherige Vorgehensweise erscheint vielleicht im ersten Moment trivial, ja fast zu umständlich für solch eine einfache Sache. Sie enthält jedoch viele Annahmen und wesentliche Überlegungen, die wir auch bei der Abbildung von viel komplexeren Präferenzen im weiteren Verlauf des Buches anstellen müssen:

- Wir haben die Präferenz für Entscheidungen unter Sicherheit bei einem Ziel definiert. Für dieses Entscheidungsproblem wurden Bedingungen an die Präferenz definiert, aus denen sich die Existenz einer Wertfunktion ableiten läßt.
- Eine rationale Präferenz bei sicheren Erwartungen soll die Axiome „Vollständigkeit" und „Transitivität" erfüllen. Entsprechende Axiome bei Entscheidungen bei Sicherheit und mehreren Zielen oder Entscheidungen bei Unsicherheit werden es erst ermöglichen, die Präferenz mathematisch einfach abzubilden.

- Auch in den komplexeren Entscheidungssituationen der weiteren Kapitel wird immer wieder gefordert werden, daß die Präferenz die Axiome der Vollständigkeit und Transitivität erfüllt. Trotzdem werden Entscheider diese Axiome beim intuitiven Entscheiden immer wieder verletzen. Schon im ersten Kapitel wurde auf die mögliche Diskrepanz zwischen dem tatsächlichen Entscheidungsverhalten (Gegenstand des deskriptiven Ansatzes) und rationalem Entscheidungsverhalten (Gegenstand des präskriptiven Ansatzes) hingewiesen. An dieser Stelle ist daher zu diskutieren, ob die Axiome Transitivität und Vollständigkeit als Grundlage rationalen Entscheidungsverhaltens ihre Berechtigung haben.

  Transitivität wird in der Literatur von sehr vielen Autoren als Grundlage rationalen Handelns angesehen. Aus dem intransitiven Verhalten $a \succ b$, $b \succ c$ und $c \succ a$ läßt sich eine „Geldpumpe" konstruieren. Dabei gehen wir davon aus, daß der Entscheider die Alternative a besitzt. Zieht er c gegenüber a vor, wird er zumindest einen kleinen Geldbetrag α zahlen, um a in c umzutauschen. Entsprechend zahlt er einen Betrag α', um c in b und einen Betrag α'', um b in a zu tauschen. Betrachtet man die drei Tauschakte zusammen, hat er insgesamt $\alpha + \alpha' + \alpha''$ gezahlt und doch wieder seine Ausgangsalternative erhalten. Lange wird der Entscheider seine intransitive Präferenz unter diesen Umständen nicht beibehalten. Natürlich beruht der Mechanismus der Geldpumpe auch wieder auf bestimmten Voraussetzungen. Es muß z. B. jederzeit ein Tauschpartner vorhanden sein. Es liefert jedoch ein starkes Argument, um Intransitivität als irrational zu betrachten.

  Hauptsächlich in der französischsprachigen Literatur wird eine Präferenztheorie behandelt, die die Kategorien Indifferenz, schwache Präferenz, starke Präferenz und Unvergleichbarkeit (Roy 1980) nennt. Unvergleichbarkeit von Alternativen könnte etwa bei zwei unbekannten, schrecklichen Alternativen auftreten: Bevorzugen Sie, bei einem Autounfall oder bei einem Flugzeugabsturz zu sterben? Wir wollen jedoch hoffen, daß wir mit „besseren" Alternativen konfrontiert werden und insbesondere den präskriptiven Aspekt in den Vordergrund stellen. Ein rationaler Entscheider sollte sich bei jedem alternativen Paar entscheiden können, welche Alternative er präferiert bzw. ob er indifferent zwischen den Alternativen ist.
- Die Wertfunktion wurde formal als Funktion definiert, die die Präferenz des Entscheiders abbildet. Eine inhaltliche Interpretation des Wertbegriffes wurde nicht vorgenommen.

Eine Präferenzordnung kann in der Regel durch mehr als eine Wertfunktion abgebildet werden. Kann eine zweite Wertfunktion v' durch eine streng monoton steigende Transformation aus der ursprünglichen Wertfunktion v abgeleitet werden, so ordnet v' die Alternativen genauso wie v, d. h. es gilt:

$$v(a) > v(b) \Leftrightarrow v'(a) > v'(b).$$

Beide Wertfunktionen sind äquivalent, d. h. sie bilden dieselbe Präferenz ab.

Die Zusammenhänge zwischen Präferenz und äquivalenten Wertfunktionen seien anhand eines Beispiels noch einmal erläutert. Der Diplom-Kaufmann habe bezüglich seiner Berufswahlalternativen die Präferenz: Beratung ≻ Universität ≻ Segellehrer.

Tab. 5.2: Äquivalente Wertfunktionen

	Beratung	≻	Universität	≻	Segellehrer
v	10		8		7
v'	20		16		14
v''	20		16		8

Eine Wertfunktion muß diesen drei Alternativen reelle Zahlen zuordnen, derart, daß die Bewertung von „Beratung" größer als die Bewertung von „Universität" und diese größer als die Bewertung von „Segellehrer" ist. Die Wertfunktion v in Tabelle 5.2, die den Alternativen die reellen Zahlen 10, 8, 7 zuordnet, erfüllt diese Bedingung. Die zweite Wertfunktion v' wurde aus v durch Multiplikation mit der Zahl 2 gewonnen. Multiplikation mit einer positiven Zahl ist eine streng monotone Transformation und entsprechend ordnet auch die Wertfunktion v' die Alternativen genauso wie die Funktion v. Auch die streng monotone Transformation der Funktion v in die Funktion v'' ergibt eine äquivalente Wertfunktion.

Der bisher definierte Typ von Wertfunktionen repräsentiert die *Ordnung* der Alternativen. Er sagt nichts über die *Stärke der Präferenz* zwischen Alternativen aus. Manchmal wird diese Wertfunktion daher als *ordinale* Wertfunktion bezeichnet. Aussagen wie „die Wertdifferenz zwischen Universität und Segellehrer ist geringer als die Wertdifferenz zwischen Beratung und Universität" (vgl. Wertfunktion v) sind mit dem Konzept der ordinalen Wertfunktion *nicht* möglich. Dies wird auch dadurch deutlich, daß die Wertdifferenzen bei der zulässigen Transformation der Wertfunktion von v nach v'' nicht mehr erhalten bleiben.

Im Gegensatz zum Konzept der ordinalen, nicht-meßbaren Wertfunktion erlaubt das Konzept der *meßbaren* Wertfunktion auch eine Abbildung der Stärke der Präferenz. Zur Ableitung des Konzepts der meßbaren Wertfunktion sei wiederum angenommen, daß ein Entscheider eine vollständige und transitive Präferenz bezüglich der Alternativen besitzt. Zusätzlich muß er eine Präferenz bezüglich der Übergänge zwischen Alternativen besitzen. Der Übergang von einer Alternative a zu einer Alternative b wird durch „$(a \to b)$" gekennzeichnet. Der Übergang vom Segellehrer zum Assistenten („Segellehrer → Assistent") ist dadurch charakterisiert, daß der Assistent zusätzlich 20.000 € zum Gehalt des Segellehrers erhält. Es ist zu beachten, daß nicht das Endergebnis eines Übergangs betrachtet wird, sondern die empfundene Wertdifferenz, hervorgerufen durch den Übergang von einer Alternative zur anderen.

Um Aussagen über die Stärke der Präferenz treffen zu können, muß der Entscheider in der Lage sein, verschiedene Übergänge miteinander zu vergleichen, d.h. er muß eine Präferenzordnung bezüglich dieser Übergänge besitzen. Für beliebige Alternativen a, b, c, d muß gelten $(a \to b) \succ (c \to d)$ (oder $\sim$ oder $\prec$). Im Beispiel ist dies eine Aussage der Art: Ich ziehe die Verbesserung vom Segellehrer zum Assistenten der Verbesserung vom Assistenten zum Berater vor (Segellehrer → Assistent) ≻ (Assistent → Berater). Es wird im folgenden angenommen, daß auch die Präferenz bezüglich der Übergänge vollständig und transitiv ist. Die meßbare Wertfunktion kann wie folgt definiert werden.

Definition 5.2 (Meßbare Wertfunktion).
Eine meßbare Wertfunktion v muß zusätzlich zu dem Erfordernis in Definition 5.1 die Eigenschaft haben, daß der Übergang von Alternative a nach b genau dann besser als der Übergang von Alternative c nach d ist, wenn die Differenz der Werte von b und von a größer als die Differenz der Werte von d und von c ist:

$$v(b) - v(a) > v(d) - v(c) \;\Leftrightarrow\; (a \to b) \succ (c \to d)$$

$$\text{mit } a, b, c, d \in A \qquad (\text{analog für } \sim, \prec).$$

Der Begriff „meßbare Wertfunktion" ist eine direkte Übersetzung des eingeführten englischen Ausdrucks *measurable value function*. Allerdings kann er zu Mißverständnissen führen. Sowohl ordinale als auch meßbare, d. h. kardinale Wertfunktionen sowie die (in Kapitel 9 zu definierenden) Nutzenfunktionen bilden *alle* die Präferenz des Entscheiders aufgrund meßtheoretischer Überlegungen ab. Die Aussagekraft der Funktionen resultiert aus den Eigenschaften der Präferenz, die sie „messen".

Wie Sie gesehen haben, wird die meßbare Wertfunktion auf einer Kardinalskala gemessen. Neben dem ordinalen Vergleich ist auch die Differenzbildung der v-Werte zulässig. Rein formal scheint neben einer Differenzbildung auch eine *Addition* von v-Werten zulässig zu sein. Da aber nur die der *Differenz*bildung entsprechenden Eigenschaften der Präferenz bei der Definition der abzubildenden Präferenz gefordert wurden, ist die Addition von v-Werten ohne empirischen Gehalt.

Nicht erlaubt ist auch die Bildung von Quotient und Produkt zweier v-Werte, d. h. Aussagen der Form „Alternative a wird dreimal so stark präferiert wie Alternative b" sind nicht mit dem Konzept der meßbaren Wertfunktion vereinbar. Zu den allgemeinen meßtheoretischen Grundlagen vgl. Krantz et al. (1971) und Roberts (1979).

Analog zur ordinalen (nicht meßbaren) Wertfunktion gilt:

Satz 5.2: Eine meßbare Wertfunktion existiert genau dann, wenn sowohl die Präferenz bezüglich der Alternativen als auch die Präferenz bezüglich des Übergangs zwischen Alternativen vollständig und transitiv ist (sowie weitere technische Bedingungen erfüllt sind, vgl. Krantz et al. 1971).

Auch im Falle der meßbaren Wertfunktion existiert nicht genau eine Funktion, die die Präferenz abbilden kann. Es gilt vielmehr, daß meßbare Wertfunktionen bis auf positive und lineare Transformationen eindeutig sind. Ist v eine meßbare Wertfunktion, so ist auch $v' = \alpha v + \beta$, $\alpha > 0$ eine meßbare Wertfunktion. Auch dies sei am Beispiel erläutert.

Tab. 5.3: Äquivalente meßbare Wertfunktionen

	Beratung	$\succ$	Universität	$\succ$	Segellehrer
v	10		8		7
$v' = 2\,v$	20		16		14
$v'' = v' - 10$	10		6		4

Es gilt: (Universität $\rightarrow$ Beratung) $\succ$ (Segellehrer $\rightarrow$ Universität).

Im Beispiel ist die meßbare Wertfunktion v angegeben, die die Präferenz „Beratung besser als Universität besser als Segellehrer" und die Präferenz „der Übergang von Universität zu Beratung ist besser als der Übergang von Segellehrer nach Universität" abbildet. Die Wertfunktionen v' und v'' bilden dieselbe Präferenz ab. Alle äquivalenten Wertfunktionen bilden genau eine Präferenz ab (genauer gesagt, eine Präferenz bezüglich Alternativen und eine Präferenz bezüglich des Übergangs zwischen Alternativen). Die meßbare Wertfunktion spiegelt „nur" diese beiden Präferenzen wider – nicht mehr und nicht weniger.

Die Unterscheidung zwischen Wertfunktion und meßbarer Wertfunktion erscheint Ihnen an dieser Stelle vielleicht etwas akademisch. Ob eine Wertfunktion meßbar ist oder nicht, hat wichtige Implikationen für die Methode ihrer Bestimmung.

5.2 Methoden zur Bestimmung von Wertfunktionen

5.2.1 Einführung

Die korrekte Ermittlung von Wertfunktionen ist eines der zentralen Anliegen der Entscheidungsforschung. Ist die Wertfunktion eines Entscheiders bestimmt, kann die Präferenz für eine vorgegebene Alternativenmenge direkt abgeleitet werden. Da die Wertfunktion die Präferenz des Entscheiders abbilden soll, muß ihre Bestimmung präferenzbasiert erfolgen. Dem Entscheider werden in einer Befragung möglichst einfache Paarvergleiche vorgegeben, bzw. er wird gebeten, Indifferenzaussagen für möglichst einfache Alternativen zu treffen. Aus diesen Aussagen wird die Wertfunktion abgeleitet.

Die Wertfunktion wird in einem Diagramm dargestellt, das auf der Abszissenachse die möglichen oder denkbaren Ausprägungen der entscheidungsrelevanten Alternativen auf dem betrachteten Ziel X abträgt. Die minimale Zielausprägung sei mit x^-, die maximale Zielausprägung mit x^+ bezeichnet. Auf der Ordinatenachse werden die Werte der Funktion abgetragen. Die Wertfunktion wird in der Regel auf das Intervall [0, 1] normiert. Abbildung 5-1 präsentiert eine mögliche Wertfunktion für das Ziel Jahresverdienst für den Bereich von 30.000 € bis 80.000 €. Kann die abgebildete Funktion als meßbare Wertfunktion interpretiert werden, zeigt sich z. B., daß der Übergang von 30.000 € auf 50.000 € dem Entscheider genau soviel wert ist wie der Übergang von 50.000 € auf 80.000 €.

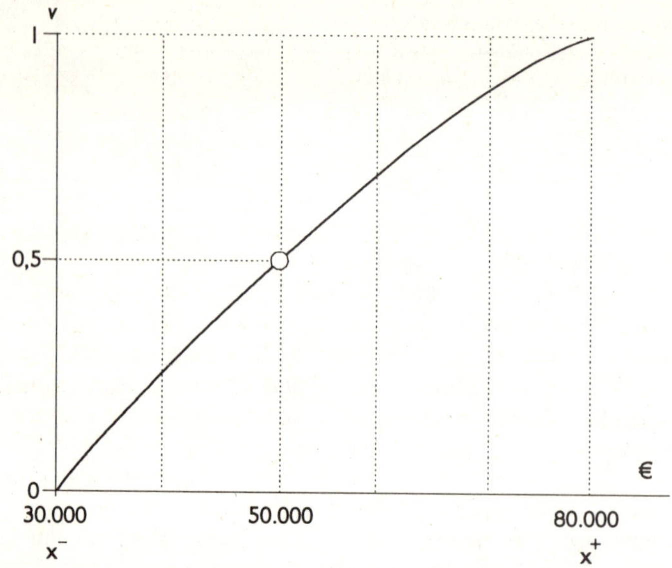

Abb. 5-1: Mögliche Wertfunktion für das Jahresgehalt zwischen 30.000 € und 80.000 €

Wir haben schon darauf hingewiesen, daß die Bestimmung der Wertfunktion präferenzbasiert erfolgen muß. Es genügt daher nicht, dem Entscheider alternative Formen von Wertfunktionen (z. B. konkav, monoton steigende bzw. konvex, monoton steigende Funktion) vorzulegen mit der Bitte, sich für eine Form zu entscheiden. Die im folgenden präsentierten Methoden verlangen alle, daß der Entscheider Attributsausprägungen vergleicht und in genau definierten Vorgehensweisen bewertet.

Die Präferenz ist in aller Regel nicht fest, d. h. jederzeit abrufbar, im Kopf des Entscheiders vorhanden. Sie muß durch eine geschickte Befragungstechnik sorgfältig elizitiert werden. Bei der Befragung von Entscheidern - die auch eine Selbstbefragung sein kann - können Fehler auftreten. Es ist daher unumgänglich, *Konsistenzprüfungen* bei der Ermittlung von Wertfunktionen durchzuführen.

In der Literatur wird eine Fülle unterschiedlicher Methoden zur Ermittlung von Wertfunktionen diskutiert (vgl. von Winterfeldt und Edwards 1986 sowie Farquhar und Keller 1989). Wir wollen im folgenden drei Methoden vorstellen. Bei der Darstellung der Methoden gehen wir zunächst davon aus, daß die Wertfunktionen monoton steigend verlaufen, d. h. der Entscheider eine höhere Zielausprägung gegenüber einer niedrigeren bevorzugt. Die Methoden lassen sich völlig analog für monoton fallende Wertfunktionen anwenden. Weiterhin wird zunächst angenommen, daß die Zielausprägung kontinuierlich skaliert ist.

Mit den darzustellenden Verfahren werden stets nur einige Punkte der Wertfunktion direkt bestimmt. Bei stetigen Merkmalsausprägungen können die Werte für Konsequenzen, die nicht direkt bewertet wurden, durch verschiedene Verfahren ermittelt werden. Anhand der einzeln bestimmten Punkte könnte eine Kurve geeigneten Typs mit Hilfe eines statistischen Verfahrens angepaßt werden. Dazu wird ein allgemeiner Funktionsverlauf ausgewählt, der ungefähr zu den elizitierten Punkten paßt (beispielsweise Exponentialfunktion oder quadratische Funktion). Die Parameter der allgemeinen Funktion werden durch das statistische Verfahren so bestimmt, daß die Kurve möglichst gut zu den bestimmten Punkten paßt. Die heutigen Programmsysteme zur Entscheidungsunterstützung bieten im allgemeinen derartige Interpolationsprozeduren. Alternativ kann die Wertfunktion auch stückweise linear oder durch andere Funktionsformen zwischen den vorgegebenen Stützstellen interpoliert werden. Wurden durch Befragung fünf Punkte einer Wertfunktion ermittelt, bietet die stückweise lineare Interpolation eine weitere, EDV-technisch einfach zu realisierende Methode zur expliziten Darstellung der Wertfunktion. Abbildung 5-2 verdeutlicht die beiden Vorgehensweisen. In Abbildung 5-2a wird ein vorgegebener Funktionstyp bestmöglich den elizitierten Punkten angepaßt, während die Wertfunktion in Abbildung 5-2b durch stückweise lineare Interpolation gewonnen wird.

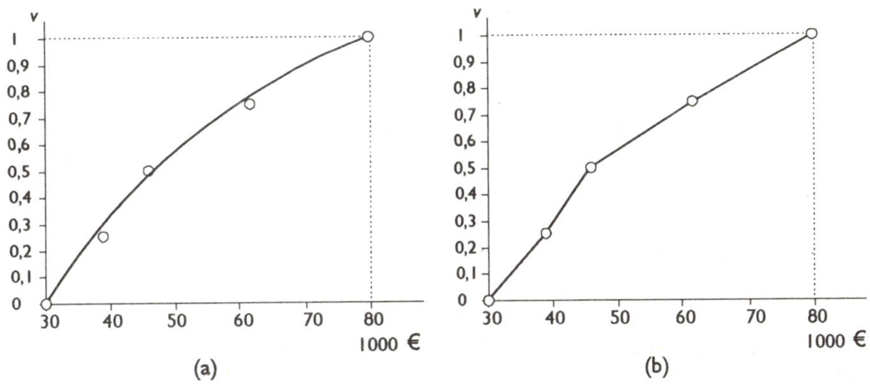

Abb. 5-2: Möglichkeiten der Gewinnung einer Wertfunktion aus einzelnen Punkten

5.2.2 Die *Direct-Rating*-Methode

Die *Direct-Rating*-Methode ist die einfachste Methode zur Bestimmung der Wertfunktion. Bei ihr wird jede Alternative (d. h. jede Zielausprägung bzw. Konsequenz) direkt bewertet. Im ersten Schritt werden die beste und die schlechteste Zielausprägung festgelegt. Im zweiten Schritt wird die Reihenfolge der Alternativen entsprechend der Präferenz des Entscheiders bezüglich der jeweiligen Zielausprägungen bestimmt. Im dritten Schritt wird eine direkte Bewertung der Alternativen vorgenommen. Die Alternative mit der besten Konsequenz erhält 100 Punkte, die schlechteste Alternative 0 Punkte. Der Entscheider muß die Bewertungen der dazwischen liegenden Alternativen so festlegen, daß die Rangordnung der Alternativen abgebildet wird. Bei meßbaren Wertfunktionen muß die Punktbewertung so erfolgen, daß auch die Ordnung über die Präferenzdifferenzen durch die Wertfunktion abgebildet wird. Nachdem die Wertfunktion auf das Intervall $[0, 1]$ normiert wurde, kann sie im vierten Schritt gezeichnet werden.

Sind sehr viele Alternativen zu beurteilen, können in der Regel nicht alle Alternativen direkt bewertet werden. Der Entscheider wird die soeben beschriebene Vorgehensweise mit einigen Alternativen durchführen, deren Konsequenzen relativ gleichmäßig im Intervall der möglichen Zielausprägungen verteilt sind, und dann eine passende Kurve durch die gefundenen Punkte legen.

Im fünften Schritt muß die bis zu diesem Schritt ermittelte Wertfunktion auf Konsistenz überprüft werden. Bei einer Konsistenzprüfung werden, allgemein gesprochen, Präferenzaussagen aus schon bestimmten Teilen der Wertfunktion abgeleitet und neuen Präferenzaussagen gegenübergestellt. Wir werden im Anschluß an die Darstellung der Methoden Möglichkeiten diskutieren, wie Inkonsistenzen beseitigt werden können.

Die *Direct-Rating*-Methode soll anhand eines Beispiels verdeutlicht werden. Der Entscheider habe die Berufswahlalternativen in Tabelle 5.4 zu bewerten. Wiederum sei das Jahresgehalt das einzige relevante Ziel.

Tab. 5.4: Fünf Alternativen und ihre Jahresgehälter

Alternative	Konsequenz
(a) Universität	50.000 €
(b) Banktrainee	55.000 €
(c) Beratungsfirma	80.000 €
(d) Segellehrer	30.000 €
(e) Vorstandsassistent	65.000 €

Im ersten Schritt ist die schlechteste und beste Konsequenz festzulegen: $x^- =$ 30.000 € und $x^+ = 80.000$ €.

Im zweiten Schritt sind die Alternativen entsprechend der Präferenz bezüglich der Konsequenzen zu ordnen: $c \succ e \succ b \succ a \succ d$.

Im dritten Schritt ist eine direkte Bewertung der Alternativen vorzunehmen. Sie laute $c = 100$, $e = 90$, $b = 80$, $a = 70$ und $d = 0$ Punkte.

Im vierten Schritt muß die Wertfunktion normiert und gezeichnet werden. Abbildung 5-3 stellt die Wertfunktion des Beispiels dar, wobei die Funktion zwischen den ermittelten Werten durch Geradenstücke interpoliert wurde.

Eine Konsistenzprüfung im fünften Schritt wird sich darauf beschränken, die Ordnung der Alternativen mit der durch die vergebenen Punkte induzierten Ordnung zu vergleichen.

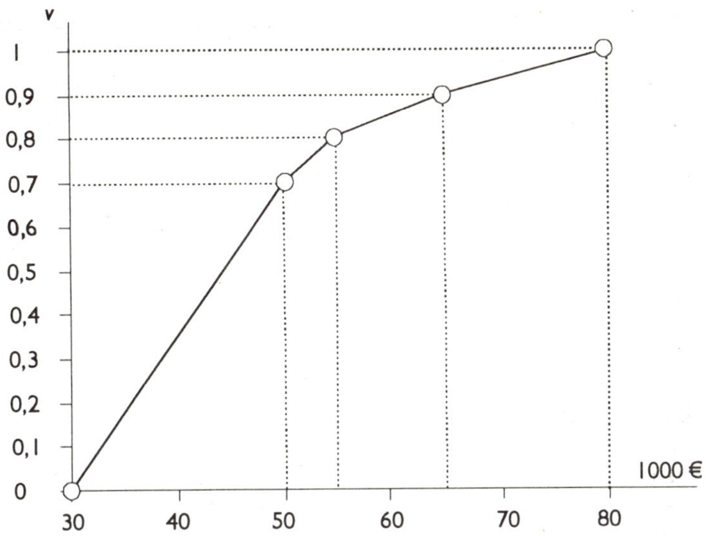

Abb. 5-3: Wertfunktion für das Jahresgehalt im Bereich von 30.000 € bis 80.000 € nach der *Direct-Rating*-Methode

5.2.3 Die Methode gleicher Wertdifferenzen

Die Methode gleicher Wertdifferenzen wird im englischen Sprachraum als *Difference Standard Sequence Technique* bezeichnet. Im ersten Schritt wird die schlechteste Ausprägung der Konsequenzen ermittelt. Für das Beispiel des Berufsanfängers ist die Konsequenz 30.000 € die schlechteste Ausprägung des Attributs „Jahreseinkommen“. Der Wert der schlechtesten Ausprägung wird gleich null gesetzt, d. h. im Beispiel v(30.000 €) = 0.

In einem zweiten Schritt wird das Intervall der möglichen Konsequenzen betrachtet und eine Einheit definiert, die ungefähr 1/5 des Gesamtintervalls darstellt. Wird die schlechteste Ausprägung um diese Einheit erhöht, erhält man eine Konsequenz, der der Wert eins zugeordnet wird. Im Beispiel kann die ausgezeichnete Einheit gleich 10.000 € sein. Wir setzen v(30.000 € + 10.000 €) = v(40.000 €) = 1, d. h. wir ordnen dem Übergang von 30.000 € auf 40.000 € den Wert eins zu.

Im dritten Schritt werden andere Übergänge mit Hilfe des Normüberganges, d. h. im Beispiel des Übergangs von 30.000 € nach 40.000 €, gemessen. Wir suchen zunächst den Wert z, so daß gilt

$$(30.000\text{ €} \rightarrow 40.000\text{ €}) \sim (40.000\text{ €} \rightarrow z\text{ €}).$$

Da v(40.000 €) = 1 und v(30.000 €) = 0, muß v(z €) = 2 sein. Darauf aufbauend kann der nächste Wert z' bestimmt werden, so daß der Übergang von 30.000 € nach 40.000 € genausogut ist wie der Übergang von z € nach z' €. Dieser Konsequenz z' € muß der Wert 3 zugeordnet werden. Die Größe z' kann auch aus dem Vergleich mit dem Übergang von 40.000 € nach z € ermittelt werden. Größeren

Konsequenzen werden solange höhere Werte zugeordnet, bis die neue Konsequenz gleich der besten Konsequenz ist oder aus dem Bereich der möglichen Konsequenzen herausfällt.

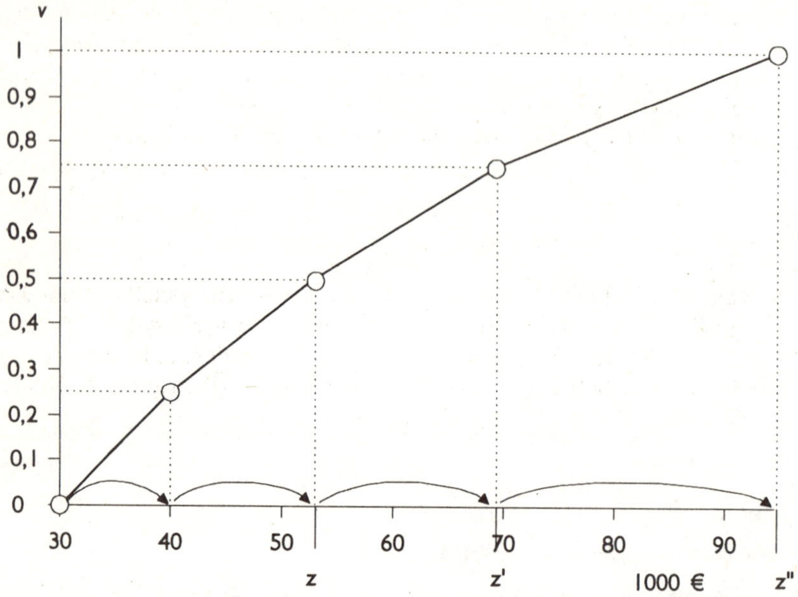

Abb. 5-4: Bestimmung der Wertfunktion nach der Methode gleicher Wertdifferenzen

Im vierten Schritt werden die den Konsequenzen zugeordneten Werte normiert, d. h. durch den höchsten zugeordneten Wert dividiert. Wir erhalten $v(30.000\ €) = 0$, $v(40.000\ €) = 0{,}25$, $v(53.000\ €) = 0{,}5$ (für $z = 53.000$ €), $v(69.000\ €) = 0{,}75$ (für $z' = 69.000$ €) und $v(95.000\ €) = 1$. Anschließend kann die Wertfunktion gezeichnet werden. Abbildung 5-4 stellt die Zusammenhänge anhand des Beispiels dar.

Im fünften Schritt muß abschließend eine Konsistenzprüfung durchgeführt werden. Hier bietet es sich beispielsweise an, nach der subjektiven Mitte des Intervalls $[x^-, x^+]$ zu fragen. Diese Mitte müßte mit der Konsequenz, die den Wert 0,5 besitzt, übereinstimmen. Die Methode gleicher Wertdifferenzen könnte auch mit einer anderen Maßeinheit, d. h. mit einem anderen Intervall, dem der Wert 1 zugeordnet wird, wiederholt werden.

Diese Konsistenzprüfungen machen die grundlegende Idee dieses wichtigen Schrittes deutlich: Der Entscheider wird innerhalb der Methode so befragt, daß er den Wert einer Konsequenz auf unterschiedliche Art und Weise bestimmen muß. Ein konsistenter Entscheider wird unabhängig von der gewählten Frageform jeder Konsequenz genau einen Wert zuordnen.

Die Methode hat den Nachteil, daß die beste zu betrachtende Konsequenz nicht mit der in der Befragungsmethode benötigten größten Konsequenz übereinstimmen muß. In diesem Fall wird man entweder vorher mit der Befragung aufhören und die Wertfunktion über die letzte Stützstelle hinaus extrapolieren oder über die größte Konsequenz hinausgehen und die Wertfunktion für einen größeren Bereich bestimmen.

5.2.4 Die Halbierungsmethode

Die Halbierungsmethode wird im englischen Sprachraum als *Midvalue Splitting Technique* oder *Bisection Method* bezeichnet. Im ersten Schritt wird, wie bei der *Direct-Rating*-Methode, die schlechteste und die beste Zielausprägung ermittelt. Im Beispiel gilt $x^- = 30.000$ € und $x^+ = 80.000$ €.

Im zweiten Schritt wird der wertmäßige Mittelpunkt des Intervalls $[x^-, x^+]$ bestimmt. Die so definierte Alternative wird mit $x_{0,5}$ bezeichnet. Für diese Alternative gilt:

$$(x^- \rightarrow x_{0,5}) \sim (x_{0,5} \rightarrow x^+).$$

Wegen der Meßbarkeit der Wertfunktion ist diese Indifferenz gleichbedeutend mit $v(x_{0,5}) - v(x^-) = v(x^+) - v(x_{0,5})$. Setzt man $v(x^-) = 0$ und $v(x^+) = 1$, folgt daraus $v(x_{0,5}) = 0{,}5$. Im Beispiel sei angenommen, daß $x_{0,5} = 50.000$ €, d. h. der Übergang von 30.000 € nach 50.000 € ist genau soviel wert wie der Übergang von 50.000 € nach 80.000 €.

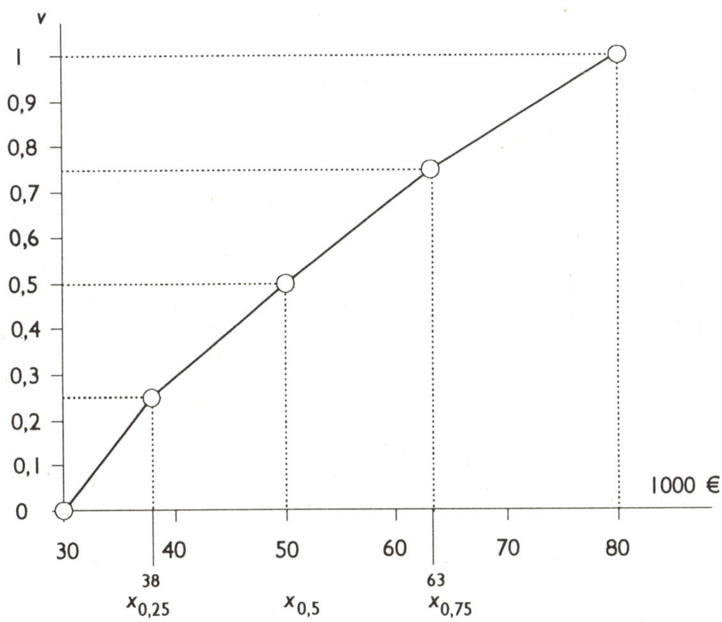

Abb. 5-5: Bestimmung der Wertfunktion nach der Halbierungsmethode

In analoger Weise werden im dritten Schritt die subjektiven Mittelwerte für die Intervalle $[x^-, x_{0,5}]$ und $[x_{0,5}, x^+]$ bestimmt und mit $x_{0,25}$ sowie $x_{0,75}$ bezeichnet. Es gilt $v(x_{0,25}) = 0{,}25$ und $v(x_{0,75}) = 0{,}75$. Im Beispiel sei angenommen, daß gilt $x_{0,25} =$

38.000 € sowie $x_{0,75}$ = 63.000 €. Die gefundenen Intervalle können in analoger Art und Weise noch weiter unterteilt werden. Oft sind jedoch fünf Stützstellen (x^-, $x_{0,25}$, $x_{0,5}$, $x_{0,75}$ und x^+) ausreichend, um die Wertfunktion bestimmen und zeichnen zu können.

Im vierten Schritt wird die Wertfunktion auf dem relevanten Bereich 30.000 € bis 80.000 € skizziert. Abbildung 5-5 stellt die im Beispiel gefundene Wertfunktion dar.

Auch bei der Halbierungsmethode sind im fünften Schritt wieder Konsistenzprüfungen durchzuführen. Die einfachste Konsistenzprüfung besteht darin, den Entscheider nach dem subjektiven Mittelwert des Intervalls [$x_{0,25}$, $x_{0,75}$] zu fragen. Dieser Wert müßte gleich $x_{0,5}$ sein. Im Beispiel müßte der Entscheider indifferent sein zwischen den Übergängen von 38.000 nach 50.000 € und von 50.000 nach 63.000 €.

5.2.5 Konsistenzprüfung und nichtmonotone Wertfunktionen

Eine ausführliche Auseinandersetzung mit auftretenden Inkonsistenzen ist eine unabdingbare Voraussetzung für die korrekte Abbildung der Präferenz. Inkonsistenzen können durch unsystematische und systematische Fehler auftreten. Die präskriptive Entscheidungstheorie akzeptiert die Tatsache, daß Antworten auf schwierige Fragen zur Präferenz streuen können. Eine Entscheidungshilfe muß auch die Beschränkungen der Urteilsfähigkeit von Entscheidern in ihr Kalkül miteinbeziehen. Inkonsistenzen können innerhalb einer Bestimmungsmethode auftreten. Sie können jedoch auch dadurch auftreten, daß die Wertfunktion mit unterschiedlichen Methoden ermittelt wird.

Beim Auftreten von Inkonsistenzen wird der Entscheider oder der ihn Befragende zunächst die widersprüchlichen Aussagen untersuchen. Der Entscheider sollte vorherige Präferenzaussagen so variieren, daß die Inkonsistenz verschwindet. In einem interaktiven Prozeß kann durch wiederholte Korrektur bisheriger inkonsistenter Aussagen eine zunehmende Konsistenz erreicht werden, so daß eine eindeutige Wertfunktion abgeleitet werden kann. Werden inkonsistente Bewertungen als Ausdruck eines unsystematischen Fehlers aufgefaßt, kann dieser Fehler durch Mittelung der Bewertungen zumindest reduziert werden. Die Wertfunktion ergibt sich in diesem Fall als Durchschnitt der inkonsistenten Bewertungen. Inkonsistenzen könnten auch als Signal dafür angesehen werden, daß der Entscheider keine exakte, vollständige Präferenz besitzt. In diesem Fall definieren die inkonsistenten Äußerungen die mögliche Bandbreite der zulässigen Klasse von Wertfunktionen. Wir werden das Konzept der unvollständigen Information bezüglich der Präferenz in Abschnitt 5.3 ausführlicher erläutern.

Die Methoden zur Bestimmung von Wertfunktionen wurden anhand eines Beispiels erläutert, in dem die Präferenz bezüglich des Verdienstes abgebildet werden sollte. Die ermittelten Wertfunktionen waren *monoton* und die Attributsausprägungen *kontinuierlich*. Treten Wertfunktionen auf, die *nicht monoton* steigend oder fallend sind, muß zunächst unabhängig von der anzuwendenden Methode die beste (oder schlechteste) Konsequenz im Intervall [x^-, x^+] gefunden werden. Dann kann das Intervall in zwei (eventuell mehr) Teile geteilt werden, die monoton steigende bzw. fallende Wertfunktionen besitzen. Die dargestellten Methoden können für beide Intervalle getrennt angewendet werden. Denken Sie beispielsweise an die Anzahl der Bananen (Gläser Bier, Wein, usw.), die Sie am Tage verzehren möchten. Der mögliche Bereich reiche von null Bananen bis 10 Bananen. Sicherlich gibt es für Sie einen optimalen Wert, der irgendwo innerhalb des Intervalls liegt. Die Autoren finden zum Beispiel drei Bananen am besten und müßten daher je eine Wertfunktion für den Bereich [0 Bananen, 3 Bananen] und für den Bereich [3 Bananen, 10 Bananen] bestimmen. Es gilt v(3 Bananen) = 1; je nachdem ob 10 Bananen oder 0 Bananen als schlechteste Ausprägung angesehen wird, erhält diese den Wert null, d. h. zum Beispiel v(10 Bananen) = 0. Die Wertfunktion über dem Intervall [3 Bananen, 10 Bananen] ist damit auf [0, 1] normiert. Zur Normierung der Funktion über dem Bereich [0 Bananen, 3 Bananen] muß durch eine weitere Indifferenzaussage der Wert der extremen Ausprägung (im Beispiel 0 Bananen) festgelegt und die Wertfunktion entsprechend normiert werden.

Nichtmonotone Wertfunktionen sind oft das Ergebnis einer ungenügenden Zielstrukturierung. Keeney (1981) argumentiert, daß bei geeigneter Definition der Ziele (vgl. hierzu Kapitel 3) in der Regel solche gefunden werden können, die zu monotonen Wertfunktionen führen. Insbesondere können Ziele mit nichtmonotonen Wertfunktionen in monotone Unterziele zerlegt werden. Im Beispiel könnte das korrekte Ziel etwa Sättigungsgrad (oder bei Zerlegung in Unterziele etwa Sättigungsgrad und Völlegefühl) heißen.

Liegen Attributsausprägungen *nicht in kontinuierlicher Form* vor, kann weder die Halbierungsmethode noch die Methode gleicher Wertdifferenzen zur Ermittlung der Wertfunktion herangezogen werden. Diskrete Ausprägungen müssen direkt bewertet werden. Soll z. B. die Wertfunktion bezüglich der Farbe des Autos ermittelt werden und sind die möglichen Zielausprägungen Gelb, Weiß und Rosa, müssen den Ausprägungen direkt Punktwerte zugeordnet werden.

Die Methoden zur Ermittlung von Wertfunktionen lassen sich nicht so beschreiben, daß man sie theoretisch erlernen und dann problemlos auf jedes Entscheidungsproblem anwenden kann. Die korrekte Anwendung der Methoden erfordert viel Übung an praktischen Problemen. In ihren Feinheiten muß die jeweilige Methode dem zu befragenden Entscheider und dem Entscheidungsproblem angepaßt werden. Sie werden die Notwendigkeit zur Einübung der Methoden spätestens dann bestätigen, wenn Sie die Wertfunktionen Ihres Bekanntenkreises etwa über die Anzahl der Urlaubstage, den Jahresverdienst oder die Anzahl zu verzehrender Gummibärchen pro Tag bestimmt haben.

5.3 Unvollständige Information

Im bisherigen Verlauf des Kapitels sind wir davon ausgegangen, daß Entscheider eine vollständige, transitive Präferenz besitzen. In manchen Entscheidungssituationen kann jedoch das Axiom der Vollständigkeit verletzt werden. Ein Entscheider besitzt keine formal vollständige Präferenz, oder er ist nicht willens, seine Präferenz exakt zu äußern. Beispielsweise kann er sich bei der Halbierungsmethode sicher sein, daß der wertmäßige Mittelpunkt des Intervalls [30.000 €, 80.000 €]

im Bereich zwischen 50.000 € und 55.000 € liegt; zu einem genauen Wert kann er sich nicht entschließen. Wird er durch die Methode zur Angabe eines exakten Wertes gezwungen, so wird er die aus der Wertfunktion abgeleiteten Ergebnisse unter Umständen ablehnen. Die Unvollständigkeit der Präferenz ist im bisher vorgestellten Wertkalkül nicht abzubilden. Das Kalkül kann jedoch recht einfach erweitert werden, um auch unvollständige Präferenzinformation abzubilden. An die Stelle einer Wertfunktion tritt eine Klasse von Wertfunktionen, die mit der vom Entscheider bereitgestellten Information verträglich ist. Die vorhandene Information sei mit I bezeichnet, die Klasse von Wertfunktionen, die mit dieser Information verträglich sind, mit $V(I)$. Alle Wertfunktionen der Klasse $V(I)$ werden als zulässige Wertfunktionen bezeichnet. Eine Alternative wird dann gegenüber einer zweiten Alternative bevorzugt, wenn der Wert der ersten Alternative für alle zulässigen Wertfunktionen größer als der Wert der zweiten Alternative ist. Formal gilt:

$$a \succ b \Leftrightarrow v(a) > v(b) \quad \text{für alle } v \text{ aus } V(I)$$

$$a, b \in A \quad \text{(analog für } \sim, \prec).$$

Wir sagen auch, daß die Alternative a die Alternative b bezüglich der Klasse $V(I)$ dominiert.

Soll das Konzept der unvollständigen Information angewendet werden, sind zwei Probleme zu lösen. Zum einen muß die Klasse zulässiger Wertfunktionen ermittelt werden, zum anderen muß für die relevanten Alternativenpaare untersucht werden, ob eine Alternative die andere bezüglich der Klasse von Wertfunktionen dominiert. Wir sollten an dieser Stelle die Vorgehensweisen zur Ermittlung der Klasse und zur Überprüfung der Dominanz allgemein und beispielhaft erläutern. Wir wollen Sie jedoch auf später vertrösten. Für Wertfunktionen bei einem Ziel sind die Vorgehensweisen nicht so interessant und auch nur von untergeordneter praktischer Relevanz. Anders ist das bei der Anwendung des Konzeptes der unvollständigen Information auf Mehrzielentscheidungen, Entscheidungen bei Risiko und Gruppenentscheidungen. Innerhalb der entsprechenden Kapitel werden wir die Vorgehensweise im einzelnen verdeutlichen.

Fragen und Aufgaben

5.1

Welchen Unterschied macht es, ob eine Wertfunktion ordinal oder meßbar ist?

5.2

Ein Unternehmer macht bezüglich seiner Wertfunktion für Jahresüberschüsse folgende Aussagen: Dem Unterschied zwischen –10 und –7 Mio € wird der gleiche Wert beigemessen wie den Übergängen von –7 auf –5, von –5 auf –3, von –3 auf 0, von 0 auf 1, von 1 auf 5 und von 5 auf 10 Mio €.

(a) Zeichnen Sie die auf das Intervall [0, 1] normierte Wertfunktion.
(b) Um welches Verfahren handelt es sich?
(c) Führen Sie einen Konsistenztest durch!

5.3

Sie suchen eine neue Wohnung. Unter anderem ist Ihnen die Größe der Wohnfläche wichtig. Ihnen liegen Angebote zwischen 20 und 200 qm vor.

(a) Angenommen, Sie ziehen stets eine größere Wohnfläche einer kleineren vor. Die Nachteile großer Wohnungen – mehr Putzen, hohe Miete, hohe Heizkosten – brauchen Sie nicht zu kümmern, weil Ihre Oma die Kosten übernimmt. Ermitteln Sie nach der Halbierungsmethode Ihre Wertfunktion.
(b) Nun lassen wir die Annahme fallen, daß Ihre Oma die Kosten trägt. Welches Problem ergibt sich und wie können Sie es lösen?

5.4

Denken Sie nochmals an den Unternehmer aus Aufgabe 5.2. Der relevante Bereich des Jahresüberschusses lag zwischen –10 Mio € und +10 Mio €. Der Unternehmer macht folgende Angaben: Dem Unterschied zwischen –10 und –7 Mio € wird der gleiche Wert beigemessen wie den Übergängen von –7 auf –5, von –5 auf –3, von –3 auf –1, von –1 auf 0, von 0 auf 1 sowie von 1 auf 5 Mio €. Dem Übergang von 5 Mio auf den höchsten relevanten Wert, 10 Mio €, wird jedoch weniger Wert beigemessen als den anderen erwähnten Übergängen. Können Sie dennoch eine Wertfunktion im Bereich von –10 bis +10 Mio € ermitteln, wenn Ihnen der Unternehmer noch eine der folgenden zusätzlichen Angaben macht?

(a) Dem Übergang von 1 Mio auf 5 Mio € würde genau soviel Wert beigemessen wie dem Übergang von 5 Mio auf 12 Mio €.
(b) Dem Übergang von 1 Mio auf 5 Mio € würde genau so viel Wert beigemessen wie dem Übergang von 5 Mio auf 12 Mio €. Innerhalb des Bereiches von 5 bis 12 Mio € erscheint der Übergang von 5 auf 10 Mio € genau so wertvoll wie der von 10 Mio auf 12 Mio €.
(c) Dem Übergang von 5 Mio auf 10 Mio € wird halb soviel Wert beigemessen wie dem Übergang von 1 Mio auf 5 Mio €.
(d) Dem Übergang von 5 Mio € auf 10 Mio € wird genau soviel Wert beigemessen wie dem Übergang von –7 Mio auf –6 Mio €.

5.5

(a) Konstruieren Sie eine Wertfunktion über der Zielvariablen „Entfernung meiner Wohnung von der City“ (wo Sie arbeiten und einkaufen, wo aber auch Lärm und Luftverschmutzung herrschen).
(b) Für den Fall, daß diese Wertfunktion nichtmonoton sein sollte: Könnten Sie das Attribut „Entfernung“ durch mehrere andere Attribute ersetzen, für die Sie monotone Wertfunktionen haben?

5.6

Sie überlegen, einem Freund zur Hochzeit ein Geldgeschenk zu machen. Deshalb haben Sie im Geiste (durch eine imaginäre Befragung) die Wertfunktion des Freundes für den Bereich [0 €, 1.000 €] mit zwei Verfahren geschätzt.

Verfahren I ergibt $v_1(x) = x/500 - x^2/1.000.000$, Verfahren II ergibt $v_2(x) = 1{,}582 - 1{,}582\ e^{-0{,}001x}$.

Was machen Sie jetzt?

Kapitel 6: Entscheidung bei Sicherheit und mehreren Zielen: Multiattributive Wertfunktionen

6.0 Zusammenfassung

1. Häufig sind mehrere Ziele für eine Entscheidung relevant. Sie erfordern die Bewertung der Alternativen mittels einer multiattributiven Wertfunktion.
2. Die einfachste und wichtigste multiattributive Wertfunktion ist die additive. Hier wird der (Gesamt)wert einer Alternative aus einer gewichteten Summe von (Einzel)werten pro Attribut berechnet.
3. Das additive Modell kann nur dann angewendet werden, wenn gewisse Unabhängigkeitsbedingungen zwischen den betrachteten Attributen erfüllt sind.
4. Die Gewichtung der Attribute wird sinnvoll mit dem *Trade-off*-Verfahren oder dem *Swing*-Verfahren bestimmt. Beim *Trade-off*-Verfahren werden die Zielgewichte aus Austauschraten zwischen jeweils zwei Attributen hergeleitet, bei dem *Swing*-Verfahren aus Punktbewertungen von unterschiedlichen Alternativen berechnet.
5. Das verbreitete *Direct-Ratio*-Verfahren ist sehr problematisch.
6. Gewichte von Attributen sind immer nur in bezug auf die Ausprägungsintervalle der Attribute sinnvoll zu interpretieren. Es gibt keine „Wichtigkeit“ von Attributen schlechthin.
7. Ist der Entscheider nicht in der Lage, exakte Gewichtungen anzugeben, so kann auch auf Basis unvollständiger Informationen, z. B. Intervallaussagen, möglicherweise die optimale Alternative bestimmt oder können zumindest dominierte Alternativen eliminiert werden.
8. Sensitivitätsanalysen können Aufschluß darüber geben, bei welchen Veränderungen der Zielgewichte die optimale Alternative optimal bleibt.
9. Menschen machen bei der Bestimmung der Gewichtungsfaktoren systematische Fehler, insbesondere beachten sie nicht hinreichend die Ausprägungsintervalle der Attribute (Punkt 6) und überschätzen die Gewichtung eines Ziels, wenn es in Unterziele aufgeteilt wird.

6.1 Wertfunktionen für mehrere Attribute

Nachdem wir in Kapitel 3 erörtert haben, daß häufig mehrere Ziele bzw. Attribute für eine Entscheidung relevant sind, und im Kapitel 5 Wertfunktionen für ein Ziel analysiert haben, kommen wir jetzt zu Wertfunktionen für mehrere Attribute, den sogenannten multiattributiven Wertfunktionen. Eine multiattributive Wertfunktion ordnet jeder Alternative einen Wert in Abhängigkeit von ihren Attributausprägungen zu. Wir unterstellen, daß diese Ausprägungen mit Sicherheit bekannt sind.

Betrachten wir die Situation des frischgebackenen Diplom-Kaufmanns mit seinen unterschiedlichen Beschäftigungsmöglichkeiten, die sich jedoch nicht nur im Anfangsjahresgehalt, sondern auch in der durchschnittlichen Wochenarbeitszeit unterscheiden: Tätigkeit in einer Unternehmensberatung, als Wissenschaftlicher Mitarbeiter in einer Universität und als Segellehrer (Tabelle 6.1).

Tab. 6.1: Drei Stellenangebote mit zwei Attributen

Alternative	Gehalt	Arbeitszeit
(a) Beratungsfirma	80.000 €	60 Stunden
(b) Universität	50.000 €	40 Stunden
(c) Segellehrer	30.000 €	20 Stunden

Mit einer *multiattributiven Wertfunktion v* wollen wir nun versuchen, im Interesse und Auftrag des Entscheiders seine Präferenzen bezüglich seiner mehrfachen Ziele (also hier Gehalt und Arbeitszeit) abzubilden, um ihm die schwierige Entscheidung zu erleichtern. (Nach Erlangung des nötigen Knowhow wird er dies selbst tun können.) Die Wertfunktion v soll – analog zu den Wertfunktionen für ein einziges Attribut – die Präferenzstärke für Alternativen ausdrücken. Zwischen zwei Alternativen wird diejenige gewählt, die den höheren (Präferenz-)Wert besitzt. Was wir suchen, ist eine Funktion v mit

$$a \succ b \Leftrightarrow v(a) > v(b).$$

Wie findet man eine solche Funktion? Zunächst muß gewährleistet sein, daß es sie überhaupt gibt. Damit ist nicht gemeint, daß der Entscheider sie schon kennt; vielmehr ist mit der „Existenz" einer solchen Funktion gemeint, daß der Entscheider zu Aussagen in der Lage ist, aus denen sich die Funktion konstruieren läßt.

Nehmen wir an, daß die Wertfunktion v existiert. Wie könnte sie aussehen? Wünschenswert ist eine besonders einfache Gestalt, und diese besitzt das sogenannte additive Modell. Wir werden uns auf dieses beschränken, zumal es die bei weitem größte praktische Bedeutung hat. Auf die Bedingungen für die Existenz einer additiven multiattributiven Wertfunktion gehen wir in Abschnitt 6.3 ein.

6.2 Das additive Modell

Die Alternative $a \in A$ wird durch den Vektor $a = (a_1, \ldots, a_m)$ charakterisiert. Die a_r geben die Ausprägungen der Attribute X_r bei der Alternative a an. Über jedem Attribut X_r hat der Entscheider eine Wertfunktion (eindimensionale Wertfunktion, Einzelwertfunktion) $v_r(x_r)$. Die Wertfunktionen v_r sind auf das Intervall [0, 1] normiert. Dies bedeutet, daß alle relevanten Ausprägungen zwischen zwei Ausprägungen x_r^- (schlechteste Ausprägung) und x_r^+ (beste Ausprägung) liegen und daß gilt

$$v_r(x_r^-) = 0 \quad und \quad v_r(x_r^+) = 1. \tag{6.1}$$

Die Grenzen x_r^- und x_r^+ müssen die Ausprägungen aller zu bewertenden Alternativen einschließen; sie können aber auch einen etwas größeren als den von den Alternativen tatsächlich umfaßten Bereich eingrenzen, um z. B. bei neu hinzukommenden Alternativen keine neue Normierung vornehmen zu müssen. Grundsätzlich gilt aber, daß das Ausprägungsintervall möglichst klein sein sollte, da bei einem recht großen Intervall die sich anschließenden Bewertungen ungenauer werden können. Wenn beispielsweise Ihre Stellenangebote Gehälter zwischen 55.000 € und 68.000 € umfassen, so können Sie die Wertfunktion über genau diesem Wertebereich bestimmen oder über einem etwas größeren, etwa von 50.000 bis 80.000; es wäre jedoch nicht sinnvoll, den Bereich von null bis eine Million heranzuziehen.

Das additive Modell bestimmt den Wert der Alternative a durch

$$v(a) = \sum_{r=1}^{m} w_r v_r(a_r). \tag{6.2}$$

Dabei sind die $w_r > 0$ und es gilt

$$\sum_{r=1}^{m} w_r = 1. \tag{6.3}$$

Die w_r sind sogenannte Zielgewichte oder Gewichte der Attribute. Wir werden später zeigen, daß dieser Begriff irreführend ist, weil Attribute keine Gewichte haben. Trotzdem verwenden wir ihn wegen der Einfachheit und der allgemeinen Verbreitung. Korrekter ist es, von Skalierungskonstanten zu sprechen. Mit a_r ist, wie gesagt, die Ausprägung des Attributs X_r bei Alternative a gemeint, mit $v_r(a_r)$ der dieser Ausprägung durch die Einzelwertfunktion v_r zugeordnete Wert.

Das additive Modell läßt sich bei zwei Attributen X und Y grafisch veranschaulichen. Die Abbildung 6-1 zeigt, wie sich aus den beiden Einzelwertfunktionen v_X und v_Y und den Gewichtungsfaktoren w_X und $w_Y = 1 - w_X$ der Gesamtwert zusammensetzt. Mit x^- ist die schlechteste, mit x^+ die beste Ausprägung des Attributs X bezeichnet, entsprechendes gilt für Y. Die linke (Gesamt)Wertfunktion entsteht bei relativ hoher Gewichtung des Attributs X, die rechte bei relativ hoher Gewichtung von Attribut Y. Man erkennt die Bedeutung der Gewichtungsfaktoren: Der Gewichtungsfaktor w_X gibt den Wertzuwachs an, der entsteht, wenn das Attribut X von seiner schlechtesten Ausprägung mit Einzelwert null auf seine beste Ausprägung mit Einzelwert eins verändert wird, während alle anderen Attributsausprägungen unverändert bleiben. Allgemein ist der Wert einer Alternative, die nur in einem Attribut die beste Ausprägung, in allen übrigen Attributen die schlechteste Ausprägung aufweist, gleich dem Gewicht dieses Attributes:

$$v(x_1^-, x_2^-, \ldots x_r^+, x_{r+1}^- \ldots x_m^-)$$

$$= w_1 v_1(x_1^-) + w_2 v_2(x_2^-) + \ldots + w_r v_r(x_r^+) + w_{r+1} v_{r+1}(x_{r+1}^-) + \ldots + w_m v_m(x_m^-)$$

$$= w_1 \cdot 0 + w_2 \cdot 0 + \ldots + w_r \cdot 1 + w_{r+1} \cdot 0 + \ldots + w_m \cdot 0$$

$$= w_r.$$

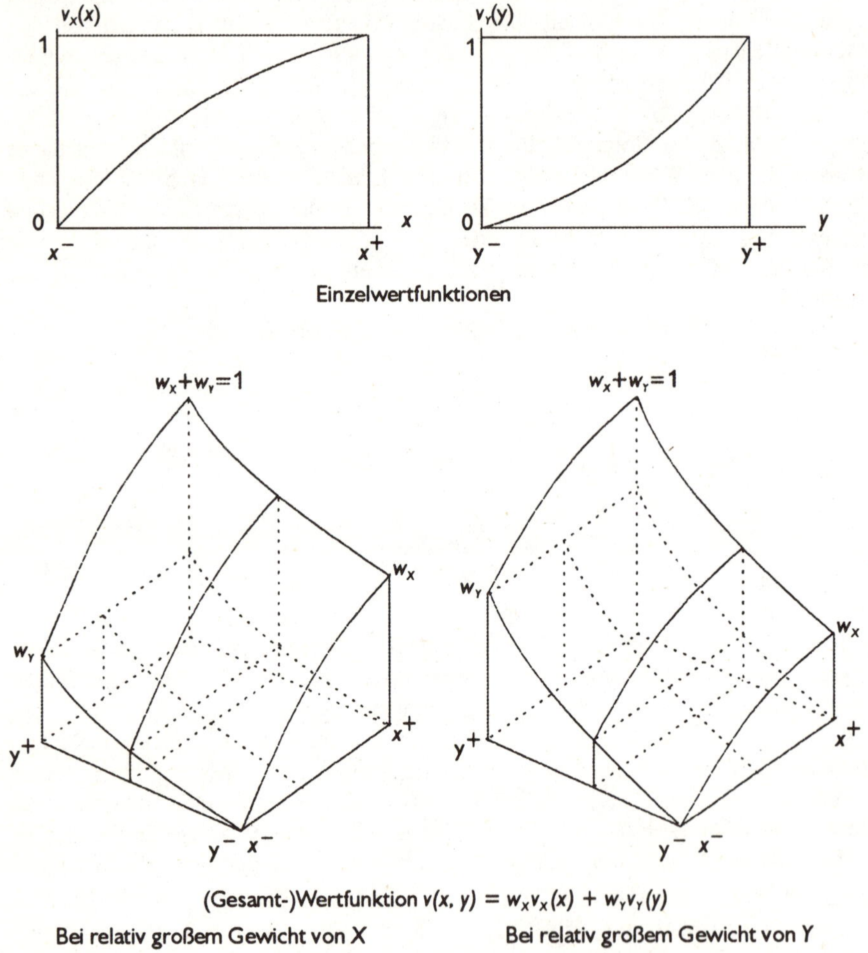

Abb. 6-1: Graphische Veranschaulichung des additiven Modells für zwei Attribute

Nehmen wir an, wir hätten meßbare Einzelwertfunktionen v_1 und v_2 für unser Berufswahlbeispiel ermittelt. Verfahren dafür wurden in Kapitel 5 beschrieben. Die Wertfunktionen mögen – was plausibel, aber nicht selbstverständlich ist – durch monotone Verläufe anzeigen, daß der Entscheider stets mehr Geld höher schätzt als weniger Geld und weniger Arbeit stets mehr schätzt als mehr Arbeit.

Die Wertfunktionen in Tabelle 6.2 wurden über den Attributsintervallen 30.000 bis 80.000 € Gehalt bzw. 20 bis 60 Arbeitsstunden je Woche bestimmt.

Tab. 6.2: Drei Stellenangebote mit zwei Attributen und dazugehörigen Werten

Alternative	Gehalt x_1	Wert von Gehalt $v_1(x_1)$	Arbeitszeit x_2	Wert von Arbeitszeit $v_2(x_2)$
(*a*) Beratung	80.000 €	1,0	60 Stunden	0,0
(*b*) Universität	50.000 €	0,6	40 Stunden	0,5
(*c*) Segellehrer	30.000 €	0,0	20 Stunden	1,0

Mit Hilfe einer Wertfunktion v soll jetzt aus den einzelnen Werten ein Gesamtwert abgeleitet werden. Angenommen, wir würden die beiden Zielgewichte w_1 und w_2 (woher auch immer) kennen. Dann könnten wir die drei Alternativen bewerten. Aus Tabelle 6.3 ist zu sehen, daß für $w_1 = 0{,}6$ und $w_2 = 0{,}4$ die Alternative „Beratung" am besten abschneidet.

Tab. 6.3: Bewertung der drei Stellenangebote bei Zielgewichten von 0,6 für Gehalt und 0,4 für Arbeitszeit

Alternative	Wert von Gehalt $v_1(x_1)$	Gewichteter Wert von Gehalt $w_1\ v_1(x_1)$	Wert von Arbeitszeit $v_2(x_2)$	Gewichteter Wert von Arbeitszeit $w_2\ v_2(x_2)$	Gesamtwert $w_1\ v_1(x_1)$ + $w_2\ v_2(x_2)$
(*a*) Beratung	1,0	0,60	0,0	0,00	0,60
(*b*) Universität	0,6	0,36	0,5	0,20	0,56
(*c*) Segellehrer	0,0	0,00	1,0	0,40	0,40

6.3 Voraussetzungen für die Gültigkeit des additiven Modells

Die Einfachheit und Eleganz der additivenWertfunktion führen dazu, daß dieses Modell in vielen Anwendungen (häufig vorschnell) benutzt wird. Es tritt unter den Bezeichnungen Scoring-Modell, Punktbewertungsverfahren oder Nutzwertanalyse auf. Hier werden die Alternativen in jedem Attribut mit Punkten (Scores) z. B. zwischen null und 10 oder zwischen null und 100 bewertet. Die Bedeutung eines Attributs (das Gewicht) wird durch eine Prozentzahl ausgedrückt. Die Prozentzahlen addieren sich für alle Attribute auf 100%. Der Gesamtwert jeder Alternative ergibt sich aus der mit den Prozentzahlen gewichteten Summe ihrer Scores. Beispiele finden wir u. a. bei Warentests, Verfahren der analytischen Arbeitsbewertung, Bewertung von Systemalternativen im technischen Bereich, Leistungsbewertungen im Sport oder Benotungen in der Schule.

Um ein additives Wertmodell rational begründen zu können, müssen Bedingungen erfüllt sein, die die Unabhängigkeit der Bewertung in den Attributen betreffen. Eine meßbare Wertfunktion

$$v(x_1, x_2, ..., x_m) = w_1 v_1(x_1) + w_2 v_2(x_2) + ... + w_m v_m(x_m)$$

drückt offensichtlich aus, daß ein bestimmter Zuwachs in einem Attribut eine Veränderung des Gesamtwertes hervorruft, die völlig unabhängig von dem Niveau der anderen Attribute ist. Zum Beispiel:

- In einem Leichtathletik-Mehrkampf bringt die Steigerung im 100-m-Lauf von 11,5 auf 11,0 Sekunden eine zusätzliche Punktzahl, die unabhängig von den Leistungen im Weitsprung, Kugelstoßen etc. ist.
- Bei einem Bauprojekt streben Sie eine möglichst kurze Bauzeit, möglichst niedrige Kosten und möglichst hohe Qualität an. Eine Verkürzung von zehn Monaten auf neun Monate Bauzeit ist Ihnen das Gleiche wert, wenn Kosten und Qualität hoch wie wenn sie niedrig sind.

Wir haben diese Eigenschaft schon in Kapitel 3 erwähnt und als Präferenzunabhängigkeit bezeichnet. Diese soll nun formal definiert werden.

Definition 6.1 (Einfache Präferenzunabhängigkeit).
Seien

$$a = (a_1, \ldots, a_{i-1}, a_i, a_{i+1}, \ldots, a_m)$$
$$b = (a_1, \ldots, a_{i-1}, b_i, a_{i+1}, \ldots, a_m)$$

zwei Alternativen, die sich nur in dem i-ten Attribut unterscheiden, und

$$a' = (a'_1, \ldots, a'_{i-1}, a_i, a'_{i+1}, \ldots, a'_m)$$
$$b' = (a'_1, \ldots, a'_{i-1}, b_i, a'_{i+1}, \ldots, a'_m)$$

zwei andere Alternativen, die sich ebenfalls nur in dem i-ten Attribut unterscheiden, in dem i-ten Attribut aber dieselben Ausprägungen aufweisen wie a bzw. b, dann heißt das Attribut X_i *einfach präferenzunabhängig* von den übrigen Attributen, falls gilt

$$a \succeq b \quad \Leftrightarrow \quad a' \succeq b'$$

für beliebige Ausprägungen aller Attribute.

Zur Verdeutlichung: Sie ziehen mehrere Automodelle in die Wahl. Eins der für Sie wichtigen Attribute ist die Farbe; für Sie kommt nur Schwarz oder Weiß in Frage. Bei jedem Modell sind diese beiden Farben erhältlich. Falls Sie nun die Farbe Schwarz bei *allen* Modellen vorziehen, so ist das Attribut Farbe einfach präferenzunabhängig von allen übrigen Attributen. Falls Sie dagegen den Opel lieber in Weiß, den VW lieber in Schwarz hätten, bestünde diese Unabhängigkeit von den übrigen Attributen nicht.

Definition 6.2 (Wechselseitige Präferenzunabhängigkeit).
Die Attribute $X_1, \ldots, X_m$ sind *wechselseitig präferenzunabhängig*, wenn jede Teilmenge dieser Attribute präferenzunabhängig von der jeweiligen Komplementärmenge ist (Keeney und Raiffa 1976, S. 111).

Zum Beispiel: Wenn Sie bei der Autowahl die drei Attribute Motorstärke, Kofferraum und Preis in Betracht ziehen, dann müßte unter anderem die Teilmenge {Motorstärke, Kofferraum} von der Restmenge {Preis} präferenzunabhängig sein. Falls Sie in der Preisklasse von 12.000 € die Kombination (100 PS, 500 Liter) gegenüber (150 PS, 250 Liter) präferieren, so müßten Sie die gleiche Präferenz auch bei Autos haben, die 30.000 € kosten.

Allerdings reicht die wechselseitige Präferenzunabhängigkeit nur für nichtmeßbare Wertfunktionen aus, für Wertfunktionen also, die die Alternativen in die richtige Rangordnung bringen, deren Funktionswerte aber nicht zur Messung von Wertdifferenzen („Präferenzstärken“) interpretiert werden können. Da wir meßbare Wertfunktionen anstreben, also auch Aussagen über Wertunterschiede machen wollen, müssen wir eine noch stärkere Anforderung an die Präferenzen stellen.

Definition 6.3 (Differenzunabhängigkeit).
Seien

$$a = (a_1, \ldots, a_{i-1}, a_i, a_{i+1}, \ldots, a_m)$$
$$b = (a_1, \ldots, a_{i-1}, b_i, a_{i+1}, \ldots, a_m)$$

zwei Alternativen, die sich nur in dem i-ten Attribut unterscheiden, und

$$a' = (a'_1, \ldots, a'_{i-1}, a_i, a'_{i+1}, \ldots, a'_m)$$
$$b' = (a'_1, \ldots, a'_{i-1}, b_i, a'_{i+1}, \ldots, a'_m)$$

zwei weitere Alternativen, die sich ebenfalls nur in dem i-ten Attribut unterscheiden, in dem i-ten Attribut aber dieselben Ausprägungen aufweisen wie a bzw. b, dann heißt das Attribut X_i *differenzunabhängig* von den übrigen Attributen, falls gilt

$$(a \to b) \sim (a' \to b')$$

für beliebige Ausprägungen aller Attribute, d. h. wenn der Wertunterschied zwischen a und b stets dem zwischen a' und b' gleich ist.

Beispiel: Das Attribut „Höchstgeschwindigkeit“ ist differenzunabhängig von den Attributen „Kaufpreis“ und „Benzinverbrauch“, wenn der zusätzliche Wert, den Sie einer bestimmten Erhöhung der Höchstgeschwindigkeit beimessen, unabhängig davon ist, ob es sich um ein 50.000-€-Auto mit 20 Litern Durchschnittsverbrauch oder um ein 15.000-€-Auto mit 10 Litern Durchschnittsverbrauch handelt.

Eine additive meßbare Wertfunktion verlangt, daß die additive Differenzunabhängigkeit für jedes Attribut gegeben ist. Offensichtlich impliziert diese die wechselseitige Präferenzunabhängigkeit.

Wenn wir als Bedingung für das additive Modell „Präferenzunabhängigkeit" genannt haben, so war dies nur eine Kurzbezeichnung. Genau gemeint ist die wechselseitige Präferenzunabhängigkeit und für meßbare Wertfunktionen die additive Differenzunabhängigkeit.

Wenn die Präferenzen des Entscheiders nicht additiv differenzunabhängig sind, so dürfte es ihm eigentlich gar nicht möglich sein, Einzelwertfunktionen zu definieren. Angenommen, bei der Entscheidung zwischen beruflichen Positionen seien neben anderen Attributen das Gehalt und die jährliche Urlaubsdauer wichtig. Jetzt will der Entscheider eine Einzelwertfunktion für die Urlaubsdauer konstruieren und zieht die Halbierungsmethode heran. Er will also wissen, wo sein wertmäßiger Mittelpunkt zwischen 20 und 40 Tagen Urlaub pro Jahr liegt. Nun sollte er sich fragen: Kann ich das wissen, ohne mein Gehalt zu kennen? Ist es bescheiden (35.000 € brutto), dann bleibt nicht viel Geld für Urlaub übrig, und Urlaub über drei Wochen hinaus hat einen relativ geringen Wert. Man kann dann zwar spazieren gehen oder lesen, vermißt aber bald die anregende Atmosphäre bei der Arbeit. Vielleicht beträgt der wertmäßige Mittelpunkt 24 Tage. Liegt das Gehalt an der Obergrenze der betrachteten Alternativen (60.000 € brutto), gewinnt zusätzlicher Urlaub beträchtlich an Attraktivität (Fernreisen). Der wertmäßige Mittelpunkt wird dann vielleicht bei 29 Tagen liegen.

Das ist also der Test: Fragen Sie sich, ob Sie für jedes Attribut eine Wertfunktion konstruieren können, ohne dabei das Niveau der anderen Attribute zu kennen.

Die additive Differenzunabhängigkeit wird tendenziell um so eher (approximativ) erfüllt sein, je dichter die Unter- und Obergrenzen der Attribute zusammen liegen. Beträgt etwa das Mindestgehalt 50.000 und das Höchstgehalt 60.000 €, so ist zu erwarten, daß die Wertfunktion über den Urlaubstagen weniger abhängig vom Gehalt ist als bei einer Spanne von 30.000 bis 60.000 €.

Falls die Bedingungen für das additive Modell verletzt sind, sollten Sie – wie schon in Kapitel 3 erwähnt – versuchen, durch eine andere, bessere Formulierung der Ziele Unabhängigkeit herzustellen. Zum Beispiel könnten Sie das Attribut „Anzahl Urlaubstage" in drei Attribute aufteilen:

- Anzahl Urlaubstage für Fernreisen
- Anzahl Urlaubstage für Reisen in Europa
- Anzahl Urlaubstage zu Hause.

Für jedes dieser Attribute könnten Sie eine Wertfunktion generieren. Sie müßten dann noch entscheiden, wie Sie Ihren Urlaub in Abhängigkeit vom Jahresgehalt auf die Urlaubskategorien aufteilen würden.

Ein weiteres Beispiel: Für einen Manager, der ein Profit Center leitet und die Entwicklung der nächsten fünf Jahre plant, ist nicht nur der voraussichtliche Gesamtgewinn seiner Einheit, sondern auch die zeitliche Verteilung der Jahresgewinne von Bedeutung. Eine stetige Aufwärtsentwicklung ist ihm lieber als ein wildes Auf und Ab, womöglich mit einem Einbruch am Schluß. Würde man jeden der fünf Jahresgewinne als ein gesondertes Attribut einführen, so bestünde zwischen ihnen also keine Differenzunabhängigkeit. Vielleicht ist es aber möglich, die Präferenzen des Entscheiders durch zwei voneinander unabhängige Attribute

„Gesamtgewinn der fünf Jahre" und „Mittleres jährliches Gewinnwachstum" abzubilden.

Da ein additives Wertmodell das Entscheidungskalkül sehr vereinfacht, lohnt es sich, intensiv darüber nachzudenken, wie man eventuelle Abhängigkeiten durch Redefinition von Attributen beseitigen kann. Von Winterfeldt und Edwards, die nicht nur Wissenschaftler, sondern auch erfahrene Praktiker der Entscheidungstheorie sind, äußern die Überzeugung, daß dies in praktisch jedem Anwendungsfall möglich sein dürfte (1986, S. 309).

6.4 Die Ermittlung der Gewichte

6.4.1 Die Einzelwertfunktionen in dem Beispiel „Wahl des Arbeitsplatzes"

Wir gehen im folgenden davon aus, daß die Präferenzen mit einer additiven meßbaren Wertfunktion korrekt wiedergegeben werden können. Es gibt nun eine Reihe von Möglichkeiten, die Gewichte w_r der Attribute zu bestimmen. Wir werden drei dieser Verfahren darstellen und an Beispielen veranschaulichen. Hierzu erweitern wir das obige Beispiel mit den Berufen noch um ein drittes Ziel, möglichst gute Karrierechancen des Arbeitsplatzes. Für dieses Attribut verwende der Entscheider nur die Ausprägungen „gut", „ausgezeichnet" und „schlecht". Wir wollen nicht im Detail beschreiben, was darunter zu verstehen ist. Es ist jedoch sehr wichtig, daß der Entscheider selbst sich möglichst genau klar macht, was er unter diesen Ausprägungen versteht. Sonst kann er weder eine brauchbare Einzelwertfunktion noch eine angemessene Gewichtung dieses Attributs festlegen.

Die Tabelle 6.4 zeigt die erweiterten Alternativen. Die Wertfunktion des Entscheiders für das Anfangsgehalt, v_1, habe einen Verlauf gemäß Abbildung 6-2. Die gemessenen Punkte wurden durch die stetige Funktion

$$v_1(x_1) = 1{,}225\ (1 - e^{-1{,}695 \cdot (x_1 - 30.000)/(80.000 - 30.000)})$$

angenähert.

Tab. 6.4: Drei Stellenangebote mit drei Attributen

Alternative	Jahresgehalt	Arbeitszeit	Karrierechancen
(*a*) Beratung	80.000 €	60 Stunden	gut
(*b*) Universität	50.000 €	40 Stunden	ausgezeichnet
(*c*) Segellehrer	30.000 €	20 Stunden	schlecht

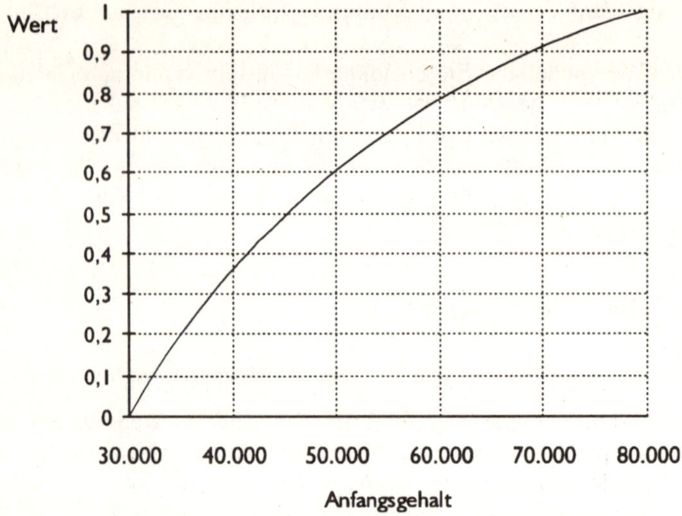

Abb. 6-2: Wertfunktion für das Gehalt zwischen 30.000 und 80.000 € pro Jahr

Für das Attribut Arbeitszeit habe der Entscheider eine lineare Wertfunktion zwischen 20 und 60 Stunden, es gilt also $v_2(x_2) = (60 - x_2) / 40$. Für das Attribut Karrierechancen werden die in den Alternativen auftretenden Ausprägungen gemäß der letzten Spalte von Tabelle 6.5 bewertet.

Tab. 6.5: Einzelwerte der Alternativen bei den drei Attributen

Alternative	Gehalt	Arbeitszeit	Karrierechancen
(*a*) Beratung	1	0	0,7
(*b*) Universität	0,6	0,5	1
(*c*) Segellehrer	0	1	0

6.4.2 Ermittlung der Gewichtung nach dem *Trade-off*-Verfahren

Trade-off bedeutet soviel wie Austauschrate. Gewichtsbestimmung nach dem *Trade-off*-Verfahren bedeutet, nach den Austauschraten zwischen zwei Zielgrößen zu fragen, bei denen der Entscheider indifferent ist. Die Wertfunktionen müssen bekannt sein. Man geht so vor, daß jeweils Alternativenpaare gesucht werden, die sich in nur zwei Attributen unterscheiden und vom Entscheider als gleichwertig angesehen werden. Aus einer entsprechenden Indifferenzaussage, z. B. zwischen den Alternativen

$$f = (f_1, \ldots, f_{i-1}, f_i, f_{i+1}, \ldots, f_{j-1}, f_j, f_{j+1}, \ldots, f_m)$$

und

$$g = (f_1, \dots, f_{i-1}, g_i, f_{i+1}, \dots, f_{j-1}, g_j, f_{j+1}, \dots, f_m)$$

kann darauf geschlossen werden, wie stark er die Attribute X_i und X_j gewichtet. Wegen der Additivität läßt sich die Gleichung $v(f) = v(g)$ reduzieren zu

$$w_i v_i(f_i) + w_j v_j(f_j) = w_i v_i(g_i) + w_j v_j(g_j) .$$

Hat man $m - 1$ solcher Gleichungen, so erhält man zusammen mit der Bedingung $\Sigma\, w_r = 1$ ein Gleichungssystem mit m Gleichungen und m Variablen, das eindeutig zu lösen ist, wenn zwischen den Gleichungen keine Redundanzen bestehen. Redundanz liegt dann vor, wenn man aus zwei oder mehr Gleichungen auf eine Gleichung schließen kann, die man schon kennt.

Vergleichen wir zunächst die beiden Attribute Jahresgehalt und Arbeitszeit. Da es meist relativ schwierig für den Entscheider ist, eine Austauschrate exakt zu quantifizieren, wird man sie in der Regel sukzessive eingrenzen. Hierzu fängt man mit den extremen Ausprägungen an. Der Entscheider wird zunächst befragt, ob er eine Alternative f mit den Ausprägungen

$$f = (80.000\ €,\ 60\ \text{Std.},\ *)$$

also mit dem bestmöglichen Gehalt, aber mit der schlechtesten Arbeitszeit, einer Alternative g mit

$$g = (30.000\ €,\ 20\ \text{Std.},\ *)$$

vorzieht. Die Karrieremöglichkeiten werden hierbei nicht angegeben, da bei Geltung der schon überprüften Unabhängigkeitsbedingungen deren Ausprägung nicht relevant für die zu ermittelnden Präferenzen ist, wenn sie nur in beiden Alternativen gleich ist. Deshalb wurde ein Sternchen eingesetzt. Der Entscheider muß sich bei der Ermittlung eines *Trade-offs* nur auf die ersten beiden Attribute konzentrieren.

Sagt der Entscheider zum Beispiel, daß die Alternative f besser sei als g, so reduziert der Befrager die sehr gute Ausprägung 80.000 € auf ein niedrigeres Maß, z. B. 60.000 €, und fragt nach der Präferenz zwischen den Alternativen f' und g mit

$$f' = (60.000\ €,\ 60\ \text{Std.},\ *)$$
$$g = (30.000\ €,\ 20\ \text{Std.},\ *)$$

Ergibt sich eine Präferenz für f', so wird man die 60.000 € noch weiter reduzieren. Im Falle einer Präferenz für g wird man die 60.000 € wieder etwas erhöhen. Dieses sukzessive Abfragen wiederholt man einige Male, bis ein Betrag x € mit $f' = (x\ €,\ 60\ \text{Std.},\ *)$ erreicht ist, so daß f' und g gleich bewertet werden. Nehmen wir an, 55.000 € sei der gesuchte Betrag. Es gilt also

$$(55.000\ €,\ 60\ \text{Std.},\ *) \sim (30.000\ €,\ 20\ \text{Std.},\ *)$$

und das bedeutet: Der Entscheider tauscht die 25.000 € Jahresgehalt, die über 30.000 € hinausgehen, gegen die 40 Stunden wöchentliche Arbeitszeit, die über 20 Stunden hinausgehen. Dies ist sein *Trade-off*.

Es gilt

$$w_1 v_1(55.000\text{ €}) + w_2 v_2(60\text{ Std.}) + w_3 v_3(*) =$$
$$w_1 v_1(30.000\text{ €}) + w_2 v_2(20\text{ Std.}) + w_3 v_3(*).$$

Da * in beiden Fällen gleich ist, kann man diesen Term auf beiden Seiten kürzen. Löst man nach w_1 auf, so erhält man

$$w_1 = \frac{v_2(20) - v_2(60)}{v_1(55.000) - v_1(30.000)} w_2 = \frac{1}{0{,}7\, w_2} = 1{,}429\, w_2 .$$

Den Wert für das Gehalt $v_1(55.000) = 0{,}7$ können Sie angenähert aus der Abbildung 6-2 ablesen oder genauer durch Auswertung der angegebenen Exponentialfunktion gewinnen.

Wir vergleichen nun Karrierechancen mit Gehalt. Nehmen wir an, der Entscheider würde nach einem entsprechenden Suchprozeß bei folgenden gleichpräferierten Alternativen enden:

$$(70.000\text{ €}, *, \text{schlecht}) \sim (30.000\text{ €}, *, \text{ausgezeichnet})$$

so würden wir auf folgende Gleichung kommen:

$$w_1 = \frac{v_3(\text{ausgezeichnet}) - v_3(\text{schlecht})}{v_1(70.000) - v_1(30.000)} w_3 = \frac{1}{0{,}91} w_3 = 1{,}099\, w_3.$$

Mit $\Sigma w_r = 1$ schließen wir aus den abgeleiteten Gleichungen leicht auf die w_r. Es ergibt sich $w_1 = 0{,}38$, $w_2 = 0{,}27$ und $w_3 = 0{,}35$.

Mit diesen Gewichtungsfaktoren erhält der Entscheider eine Rangordnung seiner Alternativen:

$$v(a) = 0{,}38 \cdot 1 + 0{,}27 \cdot 0 + 0{,}35 \cdot 0{,}7 = 0{,}63$$
$$v(b) = 0{,}38 \cdot 0{,}6 + 0{,}27 \cdot 0{,}5 + 0{,}35 \cdot 1 = 0{,}71$$
$$v(c) = 0{,}38 \cdot 0 + 0{,}27 \cdot 1 + 0{,}35 \cdot 0 = 0{,}27.$$

Die Universitäts-Tätigkeit ist als optimal identifiziert; der Job als Segellehrer endet weit abgeschlagen.

Ein Problem bei der *Trade-off*-Ermittlung können Attribute darstellen, die nur wenige mögliche Ausprägungen haben. Es existiert keine kontinuierliche Wertfunktion. Problematisch kann das deshalb werden, weil die Ausprägungen hier nur diskontinuierlich variiert werden können. Beispielsweise könnte bei der Berufswahl das Attribut „Standort" eine Rolle spielen. Der Sitz der Beratungsgesellschaft ist Frankfurt, die Universität befindet sich in Paderborn und die Segelschule in Kiel. Der Entscheider hat dem bevorzugtesten Standort (z. B. Kiel) den Wert eins, dem ungeliebtesten (z. B. Paderborn) den Wert null und dem dritten (Frankfurt) einen mittleren Wert zugeordnet. Beim Vergleich mit einem kontinuierlichen Attribut wie Anfangsgehalt tritt kein Problem auf, gleichbewertete Alternativen zu finden, weil man hier das kontinuierliche Attribut variieren kann. Sagt der Entscheider etwa (Paderborn, 80.000 €) $\succ$ (Kiel, 30.000 €), dann wird das mit dem Standort Kiel verbundene Gehalt so lange erhöht, bis Indifferenz eintritt. Vermieden werden sollte aber der Vergleich zwischen zwei diskreten Attributen. Hier ist es tatsächlich dem Zufall überlassen, ob sich zwei Alternativen finden lassen, die gleich bewertet werden.

Des weiteren kann es vorkommen, daß zwischen zwei benachbarten Ausprägungen des diskreten Attributes ein so hoher Präferenzunterschied besteht, daß dieser durch keine Veränderung innerhalb der Bandbreite der Ausprägungen des anderen Attributes kompensiert werden kann. So mag beispielsweise in unserem Fall die Anzahl der jährlichen Urlaubstage als weiteres Attribut eine Rolle spielen. Die Urlaubstage haben nur einen geringen Streubereich von 20 bis 24 Tagen. Ausgehend von einer Kombination (Kiel, 20 Tage) ist es eventuell nicht möglich, den Übergang auf einen weniger gewünschten Standort durch mehr Urlaub zu kompensieren. Es gibt also keine zwei Kombinationen innerhalb der betrachteten Alternativen, die gleichwertig sind. Da die Auswahl der zu vergleichenden Attribute (bis auf die Beachtung der Redundanz, siehe oben) im Prinzip beliebig ist, dürfte hier aber kein großes Problem liegen.

In der Beispielberechnung wurden die *Trade-offs* immer ausgehend von Alternativen ermittelt, in denen nur minimale oder maximale Ausprägungen bei einem Attribut betrachtet werden. Problematisch kann es sein, daß der Entscheider so mit Alternativen konfrontiert wird, die recht unrealistisch sind. Der Entscheider muß sein Vorstellungsvermögen bemühen und wird sich schwerer tun, Indifferenzaussagen zu machen, die verläßlich sind.

Deshalb sollte man sich bei der Ermittlung von *Trade-offs* um realistische Vergleiche bemühen. So könnte der Entscheider vielleicht im Vergleich Gehalt und Arbeitszeit die folgende Aussage relativ sicher treffen:

$$(80.000\text{ €}, 60\text{ Std.}, *) \sim (65.000\text{ €}, 52\text{ Std.}, *)$$

Die linke Alternative kennzeichnet genau die Ausprägungen der Alternative Beratung in den beiden betrachteten Attributen. Der Entscheider kann sich diese Kombination leicht vorstellen. Aus der Indifferenz ergibt sich folgende Gleichung:

$$w_1 = \frac{v_2(52) - v_2(60)}{v_1(80.000) - v_1(65.000)}\, w_2 = \frac{0{,}2}{0{,}15}\, w_2 = 1{,}333\, w_2.$$

Sie sehen, daß das hier ermittelte Gewichtsverhältnis nicht exakt mit dem zuerst berechneten ($w_1 = 1{,}429\, w_2$) übereinstimmt. Bei Gültigkeit des additiven Modells (die wir ja voraussetzen) hätte dies aber sein müssen. Solche Differenzen sind aufgrund der begrenzten kognitiven Fähigkeiten des Menschen nicht zu vermeiden. Deshalb ist es sinnvoll, nicht nur $m - 1$ *Trade-offs* zu bestimmen und ein widerspruchsfreies Gleichungssystem zu erzeugen, sondern bewußt mehr als diese Mindestzahl von *Trade-off*-Messungen zu erzeugen, um zu kontrollieren, wie konsistent die Aussagen sind. Wir werden in Abschnitt 6.5 auf Möglichkeiten eingehen, mit der unvermeidlichen Unschärfe von Präferenzmessungen umzugehen.

6.4.3 Ermittlung der Gewichte nach dem *Swing*-Verfahren

Anders als beim *Trade-off*-Verfahren müssen hier die Einzelwertfunktionen noch nicht bekannt sein. Der Entscheider versetzt sich in die Situation, daß ihm die schlechteste definierte Alternative

$$a^- = (x_1^-, x_2^-, \dots, x_m^-)$$

zur Verfügung steht. Er habe aber die Möglichkeit, nach freier Wahl eines der Attribute auf seinen besten Wert hochzusetzen, wobei die anderen Attribute auf dem niedrigsten Niveau bleiben. Er ordnet nun die Attribute danach, in welcher Reihenfolge der Präferenz er sie auf ihren Maximalwert erhöhen möchte. Nennen wir diese künstlichen Alternativen

$$b^r = (x_1^-, \dots, x_{r-1}^-, x_r^+, x_{r+1}^-, \dots, x_m^-)$$

mit $r = 1, \dots, m$ und erinnern wir uns, daß $v(b_r) = w_r$.

Durch die Ordnung der b^r haben wir auch schon die Gewichte in absteigender Reihenfolge geordnet. Jetzt brauchen wir sie nur noch zu quantifizieren. Geben wir a^- den Wert null und dem meistpräferierten b^r willkürlich 100 Punkte. Anschließend bewertet der Entscheider die übrigen b^r mit so vielen Punkten, daß die Wertunterschiede zwischen ihnen zum Ausdruck kommen. Jetzt fehlt nur noch die Normierung der Gewichte auf eins. Seien die Punktzahlen mit t_i bezeichnet, so gilt

$$w_r = \frac{t_r}{\sum_{i=1}^{m} t_i} \tag{6.4}$$

Zusammengefaßt ist die Vorgehensweise wie folgt:

1. Aufstellen einer Rangfolge unter den künstlichen Alternativen b^r,
2. Punktvorgabe: Null für a^-, 100 für die beste der b^r,
3. Bewertung der übrigen Alternativen b^r, so daß die Wertunterschiede zwischen ihnen richtig wiedergegeben werden,
4. Errechnung der Zielgewichte durch Normierung der Bewertungen.

An unserem Beispiel sei das Vorgehen verdeutlicht. Dem Entscheider wird zunächst die Extremalternative

$$a = (30.000\text{ €}, 60\text{ Std.}, \text{schlecht})$$

vor Augen geführt. Er wird dann befragt, in welchem Attribut er am liebsten auf den besten Wert wechseln möchte. Er muß also auswählen, welche der folgenden Alternativen

$$b^1 = (80.000\text{ €}, 60\text{ Std.}, \text{schlecht})$$
$$b^2 = (30.000\text{ €}, 20\text{ Std.}, \text{schlecht})$$
$$b^3 = (30.000\text{ €}, 60\text{ Std.}, \text{ausgezeichnet})$$

er präferiert. Angenommen, er wählt b^1 als die beste Alternative aus, gefolgt von b^3 und zuletzt b^2.

Tab. 6.6: Bewertung der drei künstlichen Alternativen b^r

Rang	Alternative b^r	Punkte
1	b^1	100
2	b^3	70
3	b^2	60

Nehmen wir an, der Entscheider kommt zu der in Tabelle 6.6 angegebenen Bewertung.

Hieraus folgen die Gewichte gemäß

$$w_1 = 100 / (100 + 70 + 60) = 0{,}44$$
$$w_2 = 60 / (100 + 70 + 60) = 0{,}26$$
$$w_3 = 70 / (100 + 70 + 60) = 0{,}30.$$

Die Berechnung der Gewichte aus den Präferenzaussagen ist mit dem *Swing*-Verfahren also sehr einfach.

6.4.4 Ermittlung der Gewichte nach dem *Direct-Ratio*-Verfahren

In der Praxis sehr häufig angewendet – wenn auch nicht immer so bezeichnet – wird das *Direct-Ratio*-Verfahren. Eigentlich sollte man es nicht in einem Lehrbuch aufführen, da es recht unzuverlässig ist. Gerade wegen seiner praktischen Verbreitung einerseits und um seinen logischen Defekt klarzumachen, müssen wir es aber behandeln.

Bei diesem Verfahren müssen Sie als Entscheider zunächst die Attribute ihrer „Wichtigkeit" nach ordnen. Damit haben die meisten Personen keine Probleme, obwohl die Frage nach der Wichtigkeit eines Attributes in sich sinnlos ist. Wichtig ist nicht die Variable selbst, wichtig ist nur die Differenz zwischen Ausprägungen der Variablen. Zum Beispiel ist es sinnlos zu sagen, Einkommen sei wichtiger als Urlaub. Sinnvoll ist die Aussage: Eine Steigerung des Jahreseinkommens von 50.000 auf 53.000 € ist mir wichtiger als eine Erhöhung des Jahresurlaubs von 25 auf 30 Tage. Wir kommen auf diesen Punkt in Abschnitt 6.6 zurück.

Sagen wir, Sie hätten dennoch das Gefühl, das Jahresgehalt sei Ihnen wichtiger als die Karrierechancen, und die Karrierechancen seien Ihnen wichtiger als die Arbeitszeit. Nun vergleichen Sie jeweils zwei Attribute. Fangen wir bei den unwichtigsten an. Die Frage lautet: Wieviel wichtiger sind die Karrierechancen im Vergleich zu der Arbeitszeit? Ihre Antwort lautet, sagen wir, nur ein bißchen wichtiger. Mit dieser Antwort kann man noch nicht viel anfangen, deshalb werden Sie gebeten, eine Zahl zu nennen. Die Frage wird jetzt folgendermaßen gestellt: „Wenn das Attribut Arbeitszeit die Wichtigkeit 1 hat, wie wichtig ist dann das Attribut Karrierechancen?" Ihre Antwort sei: 1,2. Entsprechend wird im Vergleich zwischen Jahresgehalt und Arbeitszeit vorgegangen. „Falls das Attribut Arbeitszeit die Wichtigkeit 1 hat, wie wichtig ist dann das Attribut Jahresgehalt?" Ihre Antwort: 2.

Aus diesen Aussagen lassen sich Zielgewichte ableiten. Es gilt

$$w_1 / w_2 = 2$$

und

$$w_3 / w_2 = 1{,}2.$$

Für die Gewichte folgt

$$\begin{aligned} w_1 &= 2 / (1 + 1{,}2 + 2) = 0{,}48 \\ w_2 &= 1 / (1 + 1{,}2 + 2) = 0{,}24 \\ w_3 &= 1{,}2 / (1 + 1{,}2 + 2) = 0{,}28. \end{aligned}$$

Selbstverständlich empfiehlt sich auch hier eine Konsistenzprüfung, indem man die Wichtigkeit der Attribute Gehalt und Karriere miteinander vergleicht. Konsistent wäre der Entscheider, wenn er bei diesem Vergleich ein Verhältnis w_1/w_3 = 2/1,2 = 1,7 nennen würde.

6.4.5 Verwendung mehrerer Methoden

Wie mehrfach betont, ist es ratsam, die Aussagen zur Gewichtsbestimmung zu überprüfen. Dies kann einerseits innerhalb einer Methode geschehen, andererseits aber auch durch Verwendung mehrerer Methoden. So könnte man etwa durch *Trade-offs* gewonnene Gewichte mittels *Swing* überprüfen und umgekehrt.

Zu weiteren Gewichtungsverfahren siehe etwa Schneeweiß (1991), von Nitzsch (1992); ferner auch die sog. mehrkriteriellen Verfahren mit impliziter Gewichtung (Isermann 1979, Dinkelbach 1982, Zimmermann und Gutsche 1992).

6.5 Unvollständige Information über die Gewichte

6.5.1 Der Umgang mit inkonsistenter oder unvollständiger Information

Gewöhnlich wird die Erzeugung redundanter Information dazu führen, daß die Gewichte nicht eindeutig sind, weil der Entscheider in seinen Aussagen nicht vollkommen konsistent ist. Diese Inkonsistenz wird ihm bewußt und sollte dazu führen, daß er seine Aussagen genauer überdenkt und revidiert, bis sie widerspruchsfrei sind. Es ist aber auch möglich, daß er nicht willens oder in der Lage ist, die Widersprüche in seinen Aussagen zu beseitigen. Zwar sollte man vor wichtigen Entscheidungen intensiv nachdenken. Es hat jedoch keinen Zweck, den Entscheider, dem man helfen möchte, durch nervendes Fragen zu Antworten zu veranlassen, zu denen er letztlich selbst kein Vertrauen hat. Mit viel größerer Zuversicht in die Richtigkeit seiner Aussagen kann der Mensch z. B. Aussagen über Wertintervalle statt über punktgenaue Werte generieren. Vergleichen Sie zum Beispiel folgende Aussagen:

1. Ein Jahresgehalt von 100.000 € und 25 Tage Urlaub sind für mich einem Jahresgehalt von 90.000 € und 35 Tagen Urlaub gleichwertig.
2. Ein Jahresgehalt von 100.000 € und 25 Tage Urlaub sind mir lieber als ein Jahresgehalt von 90.000 € und 30 Tage Urlaub, aber weniger lieb als 90.000 € und 40 Tage Urlaub.

Die zweite Aussage wird man mit weniger mentalem Aufwand und zugleich mit größerer innerer Überzeugung in ihre Richtigkeit treffen können als die erste.

Für den Umgang mit inkonsistenter Information gibt es zwei Möglichkeiten. Man kann erstens auf mathematischem Wege eindeutige Information erzeugen, zum Beispiel durch Mittelung von gemessenen Werten oder durch die mathematisch-statistischen Verfahren der Fehlerminimierung (Abschnitt 6.5.2). Oder man versucht – wie in Abschnitt 5.3 bezüglich unvollständiger Wertfunktionen erwähnt – mit den unvollständigen Informationen auszukommen, indem man Intervalle anstelle genauer Werte verwendet. Hierzu besprechen wir Dominanzprüfungen (Abschnitt 6.5.3) und Sensitivitätsanalysen (6.5.4).

6.5.2 Fehlerminimierung

Der fehlerminimierende Ansatz behandelt die Indifferenzaussagen als quasi zufällige Ziehungen aus einer Verteilung um den tatsächlich richtigen Wert.

Angenommen, es liegen n Informationen (Indifferenzaussagen) vor, die sich jeweils in einer Gleichungsform der Gestalt $f_i(w_1, w_2, \ldots, w_m) = 0$ hinschreiben lassen. Wenn die Anzahl der Informationen (n) größer als die Anzahl der gesuchten Parameter (m = Anzahl der Ziele) ist, wird das entsprechende Gleichungssystem in aller Regel überbestimmt sein. Wenn für jede Gleichung eine sogenannte Fehlervariable ε_i eingeführt wird mit $f_i(w_1, w_2, \ldots, w_m) = \varepsilon_i$, ist das System unterbestimmt. Es liegt nun nahe, diejenigen Werte für w_r als Zielgewichte des Entscheiders zu suchen, die zu den absolut gesehen kleinsten Werten für die Fehlervariablen ε_i führen. Hierzu kann man u. a. einen linearen Programmierungsansatz verwenden. Wir wollen dabei zwei Möglichkeiten betrachten.

Bei der ersten Möglichkeit minimiert man die Summe der absoluten Werte der Fehlervariablen. Die Zielfunktion lautet dann

$$\text{Minimiere} \sum |\varepsilon_i| \tag{6.5}$$

In einem linearen Optimierungsmodell läßt sich diese Zielfunktion durch die Einführung von zwei positiven Variablen ε_i^+ und ε_i^- mit $\varepsilon_i = \varepsilon_i^+ - \varepsilon_i^-$ erreichen. Die Zielfunktion lautet dann

$$\text{Minimiere} \sum (\varepsilon_i^+ + \varepsilon_i^-). \tag{6.6}$$

Bei der zweiten Möglichkeit wird neben den Variablen ε_i^+ und ε_i^- noch eine zusätzliche Variable $\varepsilon_{\max}$ definiert mit $\varepsilon_i^+ \leq \varepsilon_{\max}$ und $\varepsilon_i^- \leq \varepsilon_{\max}$. Mit der Zielfunktion

$$\text{Minimiere } \varepsilon_{\max} \tag{6.7}$$

wird die größte absolute Fehlerabweichung minimiert.

Anwenden läßt sich so ein fehlerminimierender Ansatz immer dann, wenn die Präferenzinformationen als lineare Gleichungen der Form

$$f_i(w_1, w_2, \ldots, w_m) = 0 \tag{6.8}$$

vorliegen.

Wir kommen wieder zurück auf unser Beispiel und verwenden das *Trade-off*-Verfahren. Nehmen wir an, der Entscheider würde statt der notwendigen zwei *Trade-off*-Aussagen die folgenden vier angeben.

$$\begin{aligned}
1&: \ (55.000, 40, *) \sim (45.000, 28, *)\\
2&: \ (55.000, 40, *) \sim (70.000, 52, *)\\
3&: \ (55.000, *, \text{gut}) \sim (45.000, *, \text{ausgezeichnet})\\
4&: \ (43.000, *, \text{gut}) \sim (80.000, *, \text{schlecht}).
\end{aligned}$$

Formt man diese vier Tradeoffs in Gleichungen um, so ergibt sich

$$\begin{aligned}
1&: \ w_1(v_1(55.000) - v_1(45.000)) + w_2(v_2(40) - v_2(28)) = 0\\
2&: \ w_1(v_1(55.000) - v_1(70.000)) + w_2(v_2(40) - v_2(52)) = 0\\
3&: \ w_1(v_1(55.000) - v_1(45.000)) + w_3(v_3(\text{gut}) - v_3(\text{ausgezeichnet})) = 0\\
4&: \ w_1(v_1(43.000) - v_1(80.000)) + w_3(v_3(\text{gut}) - v_3(\text{schlecht})) = 0
\end{aligned}$$

Rechnen wir die Differenzen aus und fügen die Fehlerterme ein, so erhalten wir die Nebenbedingungen für den linearen Optimierungsansatz:

$$\begin{aligned}
0{,}212w_1 - 0{,}3w_2 &= \varepsilon_1^+ - \varepsilon_1^-\\
-0{,}209w_1 - 0{,}3w_2 &= \varepsilon_2^+ - \varepsilon_2^-\\
0{,}212w_1 - 0{,}3w_3 &= \varepsilon_3^+ - \varepsilon_3^-\\
-0{,}563w_1 - 0{,}7w_3 &= \varepsilon_4^+ - \varepsilon_4^-.
\end{aligned}$$

Weiterhin gehören zu den Nebenbedingungen

$$w_1 + w_2 + w_3 = 1$$

und

$$\begin{aligned}
\varepsilon_i^+, \varepsilon_i^- &\geq 0 \text{ für alle } i = 1, 2, 3, 4\\
w_r &\geq 0 \text{ für alle } r = 1, 2, 3.
\end{aligned}$$

Wählen wir nun die Zielfunktion

$$\text{Minimiere} \sum (\varepsilon_i^+ + \varepsilon_i^-),$$

so erhalten wir die Zielgewichte $w_1 = 0{,}40$, $w_2 = 0{,}28$ und $w_3 = 0{,}32$ sowie einen Zielfunktionswert von 0,016. Auf der Basis dieser Gewichte ergibt sich für die

Alternative Beratung ein Wert von 0,62, für die Universität 0,70 und für den Segellehrer ein Wert von 0,28.

6.5.3 Dominanzprüfung

Durch die unvollständigen Präferenzinformationen wird eine Menge möglicher Attributgewichte bzw. besser Kombinationen von Gewichten w_r eingegrenzt. Aus jeder zulässigen Kombination von Gewichten ergibt sich eine Rangfolge der zu bewertenden Alternativen durch die implizierte Wertfunktion v. Für den Fall, daß für alle zulässigen Gewichtskombinationen die gleiche Rangfolge (z. B. auch nur im Vergleich zweier Alternativen) gilt, kann man, ohne die Gewichte exakt zu kennen, eindeutige Aussagen über die Vorziehenswürdigkeit von Alternativen treffen. Wenn eine Alternative bezüglich aller möglichen Zielgewichte immer den höchsten Wert von v aufweist, so ist sie optimal.

Bezeichne $V(I)$ die Menge der mit den Präferenzinformationen I verträglichen Wertfunktionen v. Dann können wir eine Relation $\succeq_{V(I)}$ definieren mit

$$\begin{aligned} a \succ_{V(I)} b \;\Leftrightarrow\; & v(a) \geq v(b) \text{ für alle möglichen } v \text{ aus } V(I) \\ & \text{und } v(a) > v(b) \text{ für mindestens ein } v \text{ aus } V(I). \end{aligned} \tag{6.9}$$

Wie läßt sich nun erkennen, ob $a \succeq_{V(I)} b$ gilt oder nicht? Offensichtlich gilt diese Relation nicht, wenn es mindestens eine Wertfunktion v aus $V(I)$ gibt, bei der $v(a) < v(b)$ zutrifft. Ob es so eine Funktion gibt oder nicht, kann man recht einfach durch einen Optimierungsansatz herausfinden. Er lautet

$$\text{Minimiere } v(a) - v(b) \tag{6.10}$$

unter den Nebenbedingungen $v \in V(I)$. Resultiert ein negativer Minimalwert der Zielfunktion, so gibt es eine Funktion v, bei der $v(a) < v(b)$. Es ist also möglich, daß a schlechter ist als b. Führt die Optimierung zu einem positiven Wert, so gilt für alle Funktionen v die Aussage $v(a) > v(b)$. Hieraus folgt: $a \succeq_{V(I)}$ b, d. h. a ist auf jeden Fall besser als b.

Falls sich ein negativer Zielfunktionswert ergibt, kann keinesfalls geschlossen werden, daß nun $b \succeq_{V(I)} a$ gilt. Um dies zu prüfen, muß man die Zielfunktion

$$\text{Maximiere } v(a) - v(b) \tag{6.11}$$

verwenden. Ergibt sich ein negativer Maximalwert, dann gilt $b \succeq_{V(I)} a$. Ein positiver Wert führt wiederum nur zu der Aussage, daß $b \succeq_{V(I)} a$ nicht gilt.

Ist Min $[v(a) - v(b)] > 0$, so dominiert a. Ist Max $[v(a) - v(b)] < 0$, so dominiert b. Sind sowohl das Minimum wie das Maximum gleich null, so sind a und b bei allen zulässigen Wertfunktionen gleichwertig. Die Tabelle 6.7 gibt einen Überblick über die möglichen Fälle.

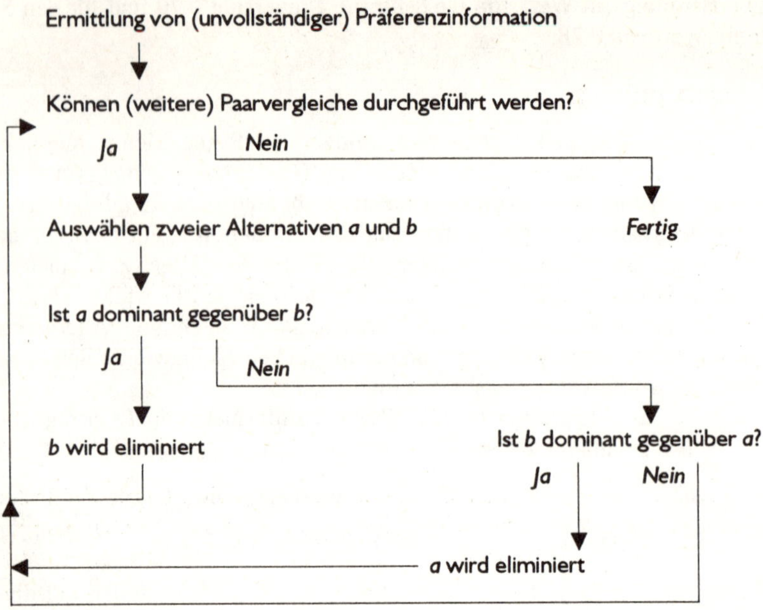

Abb. 6-3: Vorgehensweise bei der Ermittlung von Dominanzbeziehungen bei unvollständiger Präferenzinformation

Tab. 6.7: Ergebnisse der Dominanzprüfung zwischen zwei Alternativen

		Max [$v(a) - v(b)$]		
		< 0	$= 0$	> 0
Min [$v(a) - v(b)$]	< 0	*b* ist dominant	*b* ist dominant	Keine Aussage
	$= 0$	Unmöglich	Indifferenz	*a* ist dominant
	> 0	Unmöglich	Unmöglich	*a* ist dominant

Mit dieser Vorgehensweise ist ein Weg gezeigt, auf der Basis eines niedrigen Informationsniveaus die Menge der relevanten Alternativen einzuschränken bzw. die Menge der effizienten Alternativen zu ermitteln. Besonders günstig ist es, wenn nur noch eine effiziente Alternative übrig bleibt. Diese Alternative ist dann zwangsläufig die optimale. Die Abbildung 6-3 faßt das Vorgehen zusammen.

Wir wenden die Vorgehensweise auf unser Beispiel an. Die Tabelle 6.8 zeigt noch einmal die Einzelwerte der Alternativen. Der Entscheider hat für die Gewichte keine festen Werte bestimmt, sondern nur Intervalle, deren Unter- und Obergrenzen in den untersten beiden Zeilen angegeben sind.

Tab. 6.8: Einzelbewertungen und Gewichts-Intervalle

Alternative	$v_1(x_1)$	$v_2(x_2)$	$v_3(x_3)$
a	1	0	0,7
b	0,6	0,5	1
c	0	1	0
Gewicht-Untergrenze	0,35	0,24	0,33
Gewicht-Obergrenze	0,42	0,28	0,40

Zunächst prüfen wir, ob zwischen *a* und *b* eine Dominanzbeziehung besteht.

a* vs. *b

Minimiere

$$w_1(\mathrm{a}_1 - b_1) + w_2(a_2 - b_2) + w_3(a_3 - b_3)$$
$$= w_1(1 - 0{,}6) + w_2(0 - 0{,}5) + w_3(0{,}7 - 1)$$
$$= 0{,}4w_1 - 0{,}5\, w_2 - 0{,}3w_3.$$

Zunächst setzen wir die Gewichte auf ihre Untergrenze. Die Summe der Untergrenzen beträgt 0,92, es bleibt also noch Gewicht von 0,08 zu verteilen. Um den Ausdruck zu minimieren, erhält der Term mit dem geringsten Koeffizienten soviel zusätzliches Gewicht wie möglich. Deshalb setzen wir w_2 auf seine Obergrenze 0,28 herauf. Nun bleibt noch ein Gewicht von 0,04 zu verteilen. Dies geben wir dem Term mit dem nächstniedrigeren Koeffizienten, also w_3 erhält den Wert 0,37. Damit sind die Gewichte bestimmt. Das gesuchte Minimum beträgt

$$\text{Min } [v(a) - v(b)] = 0{,}35 \cdot 0{,}40 - 0{,}28 \cdot 0{,}5 - 0{,}37 \cdot 0{,}30$$
$$= -0{,}111.$$

Der Wert ist negativ. Das bedeutet, daß *a* gegenüber *b* nicht dominant ist. Nun prüfen wir, ob *b* gegenüber *a* dominiert.

$$\text{Maximiere } 0{,}4w_1 - 0{,}5\, w_2 - 0{,}3w_3$$

Auch jetzt erhält jedes Attribut zunächst sein Mindestgewicht. Der verbleibende Rest von 0,08 wird aber nun nach dem Prinzip verteilt, möglichst viel Gewicht auf die höchsten Koeffizienten zu verteilen. Deshalb erhält w_1 zusätzlich 0,07, dann ist die Obergrenze 0,42 erreicht. Das restliche Gewicht von 0,01 geht zu w_3. Somit ist

$$\text{Max } [v(a) - v(b)] = 0{,}42 \cdot 0{,}40 - 0{,}24 \cdot 0{,}5 - 0{,}34 \cdot 0{,}30$$
$$= -0{,}054.$$

Das negative Maximum bedeutet: *b* dominiert *a*. Somit kann *a* eliminiert werden.
Es bleibt noch die Dominanzprüfung zwischen *b* und *c*.

b* vs. *c

Minimiere

$$w_1(b_1 - c_1) + w_2(b_2 - c_2) + w_3(b_3 - c_3)$$
$$= w_1(0{,}6 - 0) + w_2(0{,}5 - 1) + w_3(1 - 0)$$
$$= 0{,}6w_1 - 0{,}5\, w_2 + 1w_3$$

Die Minimierung wird erreicht, wenn wir $w_1 = 0{,}39$, $w_2 = 0{,}28$ und $w_3 = 0{,}33$ setzen. Das Minimum beträgt 0,424. Da dieser Wert positiv ist, erweist sich *b* auch gegenüber *c* als dominant.

Wir haben also trotz unvollständiger Information über die Gewichte eine eindeutig optimale Alternative identifiziert. Natürlich ist das nicht generell so. Die Chancen sind um so größer, je schmaler die Intervalle sind. Bei sehr weiten Intervallen wird es vielleicht nicht einmal gelingen, auch nur eine einzige Alternative als dominiert zu erkennen und auszusondern. In diesem Fall muß der Entscheider seine kognitiven Anstrengungen erhöhen, um schmalere Intervalle zu produzieren.

Wir halten den Ansatz, mit unvollständiger Information eine Lösung zu suchen und erst, wenn dies nicht zum Ziel führt, den Aufwand zu erhöhen, für außerordentlich wichtig für die praktische Anwendung. Es wäre unökonomisch, mit großem Zeit- und Denkaufwand sehr genaue Zielgewichte zu bestimmen, wenn mit geringerer Genauigkeit eine Entscheidung erreichbar ist. Zudem sinkt mit zunehmendem Aufwand vermutlich die Bereitschaft des Entscheiders, sich der Prozedur der Gewichtsbestimmung zu unterziehen. Einer punktgenauen Gewichtsbestimmung wird der Entscheider nicht vertrauen, weil er sich bewußt ist, daß diese Genauigkeit nur eine scheinbare ist. Darf er Intervalle angeben, innerhalb deren er sich sehr sicher in seinem Urteil fühlt, so wird er der optimalen Lösung – wenn sich denn mittels der unvollständigen Information eine ermitteln läßt – mit Recht vertrauen. Zur weiteren Beschäftigung mit Verfahren der unvollständigen Gewichtsbestimmung sei auf Weber (1983), Kirkwood und Sarin (1985) sowie Weber (1985) verwiesen.

6.5.4 Sensitivitätsanalysen über die Gewichte

In allen Fällen, in denen auf der Basis exakter Parameter (hier Gewichte) bestimmte Ergebnisse (hier Werte der Alternativen) punktgenau abgeleitet werden, sollte man überlegen, ob sich nicht durch geringe Änderungen der Parameter das Ergebnis ändern würde. Beispielsweise habe der besagte Absolvent bestimmte Gewichte ermittelt und sei zu der Entscheidung für die Universitätslaufbahn gekommen. Allerdings ist ihm bewußt, daß diese Gewichte nicht absolut richtig sind und je nach Tageszeit, Seelenzustand etc. schwanken können. Es ist also von Interesse, ob die Entscheidung für die Universität relativ stabil ist oder schon bei geringfügigen Gewichtsverschiebungen umkippt, etwa zugunsten des Jobs bei der Beratung. Die Beratung ist in dem Attribut Anfangsgehalt der Universität überlegen. Ein höheres Gewicht für das Anfangsgehalt könnte also dazu führen, daß die Beratung einen höheren Wert erhält als die Universität.

Sensitivitätsanalysen über Gewichte sind nicht ganz trivial. Man kann nämlich nicht einfach ausprobieren, wie sich zum Beispiel eine isolierte Erhöhung des Gewichts w_1 für das Gehalt auswirkt. Vielmehr müssen wegen der Normierung der Gewichte, $\Sigma w_r = 1$, Annahmen getroffen werden, wie sich die anderen Gewichte verändern, wenn das Gewicht eines Attributs variiert.

Eine mögliche Annahme ist, daß sich bei der Erhöhung des Gewichts des Anfangsgehalts die Gewichte der anderen Attribute so verringern, daß sie stets im selben Verhältnis zueinander stehen wie in der Ausgangssituation. Angenommen, der Entscheider in unserem Beispiel geht von $w_1 = 0{,}40$, $w_2 = 0{,}28$ und $w_3 = 0{,}32$

aus. Er will w_1 variieren, wobei $w_2 : w_3$ stets im Verhältnis 0,28 : 0,32 bleiben sollen. Mit anderen Worten, es soll stets gelten

$$w_1 \in [0, 1]$$

$$\frac{w_2}{w_3} = \frac{0{,}28}{0{,}32}$$
$$w_1 + w_2 + w_3 = 1$$

also

$$w_2 = (1 - w_1) \cdot \frac{0{,}28}{(0{,}28 + 0{,}32)}$$
$$w_3 = (1 - w_1) \cdot \frac{0{,}32}{(0{,}28 + 0{,}32)}.$$

Im oberen Teil von Abb. 6-4 sind die Verläufe der Gewichtungsfunktionen w_2 und w_3 in Abhängigkeit von w_1 dargestellt. Daraus ergeben sich dann die Werte der drei Alternativen gemäß

$$v(a) = 1\,w_1 + 0\,w_2 + 0{,}7\,w_3$$
$$v(b) = 0{,}6\,w_1 + 0{,}5\,w_2 + 1\,w_3$$
$$v(c) = 0\,w_1 + 1\,w_2 + 0\,w_3$$

wie sie im unteren Teil der Abbildung 6-4 zu sehen sind.

Diese Sensitivitätsanalyse zeigt, daß erst bei einer Steigerung von w_1 auf etwa 0,50 die Beratung gegenüber der Universität präferiert wird. Der Entscheider sollte sich darüber klar werden, ob eine solche Gewichtsverschiebung eintreten könnte. Dazu könnte er zwei hypothetische Alternativen konstruieren, die gemäß den neuen Gewichten $w_1 = 0{,}50$, $w_2 = 0{,}23$ und $w_3 = 0{,}27$ gleichwertig sind, und darüber nachdenken, ob er diese beiden Alternativen je für gleichwertig halten könnte.

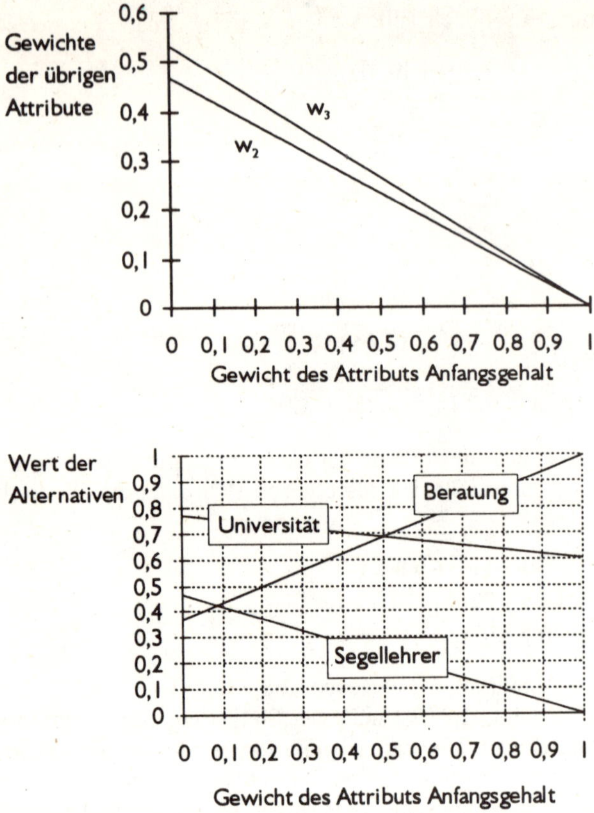

Abb. 6-4: Sensitivitätsanalyse für das Gewicht des Attributs Jahresgehalt, w_1

6.6 Die Abhängigkeit der Gewichte von den Ausprägungsintervallen der Attribute

Die Gewichte w_r in einem additiven Modell hängen von den Intervallen $[x_r^-, x_r^+]$ ab, über denen die Einzelwertfunktionen v_r definiert sind. Ist das Intervall klein, muß das Attribut ein geringeres Gewicht erhalten als bei einem größeren Intervall, da die Wertdifferenz zwischen der schlechtesten und der besten Ausprägung mit der Bandbreite steigt. Machen Sie sich klar, daß Attribute als solche keine Gewichte haben. „Gesundheit ist wichtiger als Einkommen" beispielsweise stellt keine Aussage dar, die für multiattributive Bewertungen irgendeine Relevanz hätte. Gegen diese Erkenntnis wird oft verstoßen, etwa wenn bei Umfragen Unternehmensziele nach ihrer Wichtigkeit geordnet werden sollen. „Die Zufriedenheit unserer Mitarbeiter ist uns ebenso wichtig wie die Gewinnerzielung" besagt gar nichts. Ein weiteres Beispiel: Bei einem Staubsaugertest erhält das Attribut „Sicherheit" den Gewichtungsfaktor 0,15, das Attribut „Handhabung" das Gewicht 0,25 etc. Soll das heißen, daß die Handhabung wichtiger ist als die Sicherheit? Ohne Kenntnis der Intervalle der Attributsausprägungen sind die Gewichte bedeutungslos. Kennzeichnet die schlechteste Ausprägung des Attributs Sicherheit ein Gerät, das bei jedem Einschalten einen tödlichen Stromstoß abgibt, so wird wohl jeder Konsument dem Attribut Sicherheit das Gewicht eins zuordnen und allen anderen entsprechend null Gewicht beimessen. Reicht das Ausprägungsintervall für die Sicherheitsbewertung jedoch von „Leichte Verletzungsgefahr bei unsachgemäßer Öffnung" bis „Keine Verletzungsgefahr", so ist dem Merkmal Sicherheit offenbar eine weit geringere Wichtigkeit beizulegen.

Nehmen wir an, wir hätten ein additives Modell mit den Gewichten w_r und den Wertfunktionen v_r, die über den Intervallen

$$B_r = [x_r^-, x_r^+]$$

ermittelt wurden. Die Wertdifferenz zwischen der besten und der schlechtesten Ausprägung des r-ten Attributs

$$\Delta v_r(B_r) = v_r(x_r^+) - v_r(x_r^-) \tag{6.12}$$

ist vereinbarungsgemäß gleich eins. Wird ein breiteres Intervall $B'_r = [x_r^{-\prime}, x_r^{+\prime}]$ betrachtet und die Wertfunktion entsprechend „verlängert", dann schrumpfen nach der Normierung die Wertdifferenzen zwischen Alternativen im Attribut X_r im Verhältnis $\Delta v_r(B_r) / \Delta v_r(B'_r) < 1$. Entsprechend wachsen die normierten Wertdifferenzen, wenn auf eine Wertfunktion mit engerem Ausprägungsintervall übergegangen wird. Um dies auszugleichen, müßte das Gewicht des Attributs mit $M = \Delta v_r(B'_r) / \Delta v_r(B_r) = \Delta v_r(B'_r)$ multipliziert werden. Da dann jedoch nicht mehr die Bedingung erfüllt wäre, daß die Summe der Gewichte gleich eins ist, muß eine erneute Normierung erfolgen und es gilt

$$w'_r = \frac{Mw_r}{\sum_{i \neq r} w_i + Mw_r}. \tag{6.13}$$

Auch die Gewichte der übrigen Attribute X_j ändern sich, und zwar gemäß

$$w'_j = \frac{w_j}{\sum_{i \neq r} w_i + Mw_r}. \tag{6.14}$$

Wir wollen diesen wichtigen Zusammenhang an einem simplen Beispiel erläutern. Es werden zwei Gebrauchtwagen beurteilt. Die Beurteilung erfolge ausschließlich anhand der Attribute Preis (X_1) und Kilometerstand (X_2). Beide Wertfunktionen seien linear. Sie seien für den Preis über dem Intervall [10.000 €, 20.000 €] bestimmt, für den Kilometerstand über dem Intervall [20.000 km, 80.000 km], wobei natürlich die kleinere Zahl die bessere ist und den Wert eins erhält, die größere Zahl als die schlechtere den Wert null. Die Einzelwertfunktionen lauten also

$$v_1(x_1) = 2 - \frac{1}{10.000} x_1$$

$$v_2(x_2) = \frac{4}{3} - \frac{1}{60.000} x_2.$$

Für die Gewichte möge gelten $w_1 = 0{,}6$ und $w_2 = 0{,}4$. Gebrauchtwagen *a* erhält unter diesen Annahmen einen höheren Gesamtwert und ist *b* vorzuziehen (Tabelle 6.9).

Tab. 6.9: Bewertung zweier Gebrauchtwagen

Gebrauchtwagen	Preis $w_1 = 0{,}6$	v_1	Km-Stand $w_2 = 0{,}4$	v_2	Gesamtwert
a	10.000 €	1	50.000 km	0,5	0,8
b	15.000 €	0,5	20.000 km	1	0,7

Wählt man ein anderes Ausprägungsintervall zur Bestimmung der Wertfunktion über dem Attribut Preis, nämlich [5.000 €, 25.000 €], so ergibt sich (unter der Annahme, daß sie auch in diesem größeren Bereich linear ist)

$$v_1'(x_1) = \frac{5}{4} - \frac{1}{20.000} x_1.$$

Nach dieser Funktion resultiert, sofern man die Gewichte 0,6 und 0,4 beibehält, die Bewertung gemäß Tabelle 6.10, bei der nun Wagen *b* vorzuziehen ist. Durch geringere Wertdifferenzen bei gleicher Ausprägungsdifferenz hat sich der Einfluß des Preises relativ verringert. Dadurch kehrt sich die Rangfolge der Alternativen um.

Zur Erreichung einer konsistenten Bewertung hätten sich die Gewichte der Attribute anpassen müssen. Setzen wir die neue Unter- bzw. Obergrenze in die alte Wertfunktion ein, so erhalten wir $v_1(5.000) = 1{,}5$ bzw. $v_1(25.000) = -0{,}5$, also eine Wertdifferenz $M = 2$.

Tab. 6.10: Bewertung zweier Gebrauchtwagen bei vergrößertem Meßbereich der Wertfunktion für den Anschaffungspreis

Gebrauchtwagen	Preis $w_1 = 0{,}6$	v_1	Km-Stand $w_2 = 0{,}4$	v_2	Gesamtwert
a	10.000 €	0,75	50.000 km	0,5	0,65
b	15.000 €	0,5	20.000 km	1	0,7

Die korrekten neuen Gewichte errechnen sich dann zu

$$w_1' = \frac{0{,}6 \cdot 2}{(0{,}6 \cdot 2 + 0{,}4)} = 0{,}75$$

$$w_2' = \frac{0{,}4}{(0{,}4 + 0{,}6 \cdot 2)} = 0{,}25,$$

und deren Anwendung führt zu $v(a) = 0{,}6875$ und $v(b) = 0{,}625$, also zur Präferenz für Wagen *a*.

Jede Bestimmung von Gewichtungsfaktoren, die sich nicht auf bestimmte Ausprägungsintervalle der Attribute bezieht, ist von vornherein als verfehlt einzuordnen. Dazu gehört, wie schon angedeutet, das *Direct-Ratio*-Verfahren, es sei denn, der Entscheider kenne die Ausprägungsintervalle der Attribute und sei sich ihrer bei seinen Angaben über die „Wichtigkeit" der Attribute bewußt.

6.7 Kognitive Verzerrungen bei der Bestimmung der Gewichte

6.7.1 Der Bandbreiteneffekt

Gewichte sind nur in bezug auf definierte Ausprägungsintervalle der Zielvariablen sinnvoll interpretierbar, wie wir im vorangehenden Abschnitt dargelegt haben. Ein Verfahren, das die Gewichte aus pauschalen Wichtigkeitsaussagen ableitet, ohne auf die Intervalle Rücksicht zu nehmen, kann somit nicht zu zuverlässigen Ergebnissen führen. Ein Verfahren wie *Direct Ratio* könnte „gerettet" werden, wenn dem Entscheider vor der Abfrage der „Wichtigkeiten" die unterstellten Ausprägungsintervalle transparent gemacht werden. In einem solchen Fall könnte der Entscheider dafür Sorge tragen, daß seine Wichtigkeitsaussagen mit den Intervallen in dem theoretisch richtigen Verhältnis variieren. Bei einem größeren Intervall würde der Entscheider auch die Wichtigkeit entsprechend heraufsetzen, bei einem geringeren Intervall herabsetzen. In experimentellen Untersuchungen (von Nitzsch und Weber 1991) zeigte sich jedoch, daß bei der Vorgabe unterschiedlicher Intervalle die Entscheider ihre Wichtigkeitsaussagen häufig gar nicht und im Durchschnitt nur unbedeutend änderten. Vor dem Hintergrund dieser Erkenntnisse erhält die Empfehlung, von *Direct Ratio* die Finger zu lassen, zusätzliche Unterstützung.

6.7.2 Der Splitting-Effekt

Bei der Generierung von Zielsystemen ist es nützlich, Ziele in Unterziele aufzuspalten, wenn dadurch die Bedeutung des Ziels klarer und die Meßbarkeit verbessert wird. Die Aufspaltung sollte aber natürlich nicht zu einer Veränderung des Gewichts führen. Wenn etwa in unserem Berufswahlbeispiel die Zielgröße Karrierechancen das Gewicht 0,32 hat, so sollte nach einer Aufspaltung in zwei Unterzielgrößen – etwa in die Chancen auf verantwortungsvolle Tätigkeit und Gehaltssteigerung – die Summe der Gewichte dieser beiden Unterziele wieder exakt 0,32 sein.

Experimentelle Untersuchungen zeigen, daß im Gegensatz zu dieser Forderung die starke Tendenz besteht, einem in mehrere Unterziele zerlegten Ziel insgesamt ein höheres Gewicht zu geben als dem gleichen, nicht aufgespaltenen Ziel (Eisenführ und Weber 1986; Weber, Eisenführ und von Winterfeldt 1987). Das heißt, wird von zwei Zielen X und Y das zweite in Unterziele Y_1 und Y_2 aufgespalten, so sinkt das Gewicht von X, während Y_1 und Y_2 zusammen ein höheres Gewicht bekommen als vorher Y.

Durch diesen Effekt besteht die Gefahr, daß disaggregierte Ziele übergewichtet und aggregierte Ziele untergewichtet werden. Wie kann man einer solchen Verzerrung entgegenwirken? Zum einen dadurch, daß man sich der Existenz des Effekts bewußt ist. Zum anderen können Gewichte für unterschiedliche Aggregationen bestimmt und auf Konsistenz überprüft werden. Stellt sich dabei heraus, daß ein desaggregiertes Ziel höher gewichtet wird als das aggregierte, so kann man den Entscheider mit dieser Tatsache konfrontieren, und er wird vielleicht seine Urteile in Richtung auf größere Konsistenz verändern. Kann er sich dazu nicht entschließen, so haben wir keine Möglichkeit festzustellen, welches die „richtigen" Gewichte sind. Wir können dann versuchen, mit der unvollständigen Information weiterzukommen, wie es in Abschnitt 6.5 beschrieben wurde. Sei w_r* das gemessene Gewicht des aggregierten Ziels und seien w_{ri}* die gemessenen Gewichte der Unterziele mit $\Sigma w_{ri}^* > w_r^*$, so untersuchen wir, ob sich in paarweisen Vergleichen zwischen Alternativen unter Beachtung der Nebenbedingungen

$$\begin{aligned} & w_{ri} \leq w_{ri}^* \quad \text{für alle } i \\ & \sum_i w_{ri} \geq w_r^* \end{aligned} \tag{6.15}$$

einzelne Dominanzbeziehungen nachweisen lassen oder sogar eine einzelne optimale Alternative übrigbleibt.

Für eine Diskussion der kognitiven Verzerrungen bei der Bestimmung von Zielgewichten sei auf Borcherding, Eppel und von Winterfeldt (1991) sowie auf Weber und Borcherding (1993) verwiesen.

Fragen und Aufgaben

6.1

Für eine mehrwöchige Segeltour sucht Harry noch einige Mitsegler und geht im Geist seinen Bekanntenkreis durch. Es handelt sich um ein wichtiges Problem, weil er weiß, daß die falschen Leute auf einer Segeltour ungeheuer Nerven kosten können. Deshalb stellt er sich wichtige Attribute zusammen, anhand deren er die Kandidaten auswählen möchte, und kommt zu folgender Liste:

- Zuverlässigkeit
- Gesundheit
- Gutgelauntheit
- Sportlichkeit
- Segelerfahrung
- Kontaktfreude
- Technisches Geschick
- Nicht egoistisch.

Prüfen Sie, ob für Sie zwischen diesen Attributen wechselseitige Präferenzunabhängigkeit und, falls ja, auch Differenzunabhängigkeit herrscht.

6.2

Egon Ewig sucht eine Wohnung an seinem neuen Studienort. Er verfolgt dabei die beiden Ziele „Möglichst geringe Monatsmiete" und „Möglichst nahe an der Uni". Die Angebote schwanken in den Mieten von 200 € bis 600 €, die Entfernungen variieren von 0 km bis 7 km. Seine Wertfunktion für Monatsmiete ist linear, die andere Wertfunktion ist im folgenden Diagramm angegeben.

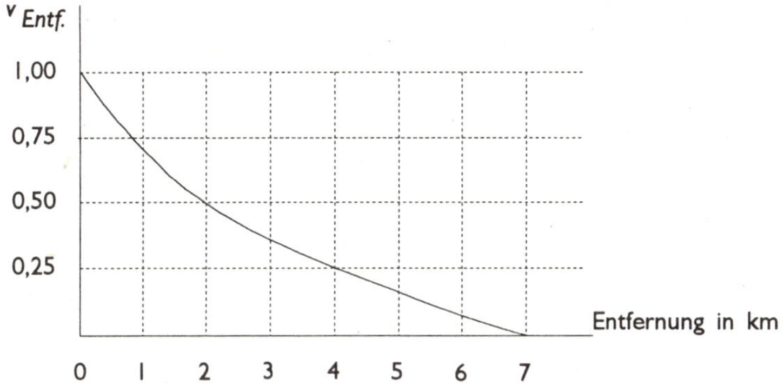

(a) Wodurch könnte ein solcher Verlauf der Wertfunktion für die Entfernung erklärt werden?

(b) Egon empfindet eine Wohnung, die 4 km von der Uni entfernt ist und 300 € kostet, als genau so attraktiv wie eine Wohnung, die nur 2 km von der Wohnung entfernt ist, aber dafür 500 € kostet. Bestimmen Sie daraus die Gewichtungsfaktoren w_1 und w_2 für die beiden Ziele in einer additiven Wertfunktion.

(c) Wie teuer darf eine unmittelbar an der Uni gelegene Wohnung sein, damit Egon diese Wohnung immer noch besser findet als eine Wohnung, die 2 km entfernt ist und 200 € kostet?

6.3

Manager Viktor Vorndran will sich einen tragbaren Computer für die Reise anschaffen. In die engere Wahl zieht er fünf technisch etwa gleichwertige Geräte. Die Auswahl zwischen diesen möchte er allein anhand der Merkmale Batterielebensdauer und Gewicht treffen.

(a) Der Manager geht in ein Fachgeschäft, um sich die Daten zu beschaffen. Er erklärt dem Verkäufer: „Geringes Gewicht des Geräts ist mir wichtiger als eine lange Batterielebensdauer." Kommentieren Sie diese Aussage.

(b) Das Entscheidungsproblem soll mittels einer additiven Wertfunktion gelöst werden. Zu diesem Zweck ermittelt Viktor je eine Einzelwertfunktion
- für die Batterielebensdauer im Bereich 0 bis 8 Stunden,
- für das Gewicht im Bereich 0 bis 6 Kilogramm.

Skizzieren sie plausible Verläufe dieser beiden Funktionen und erläutern Sie sie.

(c) Angenommen, die Einzelwertfunktionen des Managers seien gradlinig. Die schlechteste Ausprägung habe jeweils den Wert 0, die beste den Wert 1. Nun müssen die Gewichte der beiden Attribute bestimmt werden. Viktor

Vorndran kommt zu dem Ergebnis, daß ihm ein Computer mit 2 kg Gewicht und 4 Stunden Batterienutzung genau so viel wert ist wie einer mit 3 kg Gewicht und 6 Stunden Batterienutzung.
Welche Gewichtungsfaktoren lassen sich aus dieser Aussage ableiten?

6.4

Bei der Auswahl zwischen unterschiedlichen Stellenangeboten zieht Dipl.-Kff. Steffi Anlauf drei Attribute in Betracht: „Anfangsgehalt", „Entfernung vom Heimatort" und „Erwartete wöchentliche Arbeitszeit". Sie ist sich sicher, daß diese Merkmale differenzunabhängig sind. Die Tabelle zeigt die Angebote, die sich nach ihrer ersten Vorstellungsrundreise angesammelt haben.

Stellen-angebot	Anfangsgehalt in Tausend €/ Jahr	Entfernung vom Heimatort in km	Arbeitszeit in Std./Woche
a	80	40	60
b	40	20	30
c	50	0	50
d	70	50	55

Die Wertfunktionen verlaufen linear innerhalb der Intervalle [40 Tausend €/Jahr, 80 Tausend €/Jahr] bzw. [0 km, 50 km] und [30 Std./Woche, 60 Std./Woche].

Bei der Ermittlung der additiven Wertfunktion kommt Steffi zu folgenden Punktbewertungen:

(40 Tausend €/Jahr, 50 km, 60 Std./Woche) = 0 Punkte
(40 Tausend €/Jahr, 0 km, 60 Std./Woche) = 30 Punkte
(80 Tausend €/Jahr, 50 km, 60 Std./Woche) = 70 Punkte
(40 Tausend €/Jahr, 50 km, 30 Std./Woche) = 100 Punkte

(a) Welches Verfahren hat Steffi angewendet?
(b) Welche Werte w_1, w_2 und w_3 lassen sich ermitteln und welches Angebot ist das beste?
(c) Steffi fühlt sich von dem Ergebnis etwas verunsichert und möchte ihre Punktbewertungen weniger exakt angeben. Sie ist sicher, daß, wenn sie die oben angegebenen extremen Alternativen mit null bzw. 100 Punkten bewertet, folgende Intervalle für die Punktbewertung der mittleren beiden hypothetischen Jobangebote in jedem Fall richtig sind:

(40 Tausend €/Jahr, 0 km, 60 Std./Woche) = 20-30 Punkte
(80 Tausend €/Jahr, 50 km, 60 Std./Woche) = 60-80 Punkte.

Kann Steffi Anlauf erkennen, welche Offerte die beste ist?

6.5

Bei der Auswahl zwischen verschiedenen Wäscheschleudern interessieren den Maschinenbaustudenten Peter Singel nur die Kriterien „Umdrehungen pro Minu-

gende Einzelwertfunktionen. Bei Bandbreiten von 600 bis 1.400 Umdrehungen bzw. 3 bis 5,5 kg Fassungsvermögen bestimmt Singel die Gewichtungsfaktoren 0,6 für Umdrehungen und 0,4 für Fassungsvermögen. Bei einer Erkundung der aktuellen Sonderangebote stellt er fest, daß keine Schleuder mit mehr als 1.200 Umdrehungen zu bekommen ist. Hat dies Auswirkungen auf die Gesamtwertfunktion? Wenn ja, welche?

6.6
Gelegenheitstaucher Leo Prehn wünscht sich zum Geburtstag eine neue Uhr. Er teilt seiner Freundin mit, worauf es ihm ankommt: (1) Möglichst niedriger Preis, (2) möglichst lange Garantiedauer und (3) möglichst große Wassertiefe, bis zu der die Uhr dicht ist. Diese Attribute empfindet er als differenzunabhängig. Nach einem Informationsgang hält er folgende Ausprägungsintervalle für relevant: Preise von 50 bis 200 €, Garantie von vier bis 16 Jahren, Wassertiefe von zehn bis 50 Metern. Die Einzelwertfunktionen teilt er seiner Freundin wie folgt mit:

$$v_1(x_1) = a + b / x_1$$
$$v_2(x_2) = c + d\sqrt{x_2}$$
$$v_3(x_3) = ce + fx_3$$

(a) Ermitteln Sie die auf [0, 1] normierten Einzelwertfunktionen, also deren Parameter *a* bis *f*.
(b) Was müßte Leo auf die folgenden Fragen antworten, um konsistent zu sein?
- Auf welchen Betrag müßte der Preis, ausgehend von 50 €, steigen, damit sich der Wert (des Preises) halbiert?
- Welcher Übergang ist mehr wert, der von vier auf neun Jahre Garantie oder der von neun auf 16 Jahre?

(c) Leo teilt seiner Freundin auch noch folgende Indifferenzen mit:

(200 €, 16 Jahre, 12 Meter) ~ (80 €, 4 Jahre, 12 Meter)
(70 €, 16 Jahre, 10 Meter) ~ (70 €, 4 Jahre, 35 Meter).

Wie lautet Leos multiattributive Wertfunktion?

6.7
Die Entscheidung für eine Fotokamera soll nach den vier Attributen Preis, Bildqualität, Ausstattung und Verarbeitung getroffen werden. In die engere Wahl kommen drei Kameras. Sie erfüllen die Anforderungen wie in der Tabelle angegeben.

	Preis	Bildqualität	Ausstattung	Verarbeitung
Modell A	0	0,8	1	0,9
Modell B	0,2	1	0	1
Modell C	1	0	0,5	0

Der Käufer hält die Bedingungen für ein additives Modell für erfüllt. Ihm sind bei den gegebenen Ausprägungsintervallen die Attribute Bildqualität, Ausstattung und Verarbeitung gleich wichtig. Unschlüssig ist er sich nur, wie er das Gewicht des Preises im Verhältnis zu den anderen Gewichten ansetzen soll.

Führen Sie eine Sensitivitätsanalyse durch, die erkennen läßt, in welchen Bereichen des Gewichts für den Preis welche Kamera optimal ist.

6.8

Bei der Beurteilung eines Gerätes spielen vier Attribute eine Rolle: Funktion (X_1), Sicherheit (X_2), Geräusch (X_3) und Preis (X_4). In die engere Wahl kommen drei Modelle, *a*, *b* und *c*. Bezüglich der zugrundeliegenden Ausprägungsintervalle kommt das Expertenteam, das mit der Vorbereitung der Kaufentscheidung betraut ist, zu den Gewichtungsfaktoren $w_1 = 0{,}4$, $w_2 = 0{,}25$, $w_3 = 0{,}15$ und $w_4 = 0{,}20$.

Die Experten gelangen nach einigem Diskutieren zu dem Schluß, daß das Attribut „Funktion" zu global ist, um die unterschiedlichen Geräte eindeutig bewerten zu können, und spalten dieses Attribut in drei Subattribute auf, X_{11}, X_{12} und X_{13}. Nach einer erneuten Gewichtungsprozedur erhält man

$$\begin{array}{ll} w_{11} = 0{,}25 & w_2 = 0{,}20 \\ w_{12} = 0{,}12 & w_3 = 0{,}11 \\ w_{13} = 0{,}16 & w_4 = 0{,}16. \end{array}$$

Den Experten gelingt es nicht, die Inkonsistenz zwischen den beiden Gewichtungen zu beseitigen. Sie beschließen daher, alle Gewichte für zulässig zu halten, die in den durch die beiden Messungen gezogenen Grenzen liegen, und zu untersuchen, ob sich eine oder gar zwei der drei Alternativen als dominiert identifizieren lassen.

Die Tabelle gibt die Einzelbewertungen der Alternativen bezüglich der sechs Attribute wieder.

	X_{11}	X_{12}	X_{13}	X_2	X_3	X_4
a	1	0,7	0	1	0	0,3
b	0	0	0,8	0,6	1	1
c	0,6	1	1	0	0,8	0

Schreiben Sie den Optimierungsansatz hin, mit dem geprüft werden kann, ob Alternative *a* Alternative *b* bezüglich der vorliegenden Information dominiert.

Probieren Sie „von Hand", ob Sie eine der Alternativen als dominiert erkennen können.

ANWENDUNGSBEISPIEL

Sicherheitsstandards für Öltanker

Quelle: Ulvila, J. W. und Snider, W. D.: Negotiation of International Oil Tanker Standards: An Application of Multiattribute Value Theory, *Operations Research,* vol. 28, 1980, S. 81-96.

Problemstellung

Nach einer Serie von Tankerunfällen Ende 1976/Anfang 1977 kündigte US-Präsident Carter in einer Botschaft an den Kongreß im März 1977 Maßnahmen gegen das Problem der Meeresverschmutzung mit Öl an, darunter eine internationale Konferenz, die über eine Änderung der bestehenden Abkommen beraten sollte. Innerhalb eines Monats erklärte sich die IMCO (Intergovernmental Maritime Consultative Organization), eine Behörde der Vereinten Nationen, bereit, eine internationale Konferenz über Tankersicherheit einzuberufen, die im Februar 1978 abgehalten werde sollte. Da die übliche Vorbereitungszeit solcher Konferenzen 4-5 Jahre beträgt, mußten beschleunigte Verfahren angewandt werden, um die Vorschläge der USA und anderer Staaten zu beurteilen.

Die US-Küstenwache, zuständig für die Vertretung der USA in Konferenzen dieser Art, begann unverzüglich mit den Vorbereitungen. Wegen der kurzen verfügbaren Zeit wurde beschlossen, ein quantitatives Modell zu entwickeln, mit dem die Vorschläge bewertet werden konnten. Deshalb wurden in die Projektgruppe Experten einer Beratungsgesellschaft einbezogen, die das entscheidungstheoretische Know-how einbringen sollten.

Vorgehensweise

Die Projektgruppe ging in sechs Schritten vor:

1. Identifikation der Zielvariablen, die für die Beurteilung von Standards über Tankerkonstruktion und -ausrüstung von Bedeutung für Nationen (nicht nur die USA) waren,
2. Definition verschiedener alternativer Standards und Bewertung ihrer Ausprägungen auf den einzelnen Zielvariablen,
3. Prüfung, ob eine dominante Alternative existierte,
4. da keine dominante Alternative auftrat, Bestimmung von Gewichtungsfaktoren für die Zielvariablen und Ermittlung der Attraktivität einzelner Standards für die USA und andere Nationen,
5. Prüfung der Sensitivität der Ergebnisse gegenüber den gemachten Annahmen,
6. Benutzung des Modells zur Suche nach neuen, verbesserten Alternativen.

Die Ziele

Das Team gelangte zu 11 Zielen. Sie sind, zusammen mit den verwendeten Attributen und den betrachteten Ausprägungsintervallen, in folgender Tabelle zusammengestellt. Die Ausprägungen wurden nicht in absoluten Größen, sondern in Veränderungen gegenüber dem „Status quo" gemessen, wie er im Falle eines Scheiterns der Konferenz vermutlich eintreten würde.

Nr.	Ziel	Attribut	Ausprägungsintervall
1	Minimaler Ölausfluß aus Tankern weltweit	Weltweiter Ausfluß in Tonnen pro Jahr	Reduzierung um 0 - 28%
2	Minimaler Ölausfluß in US-Gewässern	Ausfluß innerhalb 50 Meilen von der US-Küste in Tonnen pro Jahr	Reduzierung um 0 - 50%
3	Maximale Sicherheit	Reduktion bei Personen- und Sachschäden infolge geringerer Tankerunfälle	Reduzierung um 0 - 3 Brände/Explosionen und 20 Menschenleben pro Jahr
4	Minimale Kosten	Gesamte Kosten der Einführung der Standards in US-Dollar	0 - 10 Mrd. US-Dollar
5	Minimale Kosten pro Tonne verhinderten Ausfluß	Kosten (Attribut 4) geteilt durch verhinderten Ausfluß (Attribut 1)	105 - 2.560 Dollar pro Tonne
6	Minimale Möglichkeit der Kostenweitergabe an die Konsumenten	Kostensteigerung des Öls	0 - 2%
7	Minimale Auswirkungen auf bestehende Charterverträge		*
8	Maximale Tankerkapazität	Zeitpunkt, bis zu dem Gleichgewicht zwischen Angebot und Nachfrage herrscht	1980 - 1982
9	Maximale Auswirkungen auf Beschäftigung der Werften	Neubestellungen und Umbauten	*
10	Maximale Wettbewerbsvorteile durch modernere Tanker	Eliminierung ungeeigneter Tanker	0 - 60%
11	Maximale Durchsetzbarkeit	Ausmaß, in dem die Durchsetzung der Standards von der Konstruktion anstatt von der Besatzung abhängt	*

* Keine quantitativen Angaben

Es wurde ein additives Modell angestrebt; deshalb wurden diejenigen Attribute, zwischen denen zunächst präferentielle Abhängigkeiten bestanden, redefiniert, bis ein annähernd additives Modell erreicht war. So ergab sich beispielsweise eine Präferenzabhängigkeit zwischen Kosten und Reduzierung der Ölausflüsse: Einige der Befragten äußerten, hohe Kosten seien nicht so wichtig, wenn damit eine wesentliche Verminderung der Wasserverschmutzung erreicht werde, aber sie wollten kein Geld unnütz ausgeben. Daher wurde das Attribut 5 (Kosten pro Tonne) eingeführt.

Die Alternativen und ihre Bewertung

In mehreren Treffen der IMCO während des Jahres 1977 wurden drei alternative Vorschläge erarbeitet, die man als „US-Vorschlag", „Paket 1" und „Paket 2" bezeichnete. Hinzu kam als vierte Alternative das Verbleiben beim Status quo. Für jede Alternative und jede Zielvariable wurde eine Punktbewertung festgelegt, wobei null Punkte für die schlechteste und 100 Punkte für die beste Ausprägung vergeben wurden. Zwischen den Mitgliedern des Projektteams und US-Regierungsvertretern herrschte Einigkeit über die Bewertungen der Vorschläge auf den einzelnen Attributen. Es wurde davon ausgegangen, daß die betroffenen Nationen und Interessengruppen sich nur hinsichtlich der Zielgewichte voneinander unterscheiden würden. Da keine dominante Alternative existierte, mußten Zielgewichte ermittelt werden. Hierzu verwendete man das *Swing*-Verfahren. Zum Beispiel mußte die Frage beantwortet werden: Was ist wichtiger, die Vermeidung von 10 Mrd. Dollar Kosten oder die Vermeidung von drei Tankerexplosionen mit 20 Toten? Die relativen Wichtigkeiten der Verbesserungen über den Wertebereichen wurden beziffert und normiert, so daß ihre Summe eins ergab. Mehrere Konsistenzprüfungen wurden durchgeführt, um widerspruchsfreie Gewichtungen zu erhalten.

Experten der Küstenwache ermittelten nicht nur ein Gewichtungsschema für die USA, sondern auch Schemata für 21 der ca. 60 an der Konferenz teilnehmenden Nationen. Durch Multiplikation der Einzelpunktwerte mit den Gewichtungsfaktoren und Addition ergab sich der Gesamtwert jedes Vorschlags für eine Nation. Auf diese Weise ließ sich für jede Nation abschätzen, welche Rangfolge der Bewertung sie über den Vorschlägen aufweisen und wie stark die Wertunterschiede zwischen den Vorschlägen für sie sein würden. Damit wurde bezweckt, die Verhandlungspositionen der anderen Konferenzteilnehmer zu antizipieren (bei einigen früheren Konferenzen war man von den Standpunkten mancher Delegationen überrascht worden.)

Ergebnisse

Das Bewertungsmodell zeigte an, welche Meinungsunterschiede auf der Konferenz zu erwarten waren und worauf sie zurückzuführen sein würden. Es gab aber auch die Möglichkeit an die Hand, neue Alternativen zu generieren, die konsensfähiger sein würden als die ursprünglichen. Tatsächlich wurde ein neues „Paket" definiert, von dem man aufgrund der nationalen Wertfunktionen glaubte, daß es für viele Länder akzeptabel sein müßte, und dieses Paket kam dem späteren Verhandlungsergebnis sehr nahe. Die Konferenz endete erfolgreich mit der Verabschiedung wesentlicher Maßnahmen zur Verbesserung der Tankersicherheit und zum Schutz vor Ölkatastrophen.

Kapitel 7: Die Generierung von Wahrscheinlichkeiten

7.0 Zusammenfassung

1. Wahrscheinlichkeiten sind – zumindest in den Entscheidungssituationen der Praxis – prinzipiell subjektiver Natur. Sie können nicht objektiv festgestellt, sondern müssen Personen „entlockt" werden.
2. Menschen sind nicht gewohnt und sträuben sich sogar dagegen, Wahrscheinlichkeitsurteile präzise zu quantifizieren. Für die Unterstützung schwerwiegender Entscheidungen unter Unsicherheit sollten jedoch Wahrscheinlichkeiten numerisch bestimmt werden.
3. Die Messung von Wahrscheinlichkeiten erfolgt durch direkte oder indirekte Befragung von Personen.
4. Ein wesentliches Hilfsmittel ist die Dekomposition komplexer Ereignisse in Einzelereignisse, deren Wahrscheinlichkeiten einfacher zu bestimmen sind.
5. Apriori-Wahrscheinlichkeiten und zusätzliche Daten werden mit Hilfe des Bayes-Theorems zu Aposteriori-Wahrscheinlichkeiten transformiert. Dies ist ein äußerst nützliches Instrument, da Menschen intuitiv nicht in der Lage sind, korrekte Transformationen vorzunehmen.
6. Eine Reihe von Unzulänglichkeiten der intuitiven menschlichen Informationsverarbeitung verzerren die Wahrscheinlichkeitsbildung.
7. Diese Fehler betreffen zum einen den Rückgriff auf unvollständige oder ungeeignete Datenbasen.
8. Zum anderen resultieren falsche Wahrscheinlichkeitsurteile aus intuitiv falscher Wahrscheinlichkeitsverarbeitung.
9. Eine dritte Fehlerquelle ist die unzureichende Kritik gegenüber den eigenen Wahrscheinlichkeitsurteilen.

7.1 Wahrscheinlichkeits-Interpretationen

Wir haben in Kapitel 2 ausgeführt, was eine Wahrscheinlichkeit mathematisch ausmacht, nämlich die Geltung der drei Kolmogoroff-Axiome. Damit ist noch nichts darüber gesagt, wie Wahrscheinlichkeiten zu interpretieren und zu messen sind. Über die inhaltliche Konzeption gibt es schon seit Jahrhunderten unterschiedliche Auffassungen (zur Entwicklung des Wahrscheinlichkeitsbegriffs Hacking 1975 und Weatherford 1982).

7.1.1 Die subjektivistische Interpretation

Die Wahrscheinlichkeit eines Ereignisses ist nach subjektivistischer Auffassung der Grad des Vertrauens einer Person in den Eintritt des Ereignisses. Sie ist keine objektiv feststellbare Eigenschaft der Umwelt, sondern Ausdruck der Vermutungen von Personen über die Umwelt.

Eine Wahrscheinlichkeit ist abhängig vom Wissensstand und von der Informationsverarbeitung einer Person. Das impliziert: Verschiedene Personen können demselben Ereignis legitimerweise unterschiedliche Wahrscheinlichkeiten zuordnen. Es impliziert auch, was allerdings ohne praktische Bedeutung ist: Ereignisse, über die sich niemand Erwartungen bildet, haben keine Wahrscheinlichkeit. Oder gab es zu Zeiten Karls des Großen eine Wahrscheinlichkeit für die Erfindung des Anrufbeantworters innerhalb der nächsten 1.000 Jahre, es sei denn, jemand hätte damals darüber nachgedacht?

Aus der subjektivistischen Sicht ist es auch unerheblich, ob das unsichere Ereignis noch in der Zukunft liegt oder schon stattgefunden hat. War Caesar jemals in England? Wird die Türkei jemals in die Europäische Union eintreten? Die erste Frage ist objektiv entschieden. Für den, der die Antwort nicht kennt, sind jedoch beide Tatbestände unsichere Ereignisse, denen er subjektive Wahrscheinlichkeiten zuordnen kann.

7.1.2 Die frequentistische Interpretation

Insbesondere unter Naturwissenschaftlern und Statistikern herrscht die an relativen Häufigkeiten orientierte („frequentistische“) Wahrscheinlichkeitsauffassung vor. Sie bezieht sich auf Vorgänge, die identisch wiederholbar sind. Wenn in m von n Wiederholungen eines repetitiven Vorgangs E das Ereignis e eintritt, so hat e die relative Häufigkeit m/n. Hieraus wird auf die Wahrscheinlichkeit des zukünftigen Auftretens geschlossen. Beispiele: Die Ausschußrate bei einer Produktion betrug im letzten Jahr 2%; also ist die Wahrscheinlichkeit, daß ein morgen gefertigtes Teil defekt ist, ebenfalls 2%. Die Wahrscheinlichkeit für einen Raucher, an Lungenkrebs zu erkranken, wird aus entsprechenden relativen Häufigkeiten der Vergangenheit abgeleitet.

Hier entsteht allerdings die Frage, wie groß die Anzahl der Versuche sein muß, um eine relative Häufigkeit als Wahrscheinlichkeit bezeichnen zu können. An der ersten Diplomprüfung für Kaufleute an der RWTH Aachen nahm nur ein Kandidat teil; er fiel durch, die Durchfallquote betrug 100%. Diese Zahl ließ sich kaum als Wahrscheinlichkeit für die Teilnehmer des folgenden Prüfungstermins verwerten.

Als Wahrscheinlichkeit eines Ereignisses wird daher von manchen Mathematikern der Grenzwert, gegen den die relative Häufigkeit des Ereignisses bei unendlicher Wiederholung geht, definiert (von Mises 1951). Da man nicht unendlich viele Wiederholungen durchführen kann, ist eine so definierte Wahrscheinlichkeit niemals empirisch feststellbar. Sie kann nur aus der relativen Häufigkeit einer begrenzten Anzahl von Durchführungen geschätzt werden.

Von größerer praktischer Bedeutung ist ein anderes Problem. Die frequentistische Wahrscheinlichkeitsinterpretation geht von identischer Wiederholung eines Vorgangs aus. Gibt es so etwas? Vollkommene Identität ist schwer genug vorstellbar, selbst bei hochstandardisierten Vorgängen – keine zwei Würfe der Roulettekugel geschehen unter völlig identischen Bedingungen. Andernfalls würde immer dasselbe Ergebnis kommen, und Roulette wäre kein Glücksspiel mehr. In der Realität weichen Wiederholungen mehr oder weniger voneinander ab. Relative Häufigkeiten früherer Ereignisse bei der Generierung von Wahrscheinlichkeit zukünftiger Ereignisse heranzuziehen, setzt den Glauben voraus, daß die früheren Vorgänge „hinreichend" dem zukünftigen gleichen. Angenommen, in der Pharmaindustrie waren in der Vergangenheit nur 10% der neuen Produkte erfolgreich. Ist dies deshalb auch die Erfolgswahrscheinlichkeit für ein bestimmtes neues Präparat gegen Rheuma? Und ist die Lungenkrebsrate in der Bevölkerung tatsächlich für Sie maßgeblich, obwohl Sie vom statistischen Durchschnittsmenschen in mancherlei Hinsicht abweichen? Sollten Sie statt der Gesamtbevölkerung nur die Grundgesamtheit derjenigen Personen heranziehen, die Ihnen in bezug auf Alter, Geschlecht, Gesundheitszustand, Raucherverhalten etc. gleichen? Die Frage ist also, aus welcher Grundgesamtheit Sie die Häufigkeiten heranziehen sollten.

Aus der Sicht der Subjektivisten sind relative Häufigkeiten keine Wahrscheinlichkeiten. Sie sind jedoch immer dann als Ausgangspunkt für die Bildung von Wahrscheinlichkeiten nützlich, wenn es um Ereignisse geht, die sich in (fast) gleicher Weise schon oft wiederholt haben. Zum Beispiel:

- Vergangenheitsdaten über Aktienrenditen gehen in Prognosen über zukünftige Renditen ein.
- Die Kenntnis von Statistiken über die Krebsanfälligkeit von Rauchern kann eine Hilfe sein, wenn man sich über das eigene Risiko eine Meinung bilden will.
- Die Erfahrung, daß man in der letzten Zeit bei zehnmaligem Falschparken in Universitätsnähe sechsmal erwischt worden ist, ist relevant für die subjektive Wahrscheinlichkeit, beim elften Mal erwischt zu werden.
- Bei einer bisherigen Durchfallquote von ca. 60% im Vordiplom sollte ein nur mittelmäßig vorbereiteter Kandidat nicht allzu sicher sein zu bestehen.

Leider ist in vielen schwierigen Entscheidungssituationen kein Rückgriff auf relative Häufigkeiten möglich, weil es sich um neuartige Situationen handelt. Zum Beispiel in folgenden Aussagen:

- Eine Verlängerung der Arbeitszeit wird die Wettbewerbssituation der deutschen Industrie verbessern.
- Die aus alten Dokumenten bekannte spanische Galeone „Madre de Diós" liegt in Planquadrat PQ 14 auf Grund.
- Die kontrollierte Abgabe harter Drogen an Süchtige wird die organisierte Kriminalität schwer treffen.

Wirklich bedeutende Entscheidungen sind immer einmalig; wollte man sich hier auf den frequentistischen Wahrscheinlichkeitsbegriff beschränken, so müßte man weitgehend auf die Verwendung von Wahrscheinlichkeiten verzichten.

7.1.3 Die symmetrieabhängige Interpretation

Vermutlich alle Fußballfans akzeptieren es als fair, wenn die Seitenwahl von einem Münzwurf abhängig gemacht wird. Sie halten beide Seiten der Münze für gleich wahrscheinlich, da die Münze symmetrisch erscheint. Dasselbe gilt für andere einfache Vorgänge wie Würfeln, Roulettespielen oder die Ziehung der Lottozahlen. Der Mechanismus ist so konstruiert, daß jedes der möglichen Elementarereignisse eine gleiche Chance hat - zumindest hat man keinen Grund, etwas anderes anzunehmen, wenn man nicht an Manipulation glaubt. Bei n Ereignissen hat jedes die Wahrscheinlichkeit $1/n$. Dies ist das klassische „Prinzip des unzureichenden Grundes" (Laplace 1825). Aus der Gleichverteilung der Elementarereignisse lassen sich die Wahrscheinlichkeiten komplexerer Ereignisse berechnen. Zum Beispiel beträgt die Wahrscheinlichkeit, eine gerade Zahl zu würfeln, $1/6 + 1/6 + 1/6 = 1/2$.

Für reale Entscheidungssituationen außerhalb des Bereichs von Glücksspielen gibt diese Wahrscheinlichkeitsinterpretation nichts her. Schon wenn Sie statt der Münze eine Reißzwecke werfen, ist nicht klar, ob Sie „Spitze oben" und „Spitze unten" als gleichwahrscheinlich ansehen sollen. Erst recht kommen bei den komplexen Ereignissen der Realität keine eindeutig symmetrischen Elementarereignisse vor. Das Prinzip des unzureichenden Grundes kann leicht in die Sackgasse führen, wenn nicht klar ist, welches die gleichwahrscheinlichen Elementarereignisse sind.

7.1.4 Subjektive und objektive Wahrscheinlichkeiten

Im Gegensatz zu dem in der modernen Entscheidungstheorie vorherrschenden subjektiven Wahrscheinlichkeitsbegriff gelten die frequentistische und die symmetriebedingte Interpretation bei vielen Autoren als „objektive" Wahrscheinlichkeiten. Objektivität ist eine wünschenswerte Eigenschaft. Da Wissenschaftler nach Objektivität - d. h. intersubjektiver Nachprüfbarkeit - streben, ist Abneigung gegen den subjektivistischen Wahrscheinlichkeitsbegriff verständlich. Den subjektivistischen Standpunkt haben wir schon dargestellt. Gibt es auch objektive Wahrscheinlichkeiten?

Wie scharf die Ansichten über objektive und subjektive Wahrscheinlichkeiten auseinandergehen können, belegen folgende beiden Zitate.

> Der Wahrscheinlichkeitssubjektivismus ist natürlich ganz unverträglich mit dem Bemühen, Einsicht in objektive Sachverhalte und Wirkungszusammenhänge zu gewinnen ... Diese Hinwendung der Wahrscheinlichkeit zu dem Individuum, für dessen Nutzenkalkül sie interessant ist, berührt die Wahrscheinlichkeit so wenig wie es den Lauf der Sterne berührt, daß wir unsere Uhren danach stellen. Von subjektiver Wahrscheinlichkeit zu reden, ist ebenso sinnvoll, wie von subjektiver Kausalität zu reden. (Menges 1968, S. 34).

> Yet, despite the very wide acceptance of the frequentist view, I and many others consider that in all circumstances it is philosophically unsound or, to be more blunt, arrant nonsense.
>
> ...

The subjective view of probability, on the other hand, does fill our needs in decision analysis and, I shall contend, is philosophically sound. (French 1988, S. 234).

Im strengen Sinn ist nach unserer Ansicht Objektivität von Wahrscheinlichkeiten nicht erreichbar. Relative Häufigkeiten sind zwar objektiv, aber keine Wahrscheinlichkeiten. Der Schluß von bekannten Häufigkeiten auf unbekannte Fälle ist eine subjektive Hypothese; man kann niemals objektiv feststellen, ob sie angemessen ist. Allerdings kann die Einbeziehung objektiver Tatbestände die Quantifizierung von Wahrscheinlichkeiten erleichtern. Je besser Wahrscheinlichkeiten durch objektive empirische Befunde gestützt werden können, desto eher werden sich verschiedene Entscheider auch über diese Wahrscheinlichkeiten einigen. Will man die Übereinstimmung vieler Personen als Indiz für „Objektivität" nehmen - was problematisch genug ist - dann erhalten Wahrscheinlichkeiten so einen höheren, wenn auch nie hundertprozentigen, Grad an Objektivität.

Die symmetrieabhängige Wahrscheinlichkeitsinterpretation bei Verwendung einfacher Zufallsmechanismen läßt sich noch am ehesten als „objektiv" ansehen. Soll aus einem Gefäß nach gutem Mischen einer von 100 Tischtennisbällen gezogen werden, so werden alle Beobachter, sofern sie nicht an Manipulation denken, übereinstimmen, daß jeder Ball die Wahrscheinlichkeit 1/100 hat. Aber so mancher Würfel in der Menschheitsgeschichte ist manipuliert, so manches Kartenspiel gezinkt worden. Anfang 1999 wurden Manipulationen beim italienischen Lotto bekannt – die Augenbinden der Waisenkinder, die die Kugeln zogen, waren nicht blickdicht, und zur Sicherheit wurden einzelne Kugeln angewärmt. Die ahnungslosen Lottospieler sahen sicher keinen Grund, unterschiedliche Wahrscheinlichkeiten der Zahlen anzunehmen. Ihre Hypothese war allerdings rein subjektiv und erwies sich ex post als unzutreffend.

Für objektive Wahrscheinlichkeiten findet man keine Definition, ja sie sind sogar ein Widerspruch in sich: Wie „wahr" etwas „scheint", kann per se nicht objektiv festgestellt werden. Objektiv feststellbar ist allenfalls, ob etwas wahr *ist* oder nicht. Wenn man das weiß, besteht keine Unsicherheit und ist kein Raum für Wahrscheinlichkeiten (außer null oder eins).

Unabhängig davon, ob man sich dieser Sicht anschließen und das Konzept der objektiven Wahrscheinlichkeit ganz aufgeben will oder nicht, bleibt aus praktischen Gründen nichts anderes übrig, als mit subjektiven Wahrscheinlichkeiten zu arbeiten, denn in den Entscheidungssituationen des realen Lebens bieten frequentistische oder symmetrieorientierte Konzepte sehr wenig Hilfe.

Subjektivität bedeutet jedoch nicht Willkür. Subjektive Wahrscheinlichkeiten müssen die in Kapitel 2 angeführten Axiome erfüllen. Auch die Meßvorschriften, mit denen sie ermittelt werden, müssen axiomatisch begründet sein. Eine axiomatische Begründung für die Messung subjektiver Wahrscheinlichkeiten wurde von Savage (1954, 1972) gegeben. Andere Darstellungen finden sich bei Raiffa (1968), Lindley (1971) und French (1988).

Neben dieser Konsistenzforderung sind Anforderungen an die materielle Qualität der Wahrscheinlichkeiten zu stellen. Wir haben dies in Kapitel 1 unter dem Stichwort „Prozedurale Rationalität" schon erwähnt. Wahrscheinlichkeiten sollten *begründet* sein. Sie sollten auf einer dem Problem angemessenen Informationsgrundlage beruhen. Der Entscheider oder Experte, der eine Wahrscheinlichkeitsaussage abgibt, sollte auf eine Weise, die für andere Personen nachvollziehbar ist, die Gründe darlegen können, die ihn zu seiner Aussage gebracht haben.

Es gibt eine Anzahl von Methoden, die zu einer verbesserten Modellierung der Unsicherheit beitragen können (Russo und Schoemaker 1989, Kleindorfer, Kunreuther und Schoemaker 1993):

- Auflistung aller Pro- und Contra-Argumente zu einer bestimmten Wahrscheinlichkeitsaussage,
- Erstellung von Ursachenbäumen zum Erkennen möglicher Ursachen für künftige Fehlschläge,
- Kreation optimistischer und pessimistischer Szenarien, die durch das komplexe Zusammenwirken mehrerer Einflüsse zustande kommen können,
- Antizipation eines zukünftigen Fehlschlags und rückblickender Erklärungen *(prospective hindsight),* woran es gelegen haben könnte.

7.2 Notwendigkeit der Quantifizierung von Wahrscheinlichkeiten

Wir bilden unbewußt ständig Erwartungen über Ereignisse und verwerten sie in unseren Entscheidungen. Wenn Sie bei frühem Rot noch über die Kreuzung preschen, haben Sie vermutlich vorher die Wahrscheinlichkeit einer Kollision für vernachlässigbar gering befunden. Sind Sie im Begriff auszugehen und das Telefon klingelt, prüfen Sie die Wahrscheinlichkeit, daß es ein wichtiger Anruf ist, und entscheiden, ob Sie den Hörer abnehmen. Ernstere Entscheidungen erfordern eine sorgfältigere Abschätzung der Chancen und Risiken.

Erwartungen über unsichere Ereignisse werden meist in vager verbaler Form gebildet und kommuniziert, etwa wie folgt:

- Ein Atomkrieg zwischen den Großmächten ist zur Zeit sehr unwahrscheinlich.
- Es sieht so aus, als ob der US-Dollar in den nächsten Tagen weiter sinkt.
- Es ist nicht ausgeschlossen, daß die elektromagnetische Strahlung von drahtlosen Telefonen gesundheitsschädlich ist.

Solche sprachlichen Ausdrücke sind nicht nur ungenau, sondern – was noch schädlicher ist – werden von Person zu Person unterschiedlich verstanden. Bei einer Untersuchung wurden 40 englischsprachige Manager gebeten, zehn vorgegebene Ausdrücke in absteigender Reihenfolge der Sicherheit zu ordnen. Im Durchschnitt wurde „Quite certain“ als der Ausdruck mit dem größten Sicherheitsgrad und „Unlikely“ als der mit dem größten Unsicherheitsgrad eingestuft. Bemerkenswert war jedoch der breite Streubereich der Einstufungen. Er reichte z. B. für „Likely“ von Platz 2 bis 7, für „Probable“ von Platz 2 bis 9, für „Possible“ von 3 bis 9 und für „Unlikely“ von 3 bis 10. Ähnlich krasse Ergebnisse erhielten Behn und Vaupel (1982, S. 76) mit Studenten. Zum Beispiel wurde der Ausdruck „There is a possibility that ...“ von verschiedenen Personen mit Wahrscheinlichkeiten zwischen 5% und 70% assoziiert. Das untere Quartil lag bei 25%, das obere bei 45%. „It is unlikely that ..." streute zwischen 4% und 45%, wobei das untere Quartil 18% und das obere 29% betrug. Für die Aussage „It is probable that ..." wurden Wahrscheinlichkeiten zwischen 20% und 98% genannt; hier lag das untere Quartil bei 61% und das obere bei 80%.

Im täglichen Leben kommt es meist nicht auf große Präzision an; es lohnt sich nicht, Aufwand auf mehr Genauigkeit zu verwenden. Bei wichtigen Entscheidungen sind jedoch quantitative Wahrscheinlichkeitsangaben zu empfehlen. Quantitative Wahrscheinlichkeiten haben den Vorteil, daß sie intersubjektiv eindeutig verständlich sind. Man kann sie vergleichen und sinnvoll über sie diskutieren. Außerdem kann man mit ihnen rechnen; die in ihnen enthaltene Information läßt sich auf einfache Weise verarbeiten.

Erstaunlicherweise sind nicht nur in der Umgangssprache quantitative Wahrscheinlichkeitsaussagen seltener als verbale. Gerade in professionellen Bereichen, wo Erwartungen über unsichere Ereignisse von kritischer Bedeutung sind, scheint eine prinzipielle Abneigung gegen Zahlen beim Artikulieren solcher Erwartungen zu herrschen, obwohl man von Entscheidern in diesen Bereichen die Kenntnis des Wahrscheinlichkeitskonzepts erwarten dürfte. Beispiele dafür liefern etwa die Medizin und die Justiz.

Auf Beipackzetteln lesen wir Horrorlisten von möglichen Nebenwirkungen scheinbar harmloser Medikamente. Über die Wahrscheinlichkeit ihres Auftretens jedoch erfahren wir nur in der Form äußerst vager Ausdrücke, wie „bei einem kleinen Prozentsatz der Patienten" oder „in seltenen Fällen". Die Entscheidung, das Medikament zu nehmen oder nicht, wird durch solche Angaben nicht in rationaler Weise unterstützt. Mancher Patient verzichtet angesichts der möglichen furchtbaren Folgen auf das Präparat, weil er mangels Kenntnis ihrer Wahrscheinlichkeiten nicht in der Lage ist, den Nutzen gegen die Risiken abzuwägen. In einem Experiment von Fischer und Jungermann (1996) interpretierten Versuchspersonen die Angabe „selten" im Zusammenhang mit schweren Nebenwirkungen im Durchschnitt mit 2,3%, „gelegentlich" mit 6,8% und „häufig" mit 23,8%. Dieselben Ausdrücke, jedoch ohne jeglichen medizinischen oder sonstigen Kontext, wurden im Durchschnitt wie folgt interpretiert: „Selten" 12,8%, „gelegentlich" 27,8% und „häufig" 66,8%. Dies zeigt, daß die Perzeption verbaler Häufigkeitsaussagen stark kontextabhängig ist.

Die „Deutsche Gesellschaft für Humanes Sterben" gibt an ihre Mitglieder Formulare für Patientenverfügungen aus, deren Wortlaut hier teilweise wiedergegeben wird:

> Sollte ich selbst außerstande sein, meinen Willen zu äußern, so verfüge ich im voraus folgendes:
>
> 1. ...
> 2. Die Anwendung bzw. Fortsetzung lebenserhaltender Maßnahmen und die Therapie interkurrent auftretender Krankheiten lehne ich ab, wenn zwei Ärzte diagnostiziert haben,
>
>   (a) daß ein unumkehrbarer Sterbeprozeß eingetreten ist; oder

(b) daß nur eine geringe Aussicht besteht, daß ich mein Bewußtsein wiedererlange; oder
(c) daß eine hohe Wahrscheinlichkeit besteht, daß ich eine schwere Dauerschädigung meines Gehirns davontrage, die mir ein personales Dasein nicht mehr erlaubt; oder
(d) daß nur eine risikoreiche Operation helfen könnte. Unter einer risikoreichen Operation verstehe ich eine solche, bei der die Wahrscheinlichkeit, daß ich sterbe, mit mindestens 80% zu bewerten ist.

Hier wird eine sehr folgenschwere Entscheidung in den Fällen (b) und (c) an sehr verschwommene Kriterien gebunden; der potentielle Patient macht sein Leben gegebenenfalls davon abhängig, was Ärzte, die er nicht kennt, unter einer „geringen Aussicht" oder einer „hohen Wahrscheinlichkeit" verstehen. Auch für diese Ärzte ist die Patientenverfügung problematisch, gibt sie ihnen doch keinen klaren Hinweis, welche Interpretationen der Patient im Kopf hatte, als er die Verfügung unterschrieb, oder wie möglicherweise ein Gericht diese Aussagen auslegen würde.

Juristen tun sich notorisch schwer mit der Quantifizierung von Erwartungen; *„Iudex non calculat"*. Richter haben oft Entscheidungen unter Unsicherheit zu fällen. Das Gesetz gewährt ihnen wenig Hilfe dabei. Scholl (1992) gibt eine Anzahl von Beispielen dafür. Eines ist § 252 BGB. Er lautet:

> Der zu ersetzende Schaden umfaßt auch den entgangenen Gewinn. Als entgangen gilt der Gewinn, welcher nach dem gewöhnlichen Laufe der Dinge oder nach den besonderen Umständen, insbesondere nach den getroffenen Anstalten und Vorkehrungen, mit Wahrscheinlichkeit erwartet werden konnte.

Diese Formulierung überläßt es der Jurisprudenz, zu klären, was „mit Wahrscheinlichkeit" bedeutet, und kümmert sich auch nicht darum, daß normalerweise unterschiedlich hohe Gewinne mit unterschiedlichen Wahrscheinlichkeiten zu erwarten sind.

Scholl führt aus, daß Gerichte sich gegen feste Wahrscheinlichkeitswerte als Kriterien wehren. In einem Impfschadensfall wurde die Typhus-Zwangsimpfung als ursächlich für ein Sarkom angenommen, obwohl die Häufigkeit dieses Zusammentreffens weniger als 0,01% betrug.

> Als Begründung wurde angegeben, daß die Frage der Adäquanz zwischen Bedingung und Erfolg nicht rein logisch abstrakt nach dem Zahlenverhältnis der Häufigkeit des Eintritts eines derartigen Verhältnisses beantwortet werden könne, sondern mit einer wertenden Betrachtung die Grenze gefunden werden müsse, bis zu der dem Urheber einer Bedingung eine Haftung für ihre Folgen billigerweise zugemutet werden könne. (Scholl 1992).

Vage Formulierungen entsprechen nicht nur der intuitiven Art, wie wir Erwartungen empfinden. Sie bilden auch einen Deckmantel, unter dem sich ein Mangel an Denkaufwand bei der Bildung von Erwartungen oder ein Mangel an Verantwortungsfreude verstecken kann. Ferner erleichtern sie die Argumentation für oder gegen Alternativen, wenn man seine wahren Absichten nicht auf den Tisch legen möchte. Bewerber X und Y sind in der Auswahl für einen Job. X ist etwas weniger qualifiziert, aber ein alter Freund von Ihnen. Sie werfen in die Debatte, es sei

„zu erwarten", daß X sich sehr bald in die komplizierte Materie einarbeiten und das Defizit ausgleichen werde. Eine Aussage dieser Art wird allgemein noch als einigermaßen unverbindlich aufgefaßt, und so können Sie sie ruhig verwenden, ohne ein Risiko einzugehen. Aber wären Sie auch bereit, sich auf eine „Wahrscheinlichkeit von mindestens 95%" festzulegen, wenn Sie nicht *wirklich* sehr sicher sind?

Wenn wir darauf bestehen, daß Wahrscheinlichkeiten in schwierigen Entscheidungssituationen *quantifiziert* werden sollten, so heißt das nicht, auf punktgenauen Wahrscheinlichkeiten zu bestehen. Es ist oft oder meistens schwierig, die Wahrscheinlichkeit für ein bestimmtes Ereignis auf einen exakten Wert zu beziffern. Auch die Angabe von Wahrscheinlichkeitsintervallen kann in einem Entscheidungsproblem viel weiterhelfen; oft genug genügen solche Intervalle sogar für eine eindeutige Identifikation der besten Alternative. Die Aussage des Arztes „Ihr Risiko, bei dieser Operation zu sterben, liegt zwischen 1 und 3%" scheint uns jedenfalls nützlicher als die Aussage „Keine Sorge, in den meisten Fällen gibt es keine Probleme." Wir werden in Kapitel 10 das Arbeiten mit unvollständigen, d. h. nicht punktgenauen Wahrscheinlichkeiten behandeln.

7.3 Die Messung subjektiver Wahrscheinlichkeiten

7.3.1 Wahrscheinlichkeits- und Verteilungsfunktionen

Da Wahrscheinlichkeiten nur in Köpfen existieren, müssen sie den Köpfen „entlockt" werden - wie das in der englischsprachigen Literatur verwendete Wort *elicitation* ausdrückt. Leider ist es in der Regel nicht möglich, numerische Wahrscheinlichkeiten einfach abzufragen. Die meisten Menschen sind nicht im Umgang mit Wahrscheinlichkeiten geübt. Vor allem aber sind die gesuchten Wahrscheinlichkeiten gewöhnlich anfangs noch nicht oder nur sehr schemenhaft vorhanden; die Person hat noch zu wenig darüber nachgedacht. Es sind Befragungstechniken entwickelt worden, mit denen Personen (Entscheider oder Experten) dazu gebracht werden können, ihre Wahrscheinlichkeitsvorstellungen zu präzisieren und auszudrücken (Spetzler und Staël von Holstein 1975, Morgan und Henrion 1990).

Die entscheidungstheoretische Literatur geht meist davon aus, daß der Befrager eine andere Person ist als der Befragte. Der Befrager sollte etwas von Wahrscheinlichkeitsrechnung, den Methoden der Wahrscheinlichkeitsmessung und den üblichen Verzerrungen verstehen, die zu beobachten sind (siehe unten 7.5). Der Befragte dagegen sollte Experte sein, also Kenntnisse bezüglich des jeweils anstehenden Sachproblems haben. Natürlich ist nicht auszuschließen, daß im Einzelfall beide Anforderungen in einer Person erfüllt sind.

Wahrscheinlichkeitsmessungen können einerseits *einzelne Ereignisse*, Zustände oder Szenarios betreffen. Zum Beispiel die Wahrscheinlichkeit, daß der von uns gesponserte Tennisspieler im nächsten Jahr unter die 10 weltbesten kommt, oder die Wahrscheinlichkeit, daß in den nächsten 30 Jahren ein Erdbeben der Stärke 7 oder mehr die San Francisco Bay Area heimsucht. Andererseits geht es oft um Wahrscheinlichkeitsverteilungen von numerischen Größen, sogenannten

Zufallsvariablen. Gesucht ist beispielsweise eine Verteilung der Wahrscheinlichkeiten für die Absatzmenge eines Produkts, den US-Dollar-Kurs oder den Ölpreis.

Verteilungen von Zufallsvariablen können einerseits durch Wahrscheinlichkeits- bzw. Dichtefunktionen, andererseits durch Verteilungsfunktionen beschrieben werden.

Bei *diskreten* Zufallsvariablen hat jede mögliche Ausprägung x_i eine positive Wahrscheinlichkeit p_i. Die Funktion p(x), die jeder Zahl x eine Wahrscheinlichkeit zuordnet, heißt Wahrscheinlichkeitsfunktion; sie lautet

$$\begin{aligned} \mathrm{p}(x) &= \mathrm{p}(x_i), \text{ falls } x = x_i \\ &= 0 \text{ sonst.} \end{aligned}$$

Die Verteilungsfunktion P(x) gibt die Wahrscheinlichkeit an, daß die Zufallsvariable einen Wert kleiner oder gleich x annimmt. Es gilt

$$\mathrm{P}(x) = \sum_{x_i \le x} \mathrm{p}_i \tag{7.1}$$

Zum Beispiel sei eine Verteilung der Feuerwehreinsätze pro Nachtschicht zu schätzen. Den möglichen Ausprägungen 0, 1, 2, ... , x_{max} werden Wahrscheinlichkeiten zugeordnet. Eine adäquate graphische Darstellung dazu ist ein Stabdiagramm (Abb. 7-1 a).

Bei *kontinuierlichen (=stetigen)* Zufallsvariablen existiert keine positive Wahrscheinlichkeit für einzelne Werte. Nur Intervalle haben Wahrscheinlichkeiten. Man kann also sagen, der Pegelstand des Rheins in Köln wird morgen mit 90% Wahrscheinlichkeit zwischen 8,50 und 8,60 m liegen. Anstelle der Wahrscheinlichkeitsfunktion existiert eine (Wahrscheinlichkeits-)Dichtefunktion; die Wahrscheinlichkeit für ein Intervall ist gleich dem Integral der Dichtefunktion. Es wird oft zweckmäßig sein, Intervalle zu identifizieren, denen man eine Wahrscheinlichkeit zumißt und in denen jeweils die Wahrscheinlichkeitsdichte als konstant gilt. Die Dichtefunktion wird dann durch ein Säulendiagramm (Histogramm) dargestellt; die Fläche jeder Säule ist der Wahrscheinlichkeit proportional, daß die Variable in das Intervall fällt (Abb. 7-1 b).

Die einfachste Verteilung dieser Art ist die Rechteckverteilung; hier nimmt man die Dichte im gesamten Bereich von der Unter- bis zur Obergrenze als gleich an (Abbildung 7-1 c).

Eine einfache Verteilung mit konstant zunehmender und danach konstant wieder abnehmender Dichte ist die Dreieckverteilung (Abbildung 7-1 d).

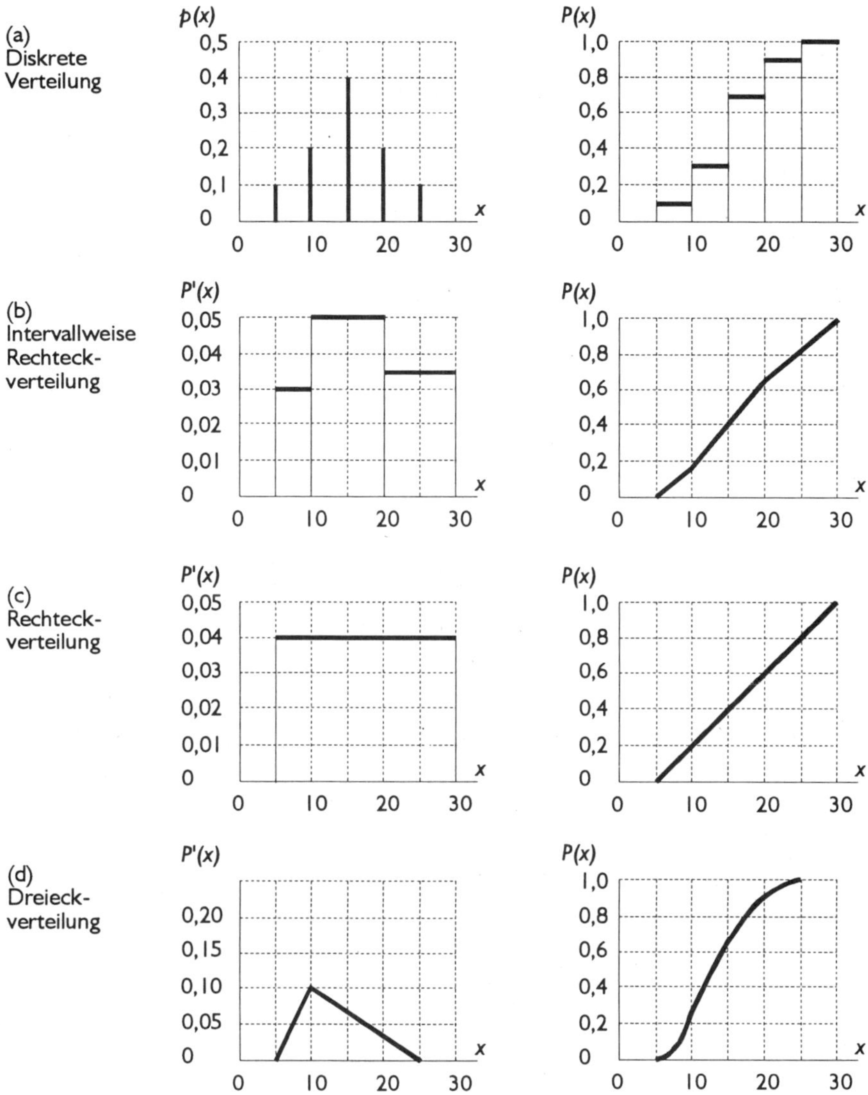

Abb. 7-1: Einige Wahrscheinlichkeits- bzw. Dichtefunktionen (links) mit zugehörigen Verteilungsfunktionen (rechts)

Wir haben in Kapitel 2 darauf hingewiesen, daß eine Variable „von Natur aus" diskret oder kontinuierlich ist, daß aber ihre Darstellung im Entscheidungskalkül davon abweichen kann. Oft ist eine diskrete Darstellung für kontinuierliche Variablen im Sinne einer Vereinfachung nötig. Jetzt kommt noch hinzu, daß bei der *Messung* der Verteilung ein diskreter oder kontinuierlicher Ansatz gewählt werden kann, unabhängig von der „wahren Natur" der Variablen und von ihrer späteren Darstellung. Nehmen wir als Beispiel die unsichere Variable „Neuzulassungen von Pkw im Mai". Diese Variable ist von Natur aus diskret. Wegen der in die Tausende gehenden Anzahl möglicher Ausprägungen wird man sie bei der Messung der Verteilung eventuell als kontinuierlich behandeln und eine Dichtefunktion wie in Abb. 7-1, (b) bis (d) ermitteln. Die gewonnene kontinuierliche Verteilungsfunktion wird man dann im Entscheidungskalkül wieder diskretisieren, also z. B. auf drei oder fünf Fraktile reduzieren, so daß man das Problem in einer Entscheidungsmatrix oder einem Entscheidungsbaum darstellen kann.

Die in Abbildung 7-1 gezeigten Funktionen sind „Allzweck-Verteilungen", die häufig ausreichen, um die Wahrscheinlichkeitsvorstellungen von Experten für beliebige Sachverhalte zu modellieren.

Darüber hinaus stehen theoretische Verteilungen zur Verfügung, die in manchen Fällen angemessen sein können. Haben Experten Gründe, einen bestimmten Verteilungstyp anzunehmen, wie die Normalverteilung oder die Binomialverteilung, so sind nur noch die entsprechenden Parameter zu schätzen. Wenn möglich wird man diese Schätzungen aus Stichproben ableiten. Bei neuartigen Situationen bleibt nur die subjektive Prognose.

7.3.2 Meßmethoden

Es ist zwischen direkten und indirekten Meßmethoden zu unterscheiden. Bei direkter Messung stellt der Interviewer Fragen, auf die der Befragte mit einer Zahl antwortet, nämlich entweder einer Wahrscheinlichkeit oder einem Wert der unsicheren Variablen für eine vorgegebene Wahrscheinlichkeit. Bei indirekter Befragung soll der Befragte Vergleiche zu einfachen Referenzsituationen anstellen, aus denen man auf Wahrscheinlichkeiten schließen kann. Dahinter steht die Annahme, daß Wahrscheinlichkeit für den Befragten kein vertrautes Konzept ist und er daher einer Hilfe für seine Vorstellung bedarf.

Neben der Unterscheidung zwischen direkter und indirekter Messung kann man danach differenzieren, ob nach Wahrscheinlichkeiten oder nach Werten der unsicheren Variablen gesucht wird. Somit ergeben sich vier prinzipielle Möglichkeiten, die in Tabelle 7.1 aufgeführt sind und im folgenden näher erläutert werden.

Tab. 7.1: Vorgehensweisen bei der Messung von Wahrscheinlichkeiten

<table>
<tr><th></th><th>Direkte Messung</th><th>Indirekte Messung</th></tr>
<tr><td>Fragen nach Wahrscheinlichkeiten</td><td colspan="2">Wahrscheinlichkeiten diskreter Ereignisse,
Wahrscheinlichkeitsdichte kontinuierlicher Variabler,
Verteilungsfunktionen</td></tr>
<tr><td>Fragen nach Werten der unsicheren Variablen</td><td colspan="2">Verteilungsfunktionen</td></tr>
</table>

Direkte Wahrscheinlichkeitsabfrage. Bei diskreten Ereignissen wird direkt nach deren Wahrscheinlichkeit gefragt, zum Beispiel: „Wie hoch ist die Wahrscheinlichkeit, daß bis zur Ernte noch ein Nachtfrost auftritt?" oder „Wie hoch sind die Wahrscheinlichkeiten für null, einen, zwei ... Feuerwehreinsätze am nächsten

Wochenende?“ Dabei mag es hilfreich sein, daß der Befragte die Ereignisse zunächst nach ihren Wahrscheinlichkeiten ordnet, bevor er diese quantifiziert. Auch kann er sich eventuell mit graphischen Mitteln (Zeichnen von Stab- oder Tortendiagrammen) die Proportionen der Wahrscheinlichkeiten klarmachen, ehe er sie beziffert.

Bei kontinuierlichen Variablen kann man eine Dichtefunktion ermitteln. Soll etwa die Verteilung einer Nachfragemenge geschätzt werden, so könnte man dem Befragten die Intervalle

- 10.000 bis 11.000 Tonnen,
- 11.000 bis 12.000 Tonnen,
- 12.000 bis 13.000 Tonnen,
- 13.000 bis 14.000 Tonnen,
- 14.000 bis 15.000 Tonnen

vorgeben und ihn bitten, diesen Intervallen Wahrscheinlichkeiten zuzuordnen. Sodann könnte man ihn fragen, ob er innerhalb der Intervalle Gleichverteilung annimmt. Ist dies bei einzelnen Intervallen nicht der Fall, wird man diese aufspalten. Ordnet der Befragte etwa dem Bereich 12.000 bis 13.000 Tonnen eine Wahrscheinlichkeit von 0,5 zu und lehnt Gleichverteilung ab, so fragt man nach der Wahrscheinlichkeit für Mengen zwischen 12.000 und 12.500 Tonnen. Irgendwann endet man bei Intervallen, innerhalb deren Gleichverteilung gilt.

Wichtig ist es, darauf zu achten, daß die Intervalle die gesamte mögliche Variationsbreite der betreffenden Variablen abdecken. Man sollte also sicherheitshalber einen sehr weiten Bereich abstecken.

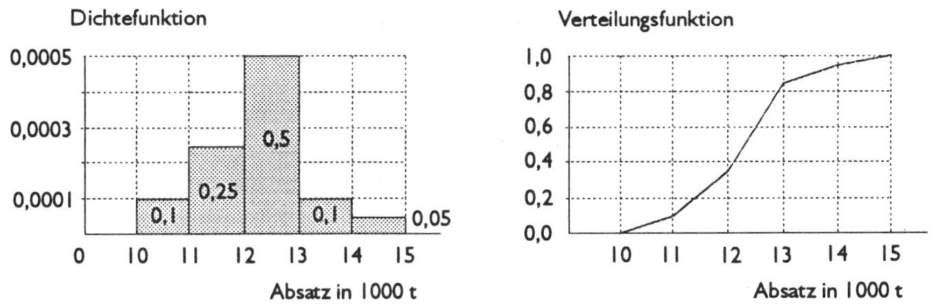

Abb. 7-2: Dichte- und Verteilungsfunktion

Ist das *i*-te Intervall durch $x_{i0} \leq x \leq x_{i1}$ festgelegt und hat es die Wahrscheinlichkeit p_i, so ist $p_i = (x_{i1} - x_{i0}) \cdot P_i'(x)$ und es herrscht in dem Intervall die konstante Dichtefunktion $P_i'(x) = p_i/(x_{i1} - x_{i0})$. Beispielsweise habe die Absatzmenge 11.000 bis 12.000 eine Wahrscheinlichkeit von 0,25. Dann gilt für dieses Intervall die Dichte 0,25/(12.000–11.000) = 0,00025. In Abbildung 7-2 ist das mögliche Ergebnis der Befragung dargestellt. Die schattierten Flächen unter der Dichtefunktion repräsentieren die Wahrscheinlichkeiten der Intervalle.

Aus der Dichtefunktion läßt sich auf die Verteilungsfunktion schließen. Mit den Zahlen des Beispiels ergibt sich die ebenfalls in Abbildung 7-2 gezeigte Verteilungsfunktion.

Statt über die Dichtefunktion kann die Verteilungsfunktion P(x) direkt ermittelt werden. Dazu stellt man Fragen der Art: „Mit welcher Wahrscheinlichkeit wird unser Umsatz nächstes Jahr kleiner oder gleich 200 (Mio) sein?" Die Antwort liefert einen Punkt der Verteilungsfunktion, wie dies Abb. 7-3 illustriert. Bei diesem Verfahren muß man Sorgfalt auf die Ermittlung der Unter- und Obergrenzen der Variablen verwenden. Gibt der Befragte zum Beispiel auf die Frage, mit welcher Wahrscheinlichkeit 50 unterschritten werden, zur Antwort „Diese Wahrscheinlichkeit ist null" und antwortet er auf die Frage, mit welcher Wahrscheinlichkeit der Umsatz kleiner oder gleich 100 sein wird, „Zwanzig Prozent", so liegt die Untergrenze irgendwo zwischen 50 und 100 . Um sie enger einzugrenzen, muß man das Intervall aufspalten und die Befragung für die Teilintervalle fortsetzen.

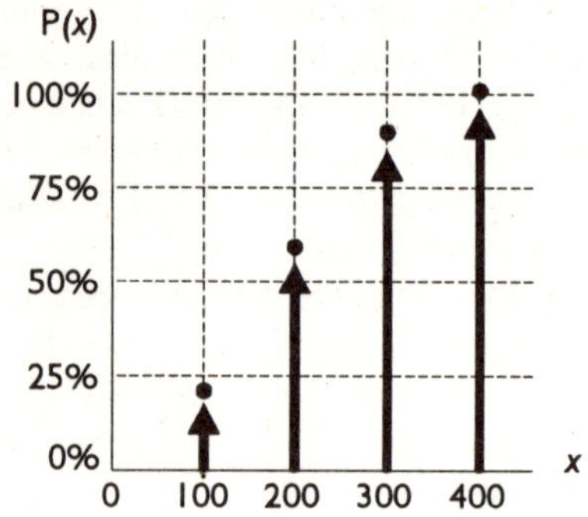

Abb. 7-3: Abfrage von Wahrscheinlichkeiten einer Verteilungsfunktion

Bei dieser Methode gewinnt man eine begrenzte Anzahl von Punkten der Verteilungsfunktion. Aus den Punkten kann man auf verschiedene Weisen eine vollständige Funktion konstruieren. Man kann die Punkte linear verbinden, sie durch eine Freihandlinie oder eine theoretische Kurve annähern oder einfach eine Stufenfunktion unterstellen. Abb. 7-4 zeigt die Approximation durch eine glatte Funktion. Diese kann nun dazu benutzt werden, die Wahrscheinlichkeit dafür abzulesen, daß die Zufallsgröße in ein bestimmtes Intervall fällt. In Abb. 7-4 ist zum Beispiel die Wahrscheinlichkeit dafür, daß $x_1 \leq x \leq x_2$, gleich $P(x_2) - P(x_1)$. Falls man die Verteilung diskretisieren will, bietet es sich an, diese Wahrscheinlichkeit dem x-Wert zuzuordnen, der die Wahrscheinlichkeit des Intervalls halbiert.

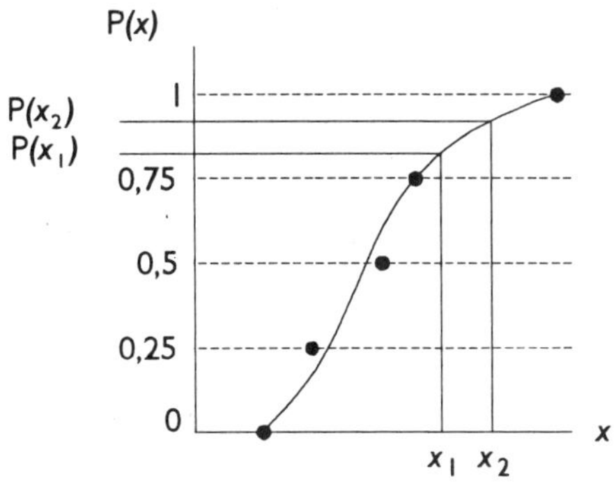

Abb. 7-4: Annäherung gewonnener Punkte durch eine glatte Verteilungsfunktion

Direkte Wertabfrage. Dieses Vorgehen führt ebenfalls zu Punkten einer Verteilungsfunktion. Hier werden allerdings Wahrscheinlichkeiten vorgegeben und zugehörige Werte der unsicheren Variablen ermittelt. Man stellt also Fragen der Art: „Welchen Umsatz werden wir mit gleicher Wahrscheinlichkeit über- wie unterschreiten?" oder „Welchen Umsatz werden wir nur mit einer Wahrscheinlichkeit von 10% überschreiten?" Die Antworten auf diese beiden Fragen liefern den Median und das 90%-Fraktil der Verteilung.

Es hat sich als empfehlenswert herausgestellt, nicht mit dem Median zu beginnen, sondern mit den Extremen. Beginnt man im mittleren Bereich, neigen Menschen systematisch dazu, die Variationsbreite der Variablen zu unterschätzen; die Verteilung wird zu eng (siehe unten 7.5.4). Man kann wie folgt vorgehen:

1. Ermittlung der Unter- und Obergrenze („Was ist unser Mindestumsatz, was ist der höchste mögliche Umsatz?") oder des 5%-Punktes und des 95%-Punktes.
2. Ermittlung des Medians. („Bei welchem Wert würden Sie sagen, daß unser Umsatz ihn mit gleicher Wahrscheinlichkeit über- wie unterschreitet?")
3. Ermittlung des unteren Quartils. („Bei welchem Wert ist die Wahrscheinlichkeit gleich hoch, daß unser Umsatz darunter liegt, wie die Wahrscheinlichkeit, daß er zwischen diesem Wert und dem Median liegt?" Oder: „Bei welchem Wert ist die Wahrscheinlichkeit, daß der Umsatz ihn übersteigt, dreimal so groß wie die Wahrscheinlichkeit, daß der Umsatz darunter bleibt?")
4. Ermittlung des oberen Quartils (analog zu 3).

Dieses Verfahren entspricht der in Kapitel 5 beschriebenen Halbierungsmethode zur Bestimmung von Wertfunktionen. Abbildung 7-5 gibt eine schematische Darstellung.

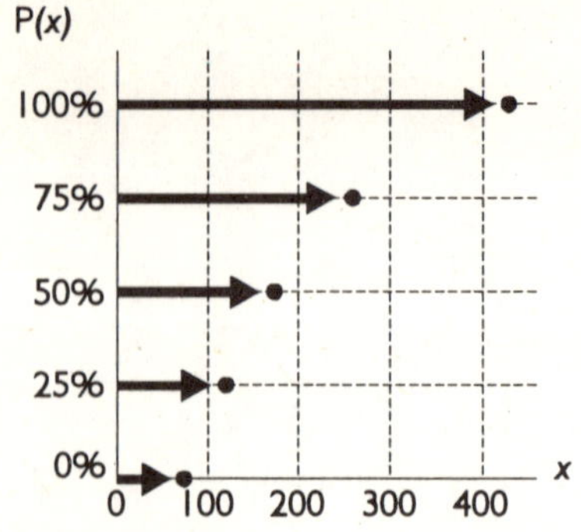

Abb. 7-5: Abfrage von Fraktilen einer Verteilungsfunktion

Die Methode ist für kontinuierliche Variablen und für diskrete Variablen mit vielen Ausprägungen geeignet, aber nicht für diskrete Variablen mit relativ wenigen Ausprägungen, da man dann nicht weiß, ob die betreffenden Fraktile überhaupt existieren. Beispielsweise ist die Zahl der Feueralarme pro Nacht in einer Großstadt eine diskrete Variable. Angenommen, der befragte Experte gibt der Ausprägung „Kein Alarm" eine Wahrscheinlichkeit von 40% und der Ausprägung „Ein Alarm" 30%. Weder der 25%-Punkt noch der Median existieren.

Indirekte Wahrscheinlichkeitsabfrage. Die meisten Menschen sind nicht im Umgang mit numerischen Wahrscheinlichkeiten geübt und haben Schwierigkeiten, solche anzugeben. Die indirekten Verfahren vermeiden es, daß der Befragte Wahrscheinlichkeiten nennen oder sie genau verstehen muß.

Zum Beispiel will man wissen, welche Wahrscheinlichkeit ein Ingenieur dem Ereignis „Der Prototyp des neuen Modells wird bis Jahresende 2002 fertig" beimißt. Wenn dieser Experte mit der Quantifizierung von Wahrscheinlichkeiten nicht vertraut ist, kann man ihm zur Unterstützung seiner Vorstellungskraft einen Eimer mit neun weißen und einem gelben Tischtennisball vorführen und ihm zwei Wetten zur Wahl stellen: Sie können 1.000 € gewinnen, wenn der Prototyp fertig wird, aber auch 1.000 €, wenn am Jahresende 2002 ein gelber Ball gezogen wird. Welche Wette würden Sie vorziehen? Entscheidet sich der Experte für die Wette auf die rechtzeitige Fertigstellung des Prototyps, so hält er deren Wahrscheinlichkeit implizit für größer als 0,1. Der Interviewer wird jetzt einen weißen Ball durch einen gelben ersetzen, so daß der Eimer acht weiße und zwei gelbe enthält, und den Experten erneut befragen. Dies wird so lange fortgesetzt, bis der Befragte indifferent zwischen beiden Lotterien ist. Angenommen, bei vier gelben und sechs weißen Bällen sind ihm beide Lotterien gleichwertig. Das bedeutet, daß man seine Wahrscheinlichkeit für das Fertigwerden des Prototyps auf 0,4 beziffern kann. Abbildung 7-6 stellt den Fall dar.

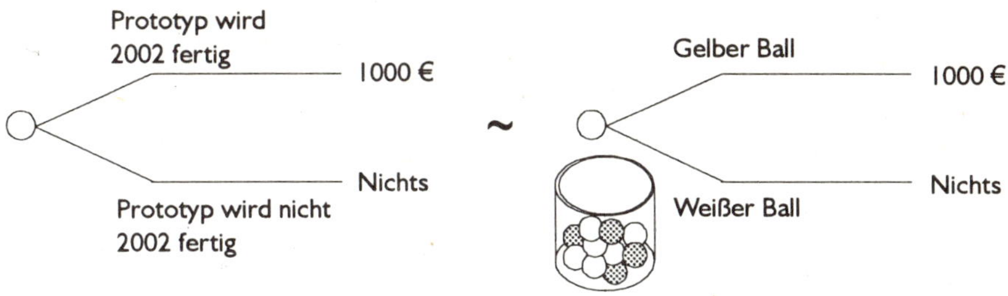

Abb. 7-6: Indirekte Messung der Wahrscheinlichkeit eines Ereignisses

Der Vorteil ist, daß der Begriff „Wahrscheinlichkeit" überhaupt nicht benutzt zu werden braucht; außerdem gibt der zu Befragende sich vielleicht mehr Mühe, wenn es um einen – wenn auch nur fiktiven – Gewinn geht.

Anstatt des Eimers mit Tischtennisbällen wird in der Literatur oft das Wahrscheinlichkeitsrad empfohlen. Dies ist eine Scheibe mit zwei Farbsegmenten und einem feststehenden Zeiger (Abb. 7-7). Der Befragte soll sich vorstellen, die Scheibe würde gedreht. Wenn sie zum Stillstand kommt, steht der Zeiger entweder im blauen oder im gelben Sektor. Die relative Größe der beiden Farbsektoren repräsentiert die Wahrscheinlichkeit. Die Größe des gewinnenden gelben Sektors wird so lange verändert, bis der Befragte zwischen einer Wette auf den gelben Sektor und einer Wette auf das interessierende Ereignis - z. B. die Fertigstellung des Prototyps bis Jahresende 2002 - indifferent ist.

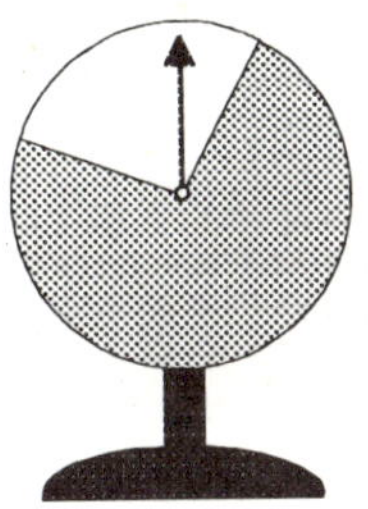

Abb. 7-7: Wahrscheinlichkeitsrad

Ein Wahrscheinlichkeitsrad hat in der praktischen Anwendung gegenüber Tischtennisbällen oder Spielkarten den Vorteil, daß die Wahrscheinlichkeiten stufenlos variiert werden können. Ein Nachteil (abgesehen davon, daß es auf dem Markt nur schwer erhältlich ist) liegt darin, daß sich mit ihm sehr kleine Wahrscheinlichkeiten nicht gut darstellen lassen. Eine Wahrscheinlichkeit von 1/10.000 beispielsweise kann besser durch die Kästchen in einem Quadrat von 100 · 100 mm auf Millimeterpapier visualisiert werden.

Das Beispiel mit dem Prototyp betraf die Messung von Wahrscheinlichkeiten diskreter Ereignisse. Ebenso können aber auch Dichtefunktionen und Verteilungsfunktionen indirekt gemessen werden. Die Wahrscheinlichkeit, daß die unsichere Variable in ein vorgegebenes Intervall fällt, ist gleich p, wenn der Experte indifferent ist zwischen einer Wette auf dieses Ereignis und einer anderen Wette mit gleichem Gewinn und mit gegebener Wahrscheinlichkeit p. Entsprechend kann man auch die kumulierten Wahrscheinlichkeiten $P(x)$ bestimmen.

Indirekte Wertabfrage. Hier wird eine Referenzsituation mit fest gegebener Wahrscheinlichkeit benutzt, zum Beispiel ein Münzwurf oder der Zug eines Tischtennisballs aus einem Eimer mit neun weißen und einem gelben Ball. Variiert wird ein gesuchter Wert der Verteilung. Um beispielsweise den 25%-Punkt einer Verteilung des Umsatzes zu finden, läßt man den Marketingexperten wählen, ob er lieber darauf wetten würde, daß die nächste gezogene Spielkarte ein Karo ist (Wahrscheinlichkeit 25%) oder daß ein Umsatz von, sagen wir, 100.000 € unterschritten wird. Der Wettgewinn ist in beiden Fällen der gleiche. Wettet der Experte lieber auf Karo, so bedeutet dies, daß die Wahrscheinlichkeit, 100.000 € Umsatz zu unterschreiten, geringer als 25% ist. Man erhöht also den Umsatz, zum Beispiel auf 150.000 €. Angenommen, jetzt setzt der Experte lieber darauf, daß dieser Wert unterschritten wird, als auf das Erscheinen von Karo. Die Wahrscheinlichkeit des Unterschreitens von 150.000 € Umsatz ist also größer als 25%. Derjenige Umsatzbetrag, bei dem der Experte zwischen beiden Lotterien indifferent ist, ist der 25%-Punkt.

Analog kann man den Median finden, indem man den Experten wählen läßt, ob er lieber auf „Zahl“ beim Münzwurf wetten würde oder lieber darauf, daß der Umsatz eine bestimmte Höhe, sagen wir 200.000 €, unterschreitet. Zieht der Experte die Wette auf das Unterschreiten von 200.000 € Umsatz vor, so ist seine Wahrscheinlichkeit für dieses Ereignis größer als die von „Zahl“, also 0,5. Mit anderen Worten: Der Median liegt niedriger als 200.000 €. Wir müssen also diesen Betrag senken, um Indifferenz zu erreichen. Angenommen, der Experte ist indifferent zwischen dem Münzwurf und der Wette auf das Unterschreiten von 175.000 € Umsatz. Dann ist 175.000 € der Median der Verteilung.

Zur Ermittlung des 75%-Punktes wäre eine Referenzlotterie zu konstruieren, bei der der Experte mit 75% Wahrscheinlichkeit gewinnt, zum Beispiel bei Erscheinen von Kreuz, Pik oder Herz.

7.3.3 Konsistenzprüfungen und Fehlerreduktion

Die Messung subjektiver Wahrscheinlichkeiten ist ein fehleranfälliger Prozeß. Wichtig sind daher Konsistenzprüfungen. Alle Wahrscheinlichkeitsurteile einer Person sollten miteinander vereinbar sein. Die Punkte einer Verteilungsfunktion sollten möglichst wenig um eine monoton steigende Funktion streuen.

Konsistenzprüfungen können innerhalb ein und derselben Methode durchgeführt werden oder auch, indem man Wahrscheinlichkeiten nach verschiedenen Methoden erfragt. So wird empfohlen, sowohl die Wertabfrage wie die Wahrscheinlichkeitsabfrage zu verwenden. Passen die nach beiden Methoden gewonnenen Punkte der Verteilungsfunktion nicht zusammen, so ist eine Revision notwendig. Zusätzlich zu den Wahrscheinlichkeiten gewisser Ereignisse können auch die Gegenwahrscheinlichkeiten erfragt werden; die Summe muß eins ergeben. Bei komplexen Ereigniskombinationen wird regelmäßig eine Auflösung in einfachere Ereignisse nützlich sein. Bei deren Verknüpfung kann dann die korrekte Anwendung der Wahrscheinlichkeitsrechnung garantiert werden. Ein bekanntes Beispiel dafür wurde schon in Kapitel 2 erwähnt, die Abschätzung der Unfallrisiken bei Atomreaktoren in dem sog. Rasmussen-Report.

Wir werden in Abschnitt 7.5 eine Reihe von systematischen Fehlern beschreiben, die im Zusammenhang mit Wahrscheinlichkeitsurteilen immer wieder auftreten. Nicht alle diese Verzerrungen lassen sich durch Konsistenzprüfungen vermeiden. Das Bewußtsein der verbreiteten Existenz von systematischen Verzerrungen ist die Voraussetzung, ihren Einfluß zu verringern. Die Gefahr von Verzerrungen dürfte im allgemeinen sinken, wenn Befrager und Befragter verschiedene Personen sind. Eine „Selbstbefragung" mag bei weniger bedeutenden persönlichen Entscheidungen ausreichen. Darüber hinaus scheint jedoch der Erhebungsprozeß durch eine distanzierte Person mit entsprechenden methodischen Kenntnissen weniger anfällig für Fehler zu sein.

7.3.4 Berechnung von Wahrscheinlichkeiten

Dekomposition ist ein Grundprinzip der präskriptiven Entscheidungstheorie. Dies gilt auch für die Ermittlung von Wahrscheinlichkeiten. Oft läßt sich die Wahrscheinlichkeit eines komplexen Ereignisses einfacher beziffern, wenn es als Kombination von anderen Ereignissen aufgefaßt wird. Die Wahrscheinlichkeit eines komplexen Ereignisses wird dann nach den Regeln der Wahrscheinlichkeitsrechnung ermittelt. Wir haben dies schon in Kapitel 2 am Beispiel der Risikoabschätzungen für Atomreaktoren gezeigt und auf die Verwendung von Ereignisbäumen und Fehlerbäumen hingewiesen.

Ein wichtiger Spezialfall für die Berechnung von Wahrscheinlichkeiten durch Verknüpfung von Ereignissen ist der des Bayes-Theorems, auf das wir im folgenden Abschnitt eingehen.

7.4 Das Theorem von Bayes

Das Theorem von Bayes (1763) ist eine Formel zur Errechnung von Wahrscheinlichkeiten aus anderen Wahrscheinlichkeiten. Seine besondere Bedeutung liegt darin, daß es dazu benutzt werden kann, zunächst („*a priori*") angenommene Wahrscheinlichkeiten im Licht neuer Daten zu revidieren (siehe z. B. Altrogge 1975).

Betrachten wir unsichere Umweltzustände $s_1, s_2, \dots, s_n$, für die wir uns Apriori-Wahrscheinlichkeiten $p(s_1), p(s_2), \dots, p(s_n)$ gebildet haben. Ferner haben wir eine Informationsquelle zur Verfügung. Diese liefert uns genau eine Information (im folgenden auch als Beobachtung bezeichnet) aus der Informationsmenge $Y = \{y_1, y_2, \dots, y_m\}$. Wir kennen die bedingten Wahrscheinlichkeiten $p(y_j|s_i)$ dafür, daß y_j beobachtet wird, falls s_i der wahre Zustand ist. Der Fall ist in Abbildung 7-8 zu sehen.

Die gemeinsamen Wahrscheinlichkeiten $p(y_j, s_i)$ erhalten wir durch

$$p(y_j, s_i) = p(s_i) \cdot p(y_j|s_i). \tag{7.2}$$

Nun wird y_j beobachtet. Wie können wir es benützen, um die Apriori-Wahrscheinlichkeiten der Umweltzustände zu revidieren?

Die verschiedenen Umweltzustände haben nach der Beobachtung also hinterher - „*a posteriori*" - im allgemeinen andere Wahrscheinlichkeiten als vorher. Es handelt sich jetzt um bedingte Wahrscheinlichkeiten

$$p(s_i \mid y_j) = p(y_j, s_i) / p(y_j). \tag{7.3}$$

Für den Zähler können wir die rechte Seite von 7.2 einsetzen. Im Nenner steht die Randwahrscheinlichkeit für die Beobachtung y_j. Sie setzt sich additiv aus den gemeinsamen Wahrscheinlichkeiten aller Ereigniskombinationen zusammen, in denen y_j auftritt, beträgt also

$$p(y_j) = \sum_i p(y_j, s_i)$$

Somit gilt

$$p(s_i \mid y_j) = \frac{p(s_i) \cdot p(y_j \mid s_i)}{p(y_j)} \tag{7.4}$$

oder

$$p(s_i \mid y_j) = \frac{p(s_i) \cdot p(y_j \mid s_i)}{\sum_i p(s_i) \cdot p(y_j \mid s_i)}. \tag{7.5}$$

Dies ist das Bayes-Theorem. Mit ihm können Apriori-Wahrscheinlichkeiten für die unsicheren Umweltzustände s_i mit Hilfe von bedingten Wahrscheinlichkeiten für das beobachtete Datum y_j in Aposteriori-Wahrscheinlichkeiten transformiert werden. Die bedingten Wahrscheinlichkeiten $p(y_j \mid s_i)$ heißen *Likelihoods*.

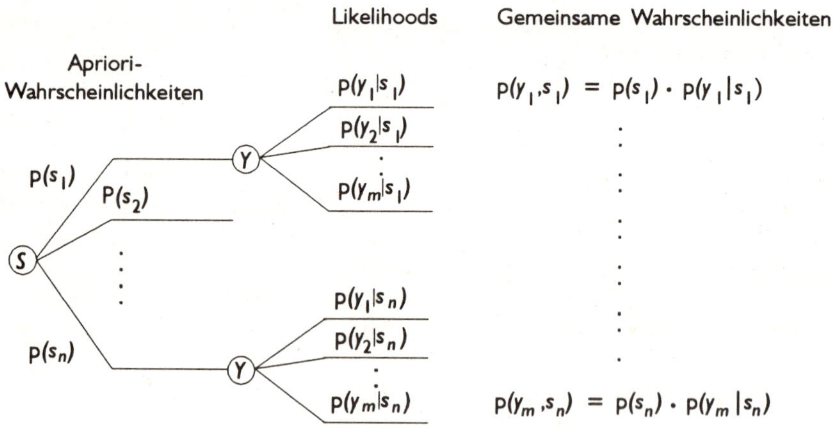

Abb. 7-8: Apriori-Wahrscheinlichkeiten und Likelihoods

Machen Sie sich den Zusammenhang an folgendem einfachen Fall klar, der auch in Abb. 7-9 dargestellt ist. Ein Mann ist unter Mordverdacht festgenommen worden. Man hegt aufgrund der bisherigen Verdachtsmomente eine Apriori-Wahrscheinlichkeit von 0,7, daß er der Täter ist. Weiteren Aufschluß soll ein Test mit dem Polygraphen („Lügendetektor“) bringen. Dieser ist allerdings nicht unfehlbar. Bei einem wirklichen Lügner zeigt er erfahrungsgemäß in 90% der Fälle ein positives Ergebnis, in 10% der Fälle fälschlich ein negatives. Umgekehrt wird bei Unschuldigen in 20% der Fälle inkorrekt ein positives Ergebnis angezeigt, bei den übrigen 80% ein negatives. Wir wollen diese (von uns frei erfundenen) empirischen Häufigkeiten als Wahrscheinlichkeiten für den vorliegenden Fall annehmen.

Der Verdächtige unterzieht sich dem Test. Angenommen, er besteht ihn, d. h. der Test geht mit negativem Ergebnis aus. Wie hoch ist nun die Aposteriori-Wahrscheinlichkeit für seine Schuld? Wir haben die Apriori-Wahrscheinlichkeiten:

$$p(\text{Schuldig}) = 0{,}7 \qquad p(\text{Unschuldig}) = 0{,}3$$

sowie die Likelihoods

$$p(\text{Test pos.} \mid \text{Schuldig}) = 0{,}9 \qquad p(\text{Test pos.} \mid \text{Unschuldig}) = 0{,}2$$
$$p(\text{Test neg.} \mid \text{Schuldig}) = 0{,}1 \qquad p(\text{Test neg.} \mid \text{Unschuldig}) = 0{,}8.$$

Damit ergibt sich die gemeinsame Wahrscheinlichkeit

$$p(\text{Schuldig, Test neg.}) = p(\text{Schuldig}) \cdot p(\text{Test neg.} \mid \text{Schuldig}) = 0{,}7 \cdot 0{,}1 = 0{,}07$$

und die (unbedingte) Wahrscheinlichkeit, daß der Test negativ ausfällt,

$$\begin{gathered} p(\text{Test neg.}) = \\ p(\text{Schuldig}) \cdot p(\text{Test neg.} \mid \text{Schuldig}) + p(\text{Unschuldig}) \cdot p(\text{Test neg.} \mid \text{Unschuldig}) \\ = 0{,}7 \cdot 0{,}1 + 0{,}3 \cdot 0{,}8 = 0{,}31. \end{gathered}$$

Also gilt die Aposteriori-Wahrscheinlichkeit

$$p(\text{Schuldig} \mid \text{Test neg.}) = \frac{p(\text{Schuldig, Test neg.})}{p(\text{Test neg.})} = \frac{0{,}07}{0{,}31} = 0{,}226.$$

Falls der Verdächtige den Test nicht besteht, steigt allerdings die Wahrscheinlichkeit seiner Täterschaft auf

$$p(\text{Schuldig} \mid \text{Test pos.}) = \frac{0{,}7 \cdot 0{,}9}{0{,}7 \cdot 0{,}9 + 0{,}3 \cdot 0{,}2} = 0{,}913.$$

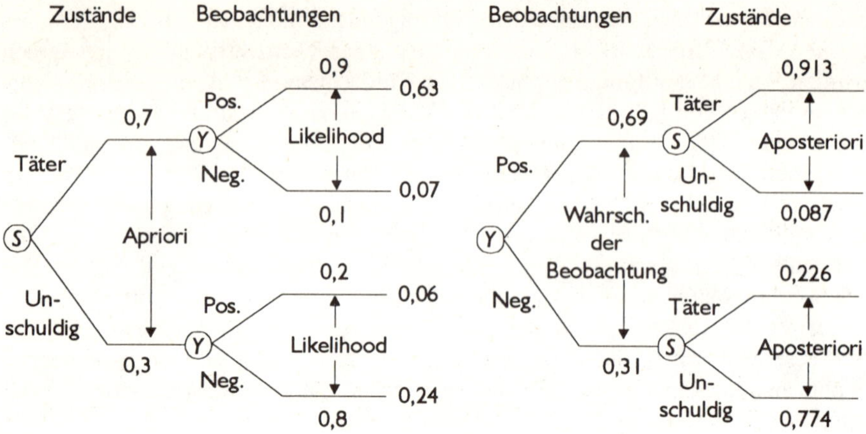

Abb. 7-9 Der Mordverdächtige und der Lügendetektor

Die beiden Ereignisbäume in Abb. 7-9 zeigen die Situation in unterschiedlicher Blickrichtung. Der erste Baum zeigt die Ermittlung der gemeinsamen Wahrscheinlichkeiten von Zuständen und Beobachtungsdaten. Der zweite Baum gibt die Datenwahrscheinlichkeiten und die Aposteriori-Wahrscheinlichkeiten der Zustände an.

Gewinnung der Likelihoods. Die zustandsbedingten Wahrscheinlichkeiten für bestimmte Informationen lassen sich, wie alle Wahrscheinlichkeiten, auf unterschiedliche Weise gewinnen, insbesondere

- auf Basis empirischer relativer Häufigkeiten bei sich wiederholenden Ereignissen. Zum Beispiel werden Daten über Krankheitssymptome von Patienten gesammelt. Für einen neu eingelieferten Patienten werden aufgrund seiner Symptome Wahrscheinlichkeiten für verschiedene Diagnosen berechnet,
- auf Basis vorausgesetzter theoretischer Verteilungen. Zum Beispiel sei *r* die unbekannte Ausschußquote in einem Fertigungsprozeß. Die Wahrscheinlichkeit, daß *y* von *n* zufällig gezogenen Werkstücken defekt sind, ist binomialverteilt:

$$\mathrm{p}(y \mid n, r) = \binom{n}{y} \cdot r^{y} \cdot (1-r)^{n-y}. \quad (7.6)$$

  Damit kann eine Apriori-Verteilung der Ausschußquoten durch ein Stichprobenergebnis *y* revidiert werden,
- rein intuitiv. Zum Beispiel bei der Beantwortung der Frage: Mit welcher Wahrscheinlichkeit wird der Arzt, der mich auf Krebs untersucht hat, mir die Wahrheit sagen, wenn diese Wahrheit fatal ist?

Rechenschema. Zur schnellen und einfachen rechnerischen Auswertung des Bayes-Theorems hat sich ein Schema bewährt, das in Tabelle 7.2 wiedergegeben ist (Samson 1988, S. 352). In Teil 1 der Tabelle tragen Sie zunächst die Apriori-

Wahrscheinlichkeiten $p(s_i)$ der ungewissen Zustände sowie die Likelihoods der Daten bei gegebenem Zustand ein. Hieraus errechnen Sie gemäß $p(y_j, s_i) = p(s_i) \cdot p(y_j|s_i)$ die gemeinsamen Wahrscheinlichkeiten und tragen Sie in den mittleren Teil 2 der Tabelle ein. Am rechten Rand erhalten Sie durch Summation in jeder Zeile die Apriori-Randverteilung der Zustände, am unteren Rand entsprechend die Randverteilung $p(y_j)$ der Daten.

Die Aposteriori-Wahrscheinlichkeiten berechnen Sie nun, indem Sie für jede Beobachtung y_j die gemeinsamen Wahrscheinlichkeiten $p(s_i, y_j)$ durch die unbedingte Wahrscheinlichkeit y_j dividieren. Diese Zahlen tragen Sie in den rechten Teil 3 der Tabelle ein.

Zur Verdeutlichung ist unter dem Schema ein Rechenbeispiel angefügt. Für einen Banküberfall, den ein einzelner Täter verübt hat, kommen die einschlägig bekannten Ganoven Alfred (A) und Berti (B) in Frage. Die Polizei veranschlagt die Wahrscheinlichkeit, daß Alfred der Täter war, mit 30%. Berti verdächtigt sie nur mit 10%. Mit 60% kommt also ein sonstiger Täter (?) in Betracht.

Ein Zeuge hat den Mann nach der Tat flüchten sehen, nachdem er die Maske abgenommen hatte. Er wird Alfred und Berti gegenübergestellt. Seine Aussage kann lauten *a* (Alfred war's), *b* (Berti war's) oder *?* (weiß nicht).

Da Alfred ein sehr charakteristisches Aussehen hat, veranschlagt man die Wahrscheinlichkeit mit 80%, daß er vom Zeugen erkannt wird, wenn er der Täter ist. Mit je 10% Wahrscheinlichkeit ist zu erwarten, daß der Zeuge *b* oder *?* aussagt. Analog sind die anderen Likelihoods zu interpretieren. Berti hat ein eher durchschnittliches Aussehen, so daß die Wahrscheinlichkeit des Erkanntwerdens nur auf 50% geschätzt wird; ein Zeuge, der Berti gesehen hat, wird mit 10% Wahrscheinlichkeit Alfred und mit 40% Wahrscheinlichkeit keinen der beiden als Täter identifizieren. War es tatsächlich keiner der beiden, so besteht eine Wahrscheinlichkeit von 15% für die falsche Identifikation von Alfred und von 30% für die falsche Identifikation von Berti.

Die Rechnung zeigt: Belastet der Zeuge Alfred, so steigt dessen Verdächtigkeit von 0,30 auf 0,71. Der Verdacht gegen Berti sinkt von 10% auf 3%, ein sonstiger Täter hat eine Wahrscheinlichkeit von 26%. Meint der Zeuge dagegen den Berti wiedererkannt zu haben, so erhöht sich dessen Tatwahrscheinlichkeit nur von 10% auf 19%. Die Wahrscheinlichkeit für Alfreds Schuld liegt bei 12%, die für einen Dritten bei 69%.

Tab. 7.2: Schema zur Berechnung der Aposteriori-Wahrscheinlichkeiten

1								2						3				
		Daten						Daten						Daten				
		y_1	...	y_j	...	y_m		y_1	...	y_j	...	y_m		y_1	...	y_j	...	y_m
Zustände	A priori	Likelihoods					Σ	Gemeinsame Wahrscheinlichkeiten					Σ	Aposteriori-Wahrscheinlichkeiten				
s_1	$p(s_1)$	$p(y_1 \| s_1)$	...	$p(y_j \| s_1)$	...	$p(y_m \| s_1)$	1	$p(s_1,y_1)$	...	$p(s_1,y_j)$	...	$p(s_1,y_m)$	$p(s_1)$	$p(s_1 \| y_1)$	...	$p(s_1 \| y_j)$	...	$p(s_1 \| y_m)$
...	...	...	...	...	...	...		...	...	...	...	...		...	...	...	...	...
s_i	$p(s_i)$	$p(y_1 \| s_i)$	...	$p(y_j \| s_i)$	...	$p(y_m \| s_i)$	1	$p(s_i,y_1)$	...	$p(s_i,y_j)$	...	$p(s_i,y_m)$	$p(s_i)$	$p(s_i \| y_1)$	...	$p(s_i \| y_j)$	...	$p(s_i \| y_m)$
...	...	...	...	...	...	...		...	...	...	...	...		...	...	...	...	...
s_n	$p(s_n)$	$p(y_1 \| s_n)$	...	$p(y_j \| s_n)$	...	$p(y_m \| s_n)$	1	$p(s_n,y_1)$	...	$p(s_n,y_j)$	...	$p(s_n,y_m)$	$p(s_n)$	$p(s_n \| y_1)$	...	$p(s_n \| y_j)$	...	$p(s_n \| y_m)$
							Σ	$p(y_1)$		$p(y_j)$		$p(y_m)$	1	1		1		1

1						2				3		
		Zeugenaussage				Zeugenaussage				Zeugenaussage		
		a	*b*	?		*a*	*b*	?		*a*	*b*	?
Täter	A priori	Likelihoods			Σ	Gemeinsame Wahrscheinlichkeiten			Σ	Aposteriori-Wahrscheinlichkeiten		
A	0,30	0,80	0,10	0,10	1	0,24	0,03	0,03	0,30	0,77	0,11	0,07
B	0,10	0,10	0,50	0,40	1	0,01	0,05	0,04	0,10	0,03	0,22	0,07
?	0,60	0,15	0,30	0,55	1	0,09	0,18	0,33	0,60	0,19	0,67	0,86
					Σ	0,34	0,26	0,40	1	1	1	1

Es gibt viele Anwendungen des Bayesschen Theorems in praktischen Entscheidungen (French und Smith 1997). Einige mögliche Anwendungen sind in Tabelle 7.3 aufgelistet.

Tab. 7.3: Anwendungen des Bayes-Theorems

Problem	Zustände	Informationsquelle
Neues Produkt auf den Markt bringen?	Höhe der Nachfrage	Testmarkt
Medizinische Diagnose	Art der Krankheit	Untersuchung des Patienten
Bohrung nach Erdöl?	Menge des Ölvorkommens	Seismischer Test
Ursache des Flugzeugabsturzes?	Pilotenfehler, Defekt, Sabotage	Untersuchung des Wracks

Die Anwendung des Theorems von Bayes führt häufig zu überraschenden, der Intuition zuwiderlaufenden Ergebnissen. Nehmen Sie folgendes Beispiel von Anderson (1989, S. 274 f.). Sie unterziehen sich einem Krebstest. Dieser zeigt in fünf Prozent der Fälle ein falsches Ergebnis an. Nun erfahren Sie, daß Ihr Befund positiv ist. Die meisten Menschen würden sich jetzt erhebliche Sorgen machen und mit etwa 95% Sicherheit glauben, daß sie Krebs haben. Der Fehler liegt darin, daß die Apriori-Wahrscheinlichkeit nicht berücksichtigt wurde. Es ist ein relativ seltener Krebs, den nur einer von 10.000 Menschen in Ihrem Alter hat. Falls Sie keinen Grund dafür haben, eine andere Apriori-Wahrscheinlichkeit als 0,0001 für sich anzunehmen, ist Ihre Aposteriori-Wahrscheinlichkeit

$$\frac{0{,}0001 \cdot 0{,}95}{0{,}0001 \cdot 0{,}95 + 0{,}9999 \cdot 0{,}05} = 0{,}0019,$$

also kleiner als 1:500. Gerade durch die Korrektur falscher intuitiver Wahrscheinlichkeiten wird das Bayes-Theorem in präskriptiver Hinsicht zu einem wertvollen Instrument.

7.5 Fehlerquellen bei der Bildung subjektiver Wahrscheinlichkeiten

7.5.1 Einführung

Urteile über die Welt und somit auch die Bildung von subjektiven Wahrscheinlichkeiten von Zuständen oder Ereignissen beruhen einerseits auf vorhandenen Daten und andererseits auf Schlußfolgerungen. Es wurden eine Anzahl von Fehlerquellen identifiziert, die die Bildung von Wahrscheinlichkeitsurteilen beeinträchtigen können, und die sich grob drei Bereichen zuordnen lassen:

1. Unvollständige oder ungeeignete Datenbasis,

2. Unkorrekte Verarbeitung von Wahrscheinlichkeiten,
3. Unzureichende Kritik an dem eigenen Urteil.

In diesem Abschnitt wollen wir einen knappen Überblick über die wichtigsten Probleme geben. Ein großer Teil der einschlägigen Forschung ist in Kahneman, Slovic und Tversky (1982) nachzulesen. Einen sehr guten Überblick bieten Dawes (1988), Bazerman (1994) sowie Jungermann, Pfister und Fischer (1998).

7.5.2 Unvollständige oder ungeeignete Datenbasis

Verfügbarkeit *(availability)*. Der Mensch hat nicht, wie ein Computer, jederzeit vollen Zugriff auf die gespeicherten Informationen. Manche Dinge kommen uns schneller „in den Sinn" als andere, sind besser verfügbar. Tversky und Kahneman (1973) haben die Verfügbarkeit *(availability)* als eine Heuristik beschrieben, die der Mensch anwendet, wenn er Häufigkeiten schätzen oder Wahrscheinlichkeiten bilden soll. Je leichter Beispiele eines bestimmten Ereignisses uns ins Gedächtnis kommen, desto größer schätzen wir dessen Häufigkeit bzw. Wahrscheinlichkeit ein. Verfügbarkeit ist nützlich für solche Schätzungen, weil häufige Ereignisse leichter verfügbar sind als seltene, aber andererseits wird die Verfügbarkeit auch von vielen anderen Faktoren als der Häufigkeit beeinflußt (Tversky und Kahneman 1973, abgedr. in Kahneman, Slovic und Tversky (Eds.) 1982, S. 164; siehe auch Fischhoff, Slovic und Lichtenstein 1978). Welche anderen Faktoren haben Einfluß auf die Verfügbarkeit? Vor allem werden auffällige Ereignisse besser erinnert als unauffällige. Sie sind leichter verfügbar, und das führt zu einer Überschätzung ihrer Häufigkeit. So erklärt Dawes beispielsweise die verbreitete Überzeugung, man befinde sich meist in der langsameren Schlange am Schalter oder es werde bestimmt nicht regnen, wenn man einen Schirm mitnehme. Tendenziell sind auch jüngere Ereignisse leichter zugreifbar als lange zurückliegende. Zeitungsmeldungen über fünf Bahnunglücke in den letzten zwei Wochen können beispielsweise unsere Wahrnehmung des Risikos von Bahnreisen beeinflussen.

Hindsight. Wenn ein eher unwahrscheinliches Ereignis tatsächlich eingetreten ist, neigen wir dazu, zu glauben, daß wir es hätten kommen sehen. Befragt man Personen ex post nach ihrer subjektiven Wahrscheinlichkeit, mit der sie das Ereignis erwartet hätten, so liegen ihre Angaben über den Wahrscheinlichkeiten, die sie vor dem Ereignis geäußert haben (Fischhoff 1975). Dieser Fehler mag einerseits dem Motiv entspringen, als ein kompetenter Beurteiler zu gelten; andererseits mag sich das spätere Wissen im Kopf so mit dem älteren Wissen vermischt haben, daß man seinen früheren Wissensstand nicht mehr korrekt rekonstruieren kann.

Ungenügende Stichprobe. Menschen verlassen sich bei Urteilen auf viel zu kleine Stichproben, ja oft auf Einzelfälle. „Es war eine sehr weise Entscheidung, daß ich in die Praxis gegangen und nicht an der Uni geblieben bin" ist eine nicht zu beweisende und nicht zu widerlegende Aussage. Wo Unsicherheit im Spiel ist, kann aus dem Erfolg einer Entscheidung nicht auf deren Weisheit geschlossen werden. Jeder kennt einen Raucher, der über 90 ist. Daraus sollte man aber keine Rückschlüsse auf das Risiko des Rauchens ziehen. Bazerman (1994) zeigt an einem Beispiel, wie die Werbung von der Insensitivität gegenüber der Stichprobengröße profitieren kann: „Vier von fünf Zahnärzten schwören auf ...“ enthält keinen Hinweis darauf, wieviele Zahnärzte befragt wurden.

7.5.3 Unkorrekte Verarbeitung von Wahrscheinlichkeiten

Ähnlichkeit ***(representativeness).*** Angenommen, ein Ladeninhaber will einen Aushilfskassierer einstellen. Einer der Bewerber ist unrasiert und trägt löcherige Jeans. Diese Stimuli aktivieren in dem Geschäftsmann ein Schema - nennen wir es kurz „Gammelstudent“ - in das er den Bewerber einordnet. Es liefert ihm weitere Informationen: Solche Leute leben auf Kosten anderer, sind passiv, arbeitsscheu, unzuverlässig und unordentlich.

Unrasiertheit und löcherige Jeans sind vielleicht repräsentativ für gammelnde Studenten, aber nicht *nur* für solche. Auch andere - fleißige und strebsame - Studenten können diese Attribute aufweisen. Aufgrund der Ähnlichkeit, die der Bewerber mit „typischen“ Mitgliedern der Kategorie Gammelstudent aufweist, wird die Wahrscheinlichkeit, daß er dieser Kategorie angehört, überschätzt.

Vernachlässigung der Apriori-Wahrscheinlichkeiten ***(insensitivity to base rates).*** Dies ist eine Folge der eben genannten Ähnlichkeits-Heuristik. Angenommen, der Anteil der Gammelstudenten an der gesamten Studentenschaft betrage 10%. Hätte der Geschäftsmann den Bewerber nicht gesehen, so hätte er eine Apriori-Wahrscheinlichkeit für „Gammelstudent“ von etwa 10% annehmen müssen. Nachdem er das Äußere des Bewerbers kennt, vernachlässigt er diese *base rate* vollständig. Es spielt für sein Urteil keine Rolle mehr, ob der Anteil dieser Gruppe 5% oder 50% an der Grundgesamtheit beträgt.

Unheilvolle Auswirkungen hat die Vernachlässigung von Apriori-Wahrscheinlichkeiten zum Beispiel, wenn angehende Unternehmer bei der Abschätzung ihrer Erfolgsaussichten die Basisraten der Mißerfolge ignorieren oder wenn Eheschließende auf Eheverträge verzichten, weil sie die durchschnittliche Scheidungsrate für irrelevant halten (Bazerman 1994).

Umkehrung bedingter Wahrscheinlichkeiten. Unbewußt verwechselt der Geschäftsmann in unserem Beispiel zwei bedingte Wahrscheinlichkeiten: Die Wahrscheinlichkeit, daß ein Gammelstudent abgerissen aussieht, mit der Wahrscheinlichkeit, daß ein abgerissener Student gammelt.

Den Schlüssel für die Vermeidung dieses Fehlers bildet das Bayes-Theorem. Die Aposteriori-Wahrscheinlichkeit, daß man einen Gammelstudenten vor sich hat, ist

$$p(G|y) = \frac{p(G) \cdot p(y|G)}{p(G) \cdot p(y|G) + p(\text{nicht}\,G) \cdot p(y|\text{nicht}\,G)},$$

wobei y für „abgerissenes Äußeres“ und G für „Gammelstudent“ steht. Setzen wir beispielsweise die Apriori-Wahrscheinlichkeit für „Gammelstudent“ $p(G) = 0{,}10$ und die Likelihoods $p(y|G) = 0{,}25$ und $p(y|\text{nicht}G) = 0{,}05$, so erhalten wir eine Aposteriori-Wahrscheinlichkeit von knapp 0,36 für „Gammelstudent“.

Die „Umkehrung bedingter Wahrscheinlichkeiten“ aufgrund des Ähnlichkeits-Phänomens ist sehr häufig und hat manchmal schwerwiegende Konsequenzen. Das folgende Beispiel ist von Dawes (1988).

Nach einer Zeitungsmeldung hat ein US-amerikanischer Arzt 90 Frauen aus einer „Hochrisikogruppe" vorsorglich die Brust amputiert. Die Risikobestimmung erfolgte aufgrund mammographischer Muster. Als Begründung wurde angeführt, daß 93% der Brustkrebsfälle aus der Hochrisikogruppe stammten. Es galt also $p(hr|K) = 0{,}93$. Dabei steht K für Krebs und hr für Hochrisiko. Berücksichtigt man jedoch die Häufigkeit von Brustkrebs in der Gesamtpopulation, die der betreffende Mediziner mit 0,075 bezifferte, sowie den Anteil der Hochrisikogruppe an der Population (57%), und schreibt man das Bayes-Theorem in der Form

$$p(K|hr) = \frac{p(K) \cdot p(hr|K)}{p(hr)} = \frac{0{,}075 \cdot 0{,}93}{0{,}57},$$

so erhält man lediglich eine Wahrscheinlichkeit $p(K|hr) = 0{,}122$ dafür, daß eine Frau aus der Hochrisikogruppe tatsächlich Brustkrebs bekommt.

Aus der öffentlichen Diskussion über Rauschmittelverbote ist das Argument bekannt, weiche Drogen wie Haschisch und Marihuana seien die Einstiegsdrogen für Heroin und ähnlich gefährliche Suchtmittel. Begründet wird es gelegentlich mit Statistiken, wonach ein hoher Prozentsatz der Heroinabhängigen früher einmal weiche Drogen genommen hat. Der Beginn mit Haschisch ist typisch für spätere Heroinsucht - daraus wird der falsche Schluß gezogen, spätere Heroinsucht sei auch typisch für Leute, die Haschisch nehmen. (Ein zweiter Denkfehler in diesem Zusammenhang betrifft die Verwechslung von statistischer und kausaler Abhängigkeit - wer mit Heroin endet, tut dies nicht notwendig, *weil* er früher Haschisch genommen hat.)

Szenariodenken und die Multiplikationsregel. Bei der Beurteilung der Wahrscheinlichkeit zusammengesetzter Ereignisse beobachten Psychologen die intuitive Verletzung der Multiplikationsregel. Nehmen wir die beiden Ereignismengen $E_1 = \{A, \text{nicht } A\}$ sowie $E_2 = \{B, \text{nicht } B\}$ und unterstellen wir der Einfachheit halber, E_1 und E_2 seien unabhängig. Dann gibt es vier Kombinationen („Szenarien") $\{A, B\}$, $\{A, \text{nicht } B\}$, $\{\text{nicht } A, B\}$ und $\{\text{nicht } A, \text{nicht } B\}$. Sie sind in Abb. 7-10 dargestellt.

Die gemeinsame Wahrscheinlichkeit von A und B muß nach der Multiplikationsregel errechnet werden: $p(A, B) = p(A) \cdot p(B)$. Intuitiv wird diese Wahrscheinlichkeit systematisch *überschätzt.* Häufig schätzen Personen die gemeinsame Wahrscheinlichkeit sogar größer ein als eine der beiden Einzelwahrscheinlichkeiten, was logisch unmöglich ist. Erinnern Sie sich an das Linda-Beispiel in Kapitel 1? Hier kommt ein weiteres Beispiel: Internisten wurde der Fall einer 55-jährigen Frau geschildert, die eine Lungenembolie erlitten hat. Die Mediziner sollten sagen, für wie wahrscheinlich sie es hielten, daß die Frau an

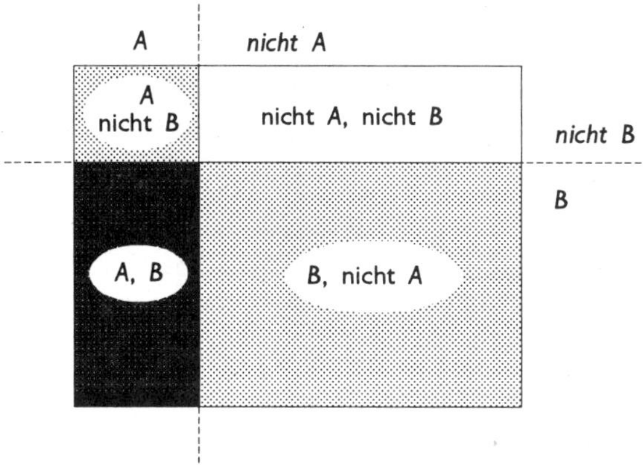

Abb. 7-10: Vier mögliche Szenarien

- Atemnot und partieller Lähmung,
- Schmerzen durch Brustfellentzündung,
- Ohnmacht und beschleunigter Puls,
- partieller Lähmung,
- Bluthusten .

litt. 91% der 32 Internisten glaubten, daß die Kombination eines wahrscheinlichen Symptoms - Atemnot - mit einem unwahrscheinlichen - partielle Lähmung - wahrscheinlicher als das unwahrscheinliche Symptom allein sei.

In Experimenten mit einem relativ unwahrscheinlichen (A) und einem relativ wahrscheinlichen Ereignis (B) zeigte sich, daß die gemeinsame Wahrscheinlichkeit höher als die des unwahrscheinlichen Ereignisses, aber nicht höher als die des wahrscheinlichen Ereignisses eingeschätzt wird (Dawes 1988, S. 132). Das heißt, intuitiv wird $p(A) < p(A, B) \leq p(B)$ angenommen. Richtig ist natürlich $p(A, B) < p(A) < p(B)$.

Als Erklärung für diesen verbreiteten Effekt vermuten Psychologen, daß der Mensch sich konkrete Szenarien vorstellt, die aus einzelnen Ereignissen zusammengesetzt sind und die ihm glaubhafter erscheinen als abstrakte Einzelereignisse. Je mehr Details er sich vorstellt, desto glaubhafter erscheint das Szenario, obwohl dessen Wahrscheinlichkeit dabei immer mehr abnimmt. Dieser Fehler erstreckt sich nicht nur auf zukünftige Ereignisse, sondern auch die Beurteilung ungewisser historischer Ereignisse oder Kriminalfälle (Tversky und Kahneman 1982, S. 98).

7.5.4 Unzureichende Kritik an dem eigenen Urteil

Verankerung und Anpassung ***(anchoring and adjustment).*** Wenn es um die Schätzung oder Bestimmung irgendeines Wertes geht, über dessen angemessene Höhe man sich nicht im klaren ist, beginnt man oft mit einem mehr oder weniger zufälligen Anfangswert. Dieser wird durch weitere Überlegungen, Informationen oder Diskussionen modifiziert. Der Ausgangswert ist der Anker, die Abweichungen davon werden als Anpassung bezeichnet. Die Forschung hat gezeigt, daß der

Anker einen unangemessen starken Einfluß auf das Ergebnis hat, d. h. die Anpassung oft unzureichend ist. Wer den Anker setzt, bestimmt somit weitgehend das Ergebnis. Dies nutzen zum Beispiel Personalchefs aus, die Bewerber nach ihrem bisherigen Gehalt fragen, ehe sie ein Angebot machen. Im Handel haben die unverbindlichen Preisempfehlungen der Hersteller allein die Funktion, sie zu unterbieten und dem Kunden die Illusion einer Ersparnis zu vermitteln.

Dieser Fehler gilt nicht nur für die Bildung von Wahrscheinlichkeiten, aber er ist auch dort anzutreffen. Bei der Schätzung von Wahrscheinlichkeitsverteilungen einer numerischen Variablen dient häufig ein „mittlerer" oder ein derzeitiger Wert als Anker. Wenn Sie beispielsweise eine Wahrscheinlichkeitsverteilung für den US-Dollar-Kurs zum Ende dieses Jahres aufstellen sollen, fangen Sie vermutlich bei dem heutigen Kurs an, sofern Sie ihn kennen. Falls Sie ihn nicht kennen, graben Sie in Ihrem Gedächtnis nach einem plausiblen Anhaltspunkt. Ausgehend von diesem Anker überlegen Sie, wie weit der Kurs maximal nach oben oder unten abweichen wird. Laborexperimente haben überwältigende Hinweise dafür erbracht, daß die Wahrscheinlichkeitsverteilungen numerischer Variablen dazu neigen, sich zu eng um den Ankerpunkt zu bewegen (Lichtenstein, Fischhoff und Phillips 1982). Die Wahrscheinlichkeiten extrem geringer oder hoher Werte werden unterschätzt.

Ein Weg, diese Verzerrung festzustellen, ist zu prüfen, ob die Wahrscheinlichkeitsverteilung mit Ihren anderen Vorstellungen kompatibel ist. Wenn Sie glauben, daß der US-Dollar nicht unter 0,8 € fallen oder über 1 € steigen kann, müßten Sie bereit sein, Ihr ganzes Vermögen darauf zu verwetten, daß diese Grenzen nicht unter- bzw. überschritten werden. Sind Sie dazu nicht bereit, so ist Ihre Wahrscheinlichkeitsverteilung für den Dollarkurs nicht korrekt.

Ein zweiter, nur in wenigen Fällen gangbarer Weg ist die „Kalibrierung", d. h. die Überprüfung Ihrer Aussagen anhand der späteren Ergebnisse. Zwar kann eine einzelne Wahrscheinlichkeitsaussage nicht empirisch überprüft werden. Angenommen jedoch, Sie würden für eine Tageszeitung täglich eine Prognose über die Börsenentwicklung am nächsten Tag abgeben. Die Prognose beträfe den Median sowie das 25%- und das 75%-Fraktil des deutschen Aktienindex (DAX). Nach einigen Jahren Tätigkeit hätte man einige hundert Ihrer Wahrscheinlichkeitsaussagen und könnte z. B. überprüfen, in wieviel Prozent der Fälle der DAX über bzw. unter dem von Ihnen genannten Median gelegen hat. Im Idealfall sollten die tatsächlichen DAX-Werte in 25% der Fälle unter dem jeweilig genannten 25%-Fraktil gelegen haben, in 50% der Fälle unter dem Median und in 25% der Fälle über dem 75%-Fraktil. Dann wären Sie perfekt kalibriert. Würde sich jedoch beispielsweise herausstellen, daß der tatsächliche Index in 80% der Fälle unter dem vorausgesagten Median oder in 40% der Fälle oberhalb des 75%-Punktes gelegen haben, würde man Ihnen eine weniger gute Kalibrierung bescheinigen und sich vielleicht einen anderen Mitarbeiter für die Börsentips suchen.

Um der Tendenz zu enger Verteilungen entgegenzuwirken, wird empfohlen, bei der Ermittlung von Verteilungsfunktionen nach der Methode der Wertabfrage nicht mit dem Median zu beginnen, um eine frühzeitige Verankerung zu vermeiden. Auch die Unter- und Obergrenze sollten nicht am Anfang festgelegt werden. Günstiger dürfte es sein, mit dem 5%- und dem 95%-Fraktil zu beginnen.

Overconfidence. Menschen neigen dazu, die Richtigkeit ihrer Urteile zu überschätzen. Wieviele Staaten gibt es in Afrika? Geben Sie ein Intervall an, in dem die wahre Anzahl mit 90% Wahrscheinlichkeit liegt. Lösen Sie 100 solcher Aufgaben. Vergleichen Sie dann Ihre Angaben mit den wahren Werten, und zählen Sie die Anzahl derer, bei denen der wahre Wert in Ihrem Intervall liegt. Sind etwa 90 Ihrer Angaben richtig, dann sind Sie gut kalibriert. Viele Experimente zeigten jedoch, daß weitaus mehr als 10% der wahren Werte außerhalb der angegebenen Intervalle lagen.

Dieser Fehler mag eine Folge der Verankerung und unzureichenden Anpassung sein. Er kann fatale Folgen haben, zum Beispiel bei der überhöhten Einschätzung der Erfolgswahrscheinlichkeit bei einem Zivilprozeß oder bei der Entscheidung über die Neueinführung eines Produktes. Der US-Kriegsminister Baker hielt 1921 die Vorstellung, ein Schlachtschiff könne durch Fliegerbomben versenkt werden, für so „verdammt unsinnig und unmöglich", daß er sich bereit erklärte, auf der Brücke eines Schlachtschiffs zu stehen, während es aus der Luft angegriffen werde. Diese Ansicht war unbegründet, aber so festgefügt, daß sie die Einholung relevanter Informationen verhinderte. Erst unter seinem Nachfolger wurde ein Experiment ausgeführt. Flugzeuge schickten ein Schlachtschiff auf den Grund (Russo und Schoemaker 1989, S. 67 f.)

Wir haben betont, daß Wahrscheinlichkeiten auf Gründen basieren sollten. Wie die Forschung gezeigt hat, besteht die Gefahr, daß Menschen zu viel Vertrauen in ihre Urteile haben, die Notwendigkeit zusätzlicher Informationen nicht erkennen und sich möglicherweise durch Wunschdenken leiten lassen.

Fragen und Aufgaben

7.1

Welche Wahrscheinlichkeitsinterpretationen liegen den folgenden Aussagen zugrunde:

(a) Die Wahrscheinlichkeit, mit zwei Würfeln acht oder mehr Augen zu werfen, beträgt 5/12.

(b) Politiker: Die Chance für einen Sieg der SPD bei der nächsten Wahl ist 55%.

(c) Fußballspieler: In der nächsten Saison steigen wir mit Sicherheit in die zweite Bundesliga auf.

(d) Die Wahrscheinlichkeit, daß das Kind ein Junge wird, beträgt 100/206.

(e) Die Unfallwahrscheinlichkeit auf Bundesstraßen ist erheblich höher als auf Autobahnen.

7.2

Sie hören die folgenden Aussagen eines Bekannten und wollen gerne wissen, welche subjektiven Wahrscheinlichkeiten er mit diesen Aussagen ausdrücken wollte. Schätzen Sie zu jeder Aussage die Mindest- und die Höchstwahrscheinlichkeit.

(a) Wahrscheinlich werde ich nächstes Mal F.D.P. wählen.

(b) Es ist eher unwahrscheinlich, daß die Meiers sich wieder versöhnen werden.
(c) Ich bin überzeugt, ich könnte den Job meines Chefs ebenso gut machen wie er.
(d) Nach der letzten Statistik-Klausur habe ich ein ganz gutes Gefühl.
(e) Den Schirm kann ich unmöglich in der Straßenbahn vergessen haben.

Lassen Sie auch ein paar andere Personen diese Wahrscheinlichkeiten schätzen und ermitteln Sie die Spanne zwischen der niedrigsten genannten Mindest- und der höchsten Höchstwahrscheinlichkeit zu jeder Aussage.

7.3
In einer Kleinstadt verteilt sich die Anzahl der pro Tag gemeldeten Fahrraddiebstähle wie folgt:

0	1	2	3	4
30%	25%	22%	16%	7%

Errechnen und zeichnen Sie die entsprechende Verteilungsfunktion.

7.4
Bei der Personalplanung muß die Fluktuation im Bereich des Vertriebs geschätzt werden. Aufgrund von Erfahrungen wird folgende Verteilung der Anzahl von Beschäftigten, die im nächsten Jahr kündigen werden, geschätzt.

40-100	101-120	121-140	141-160	161-200
5%	20%	35%	30%	10%

Behandeln Sie die Personenzahl als stetige Variable und zeichnen Sie die Dichtefunktion dieser Verteilung.

7.5
Für die voraussichtlichen Kosten einer Entwicklung wird folgende Verteilung gegeben: Mit 25% Wahrscheinlichkeit 200.000-250.000 €, mit 60% Wahrscheinlichkeit 250.000-300.000 €, mit 15% Wahrscheinlichkeit 300.000-400.000 €. Innerhalb jedes Intervalls wird eine Rechteckverteilung angenommen.
(a) Zeichnen Sie die Dichtefunktion und die Verteilungsfunktion.
(b) Man möchte die stetige Variable „Entwicklungskosten" diskretisieren und nur drei Ausprägungen betrachten. Welche Ausprägungen würden Sie nehmen und welche Wahrscheinlichkeiten würden Sie ihnen zuordnen? Zeichnen Sie für diesen Fall die Wahrscheinlichkeitsfunktion und die Verteilungsfunktion.

7.6

Es ist abzuschätzen, wieviele neue Arbeitsplätze in einer Region durch die Einrichtung eines Technologieparks geschaffen werden könnten. Die eingesetzte Projektgruppe erarbeitet folgende Parameter der Wahrscheinlichkeitsverteilung:

- Mindestens werden 100 neue Arbeitsplätze geschaffen.
- Der 20%-Punkt liegt bei 130, der 40%-Punkt bei 150, der 60%-Punkt bei 165, der 80%-Punkt bei 220 Arbeitsplätzen.
- Maximal erscheinen 400 Arbeitsplätze als möglich.

(a) Zeichnen Sie die Verteilungsfunktion, indem Sie die genannten Punkte linear verbinden.

(b) Wie wahrscheinlich ist es, daß mehr als 200 neue Arbeitsplätze geschaffen werden?

(c) Wie wahrscheinlich ist es, daß 150-180 Arbeitsplätze geschaffen werden?

7.7

Vor der Einräumung eines Warenkredits an die Wackel GmbH & Co KG versucht ein Lieferant sich ein Bild von der Bonität des Unternehmens zu machen. Er vermutet aufgrund seiner bisherigen Informationen mit 90% Wahrscheinlichkeit, daß er keine Forderungsverluste erleiden wird.

Um sicher zu gehen, befragt er seine Hausbank. Diese bezeichnet nach seinen früheren Erfahrungen gute Kunden vorher in 95% der Auskünfte als kreditwürdig, während sie in 5% der Fälle fälschlich von Krediten abrät. Bei den Kunden, die sich später als nicht kreditwürdig herausstellten, hatte die Bank in der Hälfte der Fälle eine positive, in der anderen Hälfte der Fälle eine negative Auskunft gegeben.

Die Bank warnt vor einer Kreditgewährung an Wackel. Wie hoch ist die Wahrscheinlichkeit, daß der Kredit notleidend wird?

7.8

Im Herbst 1990 veröffentlichte Marylin vos Savant in ihrer Kolumne „Fragen Sie Marylin“ in der US-amerikanischen Zeitschrift *Parade* folgende Denksportaufgabe. Bei einer Fernseh-Spielshow steht der Kandidat vor drei verschlossenen Türen. Er weiß: Der große Preis, ein Auto, wartet hinter einer der Türen; hinter den beiden anderen steht je eine Ziege. Der Kandidat gewinnt das Auto, wenn er die richtige Tür öffnet. Angenommen, er zeigt auf Tür Nr. 1. Der Quizmaster öffnet jedoch nicht diese, sondern stattdessen Tür Nr. 3; eine Ziege wird sichtbar. Darauf fragt der Quizmaster den Kandidaten, ob er bei seiner Wahl – Tür Nr. 1 – bleiben oder lieber Nr. 2 wählen wolle.

Marylin behauptete, der Kandidat solle jetzt seine Wahl ändern; die Chance, daß das Auto hinter Tür Nr. 2 stehe, sei doppelt so groß wie für Tür Nr. 1. Diese Lösung führte zu einer monatelangen Leserbrief-Flut, die auch auf andere Zeitschriften übergriff, welche das Problem abdruckten. Die meisten Leserbriefschreiber, darunter viele Mathematiker, bestritten vehement die Richtigkeit der Lösung. – Was meinen Sie? (Das Problem führte zur Veröffentlichung eines amüsanten populärwissenschaftlichen Buches über das Denken in Wahrscheinlichkeiten: von Randow 1992.)

7.9
Die Drillinge Agathe, Beatrix und Carolin haben herausgefunden, daß eine von ihnen zum Geburtstag von ihren Eltern ein Auto bekommen wird, die beiden anderen je eine Ziege. Agathe bestürmt ihren Vater, ihr zu sagen, wer das Auto kriegt, doch der Vater weigert sich. Da sagt Agathe: „Wenn du mir schon nicht sagen willst, was ich bekomme, dann nenne mir doch wenigstens den Namen *einer* von uns, die eine Ziege kriegt."

Darauf läßt sich der Vater ein und sagt: „Eine Ziege ist für Carolin." Dies hört Agathe gern, denn nun hat sie eine 50-50-Chance für das Auto. Oder?

7.10
Zwanzig Personen sind zusammen auf einer Party. Schätzen Sie intuitiv die Wahrscheinlichkeit dafür, daß einer oder mehrere von ihnen am gleichen Tag Geburtstag haben.

Anschließend berechnen Sie den korrekten Wert unter der Annahme, daß alle Tage gleichwahrscheinlich sind. (Hinweis: Die gesuchte Wahrscheinlichkeit ist 1 – p(Kein gemeinsamer Geburtstag), und es gilt p(Kein gemeinsamer Geburtstag) $= 364/365 \cdot 363/365 \cdot 362/365 \cdot \ldots \cdot 346/365$.

7.11
In der Zeitschrift „Management Focus" erschien 1984 ein Artikel, aus dem Dawes (1988, S. 75) folgenden Ausschnitt zitiert.

> Ergebnisse einer neuen Befragung von 74 leitenden Managern deuten darauf hin, daß eine Beziehung zwischen dem Besitz von Haustieren in der Kindheit und zukünftigem Karriere-Erfolg bestehen könnte.
>
> Volle 94% der Manager, alle bei den 500 größten Unternehmen nach „Fortune", hatten als Kinder einen Hund, eine Katze oder beides besessen. ...
>
> Die Befragten behaupteten, daß der Besitz eines Haustiers ihnen geholfen habe, viele der positiven Charakterzüge zu entwickeln, die sie heute zu guten Managern gemacht hätten, insbesondere Verantwortungsgefühl, Einfühlungsvermögen, Respekt für andere lebende Wesen, Großzügigkeit und gute Kommunikationsfähigkeit.

(a) Läßt sich die genannte These aus dem Befragungsergebnis rechtfertigen?
(b) Angenommen, Sie schätzten, daß 70% aller Manager in ihrer Kindheit ein Haustier besessen haben und 10% aller Manager eine so gehobene Position erreichen wie die in der genannten Befragung. Wird die These von der charakterprägenden Wirkung der Haustiere bestätigt?

ANWENDUNGSBEISPIEL

Sofortige Blinddarmoperation?

Quelle: Clarke, John R.: The Application of Decision Analysis to Clinical Medicine, *Interfaces*, vol. 17, 1987, S. 27-34.

Die Diagnose einer Appendizitis (Blinddarmentzündung) ist niemals sicher. Es besteht also bei Anzeichen einer solchen Erkrankung das Problem, entweder sofort zu operieren – in dem Bewußtsein, daß es unnötig sein mag – oder abzuwarten. In letzterem Fall kann der Blinddarm durchbrechen, was zu einem ernsteren Zustand des Patienten führt als eine einfache Appendizitis. Das Problem kann in erster Annäherung in folgendem Entscheidungsbaum abgebildet werden.

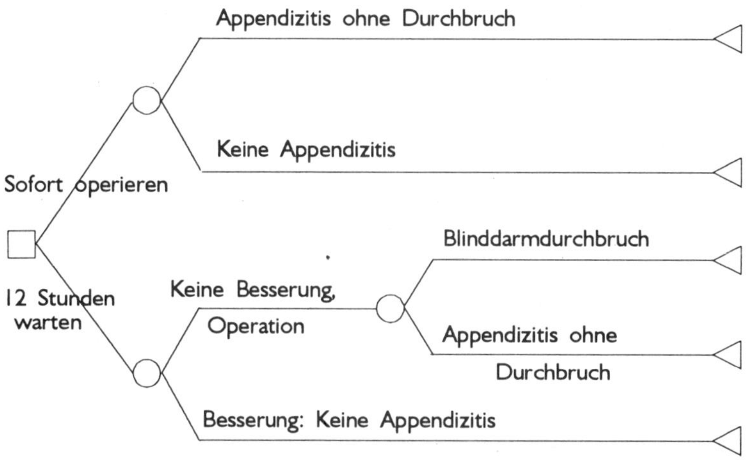

Fünfzig kompetente Chirurgen wurden mit folgender Fallbeschreibung konfrontiert: Ein 18jähriger Mann wird mit Unterleibsschmerzen eingeliefert. Die Untersuchungsergebnisse sind einigermaßen vereinbar mit Appendizitis, aber nicht sonderlich typisch dafür. Die Resultate von Labortests und Röntgenaufnahmen sind unklar. Nach dem Lesen dieser Beschreibung hatte jeder Chirurg zu entscheiden, ob er eine sofortige Blinddarmentfernung empfehlen oder lieber 12 Stunden abwarten und dann operieren würde, sofern es dem Patienten bis dahin nicht besser ginge.

Außer dieser „intuitiven" Entscheidung wurde jeder Chirurg gebeten, an dem obigen Entscheidungsbaum subjektive Wahrscheinlichkeiten und Nutzen für die Konsequenzen anzubringen.

Die Apriori-Wahrscheinlichkeit für eine Appendizitis ist bekannt, ebenso standen dem Verfasser Likelihoods für die Ergebnisse verschiedener Untersuchungen zur Verfügung, so daß mit Hilfe des Bayes-Theorems Aposteriori-Wahrscheinlichkeiten für die Appendizitis berechnet werden konnten. Im vorliegenden Fall kam der Verfasser auf eine Wahrscheinlichkeit von 0,56 für das Vorliegen einer akuten Blinddarmentzündung. (Die Schätzungen der Chirurgen schwankten zwischen 0,07 und 0,98!) Die Wahrscheinlichkeit, daß ein entzündeter Blinddarm durchbricht, wurde für den geschilderten Fall mit 0,06 angenommen.

Als Ziel wurde die Minimierung der Todeswahrscheinlichkeit angenommen. Diese beträgt 0,0009 bei Entfernung eines entzündeten und 0,0004 bei Entfernung eines gesunden Blinddarms; bei der Operation eines durchbrochenen Blinddarms beträgt sie 0,0064. – Der Entscheidungsbaum wird wie folgt erweitert:

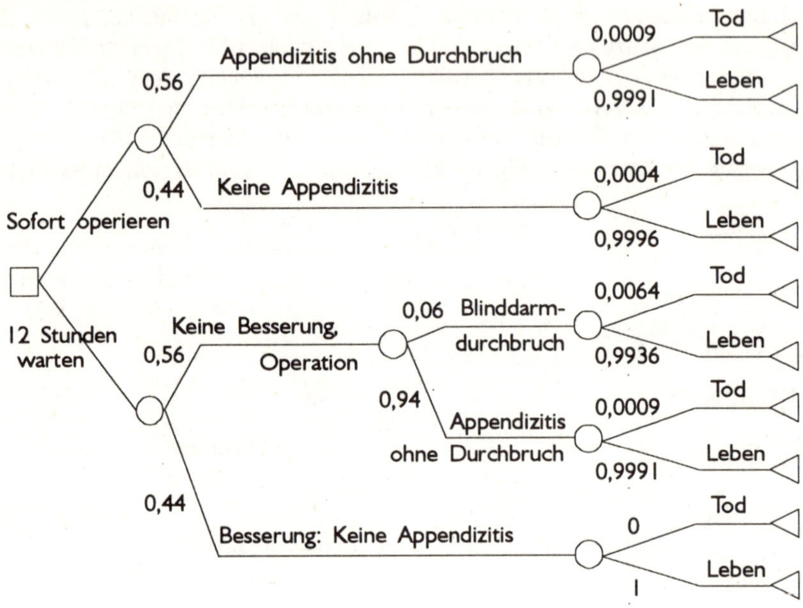

Bei Annahme der auf statistischen Daten beruhenden Wahrscheinlichkeiten ist im Beispielsfall die sofortige Operation die (leicht) bessere Alternative, da hier die Todeswahrscheinlichkeit 0,00068 beträgt im Vergleich zu 0,00069 beim Abwarten. Von den befragten Chirurgen plädierten 59% intuitiv für die sofortige Operation. Von den restlichen 41% wären 90% zu der „korrekten" Lösung gekommen, wenn sie auf Basis ihrer eigenen subjektiven Wahrscheinlichkeiten und Nutzenannahmen die Alternative mit dem höchsten Nutzenerwartungswert ermittelt hätten.

Neben dem Appendizitis-Problem wurden den Ärzten noch fünf weitere hypothetische Probleme vorgelegt. Als Ergebnis der Untersuchung hält der Verfasser fest, daß Methoden der Entscheidungstheorie medizinische Entscheidungen signifikant verbessern können.

Kapitel 8: Die Simulation der Verteilung einer Zielvariablen

8.0 Zusammenfassung

1. Sind die Konsequenzen der Alternativen unsicher, so sind Kenntnisse über die Wahrscheinlichkeitsverteilung der Zielvariablen Voraussetzung für eine rationale Entscheidung.
2. Die Verteilung der Zielvariablen läßt sich nur in einfachen Fällen direkt angeben. Wirken mehrere unsichere Einflußfaktoren auf die Zielvariable ein, so ist es sinnvoll, die Verteilungen dieser Einflußfaktoren zu schätzen und daraus die Verteilung der Zielvariablen zu ermitteln.
3. Im allgemeinen ist es nicht möglich, auf analytischem Weg die resultierende Verteilung der Zielvariablen zu bestimmen. Mit Hilfe einer Simulation kann man die Verteilung jedoch in praktisch ausreichender Genauigkeit annähern.

8.1 Aufgabenstellung

Um unter unsicheren Erwartungen eine optimale Entscheidung treffen zu können, benötigt man im allgemeinen Kenntnisse über die Wahrscheinlichkeitsverteilung der Konsequenzen jeder Alternative. In einfachen Fällen kann der Entscheider diese angeben. Denken Sie zurück an das Beispiel des Verlegers in Abschnitt 2.6.2. Er schätzte die Wahrscheinlichkeiten unterschiedlicher Nachfragemengen, und daraus ergab sich direkt die Verteilung des Gewinns für jede Alternative.

Häufig liegen die Verhältnisse komplizierter. Die Wahrscheinlichkeiten der Konsequenzen hängen nicht nur von einem, sondern von mehreren unsicheren Faktoren ab. Wir haben schon darauf hingewiesen, daß die Wahrscheinlichkeiten komplexer Ereigniskombinationen meist besser durch Dekomposition bestimmt werden können. Dieser Gedanke liegt den Ereignisbäumen und Ursachenbäumen zugrunde, die wir in Kapitel 2 dargestellt haben. Um etwa die Wahrscheinlichkeit für das Austreten von Radioaktivität bei einem Reaktorunfall zu ermitteln, bestimmt man Wahrscheinlichkeiten für die einzelnen Störungsmöglichkeiten und kombiniert sie dann nach den Regeln der Wahrscheinlichkeitsrechnung.

Nehmen wir als weiteres Beispiel, es werde die Verteilungsfunktion der Absatzmenge eines Industrieproduktes gesucht. Die gesamte Absatzmenge setzt sich aus Verkäufen auf vielen regional und branchenmäßig unterschiedlichen Teilmärkten zusammen. Für jeden dieser Teilmärkte gibt es andere Experten, die die Absatzentwicklung beurteilen können. Dann scheint es ein sinnvoller Weg, die Verteilungen der Absatzmengen der Teilmärkte zu ermitteln und diese Verteilungen dann zu einer Verteilung der Gesamtabsatzmenge zu aggregieren.

Warum wollen wir die Verteilung der Zielvariablen kennen? Die Verteilung enthält alle erreichbare Information darüber, welche Ausprägungen die Zielvariable annehmen kann und mit welchen Wahrscheinlichkeiten sie in welche Bereiche fällt. Zum Beispiel gibt sie die Unter- und die Obergrenze der Zielgröße an. Wir können auch sehen, welcher Wert z. B. mit 95% Wahrscheinlichkeit überschritten wird. Ferner können wir den Durchschnitt (Erwartungswert), die Streuung und andere Momente ermitteln. Die graphische oder tabellarische Darstellung der Verteilungsfunktion gibt einen guten Einblick in die Risiken und Chancen einer Entwicklung. Die Kenntnis dieser Verteilungsfunktion ist die Voraussetzung für rationales Entscheiden unter Unsicherheit. Im Kapitel 9 werden wir zeigen, wie man bei Kenntnis der Funktion die optimale Alternative bestimmen kann. Im Kapitel 10 wird deutlich werden, daß unter Umständen auch eine unvollständige Information über die Verteilung der Zielgröße genügt, um die optimale Lösung zu finden.

Die Verteilung einer Variablen aus den Verteilungen ihrer Einflußgrößen zu bestimmen, ist nur in sehr einfachen oder sehr speziellen Fällen *analytisch* möglich. Ein einfacher Fall ist etwa die Verteilung der Augensumme zweier unverzerrter Würfel. Sie lautet

2	3	4	5	6	7	8	9	10	11	12
1/36	2/36	3/36	4/36	5/36	6/36	5/36	4/36	3/36	2/36	1/36

und läßt sich ermitteln, indem man die Wahrscheinlichkeit jeder einzelnen Ereigniskombination ausrechnet. Als allgemeines Verfahren kommt nur die Simulation in Frage. Sie beruht darauf, Zufallsstichproben zu ziehen. Nehmen Sie an, Sie wüßten nicht, wie man die Verteilung der Augensumme zweier Würfel berechnet. Sie könnten diese Verteilung empirisch ermitteln, indem Sie hundertmal oder fünfhundertmal zwei Würfel spielen und die relativen Häufigkeiten der Ergebnisse auszählen. Die so durch Simulation gewonnene Verteilung würde zwar kaum genau der theoretischen gleichen, aber für praktische Zwecke wäre die Annäherung ausreichend.

Gegenstand dieses Kapitels ist es zu zeigen, wie man mit Hilfe der Simulation aus gegebenen Verteilungsfunktionen unsicherer Einflußgrößen die Verteilungsfunktion einer resultierenden Größe ermitteln kann (siehe dazu Hertz 1964, 1968; Schindel 1977; Hertz und Thomas 1983, 1984). Abbildung 8-1 zeigt schematisch die Aufgabe der Simulation.

Die hier zu beschreibende Simulation von Verteilungen wird häufig als „Monte-Carlo-Simulation“ bezeichnet. Sie erfordert den Einsatz eines Computers. In vielen Fällen genügt der Einsatz von Tabellenkalkulations-Software zur Durchführung.

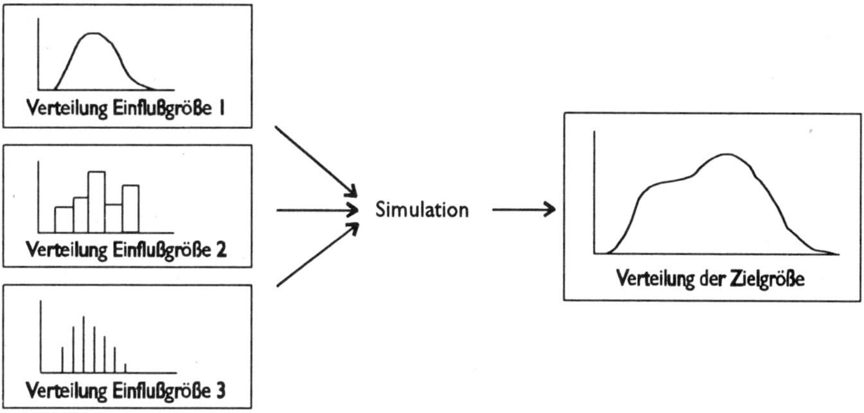

Abb. 8-1: Input und Output der Simulation

8.2 Diskrete Ereignisvariable: Ein Beispiel

8.2.1 Berechnung von Verteilungsfunktion und Risikoprofil

Beginnen wir mit einem Beispiel, das nur wenig komplizierter ist als das Würfelbeispiel. Wir wollen die Verteilung einer Zielgröße zunächst rechnerisch ermitteln. Danach wollen wir diese „exakte“ Verteilung durch Simulation approximieren.

Ein Spielzeughersteller denkt über das Projekt nach, die Produktion eines Spielzeugbumerangs aufzunehmen. Mit Sicherheit würden zusätzliche fixe Kosten von 4.200 € pro Monat entstehen. Die Absatzmenge ist unsicher; man rechnet mit monatlich 1.000 bis 1.500 Stück. Unsicher ist auch der Deckungsbeitrag pro Stück, hier wird eine Spanne von 3 bis 5 € für möglich gehalten. Die zuständigen Experten generieren die Wahrscheinlichkeitsverteilungen in Tabelle 8.1.

Tab. 8.1: Verteilungen für Absatzmenge und Deckungsbeitrag des Bumerangs

Absatzmenge pro Monat	Wahrscheinlichkeit	Deckungsbeitrag €/Stück	Wahrscheinlichkeit
1.000	0,25	3,00	0,30
1.200	0,65	4,00	0,50
1.500	0,10	5,00	0,20
	1,00		1,00

Da es nur endlich viele, nämlich neun Ereigniskombinationen gibt, lassen sich ihre Wahrscheinlichkeiten errechnen. Absatzmenge und Deckungsbeitrag werden als voneinander stochastisch unabhängig angenommen. Die Wahrscheinlichkeit für einen bestimmten Deckungsbeitrag, sagen wir 3 €, hängt also nicht davon ab, welche Absatzmenge realisiert wird. Die Wahrscheinlichkeit jeder Mengen-Deckungsbeitrags-Kombination ist einfach gleich dem Produkt der beiden Einzelwahrscheinlichkeiten. In Tabelle 8.2 sind die Wahrscheinlichkeiten aller Kombinationen angegeben. Die Zielgröße „Gewinn" ist ebenfalls jeweils genannt. Sie ergibt sich aus dem Wirkungsmodell

Gewinn = Absatzmenge mal Deckungsbeitrag minus fixe Kosten.

Tab. 8.2: Gemeinsame Verteilung von Absatzmenge und Deckungsbeitrag pro Stück mit zugehörigen monatlichen Gewinnen

Absatz		Deckungsbeitrag					
		3,00 €	(0,30)	4,00 €	(0,50)	5,00 €	(0,20)
1.000	(0,25)	−1.200 €	(0,075)	−200 €	(0,125)	800 €	(0,05)
1.200	(0,65)	−600 €	(0,195)	600 €	(0,325)	1.800 €	(0,13)
1.500	(0,10)	300 €	(0,030)	1.800 €	(0,050)	3.300 €	(0,02)

Acht verschiedene Gewinnausprägungen sind möglich (nicht neun, da der Wert 1.800 zufällig zweimal vorkommt). Indem wir die Gewinne g_i in aufsteigender Folge ordnen und ihre Wahrscheinlichkeiten p_i daneben schreiben, erhalten wir in den Spalten 1 und 2 der Tabelle 8.3 die Wahrscheinlichkeitsverteilung des Gewinns.

Durch sukzessive Addition der Wahrscheinlichkeiten ergibt sich die kumulierte Wahrscheinlichkeitsverteilung oder Verteilungsfunktion $P_i = P(g_i)$. Die Funktion gibt für jeden Gewinn an, mit welcher Wahrscheinlichkeit er unterschritten oder erreicht wird (Spalte 3 der Tabelle 8.3). Das Komplement dazu, $1 - P_i$, zeigt entsprechend an, mit welcher Wahrscheinlichkeit der Gewinn g_i *überschritten* wird. Diese Funktion ist in Spalte 4 der Tabelle 8.3 enthalten.

Die Funktion $1 - P_i$ bzw. ihre graphische Darstellung bezeichnet man als *Risikoprofil.* Abbildung 8-2 zeigt das Risikoprofil für die Gewinne im Bumerangbeispiel.

Tab. 8.3: Verteilung der Gewinne im Bumerang-Beispiel

(1) Gewinn g_i	(2) Wahrschein-lichkeit p_i	(3) Kumulierte Wahrschein-lichkeit P_i	(4) Risikoprofil $1 - P_i$
-1.200	0,075	0,075	0,925
-600	0,195	0,270	0,730
-200	0,125	0,395	0,605
300	0,030	0,425	0,575
600	0,325	0,750	0,250
800	0,050	0,800	0,200
1.800	0,180	0,980	0,020
3.300	0,020	1,000	0,000

An diesem Beispiel wollen wir die Interpretation des Risikoprofils erklären. Wollen Sie wissen, mit welcher Wahrscheinlichkeit ein bestimmter Wert der Zielvariablen überschritten wird, so gehen Sie von der Abszissenachse senkrecht hoch, bis Sie auf eine „Stufe" des Risikoprofils stoßen. Beispielsweise lesen Sie ab, daß die Gewinnschwelle mit der Wahrscheinlichkeit 0,605 und ein Gewinn von 1.500 € mit der Wahrscheinlichkeit 0,2 übertroffen wird. Probleme können lediglich die Sprungstellen bereiten. Zum Beispiel: Mit welcher Wahrscheinlichkeit wird der Gewinn 600 überschritten? Hier kämen zwei Stufen in Betracht, die untere bei 0,25 und die obere bei 0,575. Richtig ist die untere: Der Gewinn 600 wird mit 25% Wahrscheinlichkeit überschritten. (Dagegen gibt die obere Stufe, 57,5%, die Wahrscheinlichkeit an, daß 600 *erreicht oder überschritten* werden.) Die gepunktet gezeichneten senkrechten Linien zwischen den benachbarten Stufen haben keine sachliche Bedeutung; sie dienen nur zur übersichtlicheren Darstellung des Risikoprofils.

Mit dem Risikoprofil sind die Risiken und Chancen des Projekts charakterisiert. Außerdem kann man den Erwartungswert (das arithmetische Mittel) des Gewinns, $\Sigma p_i g_i$ berechnen; er beträgt 402 €. Man könnte meinen, daß ein Erwartungswert größer als null dafür spricht, die Entscheidung für das Projekt zu treffen. Das gilt jedoch nur unter bestimmten Bedingungen, die im Kapitel 9 diskutiert werden. Da das Projekt auch Verluste einspielen kann, wird nicht jeder Entscheider bereit sein, es durchzuführen. Im Rahmen dieses Kapitels wollen wir noch keine Entscheidungsempfehlung erarbeiten.

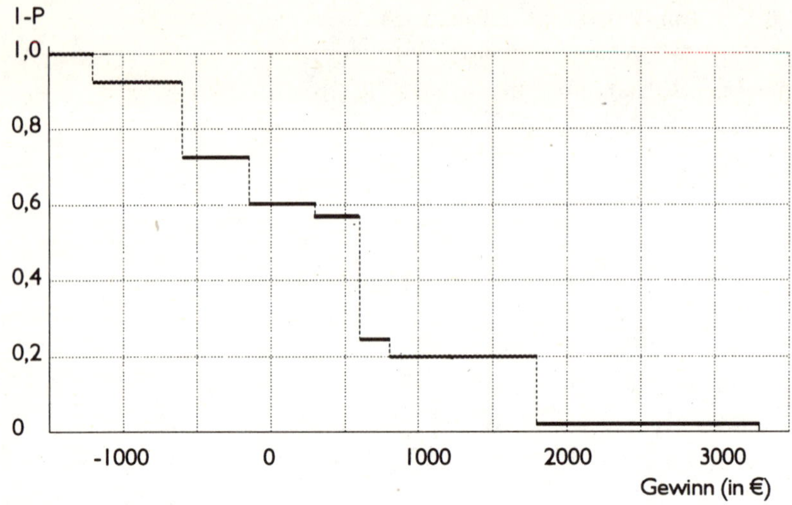

Abb. 8-2: Risikoprofil der Gewinne im Bumerang-Beispiel

8.2.2 Simulation

Die Erzeugung eines Risikoprofils ist, wie in unserem Beispiel, recht einfach, wenn die unsicheren Variablen nur wenige Ausprägungen haben. Dazu benötigen wir keine Simulation. Wir wollen sie dennoch anwenden, um zu zeigen, daß die Simulation eine Annäherung an die hier korrekt ermittelbare Verteilung der Zielgröße liefert.

Die Simulation erfordert folgende Schritte:

1. Wir ziehen „zufällig" eine Zahl aus der Verteilung der Absatzmengen. Stellen Sie sich zum Beispiel vor, in einem Gefäß lägen 100 Tischtennisbälle. 25 davon tragen die Zahl 1.000, auf 65 Bällen stände die Zahl 1.200 und auf 10 Bällen die Zahl 1.500. Sie ziehen mit geschlossenen Augen einen Ball und lesen die Absatzmenge. Dann legen Sie den Ball in das Gefäß zurück.
2. Ebenso wird zufällig eine Zahl aus der Verteilung der Deckungsbeiträge gezogen. Hierfür könnten wir ein zweites Gefäß benutzen mit 10 Bällen, von denen 3 mit der Zahl 3, 5 mit der Zahl 4 und 2 mit der Zahl 5 versehen sind.
3. Wir haben nun eine Absatzmenge und einen Deckungsbeitrag. Daraus resultiert gemäß dem Wirkungsmodell ein Gewinn, den wir ausrechnen können. Wir schreiben ihn auf.
4. Die Schritte 1 bis 3 durchlaufen wir *n* mal, so daß wir *n* zufällig erzeugte Gewinne haben.
5. In unserem Beispiel sind acht Gewinnhöhen möglich. Wir ordnen sie in aufsteigender Reihenfolge und zählen aus, wie oft jeder mögliche Gewinn gekommen ist. Sei f_i die relative Häufigkeit der Gewinnhöhe g_i.

6. Durch Kumulation der f_i erhalten wir die kumulierten Häufigkeiten F_i und die komplementäre Funktion $1 - F_i$.

Tabelle 8.4 gibt die mit $n = 25$ erzeugten relativen Häufigkeiten f_i der Gewinne g_i und die daraus ermittelten kumulierten Funktionen F_i und $1 - F_i$ wieder.

Tab. 8.4: Häufigkeiten der Gewinne bei der Simulation mit $n = 25$

Gewinn g_i	Häufigkeit	Relative Häufigkeit f_i	Kumul. rel. Häufigk. F_i	$1 - F_i$
–1.200	1	0,04	0,04	0,96
–600	5	0,20	0,24	0,76
-200	1	0,04	0,28	0,72
300	0	0,00	0,28	0,72
600	10	0,40	0,68	0,32
800	1	0,04	0,72	0,28
1.800	7	0,28	1,00	0
3.300	0	0,00	1,00	0

Die relativen Häufigkeiten f_i nehmen wir als Approximationen für die p_i. Entsprechend sind die F_i Approximationen für die P_i. Die Approximation ist tendenziell um so besser, je größer n ist. In Abbildung 8-3a sehen Sie das Risikoprofil, das aus einer Simulation mit $n = 25$ gewonnen wurde, und das gleiche für $n = 250$ in Abbildung 8-3b. Die simulierten Profile sind schattiert eingezeichnet, das errechnete Profil als Linienzug. Bei der größeren Stichprobe ist die Annäherung besser.

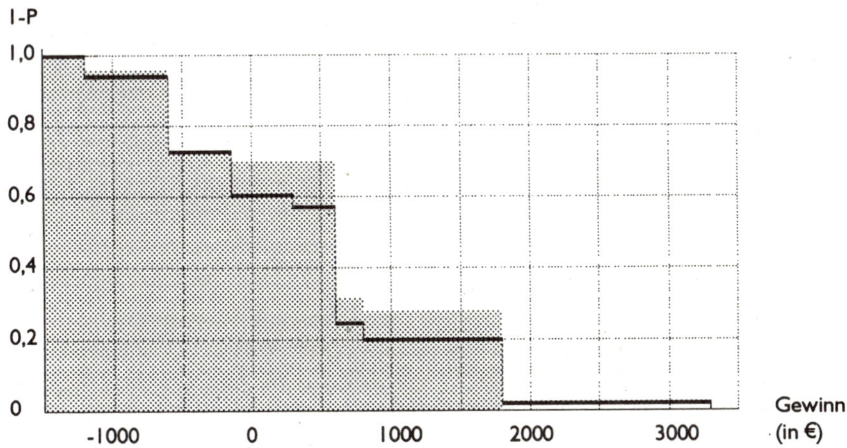

Abb. 8-3a: Simuliertes Risikoprofil mit $n = 25$ und theoretisches Risikoprofil im Bumerang-Beispiel

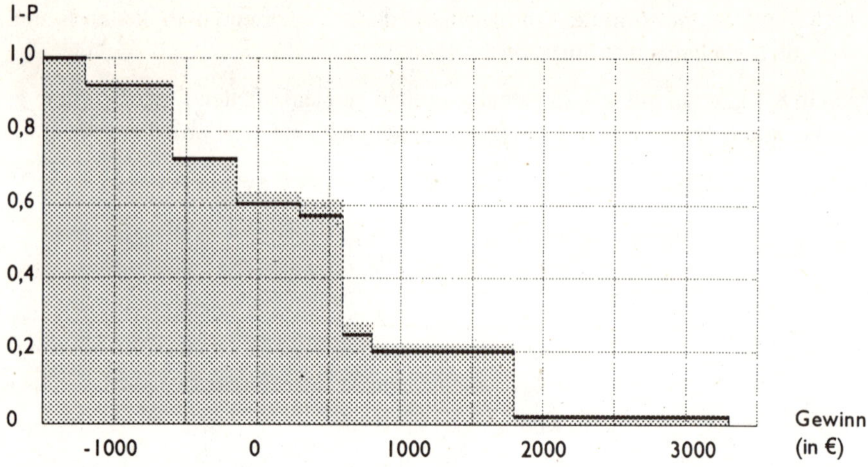

Abb. 8-3b: Simuliertes Risikoprofil mit n = 250 und theoretisches Risikoprofil im Bumerang-Beispiel

8.3 Simulation bei beliebigen Verteilungen der Ereignisvariablen

Um die Verteilung der Zielvariablen zu simulieren, müssen zufällige Werte für die Ereignisvariablen gezogen werden, die den vorgegebenen Verteilungen dieser Variablen gehorchen. Bälle oder Zettel zu beschriften, um daraus Stichproben zu ziehen, ist nicht effizient. Viele Computerprogramme verfügen über einen eingebauten Zufallszahlengenerator, der rechteckverteilte Zufallszahlen im Intervall [0, 1] erzeugt. Diese lassen sich einfach in Verteilungen beliebiger Art transformieren, wie wir jetzt zeigen.

Nehmen wir zunächst eine diskrete Variable, zum Beispiel die Anzahl der Tankerankünfte pro Tag in einem Hafen. Die Variable sei mit x bezeichnet und habe die Ausprägungen $x_i = 0, 1, \ldots, 6$. Den Ausprägungen seien Wahrscheinlichkeiten p_i zugeordnet. Die Verteilungsfunktion P_i bedeutet die Wahrscheinlichkeit dafür, daß $x \leq x_i$ ist. Es gilt

$$P_i = p(x \leq x_i)$$
$$P_{i-1} = p(x \leq x_{i-1})$$

und daher

$$P_i - P_{i-1} = p(x = x_i). \tag{8.1}$$

Eine zwischen null und eins rechteckverteilte Zufallszahl liegt gerade mit der Wahrscheinlichkeit $P_i - P_{i-1}$ in dem Intervall zwischen P_{i-1} und P_i. Wir können also bei der Simulation jedesmal, wenn die Zufallszahl in dieses Intervall fällt, die Ausprägung x_i als eingetreten unterstellen. Die linke Hälfte von Abbildung 8-4 soll den Sachverhalt illustrieren. Hier ist eine Verteilungsfunktion für 0 bis 6 tägliche Tankerankünfte aufgetragen. Jedesmal, wenn eine Zufallszahl z zwischen null und P_0 gezogen wird, kommt an dem hypothetischen Tag kein Tanker an. Liegt die Zufallszahl zwischen P_0 und P_1, kommt genau einer an, und so weiter. Nach einer hinreichend großen Anzahl von Zügen erhalten wir annähernd die vorgegebene Wahrscheinlichkeitsfunktion von x.

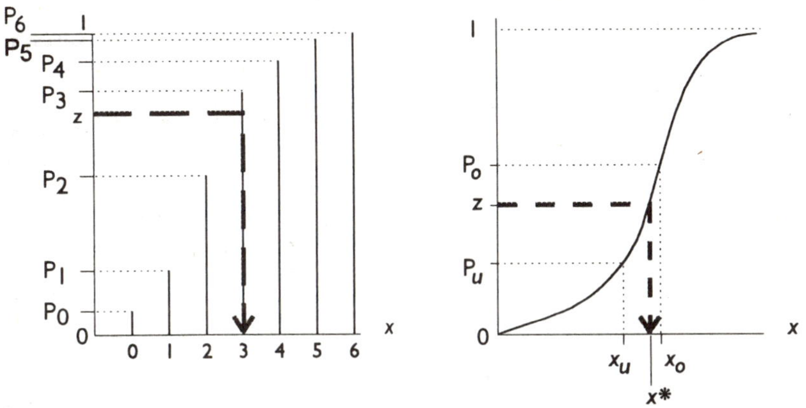

Abb. 8-4: Transformation rechteckverteilter Zufallszahlen zwischen null und eins in diskrete (links) bzw. stetige (rechts) Zufallsvariable mit vorgegebener Verteilung

Mit kontinuierlichen Variablen funktioniert das Verfahren ganz analog. Hier gilt für zwei beliebige Ausprägungen x_u und x_o mit $x_o \geq x_u$

$$P_o - P_u = p(x_u < x \leq x_o). \tag{8.2}$$

Die relative Häufigkeit der Zufallszahlen, die in das Intervall $[P_u , P_o]$ fallen, ist also ein Näherungswert für die Wahrscheinlichkeit, daß x im Intervall $[x_u , x_o]$ liegt. Wird eine Zufallszahl mit dem Wert z gezogen, so gilt diejenige Ausprägung der Variablen x^* als realisiert, für die $P(x^*) = z$ gilt. Mit anderen Worten, wir setzen die gezogene Zufallszahl als Argument in die Umkehrfunktion der Verteilungsfunktion ein:

$$x = P^{-1}(z). \tag{8.3}$$

Dies ist in der rechten Hälfte von Abbildung 8-4 veranschaulicht. Eine Zufallszahl mit dem Wert z wird gezogen. Man geht waagerecht an die Verteilungsfunktion der Ereignisvariablen und von dort senkrecht auf die x-Achse. Dort liest man den Wert x^* als die Ausprägung der Ereignisvariablen ab.

Fassen wir den Ablauf einer Simulation zusammen.

1. Durchführung eines einzelnen Simulationslaufs

   - Ein Zufallsgenerator im Computer erzeugt je Einflußgröße i ($i = 1, 2, \ldots, k$) eine rechteckverteilte Zufallszahl z_i im Intervall [0, 1].

- Über die Umkehrfunktion der gegebenen (d. h. zuvor ermittelten) Verteilungsfunktion P_i wird die Ausprägung x_i der unsicheren Einflußgröße i für $i = 1, 2, \dots, k$ errechnet: $x_i = P_i^{-1}(z_i)$.
- Im Wirkungsmodell werden alle x_i ($i = 1, 2, \dots, k$) eingesetzt und die Ausprägung der Zielvariablen $y = y(x_1, x_2, \dots, x_k)$ ermittelt.

2. Bestimmung der Verteilung der Zielvariablen Y

- Nach n Simulationsläufen werden die aufgetretenen Ausprägungen der Zielvariablen aufsteigend sortiert. Bestimmte Ausprägungen y_j treten m_j-mal auf, $1 \le j \le q$. Es sei $y_1 < y_2 \dots < y_q$.
- Die relativen Häufigkeiten $f_j = m_j / n$ und die kumulierten relativen Häufigkeiten $F_i = \Sigma_{j=1}^{i} f_i = p(y \le y_i)$ werden ermittelt.
- Nun kann man das Risikoprofil zeichnen:

$$1 - P_i = \begin{cases} 1, \text{falls } y < y_1 \\ 1 - F_i, \textit{falls } y_i \le y \le y_{i+1} \quad (\text{für } i = 1, 2, \dots, q-1) \\ 0, \text{falls } y_q < y. \end{cases} \tag{8.4}$$

8.4 Kontinuierliche Ereignisvariablen: Ein Beispiel

Ein Automobilhersteller hat einen Roadster im Programm, der schon 10 Jahre alt ist. Das neue Modell wird jedoch erst in anderthalb Jahren serienreif sein. Man überlegt, entweder die Fertigung bis dann zu unterbrechen oder das alte Modell durch einige optische und technische Verbesserungen aufzuwerten, um den Absatz bis zum Modellwechsel aufrechtzuerhalten.

Einige Unsicherheiten erschweren die Entscheidung. Es wären Investitionen in Höhe von 30 bis 36 Millionen € erforderlich, die nach dem Modellwechsel keinen Wert mehr für das Unternehmen hätten. Zum anderen sind Kostensteigerungen bei den variablen Kosten zu erwarten, die im Bereich zwischen 3% und 7,5% geschätzt werden. Größter Unsicherheitsfaktor ist jedoch die Nachfrage, die das verbesserte alte Modell auf sich ziehen wird. Die Schätzungen für die zusätzliche Absatzmenge (gegenüber dem Absatz ohne Verbesserung) bewegen sich im Bereich zwischen 2.000 und 10.000 Stück.

Tab. 8.5: Verteilung der unsicheren Enflußgrößen im Roadster-Beispiel

Absatz	2.000-4.000	4.000-6.000	6.000-8.000	8.000-10.000
Wahrscheinlichkeit	0,2	0,35	0,3	0,15

Kostensteigerung	3%-4,5%	4,5%-6%	6-7,5%
Wahrscheinlichkeit	0,1	0,7	0,2

Investition	30-32 Mio €	32-34 Mio €	34-36 Mio €
Wahrscheinlichkeit	0,1	0,8	0,1

Die Experten erarbeiten die Wahrscheinlichkeitsverteilungen, die in Tabelle 8.5 zusammengestellt sind. Für jede Variable hat man mehrere Intervalle definiert und die Wahrscheinlichkeiten bestimmt, daß die Ausprägung in diese Intervalle fallen, innerhalb jedes Intervalls nimmt man eine Rechteckverteilung an. Die Dichtefunktionen und Verteilungsfunktionen der Variablen sind in Abbildung 8-5 zusammengestellt.

Wir benötigen nun ein Wirkungsmodell, das die Zielvariable als Konsequenz der Investitionsentscheidung und der Umwelteinflüsse ermittelt. Der Roadster wird zum Preis von 40.000 € an die Händler abgegeben. Die variablen Kosten der Herstellung und des Vertriebs betragen zur Zeit 25.000 €. Der Gewinn aus der Investition beträgt

$$G = [40.000 - 25.000\,(1 + k)] \cdot M - I,$$

wobei M die Absatzmenge, k den Kostenerhöhungsfaktor und I die Investitionssumme bedeuten. Wegen des relativ kurzen Planungszeitraums wird von einer Diskontierung zukünftiger Zahlungen abgesehen.

Ein Computerprogramm[1] soll nun Werte der unsicheren Variablen erzeugen, die den angenommenen Verteilungen unterliegen. Für die Transformation rechteckverteilter Zufallsvariablen benötigen wir die Umkehrfunktionen der Verteilungsfunktionen. Da es sich im Beispiel um stückweise lineare Verteilungsfunktionen handelt, müssen wir für jedes Intervall eine Geradengleichung P(x) für die Verteilungsfunktion aufstellen und daraus durch Auflösen nach x deren Umkehrfunktion ermitteln.

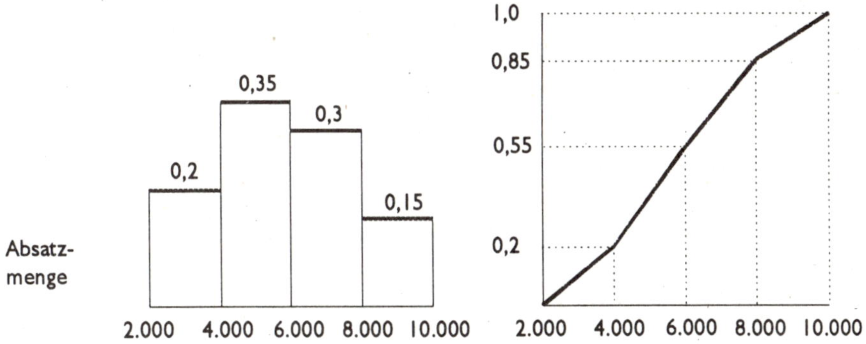

Abb. 8-5a: Dichtefunktionen (links) und Verteilungsfunktionen (rechts) der Variable Absatzmenge im Roadster-Beispiel

[1] Die Berechnungen kann man leicht mit marktüblichen Tabellenkalkulationsprogrammen durchführen.

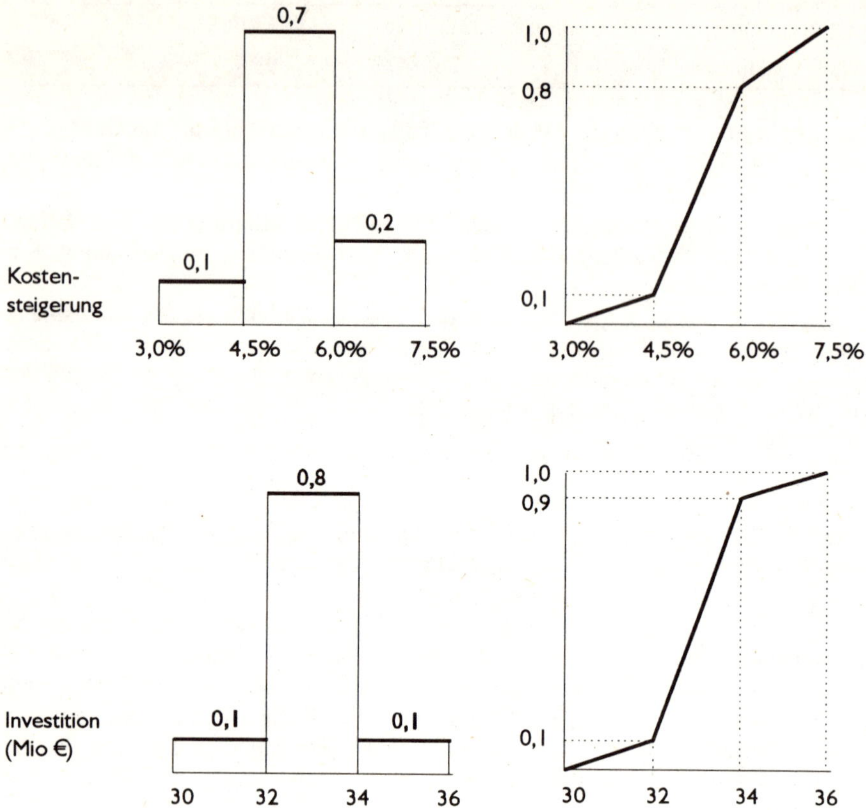

Abb. 8-5b: Dichtefunktionen (links) und Verteilungsfunktionen (rechts) der Variablen Kostensteigerung und Investitionsvolumen im Roadster-Beispiel

Die Geradengleichungen $P = a + bx$ erhalten wir durch Einsetzen der Unter- und Obergrenzen x_u, x_o *sowie* P_u, P_o. Es muß gelten

$$a + bx_u = P_u$$
$$a + bx_o = P_o.$$

Dies ist in Abbildung 8-6 veranschaulicht. Aus den beiden Gleichungen werden die Parameter a und b bestimmt.

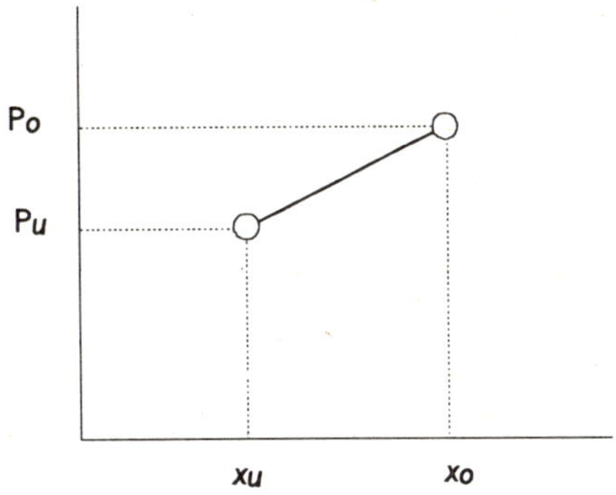

Abb. 8-6: Bestimmung der Geradengleichung aus zwei Punkten

Nehmen wir als Beispiel das erste Intervall der Verteilung der Absatzmenge. Es gilt

$$a + b \cdot 2.000 = 0$$
$$a + b \cdot 4.000 = 0{,}2.$$

Daraus ergibt sich $a = -\ 0{,}2$ und $b = 0{,}0001$. Die Verteilungsfunktion im ersten Abschnitt lautet also

$$\mathrm{P} = -0{,}2 + 0{,}0001\,x.$$

Durch Auflösen nach x ergibt sich die Umkehrfunktion. Sie lautet allgemein

$$x = \frac{\mathrm{P} - a}{b}$$

und in diesem Fall

$$x = \frac{\mathrm{P} + 0{,}2}{0{,}0001}.$$

In gleicher Weise werden die übrigen Umkehrfunktionen bestimmt. Sie sind in Tabelle 8.6 aufgeführt.

Tab. 8.6: Stückweise lineare Umkehrfunktionen der Verteilungsfunktionen

Absatzmenge	Bereich der Verteilungsfunktion	Umkehrfunktion der Verteilungsfunktion
2.000 bis 4.000	0 bis 0,2	x = (P+0,2)/0,0001
4.000 bis 6.000	0,2 bis 0,55	x = (P+0,5)/0,000175
6.000 bis 8.000	0,55 bis 0,85	x = (P+0,35)/0,00015
8.000 bis 10.000	0,85 bis 1	x = (P+0,25)/0,000075
Kostensteigerung in %		
3 bis 4,5	0 bis 0,1	x = (P+0,2)/0,06667
4,5 bis 6	0,1 bis 0,8	x = (P+2)/0,46667
6 bis 7,5	0,8 bis 1	x = P/0,13333
Investition in Mio €		
30 bis 32	0 bis 0,1	x = (P+1,5)/0,05
32 bis 34	0,1 bis 0,9	x = (P+12,7)/0,4
34 bis 36	0,9 bis 1	x = (P+0,8)/0,05

Ein Computerprogramm zieht nun Zufallszahlen z zwischen null und eins. Das Programm prüft zunächst, in welches Intervall z gehört. Beispielsweise ist bei der Ziehung der Absatzmenge für ein $z < 0,2$ das erste Intervall, für ein z zwischen 0,2 und 0,55 das zweite Intervall zuständig. In die zugehörige Umkehrfunktion wird dann anstelle von P der gezogene Wert z eingesetzt und der Wert von x ausgerechnet.

Auf diese Weise zieht das Programm in jedem Lauf je einen Wert für M, k und I, berechnet daraus den Gewinn und speichert ihn. Nach (beispielsweise) 1.000 Wiederholungen werden die ermittelten 1.000 Gewinne aufsteigend sortiert. Der geringste aufgetretene Gewinn ist die Untergrenze der erzeugten Verteilung, der höchste aufgetretene Gewinn die Obergrenze. Natürlich lassen sich in unserem Beispiel die theoretische Unter- und Obergrenze auch leicht bestimmen, indem wir für alle Ereignisvariablen die schlechtesten bzw. die besten Werte einsetzen:

$$G_{min} = (40.000 - 25.000 \cdot 1{,}075) \cdot 2.000 - 36 \text{ Mio} = -9{,}75 \text{ Mio €}$$
$$G_{max} = (40.000 - 25.000 \cdot 1{,}03)\ 10.000 - 30 \text{ Mio} = 112{,}5 \text{ Mio €}.$$

Abbildung 8-7 zeigt das Risikoprofil, das sich bei einer Simulation mit 1.000 Stichprobenzügen ergeben hat. Es ist eine Stufenfunktion, bei der die einzelnen Stufen jedoch nur die Höhe von 1/1000 = 0,1% haben, so daß das Risikoprofil mehr oder weniger glatt erscheint.

Das Risikoprofil zeigt zum Beispiel, daß die Wahrscheinlichkeit, keinen Verlust zu machen, ca. 95% beträgt. Mit 50% Wahrscheinlichkeit wird ein Gewinn von ca. 45 Mio € überschritten. Die meisten Unternehmer würden ein solches Risikoprofil als ermutigenden Hinweis auf eine lukrative Investition ansehen. Das heißt: in manchen Fällen kann allein schon das Risikoprofil einer Alternative (bzw. der Vergleich von Risikoprofilen mehrerer Alternativen) unmittelbar zu einer Entscheidung führen. In Kapitel 10 kommen wir hierauf zurück.

Im allgemeinen sehen jedoch Risikoprofile weniger eindeutig aus und genügen nicht als Entscheidungshilfe. Was wäre zum Beispiel, wenn das Risikoprofil im Roadster-Fall weit in den Verlustbereich hineingeragt hätte und die Wahrscheinlichkeit, Gewinn zu machen, wesentlich geringer gewesen wäre als bei unseren Daten? Die weitere Auswertung der gewonnenen Information über die Verteilung der Zielvariablen verschieben wir auf das nächste Kapitel.

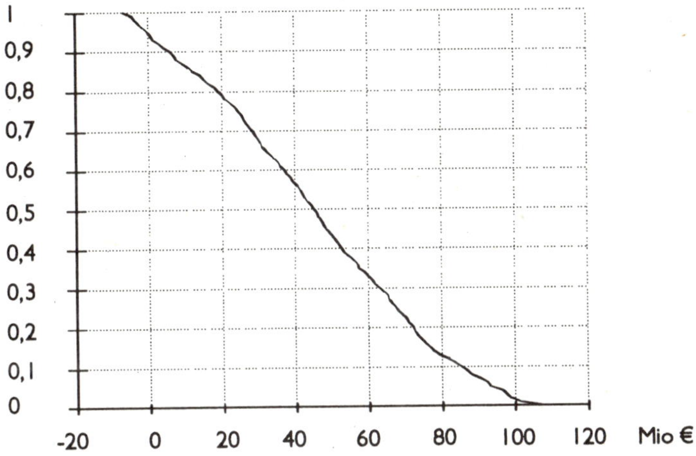

Abb. 8-7: Risikoprofil für die Investition „Roadster-Modellpflege" mit n = 1.000

8.5 Abhängigkeiten zwischen Ereignisvariablen

Bei stochastischen Abhängigkeiten zwischen Variablen kann sich die Simulation erheblich schwieriger gestalten. Interdependenzen sind jedoch häufig. Man kann sie auf verschiedene Arten handhaben; wir wollen zwei davon kurz andeuten. Angenommen, zwischen zwei Einflußgrößen X und Y bestehe eine stochastische Abhängigkeit.

Eine Möglichkeit ist es, mit bedingten Wahrscheinlichkeiten zu arbeiten. Nehmen Sie beispielsweise an, für eine Investitionsentscheidung seien die Absatzmengen eines Produkts für die nächsten zwei Jahre zu schätzen. Sie stellen eine Verteilung für die Menge des ersten Jahres, X, auf. Der Einfachheit halber unterscheiden Sie nur drei Ausprägungen. Die Verteilung für das zweite Jahr wird vom Ergebnis des ersten Jahres abhängen; ist der Verkauf im ersten Jahr sehr gut, wird die Wahrscheinlichkeitsverteilung für das zweite Jahr wesentlich günstiger aussehen, als wenn im ersten Jahr sehr geringe Mengen verkauft worden sind. Für jede der drei Ausprägungen des ersten Jahres stellen Sie eine Verteilung für die Absatzmenge Y im zweiten Jahr auf. Dann muß das Computerprogramm bei jedem Simulationslauf in Abhängigkeit vom realisierten x einen Wert aus der entsprechenden Y-Verteilung ziehen.

Wenn zwei Variable aufgrund einer gemeinsamen Ursache miteinander korreliert sind, liegt es nahe, diese verursachende Variable, Z in das Modell aufzunehmen. So könnte beispielsweise eine Korrelation zwischen dem Ölpreis X und dem Erdgaspreis Y dadurch abgebildet werden, daß eine Variable „Energiepreisniveau" definiert und für sie eine Wahrscheinlichkeitsverteilung spezifiziert wird. Die Ausprägungen des Ölpreises und des Erdgaspreises könnten dann mit dem jeweiligen Wert des Energiepreisniveaus funktional verknüpft werden.

Diese Überlegungen lassen sich natürlich auf mehr als zwei interdependente Einflußgrößen übertragen.

Fragen und Aufgaben

8.1

Ein Projekt habe die folgenden möglichen Konsequenzen (Kosten in €) und deren Wahrscheinlichkeiten. Zeichnen Sie das Risikoprofil des Projekts.

20.000	22.000	24.000	26.000
0,1	0,25	0,35	0,30

8.2

Falls Sie ein Tabellenkalkulationsprogramm mit integriertem Zufallszahlengenerator besitzen: Definieren Sie zwei unsichere, unabhängige Variablen, die jeweils in dem Intervall [10, 20] eine Gleichverteilung aufweisen und verknüpfen Sie sie multiplikativ. Führen Sie hundert Ziehungen durch (Tip: Definieren Sie für jede Ziehung eine extra Zeile!), ordnen Sie die Ergebnisse in aufsteigender Reihenfolge und zeichnen Sie die Verteilungsfunktion.

8.3

Der Direktor des städtischen Museums, Dr. Danke, wird vom Stadtkämmerer gefragt, mit welchen Besucherzahlen er im nächsten Jahr rechnet.

Danke teilt die Besucher in drei Kategorien ein: Studenten, Touristen und Sonstige.

	Untergrenze	Dichtester Wert	Obergrenze
Studenten	800	900	1.200
Touristen	1.000	1.300	1.600
Sonstige	1.500	2.000	3.000

Die Besucherzahlen dieser drei Kategorien hält er für stochastisch unabhängig voneinander. Für jede Kategorie glaubt er die Verteilung durch eine Dreieckverteilung hinreichend gut annähern zu können (Tabelle).

(a) Versuchen Sie, die Verteilungsfunktion einer Dreieckverteilung mit den Parametern a (Untergrenze), b (dichtester Wert) und c (Obergrenze) abzuleiten.

(b) Dr. Danke schlägt die Lösung zu Aufgabe (a) nach; sie lautet

$$P(x) = \frac{(x-a)^2}{(c-a)(b-a)} \quad \textit{für } x \le b$$

$$P(x) = 1 - \frac{(c-x)^2}{(c-a)(c-b)} \quad \textit{für } x > b$$

Erzeugen Sie mit Hilfe dieser Funktionen (und möglichst mit Hilfe eines Computers) ein Risikoprofil der Besucherzahlen.

(c) Der Kämmerer deutet an, daß das Museum geschlossen werden muß, wenn es nicht mindestens 4.500 Besucher im Jahr anzieht. Wie groß ist die Chance, daß diese Zahl überschritten wird?

8.4

Im folgenden Entscheidungsbaum sind drei Strategien möglich. Berechnen Sie deren Risikoprofile.

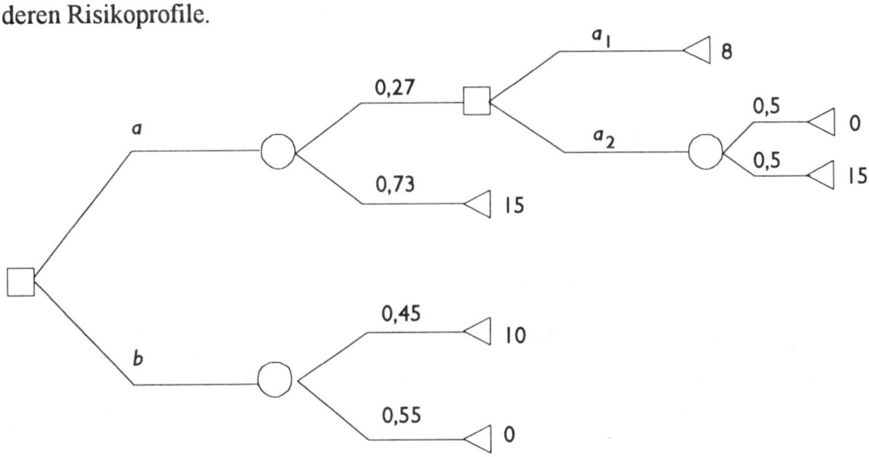

8.5

(a) Charakterisieren Sie die Entscheidungssituationen, in denen sich eine Simulation anbietet. Welche Voraussetzungen müssen erfüllt sein?

(b) Diskutieren Sie die Probleme einer Simulation bei mehreren Zielen.

8.6

Der Umsatz eines Unternehmens ergibt sich aus der Summe der normalverteilten Umsätze des Produkts A, B und C. Die folgende Tabelle gibt die Parameter der jeweiligen Normalverteilungen an. Berechnen Sie analytisch die Gesamtverteilung des Umsatzes.

Produkt	Erwartungswert	Standardabweichung
A	1 Mio €	0,5 Mio €
B	2 Mio €	0,5 Mio €
C	4 Mio €	1,5 Mio €

ANWENDUNGSBEISPIEL

Bieten um Butter

Quelle: Hertz, D. B. und Thomas, H.: Practical Risk Analysis. An approach through case histories, 1984, Wiley.

Die britische Supermarktfirma J. Sainsbury erhielt die Gelegenheit, sich als Bieter an der Versteigerung einer Schiffsladung zu beteiligen, die Butter und „Sweetfat", ein butterähnliches Produkt, in unbekanntem Mischungsverhältnis enthielt. Zu der Zeit unterlag die Einfuhr von Butter Restriktionen. Die Ladung war als Sweetfat deklariert, enthielt jedoch einen vermutlich beträchtlichen Butteranteil. Dieser war schwer zu schätzen. Die Zollbehörde hatte eine Zufallsstichprobe von 250 der 20.000 Kartons aus dem Tiefkühlraum geholt und jeder der interessierten Firmen 10 Kartons zur Verfügung gestellt. Die Probe von Sainsbury enthielt acht Kartons Butter und zwei Kartons Sweetfat.

Aufgrund von Überlegungen, die hier nicht im einzelnen wiedergegeben werden sollen, kam der Chefeinkäufer von Sainsbury zu folgender Wahrscheinlichkeitsverteilung.

% Butter	85	80	75	70	65	60	55
Wahrscheinlichkeit	0,05	0,20	0,40	0,20	0,05	0,05	0,05

Ungewiß war darüber hinaus der Preis, zu dem Butter zukünftig anderweitig eingekauft werden könnte. Auch der Einkaufspreis von Sweetfat war noch nicht mit Sicherheit abzusehen. Folgende Wahrscheinlichkeitsverteilungen wurden erstellt.

Butterpreis £/t	200	220	240	260	280	300
Wahrscheinlichkeit	0,05	0,10	0,10	0,20	0,50	0,05

Sweetfatpreis £/t	110	130	150	170	190	210
Wahrscheinlichkeit	0,05	0,40	0,20	0,20	0,10	0,05

Der Wert einer Tonne Ladung beträgt offensichtlich $fb + (1 - f)s$, wobei f der Butteranteil, b der Butterpreis und s der Sweetfatpreis ist. Aus den Verteilungen von f, b und s ließ sich ein Risikoprofil des Wertes pro Tonne erzeugen (siehe Abbildung). Die Preise der Butter und des Sweetfat wurden als stochastisch unabhängig angenommen; eine Prämisse, die als problematisch erscheint. Die Simulation lieferte einen Erwartungswert von 233 £ pro Tonne.

Natürlich konnte diese Analyse allein noch nicht die Frage beantworten, welchen Preis Sainsbury bei der Versteigerung bieten sollte. Hierzu waren Überlegungen darüber anzustellen, wie die Chancen des Zuschlags bei alternativen Geboten sein würden. Diese Überlegungen sollen hier nicht dargestellt werden. Sie führten dazu, daß Sainsbury ein Gebot von £ 203 pro Tonne abgab. Die Unternehmung erhielt den Zuschlag und erzielte einen Gewinn von ca. £ 40 pro Tonne.

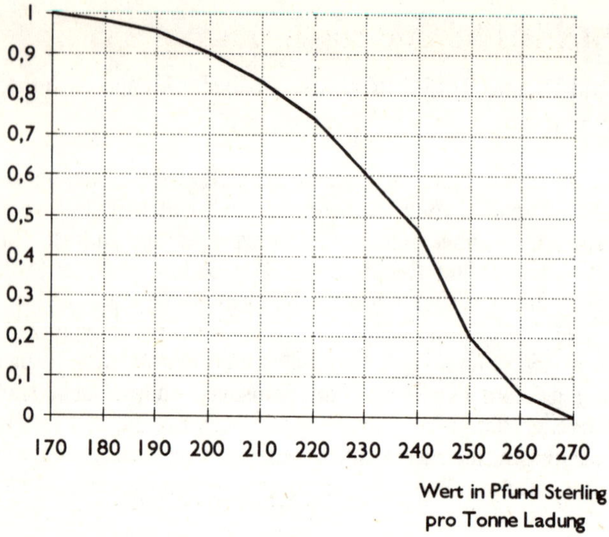
1
0,9
0,8
0,7
0,6
0,5
0,4
0,3
0,2
0,1
0
170 180 190 200 210 220 230 240 250 260 270
Wert in Pfund Sterling
pro Tonne Ladung

Kapitel 9: Entscheidung bei Risiko und einem Ziel

9.0 Zusammenfassung

1. Für Entscheidungen bei Risiko bildet die Erwartungsnutzentheorie die Grundlage rationalen Handelns.

2. Eine Präferenz bezüglich riskanter Alternativen läßt sich durch eine Nutzenfunktion abbilden, wenn die Präferenz die Axiome „Vollständigkeit“, „Stetigkeit“ und „Unabhängigkeit“ erfüllt.

3. Es gibt ein Maß von Arrow und Pratt für die Risikoeinstellung eines Entscheiders bezüglich Lotterien über der jeweiligen Zielgröße. Das Maß ist größer (kleiner) als null, wenn die Nutzenfunktion konkav (konvex) ist. Eine konkave Nutzenfunktion ist gleichbedeutend mit Risikoscheu, eine konvexe Nutzenfunktion mit Risikofreude.

4. Bei der Benutzung der Begriffe Risikoscheu bzw. -freude ist jedoch zu beachten, daß in einer Nutzenfunktion Risiko- und Wertaspekte untrennbar miteinander verbunden sind.

5. Die Erwartungswert-Varianz-Regel ist nur in wenigen Fällen mit der Erwartungsnutzentheorie verträglich. Sie sollte nur mit großer Vorsicht angewendet werden.

6. Sie lernen vier Methoden zur Bestimmung einer Nutzenfunktion kennen: Die Mittelwert-Kettungs-Methode, die Fraktilmethode, die Methode variabler Wahrscheinlichkeiten und die Lotterievergleich-Methode. Alle Methoden basieren auf der wiederholten Beurteilung von Basis-Referenz-Lotterien.

7. Konsistenzprüfungen sind ein essentieller Bestandteil der Methoden zur Bestimmung einer Nutzenfunktion.

8. Im einstufigen Modell kann der erwartete Nutzen einfach berechnet werden. Die optimale Alternative ist die mit dem höchsten Nutzenerwartungswert. Im mehrstufigen Modell wird die optimale Alternative mit Hilfe des *Roll-back*-Verfahrens ermittelt.

9.1 Bewertung riskanter Alternativen

Im siebten und achten Kapitel wurden Darstellungsformen für Entscheidungen bei Risiko ausführlich vorgestellt. Insbesondere wurde das Wahrscheinlichkeitskalkül präsentiert und gezeigt, wie subjektive Wahrscheinlichkeiten aus Urteilen von Entscheidern bestimmt werden können. In diesem Kapitel wollen wir die Präferenz eines Entscheiders abbilden, wenn riskante Alternativen vorliegen. Wir betrachten zunächst den einfachen Fall, daß die Entscheidungssituation in Form eines einstufigen Modells abgebildet werden kann; das heißt, die Alternativen können in Form von einstufigen Lotterien definiert werden. Mehrstufige Alternativen, die durch Entscheidungsbäume oder Strategien abgebildet werden, werden in Abschnitt 9.5 genauer analysiert. Zur Vereinfachung werden wir überwiegend Alternativen mit endlich vielen Konsequenzen betrachten.

Besteht die Alternativenmenge aus zwei riskanten Alternativen a und b, so können die Alternativen durch die Vektoren (a_1, p_1; ... ; a_n, p_n) und (b_1, q_1; ... ; b_n, q_n) abgebildet werden. Diese Vektorschreibweise besagt, daß eine Konsequenz a_i mit Wahrscheinlichkeit p_i auftritt. Alternativ können die Entscheidungsalternativen durch eine Entscheidungsmatrix oder graphisch, wie in Abbildung 9-1, dargestellt werden.

Abb. 9-1: Graphische Darstellung einstufiger Lotterien

Denken Sie bitte noch einmal an Kapitel 5 zurück. Dort haben wir für Entscheidungen bei Sicherheit und einem Ziel gezeigt, wie die Präferenz des Entscheiders abgebildet werden kann. Analog werden wir in diesem Kapitel erläutern, wie die Präferenz des Entscheiders für riskante Alternativen abgebildet und mit welchen Methoden die Präferenz des Entscheiders ermittelt, das heißt gemessen, werden kann.

Wie ein Entscheider riskante Alternativen beurteilen soll, wird in der Ökonomie schon seit langem diskutiert. Da eine Alternative a durch die Konsequenzen a_i und deren Wahrscheinlichkeiten p_i definiert ist, muß die Bewertung einer Alternative „irgendwie" auf diesen Größen basieren. Dabei muß die Einstellung des Entscheiders zum Risiko der Lotterie und zum Wert der Konsequenzen berücksichtigt werden. Ziel unserer weiteren Überlegungen ist es, ein Präferenzkalkül zu entwikkeln, das auf möglichst einfache, jedoch „vernünftige" Art und Weise für jede Alternative einen Wert berechnet. Dieser Wert soll, völlig analog zur Entscheidung bei Sicherheit, die Präferenz des Entscheiders bezüglich riskanter Alternativen abbilden.

Nehmen wir zur Vereinfachung zunächst an, daß die Konsequenzen auf einer Intervallskala gemessen werden. Als statistisch geschulter Leser könnten Sie dann vorschlagen, den Erwartungswert (EW) einer riskanten Alternative *a* als Grundlage einer rationalen Präferenz zu definieren, das heißt

$$\mathrm{EW}(a) = \sum_{i=1}^{n} p_i \cdot a_i. \tag{9.1}$$

Diesem Kalkül entsprechend würde eine Alternative *a* genau dann gegenüber einer Alternative *b* präferiert, wenn der Erwartungswert von *a* größer als der Erwartungswert von *b* ist.

Schon im 18. Jahrhundert hat Daniel Bernoulli (1738, 1954) mit Hilfe des St. Petersburger Spiels gezeigt, daß Entscheider systematisch von der durch den Erwartungswert vorgeschlagenen Präferenz abweichen. Das St. Petersburger Spiel, angepaßt an unsere heutige Währung, ist in Abbildung 9-2 dargestellt.

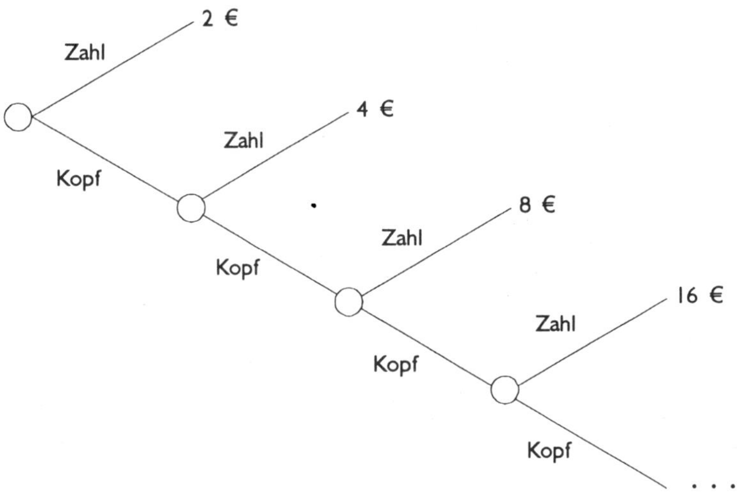

Abb. 9-2: Das St. Petersburger Spiel

Beim St. Petersburger Spiel hat der Entscheider eine mehrstufige Lotterie zu beurteilen. In der ersten Stufe wird eine faire Münze geworfen. Bei Zahl erhält der Spieler zwei €, bei Kopf wird die Münze noch einmal geworfen. Wird die Münze im zweiten Versuch so geworfen, daß Zahl oben liegt, erhält der Spieler $2^2 = 4$ €. Kommt Kopf, wird die Münze ein drittes Mal geworfen. Im *n*-ten Schritt erhält der Spieler 2^n € bei Zahl und bei Kopf die Möglichkeit, die Münze noch einmal zu werfen. Da die Münze fair ist, besteht in jeder Stufe eine Wahrscheinlichkeit von 50% sowohl für das Ereignis Kopf als auch für das Ereignis Zahl. Es gilt:

$$
\begin{aligned}
\text{EW(Petersburger Spiel)} &= \frac{1}{2}\cdot 2+\frac{1}{4}\cdot 4+\frac{1}{8}\cdot 8+\ldots \\
&= \sum_{i=1}^{\infty}(\frac{1}{2})^i \cdot 2^i \text{ Euro} \qquad (9.2)\\
&= \text{unendlich.}
\end{aligned}
$$

Der Erwartungswert für das St. Petersburger Spiel ist unendlich. Stehen Sie vor der Entscheidung, an diesem Spiel teilzunehmen oder eine Million € sicher zu erhalten, müßten Sie daher nach dem Erwartungswertprinzip die Teilnahme am St. Petersburger Spiel wählen. Sie werden jedoch, wie die meisten anderen Menschen, die sichere Zahlung von einer Million € bevorzugen. Befragt man Studenten etwa im Rahmen einer unserer Entscheidungsvorlesungen, so gibt es nur wenige, die mehr als 20 € für die Teilnahme am St. Petersburger Spiel zahlen würden.

Das Spiel zeigt, daß die durch das Erwartungswertprinzip definierte Präferenz nicht mit dem intuitiven Entscheidungsverhalten übereinstimmt. Eine Diskrepanz zwischen präskriptiv wünschenswertem und tatsächlich gezeigtem Verhalten ist zunächst in der Entscheidungstheorie nichts Außergewöhnliches. Das Erwartungswertkalkül schreibt jedoch ein Verhalten vor, das auch nach vielem Nachdenken von den meisten Entscheidern nicht gewünscht wird. Das St. Petersburger Spiel legt den Finger in die Wunde des Erwartungswertkalküls: Es zeigt Implikationen des Kalküls auf, die von den meisten Entscheidern nicht als rational angesehen werden. Einfache Entscheidungsprobleme, die derart deutlich Schwächen eines Kalküls aufzeigen, werden auch als Paradoxa bezeichnet. Das St. Petersburger Paradoxon zeigt damit, daß es nötig ist, ein besseres Entscheidungskalkül für Entscheidungen bei Risiko zu entwickeln. Zur Modellierung von Präferenzen bei Risiko könnten jetzt alternative Entscheidungsprinzipien vorgeschlagen werden. Bernoulli folgend, könnte man die Zahlungen durch eine bestimmte Wertfunktion transformieren (Bernoulli schlägt eine logarithmische Wertfunktion vor) und den erwarteten Wert der Alternativen berechnen. Statt dessen könnte man auch vom Erwartungswert einer Alternative eine Größe subtrahieren, die das Risiko der Lotterie widerspiegelt. Viele weitere Kalküle lassen sich durch etwas Nachdenken ableiten und haben (leider) Eingang in die Literatur gefunden.

Wir wollen dieser Vorgehensweise nicht folgen. Analog zum Vorgehen in Kapitel 5 (Entscheidung bei Sicherheit und einem Ziel) sollen Anforderungen an eine rationale Präferenz gestellt werden. Diese Axiome definieren, was wir als rationales Verhalten bei Entscheidungen unter Risiko verstehen wollen. Aus den Anforderungen an eine rationale Präferenz wird das korrekte Entscheidungskalkül abgeleitet. Gleichzeitig kann daraus eine Meßvorschrift zur Abbildung der Präferenz gewonnen werden.

9.2 Die Erwartungsnutzentheorie

9.2.1 Der Erwartungsnutzen

Die im folgenden dargestellte Erwartungsnutzentheorie wurde durch von Neumann und Morgenstern (1947) begründet. Sie definierten Axiome und leiteten daraus ein Präferenzkalkül ab. Nachdem von Neumann und Morgenstern die Nutzentheorie vorgestellt hatten, wurde eine ganze Reihe von Axiomensystemen entwickelt, die alle (bis auf mathematische Feinheiten, vgl. Fishburn 1970) zu demselben Erwartungsnutzenkalkül führen. Die meisten Axiomensysteme sind Variationen des von Herstein und Milnor (1953) aufgestellten Systems, an dem wir uns im folgenden orientieren wollen.

Erfüllt die Präferenz eines Entscheiders bezüglich riskanter Alternativen die Axiome

- vollständige Ordnung,
- Stetigkeit und
- Unabhängigkeit,

so existiert eine Funktion u, genannt „Nutzenfunktion", deren Erwartungswert („Erwartungsnutzen") die Präferenz abbildet. Bevor wir die Axiome genauer erläutern, sei die Nutzenfunktion vorgestellt. Eine Lotterie a wird genau dann einer Lotterie b vorgezogen, falls der erwartete Nutzen von a, EU(a) (*E*xpected *U*tility), größer als der erwartete Nutzen der Lotterie b ist. Der erwartete Nutzen einer riskanten Alternative a ist definiert durch:

$$\mathrm{EU}(a) = \sum_{i=1}^{n} \mathrm{p}_i \cdot u(a_i). \qquad (9.3)$$

Die Nutzenfunktion u ordnet jeder Konsequenz eine reelle Zahl zu. Sie bildet sowohl die Einstellung zum Wert der Konsequenz als auch das Risikoverhalten ab. Zur Unterscheidung vom Fall sicherer Erwartungen – dort sprechen wir bekanntlich von einer Wertfunktion v – wird die Präferenz bei Entscheidungen unter Risiko von einer Nutzenfunktion u abgebildet. Diese ist bis auf positive lineare Transformationen eindeutig, das heißt jede Funktion u' mit $u' = \alpha \cdot u + \beta$ $(\alpha > 0)$ ordnet die Lotterien in derselben Weise wie u. Eine Nutzenfunktion erfordert keine besondere Art der Skalierung der Konsequenzen. Sie können – wie bei der Wertfunktion – den Nutzen von Geld, von Kindergartenplätzen oder der Farbe einer Krawatte ermitteln.

Stellen Sie sich vor, Sie hätten beim Gemeinderat um 20 zusätzliche Kindergartenplätze gebeten. Der Gemeinderat beschließt, zehn neue Plätze einzurichten. Sie sind damit unzufrieden und überlegen, ob Sie gegen den Beschluß klagen sollen. Sie schätzen, daß Sie mit einer Wahrscheinlichkeit von p = 0,6 gewinnen und 20 Plätze erhalten und mit p = 0,4 verlieren und gar keinen neuen Platz erhalten (der Gemeinderat ist verärgert und nimmt seinen ursprünglichen Beschluß zurück).

Das Erwartungsnutzenkriterium gibt Ihnen jetzt eine klare Anleitung zum rationalen Entscheiden. Sie bestimmen zunächst die Nutzenfunktion mit einer der noch darzustellenden Methoden und erhalten zum Beispiel: u(0 Plätze) = 0, u(10 Plätze) = 0,55 und u(20 Plätze) = 1. Der erwartete Nutzen der sicheren Alternative beträgt 0,55, der des Gangs zum Gericht 0,4 u(0 Plätze) + 0,6 u(20 Plätze) = 0,6. Als rationaler Entscheider klagen Sie gegen den Beschluß, weil der erwartete Nutzen dieser Alternative am größten ist.

Denken Sie bei der Farbwahl an das Problem, das Sie unter dem Weihnachtsbaum befällt. Sie haben die Möglichkeit, Ihrer Oma die rosa Krawatte zurückzugeben und dafür vielleicht selbst eine Krawatte Ihrer Lieblingsfarbe kaufen zu dürfen oder Ihre Oma mit der Rückgabe des Geschenks zu verärgern und gar keine Krawatte zu erhalten. Auch hier kann Ihnen der Erwartungsnutzenansatz helfen: Sie müssen den Nutzen der sicheren Alternative (rosa Krawatte) mit dem erwarteten Nutzen der riskanten Alternative (Lieblingsfarbe vs. keine Krawatte) vergleichen.

Das Erwartungsnutzenkriterium gewinnt seine Bedeutung dadurch, daß es kein willkürliches Kriterium ist. Erkennt ein Entscheider die oben aufgeführten Axiome als Grundlage seines (rationalen) Verhaltens an, so *muß* er sich in riskanten Entscheidungssituationen gemäß der Erwartungsnutzentheorie verhalten. Der rational handelnde Entscheider wählt die Alternative mit dem höchsten Erwartungsnutzen, d. h. er maximiert den Erwartungsnutzen. *Optimal* ist eine Alternative genau dann, wenn sie den höchsten Erwartungsnutzen der betrachteten Alternativen besitzt.

Lehnt ein Entscheider die Axiome ab oder möchte er sein Entscheidungsverhalten auf einem alternativen Axiomensystem basieren, lassen sich unter Umständen alternative Präferenztheorien ableiten. Wir werden auf diesen Punkt im weiteren noch mehrmals hinweisen und insbesondere im Kapitel 14 darauf ausführlicher eingehen. Es sei jedoch schon an dieser Stelle deutlich gesagt, daß wir keine Theorie kennen, die eine überzeugendere Grundlage für rationales Entscheiden bildet.

Noch nicht diskutiert haben wir, was Nutzen denn nun eigentlich bedeutet, d. h. ob und wenn ja welche inhaltliche Bedeutung dem Wort „Nutzen" zugeordnet werden kann. Diese Frage hat die Wissenschaft über Jahrzehnte stark beschäftigt. Die Vorgehensweise, der von Neumann und Morgenstern (und auch Savage) folgen, ist gerade dadurch ausgezeichnet, daß sie rationales Entscheiden bei Risiko auch ohne eine inhaltliche Definition des Nutzenbegriffs ermöglicht. Bei der Ableitung der Erwartungsnutzentheorie sind wir nur von der beobachtbaren Präferenz des Entscheiders bezüglich riskanter Alternativen ausgegangen. Wir haben *keine* inhaltliche Interpretation für den Nutzen einer Konsequenz benötigt. Die Nutzenfunktion ist ausschließlich eine Funktion, die dazu dient, Lotterien zu ordnen – nicht mehr, aber auch nicht weniger.

9.2.2 Axiomatische Grundlagen der Nutzentheorie

Da die Axiome die zentralen Bausteine der Erwartungsnutzentheorie sind, wollen wir sie im folgenden ausführlich erläutern.

Vollständige Ordnung. Vollständigkeit: Für jedes Paar von Lotterien $a, b \in A$ gilt: $a \succeq b$ oder $b \succeq a$. Transitivität: Für alle Lotterien $a, b, c \in A$ gilt: Aus $a \succeq b$ und $b \succeq c$ folgt $a \succeq c$.

Das Axiom der vollständigen Ordnung fordert, daß beliebige Lotterien miteinander verglichen werden können und daß die Präferenzordnung bezüglich der Lotterien transitiv ist. Das Axiom ist Ihnen im Prinzip schon aus dem Kapitel über Wertfunktionen bekannt; anstelle von sicheren Alternativen wird das Axiom hier für riskante Alternativen definiert. Das Axiom der vollständigen Ordnung faßt die beiden in Kapitel 5 vorgestellten Axiome der Vollständigkeit und der Transitivität zusammen.

Auch in diesem Kapitel wäre wieder zu diskutieren, ob die Forderung der Vollständigkeit wirklich sinnvoll ist. Man wird auf Situationen stoßen, in denen ein Entscheider keine Präferenz- oder Indifferenzaussage bezüglich zweier Lotterien treffen kann. Wer möchte beispielsweise eine einprozentige Chance, bei einem Autounfall zu sterben, mit einer einprozentigen Chance, bei einem Fahrradunfall zu sterben, vergleichen? Vom präskriptiven Standpunkt aus sollte ein Entscheider jedoch auch in diesem traurigen Fall eine Präferenz besitzen. Die Erwartungsnutzentheorie soll in der Lage sein, Präferenzaussagen für beliebige Alternativenpaare zu treffen. Dafür ist die Vollständigkeit eine unabdingbare Voraussetzung. Auch die Transitivitätsforderung könnte wie in Kapitel 5 kontrovers diskutiert werden. Wir gehen jedoch davon aus, Transitivität als Grundlage für rationales Verhalten zu fordern.

Stetigkeit. Sind Lotterien a, b, c mit $a \succeq b \succeq c$ gegeben, dann gibt es eine Wahrscheinlichkeit p, bei der $b \sim \mathrm{p} \cdot a + (1 - \mathrm{p}) \cdot c$.[1]

Der Ausdruck $\mathrm{p} \cdot a + (1 - \mathrm{p}) \cdot c$ bezeichnet eine zusammengesetzte Lotterie – das heißt eine Lotterie, deren Ergebnisse wieder Lotterien sind – bei der die Lotterie a mit der Wahrscheinlichkeit p und die Lotterie c mit der Wahrscheinlichkeit 1 – p eintritt. Ist beispielsweise a = (100 €, 0,8; 0 €, 0,2) und c = (200 €, 1), so ist die Lotterie $0{,}5 \cdot a + 0{,}5 \cdot c$ gleich (200 €, 0,5; 100 €, 0,4; 0 €, 0,1). Abbildung 9-3 stellt die Lotterie $0{,}5 \cdot a + 0{,}5 \cdot c$ als zweistufige und äquivalente einstufige Lotterie dar.

Das Stetigkeitsaxiom impliziert, daß für jede Lotterie b, die zwischen a und c liegt, immer eine Kombination von a und c gefunden werden kann, die genauso gut wie b ist. Das Stetigkeitsaxiom wird vielfach als Bedingung angesehen, die man zwar zur mathematischen Ableitung des Erwartungsnutzenprinzips benötigt, die aber nicht weiter problematisiert werden muß. In Einzelfällen wird jedoch auch die Gültigkeit dieses Axioms diskutiert werden müssen. Gewinnt man zum Beispiel bei a mit Sicherheit 2 €, bei b mit Sicherheit 1 €, und erleidet man bei c innerhalb der nächsten Woche mit Sicherheit einen schweren Autounfall, werden viele Entscheider keine Kombination von a und c angeben können oder wollen, bei der sie indifferent zu b sind. Selbst eine noch so große Wahrscheinlichkeit p (die jedoch kleiner als eins bleiben muß) führt zu keiner Indifferenzaussage. Sieht man von solchen zugegebenermaßen konstruierten Beispielen ab, ist das Stetigkeitsaxiom unumstritten und wird allgemein als Grundlage rationalen Handelns anerkannt.

---

[1] Wir nehmen zur Vereinfachung an, daß nur beschränkte Nutzenfunktionen existieren und somit die Nutzenerwartungswerte aller Lotterien stets endlich sind.

Die Axiome der Stetigkeit und der vollständigen Ordnung sind im Prinzip identisch mit den Anforderungen an Präferenzen, die bei sicheren Erwartungen die Existenz einer Wertfunktion garantieren. Wie im Fall sicherer Erwartungen kann aus diesen beiden Axiomen die Existenz einer Präferenzfunktion für riskante Alternativen abgeleitet werden, die die Lotterien gemäß der Präferenz des Entscheiders ordnet. Die Aussage, daß eine Präferenzfunktion existiert, hilft Ihnen bei der Lösung eines praktischen Entscheidungsproblems jedoch noch nicht viel weiter. Die Besonderheit der Erwartungsnutzentheorie liegt vielmehr darin, wie die Präferenzfunktion als einfache Funktion der Wahrscheinlichkeiten und der Konsequenzen dargestellt werden kann. Das Axiom, das dem Risikoentscheidungskalkül von von Neumann und Morgenstern seine spezielle Form gibt und für das einfache, additive Modell der Erwartungsnutzentheorie verantwortlich ist, ist das Unabhängigkeitsaxiom.

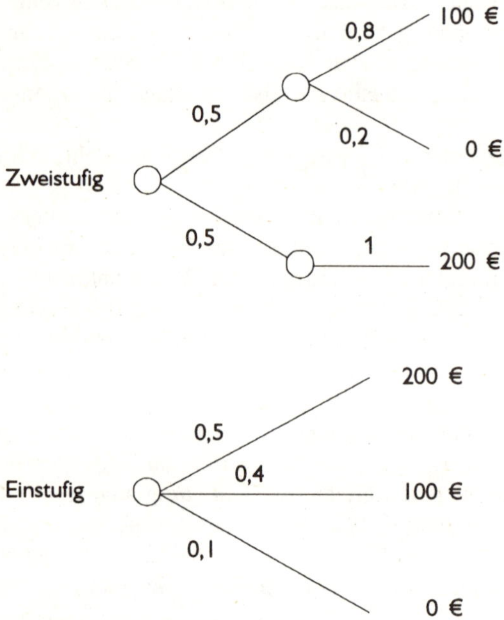

Abb. 9-3: Zusammengesetzte Lotterie: Zweistufige und äquivalente einstufige Lotterie

Unabhängigkeit. Gilt für zwei Lotterien $a \succeq b$, so muß auch für alle Lotterien c und alle Wahrscheinlichkeiten p gelten, daß $p \cdot a + (1 - p) \cdot c \succeq p \cdot b + (1 - p) \cdot c$. Dem Unabhängigkeitsaxiom für Entscheidungen bei Risiko liegt dieselbe Idee zugrunde, die Ihnen schon aus Kapitel 6 von den Unabhängigkeitsbedingungen bei Mehrfachzielentscheidungen bekannt ist. Eine Präferenz zwischen zwei Lotterien a und b soll sich nicht ändern, wenn beide Lotterien mit ein- und derselben (somit für die Entscheidung irrelevanten) Lotterie verknüpft werden.

Wir wollen das Unabhängigkeitsaxiom anhand eines Beispiels erläutern (vgl. Abbildung 9-4). Ein Entscheider bevorzugt die Lotterie a = (100 €, 0,5; 0 €, 0,5)

gegenüber der Lotterie *b* = (60 €, 0,7; 10 €, 0,3). Diese Präferenz muß erhalten bleiben, wenn er die Lotterien *a* und *b* mit der Lotterie *c* = (50 €, 1) für beliebige Wahrscheinlichkeiten mischt. In der Abbildung gilt p = 0,8. Die Mischung kann als zweistufige und als einstufige Lotterie dargestellt werden. In der zweistufigen Darstellungsweise sieht man die Implikationen des Unabhängigkeitsaxioms klar und deutlich: Die 20-prozentige Wahrscheinlichkeit, *c* zu erhalten, wird mit der 80-prozentigen Wahrscheinlichkeit verknüpft, Lotterie *a* oder Lotterie *b* zu erhalten.

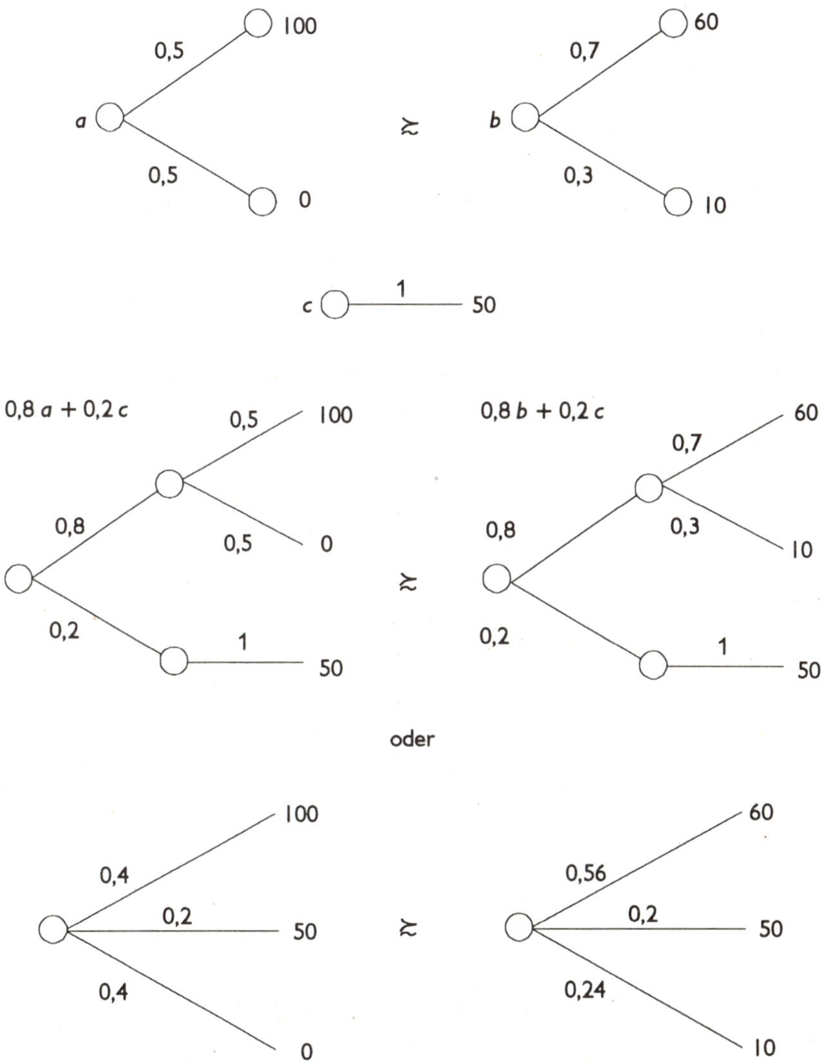

Abb. 9-4: Beispiel für das Unabhängigkeitsaxiom der Nutzentheorie

Das Unabhängigkeitsaxiom wird auch als *Substitutionsaxiom* bezeichnet: Eine Lotterie (oder eine Konsequenz) darf dann durch eine andere Lotterie substituiert werden, wenn der Entscheider zwischen beiden Lotterien bzw. zwischen der Konsequenz und der Lotterie indifferent ist. Die Substitution hat keine Auswirkung auf die Präferenz des Entscheiders. Diese Aussage sei anhand von Abbildung 9-5 verdeutlicht. Alternative *b* wurde aus Alternative *a* abgeleitet, indem die Konsequenz 100 € in Alternative *a* durch die Lotterie (250 €, 0,5; 0 €, 0,5) ersetzt wurde. Ist der Entscheider indifferent zwischen der Konsequenz 100 € und der Lotterie (250 €, 0,5; 0 €, 0,5), so muß er auch indifferent zwischen Alternative *a* und Alternative *b* sein.

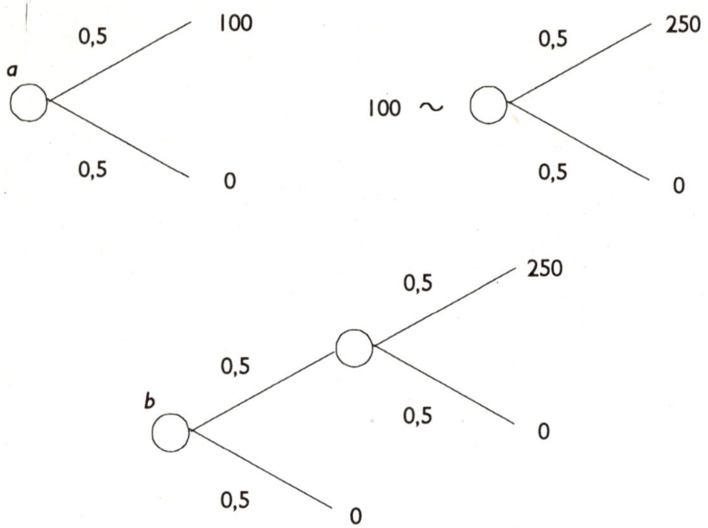

Abb. 9-5: Beispiel für das Substitutionsaxiom

Eine Präferenz, die das Unabhängigkeitsaxiom nicht verletzt, erfüllt notwendigerweise auch das Axiom über die Reduktion zusammengesetzter Lotterien (*Reduction of compound lotteries axiom*). Dieses Axiom besagt, daß ein Entscheider indifferent ist zwischen einer zweistufigen Lotterie (mittlerer Paarvergleich in Abbildung 9-4) und einer einstufigen Lotterie, deren Ergebnisse gleich denen der zweistufigen Lotterie sind und deren Wahrscheinlichkeiten durch Multiplikation der entsprechenden Wahrscheinlichkeiten der zweistufigen Lotterie gewonnen wurden (unterer Paarvergleich in Abbildung 9-4).

Das Unabhängigkeitsaxiom schränkt die Menge der zulässigen Präferenzen stark ein: Ist eine Präferenz für zwei Alternativen *a*, *b* gegeben, impliziert es eine Präferenz für alle Mischungen mit beliebigen Alternativen *c*. Mit anderen Worten: Die einfache Form des Erwartungsnutzenkalküls wird durch die relativ strenge Anforderung an die Präferenz erkauft. Wie wir bei der Darstellung neuerer deskriptiver Theorien in Kapitel 14 zeigen werden, wird das Unabhängigkeitsaxiom intuitiv verletzt und kann nicht zur Beschreibung von Entscheidungsverhalten dienen. Diese Verletzung des Axioms beim intuitiven Entscheiden hat sogar dazu geführt, daß die Nutzentheorie auch als Grundlage für rationales Verhalten abgelehnt wurde (Allais 1953). Inzwischen hat sich die auch von uns vorgenommene Trennung zwischen präskriptiver und deskriptiver Sichtweise in der Literatur verfestigt. Rationales Entscheiden soll gerade dadurch gekennzeichnet sein, daß Entscheider ihre Präferenz bezüglich Lotterien nicht von gemeinsamen Komponenten der Lotterien abhängig machen, daß die Substitution von Lotterien durch äquivalente Lotterien zu keiner Änderung der Präferenz führen darf und daß Wahrscheinlichkeiten durchmultipliziert werden dürfen. Präskriptiv wird das Unabhängigkeitsaxiom in der Literatur daher weitgehend bejaht (so auch von uns). Diese Diskussion verdeutlicht aber auch, daß erst eine Betrachtung der einer Theorie zugrundeliegenden Axiome eine vernünftige Auseinandersetzung über die Frage erlaubt, ob eine Theorie die Grundlage für „rationales Entscheiden" bilden kann.

Axiome und Erwartungsnutzenformel. Ein Beispiel soll verdeutlichen, wie die Erwartungsnutzenformel mit Hilfe der vorgestellten Axiome abgeleitet werden kann (vgl. allgemein Herstein und Milnor 1953). Betrachten Sie die Alternative a in Abbildung 9-6. Die beste und die schlechteste Konsequenz in der zu betrachtenden Entscheidungssituation seien mit x_{min} und x_{max} bezeichnet. Nach dem Stetigkeitsaxiom gibt es für jede Konsequenz a_i eine Lotterie $(x_{max}, q_i; x_{min}, 1 - q_i)$, so daß der Entscheider zwischen der Konsequenz und der Lotterie indifferent ist. Nach dem Unabhängigkeitsaxiom ist der Entscheider indifferent zwischen der Lotterie a und der Lotterie a' (die Konsequenzen dürfen durch gleichwertige Lotterien substituiert werden). Eine weitere Anwendung des Unabhängigkeitsaxioms führt zur Lotterie a'', die gleichwertig zu a und a' ist.

Die Transformation von a zu a'' kann für jede beliebige Lotterie vorgenommen werden. Damit sollte eine Lotterie a einer Lotterie b vorgezogen werden, wenn die Wahrscheinlichkeit, x_{max} zu erzielen, für die (aus a transformierte) Lotterie a'' größer ist als für eine zu b äquivalente Lotterie b''. Die Gewinnwahrscheinlichkeit ordnet damit die Lotterien gemäß der Präferenz des Entscheiders. Definiert man jetzt $u(a_i) = q_i$, so wird deutlich, daß die Wahrscheinlichkeit, x_{max} zu erzielen, gleich dem erwarteten Nutzen der Alternative ist.

9.2.3 Das Drei-Ergebnis-Diagramm

Die Implikationen des Unabhängigkeitsaxioms und damit die speziellen Eigenschaften der Nutzentheorie können mit Hilfe von Nutzenindifferenzkurven in sogenannten *Drei-Ergebnis-Diagrammen* dargestellt werden (Machina 1982, Schauenberg 1990 und Weber und Camerer 1987). Seien x_n, x_m, x_h (*n*iedrig, *m*ittel, *h*och) drei beliebige Konsequenzen, für die gilt $x_n \prec x_m \prec x_h$. Alle Lotterien mit diesen Konsequenzen können im selben zweidimensionalen Drei-Ergebnis-Diagramm repräsentiert werden. Auf den Achsen dieses Diagramms (vgl. Abbildung 9-7) werden die Wahrscheinlichkeiten p_n und p_h aufgetragen, mit denen die Konsequenzen x_n und x_h auftreten. Da $p_m = 1 - p_n - p_h$ gilt, ist mit den beiden Wahrscheinlichkeiten p_n und p_h die gesamte Lotterie charakterisiert. In Abbildung 9-7 ist beispielhaft die Lotterie $(x_h, 0{,}62; x_m, 0{,}26; x_n, 0{,}12)$ als Punkt G eingezeichnet.

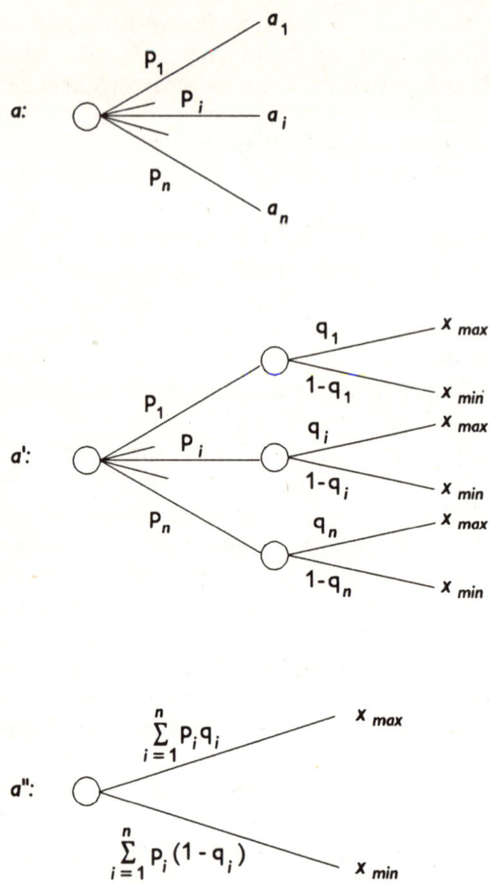

Abb. 9-6: Ableitung der Erwartungsnutzenformel aus den Axiomen

Die Präferenz eines Entscheiders läßt sich durch Nutzenindifferenzkurven in Drei-Ergebnis-Diagrammen verdeutlichen. Sei Eu^* ein bestimmtes Nutzenniveau, das durch eine Lotterie mit den drei Ergebnissen x_n, x_m, x_h erreicht werden kann. Schreibt man die Gleichung für den Erwartungsnutzen dieser Lotterien (x_h, p_h ; x_m, p_m; x_n, p_n) hin (EU = $u(x_h) \cdot p_h + u(x_m) \cdot p_m + u(x_n) \cdot p_n$), setzt sie gleich Eu^* und löst nach p_h auf (denken Sie daran, es gilt $p_m = 1 - p_n - p_h$), so erhält man:

$$p_h = p_n \frac{u(x_m) - u(x_n)}{u(x_h) - u(x_m)} + \frac{Eu^* - u(x_m)}{u(x_h) - u(x_m)}. \tag{9.4}$$

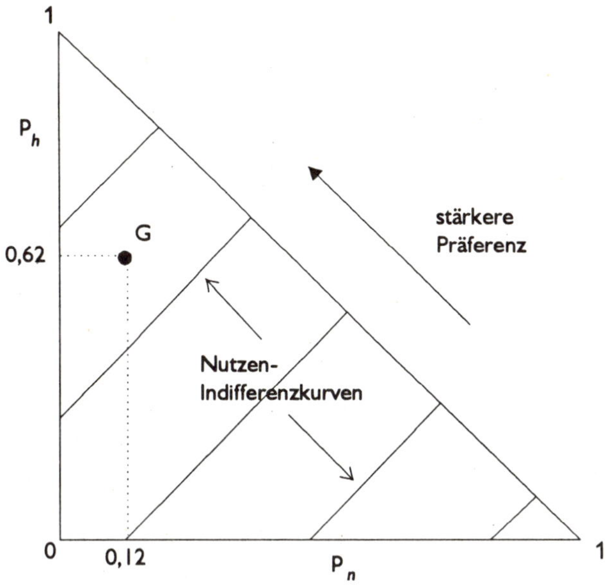

Abb. 9-7: Drei-Ergebnis-Diagramm

Für jedes Eu^* ist p_h eine lineare Funktion von p_n, das heißt die Indifferenzkurven sind, wie in Abbildung 9-7 eingezeichnet, parallele Geraden. Eine Erhöhung des Nutzenniveaus Eu^* bedingt eine parallele Verschiebung der Nutzenindifferenzkurven nach links oben.

Die Eigenschaft, daß die Indifferenzkurven linear sind, wird auch als *Betweenness*-Eigenschaft bezeichnet. *Betweenness* gilt, wenn aus $a \sim b$ folgt $a \sim p \cdot a + (1-p) \cdot b \sim b$, wobei a und b Lotterien sowie p eine Wahrscheinlichkeit sind; das heißt: Ist ein Entscheider indifferent zwischen zwei Alternativen a und b, so muß er auch indifferent zwischen a, b und Konvexkombinationen von a und b (die „zwischen" a und b liegen) sein.

Das Drei-Ergebnis-Diagramm zeigt, daß die Nutzentheorie nur eine sehr beschränkte Menge von Präferenzen abbilden kann: Bedenken Sie, welche anderen Formen anstelle der parallelen Geraden noch prinzipiell denkbar wären. Eine Indifferenzkurve legt die Präferenzordnung für alle Lotterien fest, die durch das Diagramm abgebildet werden können. Diese Eigenschaft folgt direkt aus der Formel des Erwartungsnutzens, die der obigen Gleichung der Indifferenzkurve zugrunde liegt. Würde ein Entscheider sich nach dem Erwartungs*wert*kriterium entscheiden, wäre auch die Steigung der Indifferenzkurven vorgegeben.

Neuere Theorien zur Beschreibung von Entscheidungsverhalten (vgl. Kapitel 14) wollen ein gegenüber der Nutzentheorie breiteres Spektrum von Präferenzen abbilden, um so auch „paradoxes" Verhalten abbilden zu können. Entsprechend besitzen diese Theorien Indifferenzkurven im Drei-Ergebnis-Diagramm, die entweder nicht parallel oder nicht linear sind.

9.2.4 Die subjektive Erwartungsnutzentheorie

Die Erwartungsnutzentheorie, wie sie von von Neumann und Morgenstern entwickelt wurde, befaßt sich nicht mit dem Problem, wie die bei der Entscheidung benötigten Wahrscheinlichkeiten ermittelt werden. Sie setzt einfach voraus, daß die Wahrscheinlichkeiten gegeben sind bzw. unabhängig von der Bestimmung der Nutzenfunktion bestimmt wurden.

Erinnern Sie sich bitte an die Verfahren zur Bestimmung von Wahrscheinlichkeiten im Kapitel 7. Bei den indirekten Verfahren werden dem Entscheider jeweils zwei Lotterien vorgelegt, bei denen er die in der einen Lotterie auftretenden Wahrscheinlichkeiten (symbolisiert zum Beispiel durch ein Wahrscheinlichkeitsrad) so abändern muß, daß er indifferent zwischen beiden Lotterien ist. Aus dieser Indifferenzaussage wurde die subjektive Wahrscheinlichkeit des zu beurteilenden Ereignisses abgeleitet. Die Idee, daß Wahrscheinlichkeitsaussagen aus Präferenzaussagen abgeleitet werden können, wurde von Savage (1954) axiomatisiert und stellt die am weitesten anerkannte Grundlage für rationales Entscheiden bei Risiko dar. Viele neue deskriptive Theorien erweitern den von Savage entwickelten Ansatz.

Bei Savage wählt ein Entscheider zwischen Alternativen a (*acts*), die abhängig von Zuständen der Natur $s \in S$ (*states of nature*), auch Ereignisse genannt, zu Konsequenzen $a(s)$ (*consequences*) führen. Präferenzen bezüglich der Alternativen lassen Rückschlüsse auf Nutzenfunktion und „persönliche Glaubwürdigkeiten" des Eintretens von Ereignissen zu. Erfüllt die Präferenz eines Entscheiders bestimmte Axiome, so konnte Savage zeigen, daß die persönlichen Glaubwürdigkeiten die Anforderungen an Wahrscheinlichkeiten erfüllen. Sie werden daher als Entscheidungsgewichte oder subjektive Wahrscheinlichkeiten bezeichnet.

Savages Theorie wird als *subjektive* Erwartungsnutzentheorie (SEU: *Subjective Expected Utility Theory*) bezeichnet. Sie bewertet die Alternativen völlig analog zur Nutzentheorie mit der Summe der Produkte aus Wahrscheinlichkeit und Nutzen. Für den subjektiv erwarteten Nutzen einer Alternative a gilt:

$$\mathrm{SEU}(a) = \sum_{s \in S} \mathrm{p}(s) \cdot u(a(s)). \tag{9.5}$$

Wir könnten jetzt an dieser Stelle alle Axiome von Savage vorstellen und damit insbesondere zeigen, welche Anforderungen an Präferenzaussagen gestellt werden müssen, um subjektive Wahrscheinlichkeiten ableiten zu können. Wir wollen hier jedoch nur das wichtigste Axiom von Savage anführen. Da Savage den erwarteten Nutzen als Summe der Produkte aus subjektiver Wahrscheinlichkeit und Nutzen der Konsequenz ableitet, benötigt auch er ein Unabhängigkeitsaxiom, das als *„Sure thing principle"* bezeichnet wird. Das Unabhängigkeitsaxiom der subjektiven Erwartungsnutzentheorie ähnelt natürlich dem der Erwartungsnutzentheorie. Interessant ist aber auch die Verbindung zu den in Kapitel 6 vorgestellten Unabhängigkeitsaxiomen bei Mehrfachzielentscheidungen. Eine additive Repräsentation der Präferenz, sei es additiv über Zustände oder Ziele, erfordert immer die Gültigkeit eines Unabhängigkeitsaxioms (vgl. generell zu Unabhängigkeitsbedingungen bei Informationsverdichtung Dyckhoff 1986).

Unabhängigkeit für SEU. Seien a, b, a' und b' Alternativen und sei S' eine Teilmenge der Menge der Ereignisse S und $a(s) = a'(s)$ sowie $b(s) = b'(s)$ für $s \in S'$ und $a(s) = b(s)$ sowie $a'(s) = b'(s)$ für $s \in S \setminus S'$, so gilt $a \succ b$ genau dann, wenn $a' \succ b'$.

In Worte gefaßt sagt dieses Unabhängigkeitsaxiom: Haben zwei Alternativen für bestimmte Ereignisse identische Konsequenzen, so dürfen diese Ereignisse keinen Einfluß auf die Präferenz des Entscheiders bezüglich dieser Alternativen haben. Ersetzt man Ereignisse durch Ziele, wird die Verbindung zu den Axiomen bei Mehrfachzielen deutlich. Das Unabhängigkeitsaxiom sei an einem Beispiel erläutert: Ein Würfel wird geworfen. Gemäß der Tabelle 9.1 erhalten Sie in Abhängigkeit von der geworfenen Zahl entweder einen Apfel (A) oder eine Banane (B).

Bei a erhält man, unabhängig von der geworfenen Zahl, eine Banane, bei b für die Zahlen 1 bis 5 eine Banane und bei 6 einen Apfel; bei b' gibt es immer einen Apfel und bei a' nur bei einer geworfenen 6 eine Banane. Das Unabhängigkeitsaxiom besagt, daß die Präferenz zwischen a und b identisch zur Präferenz zwischen a' und b' sein muß. Die jeweils für beide alternativen Paare identischen Konsequenzen der Zustände 1 bis 5 dürfen für die Entscheidung keine Rolle spielen.

Tab. 9.1: Erläuterung des Sure thing principle

	1	2	3	4	5	6
a	B	B	B	B	B	B
b	B	B	B	B	B	A
a'	A	A	A	A	A	B
b'	A	A	A	A	A	A

Nachdem Sie die Grundzüge der Nutzentheorie kennengelernt haben, könnten Sie fragen, wie die Nutzenfunktion bestimmt werden kann. Wir werden Verfahren zur Bestimmung der Nutzenfunktion in Abschnitt 9.4 kennenlernen. Zuvor wollen wir in Abschnitt 9.3 wesentliche Begriffe der Nutzentheorie definieren.

9.3 Grundbegriffe der Nutzentheorie

9.3.1 Das Sicherheitsäquivalent

Ein zentraler Begriff bei der Bewertung von Lotterien ist das *Sicherheitsäquivalent* (SÄ). Betrachten wir eine Lotterie a, so stellt das Sicherheitsäquivalent SÄ(a) die sichere Konsequenz dar, bei der der Entscheider indifferent zwischen SÄ(a) und der zu beurteilenden Lotterie a ist. Es gilt damit:

$$u(\text{SÄ}(a)) = \text{EU}(a). \tag{9.6}$$

Im Falle einer stetigen Konsequenzenmenge muß der Entscheider gemäß dem Axiom der vollständigen Präferenzordnung immer ein Sicherheitsäquivalent angeben können; bei diskreten Konsequenzen muß dies nicht immer der Fall sein.

9.3.2 Die Risikoeinstellung

Betrachten Sie die in Abbildung 9-8 dargestellten drei streng monoton steigenden Nutzenfunktionen u_{RN}, u_{RF} und u_{RS}, die über beliebigen stetigen Konsequenzen (Geld, Regenmenge, Menge Tomatensauce) definiert sein könnten. Die minimale Konsequenz sei mit x_{min}, die maximale Konsequenz mit x_{max} bezeichnet. Die Funktionen unterscheiden sich hinsichtlich ihrer Krümmung. Es gilt die folgende Zuordnung:

u_{RN}	lineare Nutzenfunktion
u_{RF}	konvexe Nutzenfunktion
u_{RS}	konkave Nutzenfunktion.

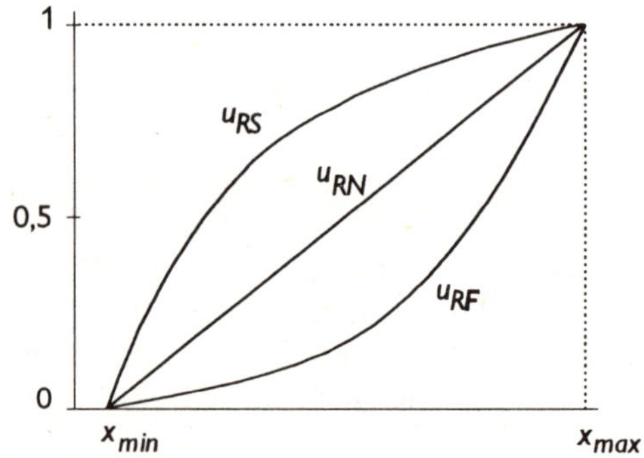

Abb. 9-8: Lineare, konvexe und konkave Nutzenfunktionen

Es ist jetzt naheliegend zu untersuchen, ob die Krümmung (d. h. die Form) der Nutzenfunktion allgemeine Aussagen über das Entscheidungsverhalten bei Risiko ermöglicht. Betrachten wir dazu eine beliebige Lotterie a. Entsprechend der Definition des Sicherheitsäquivalents gilt die folgende Beziehung:

$$u(\text{SÄ}(a)) = \text{EU}(a), \text{ d. h. } \text{SÄ}(a) = u^{-1}(\text{EU}(a)). \tag{9.7}$$

Wir sehen an diesen Gleichungen, wie sich das Sicherheitsäquivalent jeder Lotterie mit Hilfe der Nutzenfunktion ableiten läßt.

Um einen Einblick in das Entscheidungsverhalten zu erhalten, wird nun das Sicherheitsäquivalent dem Erwartungswert der Lotterie gegenübergestellt. Die Differenz dieser beiden Größen wird als *Risikoprämie* (RP) bezeichnet:

$$\mathrm{RP}(a) = \mathrm{EW}(a) - \mathrm{SÄ}(a). \tag{9.8}$$

Ist zum Beispiel eine Lotterie (100 €, 0,5; 0 €, 0,5) gegeben und nennt der Entscheider ein Sicherheitsäquivalent von 40 € für diese Lotterie, ergibt sich eine Risikoprämie von 10 €. Die Risikoprämie dient zur Charakterisierung der Risikoeinstellung. Für monoton *steigende* Nutzenfunktionen gilt: Ist RP > 0, spricht man von *risikoscheuem* (synonym: *risikoaversem*), bei RP = 0 von *risikoneutralem* und bei RP < 0 von *risikofreudigem* Verhalten. Ist ein Entscheider risikoscheu, so stellt die Risikoprämie die Größe dar, auf die er – ausgehend vom Erwartungswert einer Lotterie – zu verzichten bereit ist, um das Sicherheitsäquivalent mit Sicherheit zu erhalten.

In einem letzten Schritt wollen wir nach einem Zusammenhang zwischen der Krümmung der Nutzenfunktionen und der Risikoeinstellung suchen. Die Zusammenhänge lassen sich der folgenden Tabelle entnehmen. Sie zeigt, daß die Krümmung der Nutzenfunktion die Risikoeinstellung determiniert. Betrachten wir beispielsweise die Funktion u_{RS} aus Abbildung 9-8, erkennen wir jetzt, daß sie risikoscheues Entscheidungsverhalten abbildet, d. h. für jede beliebige Lotterie ist bei dieser Nutzenfunktion das Sicherheitsäquivalent immer geringer als der Erwartungswert.

Tab. 9.2: Risikoeinstellung und Krümmung der Nutzenfunktion

Nutzenfunktion	RP (=EW – SÄ)	Risikoeinstellung
linear: u_{RN}	= 0	risikoneutral
konkav: u_{RS}	> 0	risikoscheu
konvex: u_{RF}	< 0	risikofreudig

Die Aussagen über Risikoeinstellung seien an einem Beispiel erläutert. Wir nehmen an, daß der Entscheider eine quadratische Nutzenfunktion besitzt:

$$u(x) = \alpha + \beta x - \gamma x^2; \quad \beta, \gamma > 0, \quad x \le \frac{\beta}{2\gamma}. \tag{9.9}$$

Abbildung 9-9 stellt diese quadratische Nutzenfunktion dar. Die Parameter wurden so gewählt, daß der Nutzen auf das Intervall [0, 1] normiert wurde und in diesem Bereich monoton steigend ist. Sie sehen unmittelbar, daß die Funktion konkav ist, d. h. einen risikoscheuen Entscheider abbildet. Für die Lotterie a = (100 €, 0,5; 0 €, 0,5) ist der Erwartungswert EW(a) in Abbildung 9-9 eingetragen.

Abbildung 9-9 gibt auch den Weg zur Bestimmung des Sicherheitsäquivalentes bei gegebener Nutzenfunktion für eine Alternative a = (100 €, p; 0 €, 1 – p) an. Man geht vom Erwartungswert zur Verbindungslinie der Endpunkte der Nutzenfunktion, von dort parallel zur Abszissenachse zur Nutzenfunktion. Der Betrag, der diesem Abszissenwert entspricht, ist gleich dem Sicherheitsäquivalent. Sie sehen unmittelbar, daß für beliebige p-Werte das Sicherheitsäquivalent geringer als der Erwartungswert der Lotterie ist.

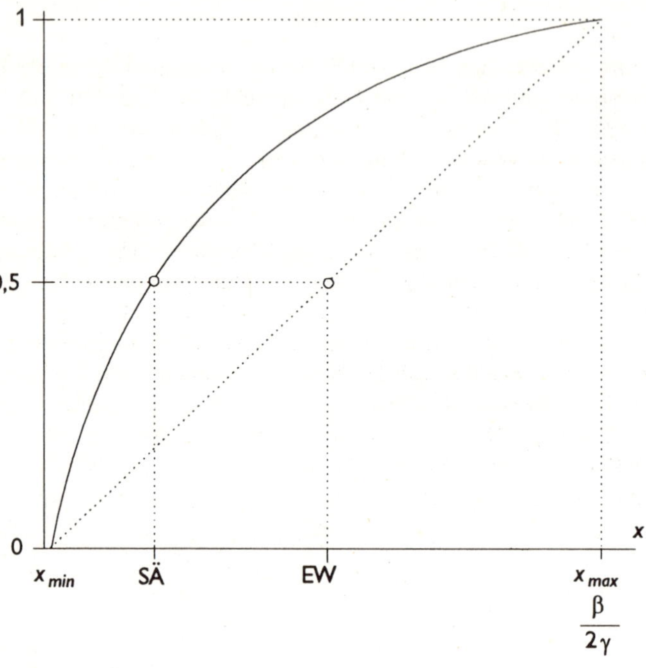

Abb. 9-9: Quadratische Nutzenfunktion

Die Risikoeinstellung eines Entscheiders spiegelt sich auch in den Indifferenzkurven im Drei-Ergebnis-Diagramm wider. Rufen Sie sich bitte Abbildung 9-7 und die Gleichung der Nutzenindifferenzkurven in Erinnerung. Eine stärkere Risikoaversion spiegelt sich in einer „konkaveren" Nutzenfunktion wider. Hält man $u(x_n)$ und $u(x_h)$ konstant, schlägt sich die Erhöhung der Risikoaversion daher in einer Erhöhung der Größe $u(x_m)$ nieder. Diese Erhöhung von $u(x_m)$ führt zu einer Vergrößerung des Koeffizienten von p_n: Die Indifferenzkurven im Diagramm werden steiler. Risikoscheue Entscheider verlangen einen höheren Preis, um mehr Wahrscheinlichkeit der niedrigsten Konsequenz x_n zu übernehmen. Da die Risikoeinstellung unabhängig von den Wahrscheinlichkeiten definiert wird und die Konsequenzen x_n, x_m, x_h im gesamten Drei-Ergebnis-Diagramm identisch sind, ist die Risikoeinstellung unabhängig von der Lage der Lotterie im Diagramm. Diese Unabhängigkeit ist eine direkte Folge des Unabhängigkeitsaxioms und sicherlich präskriptiv wünschenswert.

Im bisherigen haben wir uns auf die Betrachtung steigender Nutzenfunktionen beschränkt. Für monoton *fallende* Nutzenfunktionen (denken Sie zum Beispiel an eine Nutzenfunktion über die Anzahl der Tage, die Sie im Krankenhaus zu liegen haben) spricht man von risikoscheuem Verhalten, wenn RP < 0 ist bzw. wenn die Nutzenfunktion konkav ist, und von risikofreudigem Verhalten bei RP > 0 bzw. wenn die Nutzenfunktion konvex ist. Ist die Konsequenzenmenge nicht stetig oder sind die Konsequenzen gar ordinal oder nominal skaliert, lassen sich die obigen Definitionen nicht anwenden.

Für identische Entscheidungsprobleme kann die Risikoeinstellung, wie sie durch die Nutzenfunktion ausgedrückt wird, von Entscheider zu Entscheider unterschiedlich sein. Selbst für denselben Entscheider können sich für unterschiedliche Entscheidungssituationen unterschiedliche Nutzenfunktionen und damit Risikoeinstellungen ergeben. Schließt man Versicherungen ab, ist man in aller Regel risikoscheu (man bevorzugt die sichere Auszahlung für die Versicherungsprämie gegenüber dem riskanten Schaden, dessen erwarteter Verlust geringer als die Versicherungsprämie ist); spielt man Lotto, ist man in aller Regel risikofreudig (man bevorzugt die riskante Lotterie, deren erwarteter Gewinn geringer als die sichere Auszahlung für einen Lottoschein ist). Die Risikoeinstellung muß daher für jede Entscheidungssituation und jeden Entscheider neu bestimmt werden. Manche Teilgebiete der Betriebswirtschaftslehre legen jedoch generelle Annahmen über die Risikoeinstellung von Entscheidern zugrunde.

9.3.3 Das Risikoeinstellungsmaß von Arrow und Pratt

Bisher haben wir gelernt, daß wir Entscheider gemäß ihrer Risikoeinstellung in drei Klassen (risikoscheu, risikoneutral und risikofreudig) einteilen können. Wir wollen jetzt ein exaktes Maß definieren, das die Risikoeinstellung auch quantifizieren kann. Damit werden wir in der Lage sein, Entscheider als mehr oder weniger risikoscheu (usw.) zu klassifizieren. Die Risikoeinstellung spiegelt sich in der Stärke und der Art der Krümmung der Nutzenfunktion wider. Diese Krümmung wird durch das *Arrow-Prattsche Risikoeinstellungsmaß* $r(x)$ abgebildet:

$$r(x) = -\frac{u''(x)}{u'(x)}. \tag{9.10}$$

Das Maß setzt voraus, daß die Nutzenfunktion zweifach differenzierbar und die erste Ableitung der Nutzenfunktion ungleich null ist. In der oben angegebenen Form mißt das Maß die absolute Risikoeinstellung des Entscheiders. Das Maß ist absolut, weil es nicht zu den Konsequenzen der Lotterie in Relation gesetzt wird, für die es berechnet wurde. Durch Multiplikation mit der jeweiligen Konsequenz x erhält man das Maß für die relative Risikoeinstellung $r^*(x)$ (auch proportionale Risikoeinstellung genannt):

$$r^*(x) = -\frac{u''(x)}{u'(x)} \cdot x. \tag{9.11}$$

Beide Größen werden in der Finanzierungstheorie oft gebraucht, um das Risikoverhalten von Anlegern zu charakterisieren. So geht man in der Regel davon aus (Kraus und Litzenberger 1976), daß

- der Grenznutzen des Geldes positiv ist,
- der Grenznutzen mit steigenden Geldbeträgen abnimmt und
- nicht steigende absolute Risikoaversion vorliegt.

Wie schon gezeigt, hängen Risikoprämie und Krümmung der Nutzenfunktion und damit Risikoprämie und Risikoeinstellungsmaß direkt voneinander ab:

$$\text{RP} = \tfrac{1}{2}\,\text{Var(Lotterie)} \cdot r(\text{SÄ}). \qquad (9.12)$$

Die Risikoprämie ist annähernd gleich dem Produkt aus der halben Varianz der Lotterie und dem Risikoeinstellungsmaß an der Stelle des Sicherheitsäquivalentes. Eine ausführliche Ableitung findet sich in Pratt (1964), der auch zeigt, wie die Risikoprämie durch höhere Momente der Lotterie noch genauer angenähert werden kann. Die obige Formel definiert einen Zusammenhang zwischen drei wichtigen Größen. Sie zeigt, daß eine größere (kleinere) Varianz einer Alternative zu einer größeren (kleineren) Risikoprämie führt.

Aus der Formel ersehen Sie unmittelbar, daß Risikoprämie und Risikoeinstellungsmaß immer dasselbe Vorzeichen besitzen. Bei monoton steigenden Funktionen gilt: Ist $r(x) > 0$ für alle x, das heißt RP > 0, ist der Entscheider risikoscheu; ist $r(x) < 0$ für alle x, das heißt RP < 0, ist Risikofreude gegeben; für den Fall $r(x) = 0$, das heißt RP = 0, gilt Risikoneutralität, und die Nutzenfunktion ist linear. Analog gilt für monoton fallende Nutzenfunktionen $r(x) < 0 \Leftrightarrow \text{RP} < 0 \Leftrightarrow$ Risikoscheu und $r(x) > 0 \Leftrightarrow \text{RP} > 0 \Leftrightarrow$ Risikofreude.

Um ein (noch) besseres Gefühl für die Aussagen des absoluten Risikoeinstellungsmaßes zu bekommen, überlegen wir uns, was man unter konstanter absoluter Risikoeinstellung verstehen muß. Rein formal besagt dies zunächst, daß die Funktion $r(x)$ konstant ist. Die inhaltliche Erläuterung erschließt sich, wenn wir die beiden folgenden Lotterien betrachten:

$$a \;\; = (\;\; 100 \text{ €}, 0{,}5; \qquad 0 \text{ €}, 0{,}5)$$
$$a{+} = (1.100 \text{ €}, 0{,}5; \;\; 1.000 \text{ €}, 0{,}5)$$

Sie sehen aus der Formel, die Risikoprämie und Risikoeinstellungsmaß verknüpft, daß die Varianz (und die höheren Momente der Verteilung) die beiden Größen verknüpft. Da die Varianz (und alle höheren Momente der Verteilung) für a und $a+$ identisch ist, muß die Risikoprämie beider Lotterien identisch sein. Dieser am Beispiel demonstrierte Zusammenhang läßt sich auch allgemein zeigen. Bei Addition einer Größe δ zu allen Konsequenzen der Lotterie muß das Sicherheitsäquivalent der neuen Lotterie gleich SÄ + δ sein. Wird die Risikoprämie bei Addition einer Größe δ zu allen Konsequenzen geringer (größer), spricht man von fallender (steigender) absoluter Risikoaversion.

Das relative Risikoeinstellungsmaß r^* läßt sich am besten anhand eines Beispiels aus dem Investmentbereich erläutern. Nehmen Sie an, Sie könnten Ihr Vermögen in eine sichere Anlage und eine riskante Anlage investieren. Konstante relative Risikoeinstellung besagt nun, daß die Aufteilung in sichere und riskante Anlage unabhängig von der Höhe des investierten Vermögens sein muß. Bei sinkender (steigender) relativer Risikoeinstellung wird der Anleger bei steigendem

Vermögen mehr (weniger) in die riskante Anlage investieren (den Beweis finden Sie etwa bei Keeney und Raiffa 1976, S.176f.).

Die Frage nach der absoluten und relativen Risikoeinstellung „normaler“ Bürger beschäftigt die Forschung intensiv. Als Beispiel seien Friend und Blume (1975) angeführt, die anhand von US-amerikanischen Steuerdaten abgeleitet haben, daß der durchschnittliche Anleger abnehmende absolute und konstante relative Risikoscheu besitzt.

9.3.4 Risikoeinstellungen ausgewählter Nutzenfunktionen

In diesem Abschnitt wollen wir Ihnen einige wichtige Nutzenfunktionen vorstellen und diese bezüglich ihrer Risikoeinstellung charakterisieren. Dies kann die Arbeit bei der praktischen Ermittlung von Nutzenfunktionen erleichtern und im Rahmen der ökonomischen Theoriebildung hilfreiche Dienste leisten.

Die exponentielle Nutzenfunktion lautet:

$$u(x) = \alpha + \beta e^{-c \cdot x} \quad \text{mit}\, c > 0 \;\text{ und}\, \beta < 0. \tag{9.13}$$

Für sie gilt konstante absolute Risikoaversion und zunehmende relative Risikoaversion.

Die quadratische Nutzenfunktion lautet:

$$u(x) = \alpha + \beta x - \gamma x^2 \quad \text{mit}\, \beta, \gamma > 0, \quad x \le \frac{\beta}{2\gamma}. \tag{9.14}$$

Für sie gilt zunehmende absolute Risikoaversion und zunehmende relative Risikoaversion. Dieses Verhalten wird in der Regel weder in experimentellen Untersuchungen noch im realen Leben zu beobachten sein. Die quadratische Nutzenfunktion ist daher nur mit äußerster Vorsicht (am besten überhaupt nicht) zur Abbildung menschlichen Verhaltens heranzuziehen.

Die logarithmische Nutzenfunktion lautet:

$$u(x) = \alpha + \beta \log(x) \quad \text{mit}\, \beta > 0. \tag{9.15}$$

Sie besitzt die Eigenschaft abnehmender absoluter Risikoaversion und konstanter relativer Risikoaversion.

9.4 Die Bestimmung der Nutzenfunktion

9.4.1 Die Basis-Referenz-Lotterie

Im bisherigen Verlauf des Kapitels haben wir im wesentlichen theoretische Überlegungen zur Nutzentheorie angestellt. Um die Theorie des Erwartungsnutzens auf praktische Probleme anzuwenden, ist es jedoch unabdingbar, die Nutzenfunktion des Entscheiders bezüglich der jeweiligen Zielvariable zu bestimmen. Sind nur wenige Konsequenzen zu beurteilen, müssen nur die entsprechenden Punkte der Nutzenfunktion ermittelt werden. Bei der Bestimmung der Funktion ist es sinnvoll, sich an die Probleme und Lösungsmöglichkeiten bei der Ermittlung von

Wertfunktionen und Wahrscheinlichkeiten zu erinnern. Bei allen Methoden wurden wir mit ähnlichen Problemen konfrontiert: Der Entscheider besitzt nicht immer eine exakte Präferenz und kann bei seinen Aussagen durch die Befragungsmethodik beeinflußt werden. Es ist daher unbedingt nötig, die im weiteren vorgestellten Methoden zur Bestimmung der Nutzenfunktionen nicht nur theoretisch zu lernen, sondern auch anhand von praktischen Beispielen zu üben. Nur so kann man lernen, aus zunächst inkonsistenten Präferenzen durch Feedback zu einer eindeutigen Nutzenfunktion zu gelangen.

Bei der präskriptiven Anwendung der Erwartungsnutzentheorie wird die gleiche Vorgehensweise wie in anderen Bereichen der Entscheidungslehre gewählt: Vom Einfachen zum Komplexen. Die Präferenz des Entscheiders, das heißt die Nutzenfunktion, wird durch Beurteilung einfacher, riskanter Alternativen ermittelt. Ist die Präferenz durch die Nutzenfunktion abgebildet, kann sie dazu dienen, auch in komplexen Entscheidungssituationen die optimale Alternative zu berechnen.

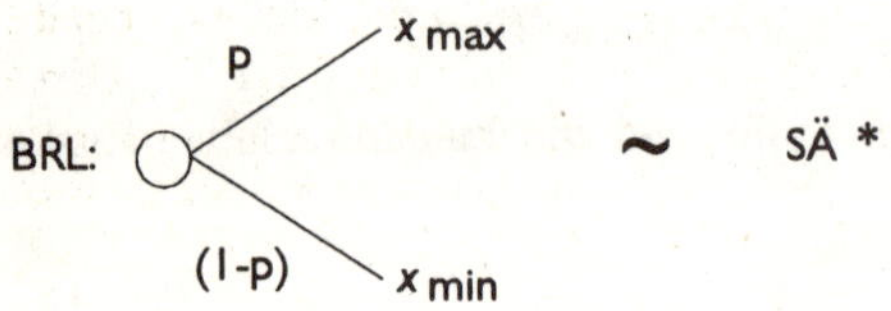

Abb. 9-10: Basis-Referenz-Lotterie und Sicherheitsäquivalent

Grundlage der meisten Verfahren zur Bestimmung von Nutzenfunktionen ist die sogenannte „Basis-Referenz-Lotterie" (BRL) und deren Sicherheitsäquivalent SÄ*. Die Basis-Referenz-Lotterie ist in Abbildung 9-10 dargestellt.

Wir wollen zunächst annehmen, daß der Entscheider eine monotone Nutzenfunktion besitzt. Die BRL ist eine Lotterie mit den beiden Konsequenzen x_{max} und x_{min}, wobei die Größen x_{max} und x_{min} die maximal und minimal möglichen Ergebnisse in einer bestimmten Entscheidungssituation sind. Die Konsequenzen können mit der Wahrscheinlichkeit p bzw. 1 – p auftreten. Die Größe SÄ* aus dem Intervall $[x_{min}, x_{max}]$ ist das Sicherheitsäquivalent der Basis-Referenz-Lotterie. Der erwartete Nutzen der Basis-Referenz-Lotterie ist gleich dem Nutzen von SÄ*. Wir erhalten:

$$EU(BRL) = p\, u(x_{max}) + (1 - p)\, u(x_{min}) = u(SÄ^*). \tag{9.16}$$

Da die Nutzenfunktion intervallskaliert ist, können wir Nullpunkt und Einheit beliebig wählen. Wir setzen die Werte für $u(x_{min}) = 0$ und für $u(x_{max}) = 1$. Damit erhalten wir:

$$EU(BRL) = p = u(SÄ^*). \tag{9.17}$$

Der erwartete Nutzen der Basis-Referenz-Lotterie und damit der Nutzen des Sicherheitsäquivalents ist gleich der Wahrscheinlichkeit p.

Beim Vergleich zwischen Basis-Referenz-Lotterie und Sicherheitsäquivalent sind vier Größen zu berücksichtigen: Die Wahrscheinlichkeit p, die beiden Konsequenzen x_{min} und x_{max} der Lotterie sowie das Sicherheitsäquivalent SÄ*. Die

Methoden zur Bestimmung der Nutzenfunktion unterscheiden sich dadurch, welche dieser vier Größen gegeben sind und nach welcher dieser vier Größen gefragt wird. So kann beispielsweise die Lotterie vorgegeben und nach dem Sicherheitsäquivalent gefragt werden (*Certainty equivalent methods*). Es könnte auch das Sicherheitsäquivalent vorgegeben und nach der Wahrscheinlichkeit (*Probability equivalent methods*) oder den Konsequenzen gefragt werden. Stützpunkte für die Nutzenfunktion erhält man immer über den einfachen Zusammenhang: Der Erwartungsnutzen der Basis-Referenz-Lotterie ist gleich dem Nutzen des Sicherheitsäquivalents. Hat man Stützpunkte ermittelt, kann die Nutzenfunktion wieder völlig analog zur Wertfunktion ermittelt werden. Die Stützstellen werden linear interpoliert oder ein vorgegebener Funktionstyp wird angepaßt.

Wir wollen im weiteren vier einfache Verfahren zur Bestimmung der Nutzenfunktion vorstellen und verweisen Sie zu weiteren Verfahren auf die Literatur (Farquhar 1984). Bei der Darstellung der Methoden werden wir annehmen, daß die Konsequenzen auf einer kontinuierlichen Skala gemessen werden. Erläuternde Beispiele werden anhand von €-Skalen durchgeführt. Kann die Methode auch für nichtkontinuierliche Skalen angewendet werden, wird dies am Ende der Darstellung der jeweiligen Methode diskutiert. Ist die Nutzenfunktion nichtmonoton, muß, wie schon in Kapitel 5.2.5 dargestellt, die Bestimmung für monotone Teilbereiche getrennt durchgeführt werden.

9.4.2 Mittelwert-Kettungs-Methode

Die Mittelwert-Kettung ist ein Verfahren, in dem der Entscheider Sicherheitsäquivalente von Lotterien bestimmen muß. Sie erinnert mit ihrer Vorgehensweise stark an die Halbierungsmethode, die Sie bei der Bestimmung eindimensionaler Wertfunktionen kennengelernt haben.

Im ersten Schritt wird dem Entscheider die Lotterie (x_{min}, 0,5; x_{max}, 0,5) vorgelegt. Das Sicherheitsäquivalent dieser Lotterie wird mit $x_{0,5}$ bezeichnet, und es gilt $u(x_{0,5}) = 0,5$. In Abbildung 9-11 ist dieser erste Schritt unter a) dargestellt. Analog zur Vorgehensweise bei der Halbierungsmethode werden jetzt die Intervalle [x_{min}, $x_{0,5}$] und [$x_{0,5}$, x_{max}] nutzenmäßig „halbiert". Dazu fragt man den Entscheider nach den Sicherheitsäquivalenten der in Abbildung 9-11 unter b) und c) angegebenen Lotterien. Diese Sicherheitsäquivalente werden mit $x_{0,25}$ bzw. $x_{0,75}$ bezeichnet, und es gilt $u(x_{0,25}) = 0,25$ und $u(x_{0,75}) = 0,75$.

An die Ermittlung der Stützstellen für eine Nutzenfunktion muß sich, wiederum analog zur Vorgehensweise bei der Bestimmung von Wertfunktionen, eine Konsistenzprüfung anschließen. Die einfachste Möglichkeit hierzu ist, den Entscheider nach dem Sicherheitsäquivalent der Lotterie ($x_{0,75}$, 0,5; $x_{0,25}$, 0,5) zu fragen. Die durch diese Frage ermittelte nutzenmäßige Mitte des Intervalls [$x_{0,25}$, $x_{0,75}$] muß bei konsistenter Beantwortung aller Fragen der Wert $x_{0,5}$ sein.

Bei dieser Methode ist positiv zu bewerten, daß alle Lotterien einfache 50-50-Wahrscheinlichkeiten aufweisen. Wie in vorherigen Kapiteln gezeigt, können Entscheider Wahrscheinlichkeiten nur schwer verarbeiten. Die bei dieser Methode auftretenden 50-50-Lotterien sind jedoch die einfachsten Lotterien und dem Entscheider durch Ereignisse wie Münzwurf usw. eingängig. Weiterhin ist die einfache Art der Konsistenzprüfung hervorzuheben. Zeigt die Befragung, daß noch weitere Werte ermittelt werden müssen, können die bisher bestimmten Intervalle oder eine Auswahl davon durch wiederum einfache 50-50-Lotterien nutzenmäßig halbiert werden. Die Methode hat den Nachteil, daß in eine Befragung Ergebnisse einer vorherigen Befragung eingehen. Hat sich ein Entscheider etwa bei der Angabe des Wertes $x_{0,5}$ vertan, setzt sich dieser Fehler in den weiteren Befragungsschritten fort. Bei mehrmaliger nutzenorientierter Halbierung eines Intervalls können sich systematische Verzerrungen wesentlich verstärken.

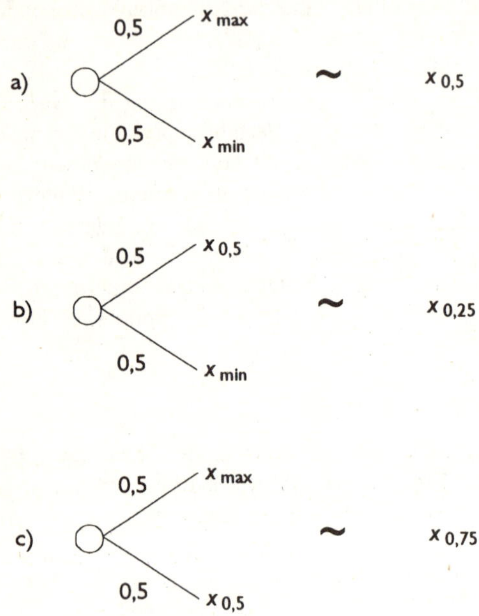

Abb. 9-11: BRL der Mittelwert-Kettungs-Methode

Wir wollen die Methode an einem Beispiel erläutern. Ein Entscheider möchte seine Nutzenfunktion über dem Intervall [0 €, 1.000 €] bestimmen. Im ersten Schritt wird ihm die Lotterie (0 €, 0,5; 1.000 €, 0,5) vorgelegt. Der Entscheider sei risikoscheu und gibt als Sicherheitsäquivalent für diese Lotterie 400 € an. Im nächsten Schritt werden dem Entscheider die Lotterien (0 €, 0,5; 400 €, 0,5) und (400 €, 0,5; 1000 €, 0,5) vorgelegt. Er bewertet diese Lotterien mit den Sicherheitsäquivalenten 180 € sowie 600 €. In der Konsistenzprüfung wird er nach dem Sicherheitsäquivalent der Lotterie (180 €, 0,5; 600 €, 0,5) gefragt. Gibt er als Sicherheitsäquivalent nicht den Betrag 400 € an, so muß – wiederum völlig analog zur Ermittlung der Wertfunktion – diese Inkonsistenz beseitigt werden. Wie Sie aus Kapitel 5 wissen, kann die Inkonsistenz durch wiederholte Befragung beseitigt werden, durch Mittelwertbildung ignoriert werden oder, wie später noch ausführlicher erläutert werden wird, durch das Konzept der unvollständigen Information direkt abgebildet werden. Auch nach erfolgreicher Konsistenzprüfung geben die Aussagen des Entscheiders Anlaß zum weiteren Nachfragen. Das Sicherheitsäquivalent von 400 € für die Lotterie (180 €, 0,5; 600 €, 0,5) impliziert für diesen Bereich Risikofreude. Es ist nun zu hinterfragen, inwieweit der Entscheider dies mit der anfangs geäußerten allgemeinen risikoscheuen Einstellung vereinbaren kann.

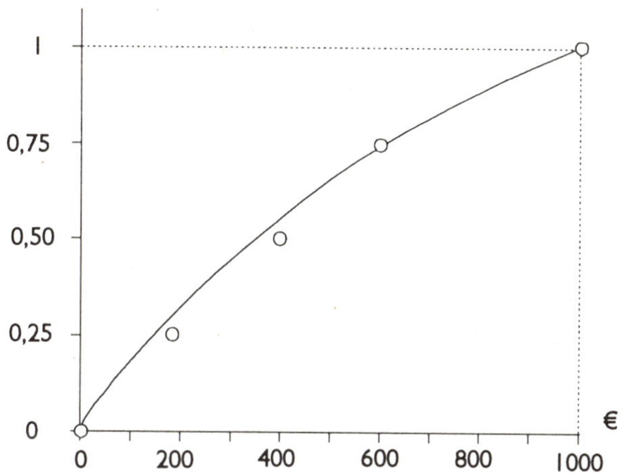

Abb. 9-12: Nutzenfunktion nach der Mittelwert-Kettungs-Methode

Die fünf ermittelten Punkte der Nutzenfunktion werden in ein Diagramm eingezeichnet und durch stückweise lineare Interpolation oder durch Anpassen eines vorgegebenen Kurventyps zur Nutzenfunktion verbunden. Abbildung 9-12 stellt das Ergebnis einer Befragung dar; sie zeigt die Nutzenfunktion eines risikoscheuen Entscheiders.

9.4.3 Fraktilmethode

Die Fraktilmethode stellt wiederum eine Sicherheitsäquivalentmethode dar. In ihr bleiben die Konsequenzen der BRL konstant und die Wahrscheinlichkeiten werden in jeder Frage geändert. Sollen beispielsweise durch Befragung vier Stützstellen der Nutzenfunktion gewonnen werden, so muß der Entscheider die Sicherheitsäquivalente der BRL für p = 0,8, 0,6, 0,4 und 0,2 angeben. Für diese Methode sind die zu bewertenden Lotterien in Abbildung 9-13 dargestellt.

Die gewählten Wahrscheinlichkeiten in der BRL hängen von der Anzahl der gesuchten Stützstellen ab. Sie müssen auch nicht notwendigerweise wie in Abbildung 9-13 äquidistant sein. Hier kann der geübte Entscheider abhängig vom jeweiligen Entscheidungsproblem seinen Freiraum sinnvoll nutzen. Wie bei der Mittelwert-Kettung lassen sich auch die Nutzen der Sicherheitsäquivalente bei der Fraktilmethode direkt berechnen. Es gilt $u(x_{0,8}) = 0,8$ usw. Auch bei dieser Methode sollte – wie bei allen in diesem Buch beschriebenen Meßmethoden – eine Konsistenzprüfung durchgeführt werden. Zur Konsistenzprüfung kann eine Kombination der Fraktilmethode mit anderen Methoden herangezogen werden. So könnte etwa die nutzenmäßige Mitte von Intervallen bestimmt werden, das heißt zum Beispiel die nutzenmäßige Mitte des Intervalls $[x_{0,4}, x_{0,8}]$.

Die Fraktilmethode besitzt sicherlich den Vorteil, daß die Konsequenzen während der ganzen Befragungsmethode konstant bleiben. Außerdem werden keine Aussagen von Befragungen als Grundlage für weitere Befragungsschritte herangezogen. Nachteilig ist jedoch, daß nicht nur 50-50-Lotterien betrachtet werden. Wenn auch in Abbildung 9-13 nur vier Wahrscheinlichkeiten auftreten, stellt die Methode doch an die Informationsverarbeitungskapazität des Entscheiders relativ hohe Anforderungen. Gerade wenn man die Verzerrungen in Wahrscheinlichkeitsurteilen, wie sie in Kapitel 7 angesprochen wurden, kennt, darf man auf eine Konsistenzprüfung auch bei dieser Methode auf keinen Fall verzichten.

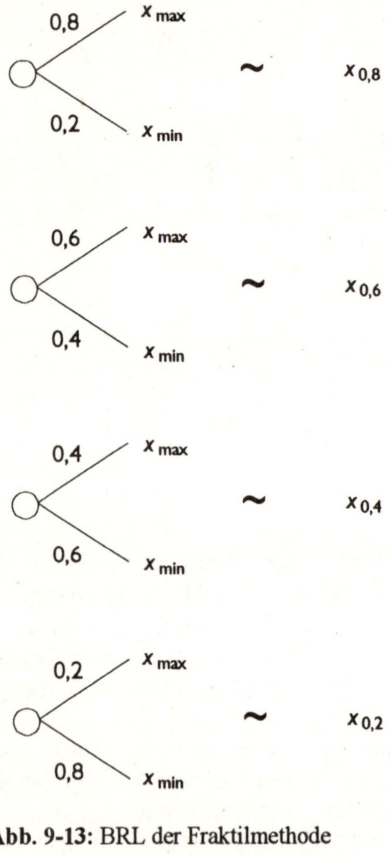

Abb. 9-13: BRL der Fraktilmethode

9.4.4 Methode variabler Wahrscheinlichkeiten

Als dritte Methode wollen wir die Methode variabler Wahrscheinlichkeiten, eine Wahrscheinlichkeitsäquivalent-Methode, vorstellen. Bei dieser Methode erhält der Entscheider die Konsequenzen der Basis-Referenz-Lotterie sowie das Sicherheitsäquivalent vorgegeben und muß die Wahrscheinlichkeit angeben, bei der er indifferent zwischen der Basis-Referenz-Lotterie und dem Sicherheitsäquivalent ist. Der Nutzen des Sicherheitsäquivalents ist gleich der erfragten Wahrscheinlichkeit. Als Sicherheitsäquivalente werden möglichst äquidistante Werte zwischen x_{min} und x_{max} vorgegeben. Möchte man drei Stützstellen durch Befragung ermitteln, können die in Abbildung 9-14 aufgeführten Paarvergleiche dem Entscheider vorgelegt werden.

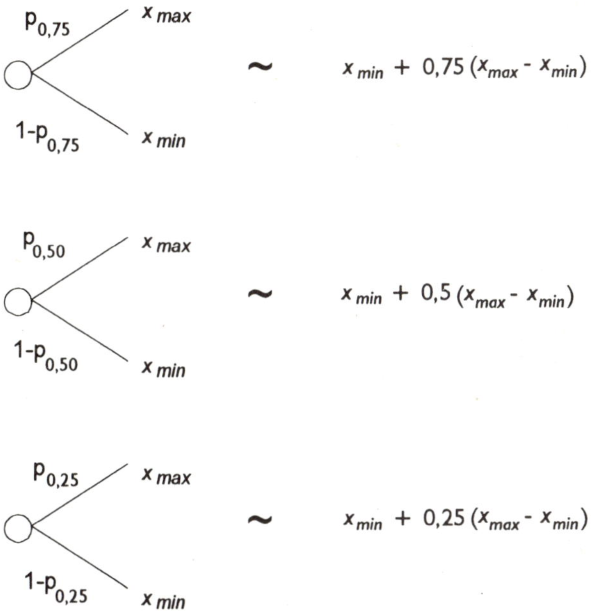

Abb. 9-14: BRL der Methode variabler Wahrscheinlichkeiten

Auch bei dieser Methode sollten wiederum Konsistenzprüfungen durchgeführt werden. Die Methode der variablen Wahrscheinlichkeiten wird oft als schwierig empfunden. Sind Entscheider mit dem Konzept der Wahrscheinlichkeit nicht hinlänglich vertraut, so werden sie Schwierigkeiten haben, Indifferenzwahrscheinlichkeiten anzugeben. Die Methode besitzt hingegen den Vorteil, daß keine Ergebnisse vorheriger Schritte in die neue Befragung eingehen. Darüber hinaus besteht ein ganz besonderer Vorteil der Methode darin, daß sie auch angewendet werden kann, wenn die Konsequenzen auf nicht-kontinuierlichen Skalen definiert sind. Bei den beiden zuerst vorgestellten Methoden kann es der Fall sein, daß die Skala, auf der die Konsequenzen gemessen werden, gerade für die vorgegebene Lotterie kein Sicherheitsäquivalent enthält. Betrachten Sie zum Beispiel das Dilemma eines Kaffeetrinkers, der seinen Kaffee nur mit (ganzen) Würfelzuckerstückchen süßen kann und im Bereich von null bis drei Stückchen mehr Zucker besser als weniger Zucker findet. Wollen Sie die Nutzenfunktion über die Anzahl der Würfelzuckerstückchen erstellen und legen Sie dem Entscheider die Lotterie

(0 Stück, 0,5; 3 Stück, 0,5) vor (diese Lotterie besagt, daß Sie eine 50-50-Chance haben, eine Tasse Kaffee mit null oder drei Stückchen Zucker gesüßt zu bekommen), so würde einer der Autoren gerne die Zahl 1,3 als Sicherheitsäquivalent angeben, was aber nach der Definition der Skala nicht zulässig ist.

9.4.5 Lotterievergleich-Methode

Bei den bisherigen Methoden zur Bestimmung der Nutzenfunktion mußte der Entscheider immer eine Indifferenzaussage zwischen einem sicheren Betrag und der BRL treffen. An die Stelle des sicheren Betrags kann auch eine zweite einfache Lotterie treten. Analog zur Vorgehensweise bei den schon vorgestellten Methoden werden dann die Stützstellen der Nutzenfunktion aus dem wiederholten Vergleich von Lotterien bestimmt. Die auf dem Vergleich von einfachen Lotterien aufbauende Lotterievergleich-Methode sei im folgenden dargestellt (McCord und de Neufville 1986).

Die Methode ähnelt der Methode variabler Wahrscheinlichkeiten. Wie bei ihr hat der Entscheider Wahrscheinlichkeiten anzugeben, bei denen er indifferent zwischen der BRL und einem zweiten Ausdruck ist. Bei der Methode variabler Wahrscheinlichkeiten war dieser zweite Ausdruck eine sichere Zahlung. Bei der Lotterievergleich-Methode ist dieser zweite Ausdruck eine Lotterie. Abbildung 9-15 verdeutlicht die Lotterievergleich-Methode.

Zunächst wird das Intervall $[x_{min}, x_{max}]$ in äquidistante Bereiche aufgespalten. Anschließend wird eine Bestimmungswahrscheinlichkeit p* vorgegeben. In der Regel wird man p* = 0,5 oder p* = 0,75 wählen. Abbildung 9-15 stellt die zu beurteilenden Lotteriepaare dar. Das Intervall wurde in vier äquidistante Bereiche unterteilt. Die Indifferenzaussagen werden erzielt, indem der Entscheider die Wahrscheinlichkeit $p_{0,25}$, $p_{0,5}$ bzw. $p_{0,75}$ so bestimmt, daß er indifferent zwischen den jeweils betrachteten Lotterien ist. Aus den Indifferenzaussagen läßt sich ableiten:

$$p_\alpha u(x_{max}) + (1 - p_\alpha)\, u(x_{min}) = p^*\, u(x_{min} + \alpha\, (x_{max} - x_{min})) + (1 - p^*)\, u(x_{min}).$$

Daraus folgt

$$u(x_{min} + \alpha\, (x_{max} - x_{min})) = p_\alpha / p^*, \qquad \alpha = 0{,}25;\ 0{,}5;\ 0{,}75. \qquad (9.18)$$

Auch bei der Lotterievergleich-Methode müssen Konsistenzprüfungen vorgenommen werden. Es bietet sich hier an, die Funktion ausgehend von unterschiedlichen p*-Werten zu bestimmen.

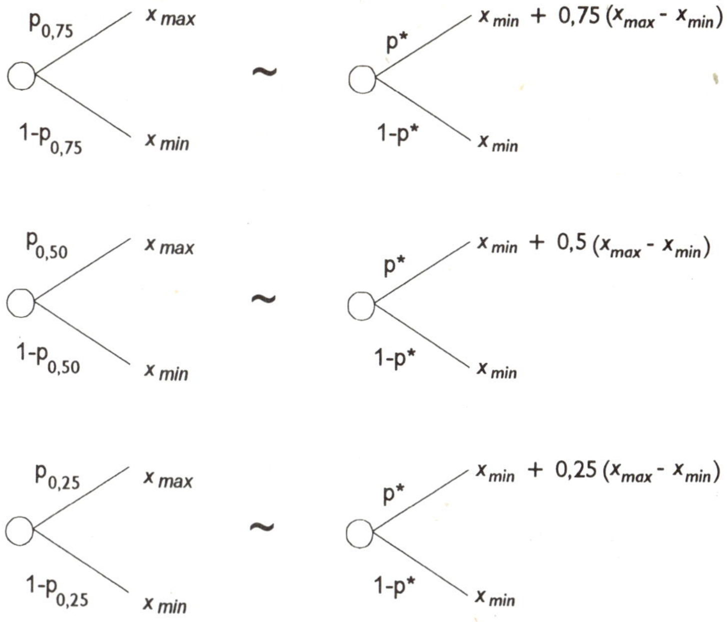

Abb. 9-15: Paarvergleiche der Lotterievergleich-Methode

Die Lotterievergleich-Methode sieht zunächst nach einer unnötigen Verkomplizierung der Methode variabler Wahrscheinlichkeiten aus. McCord und de Neufville (1986) berichten jedoch, daß ihre Versuchspersonen keine Schwierigkeiten hatten, die Indifferenzwahrscheinlichkeiten anzugeben. Der Hauptvorteil der Methode besteht darin, daß zwei Lotterien verglichen werden. Beim Vergleich einer sicheren Größe mit einer Lotterie tritt bei manchen Entscheidern der „Sicherheitseffekt" (*Certainty effect*) auf, der einer der Gründe für paradoxes Verhalten von Entscheidern sein kann. Unter dem Certainty-Effekt versteht man, daß ein Übergang von einer sicheren Konsequenz zu einer sehr wahrscheinlichen, aber eben doch nicht sicheren Konsequenz das Entscheidungsverhalten nachhaltig beeinflussen kann. Wir werden diesen Effekt in Kapitel 14 noch ausführlicher beschreiben. Vergleicht man zwei Lotterien, so kann vermieden werden, daß sich eine mögliche Verzerrung durch den Sicherheitseffekt in der Nutzenfunktion widerspiegelt.

9.4.6 Konsistenzüberprüfung

Nachdem wir die Methoden vorgestellt haben, müßten Sie diese anhand von praktischen Beispielen üben. Ihnen wird dabei auffallen, daß sich die Nutzenfunktion für dasselbe Entscheidungsproblem und denselben Entscheider in Abhängigkeit von der Bestimmungsmethode unterscheiden kann. Bedenkt man, daß es sich bei der Bestimmung von Nutzenfunktionen um das Messen von Präferenzen handelt und Meßmethoden Fehler und systematische Verzerrungen verursachen können, werden Sie sich über die unterschiedlichen Nutzenfunktionen nicht wundern. Nicht nur innerhalb einer Methode können Inkonsistenzen auftreten, sondern genauso zwischen Methoden. Bei bestimmten Methoden, die etwa ausschließlich kleine Wahrscheinlichkeiten benutzen, können sogar starke systematische Verzerrungen auftreten (Hershey, Kunreuther und Schoemaker 1982, Hershey und Schoemaker 1985). Zur Vermeidung dieser Verzerrungen sollte die Nutzenfunktion mit unterschiedlichen Methoden ermittelt werden. Analog zur Vorgehensweise bei der Ermittlung einer Nutzenfunktion mit nur einer Bestimmungsmethode sollten dem Entscheider Inkonsistenzen zur Überprüfung vorgelegt werden, Inkonsistenzen durch Mitteln ausgeglichen werden oder man sollte mit dem Konzept der unvollständigen Information fortfahren. Dieses Feedback und die Befragung mit unterschiedlichen Methoden kann besonders gut mittels eines interaktiven Computerprogramms durchgeführt werden (von Nitzsch und Weber 1986).

Eine sorgfältige Bestimmung der Nutzenfunktion ist eine Kunst. Entscheider haben in aller Regel ihre Nutzenfunktion nicht abrufbereit im Kopf. Oft bilden sie ihre Präferenz erst während der Befragung. Die Art der Befragung kann daher leicht einen Einfluß auf die ermittelte Nutzenfunktion besitzen.

Für die präskriptive Anwendung der Nutzentheorie ist wichtig, daß die verhaltenswissenschaftlichen Probleme nicht zu einer Ablehnung der Theorie führen sollen. Sie zeigen vielmehr, daß Entscheider schon bei einfachen und erst recht bei komplexen Entscheidungssituationen Rationalitätsanforderungen nicht ohne Hilfe erfüllen können. Die deskriptiven Erkenntnisse zu systematischen Verzerrungen sind für die präskriptive Entscheidungsforschung relevant, da sie einen verstärkten Entscheidungshilfebedarf aufzeigen und die Notwendigkeit von Methoden zur Vermeidung derartiger Verzerrungen verdeutlichen.

9.4.7 Bestimmung der Nutzenfunktion anhand der Risikoeinstellung des Entscheiders

Neben der direkten Befragung mit Hilfe der Basis-Referenz-Lotterie kann auch die Risikoeinstellung des Entscheiders berücksichtigt werden, um die Nutzenfunktion zu ermitteln. Wie schon zuvor abgeleitet, muß ein risikoscheuer Entscheider eine konkave Nutzenfunktion bzw. ein risikofreudiger Entscheider eine konvexe Nutzenfunktion haben. Weiß der Entscheider, daß er eine monoton steigende Nutzenfunktion besitzt und daß er risikoscheu ist, läßt sich der zulässige Bereich für die Nutzenfunktion schon durch eine Frage stark einschränken. Abbildung 9-16 verdeutlicht die folgende Argumentation.

Wurde der Punkt $(x, u(x))$ durch Befragung des Entscheiders ermittelt, so kann eine monoton steigende, konkave Nutzenfunktion nur im schattierten Bereich liegen. Durch geschickte Wahl von wenigen Konsequenzen kann der zulässige Bereich der Nutzenfunktion aufgrund der generellen Aussage der Risikoaversion des Entscheiders zusätzlich stark eingeschränkt werden.

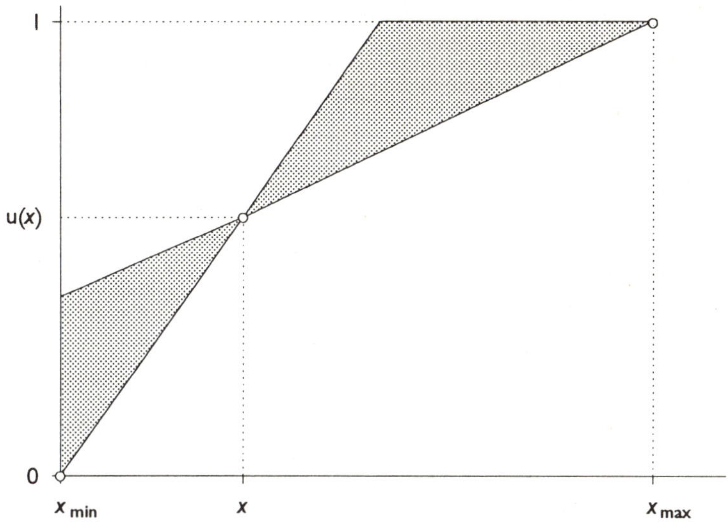

Abb. 9-16: Möglicher Bereich der Nutzenfunktion

Noch einfacher kann die Nutzenfunktion unter Umständen bestimmt werden, wenn genauere Aussagen über die Risikoeinstellung vorliegen. In den Abschnitten 9.3.3 und 9.3.4 haben wir die Konzepte der absoluten und relativen Risikoaversion kennengelernt und gleichzeitig gesehen, daß bestimmte Klassen von Nutzenfunktionen durch eine konstante (absolute bzw. relative) Risikoeinstellung gekennzeichnet sind. Weiß man vom Entscheider, daß er eine konstante Risikoeinstellung besitzt, so müssen nur noch die freien Parameter der entsprechenden Klasse von Nutzenfunktionen bestimmt werden. Wir wollen diese Vorgehensweise für den Fall absoluter und den Fall relativer Risikoeinstellung erläutern.

Nehmen wir nun zunächst an, daß der Entscheider konstante absolute Risikoaversion besitzt, das heißt, daß das Arrow-Prattsche Maß $r(x)$ konstant ist. Mit SÄ sei das Sicherheitsäquivalent einer beliebigen Lotterie bezeichnet. Addiert man zu jeder Konsequenz dieser Lotterie eine Größe δ, so muß das Sicherheitsäquivalent der neuen Lotterie gleich SÄ + δ sein. Die Konstanz des Risikomaßes läßt sich durch Variation von δ für einige ausgewählte Lotterien durch direkte Bestimmung der Sicherheitsäquivalente relativ einfach überprüfen. Bei konstanter absoluter Risikoaversion lautet die Nutzenfunktion des Entscheiders

$$u(x) = \alpha + \beta e^{-c \cdot x} \quad \text{mit}\, c = r(x) > 0 \,\text{und}\, \beta < 0 \tag{9.19}$$

(Keeney und Raiffa 1976, S. 167). Da α und β Skalierungskonstanten sind, die die Nutzenfunktion auf das Intervall [0, 1] skalieren, muß nur der Parameter $c = r(x)$, das konstante Arrow-Prattsche Risikomaß, bestimmt werden. Dem Entscheider kann wiederum eine BRL vorgelegt werden, wobei er das Sicherheitsäquivalent oder, falls das auch gegeben war, eine Größe der BRL so zu bestimmen hat, daß er indifferent zwischen Sicherheitsäquivalent und BRL ist. Aus dieser Indifferenzaussage kann der Parameter c (= $r(x)$) abgeleitet werden.

Wir wollen Ihnen zwei Möglichkeiten zur Bestimmung des Parameters c vorstellen. Die erste erfordert die Angabe eines Sicherheitsäquivalents zu einer 50-50-Lotterie, die zweite, mathematisch einfachere Methode die etwas schwierigere Angabe einer Indifferenzwahrscheinlichkeit.

Nehmen wir im Rahmen der ersten Methode an, ein Entscheider besäße ein konstantes Arrow-Prattsches Risikomaß, und er hätte für die Lotterie (10 €, 0,5; 0 €, 0,5) das Sicherheitsäquivalent 3,80 € angegeben. Es gilt:

$$\begin{gathered} \text{EU(Lotterie)} = u(\text{SÄ}), \text{ das heißt} \\ 0{,}5(\alpha + \beta e^{-c \cdot 10}) + 0{,}5(\alpha + \beta e^{-c \cdot 0}) = \alpha + \beta e^{-c \cdot 3{,}8}. \end{gathered} \tag{9.20}$$

(9.20) ist äquivalent zu $0{,}5\, e^{-c \cdot 10} + 0{,}5 = e^{-c \cdot 3{,}8}$. Eine näherungsweise Lösung dieser Gleichung mit Methoden, die in Tabellenkalkulationsprogrammen enthalten sind, ergibt $c = 0{,}1$. Die Koeffizienten α und β kann man aus den beiden folgenden Gleichungen berechnen:

$$\begin{aligned} \alpha + \beta\, e^{-c \cdot 10} &= 1 \\ \alpha + \beta\, e^{-c \cdot 0} &= 0. \end{aligned} \tag{9.21}$$

Wir erhalten $\alpha = 1{,}58$ und $\beta = -1{,}58$. Um die Rechnerei bei der Bestimmung des Parameters c zu vereinfachen, kann man sich auch eine Tabelle erstellen, die den Wert von c in Abhängigkeit von der Risikoprämie angibt. Für die obige Lotterie gilt:

$$\begin{aligned} \text{RP} = 0{,}62 \quad &\Rightarrow \quad c = r(x) = 0{,}05 \\ \text{RP} = 1{,}2 \quad &\Rightarrow \quad c = r(x) = 0{,}1 \\ \text{RP} = 2{,}15 \quad &\Rightarrow \quad c = r(x) = 0{,}2 \\ \text{RP} = 3{,}63 \quad &\Rightarrow \quad c = r(x) = 0{,}5 \\ \text{RP} = 4{,}31 \quad &\Rightarrow \quad c = r(x) = 1. \end{aligned}$$

Bei der zweiten Methode zur Bestimmung von c geht man anstelle von (9.19) von der normierten Form der exponentiellen Nutzenfunktion aus:

$$u(x) = \frac{1 - e^{-c \frac{x - x_{min}}{x_{max} - x_{min}}}}{1 - e^{-c}}. \tag{9.22}$$

Dem Entscheider wird dann die BRL (x_{min}, p; x_{max}, 1 – p) vorgelegt und er wird gefragt, bei welcher Wahrscheinlichkeit p er indifferent zwischen der BRL und der sicheren Konsequenz $x = 0{,}5\ (x_{min} + x_{max})$ ist. Aus der Indifferenzwahrscheinlichkeit läßt sich die gesuchte Konstante c der Nutzenfunktion direkt ableiten. Es gilt:

$$c = 2 \cdot \ln(\frac{1}{\text{p}} - 1). \tag{9.23}$$

Ist nicht die absolute Risikoeinstellung, sondern die relative Risikoeinstellung – zur Erinnerung: Die relative Risikoeinstellung ist $x \cdot r(x)$ – konstant, so kann die Nutzenfunktion wiederum direkt ermittelt werden. Es gilt:

$$\begin{array}{lll} x \cdot r(x) = c < 1 \;\Rightarrow\; u(x) = \alpha + \beta x^{1-c} & \beta > 0 \\ x \cdot r(x) = c = 1 \;\Rightarrow\; u(x) = \alpha + \beta \log(x) & \beta > 0 \\ x \cdot r(x) = c > 1 \;\Rightarrow\; u(x) = \alpha + \beta x^{-(c-1)} & \beta < 0 \end{array} \tag{9.24}$$

Auch wenn die Funktionen kompliziert aussehen, muß doch nur die konstante Größe $x \cdot r(x)$ wie im Fall konstanter absoluter Risikoaversion durch eine Indifferenzaussage ermittelt werden. Ein Überblick über weitere Zusammenhänge zwischen Risikoeinstellung und Form der Nutzenfunktion findet sich in Harvey (1981).

9.5 Berechnung der optimalen Alternative

Nachdem die Nutzenfunktion bestimmt wurde, lassen sich für ein gegebenes Entscheidungsproblem die Alternativen ordnen. Damit kann natürlich auch die optimale Alternative bestimmt werden. Die Art der Bestimmung ist abhängig von der gewählten Darstellungsform der Alternativen.

Sind die Alternativen in Form einer Entscheidungsmatrix oder in der Lotteriedarstellung gegeben, so läßt sich der erwartete Nutzen der Alternative einfach berechnen. Der erwartete Nutzen ist gleich der Summe aus den Produkten der Nutzen der Konsequenzen und der Wahrscheinlichkeiten des Auftretens der Konsequenzen. Als Erinnerung sei die Formel 9.3 noch einmal aufgeführt.

$$\mathrm{EU}(a) = \sum_{i=1}^{n} \mathrm{p}_i \cdot u(a_i) \tag{9.25}$$

Diese Darstellungsform setzt eine einstufige Entscheidungssituation und eine endliche Anzahl von Konsequenzen voraus. Ein Beispiel aus Kapitel 2 soll diesen Fall erläutern. Die Entscheidungsmatrix in Tabelle 9.3 enthält Gewinne in 1.000 €.

Tab. 9.3: Entscheidungsmatrix mit in 1.000 € bewerteten Konsequenzen

s_i	s_1	s_2	s_3	s_4	s_5	s_6
$p(s_i)$	0,10	0,15	0,15	0,30	0,20	0,10
a	0	15	15	15	15	15
b	–20	–5	10	25	25	25
c	–40	–25	–10	5	20	35

Nachdem die Konsequenzen mit der Nutzenfunktion

$$u(x) = 1{,}287 - 0{,}578\, e^{-0{,}02x} \tag{9.26}$$

bewertet wurden, lautet die Entscheidungsmatrix wie in Tabelle 9.4.

Tab. 9.4: Entscheidungsmatrix mit in Nutzen bewerteten Konsequenzen

s_i	s_1	s_2	s_3	s_4	s_5	s_6
p(s_i)	0,10	0,15	0,15	0,30	0,20	0,10
a	0,71	0,86	0,86	0,86	0,86	0,86
b	0,43	0,65	0,81	0,94	0,94	0,94
c	0,00	0,33	0,58	0,76	0,90	1,00

Die Erwartungsnutzen der Alternativen betragen:

$$\mathrm{EU}(a) = 0{,}845$$
$$\mathrm{EU}(b) = 0{,}825$$
$$\mathrm{EU}(c) = 0{,}645.$$

Ein rationaler Entscheider würde die Alternative *a* wählen.

Unendliche Konsequenzenmengen, wie sie zum Beispiel durch die Normalverteilungen definiert werden, sind in vielen Anwendungsfällen verbreitet. Die Kapitalmarkttheorie setzt in aller Regel voraus, daß die Rendite einer Aktie normalverteilt ist. Im Falle stetiger Verteilung läßt sich der Erwartungsnutzen einer Lotterie schreiben:

$$\mathrm{EU}(a) = \int_{-\infty}^{+\infty} u(x)\mathrm{f}(x)\mathrm{d}x, \qquad (9.27)$$

wobei $u(x)$ die Nutzenfunktion und f(x) die Dichtefunktion der Verteilung der Konsequenzen der Alternative *a* repräsentiert. Bei stetigen Verteilungen kann der Erwartungsnutzen bei stückweise linearer Nutzenfunktion in der Regel einfach berechnet werden. Oft ist die Berechnung auch einfach möglich, falls die funktionale Form der Nutzenfunktion sowie die Dichtefunktion gegeben sind. In der Literatur können Tabellen gefunden werden, die den erwarteten Nutzen für bestimmte Typen von Wahrscheinlichkeitsverteilungen und bestimmte Formen der Nutzenfunktion angeben. Relativ einfache Erwartungsnutzenformeln ergeben sich für die exponentielle Nutzenfunktion (Nutzenfunktion mit konstanter Risikoaversion, vgl. Keeney und Raiffa 1976, S. 202). Besonders einfach läßt sich das Sicherheitsäquivalent ermitteln (und damit auch der erwartete Nutzen), wenn die Konsequenzen normalverteilt sind und der Entscheider eine exponentielle Nutzenfunktion mit Risikoeinstellungsparameter *c* besitzt. Man spricht hier auch vom sogenannten „Hybrid-Ansatz" (Bamberg 1986). In diesem Fall gilt:

$$\mathrm{SÄ}(a) = u^{-1}\,(\mathrm{EU}(a)) = \mathrm{EW}(a) - \tfrac{1}{2}\, c\ \mathrm{Var}(a). \qquad (9.28)$$

Bei einem mehrstufigen Modell, wie es durch einen Entscheidungsbaum dargestellt werden kann, muß es Ziel der Überlegungen sein, die optimale mehrstufige Alternative (=Strategie) zu finden. Im Falle mehrstufiger Entscheidungsprobleme haben wir zwei Darstellungsformen unterschieden. Sind die Strategien in Form einer Entscheidungsmatrix gegeben, ist die Bestimmung der optimalen Strategie äquivalent zur Bestimmung der optimalen Alternative im einstufigen Modell. Wie auch im obigen Beispiel verdeutlicht, berechnet man den erwarteten Nutzen der einzelnen Strategien und kann damit die Strategien ordnen und die optimale Strategie auswählen. Wir haben jedoch zuvor gesehen, daß es wünschenswert sein kann, das mehrstufige Entscheidungsproblem in Form eines Entscheidungsbaumes darzustellen.

Im Entscheidungsbaum kann die Strategie mit dem maximalen Erwartungsnutzen durch das „*Roll-back*-Verfahren" ermittelt werden. Dabei wird wie folgt vorgegangen:

1. Zunächst werden die Konsequenzen mittels der Nutzenfunktion bewertet.
2. Von den Konsequenzen ausgehend begibt man sich zum nächsten vorgelagerten Entscheidungspunkt.
3. Hier wird dann der Erwartungsnutzen aller an diesem Entscheidungspunkt gegebenen Alternativen berechnet. Die Alternative mit dem höchsten Erwartungsnutzen wird ermittelt und alle anderen gestrichen.
4. Nachdem alle Entscheidungspunkte der letzten Stufe auf diese Weise bearbeitet wurden, verfährt man auf der vorletzten Stufe genauso. Am ersten Entscheidungspunkt angelangt, steht dann die optimale Strategie mit dem höchsten Erwartungsnutzen fest.

Das *Roll-back*-Verfahren soll an einem Beispiel erläutert werden. Wir greifen dazu auf das in der Literatur weit verbreitete Ölbohr-Problem zurück. Es ist zu entscheiden, ob vor einer Ölbohrung ein seismischer Test gemacht werden soll, ob direkt gebohrt oder ob entschieden werden soll, nicht zu bohren. Abbildung 9-17 stellt den Entscheidungsbaum für dieses Problem dar, wobei die Konsequenzen sowohl in 1.000 € als auch in Nutzenwerten angegeben sind, die sich aus einer angenommenen Nutzenfunktion ergeben. Diese Nutzenfunktion ist über dem Intervall [–130.000 €, 270.000 €] definiert.

Im *Roll-back*-Verfahren müssen die Konsequenzen rückwärtsgehend betrachtet werden, bis ein Entscheidungspunkt erreicht wird. Wir beginnen mit dem Entscheidungspunkt, zu dem man gelangt, wenn ein Test durchgeführt wurde und das Testergebnis günstig ist. Wird jetzt nicht gebohrt, ist ein Nutzen von 0,641 sicher; er entspricht dem Verlust von 30.000 € wegen der Testkosten. Die Alternative „Bohren" hat einen erwarteten Nutzen von $0{,}85 \cdot 0{,}995 + 0{,}15 \cdot 0 = 0{,}846$. Die Alternative „Bohren" mit dem höheren Erwartungswert wird gewählt und die Alternative „Nichtbohren", wie in Abbildung 9-17 dargestellt, gestrichen. Auf diese Weise wird der gesamte Entscheidungsbaum rücklaufend abgearbeitet. Die Zahlen in den Kästchen bedeuten Nutzenerwartungswerte. Es zeigt sich, daß die Strategie „Seismischer Test, bei günstigem Ergebnis bohren, bei ungünstigem Ergebnis nicht bohren" den höchsten Nutzenerwartungswert mit 0,764 besitzt, gefolgt von der Strategie „Nicht bohren" mit 0,738.

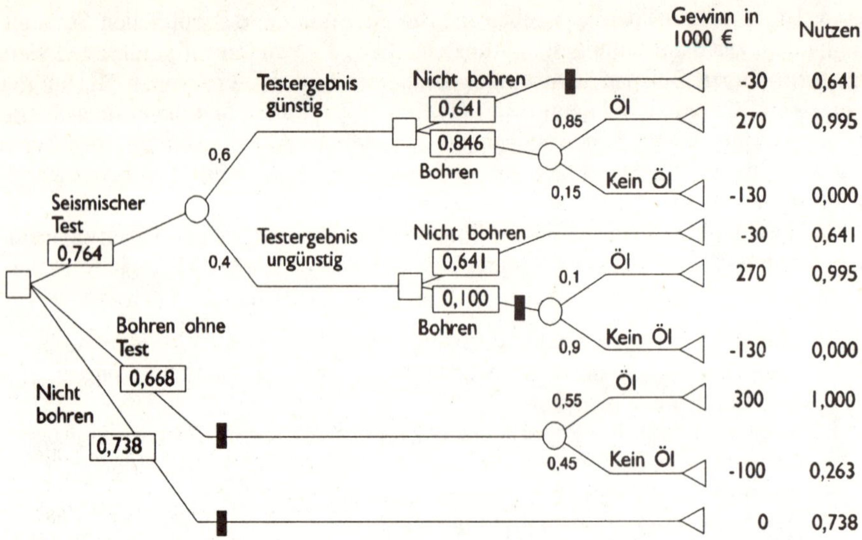

Abb. 9-17: Entscheidungsbaum für das Ölbohr-Problem

Das *Roll-back*-Verfahren kann nicht für jede beliebige Präferenztheorie durchgeführt werden. Es läßt sich jedoch für die Erwartungsnutzentheorie zeigen, daß das Wegstreichen von Alternativen mit geringerem Erwartungsnutzen das Gesamtoptimum nicht verfälscht. Diese Eigenschaft in der Nutzentheorie basiert ganz wesentlich auf der Gültigkeit des Unabhängigkeitsaxioms. Könnten Wahrscheinlichkeiten nicht multipliziert werden (*Reduction of compound lotteries axiom*) oder könnten irrelevante Zweige des Entscheidungsbaums nicht vernachlässigt werden (Unabhängigkeitsaxiom), wäre das *Roll-back*-Verfahren unzulässig.

Beim *Roll-back*-Verfahren wird nur die optimale Strategie im Sinne des maximalen Erwartungsnutzens ermittelt. Über alle anderen möglichen Strategien erhält der Entscheider keine Information. Möchte man im Sinne einer im nächsten Kapitel angesprochenen Sensitivitätsanalyse eine zweitbeste Strategie mit der besten vergleichen, kann das *Roll-back*-Verfahren nicht als geeignetes Auswahlverfahren dienen. Alle zu betrachtenden Strategien wären in diesem Fall im Rahmen einer Entscheidungsmatrix zu präsentieren und mit dem Erwartungsnutzenkriterium zu bewerten.

9.6 Nutzentheorie und Risiko

9.6.1 Zusammenhang zwischen Wert- und Nutzenfunktion

Können wir jetzt anhand der Nutzenfunktion, etwa mit Hilfe des Risikoeinstellungsmaßes von Arrow und Pratt, das Risikoverhalten von Entscheidern wirklich charakterisieren? Leider ist die Bezeichnung „risikoscheu" nicht eindeutig, d. h. sie besagt nicht notwendigerweise, daß ein Entscheider das „Risiko scheut". Der

Grund für den konkaven Verlauf der Nutzenfunktion kann darin liegen, daß der Entscheider aus steigenden sicheren Werten der Zielgröße nur einen abnehmenden Grenzwert im Sinne einer Wertfunktion erzielt. Dann hätte auch seine Wertfunktion über diese Zielgröße einen konkaven Verlauf. Die Konkavität der Nutzenfunktion kann auch in der Scheu des Entscheiders vor Risikosituationen begründet sein. Eine konkrete Aussage über die Risikoeinstellung ließe sich erst treffen, wenn die Risikoeinstellung relativ zur Wertfunktion gemessen würde. Nehmen Sie an, daß der folgende Zusammenhang zwischen der Wert- und der Nutzenfunktion eines Entscheiders gilt: $u(x) = \mathrm{f}(v(x))$. Aus einer Gegenüberstellung der Krümmung der Nutzenfunktion und der Wertfunktion für diesen Entscheider könnten Aussagen über das relative Risikoverhalten abgeleitet werden. Betrachten wir das Risikoverhalten eines Entscheiders relativ zur Wertfunktion, wollen wir im weiteren von seiner *intrinsischen* Risikoeinstellung sprechen. Ein Beispiel soll zur Erläuterung dienen (in Anlehnung an Dyer und Sarin 1982).

Nehmen Sie an, Sie sind indifferent zwischen zwei Orangen und der Lotterie (0 Orangen, 0,5; 8 Orangen, 0,5), und Ihre Nutzenfunktion über dem Intervall [0 Orangen, 8 Orangen] ist monoton steigend. Sie würden als risikoscheu klassifiziert, da ihr Sicherheitsäquivalent kleiner als der Erwartungswert der Lotterie ist.

Nehmen wir nun zunächst an, daß Sie indifferent sind zwischen den sicheren Übergängen (0 Orangen → 2 Orangen) und (2 Orangen → 8 Orangen). In diesem Fall kann die Risikoprämie durch die Wertfunktion erklärt werden: Meßbare Wertfunktion und Nutzenfunktion sind für die betrachteten Punkte identisch. Relativ zur Wertfunktion sind Sie risikoneutral, d. h. Sie sind intrinsisch risikoneutral.

Nehmen wir aber alternativ an, daß Sie eine lineare Wertfunktion über dem Intervall [0 Orangen, 8 Orangen] besitzen, das heißt Sie sind indifferent zwischen (0 Orangen → 4 Orangen) und (4 Orangen → 8 Orangen). In diesem Fall kann die Risikoscheu nicht durch die Wertfunktion erklärt werden. Die Nutzenfunktion ist konkaver als die Wertfunktion, das heißt Sie sind intrinsisch risikoscheu. Dieser Fall ist in Abbildung 9-18 noch einmal verdeutlicht.

Auf Arbeiten, die die intrinsische Risikoeinstellung von Entscheidern theoretisch untersuchen, wollen wir nur hinweisen (Krelle 1968, Dyer und Sarin 1982, Sarin 1982, Wilhelm 1986, Kürsten 1992a und 1992b). Erwähnt sei die Arbeit von Smidts (1997), der Nutzen- und Wertfunktionen von über 200 holländischen Farmern empirisch ermittelt. Er kann zeigen, daß sich diese Funktionen signifikant voneinander unterscheiden und daß der Zusammenhang zwischen beiden Funktionen am besten durch eine exponentielle Funktion beschrieben werden kann.

Die Tatsache, daß Risiko- und Wertvorstellungen im Nutzenkalkül untrennbar miteinander verwoben sind, hat speziell in der deutschen Literatur große Verunsicherung hervorgerufen. Wir sehen an dieser Stelle keine Notwendigkeit, die Diskussion aufzugreifen. Die aufgeworfenen Fragen sind in den soeben zitierten Arbeiten klar beantwortet worden. Eine schöne, abschließende Betrachtung findet sich bei Bamberg und Coenenberg (1996) und Dyckhoff (1993).

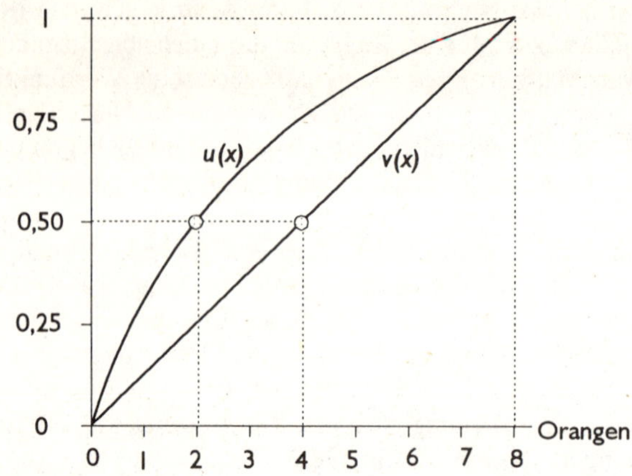

Abb. 9-18: Nutzen- und Wertfunktion bei intrinsischer Risikoscheu

9.6.2 Risikodefinition bei gleichem Erwartungswert von Lotterien

Bisher sind wir dem Ziel, etwas über das Risiko einer Lotterie zu erfahren, nur einen kleinen Schritt näher gekommen. Rothschild und Stiglitz (1970) vereinfachen die Problemstellung dadurch, daß sie nur Lotterien mit identischem Erwartungswert betrachten.

Sie geben drei alternative Definitionen für die Relation „Lotterie *a* ist riskanter als Lotterie *b*" an. Sie beweisen die Äquivalenz der Definitionen, die damit wahlweise verwendet werden können. Die Definitionen lauten: Eine Lotterie *a* ist riskanter als eine Lotterie *b* genau dann, wenn

1. ein im Sinne der Nutzentheorie risikoscheuer Entscheider *b* gegenüber *a* bevorzugt,
2. *a* aus *b* durch Addition einer Zufallsvariablen mit Erwartungswert null gewonnen wurde,
3. *a* aus *b* durch *Mean preserving spread* gewonnen wurde. Bei einem *Mean preserving spread* werden aus der Mitte der Verteilung von *b* Elemente herausgenommen und an den Rand der Verteilung transformiert, ohne daß durch diese Transformation der Erwartungswert geändert wird.

Die durch die drei äquivalenten Definitionen gewonnene Relation „Lotterie *a* ist riskanter als Lotterie *b*" ist stark an die Nutzentheorie angelehnt. Die Relation ist nicht gleichbedeutend mit der Aussage „*a* hat eine größere Varianz als *b*". Varianz ist im Sinne der Erwartungsnutzentheorie kein Maß für das Risiko einer Lotterie. Oder etwas formaler ausgedrückt, die Risikoprämie ist eben nur ungefähr gleich der halben Varianz multipliziert mit dem Arrow-Prattschen Risikomaß.

Nehmen Sie zum Beispiel die drei Lotterien

a = (30 €, 0,5; 10 €, 0,5)
b = (25 €, 0,8; 0 €, 0,2)
c = (40 €, 0,2; 15 €, 0,8).

Alle Lotterien haben sowohl identischen Erwartungswert (20 €) als auch identische Varianz (100 €). Trotzdem sollte ein risikoscheuer Entscheider, dessen Präferenz zum Beispiel durch die Nutzenfunktion $u(x) = 1 - e^{-0,1x}$ abgebildet wird, die folgende Präferenz besitzen: $c \succ a \succ b$.

Eine Erweiterung des Ansatzes von Rothschild und Stiglitz (1970) haben Jia und Dyer (1996) vorgeschlagen. Vereinfacht gesagt, transformieren sie jede Lotterie so, daß diese einen Erwartungswert von null besitzt; dann berechnen sie den erwarteten Nutzen der transformierten Lotterie und definieren damit das Standardrisikomaß:

$$\text{Risiko}(a) = -\text{E}(u(a - \text{EW}(a))), \tag{9.29}$$

d. h. das Risiko einer Lotterie ist gleich dem negativen erwarteten Nutzen der transformierten Lotterie. Für risikoscheue Entscheider und für Lotterien mit identischem Erwartungswert stimmt diese Definition mit dem Ansatz von Rothschild und Stiglitz überein. Wir werden im nächsten Abschnitt auf den Ansatz von Jia und Dyer noch einmal zurückkommen.

9.6.3 Nutzen – eine Funktion von Wert und Risiko?

Wir wollen weiter versuchen, die Frage zu beantworten, was unter dem Risiko einer Lotterie verstanden werden kann. Im Hintergrund dieser Frage steht auch die Suche nach der Möglichkeit, den erwarteten Nutzen einer Lotterie als Funktion des Erwartungswerts und des Risikos der Lotterie zu verstehen. Im alltäglichen Sprachgebrauch werden Alternativen oft dadurch beurteilt, daß man das Risiko als das „Schlechte" und den Erwartungswert als das „Gute" der Alternativen miteinander vergleicht. Man spricht etwa davon, daß der erwartete Gewinn zu gering für das bei einer Anlage zu tragende Risiko ist. Der theoretisch korrekte Erwartungsnutzen wird (sehr) selten zur Argumentation verwendet. Es ist daher wichtig, den Zusammenhang zwischen Kalkülen, die auf Erwartungswert und Risiko basieren, und der Nutzentheorie zu verstehen. Zwei Vorgehensweisen zur Analyse des Zusammenhangs können unterschieden werden (vgl. ausführlicher zu den Vorgehensweisen und zu diesem Abschnitt Sarin und Weber 1993a).

Eine Möglichkeit besteht darin, Risiko und Wert von Lotterien getrennt zu ermitteln und Präferenzurteile aus beiden Komponenten zusammenzusetzen. Der Entscheider wird *direkt* nach Risiko und Werteinschätzungen gefragt. Dabei benötigt man keine Definition von Risiko und Wert – lediglich die Wahrnehmung des Entscheiders bezüglich Risiko und Wert ist von Interesse. Erfüllen die Ordnung der Lotterien bezüglich des Risikos und die Ordnung bezüglich des Wertes einige allgemeine Eigenschaften, können diese Ordnungen durch eine Risikofunktion beziehungsweise durch eine Wertfunktion abgebildet werden. Voraussetzung für diese Vorgehensweise ist, daß der Entscheider Lotterien bezüglich Risiko und bezüglich Wert tatsächlich ordnen kann. Empirische Untersuchungen haben gezeigt, daß diese Voraussetzung erfüllt ist (vgl. beispielsweise Keller, Sarin und Weber 1986 oder die Übersicht zur Risikowahrnehmung bei Weber 1990). Auch allgemeinere Risikoaussagen über das Risiko von Kernkraft, Fliegen usw. sind reliabel zu messen (vgl. Slovic 1987). Burgemeister und Weber (1993) untersuchten, wie Befragte das Risiko neuer Technologien wahrnehmen, und fanden auch hier, daß Entscheider Risikoeinschätzungen abgeben können. Einen Überblick über Ansätze zur Risikomessung finden Sie in Brachinger und Weber (1997). Die hier diskutierte Ableitung der Präferenz besitzt den Nachteil, daß die aus Risiko- und Werturteilen zusammengesetzte Präferenz nicht notwendigerweise die Rationalitätspostulate der Nutzentheorie erfüllt. Für deskriptive Zwecke können zwar interessante Einsichten gewonnen werden, vom präskriptiven Standpunkt und auf dem Boden der Nutzentheorie stehend, kann diese Vorgehensweise jedoch (noch?) nicht überzeugen.

Die *zweite* Möglichkeit besteht darin, zum Nutzen einer Lotterie ein äquivalentes Präferenzfunktional zu bilden, das den Erwartungswert und eine zweite Größe, die in der Regel als Risiko der Lotterie definiert wird, verknüpft. Hier bildet die Präferenz, abgebildet durch den Nutzen der Lotterie, die Ausgangsgröße. Die Präferenz wird in zwei Komponenten (Erwartungswert und Risiko) zerlegt.

Eine direkte Zerlegung des erwarteten Nutzens beliebiger Nutzenfunktionen kann vorgenommen werden, wenn die Bedingung der Risikounabhängigkeit erfüllt ist (vgl. Jia und Dyer 1996). Sie besagt, daß eine Lotterie a risikounabhängig vom Wohlastandsniveau w ist, wenn für beliebige Lotterien b aus $(a - \mathrm{EW}(a)) \succ (b - \mathrm{EW}(b))$ folgt $(a - \mathrm{EW}(a) + w) \succ (b - \mathrm{EW}(b) + w)$ für wiederum beliebige w. Die Risikounabhängigkeitsbedingung besagt, daß die Präferenz bezüglich Lotterien mit identischem Erwartungswert – alle betrachteten Lotteriepaare besitzen ja gerade jeweils einen identischen Erwartungswert – alleine durch das Standardrisikomaß (vgl. Abschnitt 9.6.2) bestimmt wird. Genau dann, wenn die Risikounabhängigkeitsbedingung erfüllt ist, kann der Erwartungsnutzen der Alternative a wie folgt geschrieben werden:

$$\mathrm{EU}(a) = u(\mathrm{EW}(a)) - \varphi(\mathrm{EW}(a))\,[\mathrm{Risiko}(a) - \mathrm{Risiko}(0)], \text{ mit } \varphi(\mathrm{EW}(a)) > 0,$$

d. h. der erwartete Nutzen ist eine Funktion von Wert $u(\mathrm{EW}(a))$ und Risiko [Risiko(a) – Risiko(0)], wobei Risiko(a) das im letzten Abschnitt definierte Standardrisikomaß darstellt und Risiko(0) als Größe zur Skalierung dient. Der *Trade-off* zwischen Wert und Risiko, $\varphi(\mathrm{EW}(a))$, hängt in aller Regel vom Erwartungswert der Lotterie ab. Man kann zeigen, daß der Ausdruck [Risiko(a) – Risiko(0)] für risikoaverse Entscheider immer positiv ist. Der gesamte Ausdruck $\varphi(\mathrm{EW}(a))$ [Risiko(a) – Risiko(0)] gibt dann an, wie stark der Nutzen des Erwartungswerts aufgrund von Risikoüberlegungen verringert werden muß.

Für die Ökonomie besonders wichtig ist der Ansatz, bei dem der erwartete Nutzen einer Lotterie a in ein auf Erwartungswert und Varianz aufbauendes Präferenzfunktional zerlegt wird. Damit die Rationalität des Präferenzfunktionals gewährleistet ist, muß gelten:

$$\mathrm{EU}(a) = \mathrm{f}(\mathrm{EW}(a), \mathrm{Var}(a)). \tag{9.30}$$

Riskante Alternativen werden in vielen Bereichen der Betriebswirtschaftslehre durch Erwartungswert und Varianz abgebildet. Die moderne Kapitalmarkttheorie baut darauf auf, Marketingstrategien werden dadurch charakterisiert, und auch in der strategischen Planung hat dieser Ansatz Beachtung gefunden. Die Erwartungswert-Varianz-Regel wird auch als (μ,σ)-Regel bezeichnet. Aufgrund der beiden Dimensionen Erwartungswert und Varianz bzw. Erwartungswert und Standardabweichung kann eine Alternative in einem zweidimensionalen Diagramm repräsentiert werden.

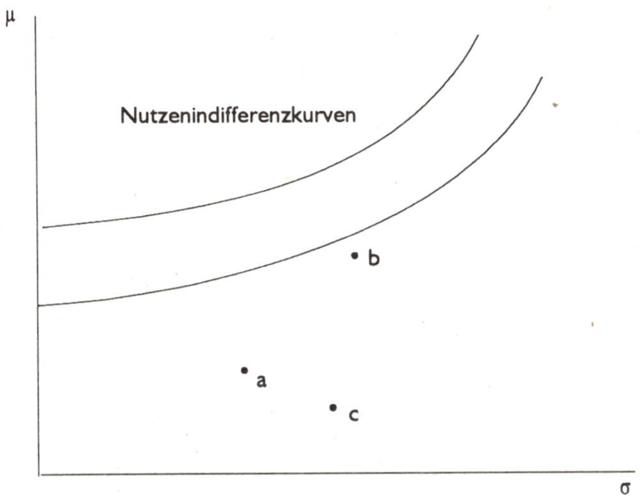

Abb. 9-19: (μ, σ)-Diagramm

In Abbildung 9-19 sind drei Alternativen *a*, *b*, *c* eingezeichnet. Alternative *c* ist für risikoscheue Entscheider dominiert, da sie ein gegenüber *a* höheres Risiko und einen niedrigeren Erwartungswert aufweist. Man spricht hier von (μ,σ)-Dominanz. Ist ein Entscheider risikoscheu im Arrow-Prattschen Sinne, besitzt er eine konkave Nutzenfunktion. Die Nutzen*indifferenz*kurven im (μ,σ)-Diagramm sind für risikoscheue Entscheider jedoch wie in Abbildung 9-19 dargestellt konvex. Ein höheres Risiko, gemessen durch eine höhere Varianz oder Standardabweichung, erfordert einen höheren Erwartungswert, um denselben Nutzen zu erhalten. Ein risikoneutraler oder schwach risikoscheuer wird in Abbildung 9-19 Alternative *b* wählen, ein stärker risikoscheuer Entscheider wird *a* gegenüber *b* bevorzugen.

Wir wollen im folgenden diskutieren, wann eine Zerlegung des Erwartungsnutzens einer Lotterie in Erwartungswert und Varianz möglich ist. Wir wissen schon aufgrund der Überlegungen von Jia und Dyer (1996), daß eine Zerlegung für beliebige riskante Alternativen und Nutzenfunktionen nicht möglich ist. Es muß eine bestimmte Klasse von Nutzenfunktionen oder ein bestimmter Verteilungstyp der Konsequenzen vorliegen (Schneeweiß 1967).

Für den Spezialfall quadratischer Nutzenfunktionen kann der erwartete Nutzen einer Lotterie als Funktion von Erwartungswert und Varianz der Lotterie geschrieben werden. Es gilt:

$$\mathrm{EU}(a) = \mathrm{EW}(a) - \alpha[\mathrm{EW}(a)^2 + \mathrm{Var}(a)], \quad \alpha > 0. \tag{9.31}$$

Die entsprechenden quadratischen Nutzenfunktionen lauten:

$$u(x) = x - \alpha x^2. \tag{9.32}$$

Die Funktionen sind im Intervall $[x_{min}, 1/2\alpha]$ monoton steigend. Die Gleichung 9.31 kann umgeformt werden, um sie äquivalent zur Denkweise des Ansatzes von Jia und Dyer (1996) zu machen:

$$\begin{aligned} EU(a) &= EW(a) - \alpha[EW(a)^2 + Var(a)] \\ &= EW(a) - \alpha\, EW(a)^2 - \alpha Var(a) \\ &= u(EW(a)) - \alpha\, Var(a) \\ &= u(EW(a)) - \alpha\, Risiko(a) \end{aligned}$$

Hierbei ist Risiko(0) = 0, das Risikomaß gleich der Varianz und der *Trade-off* zwischen Risiko und Wert, $\varphi(EW(a))$, gleich α und damit konstant.

Um die Äquivalenz zwischen Erwartungsnutzentheorie und Erwartungswert-Varianz-Ansatz herzustellen, kann auch die Menge der zulässigen Lotterien, das heißt die Menge der zulässigen Wahrscheinlichkeitsverteilungen der Konsequenzen eingeschränkt werden. Für den Fall, daß die Konsequenzen normalverteilt sind, kann gezeigt werden, daß der Erwartungsnutzen der Lotterie zu einer Präferenzfunktion, die auf Erwartungswert und Varianz basiert, äquivalent ist.

Natürlich können Nutzenfunktion und Verteilung auch gleichzeitig eingeschränkt werden; das haben Sie in Kapitel 9.5 schon in Form des Hybrid-Ansatzes kennengelernt.

Die Bedingungen für die Zerlegbarkeit des Erwartungsnutzens in Erwartungswert und Varianz sind nur in wenigen Fällen erfüllt. Seien Sie daher vorsichtig, wenn Sie im Laufe Ihres Studiums mit Erwartungswert-Varianz-Regeln konfrontiert werden. Wie schon zuvor am Beispiel erläutert, besitzt die quadratische Nutzenfunktion die unerwünschte Eigenschaft, daß sowohl absolute wie auch relative Risikoeinstellung bei steigendem Vermögen zunehmen. Des weiteren lassen die in diesem Buch betrachteten diskreten und die in vielen realen Entscheidungssituationen vorherrschenden Zustandsmengen keine Normalverteilungen zu.

Fragen und Aufgaben

9.1

(a) Welche Beziehung besteht zwischen Wert- und Nutzenfunktionen?
(b) Beschreiben Sie zwei Verfahren zur Ermittlung von Nutzenfunktionen und stellen Sie ggf. Analogien zur Ermittlung von Wertfunktionen dar.

9.2

Annette, Lukas und Martin besitzen jeder ein Los für eine Tombola, bei der sie mit einer Wahrscheinlichkeit von 0,2 100 € und mit einer Wahrscheinlichkeit von 0,8 10 € gewinnen können. Ihre Nutzenfunktionen über den Gewinnen x lauten wie folgt:

Annette: $u(x) = 0{,}002\,x^2 + x$
Lukas: $u(x) = \log x$
Martin: $u(x) = 0{,}4x + 100.$

(a) Skizzieren Sie die drei Nutzenfunktionen mit der üblichen Normierung auf [0, 1].
(b) Jemand möchte den dreien das Los abkaufen und bietet dafür 25 €. Wer würde sich auf den Handel einlassen?
(c) Bestimmen Sie für jede Person die Risikoprämie.

9.3
Lothar Lotter muß die drei folgenden Lotterien gemäß seiner Präferenz in eine Rangfolge bringen.

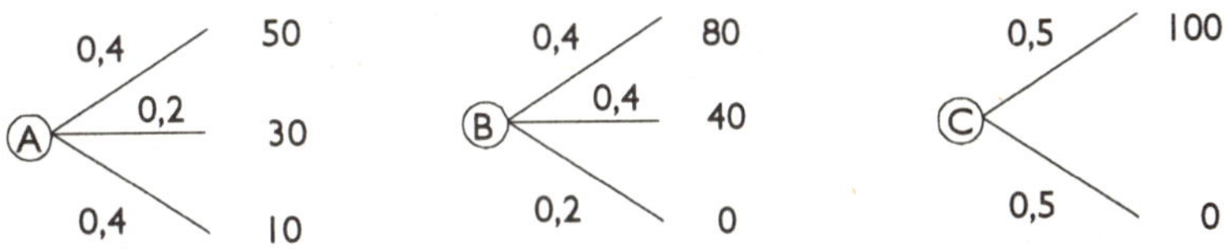

Er bittet Entscheidungstheoretiker Bernd Nulli um Rat. Dieser schlägt ihm vor, die Lotterien nach dem Nutzenerwartungswert zu ordnen. Lothar ermittelt also seine Nutzenfunktion, sie lautet $u(x) = x/50 - x^2/10.000$. Um sicher zu gehen, die richtige Entscheidung zu treffen, fragt Lotter auch den Wertpapieranalysten Müller-Sigmann, einen Verfechter des μ-σ-Prinzips. Dieser rät ihm, in Abhängigkeit vom Erwartungswert und der Varianz jeder Lotterie zu entscheiden. Müller-Sigmann ist Lotter auch bei der Bestimmung einer μ-σ-Präferenzfunktion behilflich. Es ergibt sich $f(\mu, \sigma) = \mu/50 - (\mu^2 + \sigma^2)/10.000$.

Welche Präferenzordnungen ergeben sich für Lotter nach den beiden Ansätzen? Nehmen Sie zu dem Ergebnis Stellung!

9.4
Klaus beschädigt unabsichtlich eine kostbare, in ihrem Wert aber nur schwer schätzbare Vase von Ute. Um den Schaden zu regulieren, macht Klaus' Haftpflichtversicherung Ute ein Angebot über 10.000 €. Ute überlegt, es anzunehmen oder einen Rechtsanwalt einzuschalten, um 50.000 € zu fordern. Ute vermutet, daß die Versicherung darauf mit einem Angebot von 25.000 € reagieren wird oder ihr Angebot von 10.000 € noch einmal wiederholt. Diese beiden Möglichkeiten hält sie für gleichwahrscheinlich. Werden Ute 25.000 € angeboten, so würde sie akzeptieren. Bei Wiederholung des Angebots von 10.000 € kann sie akzeptieren oder den Rechtsweg beschreiten, dessen Ausgang allerdings ungewiß ist. Sie hält 10.000 €, 25.000 € und 50.000 € für gleich wahrscheinlich.

(a) Stellen Sie das Entscheidungsproblem mittels eines Entscheidungsbaums dar.
(b) Skizzieren Sie die drei Strategien, zwischen denen Ute wählen kann.
(c) Welche Strategie wird Ute wählen, wenn für sie die folgende Nutzenfunktion gilt (x = Höhe der Entschädigung):

$$u(x) = \sqrt{\frac{x}{50.000}}.$$

9.5

Ein Entscheider hat eine konstante relative Risikoeinstellung. Sein Sicherheitsäquivalent für die Lotterie (100 €, 0,5; 20 €, 0,5) beträgt 50 €. Geben Sie eine hiermit verträgliche Nutzenfunktion über dem Intervall [20, 100] € an und normieren Sie sie auf Werte zwischen null und eins.

9.6

Bei der anstehenden Sanierung der Lien AG ist die Anzahl der verlorengehenden Arbeitsplätze noch nicht abzusehen; man schätzt, daß sie zwischen null und 2.000 liegen könne. Der Betriebsrat ist indifferent zwischen einer 50-50-Lotterie, bei der entweder keine oder 2.000 Arbeitsplätze verloren gehen, und einer sicheren Anzahl von 500 Arbeitsplatzverlusten. Ebenso gilt (0, 0,5; 500, 0,5) $\sim$ 200 und (500, 0,5; 2000, 0,5) $\sim$ 900.

(a) Fertigen Sie eine Skizze an und vervollständigen Sie die Nutzenfunktion durch eine Freihandkurve.
(b) Drückt sich in dem Verlauf der Nutzenfunktion Risikoscheu oder Risikofreude aus?
(c) Es ist zwischen drei Maßnahmen zu wählen. Bei Maßnahme *a* werden 300, 600 und 1.000 Arbeitsplatzverluste mit je 1/3 Wahrscheinlichkeit erwartet. Bei Maßnahme *b* gehen sicher 500 Arbeitsplätze verloren. Bei Maßnahme *c* haben null Arbeitsplatzverluste die Wahrscheinlichkeit 1/4, 300 die Wahrscheinlichkeit 1/2 und 2000 die Wahrscheinlichkeit 1/4. – Welche Maßnahme müßte der Betriebsrat präferieren, um konsistent mit seiner Nutzenfunktion zu sein?

9.7

Slovic und Tversky (1974) präsentieren Entscheidern in einer empirischen Untersuchung sowohl Argumente für als auch gegen die Gültigkeit des Unabhängigkeitsaxioms.

Fallen Ihnen solche Argumente ein?

9.8

Achten Sie in der nächsten Woche einmal darauf, in welchen Kontexten Ihnen das Wort „Risiko" begegnet. Wie lassen sich diese Aussagen in die Diskussion von Abschnitt 9.3 einordnen?

9.9

Ein Entscheider besitzt die Nutzenfunktion $u(x) = \sqrt{x+a}$ und die Wertfunktion $v(x) = \ln\sqrt{x+a}$ mit $x > 0, a > 0$.

(a) Welche absolute Risikoeinstellung hat der Entscheider, und wie verhält sich diese mit steigendem Vermögen x?

(b) Welche Risikoeinstellung besitzt der Entscheider relativ zu seinem Vermögen x, und wie verhält sich diese, wenn sein Vermögen steigt?

(c) Welche Risikoeinstellung hat der Entscheider relativ zu seiner Wertfunktion?

(d) Erläutern Sie die unterschiedlichen Ergebnisse.

9.10

Ein Entscheider hat eine konstante relative Risikoaversion von 0,5. Ermitteln Sie eine passende Nutzenfunktion und normieren Sie diese für $x \in [0, 100]$ auf Werte zwischen 0 und 1.

9.11

Welche Methoden zur Ermittlung der Nutzenfunktion wurde bei den nachfolgenden Befragungen angewandt?

Welche Vor- und Nachteile ergeben sich bei den verschiedenen Verfahren?

Zeichnen Sie die Nutzenfunktion des jeweiligen Entscheiders und charakterisieren Sie seine Risikoeinstellung.

(a) Die Befragung von Alfred über seine Sicherheitsäquivalente von verschiedenen Lotterien mit je zwei gleichwahrscheinlichen Ergebnissen (p = 0,5) ergab:

	1. Lotterie	2. Lotterie	3. Lotterie	4. Lotterie
x_{max}	2.000	800	350	2.000
x_{min}	0	0	0	800
Sicherheitsäquivalent	800	350	100	1.200

Als Nutzenwerte sind gegeben:

$u(2.000) = 1$

$u(0) = 0.$

(b) Entscheider Boris wird aufgrund von vorgegebenen Basisreferenzlotterien und Sicherheitsäquivalenten nach Wahrscheinlichkeiten gefragt, bei denen er indifferent ist.

$x_{max} = 2.000$ $u(2.000) = 1$

$x_{min} = 0$ $u(0) = 0.$

Sicherheitsäquivalent	400	800	1.200	1.600
$p^*(x_{max})$	0,15	0,3	0,5	0,7

(c) Entscheiderin Carola hat die Wahrscheinlichkeiten p_α bestimmt, bei denen sie indifferent ist zwischen der Lotterie (x_{max} , p_α; x_{min} , $1 - p_\alpha$) und den Lotterien (x_α, 0,5; x_{min}, 0,5).
$x_{max} = 2.000$
$x_{min} = 0$

	1. Lotterie	2. Lotterie	3. Lotterie	4. Lotterie
α	0,8	0,6	0,4	0,2
$x_\alpha = x_{min} + \alpha\,(x_{max} - x_{min})$	1.600	1.200	800	400
p_α	0,45	0,35	0,25	0,15

9.12

Die Ausschußproduktion in einer Werkzeugmacherei hat sich im vergangenen Monat schlagartig erhöht. Mittlerweile beträgt der Anteil der fehlerhaften Teile 20%, was zusätzliche Kosten in Höhe von 500.000 € verursachte.

Der extrem hohe Ausschuß deutet mit 90%iger Wahrscheinlichkeit auf einen Fehler in der Produktionstechnik hin, dessen Korrektur das Anhalten der Produktion erfordert. Bei Nichtkorrektur des Fehlers ist anzunehmen, daß sich die zusätzlichen Kosten der letzten Periode wiederholen werden. Mit 10%iger Wahrscheinlichkeit ist die Ausschußproduktion nur zufällig so hoch gewesen und wird in der nächsten Periode wieder im Normalbereich sein. Das Anhalten der Produktion zur Untersuchung der Tatbestände kostet mit Sicherheit 300.000 €. Daneben kann ein Produktionsstop mit 50% Wahrscheinlichkeit zur nicht fristgerechten Erfüllung eines Großauftrages führen, was Opportunitätskosten von 400.000 € bedeuten würde.

(a) Zeichnen Sie einen Entscheidungsbaum für die vorliegende Situation!

(b) Welche Entscheidung sollte Dipl.-Kff. Bärbel Bange mit der Nutzenfunktion $u(x) = 2 - 2x/10^6 - (x-10^6)/10^{12}$ treffen, wenn sie nur die Kosten für den kommenden Monat berücksichtigt?

9.13

Ein Investor besitzt konstante absolute Risikoaversion. Wie Sie auf S. 240 gesehen haben, läßt sich sein Nutzen im Falle unsicheren Endvermögens, welches normalverteilt ist mit Erwartungswert μ und Varianz σ^2, auch als $\mu - ½c\sigma^2$ darstellen.

Der Investor kann zwischen zwei Anlagealternativen wählen:

- risikolose Staatsanleihe, Rendite: 5 %, risikolos ($\sigma^2 = 0$);
- riskantes Wertpapier mit normalverteilter Rendite, erwartete Rendite: 20 %, risikobehaftet ($\sigma^2 = 0{,}25$).

Der Risikoaversionsparameter des Investors beträgt $c = 0{,}1$; sein Anfangsvermögen V_0 beläuft sich auf 100.

(a) Gehen Sie zunächst davon aus, daß der Investor sein Vermögen vollständig in eine der beiden Anlagealternativen investieren will. Welche der beiden wird er wählen?

(b) Berechnen Sie den Wert des Risikoaversionsparameters c, bei dem der Investor bei sonst unveränderten Parameterwerten zwischen den beiden Anlagealternativen indifferent ist.

(c) Nach der Lektüre des Bestsellers „Glücklicher leben durch Diversifikation" erkennt der Investor, daß er sich durch Aufteilung seines Vermögens auf beide Anlagealternativen im Vergleich zur Lösung aus (a) besserstellen kann. Berechnen Sie, welche Aufteilung für den Investor optimal ist.

(d) Welche Eigenschaft der Normalverteilung ist aus theoretischer Sicht für die Beschreibung möglicher Renditen aus einem Aktieninvestment als besonders kritisch zu werten?

ANWENDUNGSBEISPIEL

Erdöl- und Erdgasexploration bei Phillips Petroleum Company

Quelle: Walls, M. R., Morahan, G. T. und Dyer, J. S.: Decision Analysis of Exploration Opportunities in the Onshore US at Phillips Petroleum Company. *Interfaces,* vol. 25, 1995, S. 39-56.

In den späten 1980er und frühen 1990er Jahren war der Geschäftsbereich North American Eastern Onshore Exploration der Phillips Petroleum Company für Öl- und Gasexplorationen entlang der Ost- und Südküste verantwortlich. Bei der Auswahl der Projekte wollten die Manager ein konsistentes Risikomaß benutzen, um zwischen Projekten mit sehr unterschiedlichen Risiken vergleichen und ein ausgewogenes Portfolio von Bohrprojekten halten zu können. Zusätzlich wünschten sie eine Technik, um angemessene Beteiligungen an Projekten anderer Unternehmen festlegen zu können, die sie zum Zweck der Diversifikation eingingen.

Die Verfasser des Aufsatzes entwickelten ein spezielles Computerprogramm *Discovery.* Es bot auf der Basis der Erwartungsnutzen-Theorie die Möglichkeit, die Projekte im Einklang mit den Risikopräferenzen des Managements zu beurteilen. Der Beurteilungsmaßstab war das Sicherheitsäquivalent des Projekts, also derjenige sichere Geldbetrag, der dem risikobehafteten Projekt gemäß der Risikoneigung des Managements gleichwertig ist.

Die Geschäftsbereichsleitung entschied sich für die Annahme einer konstanten Risikoaversion. Diese ist (außer bei linearen) nur bei exponentiellen Nutzenfunktionen gegeben. Wenn der Risikoaversionskoeffizient c bekannt ist, läßt sich das Sicherheitsäquivalent einfach aus

$$\text{SÄ} = -\frac{1}{c}\ln\left(\sum_{i=1}^{n} \mathrm{p}_i \, e^{-cx_i}\right)$$

berechnen, wobei p_i die Wahrscheinlichkeit der Konsequenz i und x_i deren monetärer Wert ist.

Für ein gegebenes Projekt konnte man nun das Sicherheitsäquivalent in Abhängigkeit von c darstellen. Variierte man die Beteiligungsquote an dem Projekt, so konnte man die sich ergebenden Funktionen vergleichen und feststellen, ab welchem Wert von c das Sicherheitsäquivalent einer niedrigen, z. B. 50-prozentigen, Beteiligung das einer höheren, z. B. einer 100-prozentigen, überstieg. Für ein festgelegtes Risikoaversionsmaß c konnten die Manager den optimalen Anteil an einem gegebenen Projekt bestimmen.

Mit Hilfe der Software war es möglich, zu untersuchen, wie sich das Risiko eines Projekts durch zusätzliche seismische Informationen verringern ließ. Das Programm berechnete den Wert dieser zusätzlichen Information sowohl nach dem Gewinnerwartungswert als auch nach dem Sicherheitsäquivalent.

Da das Investitionskapital knapp war, wünschte man die jeweils verfügbaren Bohrprojekte in eine Präferenzordnung zu bringen. Bei festgelegtem c berechnet das Programm für jedes Projekt die Beteiligungsquote mit dem höchsten Sicherheitsäquivalent und ordnet dann die Optionen in absteigender Reihenfolge. Im Vergleich mit dem üblichen Kriterium des Gewinnerwartungswertes ergaben sich beträchtliche Unterschiede bei der Rangfolge der Alternativen.

Um die Risikoeinstellung des Geschäftsbereichs-Managements zu messen, untersuchten die Autoren des Artikels die Bohrentscheidungen der jüngsten Vergangenheit. Sie ermittelten, daß fast alle Entscheidungen in der Golfküstenregion mit einem Risikoaversionskoeffizienten zwischen $0{,}03 \cdot 10^{-6}$ und $0{,}05 \cdot 10^{-6}$ vereinbar waren. Das Management war geneigt, dieses Niveau von c auch bei der Bewertung neuer Projekte zugrundezulegen. Alle Projekte wurden von da an mit *Discovery* analysiert.

Zum Zeitpunkt der Abfassung des Artikels benutzte eine Anzahl von Erdöl-Explorationsfirmen die Software, sei es nur für gelegentliche Projektentscheidungen, sei es zur Analyse des gesamten Projektportfolios.

Widerstand von Managern gegen die Software beruhte zum einen auf einer Abneigung gegen die Quantifizierung ihrer Risikoscheu. Zum anderen hat jedes Modell Grenzen in seiner Fähigkeit, die Realität abzubilden. Besonders für die Benutzung durch Manager ohne Erfahrung mit der Entscheidungstheorie sind hohe Anforderungen an die Durchschaubarkeit und Benutzerfreundlichkeit zu stellen; dies wird durch eine Minderung der Fähigkeit des Programms zur Modellierung aller möglichen komplexen Fälle erkauft.

Kapitel 10:
Entscheidung bei Risiko: Unvollständige Information und mehrere Ziele

10.0 Zusammenfassung

1. Das Erwartungsnutzenkriterium kann auf den Fall unvollständiger Information bezüglich der Nutzenfunktion und der Wahrscheinlichkeit erweitert werden.
2. Zwei Fragen müssen für Entscheidungen bei unvollständiger Information beantwortet werden:
   - Wie kann die unvollständige Information abgebildet werden?
   - Wie können aus der unvollständigen Information Präferenzaussagen gewonnen werden?
3. Präferenzaussagen können oft mit Hilfe einfacher linearer Programmierungsansätze abgeleitet werden.
4. Die Risikoanalyse ist eine wichtige Methode für Entscheidungen bei unvollständiger Information bezüglich der Nutzenfunktion.
5. Die Sensitivitätsanalyse ist eine weitere Möglichkeit, Entscheidungen unter unvollständiger Information zu unterstützen.
6. Bei mehreren Zielen lassen sich die Präferenzen durch multiattributive Nutzenfunktionen abbilden.
7. Die einfachste Form ist die additive Nutzenfunktion. Sie ist dann möglich, wenn die Anforderung der additiven Nutzenunabhängigkeit der Attribute erfüllt ist.
8. Weniger restriktiv ist die Bedingung der wechselseitigen Nutzenunabhängigkeit. Sie impliziert eine multiplikative Nutzenfunktion.

10.1 Modell für Entscheidung bei Risiko und unvollständiger Information sowie Sensitivitätsanalyse

Wir haben schon wiederholt darauf hingewiesen, daß ein Entscheider nicht notwendigerweise eine präzise Präferenz besitzt. Auch für Entscheidungen bei Risiko sind daher der Fall unvollständiger Information und die Sensitivitätsanalyse analog zur Vorgehensweise in Kapitel 6.5 zu betrachten. Ein Entscheider wird beispielsweise das Sicherheitsäquivalent einer Lotterie ungefähr angeben können. Fordert eine Methode jedoch, daß der Entscheider exakte, vollständige Präferenzaussagen trifft, kann dies zu einer Ablehnung der Entscheidungsvorschläge durch den Entscheider führen. Sowohl die Sensitivitätsanalyse als auch Entscheidungen bei unvollständiger Information geben dem Entscheider die Möglichkeit, von der Exaktheit seiner Aussagen abzurücken.

Bei der *Sensitivitätsanalyse* wird zunächst der Erwartungsnutzen aufbauend auf dem exakten Wert errechnet. Danach wird die Sensitivität der Entscheidung bezüglich der exakten Angabe des Sicherheitsäquivalents untersucht, d. h. es wird betrachtet, ob sich die Entscheidung ändert, wenn das Sicherheitsäquivalent in einem zu bestimmenden Bereich schwankt.

Entscheidungen unter *unvollständiger Information* oder synonym partieller Information setzen nicht voraus, daß der Entscheider eine exakte Wahrscheinlichkeitsverteilung angeben kann. Es genügt, wenn er eine Menge von möglichen Wahrscheinlichkeitsverteilungen definieren kann, die wir mit $P(I)$ bezeichnen wollen. $P(I)$ ist die Menge von Wahrscheinlichkeitsverteilungen, die mit der vom Entscheider gewonnenen Information I verträglich ist. Entsprechend muß der Entscheider nicht eine eindeutige Präferenz und damit eine eindeutige Nutzenfunktion u besitzen. Das Axiom der vollständigen Ordnung wird vom Entscheider verletzt. An die Stelle der vollständigen Ordnung tritt eine partielle Ordnung. Die Unvollständigkeit der Information bezüglich der Nutzenfunktion wird dadurch abgebildet, daß der Entscheider eine Menge von zulässigen Nutzenfunktionen besitzt, die wir mit $U(I)$ bezeichnen wollen. Das Erwartungsnutzenkriterium kann auf den Fall unvollständiger Information bei Risiko wie folgt erweitert werden:

$$a \succeq b \quad \Leftrightarrow \quad \mathrm{EU}(a) \geq \mathrm{EU}(b) \;. \text{für alle } \mathrm{p} \in P(I) \text{ und } u \in U(I) \qquad (10.1)$$

Die Formel besagt, daß eine Alternative a genau dann gegenüber einer Alternative b bevorzugt wird, wenn der Erwartungsnutzen von a größer oder gleich dem Erwartungsnutzen von b für alle zulässigen Wahrscheinlichkeitsverteilungen sowie für alle zulässigen Nutzenfunktionen ist. Soll betont werden, daß die Präferenzrelation „$\succeq$" bezüglich der unvollständigen Information $P(I)$ bzw. $U(I)$ definiert wurde, kann die Präferenz auch als „$\succeq_{P(I)}$" oder „$\succeq_{U(I)}$" bezeichnet werden.

Das Erwartungsnutzenkriterium ist eng mit dem in Kapitel 1 vorgestellten Kriterium der absoluten Dominanz und der Zustandsdominanz verwandt. Diese Definitionen seien kurz in Erinnerung gerufen und auf den Zusammenhang hingewiesen. Bei absoluter Dominanz ist die schlechtestmögliche Ausprägung der dominierenden Alternative besser als die bestmögliche Ausprägung der dominierten Alternative. Bei Zustandsdominanz sind die Konsequenzen der dominierenden Alternative in jedem Zustand mindestens gleich gut und in einem Zustand besser als die der dominierten Alternative. Absolute Dominanz setzt die vollständige Kenntnis der Wahrscheinlichkeitsverteilungen sowie eine Ordnung über die Konsequenzen voraus (wie sie etwa durch die Aussage, daß die Nutzenfunktion monoton steigend ist, gewonnen werden kann), während bei Zustandsdominanz nur die Ordnung der Konsequenzen gegeben sein muß.

Die Formel für das Erwartungsnutzenkriterium bei unvollständiger Information zeigt, daß die durch das erweiterte Erwartungsnutzenkriterium definierte Präferenzrelation nicht vollständig sein muß. Die Präferenzrelation ist um so vollständiger, je kleiner die zulässigen Mengen der Wahrscheinlichkeitsverteilungen und Nutzenfunktionen sind.

Die Erweiterung des Erwartungsnutzenkriteriums auf unvollständige Information kann insbesondere bei der Entwicklung interaktiver Vorgehensweisen von großer Relevanz sein. Möchte ein Entscheider nur zwischen wenigen Alternativen wählen, so kann eine Präferenz oft schon abgeleitet werden, wenn die Mengen $U(I)$ sowie $P(I)$ in bestimmten Bereichen spezifiziert werden. Bei der Klasse der zulässigen Wahrscheinlichkeitsverteilungen müssen manchmal nur Wahrscheinlichkeiten für bestimmte Zustände spezifiziert werden. Bei der Menge der Nutzenfunktionen könnten entsprechend nur die Nutzen für einen kleineren Bereich der Konsequenzen genauer ermittelt werden. Die Befragung des Entscheiders kann gerade so gesteuert werden, daß die für eine Entscheidung relevanten Bereiche der Wahrscheinlichkeitsverteilung und Nutzenfunktion genauer bestimmt werden.

Um das Konzept der unvollständigen Information anwenden zu können, müssen vorab zwei Fragen geklärt werden:

1. Wie können die Mengen $U(I)$ und $P(I)$ durch Befragung bestimmt und mathematisch abgebildet werden?
2. Durch welchen Algorithmus kann für alle Nutzenfunktionen und Wahrscheinlichkeitsverteilungen festgestellt werden, ob der Erwartungsnutzen einer Alternative größer als der einer zweiten Alternative ist?

Wir wollen im folgenden die beiden Unterfälle $P(I)$ und $U(I)$ getrennt betrachten. Für den Fall, daß die Information sowohl bezüglich der Nutzenfunktion als auch bezüglich der Wahrscheinlichkeitsverteilung unvollständig ist, gibt es nur wenige Arbeiten, die Lösungsvorschläge zur Beantwortung der obigen Fragen anbieten. Wir wollen auf diese komplexen Ansätze nur hinweisen (vgl. etwa Pearman und Kmietowicz 1986 und Keppe und Weber 1989). Wir werden im weiteren Verlauf des Kapitels zunächst Entscheidungen bei unvollständiger Information und daran anschließend Methoden der Sensitivitätsanalyse betrachten.

Wir halten den Fall der unvollständigen Information und die Sensitivitätsanalyse sowohl aus praktischer Sicht wie auch aus theoretischer Sicht für sehr relevant. In der Praxis werden Entscheider oft nicht willens oder in der Lage sein, exakte Informationen zu generieren. Auch im Bereich der Gruppenentscheidungen sehen wir große Anwendungsmöglichkeiten, wie wir in Kapitel 12 zeigen werden. Theoretisch ist der Fall unvollständiger Information interessant, da er sowohl den Fall vollständiger Wahrscheinlichkeits-Information, das heißt die traditionelle Risikonutzentheorie, wie auch den Fall völliger Ungewißheit als Grenzfälle enthält. Von *Ungewißheit* spricht man, wenn keinerlei Aussagen über Wahrscheinlichkeiten möglich sind. In der Literatur werden Entscheidungsregeln für den Fall der Ungewißheit vorgestellt. Beispiele in Lehrbüchern, die sich mit Ungewißheitssituationen beschäftigen, sind gewöhnlich abstrakte Entscheidungsmatrizen ohne reale Interpretation. Es fällt uns schwer, in der Wirklichkeit Fälle zu sehen, in denen Entscheider überhaupt keine Wahrscheinlichkeitsvorstellungen besitzen.

Beispiel: Ein mittelständischer Unternehmer aus Forst an der Weinstraße, der noch nie Geschäfte außerhalb der Pfalz getätigt hat, sieht im Fernsehen eine Reportage über die idyllische Südseeinsel Balla-Balla und beschließt spontan, seinen völlig neu entwickelten Fernsehsessel auf dieser Insel einzuführen. Dort leben 1.000 Menschen. Die jährliche Absatzmenge ist unbekannt. Unterstellen wir als sicher, daß kein Entscheider mehr als einen Sessel kauft, so sind 1.001 Ereignisse möglich, nämlich die Absatzmengen 0, 1, 2, ... , 1.000. Selbst diese sehr unsichere Situation ist weit von dem theoretischen Konzept der Ungewißheit entfernt. Zum Beispiel wird der Unternehmer vermutlich die Wahrscheinlichkeit, daß er zwischen 0 und 999 Sessel verkauft, für größer halten als die Wahrscheinlichkeit, genau 1.000 Stück zu verkaufen. Eine solche quantitative Aussage ist mit dem Ungewißheitskonzept jedoch nicht vereinbar.

Da wir von der betriebswirtschaftlichen Relevanz des Konzepts der Ungewißheit nicht überzeugt sind, wird der Leser in diesem Buch kein Kapitel mit Entscheidungsregeln bei Ungewißheit finden. Der Unternehmer im Beispiel wird zumindest einige Wahrscheinlichkeitsvorstellungen haben. Auch wenn er keine exakte Wahrscheinlichkeitsverteilung über den Ereignissen besitzt, kann er doch Methoden der Entscheidung bei unvollständiger Information zur Ableitung einer Präferenzrelation heranziehen (vgl. einen Überblick über Entscheidungen bei unvollständiger Information bei Weber 1987).

10.2 Unvollständige Information bezüglich der Wahrscheinlichkeiten *P(I)* oder der Nutzenfunktion *U(I)*

10.2.1 Unvollständige Information bezüglich der Wahrscheinlichkeiten: *P(I)*

Ist eine endliche Menge von *n* Umweltzuständen gegeben, läßt sich das Erwartungsnutzenkriterium für den Fall unvollständiger Information bezüglich der Wahrscheinlichkeiten schreiben als:

$$a \succeq b \quad \Leftrightarrow \quad \sum_{i=1}^{n} \mathrm{p}_i \, u(a_i) \geq \sum_{i=1}^{n} \mathrm{p}_i \, u(b_i) \qquad (10.2)$$
$$\text{für alle } \mathrm{p} \in \mathrm{P}(I).$$

Die Menge der zulässigen Wahrscheinlichkeitsverteilungen kann durch einfache Restriktionen definiert werden. In der Regel werden Entscheider Aussagen treffen können, daß die Wahrscheinlichkeit für einen bestimmten Umweltzustand größer oder kleiner als ein bestimmter Wert ist oder daß die Wahrscheinlichkeit für einen Zustand in einem bestimmten Intervall liegt. Neben der Zuordnung von unvollständigen Wahrscheinlichkeitsaussagen zu einem Zustand können auch Wahrscheinlichkeiten verglichen werden. So kann zum Beispiel die Wahrscheinlichkeit des Eintretens eines Zustandes größer als die Wahrscheinlichkeit des Eintretens eines zweiten Zustandes eingeschätzt werden. Die angegebenen Möglichkeiten zur Abbildung unvollständiger Information – die Angabe von Wahrscheinlichkeitsintervallen und der ordinale Vergleich von Wahrscheinlichkeiten zweier Zustände – seien formal dargestellt:

$$p_i^- \leq p_i \leq p_i^+ \tag{10.3}$$

$$p_i \leq p_j \tag{10.4}$$

Natürlich sind noch weitere Möglichkeiten zur Abbildung der Menge von zulässigen Wahrscheinlichkeitsverteilungen denkbar. Die beiden angeführten Möglichkeiten haben jedoch den Vorteil, daß diese Information von Entscheidern einfach zu erhalten ist und daß die Nutzenerwartungswerte für diese Wahrscheinlichkeitsinformation einfach zu berechnen sind. Die Frage, ob der erwartete Nutzen einer Alternative für alle zulässigen Verteilungen größer als der einer zweiten Alternative ist, ist formal identisch mit dem Problem der Entscheidung bei unvollständiger Information bezüglich der Zielgewichte (Kapitel 6.5.3). Es ist daher völlig analog das folgende lineare Programmierungsproblem für jedes Alternativenpaar *a* und *b* zu lösen:

$$\text{Maximiere bzw. minimiere} \sum_{i=1}^{n} p_i \left[u(a_i) - u(b_i)\right] \tag{10.5}$$

$$p_i^- \leq p_i \leq p_i^+$$

$$p_i \leq p_j$$

$$\sum_{i=1}^{n} p_i = 1$$

$$p_i \geq 0.$$

Ist das Minimum und damit auch das Maximum der Zielfunktion größer als null, wird die Alternative *a* der Alternative *b* vorgezogen. Sind das Maximum und damit auch das Minimum kleiner als null, wird *b* gegenüber *a* präferiert. Ist das Maximum größer als null und das Minimum kleiner als null, kann bezüglich der in den Restriktionen definierten Klasse von Wahrscheinlichkeitsverteilungen noch keine klare Präferenzaussage für *a* oder *b* gegeben werden. In diesem Fall muß der Entscheider zusätzliche Information bereitstellen, um die Menge der zulässigen Wahrscheinlichkeitsverteilungen zu verkleinern. Er könnte die zulässigen Intervalle verkleinern oder zusätzliche Restriktionen angeben. Die Restriktionen, das heißt die Abbildung der Menge zulässiger Wahrscheinlichkeitsverteilungen, können fast beliebig komplex gestaltet werden. Nach der Angabe neuer Information kann die Dominanz mittels des LP-Ansatzes wieder überprüft werden. Dieser Prozeß ist so lange fortzusetzen, bis die gewünschte Entscheidung getroffen werden kann.

Das hier vorgestellte Modell benutzt das Verfahren der linearen Programmierung. Sofern nur Beschränkungen gemäß (10.3) auftreten, können die Maxima und Minima auch mit einem einfacheren Algorithmus bestimmt werden (Sarin 1978). Ein analoges Vorgehen für Intervalle von Zielgewichten wurde in Abschnitt 6.5.3 dieses Buches dargestellt. Weitere Arbeiten zur Entscheidung bei unvollständiger Information bezüglich der Wahrscheinlichkeiten sind beispielsweise Brachinger (1982), Bühler (1975), Kofler und Menges (1976) sowie Rios Insua (1990).

Entscheidungen unter unvollständiger Information können durch die leistungsstarken Personal Computer sehr unterstützt werden. Die LPs können durch Standardsoftwarepakete zur linearen Programmierung schnell und automatisch gelöst werden. Wird eine spezifische Software entwickelt, die Entscheidungen bei unvollständiger Information unterstützt, so werden sich die hier vorgestellten Vorgehensweisen bei praktischen Problemlösungsfällen noch einfacher und effizienter anwenden lassen.

Ein Beispiel soll den Fall der Entscheidung bei unvollständiger Information bezüglich der Wahrscheinlichkeiten erläutern. Gegeben sei die Entscheidungsmatrix in Tabelle 10.1 mit den Alternativen *a*, *b* und *c*, den Umweltzuständen s_1, s_2 und s_3 und den Nutzen der Alternativen bei den verschiedenen Umweltzuständen.

Tab. 10.1: Beispiel für Entscheidung mit partieller Wahrscheinlichkeitsinformation

	s_1	s_2	s_3
a	0,375	0,125	0,25
b	0,25	0,5	0,19
c	0,25	0,25	1

$$0{,}5 \le p(s_1) \le 0{,}7 \qquad 0{,}1 \le p(s_2) \le 0{,}3 \qquad 0{,}1 \le p(s_3) \le 0{,}3$$

Der Vergleich der Alternativen *a* und *b* führt zu folgendem LP-Ansatz:

$$\text{Min} \quad p(s_1) \cdot (0{,}375 - 0{,}25) + p(s_2) \cdot (0{,}125 - 0{,}5) + p(s_3) \cdot (0{,}25 - 0{,}19)$$

$$\begin{aligned} p(s_1) &\ge 0{,}5 \\ p(s_1) &\le 0{,}7 \\ p(s_2) &\ge 0{,}1 \\ p(s_2) &\le 0{,}3 \\ p(s_3) &\ge 0{,}1 \\ p(s_3) &\le 0{,}3 \end{aligned}$$

Der LP-Ansatz ergibt:

$$\begin{aligned}
&\text{Min} && [\text{EU}(a) - \text{EU}(b)] < 0 && \Rightarrow && a \text{ dominiert } b \text{ nicht,} \\
&\text{Max} && [\text{EU}(a) - \text{EU}(b)] > 0 && \Rightarrow && b \text{ dominiert } a \text{ nicht,} \\
&\text{Min} && [\text{EU}(a) - \text{EU}(c)] < 0 && \Rightarrow && a \text{ dominiert } c \text{ nicht,} \\
&\text{Max} && [\text{EU}(a) - \text{EU}(c)] < 0 && \Rightarrow && c \text{ dominiert } a, \\
&\text{Min} && [\text{EU}(b) - \text{EU}(c)] < 0 && \Rightarrow && b \text{ dominiert } c \text{ nicht,} \\
&\text{Max} && [\text{EU}(b) - \text{EU}(c)] < 0 && \Rightarrow && c \text{ dominiert } b.
\end{aligned}$$

Alternative *c* ist die optimale Alternative.

10.2.2 Unvollständige Information bezüglich der Nutzenfunktion: $U(I)$

Im Falle unvollständiger Information bezüglich der Nutzenfunktion wollen wir davon ausgehen, daß die Wahrscheinlichkeitsverteilung exakt bestimmt werden konnte. Eine Alternative wird dann gegenüber einer zweiten Alternative bevorzugt, wenn der Erwartungsnutzen der ersten Alternative für alle zulässigen Nutzenfunktionen größer ist als der Erwartungsnutzen der zweiten Alternative. Formal schreibt man:

$$a \succeq b \quad \Leftrightarrow \quad \sum_{i=1}^{n} p_i \, u(a_i) \geq \sum_{i=1}^{n} p_i \, u(b_i) \text{ für alle } u \in U(I). \qquad (10.6)$$

Eine Klasse zulässiger Nutzenfunktionen kann durch die in Kapitel 9 geschilderten Verfahren zur Ermittlung von Nutzenfunktionen bestimmt werden. Manche Verfahren lassen sich direkt auf unvollständige Information anwenden (zum Beispiel die Fraktilmethode), bei manchen Verfahren ist die Anwendung etwas komplizierter (zum Beispiel die Mittelwert-Kettungs-Methode). Als Ergebnis eines solchen Verfahrens bei unvollständiger Information tritt an die Stelle einer exakten Nutzenfunktion eine Bandbreite von Nutzenfunktionen, die mit der in den Bestimmungsverfahren erhaltenen Information verträglich ist. Für die Fraktilmethode sei die Vorgehensweise beispielartig erläutert.

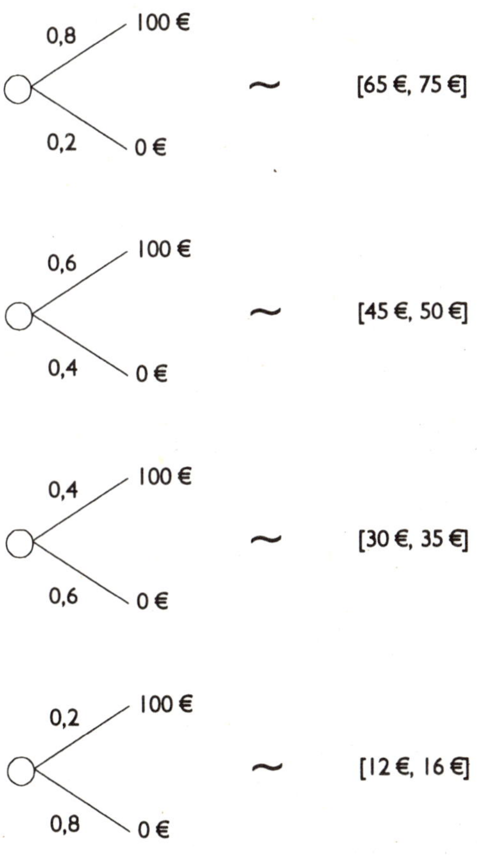

Abb. 10-1: Bandbreiten für Sicherheitsäquivalente bei der Fraktilmethode

Wir wollen annehmen, daß der Entscheider die Nutzenfunktion für das Intervall [0 €, 100 €] bestimmen möchte. Ihm werden vier Lotterien vorgelegt, die er mit Intervallen von Sicherheitsäquivalenten bewertet. In Abbildung 10-1 sind die Lotterien und die Intervalle für das Beispiel dargestellt. Es zeigt sich, daß der Entscheider die Lotterie (100 €, 0,6; 0 €, 0,4) mit der Bandbreite von Sicherheitsäquivalenten [45 €, 50 €] beurteilt.

Aus den Befragungsdaten läßt sich unmittelbar die mit der abgegebenen Information verträgliche Klasse von Nutzenfunktionen ableiten, wie sie in Abbildung 10-2 gezeigt ist.

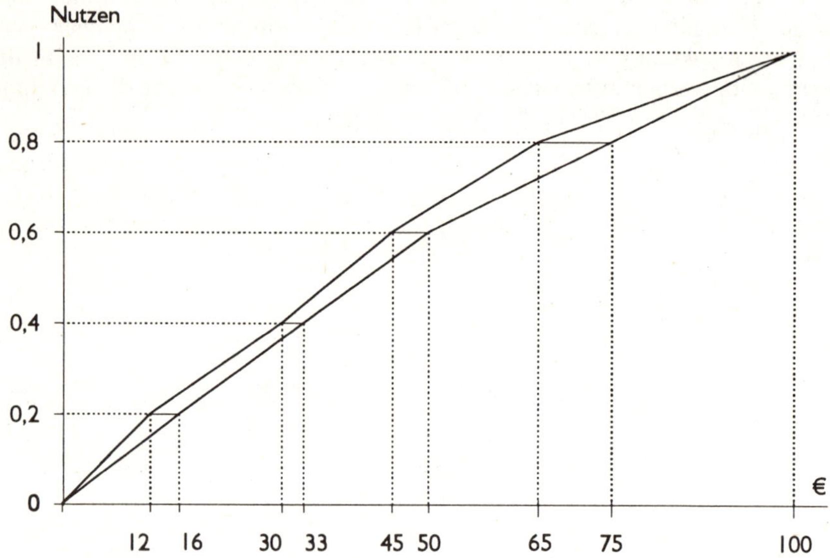

Abb. 10-2: Klasse der zulässigen Nutzenfunktionen

Die Klasse der Nutzenfunktionen wurde ermittelt, indem zunächst an Stelle der Stützstellen einer exakten Risikonutzenfunktion „Stützbereiche" eingezeichnet wurden. Durch die spezielle Konstruktion der Basis-Referenz-Lotterie läßt sich zum Beispiel ableiten, daß die Geldbeträge, die einen Nutzen von 0,6 besitzen, im Intervall [45 €, 50 €] liegen. Analog zur Vorgehensweise bei Wertfunktionen oder bei Nutzenfunktionen können die Endpunkte der Bereiche stückweise linear interpoliert werden. Es bestünde im Beispiel auch die Möglichkeit, durch die jeweils linken bzw. jeweils rechten Endpunkte eine Funktion zu legen, deren funktionale Form zuvor festgelegt wurde. (Fast) alle möglichen, das heißt zulässigen, monoton steigenden Risikonutzenfunktionen liegen in dem in Abbildung 10-2 dargestellten Bereich.

In einem nächsten Schritt ist nun für vorgegebene Alternativen zu überprüfen, ob sich auf der Grundlage der ermittelten Klasse von Nutzenfunktionen Präferenzaussagen ableiten lassen. Sind die Bandbreiten der Nutzenfunktionen durch lineare Funktionen definiert (wie in Abbildung 10-2), können Präferenzaussagen wiederum mittels eines einfachen linearen Programmierungsansatzes überprüft werden. Die Werte $u(a_i)^-$ bzw. $u(a_i)^+$ geben den minimalen bzw. maximalen Wert für den Nutzen der Konsequenz a_i an.

$$\text{Maximiere bzw. minimiere} \sum_{i=1}^{n} p_i \left[u(a_i) - u(b_i)\right] \tag{10.7}$$

$$u(a_i)^- \leq u(a_i) \leq u(a_i)^+$$

$$u(b_i)^- \leq u(b_i) \leq u(b_i)^+.$$

In den bisherigen Überlegungen haben wir uns bei der Darstellung der Menge zulässiger Nutzenfunktionen eng an die Vorgehensweise bei der Darstellung der Menge zulässiger Wahrscheinlichkeitsverteilungen angelehnt. Bei der Beschreibung der Nutzenfunktionen $U(I)$ kann jedoch auch ein zweiter, weit verbreiteter Weg gewählt werden. Hierbei wird die Menge der zulässigen Nutzenfunktionen dadurch charakterisiert, daß alle zulässigen Nutzenfunktionen bestimmte Eigenschaften besitzen. Solche Eigenschaften sind zum Beispiel, daß die Nutzenfunktion monoton steigend oder fallend ist oder daß der Entscheider risikoscheu, das heißt die Nutzenfunktion konkav ist. Die Klasse der streng monoton steigenden Nutzenfunktionen

$$U_M(I) = \{u \mid x_i > x_j \Rightarrow u(x_i) > u(x_j)\} \tag{10.8}$$

ist von besonderer Bedeutung für viele Anwendungen in der Ökonomie. Die Menge $U_M(I)$ beinhaltet nur die Präferenzinformation, daß mehr von der betrachteten Größe besser ist als weniger. Das auf der so definierten Menge von Nutzenfunktionen aufbauende Präferenzkonzept bei unvollständiger Information hat in der Investitions- und Finanzierungstheorie weite Verbreitung gefunden. Nachdem die zulässige Klasse von Nutzenfunktionen spezifiziert ist, gilt es, die Präferenzrelation zu überprüfen:

$$a \succeq b \quad \Leftrightarrow \quad \sum_{i=1}^{n} p_i u(a_i) \geq \sum_{i=1}^{n} p_i\, u(b_i), \quad u \in U_M(I). \tag{10.9}$$

Gesucht ist eine einfache Vorgehensweise, die bei gegebenen Alternativen a und b feststellt, ob a für alle zulässigen Nutzenfunktionen besser als b ist.

Glücklicherweise läßt sich die Präferenz direkt anhand der Verteilungsfunktionen der Alternativen a und b überprüfen. Dazu muß das Konzept der stochastischen Dominanz eingeführt werden.

Definition 10.1 (Stochastische Dominanz).
Eine Alternative a dominiert eine Alternative b stochastisch, wenn für jede Ausprägung der Zielvariablen die Wahrscheinlichkeit, diese zu überschreiten, bei a mindestens genauso hoch wie bei b und für mindestens eine Ausprägung der Zielvariablen bei a höher als bei b ist.

Dominiert eine Alternative *a* eine Alternative *b* stochastisch, so kann gezeigt werden, daß der Erwartungsnutzen von *a* größer als der Erwartungsnutzen von *b* für alle streng monoton steigenden Nutzenfunktionen ist.

Um stochastische Dominanz festzustellen, bildet man die Verteilungsfunktion $P_a(x)$ der Zielvariablen X für jede Alternative *a*. Diese Verteilungsfunktion gibt an, mit welcher Wahrscheinlichkeit die Zielgröße bei Alternative *a* unterschritten oder erreicht wird. In Kapitel 8 wurde gezeigt, wie diese komplexen Verteilungsfunktionen durch Simulation ermittelt werden können. Dann läßt sich $1 - P_a(x)$ als Funktion definieren, die die Wahrscheinlichkeit angibt, mit der die Alternative den Wert x überschreitet. Mathematisch läßt sich damit die stochastische Dominanz wie folgt beschreiben: *a* dominiert *b* stochastisch genau dann, wenn $1 - P_a(x) \geq 1 - P_b(x)$ für alle Werte von X und $1 - P_a(x) > 1 - P_b(x)$ für mindestens einen Wert von X ist.

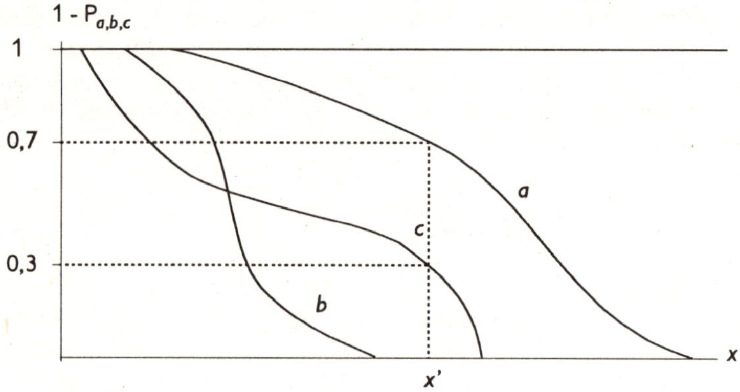

Abb. 10-3: Risikoprofile für drei Alternativen

Besonders transparent wird das Konzept der stochastischen Dominanz, wenn die Funktionen $1 - P_a(x)$ graphisch dargestellt werden. In diesem Fall werden die Funktionen, wie in Kapitel 8 erläutert, Risikoprofile genannt. Die Analyse von Risikoprofilen wird häufig als *Risikoanalyse* bezeichnet.

Abbildung 10-3 zeigt beispielartig die Risikoprofile für drei Alternativen *a*, *b*, *c*. Hier zeigt sich zunächst, daß Alternative *a* die beiden Alternativen *b* und *c* stochastisch dominiert. Für jede Zielausprägung besitzt *a* eine höhere Wahrscheinlichkeit, diesen Wert zu überschreiten. Zum Beispiel überschreitet *a* den Wert x' mit der Wahrscheinlichkeit 0,7, *c* überschreitet den Wert x' mit der Wahrscheinlichkeit 0,3 und *b* bleibt mit Sicherheit unter dem Wert x'. Zwischen *b* und *c* kann mit Hilfe der stochastischen Dominanz keine Entscheidung getroffen werden. Falls sich Risikoprofile schneiden, muß der Entscheider mehr Information bezüglich seiner Nutzenfunktion bereitstellen, das heißt die Menge der zulässigen Nutzenfunktionen $U(I)$ verkleinern. In diesem Sinne sind Konzepte stochastischer Dominanz höherer Ordnung entwickelt worden, auf deren Basis mehr Präferenzaussagen getroffen werden können. Bei stochastischer Dominanz zweiter Ordnung muß zum Beispiel gelten, daß die Nutzenfunktion nicht nur monoton steigend, sondern auch konkav ist. Zu einem Überblick über weitere stochastische Dominanzkonzepte und neuere Forschungsergebnisse vgl. Bawa (1982) und Levy (1992).

Das Konzept der stochastischen Dominanz kann auch angewendet werden, wenn der Entscheider zusätzlich nur unvollständige Informationen bezüglich seiner Wahrscheinlichkeit besitzt. An die Stelle der Risikoprofile treten Bandbreiten von Profilen, die durch analoge Konzepte stochastischer Dominanz beurteilt werden können (vgl. Keppe und Weber 1993).

Wir haben in diesem Kapitel das Konzept der stochastischen Dominanz in den Rahmen der Erwartungsnutzentheorie eingebettet. Vor dem Hintergrund dieser Theorie sind Vorschläge zur Entscheidung zwischen sich schneidenden Risikoprofilen zu beurteilen. Beispielsweise könnte man daran denken, diejenige Alternative zu präferieren, die eine geringere Wahrscheinlichkeit eines Verlustes besitzt. Dadurch soll der Versuch unternommen werden, die Risikoaversion von Entscheidern abzubilden. Solche Vorschläge sind in aller Regel nicht mit der Risikonutzentheorie verträglich und definieren keine Präferenz, die durch überzeugende Axiomatik charakterisiert ist. Wir wollen auf solche Vorschläge daher nicht eingehen.

Das Erwartungsnutzenkriterium definiert eine vollständige Ordnung auf der Menge der Alternativen. Das stochastische Dominanzkriterium benötigt weniger Präferenzinformation und kann daher auch nur weniger Präferenzen zwischen Alternativen definieren.

Eine ex ante optimale Alternative muß nach Auflösung der Unsicherheit, d. h. ex post, nicht optimal sein. Betrachten Sie dazu als Beispiel die Entscheidungsmatrix in Tabelle 10.2. Im Beispiel dominiert die Alternative *b* die Alternative *a* stochastisch, Alternative *a* kann im Beispiel jedoch ex post besser sein als *b*. Sowohl beim Erwartungsnutzenkriterium bei vollständiger als auch beim Kriterium bei unvollständiger Information kann die ex ante optimale Alternative zu einem ex post nicht optimalen Ergebnis führen. Dies sollte einen Entscheider jedoch nicht von der Anwendung des Erwartungsnutzenkriteriums oder seiner Erweiterung auf unvollständige Information abhalten. Nachher ist man immer schlauer; daher sollte man vorher eine gute Entscheidung treffen – eine Entscheidung, die dadurch gekennzeichnet ist, daß sie auf dem axiomatisch fundierten Risikonutzenkalkül basiert.

Tab. 10.2: Stochastische Dominanz von *b*

	s_1 $p(s_1) = 0{,}7$	s_2 $p(s_2) = 0{,}3$
a	2	3
b	3	2

Die Vorgehensweise bei der Risikoanalyse sei an einem Beispiel verdeutlicht. Ein Landwirt kann auf seinem Feld Mais, Weizen oder Hopfen anbauen, das heißt A = {Mais, Weizen, Hopfen}. Es sind bezüglich des Wetters vereinfachend drei Umweltzustände denkbar: S = {Trocken, Normal, Naß}. Die Entscheidungsmatrix in Tabelle 10.3 gibt Wahrscheinlichkeiten und Ertragskonsequenzen in € für dieses Beispiel. Jeder Kenner landwirtschaftlicher Zusammenhänge möge die Daten entschuldigen.

Tab. 10.3: Beispiel zur Risikoanalyse

	Trocken	Normal	Naß
Wahrscheinlichkeit	0,2	0,5	0,3
Mais	2.500	5.000	3.200
Weizen	3.000	2.500	2.000
Hopfen	1.800	3.500	1.800

Leitet man aus der Entscheidungsmatrix die Wahrscheinlichkeitsfunktionen P und anschließend die Funktionen $1 - P_{Mais}(x)$, $1 - P_{Weizen}(x)$, $1 - P_{Hopfen}(x)$ ab, erhält man die Daten der Tabelle 10.4.

In Abbildung 10-4 sind die Risikoprofile für das Beispiel dargestellt. Es zeigt sich, daß die Alternative Mais sowohl den Anbau von Weizen als auch den Anbau von Hopfen stochastisch dominiert. Eine Präferenz zwischen Weizen und Hopfen kann durch stochastische Dominanz nicht abgeleitet werden. Wenn der Entscheider seine zweitbeste Alternative bestimmen wollte, müßte er seine Nutzenfunktion durch Angabe weiterer allgemeiner Eigenschaften oder mit Hilfe von BRL genauer spezifizieren.

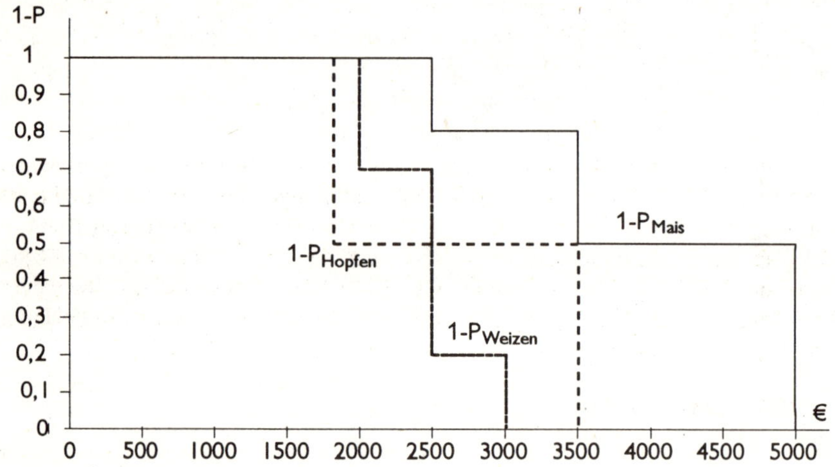

Abb. 10-4: Risikoprofile für das Anbaubeispiel

Tab. 10.4: Risikoprofile der drei Anbau-Alternativen

x	$1-P_{Mais}$	$1-P_{Weizen}$	$1-P_{Hopfen}$
1.800	1	1	0,5
2.000	1	0,7	0,5
2.500	0,8	0,2	0,5
3.000	0,8	0	0,5
3.200	0,5	0	0,5
3.500	0,5	0	0
5.000	0	0	0

10.3 Sensitivitätsanalysen

In einer Sensitivitätsanalyse wird allgemein untersucht, wie eine Zielgröße oder eine Entscheidung von den für diese Zielgröße bzw. Entscheidung relevanten Parametern abhängt. Bei der Break-Even-Analyse ist beispielsweise die Absatzmenge zu berechnen, bei der der Gewinn null ist. Ist sich der Entscheider über die zu erwartende Absatzmenge unsicher, bietet ihm die Break-Even-Analyse Aufschlüsse darüber, ob eventuell mit Verlusten zu rechnen ist. Bevor wir die Verbindung zu Entscheidungen bei unvollständiger Information nochmals verdeutlichen, sei das allgemeine Prinzip der Sensitivitätsanalyse an einem Beispiel erläutert.

Die unsichere Variable „Absatzmenge" sei mit X bezeichnet. Jede Produkteinheit bringt einen Deckungsbeitrag in Höhe von DB. Die fixen Kosten betragen K_{fix}, Zielvariable ist der Gewinn. Er beträgt

$$G(x) = DB \cdot x - K_{fix}.$$

In Abbildung 10-5 ist die Funktion $G(x)$ schematisch dargestellt. Angenommen, der Entscheider ist absolut sicher, daß die Absatzmenge mindestens x_{min} und höchstens x_{max} beträgt. In den Fällen (a) und (b) gestattet die Sensitivitätsanalyse eine eindeutig optimale Entscheidung. Nicht so im Fall (c): Der kritische Wert (Break-Even-Punkt) x_0 liegt hier im möglichen Schwankungsintervall der unsicheren Variablen. Eine eindeutige Lösung ist hier nicht möglich. Immerhin zeigt die Analyse, welcher Verlust im schlimmsten möglichen Fall auftreten kann.

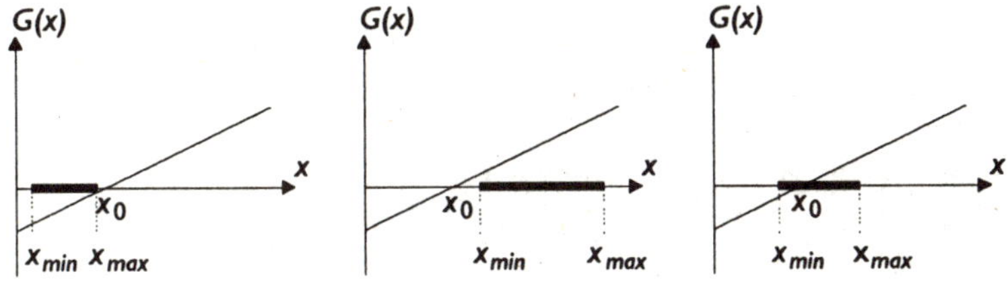

Abb. 10-5: Break-Even-Analyse als Sensitivitätsanalyse

Entscheidungen unter unvollständiger Information bezüglich der Wahrscheinlichkeiten und bezüglich der Nutzenfunktionen sind eng mit der Sensitivitätsanalyse verwandt. Bei letzterer werden die Daten üblicherweise punktgenau erhoben und man untersucht, in welchem Schwankungsbereich die Lösung stabil bleibt. Beim Ansatz mit partieller Information verzichten wir auf Informationen mit übertriebener (Schein-) Genauigkeit und versuchen mit partieller, aber verläßlicher Information zur Lösung zu kommen. Bei Entscheidungen unter unvollständiger Information kann gezeigt werden, wie die Entscheidungen von Wahrscheinlichkeitsurteilen und von Nutzenurteilen abhängen. Es können kritische Werte definiert werden, für die zwei Alternativen gleich gut sind. Wie schon zuvor angesprochen, kann die Analyse kritischer Werte im Rahmen der Entscheidung bei unvollständiger Information insbesondere zu einer Steuerung eines interaktiven Entscheidungsunterstützungssystems herangezogen werden.

In einigen Fällen kann eine Sensitivitätsanalyse bei unvollständiger Information auch graphische Entscheidungsunterstützung liefern. Dieses ist insbesondere beim Vorliegen von unvollständigen Wahrscheinlichkeitsinformationen für drei oder weniger Zustände der Fall. Die Vorgehensweise und Aussagekraft dieser Art von Sensitivitätsanalyse läßt sich am besten an einem Beispiel erläutern.

Ein Entscheider kann sich zwischen drei Alternativen a, b, c entscheiden, deren Konsequenzen von den Zuständen s_1 und s_2 abhängen. Die Wahrscheinlichkeit des Eintretens von Zustand s_1 sei mit p, entsprechend die von s_2 mit 1 – p bezeichnet. Bei gegebenen Konsequenzen und gegebenen Nutzenfunktionen hängen die Erwartungsnutzen aller drei Alternativen allein von der Wahrscheinlichkeit p ab. Die Entscheidungsmatrix in Tabelle 10.5 gibt die Nutzen der Konsequenzen in Abhängigkeit von den Umweltzuständen an.

Tab. 10.5: Beispiel zur Sensitivitätsanalyse bezüglich p

	s_1 p	s_2 1 – p
a	0,66	0,5
b	0,5	0,83
c	0,25	1

Die Alternativen haben folgende Nutzenerwartungswerte:

$$\begin{aligned} EU(a) &= 0{,}5 \quad + 0{,}16 \cdot p \\ EU(b) &= 0{,}83 \; - 0{,}33 \cdot p \\ EU(c) &= \;1 \quad\;\, - 0{,}75 \cdot p \end{aligned}$$

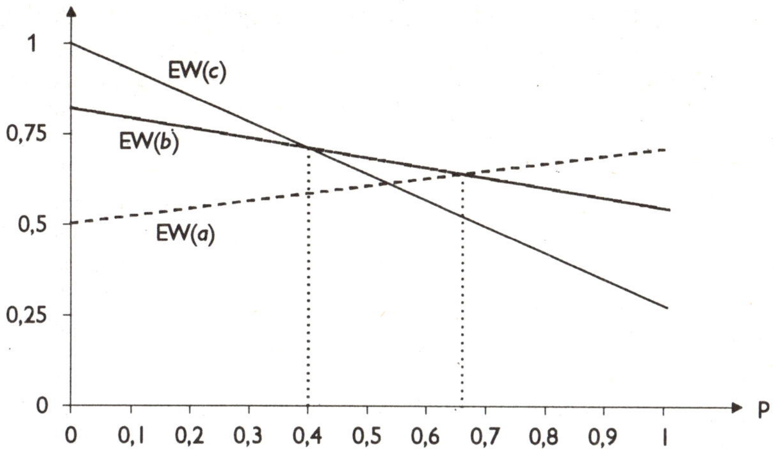

Abb. 10-6: Sensitivitätsanalyse bezüglich der Wahrscheinlichkeit p

Zur Ermittlung der optimalen Alternative ist es nicht unbedingt nötig, die Wahrscheinlichkeit p genau anzugeben. In Abbildung 10-6 sind die Erwartungsnutzen der Alternativen in Abhängigkeit von der Wahrscheinlichkeit p angegeben. Ist der Entscheider zum Beispiel der Meinung, daß p mindestens 0,75 beträgt, so ist Alternative *a* optimal. Gibt er für p das Intervall [0,1; 0,3] an, so wird die Entscheidung für Alternative *c* fallen. Kritische Werte für diese Sensitivitätsanalyse sind die Wahrscheinlichkeiten p = 0,4 und p = 0,67.

10.4 Entscheidung bei mehreren Zielen

10.4.1 Das additive Modell

In diesem Abschnitt beschäftigen wir uns mit Entscheidungen, bei denen mehrere Ziele relevant und die Konsequenzen der Alternativen nicht sicher sind. In Erweiterung der Ideen der multiattributiven Wertfunktion (Kapitel 6) und der Nutzenfunktion für ein Ziel (Kapitel 9) führen wir multiattributive Nutzenfunktionen ein. Solche Funktionen sollen die Präferenzen des Entscheiders bezüglich der verschiedenen Attribute und bezüglich des Risikos repräsentieren.

Wir benutzen folgende Notation. Für den Fall von mit Sicherheit bekannten Konsequenzen haben wir die Alternativen $a \in A$ durch Vektoren der Form $a = (a_1, \dots, a_m)$ charakterisiert. Ein a_r gibt die Attributausprägung einer Alternative a bezüglich des Attributs X_r an. Bei Unsicherheit wird die Alternative durch eine Verteilung von möglichen Ausprägungskombinationen bestimmt. Wir erweitern die Schreibweise und schreiben $a = [p_1, (a_{11}, \dots, a_{1m}); \; p_2, (a_{21}, \dots, a_{2m}); \dots ; \; p_n, (a_{n1}, \dots, a_{nm})]$ für eine Alternative a, die mit Wahrscheinlichkeit p_i zu der Konsequenz $(a_{i1}, \dots, a_{im})$ führt.

Mit anderen Worten: Wählt der Entscheider die Alternative a, so sind n Konsequenzen möglich. Mit der Wahrscheinlichkeit p_i trifft ein Zustand oder Ereignis i

ein, und es ergibt sich die Konsequenz (a_{i1}, ... , a_{im}); dabei bedeuten die a_{ir} die Ausprägungen der Zielvariablen r bei Wahl der Alternative a und Eintritt von Zustand i. Tabelle 10.6 stellt die Attributsausprägungen einer Alternative a und deren Wahrscheinlichkeiten dar.

Tab. 10.6: Ausprägungen a_{ir} der Alternative a bezüglich Attribut r bei Zustand i

	Zustände Wahrscheinlichkeiten	s_1 p_1	... ...	s_i p_i	... ...	s_n p_n
	1	a_{11}	...	a_{i1}	...	a_{n1}
	...	...	...	...	...	...
Attribute	r	a_{1r}	...	a_{ir}	...	a_{nr}
	...	...	...	...	...	...
	m	a_{1m}	...	a_{im}	...	a_{nm}

Wir versuchen, die Präferenzen des Entscheiders mit einer multiattributiven Nutzenfunktion $u(x_1, x_2, \ldots, x_m)$ abzubilden, die für jeweils zwei Alternativen a und b anzeigt:

$$a \succ b \Leftrightarrow \mathrm{EU}(a) > \mathrm{EU}(b). \tag{10.11}$$

Das heißt: a wird genau dann gegenüber b vorgezogen, wenn der Erwartungswert des Nutzens von a größer als der Erwartungswert des Nutzens von b ist.

Im Sinne des Dekompositionsprinzips ist es wünschenswert, daß die Nutzenfunktion additiv zerlegbar ist. Es seien $k_r > 0$ mit $\Sigma k_r = 1$ die Gewichte der Attribute. Dann ist eine additive Nutzenfunktion definiert durch

$$u(x_1, x_2, \ldots, x_m) = \sum_{r=1}^{m} k_r \cdot u_r(x_r), \tag{10.12}$$

wobei $u_r(x_r)$ die zwischen null und eins normierte eindimensionale Nutzenfunktion für das Attribut X_r ist.

Bei einer additiven Nutzenfunktion ist der Nutzenerwartungswert der riskanten Alternative a

$$\mathrm{EU}(a) = \sum_{i=1}^{n} \mathrm{p}_i \cdot \left[\sum_{r=1}^{m} k_r u_r(a_{ir}) \right] \tag{10.13}$$

oder äquivalent

$$\mathrm{EU}(a) = \sum_{r=1}^{m} k_r \left[\sum_{i=1}^{n} \mathrm{p}_i u_r(a_{ir}) \right]. \tag{10.14}$$

Nach der ersten Formel ist der Nutzen einer Alternative gleich der Summe der mit den Wahrscheinlichkeiten gewichteten Nutzen der möglichen Konsequenzen. Nach der zweiten Formel dagegen ist der Nutzen einer Alternative gleich der Summe der mit den Attributgewichten multiplizierten Erwartungswerte der einzelnen Attributnutzen.

Die eindimensionalen Nutzenfunktionen u_r werden so bestimmt, wie wir es in Kapitel 9 besprochen haben. Die Gewichtungsfaktoren k_r können nach dem *Trade-off*-Verfahren analog zu der Anwendung bei multiattributiven Wertfunktionen ermittelt werden, wie in Kapitel 6 erläutert wurde. Ebenso kann man auch das Lotterievergleichsverfahren benutzen.

Das *Swing*-Verfahren läßt sich für die Zielgewichtung von Nutzenfunktionen nicht anwenden. Bei *Swing* werden dem Entscheider Angaben über Präferenzunterschiede abverlangt. Er muß z. B. bestimmen, um wieviel der Präferenzunterschied zwischen den Alternativen a^- und b^1 größer ist als der zwischen a^- und b^2. Derartige Aussagen lassen sich aber nicht aus Nutzenfunktionen gewinnen, da diese keine Wertdifferenzen messen.

10.4.2 Bedingung des additiven Modells: Additive Nutzenunabhängigkeit

Um die Präferenzen durch eine additive Nutzenfunktion abbilden zu können, müssen sie die Bedingung der additiven Nutzenunabhängigkeit erfüllen.

Definition 10.2 (Additive Nutzenunabhängigkeit).
Die Attributmenge $X_1, \ldots, X_m$ heißt *additiv nutzenunabhängig*, falls die Präferenzen über Lotterien nur von den Verteilungen der Ausprägungen der einzelnen Attribute abhängen, nicht jedoch von Verteilungen von Attributkombinationen.

Zunächst ein Beispiel. Bei der Planung eines Wochenendurlaubs in die Berge rechnen Sie sich eine 50%-Chance für Schnee aus, ebenso eine 50%-Chance für Sonnenschein. Diese Wahrscheinlichkeiten gelten für beide in die Wahl gezogenen Wintersportorte *a* und *b*. Die Alternativen unterscheiden sich jedoch in den gemeinsamen Wahrscheinlichkeiten der Ereignisse: Bei *a* haben Sie entweder Schnee oder Sonne, bei *b* dagegen entweder beides oder gar nichts, wie in Tabelle 10.7 dargestellt.

Tab. 10.7: Additive Nutzenunabhängigkeit impliziert Indifferenz zwischen *a* und *b*.

	0,5	0,5
a	Sonne, kein Schnee	Schnee, keine Sonne
b	Sonne und Schnee	Weder Sonne noch Schnee

In beiden Fällen sind die (Rand-)Wahrscheinlichkeiten der Attribute gleich. Deshalb müssen Sie die Alternativen als gleichwertig empfinden; andernfalls wäre das additive Nutzenmodell nicht anwendbar. Dies läßt sich aus der Erwartungsnutzenformel unmittelbar ablesen, die ja unabhängig von den Wahrscheinlichkeiten der Kombinationen von Attributsausprägungen ist.

Offensichtlich ist die Voraussetzung der additiven Nutzenunabhängigkeit in vielen Situationen *nicht* erfüllt. Viele Entscheider werden Alternative *a* vorziehen, weil sie hier „wenigstens etwas“ bekommen. Aber es wird auch Menschen geben, die auf „alles oder nichts“ setzen und sich für die extremere Lotterie *b* entscheiden.

Hauptsächlich in folgenden beiden Fällen kann die additive Nutzenunabhängigkeit scheitern (von Winterfeldt und Edwards 1976, S. 346 ff.). Der erste Fall liegt vor, wenn substitutive oder komplementäre Beziehungen zwischen den Attributen bestehen. So gibt es Leute, die das Skilaufen mehr genießen, wenn die Sonne dabei scheint; Schnee und Sonne haben komplementären Charakter. Solche Personen würden eher Alternative *b* wählen. Andere sehen die Attribute substitutiv: Wenn sie Ski laufen können, ist die Sonne nicht so wichtig, aber wenn kein Schnee liegt, schätzen sie Sonnenschein für andere Freizeitaktivitäten. Solche Personen werden eher zu *a* tendieren.

Der zweite Fall fehlender additiver Nutzenunabhängigkeit ist der einer „intrinsischen" multiattributiven Risikoaversion bzw. -freude. Nehmen Sie an, Sie lieben den Schnee zum Skifahren und Sie mögen den Sonnenschein, aber Ihre Freude am Skifahren ist unabhängig davon, ob die Sonne dabei scheint, und die Freude an der Sonne hängt nicht von den Schneeverhältnissen ab. Wenn Sie $a \succ b$ sagen, sind Sie multiattributiv risikoavers, bei $b \succ a$ multiattributiv risikofreudig bezüglich der beiden Merkmale. Risikoaversion ist hier so zu interpretieren, daß der Entscheider das Risiko extrem schlechter Konsequenzen scheut und – bei gleichen Randverteilungen – lieber Alternativen wählt, die nur zu mittelmäßigen Konsequenzen führen können.

Um festzustellen, ob Ihre Präferenzen in einem praktischen Fall die additive Unabhängigkeit erfüllen, sollten Sie für alle Attributspaare hypothetische Lotterien vergleichen, bei denen

(a) mit 50% Wahrscheinlichkeit Attribut 1 die beste, Attribut 2 die schlechteste Ausprägung und mit 50% Wahrscheinlichkeit Attribut 1 die schlechteste, Attribut 2 die beste Ausprägung annimmt,

(b) mit 50% Wahrscheinlichkeit beide Attribute die beste, mit 50% Wahrscheinlichkeit beide Attribute die schlechteste Ausprägung annehmen.

Wenn Sie in allen Vergleichen (einigermaßen) indifferent sind, können Sie das additive Modell verwenden.

Die erforderliche additive Nutzenunabhängigkeit wird um so eher zutreffen, je weniger extrem die Unterschiede zwischen den besten und schlechtesten Werten der Attribute ausfallen.

Da das additive Nutzenmodell das einfachste mögliche ist, sollten Sie versuchen, seine Anwendungsvoraussetzung nach Möglichkeit herzustellen, wenn sie nicht von vornherein gegeben ist. Liegt der Grund fehlender Unabhängigkeit darin, daß zwischen den Attributen komplementäre oder substitutionale Beziehungen bestehen, so sollten Sie diese durch eine Redefinition der Ziele beseitigen. Darauf haben wir schon im Zusammenhang mit der additiven *Wertfunktion* hingewiesen. Nehmen wir als Beispiel bei der Wahl zwischen Automarken die Attribute „Zuverlässigkeit" und „Servicequalität" (Clemen 1996, S. 585). Sie schwanken zwischen Automarken, bei denen Sie weder die Zuverlässigkeit der Wagen noch die Leistungsfähigkeit der Vertragswerkstätten sicher kennen. Zwischen beiden Attributen besteht eine gewisse Substituierbarkeit; hat ein Auto nur sehr selten einen Defekt, ist die Servicequalität weniger wichtig als bei häufigen Pannen. Daher werden Sie wohl keine additive Nutzenunabhängigkeit verspüren; Sie werden wahrscheinlich eine „mittlere" Option (mit je 50% Wahrscheinlichkeit ist entweder das Auto zuverlässig oder die Werkstatt gut) gegenüber einem „Vabanque-Spiel" (50% Wahrscheinlichkeit dafür, daß das Auto unzuverlässig und die Werkstatt schlecht ist) vorziehen. Die Interdependenz zwischen den Attributen könnten Sie dadurch eliminieren, daß Sie sich auf ein oder mehrere fundamentalere Ziele besinnen. Letztlich geht es Ihnen vielleicht um die Minimierung der Ausfallzeiten Ihres Wagens oder um die Reparaturkosten. Dann streichen Sie Zuverlässigkeit und Servicequalität und ersetzen sie durch das eigentliche Ziel.

Falls zwischen den Attributen wechselseitige Präferenzunabhängigkeit besteht, also eine multiattributive Wertfunktion bestimmt werden kann (Kapitel 6), gibt es keine substitutionalen oder komplementären Interdependenzen. Damit sind die Chancen auf ein additives Nutzenmodell gut. Herrscht trotzdem keine additive Nutzenunabhängigkeit, so könnte dies, wie gesagt, auf einer multiattributiven „intrinsischen" Risikoscheu bzw. Risikofreude beruhen. Diese basiert auf denselben psychologischen Ursachen wie die Risikoneigung bei eindimensionalen Nutzenfunktionen: Der risikoscheue Entscheider zieht, grob gesagt, „mittelmäßige" Lotterien solchen mit extremen Konsequenzen vor. Für diesen Fall stehen nichtadditive Nutzenmodelle zur Verfügung (Keeney und Raiffa 1976, von Winterfeldt und Edwards 1986, French 1988), von denen wir nur das multiplikative Modell skizzieren wollen.

10.4.3 Das multiplikative Modell

Eine multiplikative Nutzenfunktion $u(x) = u(x_1, x_2, \ldots, x_m)$ ist definiert durch (Keeney und Raiffa 1976, S. 289 und 325)

$$u(x) = \frac{\prod_{r=1}^{m} \left[k k_r u_r(x_r) + 1 \right] - 1}{k} \tag{10.15}$$

wobei die u_r zwischen null und eins normierte eindimensionale Nutzenfunktionen, die k_r Skalierungskonstanten sind und k sich aus

$$1 + k = \prod_{r=1}^{m} (1 + k k_r) \tag{10.16}$$

errechnet.

Beispielsweise gilt für $m = 2$ Attribute für den Nutzen einer Konsequenz $x = (x_1, x_2)$ gemäß (10.15)

$$\begin{aligned} 1 + ku(x) &= (1 + k k_1 u_1 + 1) \cdot (k k_2 u_2 + 1) \\ u(x) &= k_1 u_1 + k_2 u_2 + k k_1 k_2 u_1 u_2 \end{aligned} \tag{10.17}$$

mit

$$k = \frac{1 - k_1 - k_2}{k_1 k_2}.$$

Der Nutzen von x setzt sich zusammen aus den gewichteten Einzelnutzen der Attribute und einem multiplikativen Term, der die Interaktion der Attribute wiedergibt.

Folgende drei Fälle sind möglich:

$$
\begin{aligned}
&1. \quad \sum k_r = 1, \quad k = 0 \\
&2. \quad \sum k_r < 1, \quad k > 0 \\
&3. \quad \sum k_r > 1, \quad -1 < k < 0.
\end{aligned}
\tag{10.18}
$$

Im ersten Fall liegt das additive Modell vor; es bestehen keine Nutzeninteraktionen zwischen den Attributen. In den übrigen Fällen bestimmt die Konstante k eindeutig die Art der Interaktionen. Im zweiten Fall sind alle Interaktionen komplementär, im dritten Fall treten, in Abhängigkeit vom Exponenten von k, sowohl komplementäre als auch substitutive Interaktionen auf (von Nitzsch 1992, S. 61 ff.)

Voraussetzung für das multiplikative Nutzenmodell ist wechselseitige Nutzenunabhängigkeit; dies ist eine schwächere Bedingung als die additive Nutzenunabhängigkeit. Wir definieren sie im nächsten Abschnitt.

Wenn diese Bedingung vorliegt und Sie das multiplikative Modell anwenden möchten, gehen Sie wie folgt vor:

1. Bestimmung der Einzelnutzenfunktionen über den Attributen,
2. Bestimmung der Gewichtungsfaktoren k_r wie beim additiven Modell,
3. Bestimmung der Interaktionskonstanten k.

Der dritte Schritt erfolgt iterativ. Ist die Summe der $k_r = 1$, so liegt das additive Modell vor und Sie sind fertig. Wenn $\Sigma\, k_r > 1$, muß $-1 < k < 0$ gelten. Man bestimmt k iterativ, indem man probeweise einen negativen Wert k' annimmt und prüft, ob

$$1 + k' = \prod_{r=1}^{m} (1 + k' k_r) \tag{10.19}$$

zutrifft. Ist die linke Seite größer, muß $k < k'$ gelten, d. h. Sie müssen k' verkleinern. Ist die rechte Seite größer, so ist $k > k'$, Sie müssen es also mit einem größeren Wert versuchen. Der Vorgang wird so lange fortgesetzt, bis die Gleichung (10.19) erfüllt ist. Diese Berechnung wird durch Verwendung einer elektronischen Tabellenkalkulation stark vereinfacht.

Alternativ steht noch eine andere Methode zur Verfügung. Sie bestimmen zunächst die additive multiattributive *Wert*funktion $v(x) = \Sigma w_r\, v_r(x_r)$, wie in Kapitel 6 beschrieben. Falls die Anzahl der Attribute $m \geq 3$ ist, gilt eine eindeutige Beziehung zwischen der additiven Wert- und der multiplikativen Nutzenfunktion (Keeney und Raiffa 1976, S. 330 ff.). Die zwischen null und eins normierte Nutzenfunktion nimmt eine der drei folgenden Formen an:

$$\begin{aligned}
&\text{(a)}\quad u(x) = \frac{1 - e^{cv(x)}}{1 - e^{c}} \quad \text{mit } c < 0 \\
&\text{(b)}\quad u(x) = v(x) \qquad\qquad\qquad\qquad\qquad (10.20) \\
&\text{(c)}\quad u(x) = \frac{1 - e^{cv(x)}}{1 - e^{c}} \quad \text{mit } c > 0.
\end{aligned}$$

Nach der Bestimmung der Wertfunktion $v(x)$ brauchen Sie nur noch den Parameter c der Exponentialfunktion zu finden. Dazu müssen Sie einen Punkt der Nutzenfunktion bestimmen. Das können Sie zum Beispiel wie folgt tun. Sie ziehen eine Einzelnutzenfunktion über irgendeinem Attribut heran, sagen wir $u_r(x_r)$, und überlegen sich das Sicherheitsäquivalent x_r* einer Lotterie zwischen der niedrigsten und der höchsten Ausprägung bei einer Wahrscheinlichkeit von je 50%. Dieses Sicherheitsäquivalent hat den Nutzen $k_r/2$. Ist der Wert des Sicherheitsäquivalents gleich seinem Nutzen, also $v_r(x_r^*) = k_r/2$, so liegt der additive Fall (b) vor und $u(x) = v(x)$. Für $v_r(x_r^*) < k_r/2$ gilt die Form (a) und für $v_r(x_r^*) > k_r/2$ die Form (c). In beiden Fällen setzen Sie $u(x) = k_r/2$ und $v(x) = v_r(x_r^*) \cdot k_r$ in die passende Exponentialfunktion ein und lösen nach c auf.

Die Nutzenfunktion nach (10.15) muß die gleiche sein, die Sie nach (10.20) erhalten. Somit können Sie beide Methoden auch parallel anwenden, um die Konsistenz der Messungen zu überprüfen.

10.4.4 Bedingung des multiplikativen Modells: Wechselseitige Nutzenunabhängigkeit

Diese Bedingung ist das Korrelat zu der wechselseitigen Präferenzunabhängigkeit bei Sicherheit.

Definition 10.3 (Wechselseitige Nutzenunabhängigkeit)
Ein Attribut X_r ist nutzenunabhängig von den übrigen Attributen, wenn die Präferenzen über Lotterien, die sich nur in den Ausprägungen von X_r unterscheiden, unabhängig von den fixierten Niveaus der übrigen Attribute sind. *Wechselseitige Nutzenunabhängigkeit* bedeutet, daß jede Teilmenge der Attribute nutzenunabhängig von ihrer Komplementärmenge ist.

Um zu testen, ob wechselseitige Nutzenunabhängigkeit herrscht, muß man nicht alle bei m Attributen möglichen $2^m - 2$ Teilmengen untersuchen. Es gibt schwächere Bedingungen, die hinreichend sind, um wechselseitige Nutzenunabhängigkeit zu garantieren (Keeney und Raiffa 1976, S. 292). Zum Beispiel genügt es, wenn jede aus $m - 1$ Attributen bestehende Teilmenge nutzenunabhängig vom restlichen Attribut ist. Man muß sich also jedes Attribut einzeln herausgreifen und fragen: Hat die Ausprägung dieses Attributs eine Auswirkung auf die Präferenzen bezüglich Lotterien, deren Konsequenzen sich bezüglich der übrigen Attribute voneinander unterscheiden?

Das Vorgehen ist im Prinzip das gleiche wie beim Test auf Präferenzunabhängigkeit, nur daß anstelle von Präferenzen über sicheren Konsequenzen Präferenzen über Lotterien erfragt werden.

Fragen und Aufgaben

10.1
Eine Entscheidungsalternative *a* habe die in der Tabelle angegebenen möglichen finanziellen Konsequenzen (Kosten in €) und ihnen zugeordneten Wahrscheinlichkeiten.

20.000	22.000	24.000	26.000
10%	25%	35%	30%

Eine zweite Alternative *b* kann die Konsequenzen 20.000 oder 24.000 € haben; beiden wird eine Wahrscheinlichkeit von 50% zugemessen.

(a) Zeichnen Sie die Risikoprofile von *a* und *b*.
(b) Können Sie sich für eine Alternative entscheiden?

10.2

(a) Geben Sie ein Beispiel für zwei Aktionen *a* und *b*, wobei die Aktion *a* die Aktion *b* stochastisch, aber nicht absolut dominiert.
(b) Kann man allein aus dem Vergleich zweier Risikoprofile auf absolute Dominanz schließen?

10.3
Ein Unternehmen hat zwischen drei Investitionen *a*, *b* und *c* zu wählen. Die Kapitalwerte der Projekte hängen von der wirtschaftlichen Entwicklung ab und sind für die drei als möglich angesehenen Szenarien in der Tabelle angegeben (in Millionen €).

	s_1	s_2	s_3
a	10	15	5
b	5	5	20
c	2	10	15

Für die Wahrscheinlichkeiten der drei Entwicklungen liegen nur ungefähre Angaben vor. Es gilt $0{,}1 \leq p(s_1) \leq 0{,}3$, $0{,}2 \leq p(s_2) \leq 0{,}3$ und $0{,}3 \leq p(s_3) \leq 0{,}5$.

Das Unternehmen strebt einen maximalen erwarteten Kapitalwert an. Kann mit den gegebenen Wahrscheinlichkeitsintervallen schon eine Entscheidung herbeigeführt werden?

10.4
Spekulant Schlotter steht vor der Wahl zwischen drei Anlagealternativen, die in Abhängigkeit von dem zukünftigen Umweltzustand zu den in der Tabelle angegebenen Vermögenspositionen führen (in Millionen €). Schlotter weiß von seiner Nutzenfunktion nur, daß sie mit steigendem Vermögen zunimmt.

	s_1	s_2	s_3
a	4	2	1
b	1	2	5
c	4	2	5

(a) In welche Rangfolge muß ein im Sinne der Risikonutzentheorie rationaler Spekulant die drei Alternativen bringen?

(b) Angenommen, daß die Alternative *c* nicht mehr zur Verfügung steht. Schlotter entschließt sich zu *b*, worauf der Umweltzustand s_1 eintritt. Ein Freund wirft ihm vor, sich falsch entschieden zu haben, da ja Alternative *a* ein höheres Vermögen eingebracht hätte. Was halten Sie von diesem Vorwurf?

10.5

Berechnen Sie die Risikoprofile der drei in folgendem Entscheidungsbaum möglichen Strategien. Wird eine Strategie stochastisch dominiert?

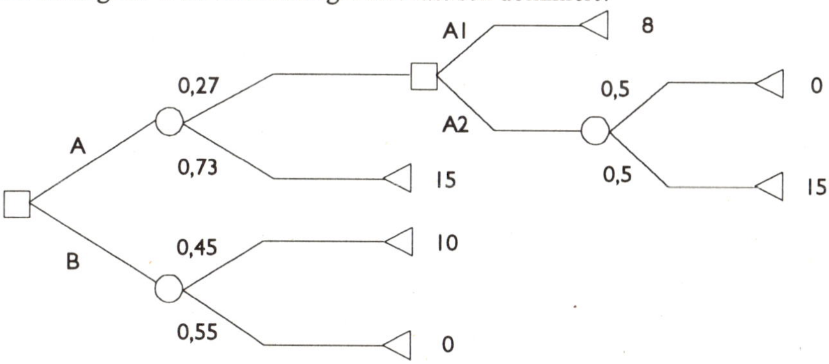

10.6

Ein Produzent mit der Nutzenfunktion $u(x) = \sqrt{x}/30$ muß sich zwischen drei Investitionsalternativen *(a, b, c)* entscheiden. Die möglichen Ergebnisse (Kapitalwerte in Tausend €) hängen davon ab, ob ein bestimmter wichtiger Lieferant von der Konkurrenz aufgekauft wird oder nicht.

	Lieferant wird nicht aufgekauft	Lieferant wird aufgekauft
a	818	676
b	676	900
c	784	784

Führen Sie eine graphische Sensitivitätsanalyse bezüglich der Wahrscheinlichkeit p, daß der Lieferant aufgekauft wird, durch und ermitteln Sie die kritischen Wahrscheinlichkeitswerte.

10.7

Das Multimedia-Unternehmen Omnismart will im Foyer seines Betriebs eine repräsentative Ausstellung aufbauen. Man holt sich von mehreren Firmen, die Einrichtungen und Messestände entwerfen und gestalten, Angebote ein. In die engere Wahl kommen zwei Unternehmen, mit denen man schon einige Erfahrungen gemacht hat, die Kleinholz Design GmbH und die Schlimm & Schluder OHG.

Da die Qualität der Entwürfe und der Ausführung bei beiden Unternehmen etwa gleich gut sein dürfte, will der Geschäftsführer von Omnismart, Xaver Packmers, die Auswahl vor allem auf zwei Kriterien gründen: den Kosten und dem Zeitbedarf für das Projekt. Je eher die Ausstellung eröffnet werden kann, desto größer wird der Effekt bei Kunden und Interessenten sein.

Die Angebote beider Firmen enthalten Angaben über die Kosten und die Dauer. Packmers rechnet jedoch damit, daß beträchtliche Abweichungen eintreten können, und überlegt sich subjektive Wahrscheinlichkeitsverteilungen der Kosten und Projektdauern.

Kleinholz Design

Erforderliche Dauer		Kosten in €	
6 Wochen	15%	30.000	25%
7 Wochen	35%	40.000	50%
8 Wochen	35%	50.000	25%
9 Wochen	15%		

Schlimm & Schluder

Erforderliche Dauer		Kosten in €	
5 Wochen	20%	50.000	20%
6 Wochen	60%	55.000	50%
7 Wochen	20%	60.000	30%

Zur Bewertung der beiden Angebote möchte Packmers eine additive Nutzenfunktion heranziehen. Zur Prüfung auf additive Nutzenunabhängigkeit stellt er sich folgende fiktiven Lotterien vor:

(1) Mit 50% Wahrscheinlichkeit 5 Wochen, 60.000 €,
mit 50 % Wahrscheinlichkeit 9 Wochen, 30.000 €.

(2) Mit 50% Wahrscheinlichkeit 5 Wochen, 30.000 €,
mit 50% Wahrscheinlichkeit 9 Wochen, 60.000 €.

Er kommt zu dem Resultat, daß er zwischen diesen Lotterien ziemlich indifferent ist.

Die eindimensionale Nutzenfunktion über den Kosten (x_1), die Packmers als nächstes bestimmt, verläuft konkav über dem Intervall [30, 60] und kann durch die Funktion

$$u(x_1) = 1 - \frac{e^{0,9} - e^{0,03x_1}}{e^{0,9} - e^{1,8}}$$

angenähert werden. Die eindimensionale Nutzenfunktion über der Projektdauer (x_2) verläuft linear fallend von 5 bis 9 Wochen. Die Gewichtungsfaktoren bestimmt Packmers mit $k_1 = 0{,}65$ und $k_2 = 0{,}35$.

(a) Welche Firma wird den Auftrag erhalten?

(b) Führen Sie eine Sensitivitätsanalyse durch, die zeigt, wie die Entscheidung von den Attributgewichten abhängt.

10.8

Doll und Dösig, zwei unverbrüchliche Freunde, planen, ihren Lebensstandard im Alter durch Investition in Aktienfonds aufzubessern. Sie haben jeder 50.000 € flüssig und wollen die Investition gemeinsam tätigen.

Außer der Wahl der passenden Fonds ist auch eine Entscheidung darüber zu treffen, wie der spätere Wertzuwachs zwischen ihnen aufgeteilt werden soll. Neben der offensichtlichen Lösung, den Gewinn gleichmäßig zu teilen, kommt die Idee auf, daß nur einer von ihnen – durch Münzwurf zu bestimmen – den ganzen Gewinn erhalten soll. Der Verlierer soll von dem Gewinner lediglich seine Einlage von 50.000 zurückbekommen. Der Gedanke dahinter ist, daß der zu erwartende Gewinn – sie rechnen mit maximal 50% – nicht groß genug ist, um für beide von ihnen eine wirklich tolle Verschönerung ihres Lebensabends zu bewirken.

Versetzen Sie sich in die Lage von Doll (oder von Dösig). Es geht Ihnen zwar um Ihr eigenes Wohl, aber das Schicksal Ihres Kumpels ist Ihnen auch nicht gleichgültig. Daher möchten Sie bei der Bewertung der Alternativen nicht nur Ihre eigenen Gewinne (x_1), sondern auch die Ihres Partners (x_2) berücksichtigen.

(a) Prüfen Sie anhand eines geeigneten Lotterievergleichs, ob ein additives Nutzenmodell für Sie angemessen ist.

(b) Falls die Antwort zu (a) Nein lautet: Woran liegt das? Können Sie durch eine Redefinition der Attribute die Bedingung für eine additive Nutzenfunktion herstellen?

10.9

Eine Gemeinde will ein Obdachlosenasyl einrichten und zieht zur Auswahl zwischen verschiedenen Vorschlägen drei Kriterien heran: (X_1) Die erforderlichen jährlichen Zuschüsse, (X_2) die Anzahl der neugeschaffenen Arbeitsplätze und (X_3) die Anzahl der Übernachtungen. Alle drei Größen sind mit Unsicherheit behaftet.

Die Prüfung ergab bei dem Gemeinderat additive Nutzenunabhängigkeit der Attribute. Die drei eindimensionalen Nutzenfunktionen wurden als linear identifiziert über den Ausprägungsintervallen

(1) 100-150 Tausend € (Zuschuß pro Jahr)

(2) 8-12 (neue Arbeitsplätze)

(3) 400-650 (Übernachtungen pro Monat).

Natürlich sinkt die Nutzenfunktion der Zuschüsse bei steigenden Zuschüssen, während die beiden anderen Nutzenfunktionen mit der Zahl der Arbeitsplätze bzw. Übernachtungen steigen.

(a) Stellen Sie die Gleichungen der drei auf [0, 1] normierten eindimensionalen Nutzenfunktionen $u_r(x_r)$ auf.

(b) Der Gemeinderat ist indifferent zwischen einer sicheren Alternative (x_1=150, x_2=8, x_3=650) und der BRL

$[0{,}35, (x_1 = 100,\ x_2 = 12,\ x_3 = 650);\ 0{,}65, (x_1 = 150,\ x_2 = 8,\ x_3 = 400)]$.

Ferner einigt sich der Gemeinderat auf folgende Indifferenzaussage:

$(150, 10, 400) \sim (100, 8, 400)$.

Bestimmen Sie die Gewichtungsfaktoren und die Nutzenfunktion.

10.10

Geschäftsführer Packmers (aus Aufgabe 10.7) hat wieder einen Auftrag zu vergeben. Es geht um ein ähnliches Problem. Diesmal jedoch kommt es ihm nicht nur auf die Dauer bis zur Fertigstellung und die Kosten an, sondern auch auf die zu erwartenden Besucherzahlen.

Es liegen zwei Angebote, A und B, vor. Bei A wird eine Projektdauer von 40 Tagen und ein Preis von 50.000 € angeboten, bei B eine Dauer von 50 Tagen und ein Preis von 54.000 €. Beide Anbieter legen sich jedoch nicht vertraglich auf die Einhaltung dieser Zahlen fest. Packmers hält bei A eine Dauer von 48 Tagen und Kosten von 55.000 € für realistisch, bei B eine Dauer von 55 Tagen und Kosten von 60.000 €.

Bei der Schätzung der Besucherzahlen berücksichtigt Packmers einerseits, daß infolge der längeren Fertigstellungsdauer bei B weniger Besucher kommen, andererseits B aber auch etwas bessere Arbeit liefert, was die Besucherzahlen erhöht. Er schätzt eine Besucherzahl von 3.000 für A und von 3.000 für B.

Zur Bewertung der beiden Angebote stellt er eine additive Funktion auf. Die Zahlen stehen in folgender Tabelle.

Attribut	Wertbereich	Verlauf	Gewicht
Dauer	40 bis 60 Tage	Linear fallend	0,2
Besucherzahl	2.000 bis 7.000	Linear steigend	0,5
Kosten	50.000 bis 70.000	Linear fallend	0,3

(a) Bewerten Sie die beiden Angebote.

Danach wird Packmers klar, daß die Schätzungen erhebliche Unsicherheiten enthalten. Er versucht, diese in folgenden Tabellen darzustellen.

Angebot A					
Dauer (Tage)	Wahrscheinlichkeit	Besucher	Bedingte Wahrscheinlichkeit	Kosten (€)	Wahrscheinlichkeit
40	1/3	4.500	1/2	50.000	1/3
		4.000	1/2	55.000	1/3
50	1/3	3.500	1/2	70.000	1/3
		3.000	1/2		
60	1/3	2.500	1/2		
		2.000	1/2		

Angebot B					
Dauer (Tage)	Wahrscheinlichkeit	Besucher	Bedingte- Wahrscheinlichkeit	Kosten (€)	Wahrscheinlichkeit
50	1/4	5.000	1/2	55.000	1/4
		4.500	1/2	60.000	1/2
55	1/2	4.000	1/2	65.000	1/4
		3.500	1/2		
60	1/4	3.000	1/2		
		2.500	1/2		

Packmers will die bereits aufgestellte Wertfunktion in eine Nutzenfunktion transformieren. Dazu stellt er sich eine Lotterie über der Besucherzahl vor, bei der mit je 50% Wahrscheinlichkeit 2.000 oder 7.000 Besucher eintreffen werden. Sein Sicherheitsäquivalent zu dieser Lotterie legt er auf 3.900 Besucher fest.

(b) Stellen Sie die Nutzenfunktion auf. Wenn Sie Lust und ein Tabellenkalkulationsprogramm haben, ermitteln Sie die optimale Alternative.

10.11

Eine Unternehmung habe die Auswahl zwischen zwei Investitionsalternativen, die in Abhängigkeit vom zukünftigen Umweltzustand zu den in nachstehender Tabelle enthaltenen Kapitalwerten führen. Die Unternehmung strebt die Maximierung des erwarteten Kapitalwerts an. Leider verfügt sie über keine verläßliche Information hinsichtlich der Eintrittswahrscheinlichkeiten der einzelnen Zustände.

Zustand	s_1	s_2	s_3
$p(s_i)$	p_1	p_2	$1-p_1-p_2$
Alternative *a*	5	8	3
Alternative *b*	6	2	6

(a) Ermitteln Sie zunächst analytisch, für welche Werte von p_1 und p_2 Alternative *a* sich als die optimale erweist. Veranschaulichen Sie Ihr Resultat sodann graphisch, indem Sie in einem Koordinatensystem, in dem p_1 auf der Abszissen- und p_2 auf der Ordinatenachse abgetragen wird, diejenigen Bereiche kennzeichnen, in denen Alternative a (bzw. Alternative b) gewählt wird.

(b) Nun trete eine weitere Alternative c hinzu, deren Ausprägungen nachstehend beschrieben sind.

Zustand	s_1	s_2	s_3
Alternative c	0	4	7

Wie verändern sich die Ergebnisse aus (a) angesichts dieser Erweiterung der Alternativenmenge?

(c) Nehmen Sie abweichend von Aufgabenteil (b) an, daß die Ausprägung der Alternative c in s_3 nicht 7, sondern 5 beträgt. Wird Alternative c dann durch eine der beiden anderen Alternativen (zustands-) dominiert? Wiederholen Sie Ihre Analyse aus (b) auf Basis der modifizierten Alternative c. Für welche (p_1, p_2)-Kombinationen erweist sich die modifizierte Alternative c als optimal? Vergleichen Sie die Aussagekraft des Dominanzkriteriums mit der der durchgeführten Sensitivitätsanalyse.

10.12

Von einem Investor ist bekannt, daß seine Nutzenfunktion konstante absolute Risikoaversion aufweist (daß also, unter Verzicht auf die sonst übliche Normierung, $u(x) = -e^{-cx}$ gilt). Jenseits der Feststellung, daß für ihn $c > 0$ gilt, liegen über die Höhe des Risikoaversionskoeffizienten c des Investors keine Informationen vor.

Er hat die Wahl zwischen drei Projekten, deren Zahlungsüberschüsse wie folgt gegeben sind:

- Projekt 1: Zahlungsüberschuß unsicher, gleichverteilt über dem Intervall [1; 2];
- Projekt 2: Zahlungsüberschuß unsicher, Zwei-Punkt-Verteilung mit den Realisationen 1 (mit Wahrscheinlichkeit 0,4) und 2 (mit Wahrscheinlichkeit 0,6);
- Projekt 3: Zahlungsüberschuß sicher in Höhe von 1,4.

Bestimmen Sie die optimale Projektwahl in Abhängigkeit von der Höhe von c. Zweckmäßigerweise sollten Sie Ihre Berechnungen in einem Excel-Sheet durchführen, in welchem Sie im Intervall [0,5; 3,5] den Parameter c jeweils in Schritten von 0,05 oder 0,1 variieren. Welches Projekt ist für $c \rightarrow 0$ optimal und warum? Welches Projekt ist für $c \rightarrow$ optimal und warum?

ANWENDUNGSBEISPIEL 1

Neunstellige Postleitzahlen

Quelle: Ulvila, Jacob W.: Postal Automation (ZIP+4) Technology: A Decision Analysis. *Interfaces,* vol. 17, 1987, S. 1-12.

Der United States Postal Service (USPS) versuchte seit 1983, Großkunden zur Benutzung der neunstelligen (ZIP+4) anstatt der fünfstelligen Postleitzahlen zu bewegen, und gewährte Gebührenermäßigungen für solche Sendungen. Parallel zu diesen Bemühungen wurden technische Rationalisierungsmaßnahmen begonnen, insbesondere die Anschaffung von Zeichenlesegeräten (OCRs) und Strichcodesortierern (BCS). OCRs lesen die Postleitzahl und drucken sie im Strichcode auf die Sendung. BCSs lesen den Strichcode und sortieren die Briefe. Da die neunstellige Postleitzahl eine sehr genaue Adressierung ermöglicht, entfällt jede menschliche Sortierarbeit. Im Jahr 1984 war die erste Phase dieser Maßnahmen abgeschlossen. Für die zweite Phase war die Anschaffung von weiteren 403 OCRs und 452 BCSs geplant, was einem Auftragsvolumen von 450 Millionen Dollar entsprach. Zu diesem Zeitpunkt wurde das Office of Technology Assessment (OTA) beauftragt, für den Kongreß zu prüfen, ob die Fortsetzung dieses Programms empfehlenswert sei. Das OTA zog zu der Analyse eine Beratungsgesellschaft hinzu.

Im Lauf der Untersuchung zeigte sich, daß nicht nur die Durchführung oder Unterlassung der zweiten Phase zur Wahl stand, sondern weitere Alternativen wert schienen, näher untersucht zu werden. Die bisher beschafften und zusätzlich zu beschaffenden OCRs waren Einzeilengeräte, die nur die letzte Zeile der Adresse lasen, welche gewöhnlich die Postleitzahl enthält. Es waren jedoch auch Geräte auf dem Markt, die bis zu vier Zeilen lesen konnten. Diese hatten bei Sendungen mit nur fünfstelliger Postleitzahl den Vorteil, daß sie – zumindest bei einem Teil der Briefe – der Adresse die notwendige Information entnehmen konnten, um die zugehörige neunstellige Postleitzahl aus einer Datei zu lesen und sie im Strichcode auf den Umschlag zu drucken.

Insgesamt wurden sechs *Optionen* identifiziert:

A. Beschaffung weiterer Geräte wie geplant, insbesondere Beschränkung auf einzeilige OCRs.
B. Beschaffung mehrzeiliger OCRs, Umrüstung der vorhandenen Geräte auf Mehrzeilenbetrieb, Beibehaltung der neunstelligen Postleitzahlen.
C. Übergang auf Mehrzeilenleser wie bei Option B, aber Abschaffung der neunstelligen Postleitzahlen.
D. Beschaffung der geplanten Geräte wie Option A, jedoch Erforschen und Testen von Möglichkeiten der Konversion und schnellstmögliche Umrüstung aller OCRs auf Mehrzeilenbetrieb.
E. Wie Option D, jedoch zweistufig: Die Umrüstung auf Mehrzeilenbetrieb sollte nur erfolgen, wenn bis Jahresende 1987 wenig Gebrauch von den neunstelligen Postleitzahlen gemacht würde.
F. Keine weiteren Geräte beschaffen, die neunstelligen Postleitzahlen abschaffen.

Einziges *Ziel* bei dieser Entscheidung war die Senkung der Kosten. Als wesentliche Zielvariable wurde der mit einem Zinssatz von 15% berechnete Kapitalwert der Zahlungsreihen für die Planungsperiode (1985-1998) betrachtet. Die wesentlichen *Unsicherheiten* betrafen (1) das Ausmaß der Benutzung der neunstelligen Postleitzahlen, (2) das Einsparungspotential der Geräte und (3) die tatsächlichen Einsparungen der Mehrzeilenleser in Abhängigkeit von der Auslastung. Für jede dieser an sich kontinuierlichen Variablen wurde eine diskrete Verteilung geschätzt. Die schlechteste und die beste Ausprägung erhielten je eine Wahrscheinlichkeit von 18,5%, die mittlere Ausprägung eine Wahrscheinlichkeit von 63%. Somit ergab sich ein Entscheidungsbaum mit je neun Konsequenzen für die Optionen A und C und je 27 Konsequenzen für die Optionen B, D und E. Die Option F diente als Vergleichsmaßstab für die übrigen Optionen.

Für jede Konsequenz und jedes Jahr des Planungszeitraums wurden in einer detaillierten Analyse die Ein- und Auszahlungen geschätzt und durch Abzinsen in einen Kapitalwert transformiert. Die Berechnungen erfolgten mittels eines handelsüblichen Tabellenkalkulationsprogramms auf einem PC. Folgende Tabelle zeigt als Beispiel die Berechnungen für eine – nämlich die bei Option D und bestmöglichen Ausprägungen aller drei unsicheren Variablen sich ergebende – Konsequenz. Die Zahlen sind in tausend Dollar angegeben.

Jahr	1985	1986	1987	1988	1989	1990	1991 ...	1998
Einzeilen-OCRs	–140.325	–140.325	–113.200					
Nebenkosten	–20.077	–20.077	–16.147					
Forschungs-ausgaben	–5.000	–5.000	–5.000					
Kon-versionsaus-rüstung				–43.667	–43.667	–43.667		
Instandh. u. Ersatzteile	–27.706	–34.172	–36.640	–42.950	–57.685	–98.690	–86.221	–142.301
Adresseninfor-mation	–32.400	–30.900	–15.700	–16.700	–18.000	–19.336	–20.770	–34.280
Investitionen und Instandh. gesamt	–225.508	–230.474	–186.687	–103.317	–119.352	–161.693	–106.991	–176.581
Gebührener-mäßigung	–58.333	–88.667	–117.444	–136.111	–140.000	–140.000	–140.000	–140.000
Lohneinspa-rungen	161.128	268.953	465.747	711.526	827.240	888.621	1.015.649	1.676.253
Einzahlungs-überschuß	–122.713	–50.188	161.616	472.098	567.888	586.929	768.657	1.359.671
Zusätzl. Über-schuß im Ver-gleich zu F	–177.182	–85.072	128.190	436.381	536.762	553.493	732.741	1.300.394

Diese Konsequenz hat einen Kapitalwert von 2,6 Mrd Dollar bzw. 2,4 Mrd Dollar zusätzlich im Vergleich zu Option F.

Mit Hilfe der Wahrscheinlichkeitsverteilungen der unsicheren Variablen ergaben sich folgende *Erwartungswerte* des Kapitalwerts:

A	1,3 Mrd Dollar
B	1,2 Mrd Dollar
C	0,9 Mrd Dollar
D	1,5 Mrd Dollar
E	1,4 Mrd Dollar

Den höchsten Erwartungswert hatte D, die Umrüstung von Einzeilen- auf Mehrzeilengeräte. Alle Optionen waren besser als Option F, der Verzicht auf die Fortführung des Programms.

Um das *Risiko* zu analysieren, wurden die Verteilungen der Kapitalwerte miteinander verglichen. Dabei stellte sich heraus, daß Option D die Option E absolut dominierte; bei jeder möglichen Datenkonstellation lieferte D einen höheren Kapitalwert als E. Somit konnte E, die zweistufige Alternative, gestrichen werden.

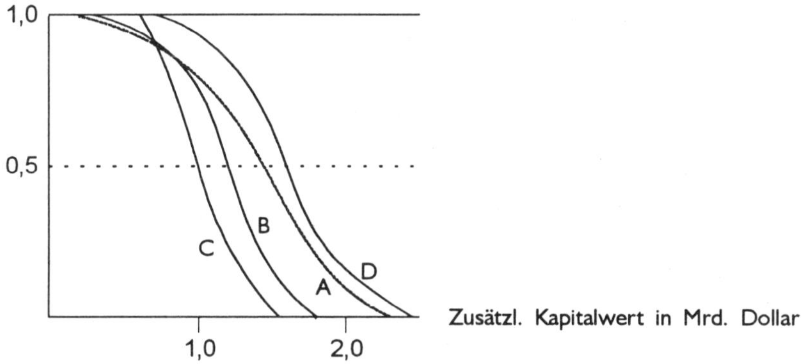

Sodann ermittelte man die kumulierten Wahrscheinlichkeiten für die Kapitalwerte. In geglätteter Form lassen sich die Ergebnisse wie in der Abbildung als *Risikoprofile* darstellen. Glücklicherweise dominiert eine Alternative alle anderen stochastisch: Bei D ist die Wahrscheinlichkeit, einen beliebigen vorgegebenen Kapitalwert zu überschreiten, höher als bei jeder anderen Option. Somit kann D empfohlen werden, ohne daß eine genauere Kenntnis der Risikoeinstellung des Entscheiders benötigt wird.

Die Analyse bildete die Basis für den Bericht des OTA an den US-Kongreß im Juni 1984.

ANWENDUNGSBEISPIEL 2

Vorratshaltung einer Blutbank

Quelle: Keeney, Ralph L. und Raiffa, Howard: Decisions with Multiple Objectives: Preferences and Value Tradeoffs, 1976, S. 275-281.

Die Vorratshaltung von Beständen der einzelnen Blutgruppen steht unter dem Dilemma, daß die Nachfrage nicht sicher vorhersehbar ist. Ein geringer Bestand kann zu Fehlmengen führen, deren Konsequenzen unerfreulich sind (Eilbestellungen, Anrufen professioneller Spender, Verschieben von Operationen). Ein großer Bestand wiederum kann dazu führen, daß Blutkonserven wegen Überschreitung des Verfalldatums nutzlos werden.

Um eine rationale Vorratshaltung zu finden, ist es u. a. notwendig, eine Nutzenfunktion über den beiden Attributen „Fehlmenge“ (F) und „Verfallmenge“ (V) zu bestimmen. In einer Studie am Cambridge Hospital in Cambridge, Mass. wurde die Nutzenfunktion der für die Bestellungen verantwortlichen Krankenschwester ermittelt. Der Wertebereich von F wurde zwischen 0 und 10% der Nachfrage festgelegt, der Bereich von V zwischen 0 und 10% der während des ganzen Jahres eingelagerten Menge. Nachdem die Bedingung der gegenseitigen Nutzenunabhängigkeit sich als gegeben erwies, wurden die beiden Nutzenfunktionen $u_F(f)$ und $u_V(v)$ ermittelt, indem für jede der beiden einige Punkte bestimmt und diese dann durch die Funktionen

$$u_F = 1 + 0{,}375\,(1 - e^{0{,}13f})$$

$$u_V = 1 + 2{,}033\,(1 - e^{0{,}04v})$$

angenähert wurden. Diese Funktionen sind in der Abbildung dargestellt. Wie man in der Abbildung sieht, ist die Entscheiderin bezüglich jedes der beiden Attribute risikoscheu.

Zur Bestimmung der Gewichtungsfaktoren k_F und k_V definierte man zunächst folgende Werte $u(f, v)$:

$$u(0, 0) = 1$$
$$u(10, 10) = 0$$
$$u(10, 0) = k_V$$
$$u(0, 10) = k_F.$$

Nach dem *Trade-off*-Verfahren entschied die Krankenschwester, daß sie indifferent sei zwischen (0, 10) und (4,75, 0). Es gilt also

$$u\,(4{,}75, 0) = u\,(0, 10)$$
$$= k_F.$$

In der multiplikativen Form ausgeschrieben:

$$u\,(4{,}75, 0) = k_F\, u_F\,(4{,}75) + k_V\, u_V\,(0) + (1 - k_F - k_V)\, u_F\,(4{,}75)\, u_V\,(0) = k_F$$

Setzt man hierin $u_F\,(4{,}75) = 0{,}68$ und $u_V\,(0) = 1$, so erhält man

$$k_F = 0{,}68 + 0{,}32\, k_V.$$

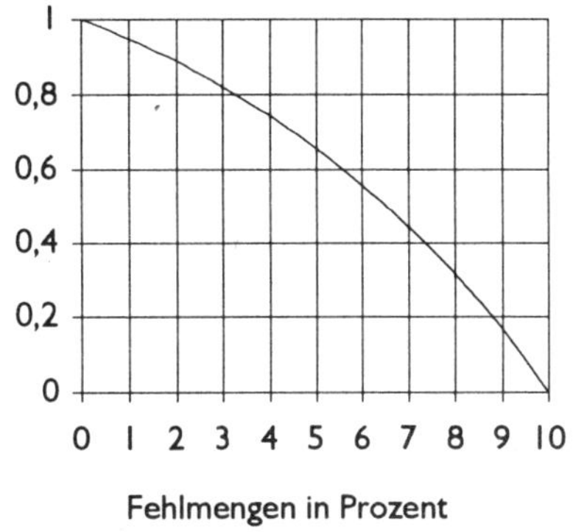

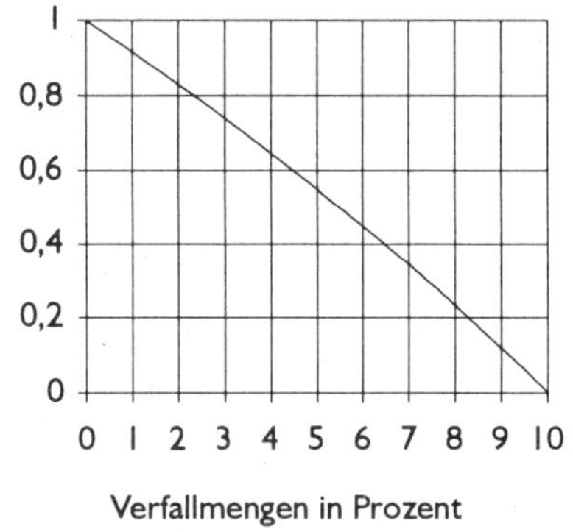

Nun wurde noch eine zweite Gleichung benötigt. Diese wurde nach dem Lotterieverfahren gewonnen. Aus der Indifferenzaussage der Krankenschwester

$$(6, 6) \sim [\ 0{,}5, (10, 10); 0{,}5, (0, 0)\ ]$$

ergibt sich $u\,(6, 6) = 0{,}5$. Es gilt also

$$k_F\, u_F\,(6) + k_V\, u_V\,(6) + (1 - k_F - k_V)\, u_F\,(6)\, u_V\,(6) = 0{,}5$$

Man setzt $u_F\,(6) = 0{,}56$ und $u_V = 0{,}45$ und erhält

$$0{,}308\, k_F + 0{,}198\, k_V = 0{,}248.$$

Aus den beiden Gleichungen ergibt sich $k_F = 0{,}72$ und $k_V = 0{,}13$. Somit lautet die zweidimensionale Nutzenfunktion

$$u(f, v) = 0{,}72\, u_F(f) + 0{,}13\, u_V(v) + 0{,}15\, u_F(f)\ \ u_V(v)$$

Diese kann nun zur Bewertung aller unsicheren Konsequenzen benutzt werden. Nehmen wir an, bei einer bestimmten Bestellpolitik rechnet man mit der Möglichkeit dreier alternativer Konsequenzen. Diese Konsequenzen und ihre Wahrscheinlichkeiten sind in der folgenden Tabelle beschrieben. Ebenso sind darin die Nutzen der Konsequenzen sowie die Ermittlung des Nutzenerwartungswerts dieser Bestellpolitik (0,624) enthalten.

Konsequenz i	Wahrscheinlichkeit p_i	Fehlmenge f_i	Verfallmenge v_i	Nutzen $u_i(f_i, v_i)$	$u_i \cdot p_i$
1	0,25	8	2	0,373	0,093
2	0,60	3	6	0,705	0,423
3	0,15	0	10	0,720	0,108
Summe	1,00				0,624

Kapitel 11: Zeitpräferenzen bei sicheren Erwartungen

11.0 Zusammenfassung

1. Bei vielen Entscheidungen haben Sie heutige Konsequenzen gegen zukünftige Konsequenzen abzuwägen. Der Zeitbezug der Konsequenzen muß im Entscheidungskalkül berücksichtigt werden.
2. Intertemporale Entscheidungen können als Entscheidungen unter mehrfacher Zielsetzung mit additiven Wertfunktionen aufgefaßt werden. An die Stelle des i-ten Attributs tritt das Attribut im i-ten Zeitpunkt.
3. Die Bedingung wechselseitiger Präferenzunabhängigkeit als Voraussetzung für eine additive intertemporale Wertfunktion wird nicht immer erfüllt. Ist sie nicht erfüllt, kann eine Redefinition des Zielsystems oft Abhilfe schaffen.
4. Die intertemporale Wertfunktion vereinfacht sich zum Diskontierungsmodell oder zu Harveys Modell, wenn neben der Bedingung gegenseitiger Präferenzunabhängigkeit weitere Axiome erfüllt sind.
5. Ob Sie eines dieser einfachen Modelle bzw. welches Sie benutzen sollen, hängt von Ihrer Einschätzung der Axiome ab. Wenn Sie keines der beiden Axiomensysteme für sich als Grundlage rationalen Entscheidens akzeptieren, müssen Sie die (additive) intertemporale Wertfunktion verwenden.
6. Besitzen Sie zeitliche Transformationsmöglichkeiten, wie sie zum Beispiel in einem vollkommenen Kapitalmarkt gegeben sind, können Sie das Diskontierungsmodell unabhängig von axiomatischen Überlegungen anwenden.

11.1 Das Problem der Zeitpräferenz

Sie haben häufig Entscheidungen zu treffen, in denen Sie heutigen Verzicht oder heutige Vorteile gegen zukünftige Vorteile oder Verzicht abwägen müssen. Diese Entscheidungen können monetäre und nicht monetäre Größen betreffen. Einige Beispiele sollen die Bandbreite der Entscheidungssituationen unterstreichen, bei denen zeitliche Aspekte eine Rolle spielen.

Sie wollen Ihre Ernährung auf Vollwertkost umstellen, da Sie wissen, daß Sie auf diese Weise gesünder leben, sich besser fühlen und mehr Freude am Leben haben. Diese Vorteile sind nicht sofort greifbar, sie werden erst in einigen Wochen, Monaten oder Jahren zum Tragen kommen. Hingegen spüren Sie die Nachteile einer Kostumstellung sofort: Als an das normale Essen gewöhnter Mensch mögen Sie keine Vollwertgerichte. Sie müssen sich zwingen, diese gesunden Mahlzeiten regelmäßig zu sich zu nehmen. Sie müssen Ihren Appetit auf Fleischgerichte und Zucker zügeln. Sie haben mehr Aufwand bei der Essenszubereitung und vielleicht weitere Wege beim Einkauf. Sie überlegen, ob Sie all dies in Kauf nehmen wollen.

Der Staat könnte heute Finanzmittel zur Verfügung stellen, um neue Kindergartenplätze zu schaffen. Sie als Politiker haben mitzuentscheiden. Wieder ist der sofortige Nachteil offenbar: Sie haben beim begrenzten Budget weniger Geld für andere wichtige Aufgaben (Panzer, Dienstwagen usw.). Der Vorteil stellt sich erst später ein, wenn Kindertagesstätten errichtet und Betreuer für die Kinder ausgebildet sind.

Diese Entscheidungssituationen haben eines gemeinsam: Die Konsequenzen, die zu berücksichtigen sind, treten zu unterschiedlichen Zeitpunkten auf. Wir sprechen in diesem Fall von *intertemporalen* Entscheidungen. Wie Sie sich bei intertemporalen Entscheidungen rational entscheiden können, werden wir in diesem Kapitel behandeln. Wir werden uns auf intertemporale Entscheidungen bei sicheren Erwartungen beschränken. Natürlich wäre es realitätsnäher, auch Modelle zu intertemporalen Entscheidungen bei Risiko zu betrachten. Die Komplexität der Modelle und der unbefriedigende Stand der Forschung lassen uns jedoch davon Abstand nehmen. Einen sehr guten Überblick über präskriptive und deskriptive Arbeiten zu intertemporalen Entscheidungen finden Sie in Loewenstein und Elster (1992).

11.2 Die additive intertemporale Wertfunktion

11.2.1 Ableitung der additiven intertemporalen Wertfunktion

Treten die zu berücksichtigenden Konsequenzen zu unterschiedlichen Zeitpunkten auf, so kann das intertemporale Entscheidungsproblem als ein Problem unter mehrfacher Zielsetzung aufgefaßt werden. Stellen Sie sich vor, Sie sind der für ein Profit Center verantwortliche Manager. Sie haben für sich als Oberziel den Gewinn Ihres Centers definiert. Dieses Oberziel können Sie in die Unterziele Gewinn in 1999, in 2000, in 2001 usw. untergliedern.

Indem Sie ein solches Zielsystem aufstellen, setzen Sie formal Entscheidungen bei Mehrfachzielen und intertemporale Entscheidungen gleich. Damit wissen Sie zugleich, wie das intertemporale Entscheidungsproblem zu lösen ist. Sie können mit den Methoden, die Sie in Kapitel 6 kennengelernt haben, eine rationale Entscheidung treffen. Im Falle von intertemporalen Entscheidungen wird die multiattributive Wertfunktion als intertemporale Wertfunktion bezeichnet.

Mit $(a_0, \ldots, a_T)$ sei der Vektor der intertemporalen Konsequenzen einer Alternative a bezeichnet. Die Zeitpunkte, zu denen Konsequenzen anfallen, werden von null beginnend bis T durchnumeriert. Zeitpunkt 0 gibt den heutigen Zeitpunkt an, Zeitpunkt T bezeichnet das Ende des Planungszeitraums, das heißt, den am weitesten in der Zukunft liegenden Zeitpunkt. In Kapitel 6 wurde gezeigt, wann die multiattributive Wertfunktion v die einfache additive Form besitzt. Ist die Präferenz des Entscheiders transitiv und vollständig und erfüllt die Bedingung der wechselseitigen Präferenzunabhängigkeit (WPU), wird die Präferenz durch eine additive intertemporale Wertfunktion abgebildet:

$$v(a) = \sum_{t=0}^{T} w_t v_t(a_t). \tag{11.1}$$

Erfüllt die Präferenz zusätzlich die Bedingung der Differenzunabhängigkeit, so ist die intertemporale Wertfunktion meßbar. Wir wollen im weiteren davon ausgehen, daß diese Bedingung erfüllt ist, d. h. nur meßbare, intertemporale Wertfunktionen betrachten.

Wie im Falle der multiattributiven Wertfunktion eine eigene Einzelwertfunktion für jedes Attribut existiert, so kann der Entscheider für jeden Zeitpunkt t eine eigene Wertfunktion v_t besitzen. Die Periodenwertfunktionen können so normiert werden, daß der schlechtestmöglichen Ausprägung in der jeweiligen Periode der Wert 0, der bestmöglichen Ausprägung der Wert 1 zugeordnet wird. Die Bestimmung der Periodenwertfunktionen erfolgt mit den Methoden, die Sie in Kapitel 5 kennengelernt haben. Die Gewichte w_t werden mit einer der in Abschnitt 6.4 vorgestellten Methoden ermittelt. Die Gewichte w_t beschreiben die *Trade-offs* zwischen den einzelnen Perioden, das heißt, sie kennzeichnen die Wichtigkeit, die der Entscheider den Einheiten der entsprechenden Periodenwertfunktion zuordnet. Die Größe w_0 (Gewicht der Periode 0) wird bei intertemporalen Entscheidungen üblicherweise auf eins gesetzt. Dafür wird die Forderung aufgegeben, daß sich die Periodengewichte zu eins aufaddieren. Sie können die Normierung $w_0 = 1$ vornehmen, da Wertfunktionen linear transformiert werden dürfen.

Wir wollen die Vorgehensweise, die Ihnen im Prinzip aus den einzelnen vorigen Kapiteln bekannt ist, nochmal am Beispiel des Managers eines Profit Centers erläutern. Seine Zielgrößen sind die Gewinne des Centers in den folgenden drei Jahren. Der Manager vergleicht die Gewinnvektoren

$$a = (50, 50, 100) \quad \text{und} \quad b = (30, 70, 100).$$

Bei beiden Reihen ist der Gewinn im dritten Jahr gleich. Die WPU-Bedingung besagt, daß sich die Präferenz des Managers zwischen den Reihen nicht ändern darf, wenn der Gewinn im dritten Jahr bei beiden Alternativen in gleicher Weise abgeändert wird. Präferiert der Manager beispielsweise $a \succeq b$, so muß auch

$$a' = (50, 50, 200) \succeq b' = (30, 70, 200) \text{ und}$$
$$a'' = (50, 50, 50) \succeq b'' = (30, 70, 50)$$

gelten. Beachten Sie, daß die WPU-Bedingung dem Manager keine bestimmte Präferenz zwischen a und b vorschreibt; sie besagt nur, daß diese Präferenz nicht von Perioden abhängen darf, in denen beide Alternativen dieselbe Konsequenz haben. Die WPU-Bedingung klingt plausibel, dennoch wird sie in vielen Problemstellungen nicht erfüllt sein. Hierauf werden wir in Abschnitt 11.2.2 genauer eingehen.

Wenn die Bedingung der wechselseitigen Präferenzunabhängigkeit erfüllt ist, können die Periodenwertfunktionen $v_t(x_t)$ über den Gewinnen x_t bestimmt werden. Der Manager kann die Direct-Rating-Methode, die Methode gleicher Wertdifferenzen oder die Halbierungsmethode anwenden.

Wir wollen hier daran erinnern, wie mit der Halbierungsmethode vorzugehen wäre. Die sich so ergebende Funktion v_0 ist meßbar. Die schlechtestmögliche Ausprägung in $t = 0$ sei ein Gewinn von null, die beste ein Gewinn von 130. Sie setzen dann $v_0(0) = 0$ und $v_0(130) = 1$. Der Manager hat nun für sich die Frage zu beantworten, bei welchem $x_{0,5}$ ihm der Übergang von $x^- = 0$ zu diesem Wert genauso lieb ist, wie der Übergang von diesem Wert zu $x^+ = 130$, das heißt für $x_{0,5}$ gilt:

$$(0 \rightarrow x_{0,5}) \sim (x_{0,5} \rightarrow 130).$$

Es ist $v_0(x_{0,5}) = 0{,}5$. Nachdem $x_{0,5}$ bestimmt ist, werden auf dieselbe Weise $x_{0,25}$ und $x_{0,75}$ bestimmt. Vergessen Sie nicht, nach Bestimmung der Einzelwertfunktion v_0 geeignete Konsistenzüberprüfungen durchzuführen.

Die einzelnen Periodenwertfunktionen können unterschiedliche Definitionsbereiche besitzen: Ist für Periode 2 der höchstmögliche Gewinn 170, der geringstmögliche 30, so ist v_2 für den entsprechenden Bereich zu bestimmen. Sie erkennen hieran auch, daß die einzelnen Periodenwertfunktionen verschieden sein können. Auf ihren jeweiligen Definitionsbereich lassen sie sich stets zwischen null und eins normieren. Tritt die schlechteste mögliche Konsequenz ein, so trägt sie nicht zum Wert der Gesamtreihe bei: $v_t(x_t^-) = 0$. Die Gewichtung kann mit den gleichen Verfahren erfolgen wie bei Mehrfachzielen. Beispielsweise würde man nach dem *Swing*-Verfahren von einer fiktiven Alternative ausgehen, die in jeder Periode die schlechteste Ausprägung der jeweiligen Periode aufweist. Dann würde man die Übergänge auf die jeweils besten Ausprägungen in einer Periode ordnen und kardinal bewerten.

Die Ziele des Managers (Gewinne des Profit Centers in den nächsten Jahren) sind rein monetärer Art und unterscheiden sich nur in ihrem Zeitbezug. Dies muß nicht immer der Fall sein. Wenn Sie sich überlegen, Ihre Ernährung auf Vollwertkost umzustellen und vereinfachend nur zwei Zeitpunkte („heute" und „Zukunft") betrachten, identifizieren Sie vielleicht als Ihr Ziel zum heutigen Zeitpunkt „wohlschmeckendes Essen" und in der Zukunft „Gesundheit". Diese Ziele sind nicht monetär, beziehen sich auf unterschiedliche Zeitpunkte und haben unterschiedlichen Inhalt. Auch bei der Entscheidung, ob wir heute Geld für die Schaffung von Kindergartenplätzen investieren wollen, oder ob wir heute die FCKW-Produktion stoppen wollen, können (je nach Modellierung des Problems) die Ziele in den einzelnen Perioden wechseln. In vielen Fällen wird es auch so sein, daß pro Periode nicht nur ein Attribut relevant ist. Denken Sie beispielsweise an die Wahl der Anfangsstellung nach Beendigung Ihres Studiums. In den Kapiteln 5 und 6 haben Sie die einperiodige Version des Problems für ein und mehrere Ziele (Gehalt und Arbeitszeit) kennengelernt. Realistisch ist aber, die Konsequenzen der Berufe bis zum Ende Ihres Planungshorizontes abzubilden. Zu jedem Zeitpunkt des Planungszeitraums wird eine Alternative durch Ausprägungen auf allen relevanten Attributen beschrieben. Um die intertemporale Wertfunktion zu erhalten, müssen

Sie in diesem Fall für jeden Zeitpunkt eine Konsequenz mit einer multiattributiven Wertfunktion $v_t(x_{1t}, x_{2t}, \ldots, x_{mt})$ bewerten.

Bei der Definition der Konsequenzen ist zu beachten, daß eine Konsequenz nicht nur im Zeitpunkt ihres Eintretens, sondern auch in der Vergangenheit und Zukunft einen Wert besitzen kann (Elster und Loewenstein 1992, S. 213 ff.). Eine in der Zukunft liegende Konsequenz kann heute Angst oder Vorfreude auslösen. Denken Sie beispielsweise an die Alternative, eine Segelyacht in zwei Jahren zu kaufen. Schon heute können Sie sich an dem Gedanken, eine Yacht zu besitzen, erfreuen. Der Effekt wird durch Attribute, die auf den Zeitraum des Besitzes der Yacht abzielen, nicht erfaßt. Sie müssen für den heutigen Zeitpunkt eine weitere Zielvariable definieren, etwa „Vorfreude auf zukünftige Segelerlebnisse". Genauso können Konsequenzen auch in die Zukunft wirken: Ein Weltumsegler wird vielleicht sein ganzes Leben von den Erlebnissen seiner Reise zehren. Nachfreude oder Nachleid könnten Sie durch eine zusätzliches Ziel „Zufriedenheit mit dem bisherigen Leben" beschreiben.

11.2.2 Diskussion der Annahmen der additiven intertemporalen Wertfunktion

Die Bedingung der wechselseitigen Präferenzunabhängigkeit ist Voraussetzung für ein additives Modell. Schon in Kapitel 6 haben wir gezeigt, daß diese Bedingung nicht immer erfüllt sein muß. Auch bei intertemporalen Entscheidungen muß diese Annahme des additiven Modells wieder diskutiert werden.

Nehmen Sie an, ein Manager habe bezüglich der Gewinne der nächsten drei Jahre die folgende Präferenz:

$$(50, 50, 100) \prec (30, 70, 100).$$

Er zieht die zweite Alternative gegenüber der ersten vor, da die zweite Alternative einen aufsteigenden Gewinntrend besitzt. Weiterhin äußert er die folgende Präferenz:

$$(50, 50, 20) \succ (30, 70, 20).$$

In diesem zweiten Vergleich ist ihm die erste Folge lieber, da der Abfall im dritten Jahr nicht so dramatisch ausfällt. Die Präferenz des Managers verletzt die Bedingung der WPU, da in beiden Paarvergleichen jeweils die Gewinne der ersten beiden Jahre identisch sind (Eisenführ 1988). Die Abfolge der Gewinne im Zeitablauf beeinflußt die Präferenz: Der Gewinn einer Periode kann nicht mehr unabhängig von den Gewinnen in den anderen Perioden beurteilen werden, das heißt die WPU-Bedingung ist verletzt. Diese Abhängigkeit der Präferenz von einem sich in den Konsequenzen widerspiegelnden Trend hat sich auch in empirischen Untersuchungen bestätigt (Dyckhoff und Weiner 1992, Loewenstein 1992).

Loewenstein (1987) stellte eine Studie vor, in der die Bedingung der Präferenzunabhängigkeit unmittelbar überprüft wurde. In der Studie wurden den Studenten vier Alternativen vorgelegt, die jeweils beschrieben, was sie an den folgenden drei Wochenenden Samstagabend unternehmen können.

Tab. 11.1: Vier Alternativen, die nächsten drei Samstagabende zu verbringen

Alternative	Dieses Wochenende	Nächstes Wochenende	Übernächstes Wochenende	Präferenz
a	Französisch essen	Zu Hause essen	Zu Hause essen	16%
b	Zu Hause essen	Französisch essen	Zu Hause essen	84%
c	Französisch essen	Zu Hause essen	Hummer essen	57%
d	Zu Hause essen	Französisch essen	Hummer essen	43%

Bei der Wahl zwischen *a* und *b* entschied sich eine deutliche Mehrheit für Alternative *b* (84% zu 16%), bei der Wahl zwischen *c* und *d* jedoch eine leichte Mehrheit für *c* (57% zu 43%). Beachten Sie hierbei, daß *a* und *b*, wie auch *c* und *d*, sich für das übernächste Wochenende nicht unterscheiden. Folglich ist unter der Annahme der WPU das übernächste Wochenende für die Entscheidung irrelevant. Da sich *a* und *c*, wie auch *b* und *d*, an den übrigen, relevanten Wochenenden nicht unterscheiden, muß ein Entscheider *a* und *c* oder *b* und *d* bevorzugen (Indifferenzaussagen waren in dieser Studie nicht zugelassen.) Aus dem Resultat der Untersuchung müssen wir schließen, daß Präferenzunabhängigkeit nicht immer gegeben ist.

Ist die WPU-Bedingung verletzt, so können Sie zu einer nicht-additiven Aggregation der Periodenwertfunktionen übergehen oder ein geändertes Zielsystem verwenden. Die Änderung des Zielsystems ist eigentlich nach dem heutigen Stand der Forschung die einzig praktikable Vorgehensweise. Eisenführ (1988) macht für den Manager des Profit Centers, der die WPU-Bedingung verletzt, einen Vorschlag für ein alternatives Zielsystem. Als mögliches Zielsystem identifiziert er den Durchschnittsgewinn pro Jahr, die Gleichmäßigkeit der Gewinne von Jahr zu Jahr und die in der Gewinnfolge liegende Tendenz. Die letzten beiden Ziele können durch die Streuung der Gewinne und die durchschnittliche Wachstumsrate der Gewinne pro Periode operationalisiert werden. Für das so neu definierte Zielsystem liegt möglicherweise WPU vor.

In einem Ausblick, der auch auf den unbefriedigenden Stand der Forschung hinweisen soll, wollen wir beschreiben, wie die Forderung nach Abschwächung der Präferenzunabhängigkeitsbedingung realisiert werden kann. Gilboas (1989) Idee sei an einem Beispiel erläutert.

Eine Alternative bietet in den nächsten vier Zeitpunkten die folgenden schon durch eine Wertfunktion bewerteten Konsequenzen (hoch repräsentiert einen hohen Wert usw.):

(Hoch, Niedrig, Hoch, Niedrig).

Eine zweite Alternative wird konstruiert, indem die Konsequenzen zum zweiten und dritten Zeitpunkt vertauscht werden:

(Hoch, Hoch, Niedrig, Niedrig).

In der ersten Alternative ändert sich der Wert von Periode zu Periode. Das Wertniveau wird dreimal im Zeitablauf geändert. Bei der zweiten Alternative wird das Wertniveau nur einmal geändert. Gilboa fordert jetzt, daß die WPU-Bedingung nur noch für Alternativenpaare gelten muß, die eine identische Anzahl von Wertniveauänderungen im Zeitablauf besitzen. Diese Abschwächung der WPU-Bedingung mag sich sinnvoll anhören. Die Abbildung der so definierten Präferenz erfordert jedoch ein mathematisches Kalkül, das weit über Lehrbuchniveau hinausgeht und darüberhinaus für praktische Anwendungen nicht durchführbar ist. Es ist zu hoffen, daß wir Ihnen in der Zukunft einfachere Modelle präsentieren können, die auf einer Abschwächung der Unabhängigkeitsbedingung basieren. Einen ersten Schritt in diese Richtung stellt das Modell von Loewenstein und Prelec (1993) dar, das zusätzlich zu den Werten einer Sequenz deren Trend und die Gleichförmigkeit des Trends mit in die Bewertung einfließen läßt.

11.3 Besondere Formen der additiven intertemporalen Wertfunktion

11.3.1 Identische Wertfunktionen in jeder Periode

Die additive intertemporale Wertfunktion kann vereinfacht werden, wenn die Präferenz neben der WPU-Bedingung weitere Axiome erfüllt. Wir werden einige Überlegungen hier präsentieren; mehr zu den axiomatischen Grundlagen der Zeitpräferenz finden Sie in Ahlbrecht und Weber (1995). Betrachtet man die additive intertemporale Wertfunktion (Formel 11.1), so wird deutlich, daß die Wertfunktionen einzelner Perioden durchaus unterschiedlich sein können. Wir wollen jetzt zunächst überlegen, welche Bedingungen erfüllt sein müssen, damit für jede Periode identische Wertfunktionen impliziert werden. Für viele Anwendungen ist dies eine gewünschte, signifikante Vereinfachung. Denken Sie nur an den Manager, der die Gewinne der Profit Center beurteilt.

Am einfachsten wäre es sicherlich, identische Wertfunktionen einfach anzunehmen. Im Sinne der axiomatischen Vorgehensweise in diesem Lehrbuch sollen Sie jedoch eine Bedingung kennenlernen, die uns identische Wertfunktionen ableiten läßt.

Definition 11.1 (Konstante Präferenzdifferenzen).
Seien a, b, c und d Konsequenzen sowie s und t zwei beliebige Zeitpunkte, dann gilt:

$$(a_s \to b_s) \succeq (c_s \to d_s) \quad \Leftrightarrow \quad (a_t \to b_t) \succeq (c_t \to d_t),$$

wobei a_s bzw. a_t eine Konsequenz a darstellt, die der Entscheider zum Zeitpunkt s bzw. t erhält.

Die Bedingung der konstanten Präferenzdifferenzen besagt, daß die Ordnung bezüglich der Differenz in der Präferenzstärke zwischen Konsequenzen unabhängig vom betrachteten Zeitpunkt ist. Bevorzugen Sie z. B. im nächsten Jahr den Übergang von 1 Mio € Gewinn auf 2 € Mio Gewinn gegenüber dem Übergang von 14 Mio € Gewinn auf 15,5 Mio € Gewinn, so muß diese Präferenz auch gültig sein, wenn dieselben Gewinne zu einem späteren Zeitpunkt zu vergleichen sind.

Es kann jetzt gezeigt werden, daß die Bedingung konstanter Präferenzdifferenzen gleichbedeutend mit der Existenz identischer Wertfunktionen ist, d. h. die intertemporale Wertfunktion nimmt genau dann die Gestalt (11.2) an, wenn die Bedingung konstanter Präferenzdifferenzen gilt.

$$v(a) = \sum_{t=0}^{T} w_t v_0(a_t). \tag{11.2}$$

Die für alle Perioden identische Periodenwertfunktion bezeichnen wir mit v_0 und bringen damit zum Ausdruck, daß die Funktion für den Zeitpunkt $t = 0$ am einfachsten zu bestimmen ist. Die Gewichte w_t können jetzt noch in einer anderen Form dargestellt werden, die die Verbindung zum bekannten Diskontierungsmodell als intertemporale Nutzenfunktion offensichtlicher macht. Wir schreiben:

$$w_t = \frac{1}{(1+i)^{\alpha(t)}}. \tag{11.3}$$

Die Zeitpräferenz wird mittels einer konstanten Diskontierungsrate $(1 + i)$ und des Faktors $\alpha(t)$ beschrieben. Der Faktor $\alpha(t)$ gibt dabei an, wie weit der Zeitpunkt t als in der Zukunft gelegen wahrgenommen wird. Ein Entscheider wird beispielsweise die Perioden 101 und 102 als näher beieinanderliegend als die Perioden 1 und 2 wahrnehmen. Dies kann dadurch abgebildet werden, daß $\alpha(102) - \alpha(101)$ geringer als $\alpha(2) - \alpha(1)$ ist.

Verschiedene konkrete Modelle unterscheiden sich jetzt durch die Form der Funktion $\alpha(t)$. Zwei Formen wollen wir im weiteren vorstellen. Bei beiden wollen wir davon ausgehen, daß die in der intertemporalen Alternative betrachteten Zeitpunkte äquidistant sind, das heißt, die Endpunkte aufeinanderfolgender gleich langer Perioden darstellen.

11.3.2 Das Diskontierungsmodell

Eine additive intertemporale Wertfunktion bildet eine Präferenz ab, die vollständig und transitiv ist sowie die Bedingung wechselseitiger Präferenzunabhängigkeit erfüllt. Erfüllt die Präferenz zusätzlich das Axiom der Stationarität, hat die intertemporale Wertfunktion die folgende Form (Dyckhoff 1988, S. 1002, French 1988, S. 135):

$$v(x) = \sum_{t=0}^{T} \frac{1}{q^t} v_0(x_t). \tag{11.4}$$

Die für alle Perioden gleiche Periodenwertfunktion haben wir mit v_0 bezeichnet, da sie am einfachsten für die Periode null zu bestimmen ist. Die Periodengewichte w_t der additiven intertemporalen Wertfunktion vereinfachen sich im Diskontierungsmodell zu Potenzen eines Diskontierungsfaktors $q = (1 + i) > 0$. In diesem Fall gilt $\alpha(t) = t$, d. h. die Zeit wird linear wahrgenommen. Der Diskontierungsfaktor kann sehr einfach bestimmt werden. Ist ein Entscheider zwischen einer Konsequenz x_0, die er in Periode null erhält, und einer Konsequenz x_1, die er in Periode 1 erhält, indifferent, folgt im Diskontierungsmodell $v(x_0, 0) = v(0, x_1)$ oder

$$v_0(x_0) = \frac{v_0(x_1)}{q}, \text{ das heißt } q = \frac{v_0(x_1)}{v_0(x_0)}. \qquad (11.5)$$

Ist die Periodenwertfunktion bekannt, kann der Diskontierungsfaktor q direkt ermittelt werden. Wie bei allen Bestimmungsmethoden können auch bei der Ermittlung des Diskontierungsfaktors systematische Verzerrungen und Fehler auftreten. Es empfiehlt sich daher, den Entscheider mehrere Indifferenzaussagen machen zu lassen. Mögliche Inkonsistenzen können, wie in Kapitel 6 dargestellt, durch wiederholte Befragung oder Durchschnittsbildung verarbeitet werden.

Um das Axiom der Stationarität formal definieren zu können, muß der Begriff der Verschiebung einer Zeitreihe eingeführt werden.

Definition 11.2 (Verschiebung einer Zeitreihe).
Eine Verschiebung einer Zeitreihe um n Perioden verlegt jede Konsequenz a_t der Alternative a auf die Periode $t+n$. Eine Verschiebung der Alternative a um n Perioden wollen wir mit δ_n, die neu gewonnene Alternative mit $\delta_n(a)$ bezeichnen. Abbildung 11-1 stellt die Verschiebung einer Alternative um zwei Perioden dar.

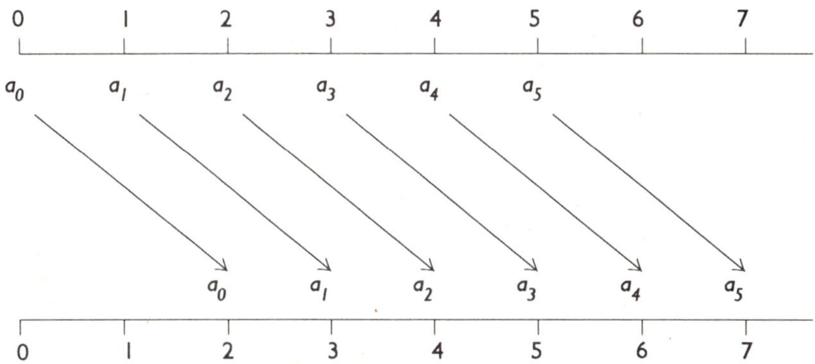

Abb. 11-1: Verschiebung einer Zeitreihe um zwei Perioden

Definition 11.3 (Stationarität).
Eine Präferenz bezüglich Zeitreihen heißt stationär, wenn für alle Zeitreihen a, b und für beliebige Längen n der Verschiebung die Präferenz $a \preceq b$ genau dann gilt, wenn nach der Verschiebung δ_n die Präferenz $\delta_n(a) \preceq \delta_n(b)$ gilt. Stationarität bedeutet, daß die Präferenz bei Verschiebung erhalten bleibt.

Ein einfaches Beispiel erläutert das Axiom der Stationarität. Sie planen Ihren Urlaub im kommenden Jahr. Sie können aus beruflichen Gründen nur einmal pro Jahr verreisen und überlegen daher, ob Sie lieber im Sommer Urlaub machen wollen oder im darauffolgenden Winter. Angenommen, Sie sind begeisterter Skifahrer und entscheiden sich für den Winterurlaub. Alternativ nehmen Sie an, daß

Sie den Urlaub für übernächstes Jahr planen und dieses Jahr nicht wegfahren. Nun fordert die Stationaritätsbedingung, daß Sie sich bei Ihrer heutigen Entscheidung für den Urlaub im übernächsten Jahr genauso entscheiden wie bei der Entscheidung für das kommende Jahr, das heißt den Winterurlaub vorziehen.

Die Stationaritätsbedingung ermöglicht die starke Vereinfachung der additiven intertemporalen Wertfunktion zum Diskontierungsmodell. Allerdings kann die Stationarität nicht generell als Anforderung an rationales Verhalten betrachtet werden. Warum soll man nicht für das nächste Jahr den Winterurlaub vorziehen, für die Zeit nach der Pensionierung den Urlaub im Süden? Beim Diskontierungsmodell sind die Periodenwertfunktionen in allen Perioden identisch und auch die Periodengewichte haben eine sehr spezielle Form. Damit engen wir die möglichen Präferenzen stark ein. Die Argumentation muß an dieser Stelle ähnlich sein wie bei Entscheidungen unter Risiko. Dort ist der Erwartungswert einer Zielvariablen zwar das einfachere Kalkül, er schränkt aber die möglichen Präferenzen so sehr ein, daß wir das allgemeinere Erwartungsnutzenkalkül als Grundlage rationalen Entscheidens ansehen. In manchen intertemporalen Entscheidungssituationen wird es gerechtfertigt sein, das Diskontierungsmodell anzuwenden, in anderen Entscheidungssituationen muß das allgemeinere additive intertemporale Modell herangezogen werden. Es ist daher unumgänglich, die Stationaritätsbedingung genauer kennenzulernen, um im jeweiligen Entscheidungsproblem das korrekte Modell auswählen zu können.

Die Stationaritätsbedingung fordert, daß sich Präferenzen bezüglich Alternativen bei simultaner Verschiebung der Konsequenzen der Alternativen nicht ändern. Entscheider, die zukünftige Konsequenzen nicht gemäß dem Diskontierungsmodell bewerten, sind dementsprechend inkonsistent, denn sie stoßen ursprünglich getroffene Entscheidungen bei nachträglicher Betrachtung mit identischer Modellierung des Problems wieder um (Strotz 1956).

In der Realität wird eine Verschiebung des Entscheidungszeitpunktes jedoch oft eine ganz neue Modellierung des Problems erfordern. Oft ist eine Entscheidung nur in dem zeitlichen Kontext zu verstehen, in dem sie getroffen wird. Mehrere Monate später wird sich dasselbe Entscheidungsproblem aus den vielfältigsten Gründen ganz anders darstellen, etwa weil neue Alternativen zusätzlich in Betracht zu ziehen sind, wodurch Sie die bisher verwendeten Wertfunktionen und Zielgewichte neu bestimmen müssen, oder weil Sie in der Zwischenzeit andere Interessen entwickelt haben und ein anderes Zielsystem zugrunde legen. Vielleicht sind Sie durch eine Veranstaltung des Pfälzerwaldvereins über die negativen Auswirkungen des Skifahrens auf Fauna und Flora in den Bergen aufgerüttelt worden. Dann sollten Sie „Umweltverträglichkeit der Urlaubsaktivitäten" als neues Ziel in Ihr Zielsystem aufnehmen. Eine Umentscheidung zugunsten des Sommerurlaubs wäre dann durchaus denkbar. Die Konsequenzen des Sommer- oder Winterurlaubs erscheinen nun nicht nur verschoben, es sind auch weitere Konsequenzen hinzugekommen. Entscheidungen, die zu verschiedenen Zeitpunkten zu treffen sind, werden sich in aller Regel ganz verschieden darstellen.

Wichtig für die weiteren Überlegungen ist der Begriff der Ungeduld. Ungeduld kann wie folgt formal definiert werden. Seien a und b zwei Alternativen, die beide nur heute (in Periode null) eine Konsequenz besitzen. Der Entscheider äußert die

Präferenz $a \succeq b$, das heißt, er findet die Konsequenz von a in Periode null genauso gut oder besser als die Konsequenz von b in Periode null. Weiterhin wollen wir mit s und t zwei beliebige Zeitpunkte bezeichnen, wobei t weiter als s in der Zukunft liegt. Aus a und b lassen sich zwei neue Alternativen a' und b' konstruieren, die nur zu den beiden Zeitpunkten s und t Konsequenzen besitzen. In Tabelle 11.2 werden die Alternativen a' (die bessere oder gleich gute Konsequenz tritt zuerst ein) und b' (die schlechtere oder gleich gute Konsequenz tritt zuerst ein) dargestellt. Ein Entscheider heißt ungeduldig, wenn er in dieser Situation stets die Präferenz $a' \succeq b'$ besitzt. Ungeduld impliziert, daß der Faktor q im Diskontierungsmodell größer als eins ist.

Tab. 11.2: Zur Definition von „Ungeduld"

Alternative	Konsequenz in s	Konsequenz in t
a'	a	b
b'	b	a

Unter der Annahme der Ungeduld kann analog zum Prinzip der stochastischen Dominanz bei Entscheidungen bei Risiko ein Zeitdominanzkriterium definiert werden. Eine Alternative a dominiert eine zweite Alternative b, wenn die Summe über alle bisherigen, bewerteten Konsequenzen von a zu allen Zeitpunkten gleich groß wie die von b ist und zu mindestens einem Zeitpunkt echt größer ist. Sind die zu beurteilenden Alternativen verschieden genug oder ist das Dominanzkriterium trennscharf genug, kann eine beste Alternative bestimmt werden (Mus 1988). Zu einem Vergleich unterschiedlicher Dominanzkriterien siehe Dyckhoff (1988, S. 997 ff.).

Ungeduld kann nicht ohne weiteres als Grundlage rationalen Verhaltens angesehen werden. Es gibt a priori keinen zwingenden Grund, heutige Konsequenzen als wichtiger einzustufen als zukünftige. Wieso sollte ein Gummibärchen jetzt (oder ein bestimmter Gewinn eines Profit Centers heute) zwingend gegenüber einem Gummibärchen morgen (oder einem identischen Gewinn des Profit Centers in einem Jahr) bevorzugt werden? (Ist Ihnen ein Gummibärchen zu wenig, um darüber nachzudenken, stellen Sie sich eine Packung Gummibärchen vor. Gehören Sie zu der Minderheit, die keine Gummibärchen mögen, denken Sie an einen Theaterbesuch.) Ihnen mag, wie jedem einzelnen Entscheider, freigestellt bleiben, die Annahme der Ungeduld für sich zu akzeptieren. Sie müssen die Annahme akzeptieren, wenn Sie die Stationaritätsbedingung sowie bestimmte Stetigkeitsbedingungen als Grundlage Ihres Handelns ansehen wollen (vgl. Koopmans 1960, Fishburn und Rubinstein 1982).

11.3.3 Das Modell von Harvey

Neben dem Diskontierungsmodell kann aus der additiven intertemporalen Wertfunktion eine zweite spezielle intertemporale Aggregationsfunktion abgeleitet werden. Wir nehmen wieder an, daß der Entscheider eine vollständige, transitive Präferenz besitzt und die WPU-Bedingung nicht verletzt wird. Erfüllt die Präferenz des Entscheiders die Bedingung der Ungeduld und das noch darzustellende

Axiom der Konstanz der Präferenz bei Streckung, so konnte Harvey (1986) zeigen, daß die intertemporale Wertfunktion die in Formel (11.6) angegebene Form besitzt.

Auch in diesem Fall sind die Periodenwertfunktionen für alle Perioden identisch. Wir übernehmen die Wertfunktion der Periode null v_0 für alle weiteren Perioden. Die Periodengewichte sind r-te Potenzen ($r > 0$) der Periodenzahl, erhöht um eins (Formel 11.6).

Im Fall $r = 0$ ergibt sich dieselbe intertemporale Wertfunktion wie im Diskontmodell bei $q = 1$: die Summe der Werte der Konsequenzen der Alternativen zu allen Zeitpunkten.

$$v(x) = \sum_{t=0}^{T} \frac{1}{(1+t)^r} v_0(x_t). \tag{11.6}$$

Die Funktion $\alpha(t)$ im Modell von Harvey lautet damit wie folgt:

$$\alpha(t) = r \cdot \frac{\ln(1+t)}{\ln(1+i)}. \tag{11.7}$$

Anhand der Funktion $\alpha(t)$ sehen wir sofort, daß die Zeit nicht linear (wie im Diskontierungsmodell), sondern logarithmisch eingeht. Die Konkavität der Funktion $\alpha(t)$ impliziert, daß ein Zeitintervall als um so kürzer wahrgenommen wird, je weiter es in die Zukunft verschoben wird. Der Koeffizient r geht als linearer Faktor in die Zeitwahrnehmung ein. Der Parameter r muß (wie der Parameter q im Diskontierungsmodell) durch Befragung ermittelt werden. Dazu kann eine beliebige Konsequenz x_0 vorgegeben werden. Wir bestimmen zunächst die Konsequenz x'_0, bei der der Entscheider indifferent zwischen dem Übergang vom Wert null nach x_0 und dem Übergang von x_0 nach x'_0 ist. Es gilt $2 \cdot v_0(x_0) = v_0(x'_0)$. Der Entscheider wird dann gefragt, in welcher Periode t' er indifferent zwischen der Konsequenz x_0 heute und der Konsequenz x'_0 in Periode t' ist. Aus dieser Indifferenzaussage folgt, daß die Periode t' das halbe Gewicht der Periode null besitzt. Sie wird daher auch Halbwertperiode genannt. Aus der Halbwertperiode läßt sich der Parameter r direkt bestimmen:

$$r = \frac{\log 2}{\log(1+t')}. \tag{11.8}$$

Auch bei der Bestimmung des Parameters r sollte wieder eine Konsistenzüberprüfung vorgenommen werden. Am einfachsten wird der Entscheider nach der Periode t'' gefragt, in der die Konsequenz x_0 nur ein Drittel soviel wert ist wie in Periode null. Wird in Formel 11.8 im Zähler die Zahl 2 durch die Zahl 3 und im Nenner t' durch t'' ersetzt, müßte sich für einen konsistenten Entscheider derselbe Parameter r ergeben. Mögliche Inkonsistenzen werden durch Feedback oder Durchschnittsbildung bearbeitet.

Wir wollen jetzt das Axiom der Konstanz der Präferenz bei Streckung definieren.

Definition 11.4 (Streckung einer Zeitreihe).
Wir bezeichnen eine Streckung um den Faktor $n \in \mathbb{N}$ mit β_n und das Ergebnis der Streckung der Alternative a mit $\beta_n(a)$. Die Streckung β_n einer Zeitreihe a verlegt die Konsequenz a_i der Alternative a in die Periode $(i + 1) \cdot n - 1$.

Abbildung 11-2 verdeutlicht eine Streckung um den Faktor zwei. Das Axiom der Konstanz der Präferenz bei Streckung besagt, daß für alle (intertemporalen) Alternativen a und b und beliebige Streckungen β_n die Präferenz $a \preceq b$ genau dann gilt, wenn auch $\beta_n(a) \preceq \beta_n(b)$ gilt.

Wir wollen das Axiom der Konstanz der Präferenz bei Streckung an einem Beispiel verdeutlichen. Angenommen, Sie sind indifferent zwischen zwei Wochen Urlaub in drei Monaten und normaler Arbeit während der folgenden drei Monate und vier Wochen Urlaub in sechs Monaten und durchgehender Arbeit bis zu diesem Urlaub. Dann fordert die Konstanz der Präferenz bei Streckungen, daß diese Indifferenz erhalten bleibt, wenn die Wartezeiten auf den Urlaub bei beiden Alternativen um denselben Faktor gestreckt werden. Um das Axiom zu erfüllen, müssen Sie indifferent zwischen zwei Wochen Urlaub in sechs Monaten und vier Wochen Urlaub in einem Jahr sein (Streckung um den Faktor 2), ebenso wenn die jeweiligen Wartezeiten 9 bzw. 18 Monate betragen (Faktor 3).

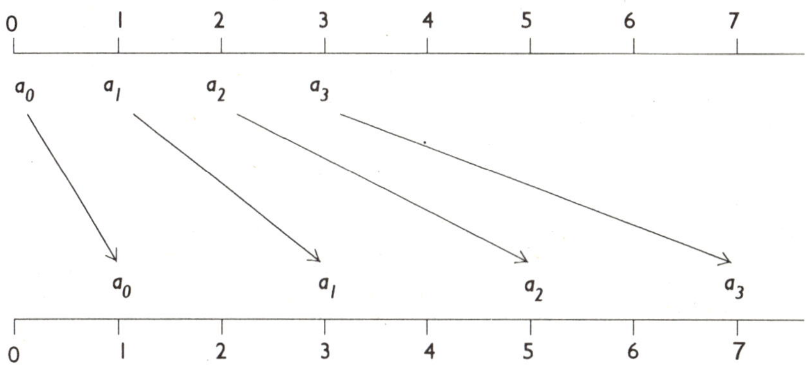

Abb. 11-2: Streckung einer Zeitreihe um den Faktor 2

Diese Bedingung der Konstanz der Präferenz bei Streckung läßt sich offensichtlich auch nicht als zwingende Anforderung an rationales Verhalten ansehen. Akzeptiert man jedoch diese Forderung sowie das Axiom der Ungeduld, so besitzt die aufzustellende intertemporale Wertfunktion wiederum eine sehr einfache Form.

11.3.4 Ein Vergleich der beiden Axiomensysteme

Wir haben in 11.3.2 und 11.3.3 bisher zwei Spezialfälle der additiven intertemporalen Wertfunktion kennengelernt. Beide basieren auf ähnlichen Axiomen. Das

Modell von Harvey geht von Ungeduld und Konstanz der Präferenz bei Streckung aus, während das Diskontierungsmodell Stationarität voraussetzt, die auch als Konstanz der Präferenz bei Verschiebung bezeichnet werden kann.

Welches der beiden Axiomensysteme ist vorzuziehen? Halten wir zunächst fest, daß Sie als Entscheider eine rationale Entscheidung auf Basis der additiven intertemporalen Wertfunktion treffen können – Sie müssen sich nicht unbedingt für einen der beiden vorgestellten Spezialfälle entscheiden. In Ahlbrecht und Weber (1995) sind noch weitere Modelle vorgestellt, die sich alle aus der in Abschnitt 11.3.1 vorgestellten allgemeinen Form ableiten lassen, und man kann natürlich auch ein Modell mit unterschiedlichen Periodenwertfunktionen heranziehen. Der Hauptvorteil des Diskontierungsmodells und des Modells von Harvey liegt in ihrer einfachen Form: Die Periodenwertfunktionen sind identisch und es muß in beiden Modellen jeweils nur ein Gewichtungsparameter bestimmt werden.

Wir haben gesehen, daß keines der beiden Axiomensysteme auf von ihrem Rationalitätsgehalt her unantastbaren Axiomen beruht. In dieser Beziehung kann keines der beiden Systeme dem anderen als generell überlegen angesehen werden. Ob Sie eins der beiden speziellen Modelle oder das allgemeine additive Modell wählen, müssen Sie im Einzelfall entscheiden. Um das adäquate Modell zu bestimmen, sind grundsätzlich zwei Vorgehensweisen denkbar.

Sie können sich die Bedeutung der jeweils zugrunde gelegten Axiome veranschaulichen und an Hand von Beispielen, wie etwa dem oben angeführten Sommer- bzw. Winterurlaub-Beispiel, überlegen, ob Sie das Axiom in der jeweiligen Entscheidungssituation als Grundlage rationalen Entscheidens akzeptieren. Legen Sie Stationarität als Anforderung an rationales Verhalten zugrunde, haben Sie das Diskontierungsmodell als das für Sie adäquate Modell identifiziert. Analog führt die Akzeptanz der Axiome Ungeduld und Konstanz der Präferenz bei Streckung zum Modell von Harvey. Finden Sie alle drei Axiome akzeptabel, haben Sie sich in den Niederungen der axiomatischen Entscheidungstheorie verfangen – die Axiome sind nicht miteinander vereinbar, das heißt, Sie haben eine Meinung, die nicht mit der Logik vereinbar ist. Diese Betrachtung der Axiome setzt natürlich voraus, daß Sie bereit sind, sich mit den Prämissen beider Modelle auseinanderzusetzen. Nicht jeder Entscheider wird in der Praxis hierzu bereit sein.

Wir wollen daher an dieser Stelle nochmals anhand eines Beispiels die Begriffe der Streckung und der Verschiebung einer Zeitreihe veranschaulichen. Als Mitglied des Stadtrates haben Sie über die Ausgestaltung eines Programms zur Schaffung neuer Kindergartenplätze mitzuentscheiden. Als Ziel hat sich Ihr Ausschuß gesetzt, die Anzahl der jährlich in der Stadt neugeschaffenen Kindergartenplätze zu maximieren.

Programm *a* sieht über die nächsten fünf Jahre den direkt von der Stadt finanzierten Bau neuer Kindergärten vor. Das dafür jährlich bereitstehende Budget schafft ab Periode eins jährlich 650 Plätze, in Periode null, während der Bauzeit der ersten neuen Kindergärten, noch keine neuen Plätze. Programm *b* plant dieselben finanziellen Mittel über die nächsten fünf Jahre als kommunale Beihilfen für Privatunternehmen ein, die für ihre Mitarbeiter Kindertagesstätten einrichten. Dieses Programm schafft noch im laufenden Jahr 200 Plätze, und von Jahr zu Jahr, mit wachsender Bekanntheit und Akzeptanz in der Privatwirtschaft, jeweils

200 Plätze mehr als im Vorjahr. Die beiden Programme a und b lassen sich wie folgt als Zeitreihen darstellen:

$$a = (0, 650, 650, 650, 650)$$
$$b = (200, 400, 600, 800, 1.000)$$

Nach der ursprünglichen Zusage über die jeweils erforderlichen Gelder gerät die Stadt in akute Finanznot. Die Mittel können nicht wie ursprünglich zugesagt zugeteilt werden.

Eine Verschiebung der Zeitreihen ergibt sich, wenn die Stadt für eine bestimmte Zeit, etwa zwei Jahre, alle für dieses Projekt eingeplanten Ausgaben streicht, und das Projekt dann mit zwei Jahren Verzögerung anlaufen läßt. Die Zeitreihen $\alpha_2(a)$ und $\alpha_2(b)$ lauten:

$$\alpha_2(a) = (0, 0, 0, 650, 650, 650, 650)$$
$$\alpha_2(b) = (0, 0, 200, 400, 600, 800, 1.000)$$

Eine Streckung der Zeitreihen um den Faktor 2 ergibt sich, wenn nach jedem Jahr um jeweils ein Jahr unterbrochen würde. Man kann sich etwa vorstellen, daß die Stadt diese Unterbrechungen dafür nützt, das vergangene Jahr zu evaluieren, etwa hinsichtlich der Erfahrungen der beteiligten Familien und Privatunternehmen. Bei dieser Streckung sehen die Zeitreihen dann wie folgt aus:

$$\beta_2(a) = (0, 0, 0, 650, 0, 650, 0, 650, 0, 650)$$
$$\beta_2(b) = (0, 200, 0, 400, 0, 600, 0, 800, 0, 1.000)$$

Überlegen Sie sich, welche der ursprünglichen Zeitreihen a und b Sie als Mitglied des Stadtrates bevorzugen. Bleibt Ihre Präferenz auch nach der Verschiebung bzw. nach der Streckung erhalten? Vielleicht erscheint Ihnen Programm b zunächst vorteilhafter, denn wenn es Ihnen gelingt, in fünf Jahren 1.000 Kindergartenplätze pro Jahr zu schaffen, werden Ihre Wahlchancen steigen. Nach einer Verschiebung des Programmes – oder gar einer Streckung – würden diese prestigebringenden Perioden in so ferne Zukunft fallen, daß es Ihnen nun vorteilhafter erscheint, ein Programm zu realisieren, das recht schnell zumindestens 650 Plätze jährlich schafft. Durch Streckung oder Verschiebung kippt Ihre Präferenz zugunsten von a: In diesem Fall ist weder das Diskontmodell noch das Modell von Harvey in der Lage, Ihre Präferenzen abzubilden. Sie müssen auf das allgemeine additive Modell zurückgreifen.

Eine zweite, praktikablere Möglichkeit zur Auswahl der Modelle besteht darin, die Modelle anhand der Ergebnisse zu beurteilen, die sich aus ihrer Anwendung ergeben. Eine entsprechende Vorgehensweise wurde beispielsweise in Kapitel 9 gewählt: Dort haben wir das Erwartungswertkriterium als Grundlage rationalen Verhaltens für Entscheidungen unter Risiko abgelehnt, weil aus diesem Kriterium folgt, daß dem Petersburger Spiel ein unendlich großer Wert beigemessen wird. Das Diskontierungsmodell und das Modell von Harvey unterscheiden sich nur in den Gewichten, die sie den einzelnen Perioden zuordnen. Um die Wirkungsweise der Diskontierungsformel im Gegensatz zu Harveys Formel besser zu verstehen, müssen die Periodengewichte beider Modelle verglichen werden. Man könnte dazu allgemeine Aussagen ableiten oder einfach wie im folgenden ein Beispiel betrachten.

Wir haben beispielartig im Diskontierungsmodell einen Diskontierungsfaktor von $q = 1{,}05$ gewählt. Im Modell von Harvey wurde der Parameter r so gewählt, daß beide Modelle der Periode 14 das Gewicht 0,5 zuordnen. Damit ergibt sich $r = 0{,}255$. Abbildung 11-3 stellt die Periodengewichte für beide Modelle für die ersten hundert Perioden dar.

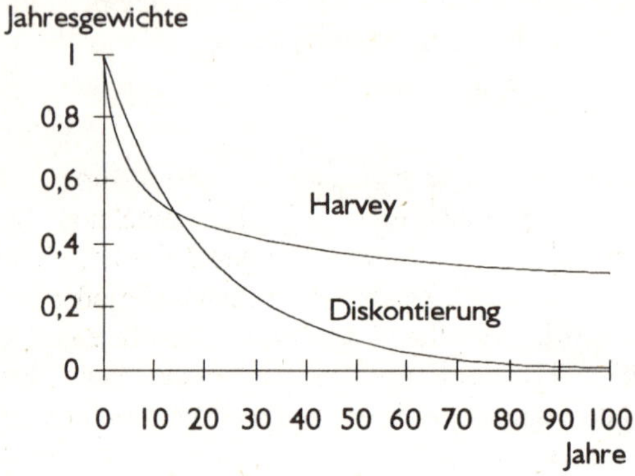

Abb. 11-3: Periodengewichte beim Diskontierungsmodell und bei Harveys Modell

Die Abbildung zeigt deutlich den Unterschied beider Modelle. Im Diskontierungsmodell werden den weiter in der Zukunft liegenden Perioden sehr viel geringere Gewichte zugeordnet als im Modell von Harvey. Dieser Effekt bleibt auch bei anderen Parametern erhalten. In der 48. Periode ist das Gewicht im Diskontierungsmodell schon geringer als 0,1, während es im Modell von Harvey noch fast bei 0,4 liegt. Diese speziellen Aussagen hängen natürlich von der Halbwertperiode und dem Diskontierungsfaktor ab.

Die starke Diskontierung zukünftiger Konsequenzen im Diskontierungsmodell ist kein zwingender Grund gegen das Modell. Bei vielen Entscheidungen brauchen keine großen Periodenzahlen betrachtet zu werden, so daß dieser Effekt erst gar nicht zum Tragen kommt. Selbst bei weit in die Zukunft reichenden Entscheidungen, etwa bezüglich Ihrer Gesundheit im Alter oder bei umweltpolitischen Entscheidungen, ist es durchaus denkbar, daß Sie die Bedeutung der ferneren Zukunft den Gewichten des Diskontierungsmodelles entsprechend einschätzen. Es kann auch sein, daß Sie diese vergleichsweise geringe Gewichtung der Zukunft nicht als rational akzeptieren können und dennoch am Diskontierungsmodell festhalten wollen. Dann werden Sie die Überlegungen, mit denen Sie den für Sie adäquaten Diskontierungsfaktor bestimmt haben, überprüfen, eventuell revidieren und einen kleineren Diskontierungsfaktor festlegen. Führt die Überprüfung der Bestimmung Ihres Diskontierungsfaktors jedoch zu keiner Revision, kann das Diskontierungsmodell für Sie nicht die Grundlage einer rationalen Entscheidung sein. Sie sollten dann entweder anhand von Harveys Modell oder anhand des allgemeinen Modells entscheiden.

Umgekehrt ist natürlich auch denkbar, daß Sie ursprünglich Harveys Modell benutzen wollten. Nachdem Sie den für Sie adäquaten Parameter r bestimmt und die sich daraus ergebenden Periodengewichte errechnet haben, erscheint Ihnen Periode null im Vergleich zu ferneren Perioden so sehr unterbewertet, daß Sie eine hierauf aufbauende Entscheidung nicht mehr als rational ansehen können. Auch in diesem Fall müssen Sie überprüfen, ob Sie den Parameter r revidieren oder das Modell wechseln wollen.

11.4 Bewertung von Zahlungsreihen

Im bisherigen Verlauf des Kapitels haben wir verschiedene Funktionsformen für die individuelle intertemporale Wertfunktion eines Entscheiders abgeleitet. Sind die Konsequenzen in Form von Einzahlungen und Auszahlungen definiert, können die Zahlungen unter Umständen durch den Kapitalmarkt von einer Periode in die andere transformiert werden. Die Aufnahme eines Kredits, die Anlage eines Betrags auf dem Sparbuch oder als Festgeld sind Beispiele für Transformationsmöglichkeiten, die der Markt bietet. Wir wollen annehmen, daß für jede Periode Transformationsmöglichkeiten vorliegen, die es erlauben, die für das Entscheidungsproblem relevanten Zahlungen von einer Periode zur nächsten zu verschieben. Wir wollen weiterhin annehmen, daß bei Aufnahme und Anlage von Zahlungen von Periode $\tau - 1$ nach τ der Zins i_τ relevant ist. Mit diesen Annahmen kann eine beliebige Zahlungsreihe eindeutig in eine äquivalente, einfache Zahlungsreihe umgeformt werden, die nur in Periode null eine Zahlung aufweist. Diese Größe in Periode null wird Kapitalwert genannt und läßt sich wie folgt berechnen:

$$v(x) = \sum_{t=0}^{T} \frac{1}{\prod_{\tau=1}^{t}(1+i_\tau)} x_t. \tag{11.9}$$

In Formel (11.9) unterstellen wir für Transaktionen zwischen den Perioden $\tau - 1$ und τ einen Zins von i_τ sowohl für Geldanlagen als auch für Kreditaufnahmen. Ist der Zins in allen Perioden identisch gleich i, vereinfacht sich Formel (11.9) zu:

$$v(x) = \sum_{t=0}^{T} \frac{1}{(1+i)^t} x_t. \tag{11.10}$$

Zur Ableitung des Kapitalwerts müssen keine axiomatischen Betrachtungen durchgeführt werden. Die Tatsache, daß Transformationsmöglichkeiten existieren, gewährleistet die Existenz und Form des Kapitalwerts (zur Ableitung des Kapitalwerts mit Hilfe der Fisher-Separation vgl. Franke und Hax 1994). Wir können den Kapitalwert jedoch als additive intertemporale Wertfunktion interpretieren und damit feststellen, welche Axiome ein Markt, für den Transformationsmöglichkeiten vorliegen, implizit erfüllt. Der Kapitalwert impliziert lineare Periodenwertfunktionen, das heißt $v_t(x_t) = x_t$. Das Gewicht für Periode t ergibt sich durch Multiplikation der ersten t Zinsfaktoren $1 + i_\tau$ (Formel 11.9). Sind alle $i_\tau = i$, so ergeben sich Periodengewichte, die dem Diskontierungsmodell mit Diskontierungsfaktor $q = 1 + i$ (Formel 11.10) entsprechen.

Wir wollen den Zusammenhang zwischen Kapitalwert und intertemporaler Wertfunktion an einem Beispiel erläutern. Der Einfachheit halber sei $T = 2$ unterstellt. Die Zinsfaktoren seien $i_1 = 6\%$ und $i_2 = 7\%$. Tabelle 11.3 stellt zwei Projekte dar, zwischen denen ein Entscheider zu wählen hat.

Tab. 11.3: Zwei Zahlungsreihen *a*, *b* und ihre Kapitalwerte

	$t = 0$	$t = 1$	$t = 2$	$v(.)$
a	–150 €	87 €	93 €	14,08 €
b	–140 €	69 €	102 €	15,03 €

Alternative *b* ist nach der angegebenen Wertfunktion vorzuziehen. Um dies zu veranschaulichen, betrachten wir die Transformation von *a* zu der Zahlungsreihe, die nur noch in $t = 0$ eine Zahlung aufweist. Sie können die Zahlungen aus $t = 1$ und $t = 2$ zur Rückzahlung von Krediten benutzen; Sie nehmen in $t = 0$ jeweils soviel Kredit auf, daß mit den 87 (93) € aus $t = 1$ ($t = 2$) Tilgung und Verzinsung gerade bedient werden. So können Sie bei den gegebenen Zinssätzen in $t = 0$ Kredit von 82,08 bzw. 82,00 € aufnehmen, das heißt insgesamt 164,08 €. Nachdem Sie hiervon die in $t = 0$ zu zahlenden 150 € abziehen, bleiben 14,08 €. Bei *b* bleiben jedoch 15,03 €, das heißt, der aus der Transformation der Zahlungsreihen gewonnene Kapitalwert von *b* ist größer als der von *a*.

Der Kapitalwert beruht auf den getroffenen Annahmen über die Transformationsmöglichkeiten von Zahlungen durch den Kapitalmarkt. Identische Soll- und Habenzinssätze für die im Entscheidungsproblem relevanten Zahlungen erscheinen zunächst als unrealistische Prämissen. Für große Unternehmen, die Zugang zum Kapitalmarkt haben, unterscheiden sich Soll- und Habenzinssätze jedoch nur so geringfügig, daß der Unterschied zu vernachlässigen ist. Aber auch für kleine und mittlere Unternehmen oder für Sie als Privatperson können die Prämissen oft akzeptiert werden. Hat ein Entscheider Schulden, wird er bei Auszahlungen seine Schulden erhöhen und bei Einzahlungen seine Schulden senken. In beiden Fällen ist für die Transformation der Zahlungen der gleiche Zinsatz (in diesem Fall der Sollzinssatz) relevant. Ein analoges Argument zeigt, daß für Entscheider, die Kapital besitzen, oft nur der Habenzins relevant ist.

Generell läßt sich sagen, daß das Problem der Zeitpräferenz für Zahlungen verschwindet, wenn Größen von einer Periode in eine andere Periode transferiert werden können. Allgemein gesprochen definiert die Transferierbarkeit eine externe Austauschrate zwischen den betrachteten Perioden. Diese externe Austauschrate ermöglicht es dem Entscheider, Alternativen unabhängig von seiner (internen) Zeitpräferenz zu beurteilen, indem er die Alternative (Zahlungsreihe) mit dem maximalen Kapitalwert wählt (Kapitalwertdominanz, siehe auch das in Tabelle 11.3 dargestellte Beispiel). Die Transferierbarkeit (bzw. die Existenz einer externen Austauschrate) ist nicht auf den Fall von Zahlungen beschränkt. Terminmärkte bieten beispielsweise die Möglichkeit, auch andere Güter zu transferieren und legen gleichzeitig externe Austauschraten fest. Weiterhin setzt Transferierbarkeit nicht notwendigerweise die Existenz von Märkten voraus. Wir wollen die Diskussion an dieser Stelle jedoch nicht weiter vertiefen. Die Ableitung genauer Bedingungen dafür, wann interne Zeitpräferenz durch extern vorgegebene Austauschraten abgelöst werden kann, würde den Rahmen dieses Lehrbuchs sprengen.

Fragen und Aufgaben

11.1

Sie haben sich in einer Entscheidungssituation, in der 25 Perioden zu berücksichtigen sind, ursprünglich für das Diskontierungsmodell entschieden. Aus einer Indifferenzaussage für die ersten beiden Perioden haben Sie einen Diskontierungsfaktor von 1,08 abgeleitet. Als Sie feststellen, daß dadurch das Gewicht der Periode 25 weniger als 15% des Gewichtes der Periode null beträgt, erwägen Sie, entweder den Diskontierungsfaktor zu ändern oder das Modell zu wechseln. Sie meinen, das Gewicht der Periode 25 müsse ungefähr zwei Drittel des Gewichtes der Periode null betragen.

(a) Welchen Diskontierungsfaktor müßten Sie wählen?
(b) Welchen Parameter müßten Sie im Modell von Harvey wählen?
(c) Wie müssen Sie als rationaler Entscheider vorgehen, wenn Sie das Gewicht der Periode 25 auf zwei Drittel des Gewichtes der Periode null festlegen wollen, aber dennoch an Ihrer Indifferenzaussage bezüglich der Perioden null und eins festhalten wollen?

11.2

Überlegen Sie sich drei Entscheidungssituationen, etwa aus dem Bereich Ihrer privaten Lebensplanung, in denen der Zeitaspekt zu berücksichtigen ist.

(a) Meinen Sie (für sich), daß in den jeweiligen Situationen das Axiom der Präferenzunabhängigkeit zwischen den Perioden erfüllt ist?
(b) Welches der drei in diesem Kapitel behandelten Modelle – das allgemeine additive Modell, das Diskontierungsmodell oder das Modell von Harvey – erscheint Ihnen für die jeweilige Situation am geeignetsten?

11.3

Auch im Diskontierungsmodell kann man aus der Halbwertperiode h auf den Diskontierungsfaktor q schließen.

(a) Wie ermitteln Sie aus einer gegebenen Halbwertperiode h den entsprechenden Diskontierungsfaktor q?
(b) Welche Vor- bzw. Nachteile sehen Sie darin, den Diskontierungsfaktor aus der Halbwertperiode zu bestimmen statt aus einer Indifferenzaussage bezüglich der Perioden null und eins?

11.4

Sie haben sich für die Verwendung des Harveyschen Modells entschieden. Es fällt Ihnen jedoch schwer, eine Halbwertperiode anzugeben. Sie können nur sagen, daß *h* zwischen 60 und 75 liegt. Sie haben zwischen zwei Alternativen *a* und *b* zu wählen. In fast allen Perioden hat *a* die gleiche Konsequenz wie *b*. Nur in den Perioden null und 10 sind die Konsequenzen unterschiedlich. Aus folgender Tabelle können Sie ersehen, welche Werte sich bei *a* und *b* ergeben, wenn Sie die jeweiligen Attributausprägungen in die Periodenwertfunktionen einsetzen.

Periode	*a*	*b*
0	1	0,8
10	0,5	0,8

Können Sie, obwohl Sie die Halbwertperiode nicht exakt bestimmen können, zwischen *a* und *b* eine rationale Entscheidung treffen? Falls ja, welche? Falls nein, welche Aussage können Sie zumindest machen?

Kapitel 12: Gruppenentscheidungen I: Gemeinsames Entscheiden

12.0 Zusammenfassung

1. Wir diskutieren in diesem Kapitel Mehrpersonenentscheidungen, bei denen die Gruppenmitglieder gemeinsam Ziele und Erwartungen festlegen, aus denen sich dann eine gemeinsame Gruppenentscheidung ableiten läßt.
2. In Entscheidungsprozessen von Gruppen treten häufig Effekte auf, die die Rationalität des Prozesses beeinträchtigen.
3. Eine gemeinsame Strukturierung des Entscheidungsproblems durch die Gruppe weist einen höheren Grad an prozeduraler Rationalität auf als die Abstimmung über Alternativen nach einer unstrukturierten Diskussion. Sie führt zu mehr Transparenz des Problems und dämpft den Einfluß „illegitimer“ Interessen.
4. Kann sich die Gruppe auf bestimmte Werte, z. B. Zielgewichte oder Wahrscheinlichkeiten, nicht einigen, so können entweder die individuellen Werte mathematisch aggregiert werden oder man einigt sich auf ein Intervall, arbeitet also mit unvollständiger Information weiter.
5. Sind die Komponenten des Entscheidungsproblems erst einmal bestimmt, läßt sich völlig analog zum Fall einer Individualentscheidung eine Lösung finden.
6. Die entgegengesetzte Alternative zu einer gemeinsamen Strukturierung ist, daß jede Person ihre eigenen Präferenzen über den Alternativen definiert und die individuellen Präferenzen, sei es durch Aggregation über individuellen Nutzenfunktionen oder durch Abstimmung über die Alternativen, in eine Gruppenpräferenz transformiert werden.

12.1 Vorteile und Probleme von Gruppenentscheidungen

Wenige wichtige Entscheidungen werden von einzelnen Personen allein getroffen. Die Komplexität der Probleme erfordert das Zusammenwirken von Experten verschiedener Gebiete, etwa von Marketingfachleuten, Ingenieuren und Finanzmanagern. Dazu kommt, daß in unserem Kulturkreis die Überzeugung weit verbreitet ist, daß von Entscheidungen Betroffene an den Entscheidungen partizipieren sollen. Auch sichert die Partizipation tendenziell eine höhere Bereitschaft der Beteiligten, getroffene Entscheidungen erfolgreich umzusetzen. Viele Körperschaften des privaten und öffentlichen Lebens verlegen Entscheidungen per Gesetz oder Satzung in Gremien, wie den Vorstand einer Aktiengesellschaft, eine Fakultät oder ein Kabinett.

In diesem Kapitel wollen wir untersuchen, wie die Prinzipien der präskriptiven Entscheidungstheorie in Gruppenentscheidungen nutzbar gemacht werden können.

12.1.1 Nachteilige Gruppeneffekte

Die potentiellen Vorteile einer Gruppen- gegenüber einer Individualentscheidung sind offensichtlich. Mehr Personen können mehr Ideen generieren. Sie bringen mehr Wissen über Fakten und Zusammenhänge ein. Fehlerhafte Einschätzungen einzelner Personen können sich ausgleichen. Durch Austausch und Überprüfung von Argumenten hat der Einzelne die Chance, seine Urteile zu revidieren.

Auf der anderen Seite zeigt eine umfangreiche sozialpsychologische Forschung ebenso wie die Alltagserfahrung, daß in Gruppen Mechanismen wirken, die die Nutzung der möglichen Gruppenvorteile behindern oder vollständig blockieren können. Inwieweit diese negativen Effekte auftreten, hängt einerseits von der Zusammensetzung der Gruppe und andererseits von der Art der Entscheidungsaufgabe ab. Hinsichtlich der Gruppenzusammensetzung sind insbesondere wichtig

- der Grad der Kohäsion der Gruppe,
- Macht- und Statusdifferenzen zwischen den Mitgliedern,
- Interessenkonflikte zwischen den Mitgliedern.

Kohäsion bezeichnet den Zusammenhalt der Gruppe, der durch die Attraktivität der Gruppe für die Mitglieder begründet wird. Obwohl (oder weil) der Zusammenhalt das Streben nach einer einvernehmlichen Lösung fördert, ist ein Übermaß an Kohäsion auch eine der Ursachen für ein Phänomen, das Janis (1972) als *Groupthink* bezeichnet hat. Es ist durch ein starkes Bedürfnis nach Konsens, die vorschnelle Einigung ohne Prüfung hinreichend vieler Alternativen, ein Gefühl der überlegenen Kompetenz der Gruppe und die Abwehr aller Gegenargumente gekennzeichnet. Eine Vielzahl von im nachhinein unbegreiflichen Katastrophen scheinen unter anderem auf das *Groupthink*-Phänomen zurückführbar, wie der Vietnam-Krieg, der Watergate-Skandal, die von Präsident Kennedy unterstützte Invasion in Kuba 1962 und die Explosion der Raumfähre *Challenger* (Kleindorfer, Kunreuther und Schoemaker 1993, S. 217).

Ausgeprägte *Macht- und Statusdifferenzen* können der von einer dominanten Persönlichkeit präferierten Lösung einen sachlich ungerechtfertigten Vorrang verschaffen. Diese Person hat die Möglichkeit, mehr Redezeit in Anspruch zu nehmen als andere. Mitglieder von niedrigerem Status scheuen sich, gegensätzliche Positionen zu vertreten, und passen ihre ursprüngliche Meinung eventuell sogar unbewußt an die des Ranghöheren an.

Wenn *persönliche Interessen* der Gruppenmitglieder von der anstehenden Entscheidung betroffen sind, fließen diese fast unvermeidlich in die Bewertung der Alternativen ein. Die Neigung des Einzelnen, Informationen zu offenbaren, die sich für ihn schädlich auswirken könnten, ist naturgemäß gering. Im Gegenteil ist mit Diskussionsbeiträgen zu rechnen, die die Vorteile der präferierten Lösung übertreiben und die der konkurrierenden Vorschläge gezielt herabsetzen. Der

Vorteil, daß weniger informierte Gruppenmitglieder von dem Expertenwissen anderer profitieren, wird in sein Gegenteil verkehrt: Experten können ihren Wissensvorsprung zu ihrem eigenen Vorteil ausnutzen.

Zudem kann in Gruppendiskussionen eine *Überforderung der kognitiven Kapazität* der Mitglieder eintreten. Sich auf den Verlauf der Debatte zu konzentrieren, läßt wenig Zeit für eigenes Nachdenken. Besonders unter Zeitdruck kann sich die Kreativität nicht entfalten. Ein Argument gewinnt um so mehr Einfluß, je öfter es wiederholt wird. Häufig ist zu beobachten, daß Argumente und Vorschläge im Lauf der Diskussion wieder in Vergessenheit geraten und diejenigen Diskussionsbeiträge, die gegen Ende der Debatte kommen, letztlich den Ausschlag für die Entscheidung geben. Kognitive Beschränkungen bewirken auch, daß nicht ausreichend viele Alternativen diskutiert und Ziele formuliert werden. Vorschnell fokussiert sich die Diskussion auf eine oder zwei Alternativen.

12.1.2 Mögliche Abhilfen

Die Einsicht in die Mängel von Gruppenentscheidungsprozessen hat zu einer Vielzahl von Konzepten strukturierter Gruppenentscheidungen geführt. Wir haben schon in Kapitel 4 auf das *Brainstorming* und die *Nominal Group Technique* hingewiesen, die Kreativitätsblockaden abbauen und den Einfluß von Statusdifferenzen vermindern sollen.

Gegen das *Groupthink*-Phänomen sind von Janis und anderen eine Reihe von Empfehlungen ausgesprochen worden, unter anderem:

- Es ist darauf zu achten, daß alle Ziele explizit genannt werden,
- Mitglieder sollen angehalten werden, Zweifel an Einschätzungen zu äußern,
- Personen mit hohem Status sollen nicht zu Beginn ihre Präferenzen darlegen,
- die Gruppe soll aufgeteilt werden, um alternative Lösungen zu erzeugen,
- zu jedem Vorschlag soll ein Advocatus diaboli eine Gegenposition vertreten,
- vor der Realisierung der Entscheidung soll jedes Mitglied seine Bedenken gegen die gewählte Alternative vortragen.

Technische Unterstützung kann durch ein computerisiertes *Group Decision Support System* (GDSS) geleistet werden. Hier hat jeder Teilnehmer ein Computerterminal vor sich, das an einen Server angeschlossen ist, und kann seine Beiträge eingeben. Alle Einträge sind auf einem Projektionsschirm sichtbar. Durch die Möglichkeit der Anonymität wird der Einfluß von Statusdifferenzen und der Drang zur Konformität gemindert. Einfälle können jederzeit eingebracht werden, ohne daß man warten muß, bis einem das Wort erteilt wird. Die Gefahr des Vergessens ist beseitigt; jeder hat zu jedem Zeitpunkt einen Überblick über den Stand der Diskussion und kann sich zum Schluß ein Protokoll ausdrucken lassen. Ein entscheidender Vorteil ist die relative Unabhängigkeit von gleichzeitiger Anwesenheit aller Teilnehmer am gleichen Ort und zur gleichen Zeit.

GDSS können darüber hinaus mit Hilfe geeigneter Software den Entscheidungsprozeß unterstützen. Erstens können sie mit Datenbanken verbunden sein und allen Beteiligten Zugriff auf die gleichen Informationen ermöglichen. Zweitens kann eine Modellbank Programme bereitstellen, die zur Unterstützung von Individualentscheidungen entwickelt wurden, aber auch von der Gruppe genutzt werden können, z. B. zur gemeinsamen Konstruktion von Einflußdiagrammen oder Entscheidungsbäumen. Drittens kann Software die Aggregation von Individualmeinungen zur Gruppenmeinung übernehmen, dominierte Alternativen erkennen und ggfs. eine Lösung des Entscheidungsproblems vorschlagen. Einen Überblick über die verschiedenen Ausprägungen von GDSS bieten Geibel (1993) sowie Davey und Olson (1998).

12.2 Die gemeinsame Strukturierung des Entscheidungsproblems

Welchen Beitrag kann die präskriptive Entscheidungstheorie – über die Empfehlungen hinaus, die sie den einzelnen Individuen bei der Formierung und Verarbeitung ihrer Ziele und Erwartungen bietet – zu höherer Rationalität von *Gruppen*entscheidungen leisten? Die Dekomposition des Entscheidungsproblems in mehrere Module – Ziele, Alternativen, Erwartungen, Wirkungsmodelle – sollte auch die Basis für eine Strukturierung des Gruppenprozesses darstellen. In den unstrukturierten Gruppendiskussionen, die wir alle kennen, wird diese Trennung nicht gemacht. Vorschläge, Behauptungen, Bewertungen (hinter denen implizit Ziele stehen) werden in bunter Folge in die Debatte geworfen. Es ist kaum möglich, in einer solchen Diskussion die Vollständigkeit, Überschneidungsfreiheit und Fundamentalität der Kriterien zu prüfen; die Suche nach Alternativen bleibt häufig ungenügend und konzentriert sich auf wenige Lösungen in der Nähe des Status quo, und Erwartungen über unsichere Entwicklungen werden nicht quantifiziert, sondern in hochgradig vage Formulierungen der Umgangssprache gekleidet. Auf dieser Basis bildet sich jedes Individuum eine Meinung, welcher der Vorschläge optimal ist, und am Schluß wird durch Abstimmung entschieden.

Im Gegensatz dazu bietet der dekompositorische Ansatz die Chance einer höheren prozeduralen Rationalität. Jedes Modul wird für sich von der Gruppe gemeinsam diskutiert. Dadurch kann die Kreativität und das Wissen aller Mitglieder für *jede* Komponente genutzt werden. Nicht jeder Einzelne braucht das Entscheidungsproblem für sich zu lösen, womöglich mit unzureichendem Know-how und unzulänglicher Strukturierung. Das Wissen über entscheidungstheoretische Verfahren braucht nur in *einer* Person vorhanden zu sein, die als neutraler Moderator der Gruppendiskussionen fungiert.

Ebenso wie ein Individuum kann auch eine Gruppe in der Regel die Module nicht in einem linearen Durchlauf modellieren, sondern wird gelegentlich bereits bearbeitete Module revidieren müssen. Bei Gruppenentscheidungen muß sichergestellt werden, daß alle Mitglieder immer zur gleichen Zeit am gleichen Modul arbeiten. Das macht die Aufstellung einer Agenda erforderlich. Der Moderator hat die Aufgabe, für eine gewisse Disziplin in der Diskussion zu sorgen, so daß die Struktur des Prozesses gewahrt bleibt.

Durch die explizite Modellierung aller Komponenten entsteht größtmögliche Transparenz und Nachvollziehbarkeit der Entscheidungsgrundlagen. Konflikte lassen sich lokalisieren, weil nicht über komplexe Alternativen gestritten wird, sondern über eng begrenzte und klar definierte Tatbestände – etwa die Wahrscheinlichkeit eines Ereignisses oder die Gewichtung eines Ziels.

Die Transparenz der Entscheidungsgrundlagen erleichtert ex post das Erkennen von Gründen für Erfolg oder Mißerfolg. Zum Beispiel kann ein Mißerfolg darauf zurückgeführt werden, daß man Ziele, die heute wichtig sind, zum Zeitpunkt der Entscheidung noch gar nicht in Betracht gezogen hat, oder daß Ereignisse, die eingetreten sind, damals als sehr unwahrscheinlich angesehen wurden. Aus diesen Einsichten kann man möglicherweise für zukünftige Entscheidungen lernen oder ungerechtfertigte Schuldzuweisungen für Mißerfolge vermeiden.

Ferner wird die Möglichkeit, „illegitime" Ziele zu verfolgen, gedämpft. Mit illegitim meinen wir Ziele, die einem der Gruppe gegebenen Mandat widersprechen. Hat zum Beispiel eine Personalauswahlkommission die Aufgabe, den für eine Stelle am besten geeigneten Bewerber auszusuchen, so wäre es mit ihrem Mandat nicht vereinbar, wenn sich ein Kommissionsmitglied nur deshalb für einen Bewerber stark machte, weil er oder sie sich von diesem persönliche Vorteile erhofft. Argumente für oder gegen eine Alternative lassen sich in ihrer Bedeutung oft schwer einschätzen, weil sie lediglich auf einen oder wenige Aspekte abstellen. Das eröffnet die Möglichkeit, einen aus egoistischen Motiven präferierten Vorschlag argumentativ zu vertreten. Zwar kann auch bei der Diskussion über Wertfunktionen oder über Wahrscheinlichkeitsverteilungen eine egoistisch motivierte Meinung eingebracht werden, jedoch ist hier die Chance der Entdeckung einer durch individuelle Interessen verzerrten Information größer. Zudem können extreme, von den anderen Mitgliedern nicht geteilte Einschätzungen in einem Prozeß der Aggregation an den Durchschnitt der Gruppe angepaßt werden.

Die Bedingungen dafür, daß eine Gruppe die geschilderte Vorgehensweise, d. h. die gemeinsame modulare Strukturierung des Problems und die Aggregation individueller Urteile innerhalb der Module akzeptiert, hängen weitgehend von der Zusammensetzung der Gruppe und der Art des Entscheidungsproblems ab. Mit March und Simon (1993, S. 149 ff.) unterscheiden wir zwischen vier Entscheidungssituationen:

1. *Problemlösung (problem solving).* Die Gruppe teilt gemeinsame Ziele und sucht nach der besten Lösung. Die Aufgabe liegt in der Sammlung relevanter Informationen und der Generierung neuer Alternativen.
2. *Überzeugung (persuasion).* Neben gemeinsamen gibt es auch differierende Ziele. Die Differenzen beruhen jedoch darauf, daß diese Ziele eher Instrumentalziele sind und die dahinterstehenden Fundamentalziele von allen geteilt werden. Daher können ursprüngliche Differenzen argumentativ überwunden werden.
3. *Verhandlung (bargaining).* Zielkonflikte zwischen den Teilnehmern beruhen auf divergierenden Interessen und können nicht durch Überzeugung beseitigt werden. Die Gruppe sucht nicht nach einer besten, sondern allenfalls nach einer „fairen" Lösung. Drohungen, falsche Behauptungen und „Kuhhandel" innerhalb der Gruppe gehören zu den Spielregeln.

4. *Politik (politics).* Es bestehen offene Zielkonflikte wie in Situation 3, jedoch ist die Verhandlungssituation nicht auf ein bestimmtes Feld begrenzt, und die Parteien suchen sich externe Verbündete.

Offenkundig sind nur die ersten beiden Situationen, die March und Simon als „analytische“ Prozesse kennzeichnen, für die entscheidungstheoretische Vorgehensweise geeignet. Die beiden übrigen Situationen sind Gegenstand der Verhandlungs-theorie und der Spieltheorie. Die Verhandlungstheorie *(Bargaining theory)* geht nicht von einer Gruppe mit gemeinsamen Zielen aus, sondern von Verhandlungspartnern, die ihren eigenen Nutzen maximieren wollen (zur Verhandlungstheorie Roth 1979 und Raiffa 1996). Eine bessere Lösung als der Status quo kommt nur zustande, wenn die Kontrahenten sich auf eine Alternative einigen. Die Theorie untersucht, welche Alternativen rationalerweise für eine Einigung in Frage kommen. Nash (1950) leitete aus einigen Axiomen eine eindeutige Verhandlungslösung ab. Es ist diejenige Alternative, die das mathematische Produkt der Nutzenzuwächse (gegenüber dem Status quo) aller Verhandlungspartner maximiert.

In der Spieltheorie (von Neumann und Morgenstern 1947) werden ebenfalls Entscheidungen betrachtet, bei denen sich mehrere Entscheider mit konfliktären Interessen gegenüberstehen. Jeder von ihnen entscheidet jedoch autonom; die Beteiligten agieren also weder als Gruppe, noch wird das Ergebnis ausgehandelt. Das Wettrüsten der Supermächte nach dem zweiten Weltkrieg ist ein typisches Beispiel für spieltheoretische Situationen. Der interessierte Leser sei zum Beispiel auf Rasmussen (1989), Güth (1999) und Holler und Illing (1991) verwiesen.

Selbst bei einem Grundkonsens über die Ziele kann es sein, daß eine gemeinsame Strukturierung nicht zustande kommt oder nicht bis zum Ende durchgeführt wird. Die „Gruppe“ kann einfach zu groß sein (zum Beispiel ein Parlament), für einen analytischen Prozeß keine Zeit haben oder die entscheidungstheoretischen Methoden nicht kennen oder ihnen nicht trauen.

Der Gegenpol zu einer gemeinsamen strukturierten Analyse ist die, daß jedes Gruppenmitglied sich – wenn auch evtl. nach gemeinsamen Diskussionen – seine eigenen Präferenzen bezüglich der Alternativen bildet. Die Gruppenentscheidung kommt dann dadurch zustande, daß die individuellen Präferenzen in eine Gruppenpräferenz transformiert werden. Dies geschieht üblicherweise durch Abstimmung über die Alternativen, könnte aber auch durch eine Form der Aggregation individueller Wert- bzw. Nutzenfunktionen zu einer Gruppenfunktion erfolgen (Keeney und Raiffa 1976, Dyer und Sarin 1979, French 1988). Die Gruppenwertfunktion bzw. Gruppennutzenfunktion würde dann zur Bewertung der Alternativen herangezogen werden. Wir behandeln diese Vorgehensweise im folgenden Kapitel 13.

In diesem Kapitel gehen wir davon aus, daß die Gruppe bereit ist, alle Module des Entscheidungsmodells in einem gemeinsamen Gruppenprozeß zu erarbeiten. Wir beschränken uns auf die Generierung eines gemeinsamen Zielsystems, die gemeinsame Bewertung von sicheren Alternativen und die Erzeugung gemeinsamer Wahrscheinlichkeitsverteilungen.

12.3 Die Generierung eines gemeinsamen Zielsystems

Das gemeinsame Zielsystem entsteht einfach dadurch, daß alle individuellen Ziele vereinigt werden. Wir haben unterstellt, daß die Gruppe gewisse fundamentale Ziele gemeinsam hat. Zunächst aufscheinende Konflikte sind darauf zu untersuchen, ob sie sich durch Rückgriff auf diese Fundamentalziele auflösen lassen. Ein Ehepaar plant einen gemeinsamen Urlaub; der Mann möchte möglichst nahe am Strand, die Frau möglichst weit entfernt von der Küste wohnen. Handelt es sich wirklich um ein Fundamentalziel oder stehen andere, fundamentalere Ziele dahinter? Vielleicht entdecken die Partner, daß möglichst viel Ruhe und möglichst kurze Wege zum Wasser ihre eigentlichen, gemeinsamen Ziele sind.

Ein Problem tritt auch dann auf, wenn ein Mitglied ein bestimmtes Ziel nicht teilt oder gar ablehnt. Zum Beispiel könnte in einer Personal-Auswahlkommission die religiöse Orientierung von Bewerbern als Kriterium genannt werden, und einige Mitglieder würden dies ablehnen. Zwar könnte man die Opponenten darauf verweisen, daß sie persönlich diesem Ziel das Gewicht null zuordnen können. Das würde jedoch nicht verhindern, daß bei der späteren Aggregation der Zielgewichte durch die Gruppe das umstrittene Ziel ein positives Gewicht bekäme. Wenn es nicht gelingt, argumentativ eine Einigung über das Zielsystem herbeizuführen, sollte die Gruppe sich darauf verständigen, vor der endgültigen Entscheidung die Alternativen sowohl ohne das umstrittene Ziel als auch mit ihm zu bewerten, um zu erkennen, ob dieses Ziel einen Einfluß auf die Wahl hat.

Ein Konflikt über die Gewichtung von Zielen schließt ein gemeinsames Zielsystem nicht aus. Beispielsweise kann ein Aktionärsvertreter im Aufsichtsrat die Gewinninteressen im Verhältnis zu den Arbeitnehmerwünschen stärker gewichten als ein Vertreter der Arbeitnehmer. Wenn beide sowohl möglichst viel Gewinn erzielen als auch möglichst viele Arbeitsplätze erhalten wollen, können sie sich durchaus auf ein gemeinsames Zielsystem einigen; der Konflikt wird dann allerdings bei der Bestimmung der Gewichtungsfaktoren zutage treten.

Bei der Zusammenfassung der individuellen Ziele werden normalerweise viele Überschneidungen und Doppelzählungen auftreten, die beseitigt werden müssen. Hinter unterschiedlichen Formulierungen können sich gleiche Inhalte verbergen, hinter gleichen Formulierungen unterschiedliche Inhalte.

Die resultierende Zielhierarchie muß die gleichen Anforderungen erfüllen wie bei einer individuellen Entscheidung (Kapitel 6). Eine Besonderheit der Gruppenentscheidung liegt aber darin, daß trotz Einigung auf gleiche Ziele nicht gewährleistet ist, daß die Präferenz- bzw. Nutzenunabhängigkeiten, die im Hinblick auf die Dekomposition der Bewertung wünschenswert sind, für alle Personen in gleicher Weise gelten. Beispielsweise könnte Kommissionsmitglied A den *Trade-off* zwischen Examensnote und persönlichem Eindruck von der Berufserfahrung abhängig machen: Je mehr Berufsjahre schon seit dem Examen vergangen sind, desto geringer zählt die Note im Verhältnis zum persönlichen Eindruck. Für Mitglied B dagegen besteht Präferenzunabhängigkeit zwischen den Attributen. Wenn sich diese Diskrepanz nicht durch Überzeugung überwinden läßt, sollte versucht werden, die Attribute so zu redefinieren, daß wechselseitige Präferenzunabhängigkeit für alle Mitglieder resultiert.

Keeney et al. (1984) haben in einer umfangreichen Studie von mehreren Organisationen Zielsysteme für die Energiepolitik der Bundesrepublik Deutschland erhoben und zu einem gemeinsamen Zielsystem aggregiert. Wir verweisen hinsichtlich der Vorgehensweise auf diese Quelle.

12.4 Die Erzeugung von Gruppenwertfunktionen

12.4.1 Die Aggregation von individuellen Einzelwertfunktionen

Aggregation über individuellen Bewertungen wirft unvermeidlich das Problem des interpersonellen Nutzenvergleichs auf. Es existiert keine absolute Nutzenskala, auf der individueller Nutzen gemessen und zwischen Personen verglichen werden könnte. Angenommen, zwei Geschäftsleute, X und Y, wollen sich zu einem Arbeitsessen im Restaurant treffen. X bewertet Restaurant *a* mit 0, Restaurant *b* mit 0,7 und Restaurant c mit 1. Sein Partner Y dagegen bewertet *a* mit 1, *b* mit 0,5 und *c* mit 0 Punkten. Addition der Werte führt zur Wahl von *b*. Im Vergleich mit Restaurant *a* bedeutet dies für X einen Zuwachs von 0,7, für Y einen Verlust von 0,5. Ist dies insgesamt ein Nettogewinn? Wir wissen es nicht, denn wir können nicht feststellen, ob X's Nutzenzuwachs von 0,7 für ihn bedeutender ist als Y's Nutzenverlust von 0,5 für Y.

Das Problem des interpersonellen Nutzenvergleichs ist prinzipiell unlösbar. Trotzdem fließen solche Nutzenvergleiche in fast alle Entscheidungen implizit ein. Wenn wir nicht resignierend die Möglichkeit rationaler Entscheidungen in Gruppen, Gremien oder Parlamenten ablehnen wollen, müssen wir die Annahme treffen, daß wir den Nutzen von X zu dem Nutzen von Y addieren können. Selbst bei rein individuellen Entscheidungen haben wir ein ähnliches Problem: Wir treffen eine Wahl, mit deren Folgen wir noch in Jahrzehnten leben müssen, aber wir wissen nicht, ob unser Nutzen von heute mit dem von morgen vergleichbar sein wird.

Wir unterstellen nun, daß ein gemeinsames, von allen Mitgliedern geteiltes System von Fundamentalzielen erarbeitet wurde. Für jedes Ziel auf der untersten Ebene der Zielhierarchie ist ein Attribut benannt. Auch herrscht Einigkeit über die relevanten Ausprägungsbereiche der Attribute. Wir beschränken uns im folgenden auf Entscheidungen unter Sicherheit und auf ein additives multiattributives Bewertungsmodell. Die Gruppe steht vor der Aufgabe, eine gemeinsame meßbare (Einzel-)wertfunktion für jedes Attribut sowie ein Gewichtungssystem zu generieren.

Zu Beginn hat jedes Mitglied j hinsichtlich jedes Attributes r eine unvollständige oder vollständige Vorstellung von seiner individuellen Wertfunktion $v_{rj}(x_r)$. Vollständig ist die Wertfunktion, wenn das Mitglied jeder Alternative a bezüglich des Attributs r eine eindeutige Bewertung $v_{rj}(a_r)$ zuordnen kann. Unvollständig ist die Wertfunktion, wenn die Person nur eine Aussage darüber machen kann, in welchem Intervall die Bewertung liegt. Sie kann also eine Untergrenze $v_{rj}^{U}(a_r)$ und eine Obergrenze $v_{rj}^{O}(a_r)$ der Bewertung angeben. Da wir keine Annahmen über die Größe des Intervalls machen, ist diese Ausgangssituation immer gegeben.

Die individuellen Einzelwertfunktionen sind der Input dieses Teilprozesses, die gemeinsamen Einzelwertfunktionen der Gruppe für alle Attribute der Output. Sowohl der Input wie der Output kann vollständig oder unvollständig sein, so daß sich vier Fälle ergeben.

Tab. 12.1: Aggregation der individuellen Einzelwertfunktionen

Input $v_{rj}(a_r)$ für alle Attribute r und Mitglieder j		Output $v_r(a_r)$ für alle Attribute r	
		Unvollständig	Vollständig
	Unvollständig	Fall 1	Fall 2
	Vollständig	Fall 3	Fall 4

Fall 1 und 2: Unvollständiger Input. Die Bewertung der Alternative a bezüglich des Attributs r durch Person j liegt in dem Intervall zwischen $v_{rj}{}^U(a_r)$ und $v_{rj}{}^O(a_r)$. Die Person j ist mit jeder Bewertung durch die Gruppe einverstanden, die in dieses Intervall fällt. Die individuellen Bewertungen sind *kompatibel*, wenn das Minimum der individuellen Wertobergrenzen größer oder gleich dem Maximum der individuellen Wertuntergrenzen ist, also

$$\operatorname*{Min}_j v_{rj}^O(a_r) \geq \operatorname*{Max}_j v_{rj}^U(a_r) \tag{12.1}$$

gilt. Bei Personen mit einer eindeutigen Bewertung fallen Unter- und Obergrenze zusammen.

Das Ergebnis kann eine vollständige oder unvollständige Bewertung der Alternative a bezüglich des Attributes r sein. Haben alle Mitglieder eine unvollständige Bewertung eingegeben und sind diese miteinander kompatibel im Sinne von Formel 12.1, so verbleibt ein Bewertungsspielraum zwischen der minimalen Obergrenze und der maximalen Untergrenze, sofern diese nicht zusammenfallen. Die Gruppe kann sich dann auf eine eindeutige Bewertung einigen oder diesen Spielraum beibehalten. Hat ein Mitglied j^* eine eindeutige Bewertung vorgegeben und alle übrigen unvollständige Bewertungen und sind alle Bewertungen kompatibel, so liegt es nahe, daß die Gruppe die eindeutige Bewertung von j^* als ihre Gruppenbewertung akzeptiert. Abbildung 12-1 zeigt kompatible und inkompatible Bewertungen.

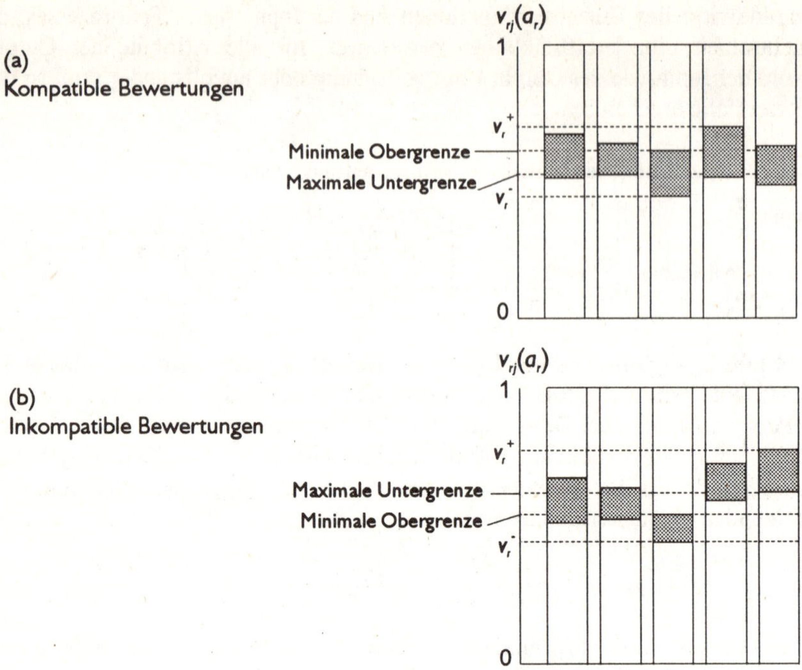

Abb. 12-1: Kompatible und inkompatible Einzelbewertungen

Fall 3 und 4: Vollständiger Input. Wenn alle Mitglieder eindeutige Bewertungen einer Alternative *a* bezüglich des Attributs *r* vorgeben, dann herrscht insoweit Dissens, sofern nicht alle Bewertungen übereinstimmen.

Auswege. Im Sinne eines rationalen Entscheidungsprozesses wird man einen Dissens zunächst durch den Austausch von Argumenten zu beseitigen versuchen. Insbesondere wird man von Individuen mit extrem abweichenden Bewertungen überzeugende Begründungen erwarten. Scheitert dieser Versuch, so gibt es zwei Möglichkeiten: Mathematische Aggregation oder Beibehaltung einer unvollständigen Bewertung. Die mathematische Aggregation wird gewöhnlich in einer Durchschnittsbildung bestehen. Diese könnte noch durch eine Gewichtung der individuellen Bewertungen verfeinert werden, um den Unterschieden in der Kompetenz der Mitglieder Rechnung zu tragen. Sei g_{rj} das Gewicht, das das Mitglied j bezüglich des Attributes r erhält, so ergibt sich die Bewertung gemäß

$$v_r(a_r) = \sum_j g_{rj} v_{rj}(a_r). \tag{12.2}$$

Die andere Möglichkeit besteht darin, die Bewertung noch offenzuhalten, um in einer späteren Dominanzanalyse zu erkunden, ob sich die Bewertungsdiskrepanz überhaupt auf die Entscheidung auswirkt.

Die mathematische Aggregation hat zwar den Vorteil, eine eindeutige Bewertung herbeizuführen. Ihr Nachteil ist jedoch, daß sie zu einer Entscheidung führen kann, die nicht mit der Bewertung aller Mitglieder vereinbar ist. Das ist aus der Sicht des hier dargestellten Ansatzes nicht wünschenswert. Wir würden daher eine Durchschnittsbildung nur empfehlen, wenn die Unterschiede zwischen den individuellen Bewertungen geringfügig und alle Teilnehmer mit dieser Methode einverstanden sind.

Generell sind die Chancen für eine gemeinsame Bewertung um so größer, je unvollständiger die Input-Informationen sind. Wir haben schon in früheren Kapiteln darauf hingewiesen, daß individuelle Entscheider in der Regel mit punktgenauen Angaben überfordert sind und man sich eher mit unvollständiger, aber dafür zuverlässiger Information zufriedengeben sollte, als vollständige Information „mit Gewalt" zu erzwingen. Die Gruppenmitglieder sollten also ermutigt werden, vorhandene Unschärfebereiche nicht heroisch wegzudefinieren, sondern in den Gruppenprozeß einfließen zu lassen.

12.4.2 Die Generierung gemeinsamer Attributgewichte

Angenommen, eine Gruppe will die Gewichte w_r nach der *Swing*-Methode (Kapitel 6) ermitteln. Man stellt die m hypothetischen Alternativen auf, die in genau einem Attribut die beste, in allen anderen die schlechteste Ausprägung aufweisen. Dann versucht man, in der Gruppe Konsens über die Präferenzen bezüglich dieser hypothetischen Alternativen und im nächsten Schritt über deren kardinale Bewertung herzustellen. Gelingt dies nicht, bewertet jedes Mitglied – vollständig oder unvollständig – die hypothetischen Alternativen und berechnet die normierten Gewichte bzw. deren Unter- und Obergrenzen.

Die individuellen Gewichtungen für das r-te Attribut sind miteinander kompatibel, wenn

$$\operatorname*{Min}_j w_{rj}^O \geq \operatorname*{Max}_j w_{rj}^U, \tag{12.3}$$

d. h. die geringste von irgendeinem Mitglied genannte Obergrenze für w_r mindestens so groß ist wie die größte genannte Untergrenze.

Wie bei den attributweisen Einzelbewertungen kann auch bei den Gewichten entweder durch eine mathematische Aggregation ein eindeutiges Gewichtungssystem erzeugt oder die unvollständige Information beibehalten werden. Haben die Personen jeweils eindeutige individuelle Gewichtungen erzeugt und weichen diese nur geringfügig voneinander ab, so wird man sich leicht auf eine mathematische Mittelung einigen. Bestehen jedoch beträchtliche Unterschiede zwischen den Personen und/oder haben einzelne Mitglieder durch beträchtliche Intervalle in ihren Gewichtungen Unsicherheit bezüglich ihrer Urteile zum Ausdruck gegeben, sollte die mathematische Aggregation nicht die erste Wahl sein. Zunächst sollte eine Serie von Dominanztests zeigen, ob trotz der Unvollständigkeit der Gewichte Alternativen eliminiert werden können.

12.5 Dominanztests

Wir haben Dominanztests bei unvollständiger Information über Gewichte in Kapitel 6 und über Wahrscheinlichkeiten in Kapitel 10 dargestellt und auf ihre Bedeutung hingewiesen. Sie liegt darin, daß Entscheider und Experten nicht unbedingt zu übermäßig genauen Angaben gezwungen werden müssen – zu denen sie entsprechend wenig Vertrauen haben – und dennoch möglicherweise die Menge der in Frage kommenden Alternativen reduzieren oder im besten Fall die beste Alternative finden können. Bei Gruppenentscheidungen gewinnen Dominanztests erhöhte Bedeutung, weil hier zusätzlich zu individuellen Unschärfebereichen auch interpersonell unterschiedliche Beurteilungen berücksichtigt werden können. Anstelle einer problematischen mathematischen Aggregation kann zunächst ausgelotet werden, ob die Urteile der Gruppenmitglieder es erlauben, dominierte Alternativen zu erkennen – Alternativen, die nach dem Urteil *aller* Beteiligten einer bestimmten anderen Alternative unterlegen sind.

Es empfiehlt sich, beim Dominanztest zwischen zwei Alternativen in zwei Schritten vorzugehen. Im ersten Schritt wird die volle Streubreite der individuellen Bewertungen und Attributgewichte berücksichtigt. Ergibt sich, daß eine Alternative die andere dominiert, so steht dieses Ergebnis auf einem sehr soliden Fundament, denn jedes Gruppenmitglied stimmt damit voll überein.

Der zweite Schritt wird nötig, wenn sich im ersten Schritt keine Dominanz herausstellt. Hier wird der Streubereich der Gruppenbewertung so weit verkleinert, daß er sich gerade noch mit den Urteilen jedes Mitglieds vereinbaren läßt, aber nicht mehr die ganze Spanne individueller Urteile abdeckt.

12.5.1 Berücksichtigung des gesamten Streubereichs der Bewertungen

Im Fall einer additiven multiattributiven Bewertung unter Sicherheit dominiert eine Alternative a eine Alternative b, wenn

$$\text{Min}\,[v(a)-v(b)] = \text{Min} \sum_r w_r[v_r(a)-v_r(b)] > 0 \tag{12.4}$$

gilt. Dabei seien sowohl für die Gewichte als auch für die Bewertungen der Alternativen auf den einzelnen Attributen Intervalle zugelassen. Bezeichnen wir mit $v_r^-(\cdot)$ den geringsten und mit $v_r^+(\cdot)$ den größten Wert, der einer Alternative auf dem Attribut r von irgendeinem Gruppenmitglied beigemessen wurde. Ferner sei w_r^- das geringste und w_r^+ das größte von irgendeinem Gruppenmitglied genannte Gewicht des Attributs r. Dann lautet die Minimierungsaufgabe

$$\text{Minimiere} \sum_r w_r[v_r^-(a_r)-v_r^+(b_r)] \tag{12.5}$$

bezüglich der Gewichte, die die Nebenbedingungen

$$w_r^- \le w_r \le w_r^+ \quad \text{für alle } r$$

$$\sum_r w_r = 1$$

erfüllen müssen.

Ist die Dominanz von a über b nicht gegeben, prüft man auf Dominanz von b über a, indem man die Aufgabe

$$\text{Maximiere } \sum_r w_r [v_r^+(a_r) - v_r^-(b_r)] \tag{12.6}$$

löst. Ist das Maximum kleiner als null, so wird a von b dominiert.

Die Aufgabe kann mit Hilfe eines Linearen Programmierungsansatzes gelöst werden. Wie bereits in Kapitel 6 gezeigt, ist die Lösung aber auch von Hand oder mittels eines selbsterstellten Tabellenkalkulationsprogramms zu finden. Man setzt alle Gewichte zunächst auf ihre Untergrenze w_r^- und erhöht sie dann so lange, bis die Summe 1 erreicht ist, wobei im Fall der Minimierung zunächst das Gewicht des Attributes mit dem niedrigsten Koeffizienten

$$\underset{r}{\text{Min}} [v_r^-(a_r) - v_r^+(b_r)]$$

so weit wie möglich erhöht wird, dann das Gewicht des Attributes mit dem zweitniedrigsten Koeffizienten usw. Bei der Maximierung legt man entsprechend zunächst so viel Gewicht wie möglich auf das Attribut mit dem höchsten Koeffizienten usw.

Stellt sich bei diesem Vorgehen eine Dominanz heraus, so gilt diese für jedes einzelne Gruppenmitglied, d. h. jeder Teilnehmer würde auch in seinem persönlichen Bewertungsmodell die gleiche Dominanz feststellen.

Allerdings muß man damit rechnen, daß die Intervalle relativ groß sein können. Bewertet beispielsweise eine Person die Alternative a bezüglich des Merkmals r mit dem Intervall [0,30; 0,40] und eine zweite Person mit dem Intervall [0,35; 0,45], so gilt für die Gruppenbewertung das Intervall [0,30; 0,45]. Entsprechendes gilt für die Gewichte. Da mit zunehmenden Intervallgrößen Dominanzbeziehungen entfallen, kann es erforderlich sein, die Wertintervalle zu verkleinern. Das kleinste noch mit den Einzelbewertungen zu vereinbarende Intervall ist in unserem Beispiel [0,35; 0,40].

12.5.2 Einschränkung des Streubereichs der Bewertungen

Um den Streubereich einzuschränken, berücksichtigen wir nur das Intervall zwischen der höchsten von irgendeinem Mitglied genannten Wertuntergrenze und der niedrigsten von irgendeinem Mitglied genannten Wertobergrenze. Bei kompatiblen Bewertungen bildet die maximale Wertuntergrenze das untere Ende des Intervalls und die minimale Wertobergrenze das obere Ende. Bei inkompatiblen Bewertungen ist es umgekehrt.

Dieses Intervall deckt zwar nicht alle für möglich gehaltenen Bewertungen ab, andererseits sind aber alle in diesem Intervall liegenden Bewertungen noch von den Wertungen aller Mitglieder gedeckt. Somit sollte es möglich sein, daß die

Gruppe sich darauf verständigt, Dominanztests auf Basis dieser schmalen Intervalle durchzuführen.

12.5.3 Ein Beispiel

Zwei Personen haben zwei Alternativen, *a* und *b*, hinsichtlich dreier Attribute X_1, X_2 und X_3 zu bewerten. Die Tabelle 12.2 enthält ihre unvollständigen Wert- und Gewichtungsaussagen.

Tab. 12.2: Unvollständiger Informations-Input

	X_1		X_2		X_3	
Person 1	Untergrenze	Obergrenze	Untergrenze	Obergrenze	Untergrenze	Obergrenze
a	0,20	0,35	0,55	0,65	0,75	0,85
b	0,15	0,25	0,70	0,75	0,40	0,50
Gewicht	0,20	0,40	0,40	0,50	0,20	0,40
Person 2						
a	0,15	0,30	0,60	0,70	0,80	0,90
b	0,20	0,25	0,55	0,70	0,45	0,55
Gewicht	0,30	0,50	0,30	0,45	0,25	0,35

Zunächst führen wir einen Dominanztest über der ganzen Breite der genannten Urteile durch. So kommt zum Beispiel für die Bewertung von *a* auf Attribut 2 das Intervall von 0,55 bis 0,70 in Frage, für das Gewicht w_1 das Intervall von 0,20 bis 0,50.

$$\text{Minimiere } v(a) - v(b)$$

$$= w_1\,(0{,}15 - 0{,}25) + w_2\,(0{,}55 - 0{,}75) + w_3\,(0{,}75 - 0{,}55)$$

$$= -\,0{,}1\,w_1 \; - 0{,}2\,w_2 + 0{,}2\,w_3.$$

Die Gewichte legen wir so fest, daß über die Mindestgewichte hinaus, die sich zu 0,7 addieren, w_2 um 0,2 erhöht wird. Das restliche Gewicht von 0,1 wird w_1 zugeteilt. Wir erhalten $w_1 = 0{,}3$, $w_2 = 0{,}5$ und $w_3 = 0{,}2$.

Einsetzen der Gewichte ergibt

$$\text{Min}\,[v(a) - v(b)] = -\,0{,}1 \cdot 0{,}3 - 0{,}2 \cdot 0{,}5 + 0{,}2 \cdot 0{,}2 = -\,0{,}09.$$

Da das Minimum negativ ist, läßt sich keine Dominanz von *a* über *b* feststellen. Als nächstes prüfen wir auf Dominanz von *b* über *a*.

$$\text{Maximiere } v(a) - v(b)$$

$$= w_1\,(0{,}35 - 0{,}15) + w_2\,(0{,}70 - 0{,}55) + w_3\,(0{,}90 - 0{,}40)$$

$$= 0{,}2\,w_1 \; + 0{,}15\,w_2 + 0{,}5\,w_3.$$

Folgende Gewichtsverteilung führt zum Maximum: $w_1 = 0{,}3$, $w_2 = 0{,}3$ und $w_3 = 0{,}4$. Somit ist

$$\text{Max}\,[v(a) - v(b)] = 0{,}2 \cdot 0{,}3 + 0{,}15 \cdot 0{,}3 + 0{,}5 \cdot 0{,}4 = 0{,}305.$$

Da das Maximum positiv ist, ist a nicht von b dominiert. Wir können keine der beiden Alternativen eliminieren.

Daher beschränken wir nun die Streubereiche aller Bewertungen auf das kleinste Intervall. Diese sind

$$0{,}20 \leq v_1(a) \leq 0{,}30, \quad 0{,}60 \leq v_2(a) \leq 0{,}65, \quad 0{,}80 \leq v_3(a) \geq 0{,}85$$
$$0{,}20 \leq v_1(b) \leq 0{,}25, \quad 0{,}70 \leq v_2(b) \leq 0{,}70, \quad 0{,}45 \leq v_3(b) \geq 0{,}50$$

Die kleinsten Spannweiten der Gewichte sind

$$0{,}30 \leq w_1 \leq 0{,}40, \quad 0{,}40 \leq w_2 \leq 0{,}45, \quad 0{,}25 \leq w_3 \leq 0{,}35.$$

Da die Summe der Untergrenzen < 1 und die Summe der Obergrenzen > 1 ist, läßt sich das Erfordernis, daß die Gewichtssumme = 1 sein muß, einhalten, ohne daß ein LP-Ansatz erforderlich wäre.

Mit diesen erheblich eingeschränkten Intervallen stehen die Chancen auf Dominanz wesentlich besser.

$$\text{Minimiere } v(a) - v(b)$$
$$= w_1\,(0{,}20 - 0{,}25) + w_2\,(0{,}60 - 0{,}70) + w_3\,(0{,}80 - 0{,}50)$$
$$= -\,0{,}05\,w_1 - 0{,}10\,w_2 + 0{,}30\,w_3.$$

Das Minimum erhalten wir für das Gewichtungsschema $w_1 = 0{,}3$, $w_2 = 0{,}45$ und $w_3 = 0{,}25$. Es lautet

$$\text{Min}\,[v(a) - v(b)] = -\,0{,}05 \cdot 0{,}3 - 0{,}1 \cdot 0{,}45 + 0{,}3 \cdot 0{,}25 = 0{,}015.$$

Dieses Minimum ist positiv. Die Alternative a hat selbst bei der für sie ungünstigsten zulässigen Wahl der Einzelbewertungen und Gewichte einen höheren Wert und dominiert daher b.

Sollten auf diesem Wege nicht hinreichend viele Dominanzen gefunden werden, so ist zu fragen, ob die Gruppenmitglieder ihren Informationsinput verbessern, d. h. eine Verengung von individuellen Bewertungs- und Gewichtungsintervallen erreichen können.

Wir betonen noch einmal, daß wir es grundsätzlich für erstrebenswerter halten, durch Dominanztests, die auf gemeinsam geteilten Bewertungen aller Gruppenmitglieder basieren, eine Lösung zu bekommen als die Lösung durch mathematische Aggregation über womöglich sehr weit auseinanderklaffenden Urteilen zu erzwingen.

12.6 Die Generierung gemeinsamer Wahrscheinlichkeitsurteile

Differierende Wahrscheinlichkeiten kann man völlig analog zu Bewertungen mathematisch aggregieren oder als Input von Dominanztests verwenden. Die gleichzeitige Unvollständigkeit von Bewertungs- und Wahrscheinlichkeitsinformation ist allerdings schwierig zu handhaben. Wir beschränken uns hier auf die mathematische Aggregation, weisen aber darauf hin, daß wir sie für den Fall, daß die Diskrepanzen zwischen den individuellen Schätzungen groß und auf recht unterschiedlichen Wirkungsmodellen basiert sind, für sehr problematisch halten. Wenn ein Ingenieur die Erfolgswahrscheinlichkeit des neuen Produkts aus technischen Gründen mit 0,9 und ein Marketingexperte sie aus Sicht der Kundenbedürfnisse mit 0,1 beziffert, so macht es wenig Sinn, sich auf 0,5 zu einigen. Man sollte dann die Argumente beider Personen zunächst in einem Wirkungsmodell zusammenbringen.

Als effizienter Aggregationsmechanismus zur Ermittlung der Wahrscheinlichkeiten diskreter Ereignisse oder Zustände wird in der Literatur die einfache Durchschnittsbildung vorgeschlagen (von Winterfeldt und Edwards 1986, S. 136), wie dies in Tabelle 12.3 für drei Gruppenmitglieder und vier Zustände gezeigt ist.

Tab. 12.3: Aggregation von Wahrscheinlichkeiten

	s_1	s_2	s_3	s_4	Summe
M_1	0,20	0,32	0,28	0,20	1
M_2	0,15	0,40	0,35	0,10	1
M_3	0,13	0,36	0,40	0,11	1
Gruppe	0,16	0,36	0,34	0,14	1

Auch bei stetigen Ereignisvariablen kann die Dichtefunktion für die Gruppe durch simple gewichtete Addition der individuellen Dichtefunktionen ermittelt werden. Bei n Gruppenmitgliedern wird jede individuelle Dichtefunktion mit $1/n$ gewichtet, es sei denn, man einigt sich auf unterschiedliche Gewichtungen der Personen entsprechend ihrem unterschiedlichen Kenntnisstand.

Nehmen wir zum Beispiel an, drei Manager hätten die Kosten einer Baumaßnahme zu schätzen. Manager A unterstellt eine Rechteckverteilung im Intervall [480, 560] Tausend €, Manager B eine Rechteckverteilung im Intervall [500, 600] Tausend € und Manager C eine Dreieckverteilung im Intervall [520, 580] Tausend € mit dem dichtesten Wert 540. Somit lauten die drei Dichtefunktionen

$$
\begin{aligned}
&\text{A: } f_A(x) = 0{,}0125 && \text{für } 480 \le x \le 560 \\
&\text{B: } f_B(x) = 0{,}01 && \text{für } 500 \le x \le 600 \\
&\text{C: } f_C(x) = (x - 520)/600 && \text{für } 520 \le x \le 540 \\
&\qquad\quad\;\; = 1/30 - (x - 540)/1.200 && \text{für } 540 \le x \le 580
\end{aligned}
$$

Daraus ergibt sich die aggregierte Dichtefunktion $f(x)$

$= 0{,}0125/3$ für $480 \le x \le 500$
$= 0{,}0225/3$ für $500 < x \le 520$
$= (0{,}0225 + (x - 520)/600)/3$ für $520 < x \le 540$
$= (0{,}0225 + 1/30 - (x - 540)/1.200)/3$ für $540 < x \le 560$
$= (0{,}01 + 1/30 - (x - 540)/1.200)/3$ für $560 < x \le 580$
$= 0{,}01/3$ für $580 < x \le 600$

Die Verläufe sind in Abbildung 12-2 dargestellt.

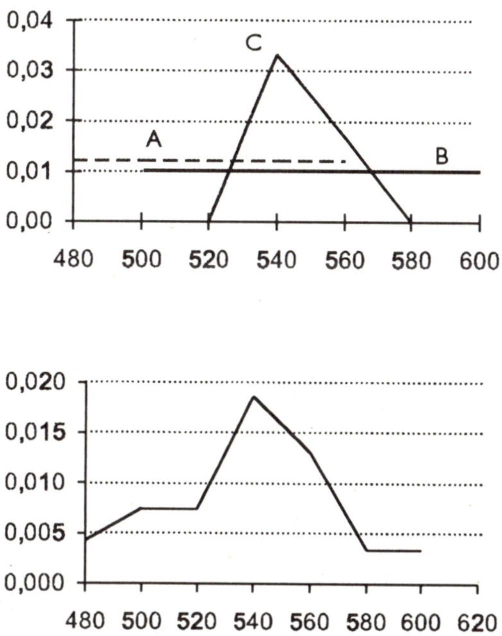

Abb. 12-2: Aggregation dreier Dichtefunktionen

Anstelle von Dichtefunktionen können auch Verteilungsfunktionen herangezogen werden. Angenommen, zwei Gruppenmitglieder hätten je fünf Stützstellen einer Verteilungsfunktion für den zukünftigen Preis eines Rohstoffs angegeben, wie Tabelle 12.4 zeigt. Für die Aggregation ist es praktisch, die gleichen Prozentpunkte der Verteilungen zu wählen. Durch einfache Mittelung erhält man eine aggregierte Schätzung.

Tab. 12.4: Aggregation von Verteilungsfunktionen

	Untergrenze	25%	50%	75%	Obergrenze
Person 1	13,00	16,50	18,00	19,00	22,00
Person 2	10,00	13,00	15,00	17,00	20,00
Durchschnitt	11,50	14,75	16,50	18,00	21,00

Natürlich ist es möglich, die Schätzungen der Mitglieder mit unterschiedlichen Gewichten zu versehen, sofern die Gruppe sich darauf verständigen kann, daß auf diese Weise die unterschiedliche Kompetenz der Personen berücksichtigt werden sollte.

Neben der einfachen Durchschnittsbildung erwähnen von Winterfeldt und Edwards (1986, S. 134-136) sowie Ferrell (1985) weitere Verfahren zur Generierung gemeinsamer Wahrscheinlichkeitsurteile, auf die hiermit hingewiesen sei, die wir aber nicht behandeln wollen, da sie in der Regel keine Vorteile gegenüber den einfachen Verfahren zu haben scheinen. Literaturhinweise darüber hinaus finden sich bei Makridakis und Winkler (1983).

Bei der Wahl zwischen Aggregationsverfahren ist zwischen deren Vor- und Nachteilen abzuwägen. Zum Beispiel tritt bei der Bestimmung von Wahrscheinlichkeiten von Szenarien das Problem auf, ob die Randverteilungen oder die gemeinsamen Verteilungen der Experten aggregiert werden sollen. Folgendes Beispiel zeigt, daß die Ergebnisse unterschiedlich sein können.

Zwei Experten schätzen die Wahrscheinlichkeit für das Gelingen eines Produktentwicklungsprojekts und für die erfolgreiche Übernahme eines Konkurrenzunternehmens. Experte 1 gibt die Wahrscheinlichkeit für das Gelingen der Produktentwicklung mit 0,1 und die Wahrscheinlichkeit für den Akquisitionserfolg mit 0,8 an. Experte 2 schätzt die Wahrscheinlichkeit für das Gelingen der Produktentwicklung auf 0,5 und für den Akquisitionserfolg mit 0,1. Beide Experten sind der Meinung, daß die Ereignisse statistisch voneinander unabhängig sind. Somit ergeben sich die gemeinsamen Wahrscheinlichkeiten durch Multiplikation der Randwahrscheinlichkeiten. Experte 1 gibt also dem Fall, daß sowohl die Produktentwicklung als auch die Akquisition erfolgreich sind, die Wahrscheinlichkeit 0,8 · 0,1 = 0,08. Tabelle 12.5 enthält die Verteilungen.

Tab. 12.5: Gemeinsame Wahrscheinlichkeiten und Randwahrscheinlichkeiten

	Experte 1			Experte 2		
	Akquisition erfolgreich	Akquisition erfolglos	Summe	Akquisition erfolgreich	Akquisition erfolglos	Summe
Entwicklung erfolgreich	0,08	0,02	0,10	0,05	0,45	0,50
Entwicklung erfolglos	0,72	0,18	0,90	0,05	0,45	0,50
Summe	0,80	0,20	1	0,10	0,90	1

Die folgende Tabelle 12.6 zeigt in der linken Hälfte die Verteilung, die bei einer Mittelung der gemeinsamen Wahrscheinlichkeiten resultiert. Die Randwahrscheinlichkeiten ergeben sich hier durch zeilen- bzw. spaltenweise Addition der gemeinsamen Wahrscheinlichkeiten. In der rechten Hälfte steht die Verteilung, die sich ergibt, wenn man die Randwahrscheinlichkeiten der Experten mittelt und daraus unter der Prämisse der statistischen Unabhängigkeit die gemeinsamen Wahrscheinlichkeiten errechnet.

Tab. 12.6: Ergebnisser zweier Aggregationsmethoden

	Mittelung der gemeinsamen Wahrscheinlichkeiten			Mittelung der Randwahrscheinlichkeiten		
	Akquisition erfolgreich	Akquisition erfolglos	Summe	Akquisition erfolgreich	Akquisition erfolglos	Summe
Entwicklung erfolgreich	0,065	0,235	0,3	0,135	0,165	0,3
Entwicklung erfolglos	0,385	0,315	0,7	0,315	0,385	0,7
Summe	0,45	0,55	1	0,45	0,55	1

Es zeigt sich, daß die gemeinsamen Wahrscheinlichkeiten stark voneinander abweichen (zugegeben, im Beispiel sind die Schätzungen der Experten extrem unterschiedlich, und eine Durchschnittsbildung erscheint dann nicht als sinnvoll). Die Wahrscheinlichkeit, daß sowohl die Produktentwicklung als auch die Akquisition gelingen, beträgt einmal 6,5% und einmal 13,5%.

Man kann nicht allgemein entscheiden, welche Aggregationsform die richtige ist. Für die Aggregation der gemeinsamen Wahrscheinlichkeiten kann man anführen, daß diese die letztlich relevanten Daten sind. Auf der anderen Seite geht dabei die statistische Unabhängigkeit verloren, von der die Experten ausgegangen sind. So ist die Wahrscheinlichkeit für eine erfolgreiche Produktentwicklung vom Erfolg der Akquisition abhängig: Bei erfolgreicher Akquisition hat die Produktentwicklung eine Erfolgschance von 0,065 / 0,45 = 0,144, beim Scheitern der Akquisition jedoch von 0,235 / 0,55 = 0,427. Wenn man die beiden Ereignisse als unabhängig ansieht, ist dieses Ergebnis wenig überzeugend. – Anforderungen an Aggregationsverfahren für Wahrscheinlichkeiten werden diskutiert bei Kleindorfer, Kunreuther und Schoemaker (1993).

12.7 Finden einer Gruppenentscheidung

Sind die einzelnen Module des Problems gemeinsam bestimmt worden, so läßt sich eine Lösung wie bei der Entscheidung einer einzelnen Person finden. Anstelle der individuellen Wert-, Nutzen- und Wahrscheinlichkeitsinformationen einer

Einzelperson werden die gemeinsam ermittelten Größen zugrundegelegt, die entweder aus übereinstimmenden Ansichten oder aus mathematischer Aggregation von individuellen Meinungen resultieren.

Bei partieller Information bezüglich der Bewertungen oder Wahrscheinlichkeiten lassen sich eventuell dominierte Alternativen ausscheiden, und mit etwas Glück bleibt eine eindeutig optimale Alternative übrig. Ist dies nicht der Fall und verspricht auch eine Fortsetzung des Gruppenprozesses keine zusätzlichen Informationen zum Beispiel in Form einer Einengung der Intervalle, kann die Gruppe nicht zu einer von allen Mitgliedern geteilten Entscheidung kommen.

In diesem Fall wird das Problem dadurch gelöst, daß jedes Mitglied seine Präferenzen bezüglich der Alternativen definiert und ein Aggregationsmechanismus über diese Präferenzen angewendet wird; in der Regel wird über die Alternativen abgestimmt. Mit diesem Thema befassen wir uns im nächsten Kapitel.

Auch dann, wenn der Gruppenprozeß nicht mit einer von allen geteilten Lösung, sondern durch Abstimmung endet, ist zu erwarten, daß die Phase der gemeinsamen Strukturierung zu einer höheren Rationalität beiträgt.

Fragen und Aufgaben

12.1

Vertreter zweier Staaten, Nordostia und Südwestei, verhandeln über den Bau einer Anlage, durch die die Luftverschmutzung beider Staaten verringert werden soll. In die engere Wahl sind drei Alternativen X, Y und Z gezogen worden. Zur Bewertung werden vier Kriterien herangezogen: (1) Luftverbesserung in Nordostia, (2) Luftverbesserung in Südwestei, (3) Kosten für Nordostia und (4) Kosten für Südwestei. Über die Bewertung der Alternativen auf den einzelnen Dimensionen hat man sich schon geeinigt (Tabelle). Hinsichtlich der Gewichtung bestehen aber noch Differenzen. Die Gewichte, die die Vertreter der beiden Länder den Attributen zuordnen, sind ebenfalls aus der Tabelle zu ersehen.

(a) Welches Projekt zieht Nordostia vor, welches Projekt Südwestei?
(b) Kann man ein Projekt als dominiert erkennen?
(c) Welches Projekt wird gewählt, wenn man sich auf eine Mittelung der Gewichte verständigt?
(d) Die Vertreter der beiden Staaten verständigen sich darauf, die Attribute 1 und 2 gemeinsam mit je 0,15 zu gewichten. Dementsprechend erhalten die Kosten beider Staaten zusammen das Gewicht 0,7. Über die Aufteilung dieses Gewichts auf Attribut 3 und 4 ist man sich aber nicht einig. Kann dennoch eine Alternative empfohlen werden?

	Luftverbesserung in Nordostia	Luftverbesserung in Südwestei	Kosten für Nordostia	Kosten für Südwestei
Projekt X	1	0,3	0,4	0,4
Projekt Y	0,6	1	0,4	0,7
Projekt Z	0	0,4	0,8	1
Gewicht aus Sicht von Nordostia	0,2	0,2	0,3	0,3
Gewicht aus Sicht von Südwestei	0,15	0,15	0,2	0,5

12.2

Drei Mitglieder einer Auswahlkommission, P_1, P_2 und P_3 beurteilen drei Manager *A*, *B*, *C* bezüglich ihrer Eignung für einen wichtigen Auslandsposten. Für die Auswahl haben sie sich auf drei Kriterien, X_1, X_2 und X_3 geeinigt. Ihre Bewertungen der Kandidaten sowie ihre Gewichtungsfaktoren der Attribute sind in folgender Tabelle angegeben.

		X_1	X_2	X_3
A	P_1	0,7	0,85	0,6
	P_2	0,75	0,8	0,7
	P_3	0,65	0,9	0,65
B	P_1	0,8	0,9	0,8
	P_2	0,6	0,7	0,8
	P_3	0,6	0,8	0,85
C	P_1	0,7	0,8	0,75
	P_2	0,5	0,7	0,95
	P_3	0,6	0,8	1,0
Gewichte	P_1	0,3	0,4	0,3
	P_2	0,25	0,5	0,25
	P_3	0,35	0,5	0,15

Wird einer der Kandidaten von allen Kommissionsmitgliedern ausgewählt?

12.3

Karl und Anna Hebestreit wollen ein Baugrundstück kaufen. In die engere Auswahl sind zwei Objekte gekommen, Parkstraße und Schiefbahn. Die Eheleute sind sich nicht einig. Sie wollen das Problem aber partnerschaftlich und rational lösen. Sie kommen überein, daß ihre gemeinsamen Ziele „angenehme Nachbarschaft", „Erreichbarkeit" und „Schönheit" (des Grundstücks) sind. Mit Erreichbarkeit ist gemeint, wie einfach und angenehm man vom Haus zu seinen außerhäuslichen

Betätigungen gelangt. Karl und Anna schwören sich gegenseitig, ihre ehrlichen Bewertungen offenzulegen. Das Ergebnis ist folgendes.

Karl H.	Nachbarschaft	Erreichbarkeit	Schönheit
Parkstraße	0,3 – 0,4	0,4 – 0,45	0,75
Schiefbahn	0,45	0,7 – 0,75	0,7 – 0,75
Gewicht	0,15 – 0,2	0,5 – 0,6	0,25 – 0,3

Anna H.	Nachbarschaft	Erreichbarkeit	Schönheit
Parkstraße	0,8	0,5 – 0,65	0,8 – 0,9
Schiefbahn	0,35 – 0,45	0,6 – 0,65	0,65 – 0,75
Gewicht	0,4	0,2 – 0,3	0,3 – 0,35

(a) Könnten Karl und Anna, wenn sie jeder nur für sich allein zu entscheiden hätten, eine Wahl treffen?

(b) Besteht nach dem Ergebnis zu (a) eine Chance, daß die beiden eine gemeinsame Lösung finden?

(c) Einige Wochen später. Karl hat die potentiellen Nachbarn in der Parkstraße kennengelernt und findet sie sehr sympathisch. Von ihnen hörte er, daß eine neue Buslinie zur Innenstadt eingerichtet wird, mit der er seinen Arbeitsplatz erreichen könnte. Außerdem sollen demnächst eine Kneipe und ein Fitness-Center in der Nähe eröffnet werden. Dies verringert die Bedeutung des Attributs „Erreichbarkeit". Er überdenkt seine Bewertungen und präsentiert ein neues Tableau. Anna sieht keinen Grund, ihre Bewertungen zu ändern (sie hat es ja „gleich gesagt").

Karl H.	Nachbarschaft	Erreichbarkeit	Schönheit
Parkstraße	0,65 – 0,7	0,8	0,75
Schiefbahn	0,45	0,7 – 0,75	0,7 – 0,75
Gewicht	0,3	0,3 – 0,4	0,3 – 0,4

12.4

Die Vertriebsmanager Mike und Stefan bemühen sich, eine gemeinsame Wahrscheinlichkeitsverteilung für die Absatzmenge der ersten CD der Popgruppe „Lebertran" zu generieren. Zunächst stellt jeder seine eigene Verteilungsfunktion auf, indem er Unter- und Obergrenze sowie den 25%-, 50%- und 75%-Punkt schätzt. Die Ergebnisse sind in der Tabelle enthalten.

	Mike	Stefan
Untergrenze	95.000	80.000
25%-Punkt	115.000	105.000
Median	125.000	125.000
75%-Punkt	140.000	150.000
Obergrenze	175.000	200.000

(a) Die Aggregation soll in der Weise erfolgen, daß jeweils die Mittelwerte der beiden Schätzungen genommen werden. Stellen Sie für diesen Fall die gemeinsame Dichtefunktion und die gemeinsame Verteilungsfunktion graphisch dar.

(b) Stattdessen erwägen die beiden, die individuellen Dichtefunktionen mit gleichen Gewichten zu aggregieren. Ermitteln Sie für diesen Fall die resultierende gemeinsame Dichtefunktion und Verteilungsfunktion.

12.5

Eine neuartige Zahnpasta soll vor der bundesweiten Einführung im Saarland auf ihren Markterfolg getestet werden. Zwei Markenfachleute geben ihre Schätzungen für die Wahrscheinlichkeit ab, daß der Erfolg auf dem Testmarkt „Grandios", „So-la-la" oder ein „Flop" wird. Für jeden dieser drei Fälle geben sie außerdem ihre bedingten Wahrscheinlichkeiten dafür an, daß die Einführung auf Bundesebene „rentabel" oder „unrentabel" sein wird.

Experte 1	Wahrscheinlichkeit	Bundesweiter Vertrieb	Bedingte Wahrscheinlichkeit
Grandios	0,2	Rentabel Unrentabel	0,7 0,3
So-la-la	0,6	Rentabel Unrentabel	0,5 0,5
Flop	0,2	Rentabel Unrentabel	0,3 0,7

Experte 2	Wahrscheinlichkeit	Bundesweiter Vertrieb	Bedingte Wahrscheinlichkeit
Grandios	0,3	Rentabel Unrentabel	0,8 0,2
So-la-la	0,4	Rentabel Unrentabel	0,6 0,4
Flop	0,3	Rentabel Unrentabel	0,2 0,8

(a) Ermitteln Sie die Wahrscheinlichkeiten der sechs Szenarien für jeden der beiden Experten.

(b) Aggregieren Sie die Schätzungen der beiden Experten auf zwei verschiedene Arten.

(c) Wie hoch ist die Wahrscheinlichkeit, daß ein bundesweiter Vertrieb rentabel wäre, nach den individuellen Schätzungen und nach den aggregierten Schätzungen?

Kapitel 13: Gruppenentscheidungen II: Aggregation über individuelle Entscheidungen

13.0 Zusammenfassung

1. In Kapitel 12 haben Sie Methoden kennengelernt, mit denen eine Gruppe gemeinsam ein Gruppenentscheidungsproblem lösen kann. Sollten diese Methoden nicht zum Erfolg führen, können Sie die Gruppenentscheidung durch die in diesem Kapitel vorgestellten Abstimmungsregeln herbeiführen.
2. Arrow konnte zeigen, daß es keinen Aggregationsmechanismus (Abstimmungsregel) gibt, der bestimmten, für Gruppenentscheidungen sinnvollen Anforderungen genügt. Dieses Ergebnis wird als Arrowsches Unmöglichkeitstheorem bezeichnet.
3. Die Einschätzung der Qualität der in diesem Kapitel präsentierten Abstimmungsregeln ist vom zugrunde gelegten Beurteilungskriterium abhängig. Eine allgemeingültige Empfehlung, welche Abstimmungsregel angewandt werden sollte, kann aufgrund des Ergebnisses von Arrow nicht gegeben werden.
4. Einen Ausweg aus dem Arrowschen Unmöglichkeitstheorem weist die jedoch nicht unumstrittene Annahme, daß Wert bzw. Nutzen zwischen Personen vergleichbar ist.
5. Wird kardinale Vergleichbarkeit unterstellt, so läßt sich für Entscheidungen bei Sicherheit eine additive Gruppenwertfunktion und für Entscheidungen bei Risiko eine additive Gruppennutzenfunktion herleiten.

13.1 Einführung

Nachdem wir in Kapitel 12 besprochen haben, wie Gruppen kooperativ zu einer gemeinsamen Lösung eines Entscheidungsproblems gelangen können, wollen wir in diesem Kapitel Aggregationsverfahren vorstellen, die eine Gruppenentscheidung unkooperativ aus individuellen Präferenzen ableitet. Formal scheint das Problem der Gruppenentscheidung identisch mit dem Problem der Entscheidung bei mehreren Zielen zu sein. Würde man die Präferenz jedes Gruppenmitglieds als ein Attribut interpretieren, könnten die aus Kapitel 6 bekannten Aggregationsmethoden direkt angewendet werden. Diese einfache Analogie, wie wir sie auch bei der Abbildung von Zeitpräferenzen ausnutzen, ist bei Gruppenentscheidungen nicht gegeben.

Die Methoden der multiattributiven Werttheorie setzen voraus, daß Ausprägungen auf einem Ziel mit Ausprägungen auf einem anderen Ziel verglichen werden können. Entsprechend müßte bei der direkten Übertragung dieser Methoden die Stärke der Präferenz eines Gruppenmitglieds mit der eines anderen Gruppenmitglieds verglichen werden. Die Zulässigkeit eines interpersonellen (kardinalen) Wertvergleichs wird von vielen Forschern jedoch verneint. Wir werden auf die Diskussion zu Beginn von Abschnitt 13.4 noch genauer eingehen. Den Kern der Kollektiventscheidungstheorie bilden daher Methoden, die ordinale Präferenzen von Gruppenmitgliedern zu einer ordinalen Gruppenpräferenz aggregieren. Solche Methoden, die auch Abstimmungsregeln genannt werden, stehen im Mittelpunkt dieses Kapitels.

13.2 Einige Abstimmungsregeln

Wir wollen im weiteren voraussetzen, daß Entscheider eine transitive, vollständige Präferenz bezüglich der entscheidungsrelevanten Alternativen besitzen. Aus diesen individuellen Präferenzen soll mit Hilfe eines Aggregationsmechanismus die beste Alternative oder eine transitive, vollständige Gruppenpräferenz abgeleitet werden. Ein solcher Aggregationsmechanismus wird auch als Abstimmungsregel bezeichnet. Ein gemeinsames Erarbeiten der Gruppenentscheidung findet bei Abstimmungsregeln nicht statt. Ist die Metafrage gelöst, welche Abstimmungsregel angewendet werden soll, ist die Gruppenentscheidung ein rein formaler Akt. Wir werden zunächst davon ausgehen, daß alle Gruppenmitglieder ihre wahre Präferenz offenbaren, das heißt kein *strategisches Abstimmungsverhalten* zeigen.

In diesem Abschnitt werden wir einige Abstimmungsregeln vorstellen, wie sie im Alltag häufig Anwendung finden. Es interessiert dabei zunächst einmal nur, wie die einzelnen Regeln funktionieren. Auf das Problem, geeignete Kriterien zu finden, anhand derer die Regeln miteinander verglichen werden können, gehen wir im nächsten Abschnitt (13.3) näher ein.

Denken Sie an Geschäftsordnungsdebatten im Bundestag (etwa als es darum ging, wie über die Hauptstadtfrage abgestimmt werden sollte) oder in Ihrem Tennisclub. Die Art der Abstimmung ist oft genau so umstritten wie das Entscheidungsproblem selbst. Dies wird verständlich, wenn wir im folgenden darstellen, wie sehr eine Gruppenentscheidung von der zugrunde gelegten Abstimmungsregel abhängen kann.

Nurmi (1987) zeigt anhand eines Beispiels, wie fünf verschiedene Abstimmungsregeln (einfache Mehrheit, absolute Mehrheit, Mehrheit der Paarvergleiche, Borda-Regel und *Approval Voting*) gegebene individuelle Präferenzen zu einer Gruppenpräferenz zusammenfassen. Das Beispiel demonstriert, daß trotz identischer individueller Präferenzen unterschiedliche Gruppenentscheidungen erzeugt werden können.

Unterstellt wird ein neun Personen umfassendes Gremium, welches zwischen fünf zur Verfügung stehenden Alternativen A = $\{a, b, c, d, e\}$ zu wählen hat. Sie können dabei an einen Aufsichtsrat denken, der über die Bestellung eines Vorstandsmitgliedes zu befinden hat. Der Aufsichtsrat zerfällt in drei Fraktionen, deren individuelle Präferenzen jeweils identisch sind. Die individuellen Präferenzen sind in Tabelle 13.1 dargestellt. Sie zeigt zum Beispiel, daß die drei zur Fraktion 2 gehörenden Personen jeweils die Präferenzordnung $b \succ c \succ e \succ d \succ a$ besitzen.

Tab. 13.1: Beispiel zu Abstimmungsregeln

	Fraktion 1 4 Personen	Fraktion 2 3 Personen	Fraktion 3 2 Personen
Beste Alternative	*a*	*b*	*c*
Zweitbeste Alternative	*e*	*c*	*d*
Drittbeste Alternative	*d*	*e*	*e*
Viertbeste Alternative	*c*	*d*	*b*
Schlechteste Alternative	*b*	*a*	*a*

13.2.1 Regel der einfachen Mehrheit

Nach der Regel der einfachen Mehrheit kann jedes Gruppenmitglied eine Stimme für die Alternative abgeben, die es wählen möchte. Bei Angabe der wahren Präferenz wird das Mitglied für die am meisten präferierte Alternative stimmen. Gewählt wird die Alternative, die die meisten Stimmen auf sich vereinigen kann. Da jedes Gruppenmitglied eine Stimme abgeben kann, wird die Regel der einfachen Mehrheit auch als Einstimmenregel bezeichnet (vgl. zur Klassifizierung dieser und weiterer Regeln Schauenberg 1992a). Die Regel der einfachen Mehrheit stellt keine vollständig definierte Abstimmungsregel dar. Sie macht keine Aussage für den Fall, daß mehrere Alternativen dieselbe maximale Anzahl von Stimmen erhalten. Die Regel versucht nur die beste Gruppenalternative zu bestimmen nicht jedoch die vollständige Gruppenpräferenz.

Im Beispiel (vgl. Tabelle 13.1) würde sich die Gruppe für Alternative *a* entscheiden. Diese Alternative erhält vier Stimmen, während *b* nur drei und *c* nur zwei Stimmen erhalten.

13.2.2 Regel der absoluten Mehrheit

Bei der Regel der absoluten Mehrheit gibt jedes Gruppenmitglied wieder eine Stimme für die Alternative ab, die es präferiert. Erreicht eine Alternative mehr als 50% der Stimmen, ist diese Alternative als beste bestimmt. Gibt es keine Alternative, die im ersten Durchgang die absolute Mehrheit erhält, findet unter den beiden Alternativen mit den meisten und zweitmeisten Stimmen eine zweite

Abstimmung (Stichwahl) statt. Erhalten mehr als eine Alternative die zweitmeisten Stimmen oder mehr als zwei Alternativen die meisten Stimmen, kommen entsprechend mehr als zwei Alternativen in die Stichwahl. Die Alternative wird gewählt, die in der Stichwahl die meisten Stimmen erhält.

Die Regel der absoluten Mehrheit ist wiederum eine Einstimmenregel. Sie wird als mehrstufige Regel bezeichnet, da zur Bestimmung der optimalen Alternative unter Umständen mehrere Abstimmungsdurchgänge benötigt werden. Auch bei der Regel der absoluten Mehrheit ist nicht sichergestellt, daß genau eine beste Alternative als Ergebnis des Abstimmungsprozesses feststeht.

Zu welchem Ergebnis kommt nun das Gremium, wenn es für seine Abstimmungen die Regel der absoluten Mehrheit verwendet? In der ersten Runde wird noch keine beste Alternative gefunden, da keine der Alternativen *a* bis *e* mehr als 50% der Stimmen - hier mindestens fünf - auf sich vereinigen kann. Die Alternativen *a* (vier Stimmen) und *b* (drei Stimmen) erhalten die meisten Stimmen. In der zweiten Abstimmungsrunde erhält *a* wiederum vier Stimmen, während *b* neben den drei Stimmen der Gruppe 2 auch noch die zwei Stimmen der Gruppe 3 bekommt. Die Alternative *b* wird gewählt, da sie die absolute Mehrheit der Stimmen erreicht hat.

13.2.3 Regel der Mehrheit der Paarvergleiche

Bei der Regel der Mehrheit der Paarvergleiche wird für alle möglichen Alternativenpaare eine Gruppenpräferenz durch eine einfache Mehrheitsregel ermittelt. Als beste Alternative für die Gruppe wird die Alternative gewählt, die in den meisten paarweisen Vergleichen präferiert wird. Da die Regel immer individuelle Präferenzen bezüglich Alternativenpaaren betrachtet, wird sie auch als binäre Regel bezeichnet. Wie die beiden zuvor präsentierten Regeln führt die Regel der Mehrheit der Paarvergleiche nicht notwendigerweise zu einer eindeutigen besten Alternative.

Tab. 13.2: Regel der Mehrheit der Paarvergleiche (vgl. Tab. 13.1)

Paarvergleich	Stimmenzahl	Präferierte Alternative
a vs. *b*	4 : 5	*b*
a vs. *c*	4 : 5	*c*
a vs. *d*	4 : 5	*d*
a vs. *e*	4 : 5	*e*
b vs. *c*	3 : 6	*c*
b vs. *d*	3 : 6	*d*
b vs. *e*	3 : 6	*e*
c vs. *d*	5 : 4	*c*
c vs. *e*	5 : 4	*c*
d vs. *e*	7 : 2	*d*

In unserem Beispiel lassen sich bei fünf Alternativen insgesamt zehn paarweise Vergleiche durchführen. Die Paarvergleiche und deren Stimmenverhältnisse sind in Tabelle 13.2 dargestellt. Alternative c wird in den meisten (vier) Paarvergleichen bevorzugt. Gemäß der Regel der Mehrheit der Paarvergleiche entscheidet sich die Gruppe für Alternative c.

13.2.4 Regel der sukzessiven Paarvergleiche

Mit der Regel der sukzessiven Paarvergleiche wird versucht, eine beste Alternative zu bestimmen. Man beginnt mit einer Alternative und führt einen Paarvergleich mit einer zweiten Alternative durch. Die Alternative, die von der Mehrheit der Gruppenmitglieder präferiert wird, wird mit einer weiteren Alternative verglichen. Das Verfahren geht solange weiter, bis sukzessiv alle Alternativen abgearbeitet sind. Die im letzten Paarvergleich bevorzugte Alternative ist die mit Hilfe der Regel der sukzessiven Paarvergleiche ermittelte beste Alternative.

Beginnt man im Beispiel (Tabelle 13.1) mit dem Paarvergleich a vs. b, erhält b die meisten Stimmen. Bei c vs. b wird c gewählt, das auch die Wahl gegen d und e gewinnt.

13.2.5 Borda-Regel

Die Borda-Regel kann als ein gutes Beispiel dafür dienen, wie in die Bestimmung der von dem Gremium bevorzugten Alternative nicht nur die individuellen Präferenzen eingehen, sondern darüber hinaus auch die Positionen der Alternativen, die diese in den verschiedenen individuellen Präferenzordnungen haben.

Bei der Borda-Regel gibt jedes Gruppenmitglied seiner jeweils besten Alternative $k - 1$ Punkte, wenn es insgesamt k Alternativen gibt. Der zweitbesten Alternative werden sodann $k - 2$ Punkte gegeben usw., bis für die schlechteste 0 Punkte verbleiben. Die für jede einzelne Alternative vergebenen Punkte werden addiert, und die Alternative mit den meisten Punkten gilt als gewählt. Bei gleicher Punktzahl bestimmt die Borda-Regel keine eindeutige optimale Alternative. Werden alle Alternativen entsprechend den Punktzahlen geordnet, läßt sich durch die Borda-Regel eine vollständige Präferenzordnung ableiten. Die Borda-Regel gehört zur Klasse der positionalen Regeln, da die Positionen, die die Alternativen in den individuellen Präferenzen besitzen, in die Entscheidung über die Gruppenpräferenz miteingehen.

Ein Beispiel aus dem realen Leben für die Anwendung der Borda-Regel kennen Sie sicherlich. In jedem Jahr wird der Gewinner des europäischen Musikwettwerbs Grand Prix de la Chanson Européenne mit Hilfe dieser Regel bestimmt. In unserem Beispiel (Tabelle 13.1) ergeben sich nach der Borda-Regel für die einzelnen Alternativen die folgenden Gesamtpunktzahlen:

a: 16 Punkte	b: 14 Punkte	c: 21 Punkte
d: 17 Punkte	e: 22 Punkte	

Die Gruppe würde aufgrund der Borda-Regel Alternative *e* wählen.

13.2.6 Approval Voting

Beim *Approval Voting* handelt es sich um eine neuere Abstimmungsregel (Brams und Fishburn 1978). Bei ihr hat jedes Gruppenmitglied soviele Stimmen, wie es Alternativen gibt. Ein Entscheider kann jeder Alternative entweder eine Stimme oder keine geben. Damit bringt ein Entscheider zum Ausdruck, welchen Alternativen er zustimmen kann – was der Regel auch ihren Namen gibt (*Approval Voting* = Zustimmungsregel). Die Alternative mit den meisten Stimmen wird als beste Alternative gewählt. *Approval Voting* gehört in die Klasse der Mehrstimmenregeln.

Die Regel der einfachen Mehrheit läßt sich als Spezialfall des *Approval Voting* auffassen, bei dem jedes Gruppenmitglied genau eine Stimme besitzt. Zwischen der Regel der einfachen Mehrheit und dem *Approval Voting* kann man Stimmenregeln definieren, die sich nur in der Anzahl der einem Gruppenmitglied zur Verfügung stehenden Stimmen unterscheiden. Diese Anzahl kann von einer bis zur Anzahl der Alternativen variieren. Bedenken Sie bei der Anwendung des *Approval Voting,* daß Stimmenhäufungen, das heißt die Abgabe mehrerer Stimmen für eine Alternative, nicht zulässig sind. Mehr zum *Approval Voting* finden Sie in Brams und Nagel (1991), die auf Probleme der praktischen Anwendung des Verfahrens eingehen und in Fishburn und Little (1988), die eine experimentelle Untersuchung zum *Approval Voting* vorstellen.

Das *Approval Voting* soll jetzt noch anhand unseres Beispiel (Tabelle 13.1) verdeutlicht werden. Wir müssen dazu zusätzliche Annahmen treffen, da wir aus der Präferenz der Fraktionen nicht ableiten können, welchen Alternativen sie zustimmen. Wir nehmen an, daß die Mitglieder von Fraktion 1 für die aus ihrer Sicht drei besten Alternativen stimmen, das heißt diese Alternativen akzeptieren würden. Die Mitglieder der Fraktionen 2 und 3 stimmen hingegen nur für die aus ihrer Sicht jeweils zwei besten Alternativen. Die Anwendung des *Approval Voting* ergibt, daß Alternative *d* die meisten (sechs) Punkte erhält.

Fassen wir die Ergebnisse der vorgestellten Abstimmungsregeln zusammen, ist der Befund nicht ermutigend: Fünf verschiedene Abstimmungsregeln führen zu fünf verschiedenen Ergebnissen, ohne daß sich die in den Aggregationsprozeß eingehenden individuellen Präferenzordnungen geändert hätten. Das wirft eine Vielzahl von Fragen auf: Nach welchen Kriterien soll eine Gruppe eine Abstimmungsregel bewerten? Gibt es die optimale Regel? Eignen sich vielleicht bestimmte Regeln für bestimmte Situationen besonders gut? Könnte jemand durch die Festlegung des Wahlmodus das Ergebnis zu seinen Gunsten beeinflussen? Oder könnte ein Gruppenmitglied in Kenntnis der Abstimmungsregel seine Präferenzen verfälscht angeben, um den Ausgang zu manipulieren? Braucht man nicht mehr Informationen als nur die ordinalen Präferenzen, um sinnvoll eine Gruppenentscheidung treffen zu können? So ließen sich noch weitere Fragen formulieren. Zumindest einen Teil wollen wir im weiteren Verlauf des Kapitels beantworten.

13.3 Aggregation individueller ordinaler Präferenzen

Im vorigen Abschnitt haben Sie fünf verschiedene Abstimmungsregeln kennengelernt. Es wurde deutlich, daß bei unveränderten individuellen Präferenzen die von der Gruppe präferierte Alternative von der zugrunde gelegten Abstimmungsregel abhängt. Um die Abstimmungsregeln beurteilen zu können, wollen wir wie in den bisherigen Kapiteln wieder die axiomatische Vorgehensweise benutzen.

Bei Abstimmungsregeln kann unterschieden werden, ob es Ziel der Aggregation ist, eine vollständige, transitive Gruppenpräferenz zu erzeugen oder (nur) eine oder einige wenige beste Alternativen zu bestimmen. Im letzten Fall wird die Aggregationsfunktion auch als *choice function* oder Auswahlfunktion bezeichnet (Sen 1986). Die mehrmalige Anwendung einer Auswahlfunktion führt auch zu einer vollständigen, transitiven Ordnung (wenn mit der Auswahlfunktion jedesmal genau eine Alternative ausgewählt wird). Wir wollen daher im weiteren auf die Unterscheidung nicht weiter eingehen.

13.3.1 Arrows Unmöglichkeitstheorem

Arrow (1951, 1963) hat die axiomatische Vorgehensweise in die Theorie der Gruppenentscheidung eingeführt. Er geht davon aus, daß jedes Gruppenmitglied eine (ordinale) vollständige, transitive Präferenz besitzt. Er fordert, daß auch die Gruppenpräferenz vollständig und transitiv sein soll. Eine Aggregationsfunktion ist nichts anderes als eine mathematische Funktion, die jeder möglichen Kombination individueller Präferenzen genau eine kollektive Präferenz zuordnet.

Ohne vorhandene Abstimmungsregeln bzw. Aggregationsmechanismen zu betrachten oder neue zu entwickeln, ging Arrow der Frage nach, ob es einen Aggregationsmechanismus gibt, der bestimmten, allgemein akzeptierten Anforderungen genügt. Arrow definierte die folgenden vier Bedingungen:

- Bedingung U = uneingeschränkter Definitionsbereich
- Bedingung P = Pareto-Bedingung
- Bedingung I = Unabhängigkeit von irrelevanten Alternativen
- Bedingung D = Diktator-Bedingung.

Wir wollen die Bedingungen im einzelnen besprechen (vgl. auch die formalen Darstellungen der Bedingungen bei Bossert und Stehling 1990, Kelly 1988 und Weber 1983).

Bedingung U (uneingeschränkter Definitionsbereich): Der Aggregationsmechanismus muß für alle möglichen individuellen Präferenzordnungen definiert sein.

Bedingung P (Pareto-Bedingung): Wenn alle Gruppenmitglieder eine Alternative einer anderen Alternative vorziehen, dann muß diese Alternative auch in der kollektiven Präferenzordnung der anderen Alternative vorgezogen werden.

Bedingung I (Unabhängigkeit von irrelevanten Alternativen): Die kollektive Präferenzordnung bezüglich zweier Alternativen a und b darf nur von den individuellen Präferenzen bezüglich *a* und *b* und nicht von weiteren Alternativen abhängen. Führt zum Beispiel eine Abstimmungsregel dazu, daß kollektiv die Alternative a der Alternative b vorgezogen wird, muß dies auch dann der Fall sein, wenn eine beliebige weitere Alternative im Rahmen der Gruppenentscheidung zusätzlich betrachtet wird und sich die individuellen Präferenzen bezüglich a und b nicht geändert haben.

Bedingung D (Diktator-Bedingung): Es soll keinen Diktator geben. Eine Abstimmungsregel darf nicht so definiert sein, daß immer die Präferenz einer bestimmten Person, des Diktators, automatisch zur Präferenz der Gruppe gemacht wird.

Wenn Sie sich die Bedingungen anschauen, werden Sie mit uns sicherlich übereinstimmen: Im Rahmen einer Entscheidungshilfe sollte eine Gruppe auf keine der Anforderungen verzichten. Arrow (1951, 1963) konnte nun zeigen, daß für mehr als zwei Alternativen kein Aggregationsmechanismus existiert, der diese vier Bedingungen gleichzeitig erfüllt. Eine einfache Darstellung des Beweises findet sich bei Bossert und Stehling (1990, S. 166 ff.) oder bei French (1988, S. 286 ff). Für zwei Alternativen ist die Mehrheitsregel (einfache und absolute Mehrheitsregel sind in diesem Fall identisch) eine Regel, die alle Bedingungen erfüllt.

Die im letzten Abschnitt vorgestellten Mehrheitsregeln verstoßen somit alle gegen die eine oder andere der oben aufgeführten Bedingungen. Nehmen wir die Borda-Regel als Beispiel: Als positionale Regel verstößt sie gegen die Bedingung der Unabhängigkeit der Präferenz von irrelevanten Alternativen. Nehmen wir an, daß die Borda-Regel zu einer kollektiven Präferenz geführt hat, die Alternative *e* gegenüber Alternative *c* vorzieht (vgl. unser Beispiel in Tabelle 13.1). Kommt eine weitere Alternative hinzu oder wird eine Alternative aus der Betrachtung genommen, kann sich die kollektive Präferenz bezüglich der Alternativen *e* und *c* ändern, ohne daß sich die individuellen Präferenzen ändern. Wird im Beispiel die Alternative *d* aus der Betrachtung herausgenommen und die Borda-Regel wieder angewendet, erhält Alternative *c* 16 Punkte und Alternative *e* nur 15 Punkte, das heißt *c* wird gegenüber *e* präferiert. Andere Regeln verstoßen vielleicht nicht direkt gegen die Axiome U, P, I und D, erzeugen jedoch eine intransitive kollektive Präferenz.

Auch die sukzessive Durchführung von Paarvergleichen führt zu keiner kollektiven Präferenzordnung. Betrachten Sie Tabelle 13.3.

Tab. 13.3: Condorcet-Paradoxon

	Person 1	Person 2	Person 3
Beste Alternative	*a*	*b*	*c*
Mittlere Alternative	*b*	*c*	*a*
Schlechteste Alternative	*c*	*a*	*b*

In diesem Beispiel haben die drei Personen 1, 2 und 3 die angebenen Präferenzen über die Alternativen *a*, *b* und *c*. Alle individuellen Präferenzen sind vollständig und transitiv. Paarweise Vergleiche ergeben, daß $a \succ b$, $b \succ c$ und $c \succ a$: Die kollektive Präferenz ist intransitiv. Dieses erstaunliche Resultat, daß die Aggregation dreier transitiver Präferenzen mit der (sukzessiven) Paarvergleichsregel zu einer intransitiven Gruppenpräferenz führt, wird als *Condorcet-Paradoxon* bezeichnet.

Das Condorcet-Paradoxon zeigt, daß die Reihenfolge der paarweisen Abstimmung das Ergebnis beeinflussen kann. Läßt man zum Beispiel erst a gegen b abstimmen und dann die aus diesem paarweisen Vergleich hervorgehende Alternative a gegen die verbleibende Alternative c, würde sich das Gremium für c entscheiden. Würde zuerst zwischen a und c abgestimmt werden, wäre b der Gewinner usw.

Mit dem Resultat von Arrow ist gezeigt, daß keine Regel existiert, die den oben aufgeführten Bedingungen genügt. Die Frage nach einem vernünftigen Aggregationsmechanismus ist jedoch von herausragender Bedeutung. Es wird daher seit der Veröffentlichung der Arbeit von Arrow versucht, alternative Axiomensysteme zu definieren, für die zumindest eine Aggregationsregel existiert. Ein umfassender Überblick über Modifizierungen der Axiome findet sich beispielsweise bei Bamberg und Coenenberg (1992, S. 211 ff.) und Laux (1988).

Welche Möglichkeiten gibt es etwa, die Bedingung der Unabhängigkeit von irrelevanten Alternativen zu lokern? Ein Beispiel findet sich bei Sen (1970), der von einem kardinalen Nutzenkonzept ausgeht, dessen Schnittstelle zum ordinalen Arrowschen Ansatz das Unabhängigkeitsaxiom ist. Das Unabhängigkeitsaxiom von Arrow besagt, daß sich an der kollektiven Rangfolge zweier Alternativen erst dann etwas ändern kann, wenn sich die individuellen Präferenzen bezüglich dieser Alternativen geändert haben. Nun können sich aber auch die individuellen Präferenzintensitäten ändern, ohne daß sich gleichzeitig die ordinalen individuellen Präferenzen ändern. Soll zugelassen werden, daß sich eine Änderung in der Gruppenentscheidung schon ergeben kann, wenn sich nur die individuellen Präferenzintensitäten ändern, muß das Arrowsche Unabhängigkeitsaxiom gelockert werden.

Oft wurde auch versucht, die Bedingung U abzuschwächen, das heißt die Klasse von zulässigen individuellen Präferenzen so einzuschränken, daß eine transitive Gruppenpräferenz abgeleitet werden kann. Bei geschickter Wahl (das heißt Einschränkung) des Definitionsbereichs kann die Mehrheitsregel eine vollständige transitive Gruppenpräferenz erzeugen.

Aus den oben aufgeführten vier Bedingungen wurden weitere Kriterien zur Beurteilung von Abstimmungsregeln abgeleitet. Einige sollen in Kapitel 13.3.3 dargestellt werden. Anhand eines Beispiels wollen wir zunächst demonstrieren, wie die Arrowschen Bedingungen die Klasse prinzipiell möglicher Aggregationsmechanismen einschränken.

13.3.2 Arrowsche Bedingungen und mögliche Aggregationsregeln

Arrow konnte für den Fall zweier zu beurteilender Alternativen zeigen, daß eine Aggregationsregel existiert, die alle Bedingungen erfüllt. Wir wollen anhand eines einfachen Beispiels (zwei Alternativen a und b, zwei Individuen I_1 und I_2)

verdeutlichen, wie die prinzipiell möglichen Aggregationsregeln durch die Arrowschen Bedingungen sukzessiv eingeschränkt werden (zur Idee Mangelsdorff 1990).

Stellen Sie sich einfach ein Ehepaar vor, das unter zwei Urlaubszielen zu entscheiden hat. Individuell wie auch kollektiv sind dann – den Fall der Indifferenz mitberücksichtigend – drei Präferenzordnungen möglich: $a \succ b$ (P1), $b \succ a$ (P2) und $a \sim b$ (P3). Wir suchen Aggregationsmechanismen, die die möglichen individuellen Präferenzen auf die möglichen kollektiven Präferenzen abbilden. Der Definitionsbereich der Aggregationsregel beinhaltet neun Elemente (neun verschiedene Kombinationen individueller Präferenzordnungen, sogenannte Präferenzordnungsprofile):

(P1 P1), (P1 P2), (P1 P3),
(P2 P1), (P2 P2), (P2 P3),
(P3 P1), (P3 P2), (P3 P3),

wobei die an erster Stelle angeführte Präferenzordnung immer die von I_1 und die an zweiter Stelle die von I_2 ist.

Wird ein Definitionsbereich mit neun Elementen auf eine Wertmenge mit drei Elementen (den drei kollektiven Präferenzordnungen) abgebildet, gibt es 3^9 = 19.683 mögliche Abbildungen, das heißt Aggregationsmechanismen. Die schon bei zwei Alternativen und zwei Individuen große Anzahl möglicher Aggregationsmechanismen wächst für drei Alternativen und drei Individuen auf 13^{2197} mögliche Aggregationsmechanismen (und trotz dieser unvorstellbar großen Zahl gibt es für diesen Fall keinen Mechanismus, der die Arrowschen Bedingungen erfüllt).

Wie bei Arrow wollen wir unerwünschte Aggregationsmechnismen eliminieren, indem wir Bedingungen formulieren, denen die zunächst möglichen 19.683 Aggregationsmechanismen genügen sollen. Zunächst wollen wir die Bedingung der Anonymität integrieren, die auch als erweiterte Nicht-Diktator-Bedingung bezeichnet wird und aus den Arrowschen Bedingungen abgeleitet werden kann. Sie fordert, daß es keine Rolle spielen darf, wer hinter den individuellen Präferenzen steht. Die Profile (P1 P2) und (P2 P1), (P1 P3) und (P3 P1) sowie (P2 P3) und (P3 P2) müssen jeweils auf gleiche Weise abgebildet werden. Dadurch verringert sich die Anzahl der zu berücksichtigenden Präferenzordnungsprofile auf sechs, und die Anzahl möglicher Aggregationsmechanismen wird auf 3^6 = 729 reduziert.

Als nächstes wollen wir die starke Pareto-Bedingung berücksichtigen, die fordert, daß das Ehepaar eine Alternative präferiert, wenn wenigstens ein Ehepartner die Alternative präferiert und der andere sie präferiert oder indifferent ist. Darüber hinaus verlangen wir, daß das Ehepaar indifferent ist, wenn beide Partner indifferent sind. Beide Bedingungen implizieren, daß beim Profil (P1 P2) alle drei Ergebnisse (P1, P2 oder P3) zulässig sind. Für die übrigen fünf Profile - durch die Anonymitätsbedingung sind ja drei Profile ausgeschieden - bleibt nur jeweils eine bestimmte Gruppenpräferenzordnung übrig. Die verbleibenden drei zulässigen Aggregationsregeln unterscheiden sich damit nur darin, welche kollektive Präferenzordnung sie dem Profil (P1 P2) zuordnen.

13.3.3 Weitere Kriterien zur Beurteilung von Abstimmungsregeln

Die von Arrow an einen Aggregationsmechanismus gestellten Anforderungen lassen sich auch als Kriterien für die Beurteilung von Abstimmungsregeln interpretieren. So könnten die verschiedenen Regeln zum Beispiel danach bewertet werden, ob sie das Axiom der Unabhängigkeit von irrelevanten Alternativen verletzen oder nicht. Über die von Arrow formulierten Bedingungen hinaus sind in der Literatur weitere Kriterien entwickelt worden, von denen wir einige kurz vorstellen möchten. Nurmi (1987) definiert eine Liste von Kriterien, anhand derer er ein breites Spektrum von Abstimmungsregeln überprüft und vergleicht.

Unter einem Condorcet-Gewinner wird die Alternative verstanden, die in jedem paarweisen Vergleich die meisten Stimmen erhält (vgl. zum Beispiel Alternative *c* in Tabelle 13.2). Analog wird ein Condorcet-Verlierer definiert. Wenn es einen Condorcet-Gewinner unter den Alternativen gibt, soll eine Abstimmungsregel den Gewinner auch als beste Alternative ermitteln. Auf keinen Fall soll eine Regel den Condorcet-Verlierer als beste Alternative bestimmen. Wie das Beispiel in Tabelle 13.4 zeigt, verstößt *Approval Voting* gegen beide Bedingungen (Nurmi 1987, S.57).

Tab. 13.4: *Approval Voting* und Condorcet-Kriterium

	4 Wähler	3 Wähler	2 Wähler
Beste Alternative	*a*	*b*	*c*
Mittlere Alternative	*b*	*c*	*b*
Schlechteste Alternative	*c*	*a*	*a*

Würden alle Wähler beim *Approval Voting* nur ihrer ersten Präferenz zustimmen, würde Alternative *a* gewählt. Bei den paarweisen Vergleichen unterliegt Alternative *a* sowohl Alternative *b* als auch Alternative *c*, das heißt *a* ist ein Condorcet-Verlierer. Trotz der Verletzung des Condorcet-Kriteriums wird das *Approval Voting* weiterhin benutzt; es besitzt eine Reihe positiver Eigenschaften (siehe Brams und Fishburn 1978). Denken Sie daran, alle Abstimmungsregeln verletzen zumindest eine wichtige Bedingung. Es stellt sich die Frage, ob es überhaupt sinnvoll ist, sich irgendein, möglicherweise sehr entlegenes, Beispiel einfallen zu lassen, bei dem eine bestimmte Regel ein bestimmtes Kriterium verletzt. Ohne Berücksichtigung der Wahrscheinlichkeit, mit der ein solcher Fall eintreten kann, bleibt die darauf aufbauende Kritik nur beschränkt aussagekräftig.

Weiterhin kann gefragt werden, wie die Gruppenpräferenz auf Änderungen der individuellen Präferenzordnungen reagiert. Eine Verbesserung der individuellen Bewertungen einer Alternative dürfte die Bewertung der Alternative durch die Gruppe nicht verschlechtern. Vergleichen Sie dazu das folgende Beispiel von Straffin (1980, S. 24), das in Tabelle 13.5 dargestellt ist.

Tab. 13.5: Mehrheitsregel und Änderung der individuellen Präferenz

	6 Wähler	5 Wähler	4 Wähler	2 Wähler
Beste Alternative	*a*	*c*	*b*	*b*
Mittlere Alternative	*b*	*a*	*c*	*a*
Schlechteste Alternative	*c*	*b*	*a*	*c*

Die Regel der absoluten Mehrheit wählt in der ersten Runde die Alternativen *a* und *b* aus. In der zweiten Runde wird *a* deutlich gegenüber *b* präferiert (11:6). Ändern die beiden Wähler mit der Präferenz $b \succ a \succ c$ ihre Präferenz zu $a \succ b \succ c$, wird die individuelle Bewertung von *a* verbessert. In der zweiten Runde der Mehrheitsregel gewinnt jetzt jedoch Alternative *c* gegen Alternative *a* (9:8). Die Präferenzverschiebung zugunsten von Alternative *a* führt dazu, daß *a* nicht länger von der Gruppe präferiert wird.

Bisher haben wir vorausgesetzt, daß Gruppenmitglieder ihre wahre Präferenz angeben. Es ist für einen Entscheider unter Umständen möglich, durch Angabe einer falschen Präferenz die Gruppenentscheidung zu seinen Gunsten zu beeinflussen. Geben Individuen falsche Präferenzen an, spricht man im Rahmen der Kollektiventscheidungstheorie von strategischem Verhalten. Für die Betrachtung von Abstimungsregeln muß jetzt untersucht werden, wie empfindlich eine Regel auf strategisches Verhalten reagiert bzw. ob sich die Ergebnisse der Abstimmung durch strategisches Verhalten manipulieren lassen. Gibbard (1973) und Satterthwaite (1975) konnten zeigen, daß es keine Abstimmungsregel gibt, die gegen jegliche Formen strategischen Verhaltens resistent ist. Dieses sogenannte Gibbard-Satterthwaite-Theorem hat neben Arrows Theorem einen wichtigen Platz in der Kollektiventscheidungstheorie eingenommen.

An einem Beispiel (Tabelle 13.6) wollen wir zeigen, wie *Approval Voting* gegen das Kriterium der Nicht-Manipulierbarkeit verstoßen kann.

Tab. 13.6: *Approval Voting* und strategisches Verhalten

	Person 1	Person 2	Person 3
Beste Alternative	*a*	*b*	*c*
Mittlere Alternative	*b*	*a*	*a*
Schlechteste Alternative	*c*	*c*	*b*

Wir wollen annehmen, daß Person 1 und Person 2 jeweils ihren beiden am stärksten präferierten Alternativen zustimmen. Person 3 stimmt nur Alternative *c* zu. *Approval Voting* führt dazu, daß *a* und *b* je zwei Stimmen erhalten. Diese Patt-Situation könnte Person 3 dadurch verhindern, daß sie entweder *c* und *a* oder nur *a* zustimmt. Wenn Person 3 nur *a* zustimmt, gibt sie eine falsche Präferenz an.

Damit sich ein Gruppenmitglied erfolgreich strategisch verhalten kann, muß es die Abstimmungsregel kennen und genaue Vorstellungen über das Abstimungsverhalten der übrigen Gruppenmitglieder besitzen. Um spieltheoretische Überlegungen vermeiden zu können, muß der Entscheider auch sicher sein, daß kein anderes Gruppenmitglied strategisches Verhalten zeigt. Finden Sie strategisches Abstimmungsverhalten interessant, schauen Sie sich einmal die Arbeit von Levine und Plott (1977) an, die beschreiben, wie sie strategisches Verhalten erfolgreich in ihrem Privatleben angewendet haben. Ein weiteres Beispiel finden Sie in Schauenberg (1992b), der das Abstimmungsverhalten des Internationalen Olympischen Kommitees über den Austragungsort der Sommerspiele 1996 untersucht (siehe das Anwendungsbeispiel am Ende dieses Kapitels).

Wie schon wiederholt festgestellt, gibt es leider keine Wahlregel, die allen an sie gestellten, sinnvollen Bedingungen genügt. Bei der Auswahl der Aggregationsregel müssen daher Werturteile derart getroffen werden, daß die Erfüllung eines Kriteriums als wichtiger erachtet wird als die eines anderen. Welche Regel gewählt wird, kann von der Situation oder von Gesichtspunkten der praktischen Durchführbarkeit bestimmt sein. Verfahrensmäßig aufwendige Regeln sollten sicherlich kleinen, überschaubaren Gremien vorbehalten bleiben. Abstimmungsregeln, die auf strategisches Wahlverhalten empfindlich reagieren, können in großen, unüberschaubaren Gruppen eingesetzt werden. Hier ist kaum damit zu rechnen, daß ein Einzelner in der Lage ist, durch strategisches Verhalten die Gruppe zu beeinflussen.

13.4 Kardinale Präferenzen

Im bisherigen Verlauf des Kapitels haben wir ordinale Präferenzen betrachtet. Es war ausschließlich von Interesse, ob ein Gruppenmitglied eine bestimmte Alternative einer anderen vorzieht, egal mit welcher Stärke dies möglicherweise der Fall war. Stellen Sie sich jedoch die Situation vor, daß Sie mit Ihrem Partner essen gehen möchten. Sie haben die Wahl zwischen einem Fischlokal und einem gutbürgerlichen Lokal. Ihr Partner hat eine schwache Präferenz für das Fischlokal, Sie jedoch hassen Fisch und lieben gutbürgerliche Küche. Aggregationsregeln, die auf ordinalen Präferenzen basieren, führen zu einer Patt-Situation, da jede Alternative einmal präferiert wird. Berücksichtigen sie jedoch die Stärke der Präferenz, werden Sie ein vergnügliches Essen bei gutbürgerlicher Küche genießen können.

Dieses einfache Beispiel verdeutlicht, daß die Berücksichtigung der Präferenzintensitäten voraussetzt, daß Wert- bzw. Nutzengrößen verschiedener Personen miteinander verglichen werden können. Wer sagt denn, daß die schwache Präferenzintensität Ihres Partners wirklich weniger wert ist als Ihre starke Intensität? Bei multiattributiven Wertfunktionen gibt es den Entscheider, der die Wertfunktionen der einzelnen Ziele beurteilt und gegeneinander abwägt. Solch einen Entscheider (bei Gruppenentscheidungen spricht man auch von einem „Überentscheider") gibt es bei Gruppenentscheidungen in der Regel nicht, obwohl es vorkommt, daß Gruppenmitglieder, die sich nicht einigen können, die Entscheidung einem unparteiischen Schlichter überlassen. Viele Gruppenentscheidungstheoretiker sind der Meinung, daß Nutzen ein ausschließlich subjektives Konzept ist und somit auch nicht über Personen hinweg verglichen werden kann. Tatsächlich werden interpersonelle Nutzenvergleiche, das heißt Abwägungen von individuellen Präferenzintensitäten, im Leben permanent durchgeführt. Wenn Sie einem Bettler fünf Mark geben, haben Sie vielleicht schon einen interpersonellen Nutzenvergleich durchgeführt. Interpersonelle Nutzenvergleiche sind auch deswegen von Interesse, weil durch sie das Arrowsche Unmöglichkeitstheorem überwunden werden kann.

Wir werden im folgenden einen kurzen Überblick über Modelle zur Gruppenentscheidung geben, die von kardinalen Präferenzen ausgehen. Dazu werden im nächsten Abschnitt (13.4.1) zunächst anhand eines Beispiels verschiedene Konzepte der Wert- bzw. Nutzenvergleichbarkeit dargestellt. Abschließend stellen wir zwei Möglichkeitstheoreme vor, zu denen man gelangt, wenn man die Möglichkeit interpersonellen Nutzenvergleichs akzeptiert. Das erste Theorem ist für Entscheidungen unter Sicherheit formuliert, während das zweite sich auf Risikoentscheidungen bezieht.

13.4.1 Verschiedene Konzepte der Nutzenvergleichbarkeit

In Tabelle 13.7 wird eine Entscheidungssituation dargestellt, in der die drei Mitglieder einer Gruppe I_1, I_2 und I_3 den drei zur Auswahl stehenden Alternativen *a*, *b* und *c* den in der Tabelle angegebenen Wert bzw. Nutzen beimessen. Wir wollen bei der weiteren Diskussion zur Vereinfachung von sicheren Erwartungen ausgehen.

Tab. 13.7: Beispiel zu Konzepten der Wertvergleichbarkeit

Alternative	Person I_1	Person I_2	Person I_3
a	0,80	0,15	0,20
b	0,50	0,40	0,30
c	0,35	0,90	0,10

Im folgenden werden wir der Frage nachgehen, wie sich die Zahlen interpretieren lassen, je nachdem, welches Meßniveau unterstellt und welche Annahme über die interpersonelle Vergleichbarkeit getroffen wird.

- *Ordinale Nichtvergleichbarkeit:* Diese von Arrow getroffene Annahme bedeutet, daß die Präferenzen eines Individuums nur auf einer Ordinalskala gemessen werden. Ordinale Vergleiche über Präferenzstärken zwischen Gruppenmitgliedern sind nicht zulässig. Bezogen auf das Beispiel in Tabelle 13.7 läßt sich nur sagen, daß Gruppenmitglied I_1 Alternative *a* besser findet als Alternative *b* und diese wiederum besser als Alternative *c*. Die angegebenen Zahlen lassen sich nur in dem Maße interpretieren, wie getroffene Aussagen auch nach Durchführung beliebiger monoton steigender Transformationen gültig bleiben. Die interpersonelle Vergleichsaussage, I_2 geht es bei Realisation von Alternative *c* besser als I_3, ist nicht zulässig.
- *Ordinale Vergleichbarkeit:* Diese besagt, daß ordinale Vergleiche zwischen Präferenzstärken einzelner Gruppenmitglieder zulässig sind. Die Menge zulässiger Transformationen ist jetzt auf für alle Individuen identische monoton stei-

gende Transformationen eingeschränkt. Damit ist sichergestellt, daß ordinale Wertrelationen immer erhalten bleiben. Egal welche monoton steigende Transformation durchgeführt wird, es wird immer gelten, daß zum Beispiel Alternative *b* für I_1 einen höheren Präferenzwert erhält als Alternative *b* für I_2 oder I_3. Über von den Individuen in ihren Präferenzen empfundene Intensitäten ist damit aber noch nichts ausgesagt.

- *Kardinale Nichtvergleichbarkeit:* Hier wird unterstellt, daß die Gruppenmitglieder ihre Präferenz durch eine meßbare Wertfunktion abbilden. Die Abstände zwischen den Werten können demnach als Präferenzintensitäten interpretiet werden: I_2 findet zum Beispiel den Übergang von *b* zu *c* besser als den Übergang von *a* zu *b*. Bei diesem Meßniveau reduziert sich die Menge zulässiger Transformationen auf positiv lineare Transformationen, durch die Abstandsrelationen unberührt bleiben. Da jedes Gruppenmitglied noch seine eigene Transformation der Werte durchführen darf, ist eine Vergleichbarkeit der Werte nicht gewährleistet.
- *Kardinale Vergleichbarkeit:* Hier wird wieder unterstellt, daß alle Gruppenmitglieder meßbare Wertfunktionen besitzen. Die Vergleichbarkeit der Werte wird dadurch gewährleistet, daß alle Mitglieder ihre Wertfunktion nur noch identisch transformieren dürfen. Im Beispiel würde die kardinale Vergleichbarkeit, die die ordinale Vergleichbarkeit einschließt, bedeuten, daß I_1 den Übergang von *b* zu *a* wichtiger findet als I_2 oder I_3 den Übergang von *a* zu *b*.

Kardinale Vergleichbarkeit führt zu Möglichkeitstheoremen. Es lassen sich ganz im Sinne der axiomatischen Vorgehensweise der Entscheidungstheorie Axiome definieren, die mit der Annahme interpersoneller Wertvergleichbarkeit kombiniert, zu Gruppenentscheidungsregeln führen. Einen Überblick bieten Boadway und Bruce (1980), Sen (1986) und Weber (1983). Wir wollen Ihnen im folgenden zwei Möglichkeitstheoreme vorstellen, bei denen die individuellen Wert- bzw. Nutzenfunktionen auf additive Weise zu einer Gruppenwert- bzw. Nutzenfunktion aggregiert werden.

13.4.2 Möglichkeitstheoreme bei kardinaler Vergleichbarkeit

Betrachten wir zunächst den Fall der Entscheidung unter Sicherheit. Keeney und Raiffa (1976, S. 524 ff.) behandeln den im weiteren vorgestellten Fall der Wertfunktionen. Dyer und Sarin (1979b) leiten Gruppenwertfunktionen basierend auf meßbaren individuellen Wertfuktionen ab.

Der Gruppe liegen die individuellen Wertfunktionen v_i der *m* Gruppenmitglieder vor ($m \geq 3$). Um die Gruppenwertfunktion in Abhängigkeit von den individuellen Wertfunktionen bestimmen zu können, müssen zwei Bedingungen erfüllt sein:

- *Präferenzunabhängigkeit:* Sind alle $m - 2$ Gruppenmitglieder außer *i* und *j*, $i \neq j$, zwischen zwei Alternativen *a* und *b* indifferent, so wird die Gruppenpräferenz bezüglich der Alternativen *a* und *b* nur durch die Präferenzen der Gruppenmitglieder *i* und *j* bestimmt.

- *Ordinale positive Assoziation:* Nimmt beim Übergang von einer Alternative a zu einer Alternative b der Wert einer individuellen Wertfunktion v_i zu, während er bei allen anderen Wertfunktion v_j, $i \neq j$, gleich bleibt, so nimmt auch der Wert der Gruppenwertfunktion zu.

Ist die Gruppenwertfunktion differenzierbar, müssen ihre partiellen Ableitungen bezüglich ihrer Argumente, der individuellen Wertfunktionen, positiv sein. Mit anderen Worten: Schon dann, wenn der Übergang von einer zu einer anderen Alternative nur für ein einziges Mitglied mit einem Wertzuwachs verbunden ist, während sich für alle anderen Mitglieder dadurch nichts ändert, so soll diese von der Gruppe bevorzugt werden.

Genau dann, wenn die beiden Bedingungen erfüllt sind, besitzt die Gruppenwertfunktion $v(x)$ die folgende additive Form:

$$v(x) = \sum_{i=1}^{m} v_i * [v_i(x)]. \tag{13.1}$$

Hierbei ist v_i die zwischen 0 und 1 normierte Wertfunktion von Individuum i und v_i* die positive monotone Transformation von v_i, die die interpersonellen Vergleiche der individuellen Präferenzen wiedergibt.

Die vorliegenden individuellen Wertfunktionen müssen jeweils so transformiert werden, daß auf der Grundlage der sich ergebenden Werte Vergleichsaussagen getroffen werden können, wie wir dies im Beispiel (Tabelle 13.7) bei kardinaler Vergleichbarkeit getan haben. Die Funktionen v_i* bilden den problematischen interpersonellen Nutzenvergleich ab. Ein aus theoretischer Sicht befriedigendes Verfahren zur Bestimmung der Transformationsfunktionen v_i* gibt es nicht. Dennoch: Wenn es der Gruppe - wie auch immer - gelingt, sich über die Funktionen v_i* zu einigen, stellt die obige Form der Gruppenwertfunktion den adäquaten Weg zur Lösung des Gruppenentscheidungsproblems dar: Die sich für jede einzelne Alternative ergebenden Werte der transformierten individuellen Wertfunktionen werden zum Gruppen(gesamt)wert addiert, und die Alternative mit dem höchsten Gruppen(gesamt)wert wird gewählt.

Im Falle von meßbaren Wertfunktionen kann basierend auf ähnlichen Bedingungen eine Gruppenwertfunktion abgeleitet werden, bei der die Gruppenwertfunktion die gewichtete Summe der individuellen Wertfunktionen ist, das heißt die Funktionen v_i* vereinfachen sich zu Gewichten:

$$v(x) = \sum_{i=1}^{m} w_i v_i(x). \tag{13.2}$$

Völlig analog leitete Harsanyi (1955) für den Fall der Risikoentscheidung und kardinaler Vergleichbarkeit das additive Modell her, wobei der Gruppennutzen u einer Alternative die Summe der mit w_i gewichteten Einzelnutzen $u_i(x)$ ist:

$$u(x) = \sum_{i=1}^{m} w_i u_i(x). \tag{13.3}$$

Die Anzahl der Gremienmitglieder muß dabei mindestens drei betragen. Notwendig und hinreichend für die additive Form bei unsicheren Erwartungen ist, daß individuelle und kollektive Präferenzen den von Neumann-Morgenstern-Axiomen genügen. Weiterhin ist die Gruppe indifferent zwischen zwei Alternativen, die in Form von Wahrscheinlichkeitsverteilungen über die Menge der Konsequenzen definiert sind, wenn alle Mitglieder zwischen diesen Alternativen indifferent sind.

Möchten Sie eine der beiden gewichteten additiven Funktionsformen zur Entscheidungsunterstützung heranziehen, ohne jedem Gremienmitglied von vorneherein das gleiche Gewicht zuzuordnen, müssen Sie zunächst eine Einigung bezüglich der Gewichtungsfaktoren w_i erzielen. Dies können Sie durch Diskussion oder durch einen formalen Prozeß (vgl. Bodily 1979) erreichen.

Fragen und Aufgaben

13.1

Wir haben Ihnen fünf verschiedene Abstimmungsregeln vorgestellt. Formulieren Sie weitere drei Abstimmungsregeln! Versuchen Sie dabei, Regeln zu finden, die Ihnen akzeptabel erscheinen. Welche Alternative in dem Beispiel aus Tabelle 13.1 wird bei Anwendung Ihrer Regeln jeweils gewählt?

13.2

Jede Abstimmungsregel verstößt mindestens gegen ein Arrowsches Axiom. Gegen welche Axiome verstoßen die von Ihnen in Aufgabe 13.1 formulierten Regeln?

13.3

Angenommen, Fraktion 3 ist im Beispiel von Tabelle 13.1 über die Präferenzen von Fraktion 1 und 2 unterrichtet. Wie kann Fraktion 3 durch strategisches Verhalten die Gruppenentscheidung bei den in 13.2.1 bis 13.2.6 vorgestellten Abstimmungsregeln in ihrem Sinne beeinflussen?

ANWENDUNGSBEISPIEL

Die Hare-Regel und das IOC

Quelle: Schauenberg, B.: Die Hare-Regel und das IOC, *Zeitschrift für betriebswirtschaftliche Forschung*, Jg. 44, 1992, S. 426-444

Die Hare-Regel

Die übliche Vorgehensweise bei der Hare-Regel kann wie folgt beschrieben werden:

1. Alle Mitglieder geben zunächst eine Stimme ab.
2. Erreicht eine Alternative mehr als 50% der Stimmen, so ist sie die Majoritätsalternative und gewählt.
3. Erreicht keine Alternative eine Stimmenmehrheit von 50%, so wird die Alternative mit den wenigsten Stimmen eliminiert und ein weiterer Wahlgang durchgeführt.
4. Die Schritte 1 - 3 werden so lange wiederholt, bis eine Alternative eine Stimmenmehrheit von 50% auf sich vereinigen kann.

Die Hare-Regel findet sich in der Literatur in einer Vielzahl von Varianten. Hierbei beziehen sich die Unterschiede sowohl auf Bestandteile der Regel, z. B. wie bei Stimmengleichheit die zu eliminierende Alternative festzulegen ist, wie auch auf die Organisation des Entscheidungsprozesses. Eine diesbezügliche, für das Fallbeispiel wichtige Unterscheidung ist etwa die Frage, ob Zwischenergebnisse während des Verfahrens den Mitgliedern der Gruppe bekannt gemacht werden oder nicht.

Das Fallbeispiel

Am 18. September 1990 entschied das International Olympic Committee (IOC) über den Austragungsort der Olympischen Sommerspiele 1996. Anders als von vielen Experten erwartet entschieden sich die IOC-Mitglieder gegen Athen und für Atlanta. Neben dem Einfluß des Hauptsponsors für Atlanta wurde in der Öffentlichkeit auch die verwendete Hare-Abstimmungsregel als Grund für das unerwartete Ergebnis diskutiert.

Die Ausgangssituation

Den 86 IOC-Mitgliedern standen 6 Alternativen zur Wahl:

Atlanta	Melbourne
Athen	Manchester
Toronto	Belgrad

Ein Wahlleiter rief die einzelnen Durchgänge des Abstimmungsprozesses auf und gab die Zwischenergebnisse der Wahlgänge bekannt. Die Mitglieder gaben keine Wahlscheine ab. Zur Majorität waren 44 Stimmen notwendig. Die Tabelle zeigt die auf die einzelnen Alternativen entfallenden Stimmen je Wahlgang (*d* bezeichnet die jeweiligen Durchgänge). Schrittweise wurden Belgrad, Manchester, Melbourne und Toronto eliminiert. In der Schlußabstimmung setzte sich Atlanta gegen Athen mit 51 zu 35 Stimmen durch.

a_j \ d	1	2	3	4	5
Atlanta	19	20	26	34	51
Athen	23	23	26	30	35
Toronto	14	17	18	22	-
Melbourne	12	21	16	-	-
Manchester	11	5	-	-	-
Belgrad	7	-	-	-	-

Der erste Durchgang

Die erste Spalte in Tabelle I zeigt, daß die Stimmen breit gestreut sind und voraussichtlich mehrere Wahlgänge notwendig sein werden, um die beste Alternative zu ermitteln. Dies bedeutet, daß der Grundgedanke der Hare-Regel, die Alternative auszuwählen, die in den individuellen Präferenzordnungen häufig oben steht, zum Tragen kommen wird. Als Konsequenz des ersten Durchgangs wird Belgrad gestrichen.

Der zweite Durchgang

Haben alle Mitglieder im ersten Wahlgang aufrichtig abgestimmt, dürfte sich die Stimmenzahl keiner verbleibenden Alternative verkleinern und müßten sich die 7 Stimmen für Belgrad aus dem ersten Durchgang auf die verbleibenden Alternativen verteilen. Betrachtet man das Ergebnis des zweiten Durchgangs, fällt aber auf, daß sich die Stimmenzahl für Manchester um 6 Stimmen verringert und diese Stimmen zusammen mit den 7 Stimmen von Belgrad vor allem Melbourne zu Gute kommen (12→21 Stimmen). Unter der Bedingung, nur beobachtbare Stimmenwechsel zu interpretieren, und solange wie möglich rationales Verhalten der Mitglieder anzunehmen, kann das Ergebnis wie folgt interpretiert werden. Die Mitglieder, die im ersten Durchgang für Belgrad gestimmt haben, sind nun zu ihrer Zweitpräferenz gewechselt. Die 6 Mitglieder, die im ersten Durchgang für Manchester gestimmt haben, haben sich taktisch verhalten. Sie haben dem Zwischenergebnis des ersten Durchgangs entnommen, daß Manchester im zweiten Durchgang mit hoher Wahrscheinlichkeit eliminiert werden wird und haben deshalb ihre Stimme ihrer Zweitpräferenz gegeben. Als Resultat dieses Verhaltens kann nicht mehr auf die Zweitpräferenz der Belgrad-Wähler des ersten Durchgangs geschlossen werden.

Der dritte Durchgang

Das Ergebnis dieses Durchgangs läßt sich nun nicht mehr rational rekonstruieren. D.h., einige Mitglieder des Kommittees haben sich entweder irrational oder strategisch verhalten. Entsprechend der Hare-Regel dürften bei aufrichtigem Abstimmungsverhalten lediglich die 5 Stimmen der eliminierten Alternative als Zugewinn der verbleibenden Alternativen auftauchen. Tatsächlich verliert aber Melbourne ebenfalls 5 Stimmen, so daß sich insgesamt 10 Stimmen auf die verbleibenden Alternativen verteilen. Atlanta gewinnt 6 Stimmen, Athen 3 Stimmen und Toronto 1 Stimme. Der Stimmenverlust von Melbourne führt dazu, daß Melbourne vom zweiten Platz nach dem zweiten Durchgang auf den vierten Platz nach dem dritten Durchgang zurückfällt und eliminiert wird. Interpretiert man das Verhalten der 5 ehemaligen Melbourne-Wähler vor dem Hintergrund der verfügbaren Informationen aus den Zwischenergebnissen, so erscheint ihr Wechsel völlig unverständlich. Aus Sicht dieser 5 Mitglieder war doch vor allem das Verhalten der 5 ehemaligen Manchester-Wähler von Interesse, da ihre Stimmen aufgrund der Eliminierung von Manchester auf jeden Fall neu zu verteilen waren. Wechseln alle 5 Manchester-Wähler zu Toronto, so würde Atlanta eliminiert. Wechseln nur vier Manchester-Wähler zu Toronto, so kommt es nur in dem Fall, daß eine Stimme zu Atlanta wechselt, zu einem Stechen zwischen Atlanta, Toronto und Melbourne. Wechseln 3 oder weniger Manchester-Wähler zu Toronto, so wird entweder Toronto eliminiert, oder es kommt zu einem Stechen zwischen Toronto und Atlanta. Aus den Informationen der Zwischenergebnisse konnten die 5 ehemaligen Melbourne-Wähler also nicht auf eine Bedrohung von Melbourne schließen. Ihr Abstimmungsverhalten kann damit ohne Annahmen über strategisches Verhalten nicht rational begründet werden. Ziel strategischen Verhaltens bei der Hare-Regel ist häufig die Beinflußung der Eliminationsfolge. Betrachtet man die 5 ehemaligen Melbourne-Wähler als strategische Koalition, so wäre es z.B. denkbar, daß sie ihre laufende Erstpräferenz opfern, um den Sieger bei aufrichtigem Verhalten zu verhindern und ihre Zweitpräferenz durchzusetzen. Ein solches Verhalten ist im vorliegenden Fall jedoch widersinnig, da bei einem Wechsel von Melbourne auf z.B. Atlanta Melbourne geopfert wird, was eine laufende Erstpräferenz für Melbourne impliziert, gleichzeitig aber auch das Ziel des Eliminationsversuchs ist. Eine weitere strategische Vorgehensweise wäre darin zu sehen, daß eine Koalition versucht hat, durch die Vergabe von „Leihstimmen“ an eine dritte Alternative, den Sieger bei aufrichtigem Verhalten zu eliminieren um im nächsten Durchgang die von ihr bevorzugte Alternative (Erstpräferenz) durchzusetzen. Der Fehler der Koalition hätte dann darin gelegen, zu viele „Leihstimmen“ vergeben zu haben, so daß die eigentliche Erstpräferenz eliminiert wurde. In beiden Fällen wäre die Strategiebildung irrational gewesen. Bezieht man zusätzlich unterschiedliche Erwartungen über das Verhalten der anderen Mitglieder ein, lassen sich weitere Strategien denken, die hier im einzelnen nicht besprochen werden sollen.

Der vierte Durchgang

Im vierten Durchgang findet sich nun kein Anhaltspunkt für taktisches oder strategisches Verhalten mehr. Die 16 Stimmen, die durch die Eliminierung von Melbourne zur Verteilung anstehen, entsprechen genau dem Stimmenzuwachs der verbleibenden Alternativen. Als Ergebnis dieses Durchgangs wird Toronto mit 22 Stimmen eliminiert.

Der fünfte Durchgang

Im letzten Durchgang setzt sich Atlanta mit 51 Stimmen deutlich gegen Athen mit 35 Stimmen durch. Selbst wenn man die Interpretationsschwierigkeiten im zweiten und dritten Durchgang berücksichtigt, zeigt sich damit Atlanta als klarer Mehrheitssieger über Athen. Aufgrund der verschiedenen Durchgänge kann vermutet werden, daß Athen eine polarisierende Alternative war, d. h. in den individuellen Präferenzordnungen entweder relativ weit vorn oder relativ weit hinten plaziert war.

Kapitel 14: Deskriptive Präferenztheorien

14.0 Zusammenfassung

1. Deskriptive Präferenztheorien versuchen intuitives Entscheidungsverhalten zu beschreiben.
2. Es gibt eine Vielzahl systematischer Abweichungen von dem durch die Nutzentheorie vorhergesagten Verhalten.
3. Wir werden vier systematische Abweichungen besprechen: das Allais-Paradoxon, das Ellsberg-Paradoxon, Referenzpunkteffekte und eine systematische Abweichung vom Wahrscheinlichkeitskalkül.
4. Deskriptive Präferenztheorien können die Grundlage für ein breites Spektrum ökonomischer Modelle bieten.
5. Sie lernen deskriptive Präferenztheorien kennen, die die Erwartungsnutzentheorie erweitern (Prospect-Theorie, Rangplatzabhängige Nutzentheorien, Kumulative Prospect-Theorie, Disappointment-Theorien, Regret-Theorie), die die subjektive Erwartungsnutzentheorie verallgemeinern (Choquet-Nutzentheorie und Kumulative Prospect-Theorie), und eine Theorie, die eine Abbildung von Referenzpunkteffekten in der multiattributiven Werttheorie ermöglicht.
6. Die Entwicklung und die empirische Überprüfung der deskriptiven Präferenztheorien steht genau so am Anfang wie die Anwendung der Theorien auf ökonomische Fragestellungen.

14.1 Deskriptive Präferenztheorien und rationales Verhalten

Mit diesem Buch versuchen wir, Ihnen Anleitungen zum rationalen Entscheiden zu geben. Wir haben dazu in den bisherigen Kapiteln Theorien und Vorgehensweisen vorgestellt, die Ihnen oder einer Gruppe von Entscheidern helfen sollen, die optimale Alternative auszuwählen oder eine Reihung von Alternativen vorzunehmen. Für den Fall, daß Sie bestimmte Axiome als Grundlage Ihres Verhaltens akzeptieren, leiten Wert- oder Nutzentheorie das korrekte Entscheidungskriterium und die Methoden zur Bestimmung der relevanten Wert- oder Nutzenfunktionen ab.

In diesem Kapitel wollen wir einen kleinen Ausflug in die deskriptive Entscheidungstheorie unternehmen. Wie schon in Kapitel 1 dargestellt, versucht die deskriptive Theorie, das tatsächliche, intuitive Entscheidungsverhalten von Menschen abzubilden. Warum fügen wir dieses Kapitel in ein Buch ein, das sich mit Anleitungen zum rationalen Entscheiden beschäftigt?

Bei der Ermittlung von Wert-, Nutzen- und Wahrscheinlichkeitsfunktionen zeigte sich, daß die präskriptive Entscheidungstheorie hohe Anforderungen an die Konsistenz der Urteile von Entscheidern stellt. Abhängig von der verwendeten Befragungsmethode konnten zum Beispiel systematische Verzerrungen bei der Ermittlung von Nutzenfunktionen auftreten. Um verhaltenswissenschaftliche Probleme im Rahmen der präskriptiven Entscheidungstheorie zu antizipieren und nach Möglichkeit zu lösen, ist eine gewisse Kenntnis des intuitiven Entscheidungsverhaltens unumgänglich.

Eine weitere Berechtigung besitzt dieses Kapitel durch die spezielle Auswahl des Bereichs der deskriptiven Entscheidungstheorie, die hier präsentiert wird. Wir können und wollen nicht die ganze Breite der deskriptiven Theorie darstellen. Die Psychologie beschäftigt sich in weiten Teilbereichen schon seit ihren Anfängen damit, menschliches Entscheidungsverhalten zu erklären und vorherzusagen. In diesem Kapitel werden wir nahe an der Vorgehensweise der vorigen Kapitel bleiben. Wir werden, wie bisher, Axiomensysteme definieren und darauf aufbauend Präferenztheorien ableiten. Im Unterschied zur Wert- und Nutzentheorie bilden die in diesem Kapitel vorgestellten Axiome und Theorien nicht mehr die Grundlage rationalen Verhaltens, sondern versuchen, intuitives Entscheidungsverhalten zu beschreiben. Wir sprechen daher von deskriptiven Präferenztheorien. Dieser Teil der Entscheidungstheorie wird in der englischsprachigen Literatur auch als *Behavioral Decision Theory* bezeichnet.

Die bisher genannten Gründe müssen Sie natürlich noch nicht überzeugen, dieses Kapitel zu lesen. Wenn Sie nur daran interessiert sind, rationales Entscheiden zu lernen, sollten Sie zwar etwas über systematische Verzerrungen wissen, deskriptive Präferenztheorien sind für Sie jedoch irrelevant. Die folgenden Ausführungen sind ein Angebot, mit dem wir Ihnen einige wenige der interessanten Entwicklungen der deskriptiven Entscheidungstheorie näherbringen wollen. Wir hoffen, daß es Ihnen so geht wie vielen Forschern in der Betriebs- und Volkswirtschaftslehre. Diese haben in den letzten Jahren ein verstärktes Interesse an deskriptiven Präferenztheorien entwickelt, da es für die Ableitung ökonomischer Theorien wünschenswert ist, tatsächliches Entscheidungsverhalten mathematisch beschreiben zu können. Einige stark vereinfachte Beispiele sollen diese Behauptung belegen.

Im Marketing versucht man, Marktanteile von Produkten vorherzusagen. Dazu ist es hilfreich, über Theorien zu verfügen, die vorhersagen, wie Konsumenten zu Kaufentscheidungen kommen. Nimmt man die Kapitalmärkte als weiteres Beispiel, so stellt der Markt nichts anderes als eine Aggregation von Angebot und Nachfrage nach bestimmten Wertpapieren dar. Könnte das Kauf- und Verkaufsverhalten von Anlegern aufgrund von Erkenntnissen der deskriptiven Entscheidungsforschung vorhergesagt werden, könnten daraus Aussagen über Gleichgewichtspreise abgeleitet werden. Die Prinzipal-Agenten-Theorie ist ein zentraler Bestandteil der modernen Organisationstheorie. Eines der Ziele dieser Forschungsrichtung ist es, Verhalten von Agenten durch Anreizsysteme so zu steuern, daß der Agent den erwarteten Nutzen des Prinzipals maximiert. Ob die auf Basis des Nutzenkalküls (zur Beschreibung des Verhaltens des Agenten) abgeleiteten Anreizsysteme wirklich die gewünschte Wirkung zeigen, wäre eine im Rahmen der deskriptiven Entscheidungsforschung zu beantwortende Frage.

Die Liste der Anwendungsmöglichkeiten der deskriptiven Präferenztheorien läßt sich fortsetzen. Wir wollen in diesem Kapitel jedoch nicht die Anwendungen deskriptiver Theorien vorstellen, sondern einige wenige deskriptive Theorien selber kennenlernen (zur Anwendung und Relevanz deskriptiver Theorien für die Investitions- und Finanzierungstheorie vgl. beispielsweise Weber 1990 und 1991). Wir präsentieren dazu im nächsten Abschnitt des Kapitels typisches intuitives Entscheidungsverhalten, das von dem durch die Nutzen- und Werttheorie definierten rationalen Verhalten abweicht. In den darauf folgenden Abschnitten werden deskriptive Präferenztheorien vorgestellt, die den Anspruch erheben, zumindest Teilaspekte des abweichenden Verhaltens zu modellieren. Beide Abschnitte (14.2 und 14.3) können nur auf ausgewählte Literatur hinweisen. Eine ausführlichere Darstellung finden Sie in Jungermann, Pfister und Fischer (1998).

14.2 Beispiele für von der Risikonutzentheorie abweichendes intuitives Verhalten

In diesem Abschnitt werden vier Effekte ausführlicher präsentiert, anhand deren sich das Auseinanderfallen von intuitiven Präferenzen und durch die Nutzentheorie beschriebenen Präferenzen deutlich demonstrieren läßt. Diese Effekte sind auch dadurch gekennzeichnet, daß (deskriptive) Theorien existieren, die in der Lage sind, diese Effekte zu modellieren (vgl. Abschnitt 14.3). Einige dieser auch als Paradoxa bezeichneten Phänomene wurden im Verlaufe des Buches an einigen Stellen schon einmal angesprochen. Abschließend werden weitere, nicht mit der Nutzentheorie zu vereinbarende Phänomene in Form einer Übersicht kurz vorgestellt.

14.2.1 Das Allais-Paradoxon

Das Unabhängigkeitsaxiom stellt einen der Hauptbausteine der Erwartungsnutzentheorie dar. Wie unter anderem mit Hilfe des Drei-Ergebnis-Diagramms gezeigt wurde, schränkt dieses Axiom die Menge der mit der Nutzentheorie verträglichen Präferenzen stark ein. Es wäre daher schon verwunderlich, wenn Entscheider dieses Axiom intuitiv nicht verletzten. Allais (1953) hat Beispiele definiert, in denen die meisten Entscheider das Unabhängigkeitsaxiom verletzen. Abbildung 14-1 präsentiert zwei Lotteriepaare, die einem der sogenannten Allais-Paradoxa entsprechen. Einem Entscheider werden zwei Lotteriepaare vorgelegt, bei denen das Unabhängigkeitsaxiom voraussagt, daß die Präferenz im ersten Paar (*a* und *b*) mit der im zweiten Paar (*a'* und *b'*) übereinstimmen muß. Das zweite Paar unterscheidet sich vom ersten Paar nur dadurch, daß beide Lotterien des ersten Paares mit derselben, das heißt irrelevanten, dritten Lotterie (c = (0 €, 1)) verknüpft wurden, d. h. es gilt $a' = 0{,}25\ a + 0{,}75\ c$ und $b' = 0{,}25\ b + 0{,}75\ c$.

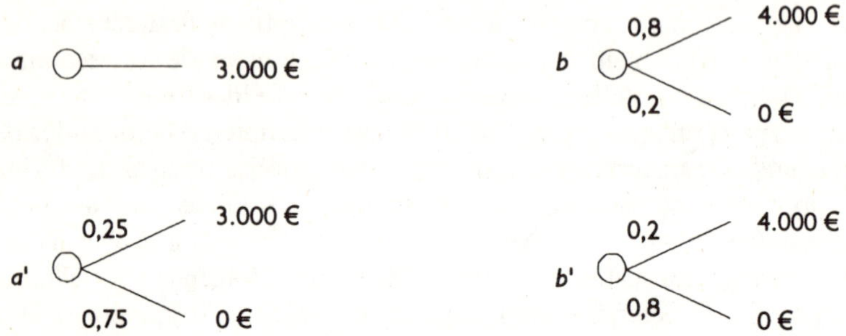

Abb. 14-1: Das Allais-Paradoxon

Die meisten Entscheider, die sich zwischen den in Abbildung 14-1 vorgestellten Alternativen entscheiden müssen, präferieren *a* gegenüber *b*, da ihnen der sichere Betrag von 3.000 € lieber ist als die riskante Chance, 4.000 € zu erhalten. Beim zweiten Paar präferiert die Mehrheit *b'* gegenüber *a'*, da beide Gewinne riskant sind und man dann die Alternative mit dem höheren Gewinnbetrag bevorzugt. Wie schon erwähnt ist dieses Verhalten nicht mit der Risikonutzentheorie verträglich, ist aber bei intuitivem Entscheiden vielfach zu beobachten.

Allais (1953) hat die Verletzung des Unabhängigkeitsaxioms zum Anlaß genommen, die auf von Neumann und Morgenstern sowie Savage aufbauende „amerikanische Schule" der Präferenztheorie abzulehnen. Allais (1953, 1979) hat eine alternative präskriptive Theorie vorgeschlagen, die sich jedoch nicht durchgesetzt hat: Die meisten Entscheider möchten, wenn sie erst einmal darüber nachgedacht haben, das Unabhängigkeitsaxiom beim rationalen Entscheiden nicht verletzen.

Im Rahmen deskriptiver Präferenztheorien muß die im Allais-Paradoxon auftretende systematische Abweichung von der Nutzentheorie jedoch abgebildet werden. Es lassen sich eine Vielzahl von Erklärungsansätzen für die im Allais-Paradoxon gezeigte Präferenz finden. Abhängig von den Erklärungsansätzen wurden Theorien entwickelt, die in der Lage sind, das hier gezeigte Entscheidungsverhalten zu beschreiben. Wir werden im Abschnitt 14.3 einige wichtige, neuere Präferenztheorien zur Modellierung von „paradoxem" Verhalten präsentieren.

Das Allais-Paradoxon kann im Drei-Ergebnis-Diagramm dargestellt werden. In Abbildung 14-2 sind die Indifferenzkurven (wie von der Risikonutzentheorie gefordert) parallele Geraden. In diesem Fall muß *a* und *a'* oder *b* und *b'* vorgezogen werden (oder der Entscheider ist in beiden Fällen indifferent). Um das Allais-paradoxe Verhalten (man präferiert *a* und *b'*) modellieren zu können, dürfen die Indifferenzkurven keine parallelen Geraden mehr sein. In Abbildung 14-2 wurden mögliche Indifferenzkurven für die Präferenz eingezeichnet, die von der Mehrzahl der Entscheider geäußert wurde. Es zeigt sich, daß das Paradoxon durch Indifferenzkurven erklärt werden kann, die in der unteren rechten Ecke des Diagramms flacher (das heißt „risikofreudiger") und in der oberen linken Ecke steiler (das heißt „risikoscheuer") als in der Mitte des Diagramms verlaufen. Die Hypothese, daß Indifferenzkurven vom Punkt x_m (zur Erinnerung: repräsentiert durch den Punkt unten links in Abbildung 14-2) aus gesehen fächerförmig auseinandergehen, wird als *„Fanning-out"*-Hypothese bezeichnet. Sie liegt einigen der im weiteren diskutierten neuen Risikoentscheidungskalküle zugrunde.

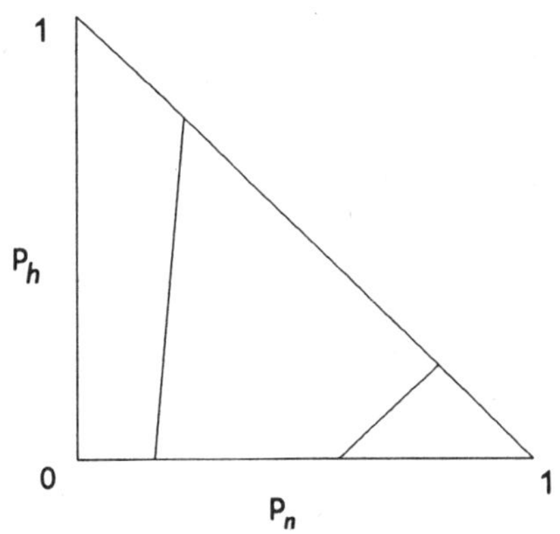

Abb. 14-2: Drei-Ergebnis-Diagramm für das Allais-Paradoxon

14.2.2 Das Ellsberg-Paradoxon

Eine weitere Problemklasse, bei der Entscheider intuitives Verhalten äußern, das nicht von der Risikonutzentheorie abgebildet werden kann, wird durch das Ellsberg-Paradoxon definiert (vgl. Ellsberg 1961). Das Paradoxon legt eine Urne zugrunde, die 30 rote Bälle und *zusammen* 60 schwarze und gelbe Bälle enthält, ohne daß das Verhältnis von schwarzen zu gelben Bällen bekannt ist. Jede Kombination von gelben und schwarzen Bällen ist denkbar. Sie müssen sich jedoch zu insgesamt 60 Bällen addieren. Wieder liegen zwei Alternativenpaare *a* und *b* bzw. *a'* und *b'* zur Beurteilung vor, wobei die Gewinnbeträge in allen Fällen identisch sind.

a: Man gewinnt, falls ein *roter* Ball aus der Urne gezogen wird.
b: Man gewinnt, falls ein *schwarzer* Ball aus der Urne gezogen wird.

Und

a': Man gewinnt, falls ein *roter oder gelber* Ball aus der Urne gezogen wird.
b': Man gewinnt, falls ein *schwarzer oder gelber* Ball aus der Urne gezogen wird.

Die meisten Entscheider bevorzugen a gegenüber b und b' gegenüber a'. Als Begründung kann man oft hören, daß bei a bzw. b' die Gewinnwahrscheinlichkeit von 1/3 bzw. 2/3 mit Sicherheit bekannt ist. Im Rahmen der subjektiven Erwartungsnutzentheorie muß ein Entscheider jedoch entweder a und a' oder b und b' vorziehen oder in beiden Fällen indifferent sein. Die häufig gezeigte Präferenz $a \succ b$ und $b' \succ a'$ verletzt direkt das Unabhängigkeitsaxiom der subjektiven Erwartungsnutzentheorie *(Sure thing principle)*. Das Alternativenpaar a, b unterscheidet sich vom Alternativenpaar a', b' nur dadurch, daß bei letzterem bei beiden Alternativen auch beim Ereignis „gelber Ball wird gezogen" gewonnen wird. Da dieses Ereignis gemäß dem Axiom für die Präferenz irrelevant zu sein hat, muß die Präferenz bei beiden Paaren identisch sein.

Auch beim Ellsberg-Paradoxon sind mehrere Erklärungsmöglichkeiten für das gezeigte Verhalten möglich. Das Nichtwissen der Wahrscheinlichkeiten könnte als zusätzlicher Risikofaktor angesehen werden, oder der Glaubwürdigkeitsgrad einer Wahrscheinlichkeit könnte als Erklärungsfaktor dienen. Viele Entscheider haben das Bedürfnis, subjektiven Wahrscheinlichkeiten unterschiedliche Glaubwürdigkeitsgrade zuzuordnen. Das Ereignis „roter Ball wird gezogen" besitzt mit hoher Glaubwürdigkeit eine subjektive Wahrscheinlichkeit von 1/3. Ist eine subjektive Wahrscheinlichkeit für das Ereignis „roter oder gelber Ball wird gezogen" anzugeben, fühlen sich viele Entscheider unwohl: Man möchte dieser subjektiven Wahrscheinlichkeit eine geringe Glaubwürdigkeit zuordnen. Die Scheu, eine Alternative zu wählen, bei der man unsicher bezüglich der Wahrscheinlichkeit ist, wird auch als Ambiguitätsscheu bezeichnet.

Die Bedeutung des Ellsberg-Paradoxons geht weit über das soeben diskutierte Urnenbeispiel hinaus. Wir haben in Kapitel 7 deutlich gemacht, daß in praktisch allen Fällen des Entscheidens bei Risiko subjektive Wahrscheinlichkeiten zugrunde gelegt werden müssen. Bei bestimmten subjektiven Wahrscheinlichkeiten könnte sich ein Entscheider sicherer in seiner Beurteilung fühlen als bei anderen – was nach der SEU-Theorie aber keinerlei Auswirkungen auf das Entscheidungsverhalten haben darf. Denken Sie beispielsweise an das Entscheidungsproblem, eine Weinkneipe in der goldenen Pfalz oder in der inneren Mongolei zu eröffnen. Die Erfolgs- bzw. Mißerfolgswahrscheinlichkeiten für beide Alternativen hätten Sie mit $p_{\text{Erfolg}} = p_{\text{Mißerfolg}} = 0{,}5$ geschätzt. Trotzdem hat zumindest ein Autor des Buchs bei den Wahrscheinlichkeiten der Kneipeneröffnung in der Mongolei ein ungutes Gefühl: Er ordnet diesen subjektiven Wahrscheinlichkeiten eine geringere Glaubwürdigkeit zu als denen der Kneipeneröffnung in der Pfalz. Eine Aversion gegen diese geringere Glaubwürdigkeit kann, ganz im Sinne des Ellsberg-Paradoxons, das Entscheidungsverhalten beeinflussen, was aber nicht im Einklang mit der SEU-Theorie steht. Das Beispiel verdeutlicht auch, daß

Ambiguitätsaversion etwas Subjektives und *nicht* eine Eigenschaft des zu beurteilenden Ereignisses ist. Ein aus der inneren Mongolei stammender Leser wird unter Umständen den Wahrscheinlichkeiten der Alternative „Kneipe in der Pfalz" eine geringere Glaubwürdigkeit zuordnen.

14.2.3 Bias bei Wahrscheinlichkeitsschätzungen

Wie schon in Kapitel 7 diskutiert, haben Entscheider auch Schwierigkeiten, konsistente Wahrscheinlichkeitsurteile zu treffen. Es ist daher nicht verwunderlich, daß inzwischen eine kaum mehr zu überschauende Fülle von Paradoxa im Umgang mit Wahrscheinlichkeiten dokumentiert wurde. Wir werden hier eine Klasse von Problemen vorstellen, die zur Entwicklung der in Abschnitt 14.3.4 vorgestellten Support-Theorie geführt hat. Einige weitere Paradoxa werden überblicksartig in Abschnitt 14.2.5 präsentiert.

Es erscheint relativ trivial, daß die Teilmenge einer Ereignismenge weniger oder höchstens gleich wahrscheinlich der Ereignismenge ist. Die Verletzung dieser Eigenschaft wird jedoch durch die folgenden Beispiele (Tversky und Kahneman 1983) überzeugend belegt:

Sie haben einen sechsseitigen Würfel, der auf vier Seiten rot und auf zwei Seiten grün ist. Der Würfel wird zwanzigmal geworfen und die Abfolge von rot (*r*) und grün (*g*) wird aufgeschrieben. Im folgenden geben wir Ihnen drei Sequenzen *a, b, c*. Wenn die von Ihnen gewählte Sequenz innerhalb der gewürfelten Gesamtsequenz auftaucht, erhalten Sie 50 €.

a: r g r r r
b: g r g r r r
c: g r r r r r

Die meisten Entscheider wählten die Serie *b* (63%) und nur 35% wählten die Serie *a* (die restlichen 2% wählten *c*). Als inzwischen wahrscheinlichkeitstheoretisch geschulter Leser sehen Sie natürlich sofort, daß die Wahrscheinlichkeit des Auftretens der Serie *a* größer als die der Serie *b* sein muß. Um die Sequenz *b* zu erhalten, muß die Sequenz *a* und (zuvor) das zusätzliche Ereignis „Würfel zeigt grün" eintreten. Da die Wahrscheinlichkeiten für rot 2/3 und für grün 1/3 betragen und sich dieses Verhältnis im Auftreten von rot und grün in Serie *b* exakt widerspiegelt, wählen Entscheider die für sie ungünstige Serie *b*.

Im zweiten Beispiel wurden zwei Gruppen von Befragten dieselben vier Seiten einer englischsprachigen Erzählung vorgelegt. Die Teilnehmer der Gruppe 1 sollten schätzen, wie viele Worte mit sieben Buchstaben mit der Endung „ing" in den Seiten enthalten sind, während die Mitglieder von Gruppe 2 die Anzahl der Worte mit sieben Buchstaben und einem „n" an der vorletzten Stelle benennen sollten. Die Logik fordert, daß die Anzahl der Worte von Gruppe 2 höher ist als die von Gruppe 1, was jedoch signifikant nicht der Fall war (Median Gruppe 1: 13,4 vs. Median Gruppe 2: 4,7).

Des weiteren sollte die Ausführlichkeit der Beschreibung eines Ereignisses keinen Einfluß auf die Wahrscheinlichkeit besitzen. Fischhoff, Slovic und Lichtenstein (1978) baten Fachleute und Laien, Wahrscheinlichkeiten für verschiedene Ursachen des Nichtanspringens eines Autos anzugeben. Der Residualgröße „andere Gründe als das Versagen von Batterie, Motor oder Treibstoffzufuhr" wurde eine Wahrscheinlichkeit von p = 0,22 zugeordnet. Wurde die Residualgröße etwas ausführlicher als „andere Gründe als das Versagen von Batterie, Motor oder Treibstoffzufuhr, z. B. Anlasser oder Zündung" beschrieben, erhöhte sich die Wahrscheinlichkeit auf p = 0,44. Die ausführlichere Beschreibung der Aspekte eines Ereignisses führt zu einer Erhöhung der Wahrscheinlichkeitsschätzung.

14.2.4 Referenzpunkteffekte

Im bisherigen Verlauf des Lehrbuchs haben wir von Konsequenzen gesprochen, ohne uns dabei viele Gedanken darüber zu machen, daß die Konsequenzen unterschiedlich präsentiert werden können. Denken Sie

- an das berühmte Glas Wasser, das man je nach Sichtweise als halbvoll oder halbleer betrachten könnte;
- an eine Gehaltserhöhung von 3%, die entweder als großzügig (Sie haben nichts erwartet) oder als enttäuschend (Ihre Kollegin hat gerade 6% erhalten) angesehen werden kann oder
- an Ihre 2-Zimmer-Wohnung, die Ihnen im Verhältnis zu der Bude im Studentenwohnheim als luxuriös vorkommt und im Verhältnis zur Villa einer Freundin als zu bescheiden erscheint.

All diese Beispiele haben gemeinsam, daß die Konsequenzen bezüglich eines Referenzpunktes beurteilt werden und als Gewinne oder Verluste bezüglich dieses Referenzpunktes angesehen werden. Es versteht sich von selbst, daß das Setzen des Referenzpunktes Einfluß auf das Entscheidungsverhalten haben kann. Diesen Einfluß wollen wir als *Referenzpunkteffekt* bezeichnen. In aller Regel hassen Entscheider Verluste deutlich stärker als sie Gewinne mögen; man spricht deswegen auch von *Verlustaversion*. Die „Entdeckung" des Konzepts des Referenzpunktes ist die vielleicht wichtigste Entwicklung in der deskriptiven Entscheidungstheorie. Wir werden die Wichtigkeit des Konzepts im folgenden mittels einiger Beispiele belegen.

Betrachten wir zunächst den maximalen Preis, zu dem ein Entscheider ein Gut gerade noch kaufen würde (im weiteren als Kaufpreis bezeichnet) und den minimalen Preis, zu dem ein Entscheider ein Gut gerade noch verkaufen würde (im weiteren als Verkaufspreis bezeichnet). Beide Preise dürfen sich für sichere Güter (Güter, deren Konsequenzen mit Sicherheit eintreten) gar nicht und für riskante Güter (Güter, deren Konsequenzen mit bestimmten Wahrscheinlichkeiten eintreten, wie zum Beispiel Aktien) nur unwesentlich unterscheiden. Werden Entscheider jedoch nach ihren Kauf- bzw. Verkaufspreisen für Güter befragt, ergeben sich erstaunliche Differenzen: Der geforderte Verkaufspreis ist in der Regel wesentlich höher als der Preis, den man zum Kauf eines Gutes zu zahlen bereit ist. Eine Übersicht in Kahneman, Knetsch und Thaler (1990) zeigt, daß das Verhältnis von Verkaufspreis zu Kaufpreis abhängig von der Fragestellung stark schwankt, bei fast allen Studien jedoch über zwei liegt. Eine Vorstellung von der Preisdiskrepanz können Sie vielleicht gewinnen, wenn Sie sich Ihre eigenen Preise für die folgenden beiden Situationen überlegen:

- Wieviel sind Sie höchstens bereit zu zahlen, um die Möglichkeit zu vermeiden, daß eine schwere Krankheit bei Ihnen mit p = 0,1% auftritt?
- Wieviel müßte Ihnen mindestens gezahlt werden, damit Sie die Möglichkeit übernehmen, daß eine schwere Krankheit bei Ihnen mit p = 0,1% auftritt?

Typischerweise verlangen die Befragten mehr als das Zehnfache, um ein zusätzliches Krankheitsrisiko zu übernehmen, verglichen mit einer Situation, in der sie das Risiko um einen äquivalenten Prozentsatz verringern können (Thaler 1980). Auch für sichere Güter kann die Diskrepanz zwischen Kauf- und Verkaufspreis auftreten. Versetzen Sie sich in die Situation eines Tennisfans, der eine Eintrittskarte zum Wimbledon-Endspiel geschenkt bekommt. Für welchen Betrag wären Sie bereit, diese Eintrittskarte zu verkaufen? Vergleichen Sie diesen Verkaufspreis mit dem Preis, den Sie bereit wären, für die Eintrittskarte zu zahlen.

Thaler (1980) hat das Auseinanderfallen von Kauf- und Verkaufspreis als *Endowment effect* (Besitztumseffekt) bezeichnet. Der Effekt könnte auch mit dem Satz: „Was ich einmal besitze, gebe ich nur ungern wieder her!" charakterisiert werden. Entscheider beurteilen Güter nicht absolut, sondern bezüglich eines Referenzpunktes. Die Präferenzen sind unterschiedlich, je nachdem, ob der Entscheider etwas erhält, das heißt sich vom Referenzpunkt aus gesehen im Gewinnbereich befindet, oder ob er etwas abgeben muß, das heißt vom Referenzpunkt aus gesehen einen Verlust erleidet. Die Risikonutzentheorie kennt keinen Referenzpunkt und kann daher unterschiedliches Entscheidungsverhalten für Gewinne und Verluste abhängig von einem gewählten Referenzpunkt nicht abbilden (zu Besitztumseffekten vgl. die Übersicht in Weber 1993). Besitztumseffekte können als eine Untergruppe der Referenzpunkteffekte angesehen werden.

Aufgrund unterschiedlicher Risikoeinstellung in Gewinn- und Verlustbereichen kann das Setzen des Referenzpunktes auch zu unterschiedlichen Entscheidungen in ökonomisch identischen Situationen führen (analog zu Kahneman und Tversky 1979). Vergleichen Sie die folgenden Situationen:

Situation 1

Sie besitzen 500 € und erhalten die folgenden Alternativen vorgelegt:

(0 €, 0,5; 100 €, 0,5) vs. (50 €, 1)

Situation 2

Sie besitzen 600 € und erhalten die folgenden Alternativen vorgelegt:

(-100 €, 0,5; 0 €, 0,5) vs. (–50 €, 1)

Viele Entscheider werden in Situation 1 die sichere Zahlung wählen, während sie in Situation 2 die Lotterie bevorzugen, d. h. in Situation 1 zeigen sie Risikoscheu und Risikofreude in Situation 2. Betrachten Sie beide Situationen, werden Sie feststellen, daß die Vermögensgrößen identisch sind. Sie entscheiden sich jeweils zwischen einer riskanten Alternative (500 €, 0,5; 600 €, 0,5) und einer sicheren Zahlung von 550 €. Durch die Wahl des Referenzpunktes in Höhe von 500 € oder 600 € (d. h. des *Framings* der Entscheidung) wird ihre Risikoeinstellung determiniert bzw. manipuliert.

Referenzpunkte können auch indirekt, z. B. durch vorangegangene Entscheidungen oder zuvor erfahrene Alternativen, beeinflußt werden. Ein Beispiel aus Tversky und Simonson (1993) soll zur Illustration dienen. Sie gaben Studenten die Wahl zwischen Geld-Gutschein-Kombinationen (Alternative *a* = ($47, 5 Gutscheine), Alternative *b* = ($37, 6 Gutscheine)), wobei die Gutscheine im Universitätsbuchladen für eine CD oder ein Buch eingelöst werden konnten. Abhängig davon, zwischen welchen anderen Geld-Gutschein-Kombinationen sich die Studenten zuvor entscheiden mußten (einmal relativ teure Gutscheine, einmal relativ billige Gutscheine), wählte eine Gruppe mehrheitlich Alternative *a* und die andere mehrheitlich Alternative *b*. Durch die zuvor getroffenen Entscheidungen wurden unterschiedliche Vorstellungen über Trade-offs zwischen Geld und Gutscheinen induziert, die für die eine Gruppe Alternative *a* und für die andere Gruppe Alternative *b* als optimal aussehen ließen. Das Einbinden der Entscheidung in einen Kontext bildet einen Rahmen *(frame)*, der Referenzpunkte setzt und Entscheidungen beeinflußt.

14.2.5 Übersicht über Phänomene des Entscheidungsverhaltens

Im folgenden präsentieren wir Ihnen eine Übersicht über weitere Aspekte menschlichen Entscheidungsverhaltens, die für die deskriptive Entscheidungstheorie von großer Relevanz sind und in aller Regel nicht vom Oberbegriff „Rationales Verhalten" abgedeckt werden. Wir haben versucht, jeden Effekt kurz zu definieren, eine Originalquelle anzugeben und – soweit möglich – eine neuere Arbeit zu zitieren, die eine Übersicht über die Forschung zum jeweiligen Effekt bietet. Manche Effekte wurden an einzelnen Stellen im Buch schon angesprochen, hier jedoch der Vollständigkeit halber noch einmal genauso aufgeführt wie die im bisherigen Verlauf des Kapitels behandelten Effekte. Die Effekte sind in alphabetischer Reihenfolge geordnet.

Ambiguitätseinstellung

Bei der Bewertung einer unsicheren Alternative kann sich der Entscheider über die subjektiven Wahrscheinlichkeiten für das Eintreten der einzelnen Konsequenzen sicher oder unsicher sein. So besteht z. B. kaum Unsicherheit darüber, daß die Wahrscheinlichkeit für „Zahl" beim Werfen einer Münze 50% beträgt. Beim Ziehen einer Kugel aus einer unbekannten Urne mit roten und schwarzen Bällen muß ohne konkrete Zusatzinformation ebenfalls von einer Wahrscheinlichkeit von 50% für „Rot" ausgegangen werden. Über diese Wahrscheinlichkeitseinschätzung ist sich der Entscheider jedoch unsicher; es wird von einer ambiguitätsbehafteten Lotterie gesprochen. Individuen sind im allgemeinen ambiguitätsscheu (Ellsberg 1961), d. h. sie finden eine stärker ambiguitätsbehaftete Lotterie weniger attraktiv, auch wenn die Wahrscheinlichkeiten und Konsequenzen der Lotterien sich nicht unterscheiden. Eine Übersicht zum Stand der Forschung findet sich bei Camerer und Weber (1992). Vgl. auch Abschnitte 14.2.2 und 14.3.1.

Anchoring und Adjustment
Menschen, die Entscheidungen unter Unsicherheit treffen müssen, machen sich diese von Tversky und Kahneman (1974) so bezeichnete Heuristik zunutze, indem sie ihre Einschätzung der unsicheren Entscheidungsvariablen von einem Startpunkt (Anker) aus schrittweise anpassen (adjustieren). Der Anker kann hierbei allerdings durch externe Vorgaben bestimmt sein, die zum Teil keine Informationen über den wahren Wert der Entscheidungsvariablen enthalten. Slovic und Lichtenstein (1971) zeigen, daß bei Einschätzungen unbekannter Größen Anpassungen vom Startpunkt aus in Richtung des wahren Wertes nur in unzureichendem Umfang vorgenommen werden. Vgl. auch Abschnitt 7.5.4.

Availability Bias
Der Availability Bias oder Verfügbarkeitsbias (Tversky und Kahneman 1973) ist eine gedächtnispsychologisch erklärbare Urteilsverzerrung, die dadurch zustande kommt, daß Menschen die Wahrscheinlichkeit eines Ereignisses subjektiv um so höher einschätzen, je leichter oder schneller sie in der Lage sind, sich Beispiele für dieses Ereignis vorzustellen oder in Erinnerung zu rufen. Wenn aber die Verfügbarkeit eines Ereignisses nicht Folge seiner Tendenz, häufig oder mit hoher Wahrscheinlichkeit aufzutreten, sondern besonderer Emotionalität, Lebhaftigkeit, hoher Familiarität und Medienpräsenz oder kürzlichen Auftretens ist, führt diese Vorgehensweise zur Überschätzung seiner Wahrscheinlichkeit und so letztendlich zur Verzerrung von Entscheidungen. Vgl. auch Abschnitt 7.5.2.

Bandbreiteneffekt
Bei einem multiattributiven Entscheidungsproblem spielen die Bandbreiten der einzelnen Zielausprägungen bei der Zuweisung von Zielgewichten (Skalierungskonstanten) eine entscheidende Rolle. Änderungen der Bandbreiten sollten zu klar vorgegebenen Anpassungen der Zielgewichte führen. Experimentelle Untersuchungen (von Nitzsch und Weber 1991) zeigen jedoch, daß Entscheider bei der Festlegung der Zielgewichte wenig sensibel auf die Größe der Ausprägungsintervalle reagieren, die angegebene Bandbreite zu wenig oder gar nicht berücksichtigen. Vgl. auch Abschnitt 6.7.1.

Base Rate Fallacy
Die Berücksichtigung neu eintreffender Information bei der Bearbeitung von Wahrscheinlichkeiten, also der Übergang von Apriori- zu Aposteriori-Wahrscheinlichkeiten, sollte formal korrekt unter Verwendung der Regel von Bayes erfolgen. Bei einem informellen und intuitiven Umgang mit Wahrscheinlichkeiten tendieren Menschen jedoch dazu, die Basisrate (also die Apriori-

Wahrscheinlichkeit) im Vergleich zur neu eintreffenden Information deutlich zu wenig zu berücksichtigen (Kahneman und Tversky 1973). Bei Camerer (1995) findet sich ein Überblick über einige experimentelle Studien zu diesem Phänomen. Vgl. auch Abschnitt 7.5.3.

Besitztumseffekt
„Was ich einmal besitze, gebe ich nicht wieder her."
Der Besitztumseffekt beschreibt das Phänomen, daß die Wertschätzung eines Gegenstands davon abhängt, ob die Leute diesen besitzen oder nicht. Der minimale Preis, den ein Verkäufer für einen bestimmten Gegenstand akzeptiert, liegt über dem maximalen Preis, den er als Käufer bezahlen würde. Vgl. dazu Thaler (1980), Weber (1993) und Abschnitt 14.2.4.

Choice vs. Matching-Anomalie (Response Mode-Bias)
Unter dem *response mode* versteht man die Verfahrensweise, mittels derer in Untersuchungen Präferenzen von Entscheidern erfragt werden. Hierzu zählen insbesondere *choice*-Aufgaben, in denen der Entscheider eine Auswahl (z. B. zwischen verschiedenen Lotterien) zu treffen hat, und *matching*-Aufgaben, bei denen er seine Präferenz durch Anpassung (z. B. Angabe des Sicherheitsäquivalents zu einer vorgegebenen Lotterie) zum Ausdruck bringt. Im Kontrast zum Postulat der (prozeduralen) Invarianz zeigen Tversky, Sattath und Slovic (1988) sowie beispielsweise Ahlbrecht und Weber (1997), daß eine Abhängigkeit der geäußerten Präferenz von der Art der Erhebung auftreten kann.

Disappointment-Effekte
Ob der Gewinn von 100 € bei einer riskanten 50/50-Lotterie als erfreuliches oder enttäuschendes Ereignis wahrgenommen wird, hängt davon ab, ob die andere mögliche Konsequenz 0 € oder 200 € betragen hatte.
Die antizipierte Enttäuschung über das Verpassen eines erhofften Gewinnes kann dazu führen, daß Entscheider bereits ex ante auf die Wahl einer Alternative mit der Chance auf einen hohen Gewinn verzichten (Bell 1985). Die Bewertung der einzelnen Konsequenzen der Alternative erfolgt hier also nicht unabhängig, sondern unter Berücksichtigung der anderen möglichen Konsequenzen (lotterieabhängige Bewertung; Loomes und Sugden 1986). Vgl. auch Abschnitt 14.3.3.

Framing-Effekte
Unter dem Rahmen einer bestimmten Entscheidungssituation versteht man die Konzeption der damit verbundenen Handlungsalternativen, möglichen Umweltzustände und Konsequenzen. Framing-Effekte treten deshalb auf, weil Menschen unterschiedliche Entscheidungen bei verschiedenen Formulierungsmöglichkeiten für dasselbe Problem treffen. Das bekannteste, von Tversky und Kahneman (1981) stammende Beispiel hierfür betrifft die Darstellungsart der Konsequenzen als Gewinne oder Verluste, auf die Entscheider unterschiedlich reagieren.

Gambler's Fallacy
Fragt man Roulettespieler, welche Farbe nach zehnmal „rot" fallen werde, antworten diese typischerweise mit „schwarz". Dieses Verhalten, also die Meinung, nach einer Serie der einen Farbe sei die andere Farbe zu erwarten, wird als *gambler's fallacy* bezeichnet. Es läßt sich auf die Repräsentativitäts-Heuristik zurückführen, da die Menschen glauben, eine solch lange Serie sei nicht repräsentativ für den zugrundeliegenden Zufallsprozeß. Vgl. dazu Tversky und Kahneman (1971) sowie Schulenburg (1994).

Hindsight Bias
Dieser Bias beruht nach Fischhoff (1975) auf zwei Tatsachen: Zum einen erhöht die Bekanntgabe des Eintritts eines bestimmten Ereignisses seine wahrgenommene Eintrittswahrscheinlichkeit nachträglich. Zum anderen sind sich Menschen, die die Information über den Eintritt des Ereignisses erhalten haben, dieser Tatsache nicht bewußt; die Veränderung ihrer Wahrnehmung vollzieht sich vielmehr unbewußt. Als Ergebnis überschätzen Individuen insbesondere bei der ex post-Beurteilung von Entscheidungen den Grad der Übereinstimmung ihrer Urteile vor und nach dem Eintritt eines Ereignisses und glauben, schon immer gewußt zuhaben, was passieren wird (*Knew-it-all-along*-Effekt bzw. Fluch des Wissens). Vgl. auch Abschnitt 7.5.2.

Illusion of Control
Menschen glauben oft, mehr Kontrolle über zufällige Ereignisse zu haben, als es tatsächlich der Fall ist. Insbesondere in Situationen, die sie als bekannt ansehen oder in denen sie selbst aktiv werden können, beispielsweise indem sie zwischen alternativen Lotterien wählen können, tritt dieser von Langer (1975) als Kontrollillusion bezeichnete Effekt verstärkt zutage. Er führt zur Über- oder Unterschätzung der Eintrittswahrscheinlichkeit von Ereignissen sowie zur Bevorzugung der Alternative, bei der eine höhere Kontrolle vorliegt.

Mental Accounting
Individuen tendieren dazu, sogenannte „mentale Konten" (Thaler 1985) zu führen, in die sie verschiedene Vermögenspositionen einordnen. So unterteilen beispielsweise viele Menschen ihr Wertpapierdepot in die mentalen Konten „Altersvorsorge" und „spekulative Investitionen". Als Mental Accounting wird die Tatsache bezeichnet, daß Entscheidungen nur innerhalb des entsprechenden mentalen Kontos optimiert werden und mögliche Wechselwirkungen mit Positionen anderer Konten ignoriert werden. Damit verletzen die Entscheider das normative Prinzip der „Asset Integration", nach dem eine Entscheidung auf einer Gesamtvermögensbetrachtung beruhen sollte.

Omission-Bias
Der sogenannte Omission-Bias beschreibt die subjektive Wahrnehmung, daß Handlungen per se als riskanter aufgefaßt werden, als nichts zu tun (*omission* =

Unterlassung/Versäumnis). So läßt sich erklären, daß Eltern oft zögern, ihre Kinder impfen zu lassen, obwohl die Wahrscheinlichkeit zu erkranken durch die Impfung nachweislich gesenkt wird. Vgl. dazu Baron und Ritov (1994) sowie Asch et al. (1994).

Overconfidence-Bias
Eine Reihe von empirischen Untersuchungen hat gezeigt, daß Leute dazu neigen, ihre Fähigkeiten und Kenntnisse deutlich zu überschätzen. So glaubten beispielsweise 82% der befragten Studenten, sie gehörten zu den 30% besten Autofahrern. Dieser sogenannte Overconfidence-Bias kann dazu beitragen, das hohe Handelsvolumen auf den Finanzmärkten zu erklären. Vgl. dazu Svenson (1981), Laschke und Weber (1999) sowie Abschnitt 7.5.4.

Preference Reversal
Präferenzen können sich in Abhängigkeit von ihrer Bestimmungsprozedur so verändern, daß man mit dem einen Verfahren eine Präferenz für X gegenüber Y, mit dem anderen aber gerade eine Präferenz für Y gegenüber X erhält (Umkehreffekt). So fanden Lichtenstein und Slovic (1971), daß Entscheider bei der Wahl zwischen Lotterien eine Lotterie bevorzugten, für die sie einen geringeren Verkaufspreis angaben als für die nicht gewählte Lotterie. Vgl. auch Grether und Plott (1979).

Referenzpunkt-Effekt
Ein wichtiges Phänomen der deskriptiven Entscheidungstheorie ist die Tatsache, daß Entscheider die Ausgänge der zu Verfügung stehenden Alternativen relativ zu einem vorher gesetzten, individuellen Referenzpunkt bewerten. So bewerten Anleger den aktuellen Kurs ihrer Wertpapiere z.B. gerne relativ zu ihrem Kaufkurs oder dem bisherigen Höchstkurs, vgl. Odean (1998a). Die Berücksichtigung des Referenzpunkts ist wichtiger Bestandteil der Prospect-Theorie von Kahneman und Tversky (1979). Vgl. auch Abschnitt 14.2.4.

Regret-Effekte
Menschen beurteilen die Qualität ihrer Entscheidungen häufig danach, was passiert wäre, wenn sie eine andere Entscheidung getroffen hätten. Nach Loomes und Sugden (1982) basiert die Regret-Theorie dann auf zwei fundamentalen Annahmen. Zum einen erfahren Menschen Gefühle wie Bedauern und Freude, zum anderen antizipieren sie diese Gefühle, wenn sie Entscheidungen unter Unsicherheit treffen müssen. Folglich berücksichtigen sie die Emotionen, die aus einem Vergleich der realisierten mit der verpaßten Konsequenz resultieren, zusätzlich zum Nutzen der Konsequenzen und versuchen, Bedauern zu vermeiden. Dabei vernachlässigen sie die Tatsache, daß schlechte Konsequenzen nicht notwendigerweise aus schlechten Entscheidungen resultieren. Vgl. auch Abschnitt 14.3.3.

Repräsentativitäts-Heuristik
Menschen orientieren sich häufig an repräsentativen Charakteristika der Grundgesamtheit, um die Wahrscheinlichkeit eines Ereignisses zu schätzen. Genauso spielen die typischen Charakteristika einer Teilmenge der Grundgesamtheit eine wichtige Rolle, wenn die Zugehörigkeit einer Stichprobe zu dieser Teilmenge beurteilt werden soll. Diese Heuristik kann aber zu Verzerrungen und somit falschen Entscheidungen führen, wenn die Charakteristika nicht die tatsächlichen – a priori gegebenen – Wahrscheinlichkeiten widerspiegeln. Vgl. dazu Kahneman und Tversky (1972), Tversky und Kahneman (1983) sowie Abschnitt 7.5.3.

Resolution of Uncertainty
Die Darstellung der Entscheidung unter Risiko in Kapitel 9 abstrahierte insoweit von zeitlichen Aspekten, als sich die im Entscheidungszeitpunkt bestehende Unsicherheit zeitgleich mit dem Empfang des Lotterieergebnisses auflöst. In tatsächlichen Entscheidungssituationen liegt zwischen Entscheidung und Ergebnisempfang ein Zeitintervall, in welchem bereits mehr oder weniger viel über die Realisation der Lotterie bekannt werden kann. Im Gegensatz zur Erwartungsnutzentheorie, nach der ein Entscheider zwischen Lotterien, die sich nur in der zeitlichen Struktur der Auflösung der Unsicherheit unterscheiden, indifferent sein sollte, weisen u. a. Ahlbrecht und Weber (1996) nach, daß Entscheider in bestimmten Fällen die frühe respektive späte Auflösung der Unsicherheit strikt vorziehen.

Sicherheitseffekt
Als Sicherheitseffekt wird das Phänomen bezeichnet, daß Entscheider den Unterschied zwischen zwei Wahrscheinlichkeiten dann besonders stark bei ihrer Entscheidung berücksichtigen, wenn es sich um einen Übergang von „fast sicher" auf „sicher" handelt. So ist beispielsweise eine Erhöhung der Gewinnwahrscheinlichkeit um 1% dann besonders erstrebenswert, wenn dadurch der Gewinn nicht mehr mit 99%, sondern statt dessen mit 100% Wahrscheinlichkeit eintritt. Ein Übergang von 30% auf 31% wird dagegen als wesentlich weniger bedeutsam empfunden. Dieses Phänomen wurde von Allais (1953) genutzt, um Beispiellotterien zu konstruieren, bei denen Entscheider intuitiv das Unabhängigkeitsaxiom der EUT verletzen (vgl. zum Allais-Paradoxon Abschnitt 14.2.1). Die Stabilität des Effekts weisen Cohen und Jaffray (1988) nach. Vgl. auch Abschnitt 14.3.1 (insbesondere Abbildung 14-5).

Splitting-Bias
Wird ein Zielsystem verfeinert, indem ein Oberziel in Unterziele aufgesplittet wird, so sollte sich (bei Wahl geeigneter Bandbreiten) als Summe der Gewichte der Unterziele gerade das ursprüngliche Gewicht des Oberziels ergeben. Tatsächlich weisen Entscheider dem weiter zerlegten Ast des Zielsystems im allgemeinen jedoch eine deutlich höhere Gewichtssumme zu (Weber, Eisenführ und

von Winterfeldt 1988). Ähnliche Effekte zeigen sich bei der Aufspaltung von Ursachenbäumen und allgemein bei Zustandsbäumen (*event-splitting*; Humphrey 1996). Vgl. auch Abschnitt 6.7.2.

Status quo-Bias
Wenn die Unterscheidung, ob Alternativen zur Veränderung des Status quo, also des gegenwärtigen Zustandes, führen oder ihn erhalten, Einfluß auf das Entscheidungsverhalten von Menschen hat, obwohl jeweils die gleichen Konsequenzen mit diesen Optionen verbunden sind, spricht man vom erstmals von Samuelson und Zeckhauser (1988) untersuchten Status quo-Bias. Im Rahmen der Prospect-Theorie ist dieser Effekt interpretierbar als Referenzpunkt- oder auch als Endowment-Effekt.

Sunk Costs
Sunk Costs entstehen, wenn bereits getätigte Aufwendungen zeitlicher, finanzieller oder anderer Art Menschen dazu veranlassen, Entscheidungen zu treffen, die sie sonst nicht treffen würden. Von dieser Verzerrung sind insbesondere Entscheidungen über die Fortführung von Projekten betroffen: „The fact that no major dam in the United States has been left unfinished once begun shows how far a little concrete can go in defining a problem." (Fischhoff et al. 1981, S. 13)

Überschätzung kleiner Wahrscheinlichkeiten
Bei der subjektiven Wahrnehmung von Wahrscheinlichkeiten stellt sich heraus, daß geringe Wahrscheinlichkeiten tendenziell überschätzt werden. Die Prospect-Theorie berücksichtigt diese verzerrte Wahrnehmung durch die Form der Wahrscheinlichkeitsgewichtungsfunktion. Vgl. dazu Kahneman und Tversky (1984) sowie Abschnitt 14.3.1 (insbesondere Abbildung 14-5).

Verlustaversion
Die Untersuchungen von Kahneman und Tversky (1979) sowie Quattrone und Tversky (1988) zeigen, daß Verluste Menschen stärker schmerzen als sie Gewinne gleicher Höhe erfreuen. Im Rahmen der Prospect-Theorie steigt aus diesem Grund die Wertfunktion im Verlustbereich stärker als im Gewinnbereich bezüglich des Referenzpunktes. Verlustaversion impliziert deshalb auch, daß Entscheidungen von der Darstellungsweise (dem Framing) der Handlungskonsequenzen – beispielsweise als Gewinne oder Verluste – abhängig sind. Vgl. auch Abschnitt 14.3.1 (insbesondere Abbildung 14-4).

Winner's Curse
Der Winner's Curse ist das Ergebnis eines Urteilsfehlers in einem Auktionskontext, in dem Individuen für ein Objekt bieten, dessen Wert für alle gleich, aber unbekannt ist. Jeder Teilnehmer muß sich dabei selbst eine Meinung über diesen Wert bilden. Je höher sie ist, desto höher wird sein Gebot ausfallen, so daß der optimistischste Schätzer, dessen Angebot den Wert des verhandelten Gegenstan-

des oder zumindest den Wert, den er sich vorgestellt hat, meist übersteigt, in der Regel die Auktion gewinnt. Der Winner's Curse besteht nach Thaler (1992) somit im systematischen Versagen, dieses Problem adverser Selektion in die Höhe des eigenen Gebotes miteinzubeziehen.

14.2.6 Relevanz der systematischen Abweichungen der Präferenz von der Nutzentheorie

Im Rahmen der deskriptiven Fragestellung muß unterschieden werden, ob der Entscheidungsprozeß abgebildet werden soll oder (nur) das Entscheidungsergebnis vorhergesagt werden soll. Bei der Abbildung des Prozesses muß berücksichtigt werden, wie Entscheider zu Urteilen kommen, wie sie diese Urteile verknüpfen und wie die Wahl einer Alternative erfolgt. Bei der Betrachtung des Entscheidungsprozesses muß man nicht notwendigerweise davon ausgehen, daß Entscheider in einfachen Entscheidungssituationen exakte Präferenzen besitzen. Präferenzen können vielmehr im Prozeß der Entscheidungsfindung konstruiert werden und sind daher sehr stark davon abhängig, zu welchem Zeitpunkt, mit welcher Methode, in welcher Darstellungsform usw. der Entscheider befragt wird. Der Entscheider besitzt bestimmte Heuristiken (Verfügbarkeitsheuristik, Repräsentativitätsheuristik und die *Anchoring-and-adjustment*-Heuristik), die er heranzieht, wenn er Werturteile abgeben soll bzw. relative Häufigkeiten oder Wahrscheinlichkeiten schätzen muß. Für viele ökonomische Anwendungen genügt es jedoch, wenn eine deskriptive Theorie das Ergebnis vorhersagt. Diese Vorhersage muß jedoch, wie wir in den Beispielen von Abschnitt 14.2 gesehen haben, in der Lage sein, ein reicheres Spektrum an Präferenzen abzubilden. Deskriptiv ist es erforderlich, den Referenzpunkt zu berücksichtigen. Verletzungen des Substitutionsaxioms müssen genauso abgebildet werden wie die systematischen Probleme, die Entscheider mit der Bestimmung subjektiver Wahrscheinlichkeiten haben.

Für die präskriptive Entscheidungstheorie ist es eher beruhigend, daß intuitives Verhalten von rationalem Verhalten abweicht. Savage wurde zum Beispiel von Allais – angeblich beim Mittagessen – mit dem heute nach Allais benannten Paradoxon konfrontiert. Savage verhielt sich zunächst im Sinne seiner eigenen Theorie irrational, was Allais, der die sogenannte amerikanische Schule ablehnte, mit Freude erfüllte. Nach kurzem Nachdenken erkannte Savage die Irrationalität seines Verhaltens und war froh, daß die Nutzentheorie (insbesondere das Unabhängigkeitsaxiom) ihn davor bewahrte, sich irrational zu verhalten. Diese Auffassung, die in diesem Buch geteilt wird, sei an dem Beispiel einer optischen Illusion noch einmal verdeutlicht. Wir haben in Abbildung 14-3 zwei Linien eingezeichnet, und Sie werden gebeten zu schätzen, welche Linie länger ist. In vielen Experimenten wurde demonstriert, daß die obere Linie als länger eingeschätzt wird, obwohl die untere Linie länger ist. Nun ist es nicht so, daß diese optische Illusion die Längenmessung und das Konzept der Entfernung überflüssig macht. Gerade im Gegenteil verlangt das Problem der individuell verzerrten Wahrnehmung nach einer rationalen Vorgehensweise. Das Messen der Länge mit einem Zollstock oder Metermaß stellt eine solche rationale Vorgehensweise dar. Völlig analog dazu brauchen wir auch in der Entscheidungsforschung eine präskriptive Theorie, die uns in Anbetracht der nachgewiesenen Verhaltensabweichungen hilft, im Sinne einer wohl definierten Rationalität optimale Entscheidungen zu treffen.

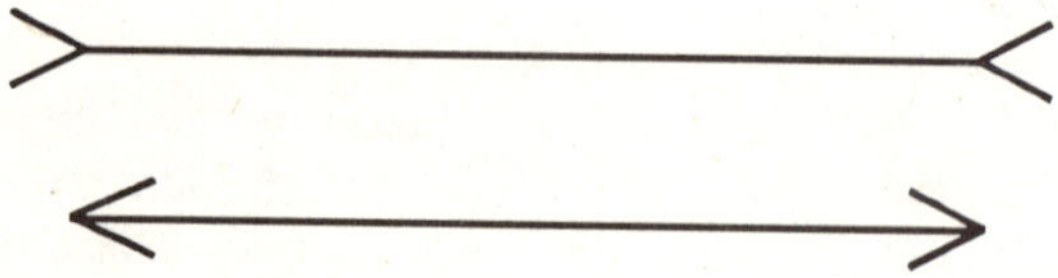

Abb. 14-3: Optische Illusion

Nach dieser (wiederholten) Diskussion über präskriptive und deskriptive Entscheidungstheorie könnten wir jetzt einige neuere deskriptive Präferenztheorien vorstellen. Wir wollen jedoch noch kurz die Frage diskutieren, wie relevant die systematischen Abweichungen der Präferenz von dem durch die Nutzentheorie beschriebenen Verhalten sind. In den letzten Jahren hat sich in der Ökonomie eine zunehmende Kontroverse über das Ausmaß entwickelt, mit dem die auftretenden Irrationalitäten bei der Modellbildung in der Betriebs- und Volkswirtschaftslehre zu berücksichtigen sind. Ein Sonderheft des Journal of Business (Hogarth und Reder 1986) gibt einen Überblick über den damaligen Stand der Diskussion.

Verfechter der Nutzentheorie kennen natürlich die systematischen Abweichungen, glauben aber, daß sie für reale ökonomische Situationen irrelevant sind (Smith 1991). Es wird unter anderem argumentiert, daß Märkte Entscheider zu rationalem Verhalten erziehen (vgl. die Darstellung der Diskussion bei Camerer 1987 und Weber 1990), daß die in Urnenexperimenten dargestellten Entscheidungssituationen nicht ohne weiteres auf die Realität zu übertragen sind (Schauenberg 1990) oder daß genügend hohe monetäre Anreize Entscheider in die Arme der Nutzentheorie zurücktreiben. Das letzte Argument führt inzwischen dazu, daß Experimente in Entwicklungsländern durchgeführt werden, damit den Teilnehmern aus ihrer Sicht hohe monetäre Anreize gegeben werden können (Kachelmeier und Shehata 1992). Hohe monetäre Anreize haben in manchen Experimenten sogar zu stärkeren Abweichungen von rationalem Verhalten geführt (Kroll, Levy und Rapoport 1988).

Die Relevanz der deskriptiven Präferenztheorien wird natürlich auch von vielen Forschern bejaht (vgl. für viele Arrow 1982). Russell und Thaler (1985) zeigen theoretisch, daß Märkte existieren können, in denen rationale Entscheider nicht von den „Fehlern" irrationaler Entscheider profitieren können. Experimentelle Untersuchungen ergeben, daß zum Beispiel das Ellsberg-Paradoxon sich auch in Marktpreisen widerspiegelt (Sarin und Weber 1993b sowie Weber 1989) und auch Verkaufs- und Kaufpreise sich für ambiguitätsbehaftete Alternativen systematisch gegenüber den Preisen riskanter Alternativen ändern (Eisenberger und Weber 1995). Referenzpunkteffekte ließen sich in Daten der New Yorker Börse (Shefrin und Statman 1985 sowie Ferris, Haugen und Makhija 1988), Portefeuilledaten von Brokerhäusern (Odean 1998a) und in Experimenten nachweisen (Gerke und Bienert 1993 sowie Weber und Camerer 1998). Die zunehmende Akzeptanz der deskriptiven Modelle zeigt sich auch darin, daß sie in jüngster Zeit verstärkt Eingang in die ökonomische Modellierung gefunden haben. Beispiele im Finanzbereich sind die Arbeiten von Daniel, Hirshleifer und Subrahmanyam (1998) und Odean (1998b), die den Einfluß von *Overconfidence* auf Aktienmärkte modellieren, Franke und Weber (1998), die Kapitalmarkttheorie betreiben, die auf einem alternativen Risiko-Wert-Kalkül basiert, und Shumway (1997), der Verlustaversion als wichtiges Element eines Kapitalmarktgleichgewichtsmodells betrachtet.

Als Beispiel für eine Auswirkung der Abweichungen von der Nutzentheorie sei die Idee von Frey und Eichenberger (1989) aufgeführt, die besagt, daß Irrationalitäten zur Bildung von (ökonomischen) Institutionen führen. Eine stärker psychologisch geprägte Diskussion der Auswirkungen moderner psychologischer Erkenntnisse auf die Ökonomie finden Sie in Kirchler (1995).

Wir wollen auf die Diskussion über die Relevanz alternativer deskriptiver Präferenzmodelle, die manchmal an einen Religionskrieg erinnert, nur kurz hinweisen. Es soll nicht verschwiegen werden, daß wir glauben, daß systematische Abweichungen von der Risikonutzentheorie für die Erklärung ökonomischer Zusammenhänge sehr wohl relevant sein können.

14.3 (Einige) deskriptive Präferenztheorien: Erweiterungen der Erwartungsnutzentheorie

Die Erweiterungen der Nutzentheorie können von stark unterschiedlichen Ausgangspunkten vorgenommen werden. Empirische Untersuchungen, mathematisch formale Abschwächungen der Axiome und Einsichten über Präferenzen von Entscheidern, wie sie in Paradoxa zum Ausdruck kommen, bilden mögliche Anstöße zur Verallgemeinerung der Risikonutzentheorie. In der folgenden stark verkürzten Darstellung der Präferenzmodelle soll jeweils das Ergebnis der Suche nach neuen Theorien im Vordergrund stehen, das heißt die funktionale Form der „neuen" Nutzenfunktion. Die axiomatischen Grundlagen der jeweiligen Theorien werden nur insoweit betrachtet, wie sie für das Verständnis unbedingt notwendig sind. Vorrangig soll die Intuition, die explizit oder implizit in den Theorien enthalten ist, verdeutlicht werden (vgl. zu diesem Abschnitt Camerer 1995, Camerer und Weber 1992, Diedrich 1997, Fishburn 1987, Klose 1994, Machina 1987 sowie Weber und Camerer 1987). Zur Erläuterung der Theorien werden die Indifferenzkurven, zu denen die neuen Theorien in den Drei-Ergebnis-Diagrammen führen, im Anschluß an die Darstellung der jeweiligen Theorie präsentiert.

14.3.1 Prospect-Theorie und rangplatzabhängige Nutzentheorien

In diesem Abschnitt wollen wir Ihnen eine Entwicklungsrichtung der deskriptiven Präferenzforschung vorstellen, deren Ergebnis – die kumulative Prospect-Theorie (CPT: Cumulative Prospect Theory) – heute als wichtigste deskriptive Präferenztheorie angesehen werden kann. Die CPT ist eine Verbindung der Ideen der Prospect-Theorie und der rangplatzabhängigen Nutzentheorien, die wir daher zunächst vorstellen.

Prospect-Theorie

Die von Kahneman und Tversky (1979) entwickelte Prospect-Theorie unterscheidet sich von der Nutzentheorie in drei wesentlichen Punkten.

- Editing-Phase: Die Prospect-Theorie geht davon aus, daß ein Entscheider zunächst die ihm vorliegende riskante Alternative bearbeitet. Ziel der Editing-Phase ist es, „to organize and reformulate the options so as to simplify subsequent evaluation and choice“ (Kahneman und Tversky 1979, S. 274).
- Form der Wertfunktion: Die Wertfunktion gibt nicht mehr den Wert bzw. Nutzen eines als Endvermögensgröße gemessenen Ergebnisses an, sondern bewertet die Konsequenzen relativ zum zuvor bestimmten Referenzpunkt (vgl. Abschnitt 14.2.4). Die Wertfunktion ist nicht die Risikonutzenfunktion, wie sie in Kapitel 9 definiert wurde. Sie stellt vielmehr eine meßbare Wertfunktion dar, wie sie in Kapitel 5 präsentiert wurde.
- Wahrscheinlichkeitsgewichtungsfunktion: Die Wahrscheinlichkeitsgewichtungsfunktion transformiert die Wahrscheinlichkeiten derart, daß die resultierenden Entscheidungsgewichte „measure the impact of events on the desirability of prospects and not merely the perceived likelihood of these two events“ (Kahneman und Tversky 1979, S. 280). Die Funktion, sie wird mit $\pi(\mathrm{p})$ bezeichnet, gibt damit an, welches Gewicht ein Entscheider einer Wahrscheinlichkeit p bei der Entscheidung zuordnet.

Formal wird der erwartete Nutzen der Prospect-Theorie für eine Alternative a, geschrieben $PT(a)$, wie folgt definiert:

$$PT(a) = \pi(\mathrm{p}_1)v(a_1) + \pi(\mathrm{p}_2)v(a_2), \quad a \in A \tag{14.1}$$

Diese Formel gilt nur zur Bewertung von speziellen Lotterien, die Kahneman und Tversky als *„regular prospects“* bezeichnen. Darunter werden solche Lotterien verstanden, bei denen eines der drei Ergebnisse null, eines positiv und eines negativ ist. Andere Lotterien sind mit einer leicht abgewandelten Form zu bewerten. In der hier zunächst beschriebenen ursprünglichen Form der Prospect-Theorie dürfen jedoch nur zwei Konsequenzen von Null verschieden sein. Wir wollen zur weiteren Beschreibung der Theorie die drei Hauptmerkmale (Editing, Wertfunktion, Wahrscheinlichkeitsgewichtungsfunktion) genauer erläutern.

Die *Editing-Phase* der Prospect-Theorie umfaßt alle Maßnahmen, die ein Entscheider durchführt, bevor er die Lotterie mit obiger Formel bewertet. Zur Editing-Phase gehören:

- *Coding*
  Hierbei handelt es sich um das Setzen eines Referenzpunktes, bezüglich dessen die Konsequenzen der riskanten Alternative bewertet werden. Besitzt ein Entscheider zum Beispiel ein Vermögen von 50.000 € und hat er die riskante Alternative (100 €, 0,5; –100 €, 0,5) zu bewerten, so wäre diese Lotterie als Endvermögenslotterie darzustellen, das heißt in die Lotterie (50.100 €, 0,5; 49.900 €, 0,5) zu transformieren. Coding bedeutet dagegen, daß ein Entscheider die Lotterie bezüglich eines Referenzpunktes, im Beispiel etwa bezüglich des derzeitigen Vermögens, beurteilt.
  Die Möglichkeit, Referenzpunkte in die Entscheidungsanalyse miteinzubeziehen, stellt eine der wichtigsten Erweiterungen der Nutzentheorie durch die Prospect-Theorie dar. Wie in Abschnitt 14.2.4 ausführlicher dargestellt, berücksichtigen Entscheider in ihren Entscheidungen oft nur Gewinne und Verluste relativ zum derzeitigen Vermögen, das als Referenzpunkt gewählt wird. Die Höhe des derzeitigen Vermögens, die zur Berechnung von Endvermögensgrößen jederzeit verfügbar sein müßte, dürften die meisten Leser dieses Buches (einschließlich der Autoren) sowieso nicht jederzeit parat haben. Das Setzen des Referenzpunktes ist von erheblicher Bedeutung.

- *Segregation*
  Unter Segregation wird das Abtrennen eines sicheren Betrages verstanden, der in allen möglichen Konsequenzen einer Lotterie enthalten ist. Wird dem Entscheider zum Beispiel eine Lotterie der Form (180 €, 0,7; 30 €, 0,3) vorgelegt, so wird er den Betrag von 30 €, den er mit Sicherheit erhalten wird, abtrennen. Er wird die vorangehende Lotterie als eine sichere Zahlung in Höhe von 30 € zuzüglich einer 70%igen Chance, weitere 150 € zu gewinnen, betrachten.

- *Combination*
  Mit Combination ist das Vereinfachen einer Lotterie durch Addition der Wahrscheinlichkeiten identischer Ereignisse gemeint. Erhält ein Entscheider zum Beispiel mit 10% Wahrscheinlichkeit 50 € und mit weiteren 10% denselben Betrag, so wird er dies als 20%ige Chance, 50 € zu erhalten, zusammenfassen.

- *Cancellation*
  Soll ein Entscheider zwischen den beiden Lotterien (200 €, 0,2; –50 €, 0,8) und (200 €, 0,2; –100 €, 0,8) wählen, so wird er durch Cancellation identische Bestandteile in den zur Auswahl stehenden Lotterien einfach unberücksichtigt lassen. Für das hier vorliegende Beispiel würde das bedeuten, daß der Entscheider beim Vergleich der obigen Lotterien nur die 80%ige Wahrscheinlichkeit, einen Verlust von 50 € zu machen, mit der ebenfalls 80%igen Wahrscheinlichkeit, einen Verlust von 100 € zu machen, vergleicht.

Neben den hier aufgeführten Maßnahmen der Editing-Phase erwähnen Kahneman und Tversky auch noch das Auf- bzw. Abrunden von Wahrscheinlichkeiten *(simplification)* und die Eliminierung dominierter Alternativen *(detection of dominance)*.

Die Editingschritte werden in den Arbeiten von Kahneman und Tversky nicht formal beschrieben, so daß in konkreten Ausgangssituationen unterschiedliche Editingergebnisse hergeleitet werden können. Es erscheint jedoch erwiesen, daß Entscheider Lotterien bzw. Entscheidungssituationen vor der Bewertung editieren. Wie dieser Prozeß genau aussieht und ob dafür mathematische Modelle entwickelt werden können, läßt sich zur Zeit noch nicht beantworten.

Die Editing-Phase wurde im Zusammenhang mit der Prospect-Theorie entwickelt. Sie läßt sich jedoch auch als eigenständige Theorie zur Beschreibung von Verhalten bei der Evaluation von Lotterien im Vorfeld von Entscheidungen verstehen. In diesem Sinne könnte die Editing-Phase auch anderen neueren Theorien vorangestellt werden.

Die Konsequenzen der Alternativen werden in der Prospect-Theorie relativ zum Referenzpunkt mittels einer meßbaren Wertfunktion bewertet. Zur Bestimmung der Wertfunktion der Prospect-Theorie sind die aus Kapitel 5 bekannten Verfahren zur Bestimmung von meßbaren Wertfunktionen anzuwenden. Kahneman und Tversky lassen jedoch nicht beliebige Formen der Wertfunktionen zu. Sie gehen vielmehr davon aus, daß der Entscheider im Gewinnbereich eine konkave Wertfunktion und im Verlustbereich eine konvexe Wertfunktion besitzt. Weiterhin ist der Wert eines Gewinns kleiner als der absolute Wert eines betragsmäßig identischen Verlustes. Diese Asymmetrie von Gewinn- und Verlustbereich gibt die Möglichkeit, Referenzpunkteffekte abzubilden. Sie verdeutlicht gleichzeitig die Wichtigkeit für das Setzen des Referenzpunkts. Der typische Verlauf einer Wertfunktion ist in Abbildung 14-4 dargestellt.

Der Verlauf der Wertfunktion führt dazu, daß eine Person die Lotterie (–100 €, 0,5; 0 €, 0,5) der sicheren Zahlung in Höhe des Erwartungswerts von –50 € vorzieht, wenn er umgekehrt die sichere Zahlung von 50 € gegenüber der Alternative (100 €, 0,5; 0 €, 0,5) präferiert. An diesem Beispiel wird deutlich, daß die Lage des Referenzpunktes das Entscheidungsverhalten deutlich ändern kann. Wie in Abschnitt 14.2.6 im Rahmen des Dispositionseffektes dargestellt, kann das unterschiedliche Verhalten für Gewinne und Verluste Auswirkungen auf Kapitalmärkten haben. Nimmt man den Kaufpreis eines Wertpapiers als Referenzpunkt, so werden Anleger die steigenden Kurse eines Wertpapiers als möglichen Gewinn antizipieren und risikoscheu werden. Entsprechend werden bei Sinken der Kurse die möglichen Verluste dazu führen, daß Entscheider risikofreudig werden.

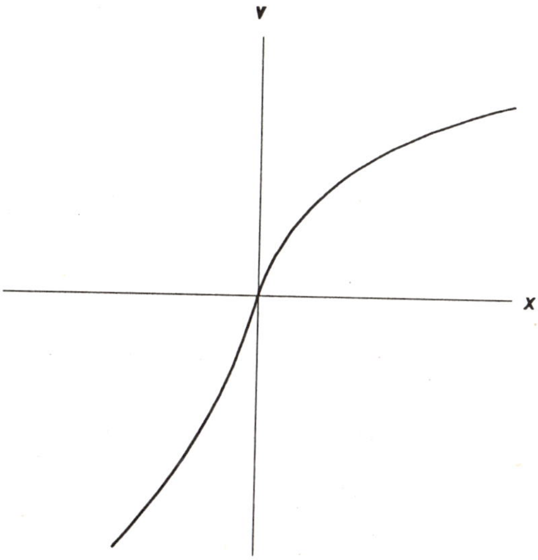

Abb. 14-4: Wertfunktion der Prospect-Theorie

Als dritte Erweiterung der Prospect-Theorie gegenüber der Nutzentheorie sei die Wahrscheinlichkeitsgewichtungsfunktion π diskutiert. Die Funktion $\pi(p)$ gibt an, welches Gewicht ein Entscheider einer Wahrscheinlichkeit p bei der Entscheidung zuordnet. Entscheidungsgewichte müssen nicht den Gesetzen der Wahrscheinlichkeitsrechnung genügen. Gestützt auf empirische Daten und Überlegungen zur Erklärung der Paradoxa werden einige spezielle Eigenschaften der Funktion $\pi(p)$ postuliert:

- monoton steigend in p,
- Sprungstellen in den Endpunkten 0 und 1 (mit $\pi(1) = 1$ und $\pi(0) = 0$),
- größer als p für kleine p (das heißt $\pi(p) > p$),
- subadditiv für kleine p (das heißt $\pi(r \cdot p) > r \cdot \pi(p)$), $r \in (0, 1)$
- subsicher (das heißt $\pi(p) + \pi(1 - p) < 1$),
- subproportional, d. h.

$$\frac{\pi(p \cdot q)}{\pi(p)} < \frac{\pi(r \cdot p \cdot q)}{\pi(r \cdot p)}, \quad r, q \in (0,1) \tag{15.2}$$

Abbildung 14-5 stellt den typischen Verlauf der Wahrscheinlichkeitsgewichtungsfunktion der Prospect-Theorie dar.

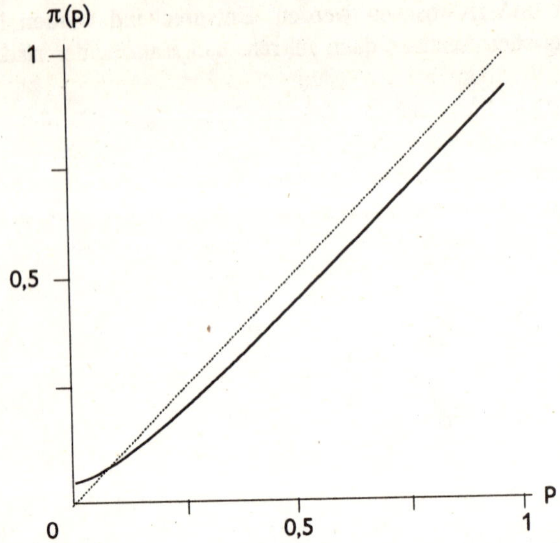

Abb. 14-5: Wahrscheinlichkeitsgewichtungsfunktion der Prospect-Theorie

Die Prospect-Theorie wurde aufgrund von Einsichten über Präferenzen zur Erklärung der meisten bekannten Paradoxa entwickelt. Im Anhang ihrer Veröffentlichung geben Kahneman und Tversky (1979) eine axiomatische Begründung der Prospect-Theorie. Sie zeigen, daß es zur Ableitung der Theorie im wesentlichen nötig ist, daß die Präferenzen des Entscheiders neben Vollständigkeit, Transitivität und Stetigkeit ein abgeschwächtes Unabhängigkeitsaxiom erfüllen.

In Abbildung 14-6 sind die Indifferenzkurven der Prospect-Theorie im Drei-Ergebnis-Diagramm dargestellt. Die Wahrscheinlichkeitsgewichtungsfunktion wurde durch eine quadratische Funktion approximiert, die die Krümmung der Indifferenzkurven bestimmt. Eventuell mögliche Editing-Operationen wurden nicht durchgeführt. Die Indifferenzkurven besitzen an den Rändern, wo p_n und p_m Werte von 0 oder 1 annehmen, Unstetigkeitsstellen. Anhand der Kurven sieht man sofort, daß die Prospect-Theorie ein gegenüber der Nutzentheorie wesentlich breiteres Spektrum von Präferenzen modellieren kann. Es läßt sich insbesondere zeigen, daß die im Rahmen der Allais-Paradoxa (vgl. Abschnitt 14.2.1) typischen Präferenzen durch die Prospect-Theorie abgebildet werden können.

Die Prospect-Theorie hat in der vorgestellten Form den Nachteil, daß durch die Transformation der Wahrscheinlichkeiten in Entscheidungsgewichte stochastisch dominierte Alternativen bevorzugt werden können. Selbst wenn ein Entscheider die stochastische Dominanzbeziehung erkennt und die dominierende Alternative bevorzugt, kann die Prospect-Theorie diese Präferenz aufgrund der speziellen Form der Wahrscheinlichkeitsgewichtungsfunktion nicht abbilden. Als (Not-)Lösung für dieses Problem wird im Rahmen der Prospect-Theorie angenommen, daß stochastisch dominierte Alternativen während der Editing-Phase eliminiert wurden. Ein weiterer Nachteil der Prospect-Theorie besteht darin, daß sie nur in der Lage ist, Entscheidungsverhalten bezüglich Alternativen mit zwei bzw. drei Konsequenzen abzubilden. Kahneman und Tversky haben die Prospect-Theorie daher erweitert – unter Beibehaltung der Idee des Referenzpunktes, der Idee der Transformation der Wahrscheinlichkeiten und der speziellen Form der Wertfunktion – und die sogenannte kumulative Prospect-Theorie entwickelt. Diese Erweiterung hat viel mit den sogenannten rangplatzabhängigen Nutzentheorien gemeinsam, die wir daher darstellen wollen, bevor wir auf die kumulative Prospect-Theorie eingehen.

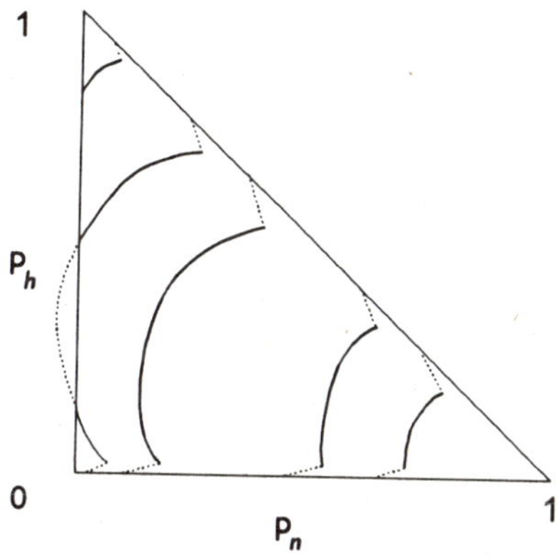

Abb. 14-6: Indifferenzkurven der Prospect-Theorie

Rangplatzabhängige Nutzentheorien

Werden nur einzelne Wahrscheinlichkeiten transformiert, kann der Fall eintreten, daß eine Präferenz für stochastisch dominierte Alternativen vorausgesagt wird. Wird hingegen die kumulierte Wahrscheinlichkeitsverteilung und nicht nur die Wahrscheinlichkeit einer Konsequenz transformiert, läßt sich diese Schwäche beheben. Die rangplatzabhängigen Nutzentheorien, sie seien als RDEU-Theorien *(Rank Dependent Expected Utility Theories)* abgekürzt, stellen einen Ansatz dar, der auf einer Transformation der gesamten Verteilung basiert.

Die Konsequenzen einer Alternative a seien gemäß der Präferenz des Entscheiders in aufsteigender Reihenfolge indiziert: $a_1 \preceq \ldots a_i \preceq \ldots a_n$. Erfüllt die Präferenz die noch genauer zu spezifizierenden Axiome, kann sie durch eine rangplatzabhängige Nutzenfunktion RDEU(a) dargestellt werden:

$$\text{RDEU}(a) = \sum_{i=1}^{n} u(a_i)\, w(p_1, \ldots, p_i) \tag{14.3}$$

$$w(p_1, \ldots, p_i) = g\Big(\sum_{j=1}^{i} p_j\Big) - g\Big(\sum_{j=1}^{i-1} p_j\Big). \tag{14.4}$$

Es wird angenommen, daß $g(1) = 1$ und $g(0) = g(p_0) = 0$. Für $w(p_1, \ldots, p_i) = p_i$, das heißt $g(p_j) = p_j$, ist RDEU gleich EU. Diese Erweiterung der Nutzentheorie wird als rangplatzabhängige Theorie bezeichnet, da die Stärke der Transformation der Wahrscheinlichkeit einer Konsequenz von dem Rangplatz der Konsequenz abhängt.

Ein Beispiel soll die Ermittlung des Nutzens für rangplatzabhängige Nutzenfunktionen erläutern. Dem Entscheider liegt das zuvor dargestellte Allais-Paradoxon vor, vgl. Abbildung 14-1: a = 3.000 €, b = (4.000 €, 0,8; 0 €, 0,2), a' = (3.000 €, 0,25; 0 €, 0,75) und b' = (4.000 €, 0,2; 0 €, 0,8). Die Funktion g des Entscheiders ist in Abbildung 14-7 gegeben. Wir wollen zur Vereinfachung annehmen, daß die Nutzenfunktion des Entscheiders linear ist, das heißt $u(0\text{ €}) = 0$, $u(3.000\text{ €}) = 0{,}75$ und $u(4.000\text{ €}) = 1$. Es gilt:

$$
\begin{array}{llll}
\text{RDEU}(a) & = u(3.000) & & = 0{,}75 \\
\text{RDEU}(b) & = u(0)\,g(0{,}20) & +u(4.000)\,(g(1)-g(0{,}20)) & \\
 & = 0 & +\,1 \cdot 0{,}60 & = 0{,}60 \\
\text{RDEU}(a') & = u(0)\,g(0{,}75) & +u(3.000)\,(g(1)-g(0{,}75)) & \\
 & = 0 & +\,0{,}75 \cdot 0{,}14 & = 0{,}105 \\
\text{RDEU}(b') & = u(0)\,g(0{,}80) & +u(4.000)\,(g(1)-g(0{,}80)) & \\
 & = 0 & +\,1 \cdot 0{,}12 & = 0{,}12
\end{array}
$$

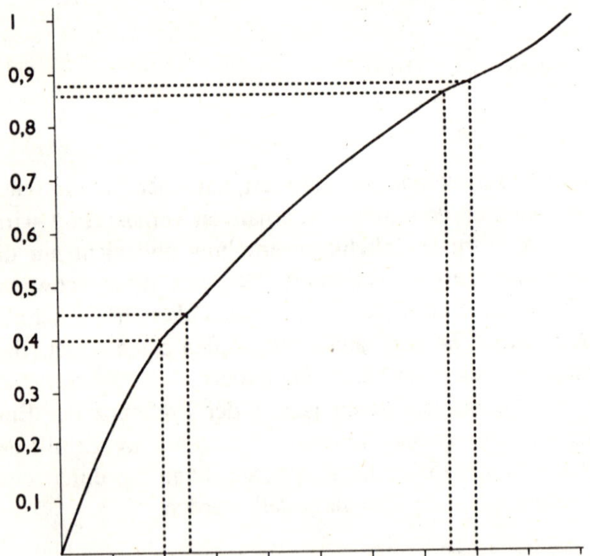

Abb. 14-7: Wahrscheinlichkeitstransformationsfunktion g

Im Beispiel wird damit die Präferenz eines Entscheiders beschrieben, der sich im Sinne des Allais-Paradoxons verhält, das heißt $a \succ b$ und $b' \succ a'$.

Ist die Funktion g konkav, werden die weniger präferierten Konsequenzen überproportional gewichtet, für konvexe g entsprechend die am stärksten präferierten Konsequenzen. Im Beispiel ist g konkav und die Konsequenz „0 €" erhält ein überproportionales Gewicht. Es läßt sich zeigen, daß Entscheider genau dann risikoaversiv sind, wenn die Nutzenfunktion u und die Funktion zur Transformation der Wahrscheinlichkeiten g konkav sind. Als risikoaversiv wird in diesem Zusammenhang ein Entscheider bezeichnet, der eine Lotterie gegenüber einer anderen Lotterie bevorzugt, welche durch einen *Mean preserving spread* aus der ersten gewonnen wurde.

Auch rangplatzabhängigen Nutzenfunktionen liegt ein Axiomensystem zugrunde, das mit dem der Nutzentheorie eng verwandt ist. Die abgebildete Präferenz muß wieder eine vollständige Ordnung bilden und das Stetigkeitsaxiom erfüllen. Zwei Wege, das Unabhängigkeitsaxiom der Nutzentheorie abzuschwächen, führen zu rangplatzabhängigen Nutzentheorien. Zum einen kann das Axiom selbst abgeschwächt werden, um so eine breite Klasse von Verhalten zuzulassen (vgl. in diesem Sinne Quiggin 1982). Zum anderen kann die Gültigkeit des Axioms auf eine bestimmte Klasse von Alternativen eingeschränkt werden (vgl. in diesem Sinne Yaari 1987).

Auch die Indifferenzkurven einer rangplatzabhängigen Nutzenfunktion lassen sich im Drei-Ergebnis-Diagramm darstellen. Für einen risikoscheuen Entscheider zeigt Abbildung 14-8, daß im Gegensatz zu den Kurven der Prospect-Theorie die Steigung der Indifferenzkurven immer positiv ist und an den Rändern keine Unstetigkeitsstellen auftreten.

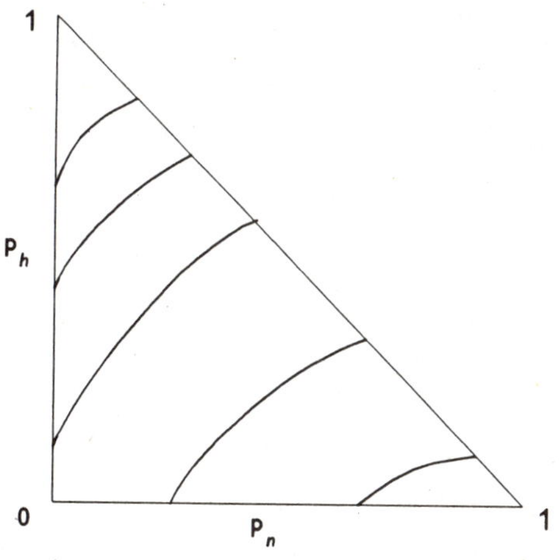

Abb. 14-8: Nutzenindifferenzkurven für rangplatzabhängige Nutzenfunktionen

Ihnen wird bei den Abbildungen 14-6 und 14-8 sicherlich aufgefallen sein, daß die Indifferenzkurven der Prospect- wie auch der RDEU-Theorie im Gegensatz zu denen der Nutzentheorie im allgemeinen nicht linear sind. Die Indifferenzkurven beider Erweiterungen der Nutzentheorie erfüllen die *Betweenness*-Eigenschaft damit nicht (zur Erinnerung: Die *Betweenness*-Eigenschaft besagt, daß ein Entscheider genau dann zwischen zwei Lotterien a und b indifferent ist, wenn er auch zwischen allen möglichen Verknüpfungen $\alpha \cdot a + (1-\alpha)\, b, \quad \alpha \in [0, 1]$ dieser Lotterien indifferent ist.)

Kumulative Prospect-Theorie

Vergleicht man die ursprüngliche Prospect-Theorie mit den rangplatzabhängigen Theorien, so wird deutlich, daß letztere zwar mathematisch elegant sind, viele gute psychologische Ideen jedoch in der Prospect-Theorie verankert sind. Es ist daher nur folgerichtig, daß die Idee, die kumulative Wahrscheinlichkeitsverteilung zu transformieren, auf die Prospect-Theorie übertragen wurde. Diese den rangplatzabhängigen Nutzentheorien ähnliche Transformation – kombiniert mit dem Referenzpunktdenken der ursprünglichen Prospect-Theorie – wird zur kumulativen Prospect-Theorie (Tversky und Kahneman 1992 sowie Wakker und Tversky 1993).

Hier werden die Konsequenzen a_i (i = 1, ..., n) einer Entscheidungsalternative völlig analog zur Vorgehensweise bei RDEU in aufsteigender Reihenfolge geordnet. Der Referenzpunkt des Entscheiders dient anschließend dazu, die Konsequenzen als Gewinne und Verluste zu charakterisieren. Wir wollen annehmen, daß die betrachtete Alternative m negative Konsequenzen und $n - m$ positive Konsequenzen besitzt. Die Gewinne und Verluste werden anschließend mittels einer Wertfunktion wie in der ursprünglichen Prospect-Theorie bewertet. Die Entscheidungsgewichte w_i werden ebenfalls für Gewinne und Verluste getrennt ermittelt. Bei der kumulativen Prospect-Theorie (CPT: *Cumulative Prospect Theory*) wird der erwartete Nutzen einer riskanten Alternative, bezeichnet mit CPT(a), als Summe des erwarteten rangplatzabhängigen Nutzens der positiven sowie der negativen Konsequenzen gemäß der folgenden Formel berechnet:

$$\mathrm{CPT}(a) = \sum_{i=1}^{m} v(a_i)\, w^-(\mathrm{p}_i) + \sum_{i=m+1}^{n} v(a_i)\, w^+(\mathrm{p}_i)\,. \tag{14.5}$$

Die Entscheidungsgewichte der positiven Konsequenzen $w^+(\mathrm{p}_i)$ und die der negativen Konsequenzen $w^-(\mathrm{p}_i)$ werden getrennt nach folgenden Formeln berechnet:

$$w^-(\mathrm{p}_i) = g^-\Big(\sum_{j=1}^{i} \mathrm{p}_j\Big) - g^-\Big(\sum_{j=1}^{i-1} \mathrm{p}_j\Big) \tag{14.6}$$

$$w^+(\mathrm{p}_i) = g^+\Big(\sum_{j=i}^{n} \mathrm{p}_j\Big) - g^+\Big(\sum_{j=i+1}^{n} \mathrm{p}_j\Big) \tag{14.7}$$

Zwei typische Wahrscheinlichkeitsgewichtungsfunktionen *g* der CPT sind in Abbildung 14-9 vorgestellt (vgl. Tversky und Kahneman 1992). Die Funktionen sind umgekehrt s-förmig, konkav für kleine und konvex für große Wahrscheinlichkeiten. Der Wendepunkt liegt im Bereich von p = 0,4. Sie ähneln der Funktion der ursprünglichen Prospect-Theorie, verzichten jedoch auf Sprungstellen. Die genaue Form der Funktion *g* wird davon abhängen, welches Entscheidungsproblem und damit welche Arten von Konsequenzen betrachtet werden und ob diese Gewinne und Verluste darstellen. In jüngster Zeit wurde sogar eine axiomatische Begründung für die Wahrscheinlichkeitsgewichtungsfunktion in der hier vorgestellten Form gegeben (Prelec 1998).

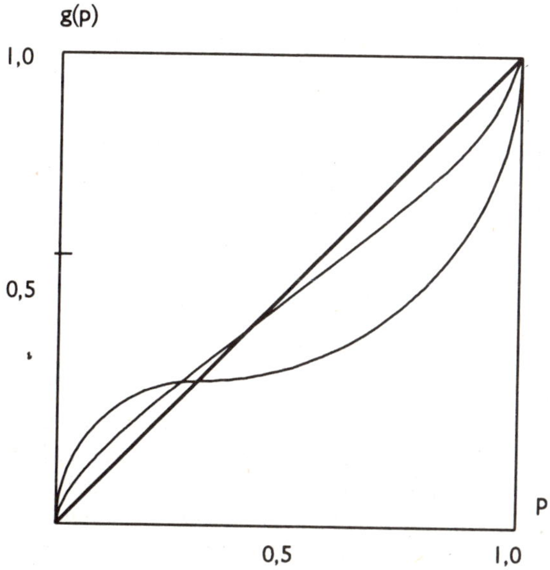

Abb. 14-9: Wahrscheinlichkeitsgewichtungsfunktion der CPT

Fassen wir die Vorteile der CPT zusammen: Sie ist axiomatisch fundiert, bildet Referenzpunkteffekte ab und ist, wie im Beispiel zur rangplatzabhängigen Nutzenfunktion demonstriert, in der Lage, das Allais-Paradoxon zu erklären. Mit Wahrscheinlichkeitsgewichtungsfunktion und Wertfunktion existieren zwei Teile der Theorie, die relativ eng definiert sind und in ihren wesentlichen Elementen in einer Reihe von empirischen Studien bestätigt werden konnten (vgl. Abschnitt 14.3.2).

Kumulative Prospect-Theorie und Choquet Expected Utility-Theorie

Trotz aller Begeisterung für die CPT werden Sie jetzt hoffentlich nach einer Antwort auf das Ellsberg-Paradoxon suchen. Bisher haben wir ausschließlich Erweiterungen der Nutzentheorie betrachtet, während das Ellsberg-Paradoxon jedoch die subjektive Erwartungsnutzentheorie angreift. Glücklicherweise lassen sich viele der gerade vorgestellten Überlegungen auf den Fall subjektiver Wahrscheinlichkeiten übertragen. Es gibt ein Äquivalent zu RDEU, die sogenannte *Choquet Expected Utility Theory* (CEU-Theorie), und die CPT kann auch auf diesen Fall erweitert werden. Wir werden die CEU-Theorie von Schmeidler (1989) zuerst betrachten (vgl. auch Gilboa 1987 und Sarin und Waller 1992).

Der Ansatz von Schmeidler stellt eine Verallgemeinerung der subjektiven Erwartungsnutzentheorie von Savage (1954) dar (genauer gesagt, der Axiomatisierung der subjektiven Erwartungsnutzentheorie von Anscombe und Aumann 1963). Jeder Alternative werden, wie bei Savage, Konsequenzen zugeordnet, die in Abhängigkeit von Umweltzuständen eintreten. Wird das Unabhängigkeitsaxiom der subjektiven Nutzentheorie *(Sure thing principle)* nur für komonotone Alternativenpaare gefordert, ergibt sich die CEU-Theorie. Zwei Alternativen a und b sind komonoton, wenn es keine Zustände s_i, $s_j \in S$ gibt mit $a(s_i) > a(s_j)$ und $b(s_j) > b(s_i)$; das heißt, es darf kein Paar von Zuständen geben, bei denen sich die Konsequenz der einen Alternative beim Übergang vom einen zum anderen Zustand verbessert, während sich die Konsequenz der anderen Alternative beim selben Übergang verschlechtert.

Für den erwarteten Nutzen der Choquet-Risikonutzentheorie gilt:

$$\mathrm{CEU}(a) = \sum_{i=1}^{n} u_i \left[q\left(\bigcup_{j=i}^{n} s_j\right) - q\left(\bigcup_{j=i+1}^{n} s_j\right)\right] \tag{14.8}$$
$$\text{mit } u_i = u(a(s_i)), \quad u_1 \leq u_2 \leq \ldots u_n.$$

Von den auftretenden Funktionen ist Ihnen die Funktion u, die von-Neumann-und-Morgenstern-Nutzenfunktion, aus Kapitel 9 bekannt. Die Funktion q ist eine reellwertige Funktion, die ein nicht notwendigerweise additives Wahrscheinlichkeitsmaß abbildet. Um additive Wahrscheinlichkeiten von nichtadditiven zu unterscheiden, wollen wir im weiteren nichtadditive Wahrscheinlichkeiten als Kapazitäten bezeichnen. Diese Kapazitäten besitzen die folgenden Eigenschaften:

- $q(S) = 1$ mit S = Menge aller Zustände
- $q(\varnothing) = 0$
- $q(T) \leq q(T')$, falls $T \subseteq T'$.

Kapazitäten einer disjunkten Zerlegung von S (zum Beispiel ein Ereignis und sein Komplementereignis) können sich zu einer Zahl größer oder kleiner eins summieren. Ist die Summe eine Zahl größer (kleiner) als eins, ist der Entscheider ambiguitätsfreudig (ambiguitätsscheu). Der Grad der Einstellung zur Ambiguität wird in der Choquet-Nutzentheorie durch den Grad der Super- oder Subadditivität der Kapazitäten abgebildet. Sind die Kapazitäten additiv, das heißt stellen sie Wahrscheinlichkeiten dar, ist die CEU-Theorie identisch mit der SEU-Theorie.

Die Formel für den Choquet-Nutzen erinnert stark an die Berechnung des rangplatzabhängigen Nutzens. Analog müssen bei der Berechnung des CEU-

Wertes zunächst die Umweltzustände entsprechend des Nutzens der bei ihnen eintretenden Konsequenzen für jede Alternative in (Achtung!) absteigender Reihenfolge geordnet werden. Dann kann der CEU-Wert der Alternative analog zum RDEU-Wert bei rangplatzabhängigen Nutzenfunktionen berechnet werden.

Um ein Gefühl für die CEU-Theorie zu erhalten, möchten wir Sie bitten, die beiden folgenden Urnen zu vergleichen:

Urne 1:
Die Urne enthält 10 weiße und 10 gelbe Bälle. Sie gewinnen 100 €, wenn ein weißer Ball gezogen wird. Sie erhalten 0 €, wenn ein gelber Ball gezogen wird.

Urne 2:
Die Urne enthält zusammen 20 weiße und gelbe Bälle. Sie können die Farbe bestimmen, bei der Sie gewinnen möchten. Sie erhalten 100 €, falls Ihre Gewinnfarbe gezogen wird, und 0 €, falls diese Farbe nicht gezogen wird.

Urne 1 entspricht einer „normalen" 50-50-Lotterie, während Urne 2 eine ambiguitätsbehaftete Lotterie darstellt. Die subjektive Erwartungsnutzentheorie kann zwischen beiden Urnen nicht unterscheiden und sagt voraus, daß Entscheider zwischen beiden Urnen indifferent sind. (Wenn Sie das „Gefühl" haben, daß die Bälle einer Farbe in Urne 2 in der Überzahl sind, sollten Sie sogar Urne 2 wählen, da Ihre subjektive Wahrscheinlichkeit zu gewinnen dort größer als bei Urne 1 ist.)

Die CEU-Theorie sagt voraus, daß ein ambiguitätsscheuer Entscheider Urne 1 gegenüber Urne 2 bevorzugt. Während die Kapazitäten bei Urne 1 identisch zu den Wahrscheinlichkeiten sind, das heißt q(weiß) = 0,5 und q(gelb) = 0,5, so können die Kapazitäten für Urne 2 ohne weiteres von 0,5 verschieden sein. In empirischen Untersuchungen konnte gezeigt werden, daß Kapazitäten für ambiguitätsbehaftete Alternativen analog zur Urne 2 im Bereich von 0,4 liegen (vgl. Keppe und Weber 1995 sowie Mangelsdorff und Weber 1994): Der CEU-Nutzen von Urne 2 ist damit in der Regel geringer als der CEU-Nutzen von Urne 1.

Setzt man wiederum die Existenz eines Referenzpunkts voraus, geht die CEU in die CPT gemäß der folgenden Formel über. Alle Bezeichnungen sind identisch zu denen bei der Beschreibung der CPT für gegebene Wahrscheinlichkeiten.

$$\begin{aligned} CPT(a) &= \sum_{i=1}^{m} v(a_i)\cdot w^-(s_i) + \sum_{i=m+1}^{n} v(a_i)\cdot w^+(s_i) \\ w^-(s_i) &= q^-\Big(\bigcup_{j=1}^{i} s_j\Big) - q^-\Big(\bigcup_{j=1}^{i-1} s_j\Big) \\ w^+(s_i) &= q^+\Big(\bigcup_{j=i}^{n} s_j\Big) - q^+\Big(\bigcup_{j=i+1}^{n} s_j\Big) \end{aligned} \tag{14.9}$$

Sie sehen beim Vergleich der CPT für gegebene Wahrscheinlichkeiten und der CPT für subjektive Wahrscheinlichkeiten, daß die Funktionen g^+ bzw. g^- und q^+ bzw. q^- ähnliche Aufgaben erfüllen. Es kann daher versucht werden, die Eigenschaften der Wahrscheinlichkeitsgewichtungsfunktion g (vgl. Abbildung 14-9) auf die Funktion q zu übertragen. Auf diese neuen Arbeiten können wir im Rahmen dieses Lehrbuchs jedoch nicht mehr eingehen und müssen Sie auf die Literatur verweisen (Tversky und Wakker 1995, Tversky und Fox 1995 und Fox und Tversky 1998).

Prospect-Theorie bei sicheren Erwartungen und mehreren Zielen

Zum Abschluß dieses Abschnitts wollen wir noch Entscheidungen bei Sicherheit und mehreren Zielen betrachten. In Kapitel 6 haben Sie die multiattributive Werttheorie (MAVT) als Entscheidungshilfe für rationales Entscheiden kennengelernt. Auch bei mehreren Zielen kann sich referenzpunktabhängiges Verhalten in intuitiven Entscheidungen widerspiegeln (vgl. das Beispiel von Tversky und Simonson in Abschnitt 14.2.4). Entsprechend der Idee der Prospect-Theorie (Kodierung der Konsequenzen als Gewinne und Verluste abhängig von einem Referenzpunkt) haben Tversky und Kahneman (1991) auch für den Fall der Entscheidungen bei Sicherheit und mehreren Zielen ein deskriptives referenzpunktabhängiges Modell entwickelt. Die Kernidee der Theorie kann am besten anhand der Abbildung 14-10 verdeutlicht werden.

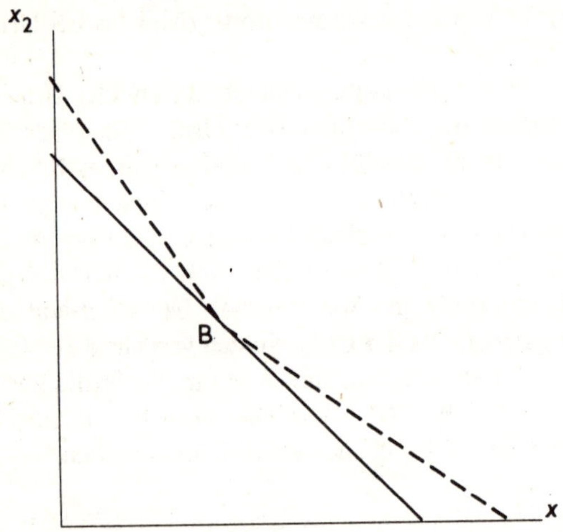

Abb. 14-10: Besitztumseffekte bei Entscheidungen mit mehreren Zielen

In Abbildung 14-10 wird angenommen, daß der Besitz B eines Entscheiders durch zwei Ziele beschrieben werden kann. Unter der Annahme einer additiven Wertfunktion und unter der weiteren vereinfachenden Annahme linearer bedingter Wertfunktion ergibt sich für ein bestimmtes Gewichtungssystem die eingezeichnete durchgezogene Indifferenzkurve. Sie ist unabhängig vom Besitz des Entscheiders, der genauso im Schnittpunkt der Indifferenzkurve mit der x_2-Achse liegen könnte. Wir wollen jetzt B als Referenzpunkt betrachten und das Denken der Prospect-Theorie, das heißt das Denken in Gewinnen und Verlusten bezüglich des Referenzpunktes B, auf den in Abbildung 14-10 dargestellten Fall anwenden. Möchte der Entscheider zu einer Alternative gelangen, die rechts von B liegt und einen gleichen Wert für ihn darstellt, muß er x_2 aufgeben, um x_1 zu erhalten. Im Vergleich zum Fall ohne Referenzpunktbetrachtung bewirkt die Kodierung von x_2 als Verlust, daß der Entscheider mehr x_1 für x_2 erhalten möchte, das heißt die Indifferenzkurve nimmt den in Abbildung 14-10 gestrichelt dargestellten Verlauf an. Eine analoge Argumentation führt zu dem Verlauf der Indifferenzkurve links von B. Die einfache Analyse zeigt, daß der Referenzpunkt zu einer nichtlinearen Indifferenzkurve führt, die im Referenzpunkt einen Knick besitzt. Die Stärke des Knicks der Indifferenzkurve ist von der Stärke des Referenzpunkteffektes abhängig. Die Modellierung dieses Effektes ermöglicht es, ein breiteres Spektrum von Entscheidungsverhalten abzubilden. Zu einer formalen Darstellung sei auf die Originalarbeit von Tversky und Kahneman (1991) verwiesen.

14.3.2 Empirische Untersuchungen zu deskriptiven Präferenztheorien

Die im bisherigen Verlauf des Kapitels vorgestellten Präferenztheorien haben alle dasselbe Ziel: Das Entscheidungsverhalten für riskante Entscheidungssituationen soll vorhergesagt werden. Es erhebt sich nun die Frage, welche Theorie in welchem Ausmaß dazu in der Lage ist. Beispielhaft sollen empirische Untersuchungen angesprochen werden, die einerseits zeigen, wie moderne Theorien getestet werden können, und andererseits auch Aufschluß darüber geben, inwieweit die hier besprochenen Theorien ihrem Anspruch genügen und Entscheidungsverhalten vorhersagen.

Um die Prospect-Theorie und die Erwartungsnutzentheorie miteinander zu vergleichen, führten Currim und Sarin (1989) drei nur geringfügig unterschiedliche Experimente mit insgesamt 183 Teilnehmern durch. Zum einen sollte mit dieser Untersuchung der Frage nachgegangen werden, ob sich die Eigenschaften der beiden Theorien verifizieren lassen. Zum anderen sollte herausgefunden werden, welches der beiden Modelle eine größere Vorhersagekraft besitzt. Abgesehen von sich aufgrund der jeweiligen Frage ergebenden Unterschieden im Design war bei allen drei Experimenten die Vorgehensweise identisch.

In einem ersten Schritt wurden die Experimentteilnehmer mit Fragen konfrontiert, die der Bestimmung der individuellen Modellparameter, wie zum Beispiel der Wahrscheinlichkeitsgewichtungsfunktion $\pi(p)$, dienten. Verschiedene Bestimmungsmöglichkeiten fanden dabei Berücksichtigung. In einem zweiten Teil wurden den Teilnehmern mehrere Paare von Lotterien vorgelegt, bei denen sie jeweils die präferierte Lotterie angeben sollten. Die hier nun tatsächlich offenbarten, intuitiven Präferenzen wurden mit den Präferenzen verglichen, die sich aufgrund der im ersten Schritt bestimmten, individuellen Modellparameter vorhersagen ließen. Die Editing-Phase der Prospect-Theorie berücksichtigen Currim und Sarin ausdrücklich nicht. Sie bezeichnen diese als *„loosely defined guideli-*

nes" (Currim und Sarin 1989, S. 26), die schwer in Experimenten zu überprüfen oder zu kontrollieren sind.

Currim und Sarin (1989, S. 39) fassen die wesentlichen Ergebnisse ihrer Untersuchung wie folgt zusammen:

- Die Eigenschaften der Wert- und der Wahrscheinlichkeitsgewichtungsfunktion, wie sie von der Prospect-Theorie postuliert werden, können weitgehend als empirisch bestätigt angesehen werden.
- Die Wahrscheinlichkeitsgewichtungsfunktion ist für Gewinne und Verluste unterschiedlich.
- Für Alternativenpaare, die nicht durch sich am Allais-Paradoxon anlehnende Transformationen auseinander hervorgehen, sagen Nutzentheorie und Prospect-Theorie gleich gut voraus.
- Für Alternativenpaare, die zu paradoxem Entscheidungsverhalten im Sinne des Allais-Paradoxons führen, ist die Vorhersagekraft der Prospect-Theorie signifikant besser als die der Erwartungsnutzentheorie. (Dies ist insofern nicht verwunderlich, als die Prospect-Theorie unter anderem zur Abbildung von irrationalem Verhalten entwickelt wurde.)

Während sich die Untersuchung von Currim und Sarin (1989) ausschließlich der Erwartungsnutzentheorie und der Prospect-Theorie widmete, führte Camerer (1989) einen simultanen Vergleich mehrerer neuer Präferenztheorien durch. Dabei beschreibt er zunächst, wie die Indifferenzkurven nach den verschiedenen Theorien im Drei-Ergebnis-Diagramm verlaufen müßten. Diese theoretischen Verläufe stellt er den tatsächlichen Verläufen gegenüber, wie sie sich aus den Präferenzen der Experimentteilnehmer ergeben, die sich zwischen jeweils zwei zur Wahl gestellten Lotterien entscheiden mußten. Die Frage, welche Theorie denn nun die beste ist, kann aber auch Camerer (1989, S. 94) nicht beantworten: „Each theory can account for some of the violations, but not all."

In einer Meta-Analyse vergleichen Harless und Camerer (1994) mehrere Theorien, indem sie die Ergebnisse von insgesamt 23 Untersuchungen bzw. rund 8.000 Wahlentscheidungen von Experimentteilnehmern aggregieren. Auf die Frage nach der besten Theorie geben sie bewußt keine Antwort, da die verschiedenen Theorien verschiedenen Zwecken dienen. Als Ergebnis bieten sie eine Art Menü an, aus dem sich die gewünschte deskriptive Präferenztheorie wählen läßt, je nachdem in welchem Ausmaß man einen Verlust an Allgemeingültigkeit einer Theorie für eine einfachere Darstellung in Kauf zu nehmen bereit ist. Insgesamt erscheint ihnen die hier auch in den Vordergrund gestellte Prospect-Theorie als guter Kompromiß und zumindest bedingt für die Abbildung von menschlichem Entscheidungsverhalten geeignet.

In jüngster Zeit sind verstärkt einzelne Elemente der Präferenztheorien empirisch untersucht worden. Als zentrales Element der CPT erfreute sich die Wahrscheinlichkeitsgewichtungsfunktion einer besonderen Beliebtheit. Die in Abbildung 14-9 präsentierte Form wurde mit unterschiedlichem methodischen Vorgehen weitgehend bestätigt (vgl. Camerer und Ho 1994 und Wu und Gonzalez 1996).

Im Rahmen der CEU wurde geforscht, um einen Grund für eine eventuell auftretende Ambiguitätsscheu zu finden. Heath und Tversky (1991) konnten zeigen, daß der Grad der Ambiguitätsaversion davon abhängt, wie der Entscheider seine Kompetenz in dem Wissensgebiet einschätzt, welches der Formulierung der Lotterien zugrunde gelegt wurde. Der Entscheider besitzt eine Präferenz für manche „Quellen" von Unsicherheit (Heath und Tversky 1991 sprechen von *Source Preference*), die von der wahrgenommenen Kompetenz des Entscheiders für die betrachtete Quelle beeinflußt wird. Die Ergebnisse wurden von Keppe und Weber (1995) repliziert, die zusätzlich direkt zeigen konnten, daß die Summe der Kapazitäten von Komplementärereignissen und damit der Grad der Subadditivität der Kapazitäten von der Kompetenz des Entscheiders beeinflußt werden. Die Quellenabhängigkeit der Präferenz spiegelt sich auch in der Funktion q der CPT wider. Mehr dazu finden Sie in Kilka und Weber (1998) und Wu und Gonzalez (1999).

14.3.3 *Disappointment-* und *Regret-*Theorien

Die Prospect-Theorie berücksichtigt einen Referenzpunkt, transformiert die Wahrscheinlichkeiten und schlägt für Gewinne und Verluste eine spezifische Wertfunktion vor. Die beiden in diesem Abschnitt zu betrachtenden Theorien modellieren zwei psychologische Faktoren (*Disappointment* = Enttäuschung und *Regret* = Bedauern), ohne die mit der Prospect-Theorie abzubildenden Phänomene zu betrachten.

Disappointment-Theorien

Die Kernidee der Disappointment-Theorien kann anhand des typischen Entscheidungsverhaltens in einem einfachen Entscheidungsproblem erläutert werden. Nehmen wir an, ein Entscheider besäße die beiden Lotterien (10.000 €, 0,99; 0 €, 0,01) und (–10.000 €, 0,99; 0 €, 0,01). Nachdem die Ergebnisse der Lotterien feststehen, erfährt der Entscheider, daß er im ersten Fall nichts gewonnen und im zweiten Fall nichts verloren hat.

Viele Entscheider werden das Ergebnis von 0 € in beiden Lotterien sehr unterschiedlich wahrnehmen: bei der ersten Lotterie werden sie sicher enttäuscht sein (*Disappointment*) und bei der zweiten Lotterie werden sich die meisten Entscheider freuen (*Elation*). Der Kontext, in dem die realisierte Konsequenz von 0 € auftritt, scheint die Beurteilung der Konsequenz zu beeinflussen. Die Nutzentheorie erlaubt keine Berücksichtigung des Kontextes bei der Beurteilung von Konsequenzen. Der Nutzen, den die Konsequenz „0 €" stiftet, ist unabhängig von den anderen Konsequenzen der Alternative. Während bei den rangplatzabhängigen Theorien der Rangplatz der Konsequenz für die Stärke der Abweichung von der Wahrscheinlichkeit relevant ist, modellieren Disappointment-Theorien den Kontexteffekt des Wertes einer Konsequenz explizit (vgl. zur Disappointment-Theorie Bell 1985 sowie Loomes und Sugden 1986).

Mit dem Beispiel haben wir versucht, Sie zu überzeugen, daß Entscheider bei der Bewertung von Alternativen nicht nur deren Konsequenzen, sondern auch die mögliche Enttäuschung bzw. Freude nach Bekanntwerden der eingetretenen Konsequenz betrachten. Antizipieren Entscheider mögliche Disappointment- und Elation-Effekte bei ihrer Entscheidung, können diese Effekte die Entscheidung beeinflussen: Sie verzichten zum Beispiel auf die Chance eines höheren Gewinns, um eine mögliche Enttäuschung zu vermeiden.

Die Disappointment-Theorien berücksichtigen Gefühle, die aus dem Vergleich der Konsequenzen einer Lotterie resultieren. Die Theorien gehen von der Existenz einer Wertfunktion im Sinne der meßbaren Wertfunktion v aus. Bei einer riskanten Alternative sind Entscheider enttäuscht bzw. erfreut, falls das Ergebnis die Erwartungen nicht erfüllt bzw. übertrifft. Es wird vorgeschlagen, den Erwartungswert $E(v(a))$ der Verteilung der Werte der Konsequenzen als Erwartung des Entscheiders für eine Lotterie zu definieren. Diese Erwartung, die ein Meßlatte dafür darstellt, ob ein Entscheider von einem Ergebnis erfreut oder enttäuscht ist, wollen wir mit v^* bezeichnen. Der Nutzen einer Konsequenz $u(a_i)$ wird als Summe des Wertes der Konsequenz plus der für diese Konsequenz möglichen Enttäuschung bzw. Freude definiert:

$$u(a_i) = v(a_i) + D(v(a_i) - v^*) \tag{14.10}$$

$D(v(a_i) - v^*)$ ist eine Funktion, die Freude bzw. Enttäuschung abbildet. Der Disappointment-Nutzen (DE-Nutzen) einer Alternative ist definiert durch:

$$\mathrm{DE}(a) = \sum_{i=1}^{n} \mathrm{p}_i \, (v(a_i) + D(v(a_i) - v^*)). \tag{14.11}$$

Ist $D(\cdot)$ linear, heben sich die Terme für Enttäuschung und Freude auf. Der Disappointment-Nutzen reduziert sich dann zum Erwartungswert der durch die Wertfunktion bewerteten Konsequenzen. Die von DE erzeugte Präferenz ist transitiv. Sie genügt der Bedingung der stochastischen Dominanz, falls $D(\cdot)$ eine nicht fallende Funktion mit einer Steigung kleiner als 1 ist. Es wird weiterhin angenommen, daß $D(\cdot)$ für positive Argumente (Freude) konvex und für negative Argumente (Enttäuschung) konkav ist.

Bei der DE-Theorie hängt der Nutzen einer Konsequenz über den Wert v^* hinaus von der gesamten Lotterie ab. Ein- und derselben Konsequenz können durchaus unterschiedliche Nutzenwerte zugeordnet werden. Es wäre daher exakter, die Funktion u als eine Funktion der Konsequenzen und der Lotterie zu schreiben: $u(a_i, a)$. Eine explizite Modellierung der Abhängigkeit des Nutzens einer Konsequenz von der gesamten Lotterie findet sich in den sogenannten lotterieabhängigen Nutzentheorien (vgl. Becker und Sarin 1987), die hier jedoch nicht vorgestellt werden sollen.

Eine axiomatische Fundierung der Disappointment-Theorie findet sich in Gul (1991). Dreh- und Angelpunkt dieser Vorgehensweise ist wiederum eine Abschwächung des Unabhängigkeitsaxioms. Vereinfachend läßt sich sagen, daß es im Gegensatz zur Risikonutzentheorie nicht mehr generell Gültigkeit besitzen muß. Es muß nur auf solche Alternativen angewendet werden dürfen, bei denen durch die Anwendung des Unabhängigkeitsaxioms keine Disappointment- bzw. Elation-Effekte auftreten. Die Disappointment-Theorie ist auch in der Lage, Allais-paradoxes Verhalten zu erklären. Der Verlauf der Indifferenzkurven der Disappointment-Theorie im Drei-Ergebnis-Diagramm in Abbildung 14-11 belegt diese Behauptung.

Die zur Erklärung des Allais-Paradoxons notwendige Veränderung der Steigung der Indifferenzkurven innerhalb des Drei-Ergebnis-Diagramms ergibt sich daraus, daß die Indifferenzkurven der Disappointment-Theorie von zwei verschiedenen Punkten außerhalb des Diagramms auffächern *(Fanning out)*.

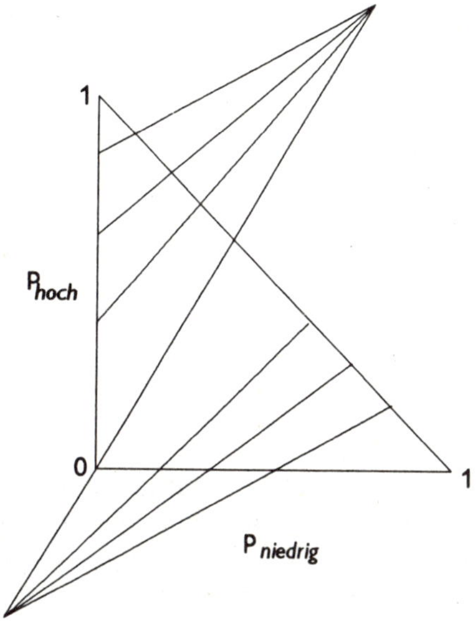

Abb. 14-11: Nutzenindifferenzkurven für Disappointment-Theorie

Regret-Theorie

Die Kernidee der Regret-Theorien besteht darin, daß nicht mehr der Nutzen einer Alternative betrachtet wird, sondern Alternativenpaare gemeinsam bewertet werden (vgl. Bell 1982, Loomes und Sugden 1982 sowie Fishburn 1984). Während bei den Disappointment-Theorien die Konsequenzen mit einer aus der betrachteten Alternative abgeleiteten Erwartung verglichen werden, stellen die Regret-Theorien die Konsequenzen der einen Alternative den möglichen Konsequenzen der zweiten Alternative gegenüber. Im Vergleich der Konsequenzen beider Alternativen empfindet ein Entscheider möglicherweise „Bedauern", das er in seiner Entscheidung antizipieren wird. Die paarweise Betrachtung führt dazu, daß intransitive Präferenzen abgebildet werden können: *a* kann gegenüber

b bevorzugt werden (wenn a und b gemeinsam betrachtet werden), b gegenüber c und c gegenüber a.

Ein Beispiel (vgl. Tabelle 14.1) soll die Denkweise der Regret-Theorie verdeutlichen, vgl. zum Beispiel Paterson und Diekmann (1988). Gleichzeitig zeigt das Beispiel, welche zusätzlichen Möglichkeiten die Regret-Theorien zur Abbildung von Präferenzen besitzen.

Im Beispiel sind die Konsequenzen zweier Alternativen a und b dargestellt, die durch Würfeln mit einem ehrlichen, mit den Zahlen 1 bis 6 beschrifteten Würfel bestimmt werden. Da alle Zustände im Beispiel mit gleicher Wahrscheinlichkeit auftreten (p = 1/6), sind Konsequenzen und Wahrscheinlichkeitsverteilungen von a und b identisch. Alle bisher präsentierten Präferenztheorien sagen ebenso wie die Nutzentheorie voraus, daß jeder Entscheider indifferent zwischen beiden Alternativen ist. Wie Sie jedoch vielleicht anhand Ihrer eigenen Präferenz feststellen, kann man gute Gründe für die Präferenz $a \succ b$ oder $a \prec b$ finden. In der empirischen Untersuchung von Paterson und Diekmann (1988) bevorzugten 84% die Alternative a.

Tab. 14.1: Beispiel zur Relevanz der Regret-Theorien

Zustand (Zahl des Würfels)	1	2	3	4	5	6
a	20	30	40	50	60	10
b	10	20	30	40	50	60

Um eine Präferenz zwischen a und b abbilden zu können, muß eine Theorie Konsequenzen in Abhängigkeit von Zuständen definieren. Dann kann festgestellt werden, welche Konsequenzen (der unterschiedlichen Alternativen) bei welchem Zustand eintreten werden. Darauf aufbauend ist es möglich, Konsequenzen einer Alternative in Abhängigkeit der Konsequenzen einer anderen Alternative zu bewerten. Diese Bewertung der Konsequenzen einer Alternative in Abhängigkeit von einer zweiten Alternative ist gerade das Charakteristikum der Regret-Theorien und ermöglicht es diesen Theorien, im Beispiel eine Präferenz zwischen a und b abzubilden. Formal läßt sich die Regret-Theorie (ER: Expected Regret) schreiben als:

$$\mathrm{ER}(a,b) = \sum_{i=1}^{n} \mathrm{p}(s_i)\,(v(a_i) + R(v(a_i) - v(b_i))), \tag{14.12}$$

wobei a_i und b_i die Konsequenzen der Alternativen a und b bei Eintritt von Zustand s_i darstellen. R ist die streng monoton steigende Regret-Funktion, die das Bedauern (oder die Freude) darüber angibt, daß a_i eingetreten ist, wenn sonst beim selben Zustand b_i eingetreten wäre. Eine Alternative a wird genau dann gegenüber Alternative b bevorzugt, falls $\mathrm{ER}(a,b) > \mathrm{ER}(b,a)$.

Die Regret-Theorie bildet ein weitverbreitetes Gefühl beim Entscheiden ab. Um sie etwas zu erläutern, betrachten Sie die Wahl zwischen der sicheren Alternative a = 3.000 € und der Lotterie b = (0 €, s_1; 4.000 €, s_2) mit $p(s_1) = 0{,}2$ und $p(s_2) = 0{,}8$; eine Wahl, die Sie schon aus dem Allais-Paradoxon kennen. Es gilt, vereinfachend für lineare Wertfunktionen:

$$\mathrm{ER}(a,b) = 3.000 + 0{,}2\,R(3.000 - 0) + 0{,}8\,R(3.000 - 4.000),$$
$$\mathrm{ER}(b,a) = 3.200 + 0{,}2\,R(0 - 3.000) + 0{,}8\,R(4.000 - 3.000).$$

Sie sehen sofort, daß die Regret-Funktion dazu führen kann, daß Alternative a bevorzugt wird. Der Term „$R(0 - 3.000)$" im Ausdruck ER(b,a), d. h. das Bedauern darüber, nichts zu erhalten, wenn man doch 3.000 € hätte bekommen können, führt zur Wahl von a.

14.3.4 *Support*-Theorie

Die Support-Theorie ist keine deskriptive Präferenztheorie; sie dient vielmehr zur Modellierung der Phänomene bei der Schätzung subjektiver Wahrscheinlichkeiten, wie sie in Abschnitt 14.2.3 präsentiert wurden. Die Kernidee der Support-Theorie (Tversky und Koehler 1994) besteht darin, daß Wahrscheinlichkeitsaussagen über Ereignisse durch den „Support" des Ereignisses bestimmt werden. Der Support wiederum kann durch die Art der Beschreibung des Ereignisses beeinflußt werden. Wird die Beschreibung ausführlicher – denken Sie an die empirische Untersuchung von Fischhoff, Slovic und Lichtenstein (1978) in Abschnitt 14.2.3 –, so ordnet der Entscheider dem Ereignis eine höhere Wahrscheinlichkeit zu. Die Bedeutung der Theorie für das rationale Entscheiden liegt somit darin, daß wir mehr darüber lernen, wie Entscheider zu subjektiven Wahrscheinlichkeitsurteilen kommen. Nicht nur kann eine Wahrscheinlichkeitsschätzung von Person zu Person unterschiedlich sein; durch alternative Formen der Beschreibung eines Ereignisses kann sich vielmehr eine systematische Veränderung der Schätzung ergeben. Wir wollen die Theorie im folgenden etwas ausführlicher beschreiben.

Ausgangspunkt der Überlegungen sind Ereignisse A', B' und deren Beschreibung A, B; in der Support-Theorie Hypothesen genannt. Ein Ereignis kann mehrere Beschreibungen besitzen. Das Ereignis, beim zweimaligen Würfeln eine Eins und eine Zwei zu würfeln, kann beispielsweise mit den Hypothesen „Die Summe der Punktzahlen ist drei" und „Das Produkt der Punktzahlen ist zwei" beschrieben werden. Die Wahrscheinlichkeit, daß Ereignis A und nicht Ereignis B eintritt, wird mit $p(A, B)$ bezeichnet. Hypothese A wird dabei als „Focal-Hypothese" bezeichnet. Im Denken der traditionellen Wahrscheinlichkeitslehre entspricht dies dem Ausdruck $p(A' | A' \cup B')$. Es gilt:

$$p(A, B) = \frac{s(A)}{s(A) + s(B)}, \qquad (14.13)$$

wobei $s(A)$ auf einer Verhältnisskala das Ausmaß des Supports für Hypothese A angibt. Für die Funktion s gilt: $s(A) \leq s(B \vee C) = s(B) + s(C)$, falls $A' = (B \vee C)'$ und B und C disjunkte Hypothesen sind. Letztere Ungleichung besagt, daß der Support für eine Hypothese kleiner oder gleich dem Support für zwei disjunkte Hypothesen ist, die zusammen dasselbe Ereignis beschreiben. Denken Sie zur Erläuterung der Ungleichung an Ihren Lieblingsfußballverein, z. B. den 1. FC Köln (ja, der FC hat immer noch einen geregelten Spielbetrieb ...). Als Ereignis definieren wir, daß der FC am nächsten Spieltag verliert. Hypothese A besagt: „Der FC verliert am nächsten Spieltag", Hypothese B: „Der FC verliert am nächsten Spieltag mit einem Tor Unterschied" und Hypothese C: „Der FC verliert am nächsten Spieltag mit mehr als einem Tor Unterschied". Es folgt unmittelbar, daß die Wahrscheinlichkeit des Verlierens durch die Form der Beschreibung beeinflußt wird:

$p(A, D) \leq p(B \vee C, D)$, mit D = Hypothese „FC gewinnt am nächsten Spieltag".

Diese ausführlichere Beschreibung wird als „*Unpacking*-Prinzip" bezeichnet und in vielen Studien bestätigt, vgl. die Darstellung in Tversky und Koehler (1994).

14.4 Fazit

Versucht man, dieses Kapitel zusammenzufassen, wird klar, daß Entscheidungsverhalten nicht durch die traditionelle Risikonutzentheorie beschrieben werden kann. Es häufen sich die Darstellungen von Paradoxa und von weiteren typischen Verhaltensweisen, die nicht von der Risikonutzentheorie abgebildet werden. Dies braucht Sie nicht weiter zu beunruhigen, da die Erwartungsnutzentheorie eine Hilfe zum rationalen Handeln darstellt und keinen deskriptiven Anspruch erhebt. Aufgrund der Notwendigkeit, intuitives Entscheidungsverhalten durch Theorien abzubilden, wurde eine Fülle von neuen Präferenztheorien entwickelt, von denen jede Aspekte des intuitiven Entscheidens mehr oder weniger gut beschreibt.

Die Veröffentlichungsdaten der Theorien und insbesondere die Zeitpunkte der Tests der Modelle zeigen, daß hier eine Entwicklung begonnen hat, die sicherlich erst am Anfang steht. Besonders interessant für die Ökonomie wird es sein, neue Präferenztheorien, die zumindest halbwegs als korrekt erkannt sind, zur Grundlage der ökonomischen Theorienbildung zu machen.

Fragen und Aufgaben

14.1

Ein Investor hat eine Aktie, die im Betrachtungszeitpunkt zu 250 notiert, zum Preis von 100 erworben. Hinsichtlich des zukünftigen Kursverlaufs ist bekannt, daß das Wertpapier mit Wahrscheinlichkeit 0,6 auf 350 steigen, mit Wahrscheinlichkeit 0,4 hingegen auf 150 fallen wird. Der Investor bewertet riskante Alternativen gemäß Prospect-Theorie; seine Wertfunktion über Gewinne und Verluste relativ zum gesetzten Referenzpunkt lautet

$$x^{0,88} \text{ für } x \geq 0$$
$$-2,25\,(-x)^{0,88} \text{ für } x \leq 0.$$

Zur Vereinfachung sei unterstellt, daß er keine Transformation der Wahrscheinlichkeiten vornimmt (bzw. äquivalent daß $\pi(p) = p$ für alle p gilt).

Zeigen Sie, daß die gemäß Prospect-Theorie optimale Entscheidung zwischen den beiden Alternativen „Halten der Aktie" und „Verkaufen der Aktie" davon abhängig ist, ob der historische Kaufkurs oder die aktuelle Notierung der Aktie als Referenzpunkt fungiert.

14.2

Ein Ganove steht vor der Wahl seines abendlichen Einbruchsobjekts. Die drei in Frage kommenden Objekte einschließlich Angaben über die mögliche Beute sind der nachstehenden Tabelle zu entnehmen:

Objekt	Art der Beute	Höhe der Beute
Kiosk	sicher	121
Dönerladen	risikobehaftet	gleichverteilt über [50; 250]
Juwelier	risikobehaftet	0 (prob. = 0,75) oder 900 (prob. = 0,25)

Der Ganove bewertet riskante Alternativen gemäß Prospect-Theorie; seine Wertfunktion über Gewinne und Verluste relativ zum gesetzten Referenzpunkt lautet

$$x \text{ für } x \geq 0$$
$$\lambda x \text{ für } x \leq 0 \quad (\lambda \geq 1).$$

Zur Vereinfachung sei unterstellt, daß er keine Transformation der Wahrscheinlichkeiten vornimmt (bzw. äquivalent daß $\pi(p) = p$ für alle p gilt).

Als Referenzpunkt fungiert das (sichere) Einkommen aus seiner Zeit als Automatenaufbrecher in Höhe von 100.

(a) Welche Alternative wird er wählen, falls der Verlustaversionskoeffizient $\lambda = 2$ beträgt?

(b) Wie verändert sich die Entscheidung für $\lambda = 6$?

Was der Ganove nicht weiß: Er besitzt einen Gegenspieler in Gestalt eines Wachmanns. Dieser kann allerdings nur ein Objekt pro Abend bewachen. Trifft der Einbrecher auf das bewachte Objekt, muß er ohne Beute abziehen. Der Wachmann ist Erwartungsnutzenmaximierer, seine Nutzenfunktion über kraft seines Zutuns nicht entwendete Geldbeträge m lautet $u(m) = m^{0,5}$. Allerdings kennt der Wachmann den genauen Wert von λ (des Ganoven) nicht. Er hält die Werte $\lambda = 2$ und $\lambda = 6$ für gleich wahrscheinlich.

(c) Vor welchem Objekt wird sich der Wachmann postieren?

(d) Bei welcher Wahrscheinlichkeitsverteilung über die beiden möglichen Ausprägungen von λ kann der Wachmann zu Beginn seines Dienstes eine Münze werfen, um das am jeweiligen Abend zu bewachende Objekt zu bestimmen?

(e) Inwiefern würde das Kalkül des Wachmanns erschwert, wenn die (sichere) Beute im Kiosk 118,75 statt 121 betragen würde?

(f) Der Ganove ist cleverer als ursprünglich gedacht. Er weiß jetzt um die Existenz des Wachmanns und kennt dessen Kalkül (und damit auch dessen Strategie). Der Wachmann weiß jedoch nicht, daß der Ganove dieses Wissen besitzt. Zeigen Sie für den Fall, daß $\lambda = 6$ gilt, auf, daß die Strategie des Ganoven aus (b) nicht mehr optimal ist.

14.3

Zwei Entscheider A und B bewerten riskante Alternativen nach Maßgabe einer rangplatzabhängigen Nutzenfunktion.

Während beide identische Nutzenfunktionen über Geldbeträge haben, die durch $u_A(x) = u_B(x) = x$ gegeben sind, unterscheiden sie sich in ihrer Wahrscheinlichkeitstransformationsfunktion, die für A $g_A(\mathrm{p}) = \mathrm{p}^{0,5}$ und für B $g_B(\mathrm{p}) = \mathrm{p}$ lautet.

Die Unsicherheit werde durch drei Umweltzustände beschrieben, deren jeweilige Eintrittswahrscheinlichkeiten der nachfolgenden Tabelle zu entnehmen sind. Weiterhin enthält die Tabelle die zustandsabhängigen Vermögensniveaus der beiden Entscheider. So beträgt bspw. das Vermögen von Entscheider B, falls der Zustand s_3 eintritt, 4 GE.

Zustand	s_1	s_2	s_3
p(s_i)	0,25	0,51	0,24
Entscheider A	0	8	3
Entscheider B	6	2	4

Entscheider B spürt intuitiv, daß die gegebene Allokation bedingter Vermögensansprüche noch Spielraum für Tauschmöglichkeiten bietet. Die beiden Entscheider einigen sich auf folgende Verhandlungsstruktur: B darf einen Tauschvorschlag unterbreiten (z. B. „Ich biete 3 GE in s_3 und erhalte dafür 2 GE in s_2.“), den A entweder ablehnen oder annehmen kann (wobei wir voraussetzen wollen, daß er im Falle der Indifferenz zwischen bisheriger und vorgeschlagener Lösung dem Vorschlag zustimmt).

(a) Berechnen Sie die Nutzenwerte der beiden Entscheider in der Ausgangssituation vor dem Tausch.
(b) Was ist ursächlich dafür, daß in der Ausgangssituation noch beiderseitig vorteilhafte Tauschmöglichkeiten bestehen?
(c) Welches Angebot wird Entscheider B dem Entscheider A unterbreiten, wenn B eine Maximierung seines Nutzens anstrebt? Wie wird sich A verhalten? Berechnen Sie die Nutzenwerte der beiden Entscheider bzgl. der sich nach erfolgtem Tausch ergebenden Allokation.
(d) Erläutern Sie qualitativ, inwiefern die Verteilung der *„gains from trade"* (im Sinne der Veränderung der Nutzenwerte durch den Tausch) auf die beiden Entscheider durch die Festlegung der Verhandlungsstruktur bedingt ist.

Literaturverzeichnis

Lehrbücher der Entscheidungstheorie

Bamberg, G. und Coenenberg, A. G. (1996): Betriebswirtschaftliche Entscheidungslehre, 9. Aufl., Franz Vahlen

Bitz, M. (1981): Entscheidungstheorie, Franz Vahlen

Bunn, D. W. (1984): Applied decision analysis, McGraw-Hill

Clemen, R. T. (1996): Making hard decisions, An introduction to decision analysis, 2nd ed., Duxbury Press

French, S. (1988): Decision theory. An introduction to the mathematics of rationality, Ellis Horwood

Goodwin, P. und Wright, G. (1998): Decision analysis for management judgment, 2nd ed., Wiley

Holloway, C. A. (1979): Decision making under uncertainty: Models and choices, Prentice-Hall

Jungermann, H., Pfister, H.-R. und Fischer, K. (1998): Die Psychologie der Entscheidung, Spektrum Akademischer Verlag

Kahle, E. (1998): Betriebliche Entscheidungen, 5. Aufl., R. Oldenbourg

Kirkwood, C. W. (1997): Strategic decision making. Multiobjective decision analysis with spreadsheets. Duxbury Press

Laux, H. (1998): Entscheidungstheorie. Grundlagen, 4. Aufl., Springer

Rehkugler, H. und Schindel, V. (1990): Entscheidungstheorie, 5. Aufl., V. Florentz

Saliger, E. (1998): Betriebswirtschaftliche Entscheidungstheorie, 4. Aufl., R. Oldenbourg

Samson, D. (1988): Managerial decision analysis, Irwin

Schneeweiß, C. (1991): Planung. Band 1: Systemanalytische und entscheidungstheoretische Grundlagen, Springer

Sieben, G. und Schildbach, T. (1994): Betriebswirtschaftliche Entscheidungstheorie, 4. Aufl., Werner

Populärwissenschaftliche Anleitungen zum rationalen Entscheiden

Bazerman, M. H. (1994): Judgment in managerial decision making, 3rd ed., John Wiley & Sons

Behn, R. D. und Vaupel, J. W. (1982): Quick analysis for busy decision makers, Basic Books

Hammond, J. S., Keeney, R. L., Raiffa, H. (1999): Smart choices. A practical guide to making better decisions. Harvard Business School Press

Keeney, R. L. (1992): Value focused thinking. A path to creative decisionmaking. Harvard University Press

Plous, S. (1993): They psychology of judgment and decision making. McGraw Hill Inc.

Russo, J. E., Schoemaker, P. J. H. (1989): Decision traps. The ten barriers to brilliant decision-making & how to overcome them. Doubleday/Currency

Übersichtsaufsätze über die Entscheidungstheorie

Borcherding, K. (1983): Entscheidungstheorie und Entscheidungshilfeverfahren für komplexe Entscheidungssituationen, *Methoden und Anwendungen in der Marktpsychologie*, Enzyklopädie der Psychologie, Bd. D III 5, Hrsg. Irle, M., Hogreve, S. 64-173

Howard, R. A. (1988): Decision analysis: Practice and promise, *Management Science*, vol. 34, S. 679-697

Keeney, R. L. (1982): Decision analysis: An overview, *Operations Research,* vol. 30, S. 803-838

Kirkwood, C. W. (1992): An overview of methods for applied decision analysis. *Interfaces,* vol. 6, S. 28-39

Ulvila, J. W. und Brown, R. V. (1982): Decision analysis comes of age, *Harvard Business Review*, vol. 60, S. 130-141

Sonstige Literatur

Ahlbrecht, M. und Weber, M. (1995): Hyperbolic discounting models in prescriptive theory of intertemporal choice, *Zeitschrift für Wirtschafts- und Sozialwissenschaften*, Jg. 115, S. 511-534

Ahlbrecht, M. und Weber, M. (1996): The resolution of uncertainty: An experimental study, *Journal of Institutional and Theoretical Economics*, vol. 152, S. 593-607

Ahlbrecht, M. und Weber, M. (1997): Intertemporal decision making under risk, *Management Science*, vol. 43, S. 813-826

Allais, M. (1953): Le comportement de l'homme rationel devant le risque: Critique des postulats et axiomes de l'école américaine, *Econometrica*, vol. 21, S. 503-546

Allais, M. (1979): The so-called Allais paradox and rational decisions under uncertainty, *Expected utility hypothesis and the Allais paradox*, Eds. Allais, M. und Hagen, O., D. Reidel Publishing, S. 437-699

Altrogge, G. (1975): Möglichkeiten und Problematik der Bewertung von (Zusatz-)Informationen mit Hilfe der Bayes-Analyse, *Zeitschrift für Betriebswirtschaft,* Jg. 45, S. 821-846

Anderson, J. R. (1989): Kognitive Psychologie. Eine Einführung. 2. Aufl., Spektrum-der-Wissenschaft-Verlagsgesellschaft

Andrä, B. O. (1975): Die Zielhierarchie des Betriebes, P. Lang

Anscombe, F. J. und Aumann, R. J. (1963): A definition of subjective probability, *The Annals of Mathematical Statistics,* vol. 34, S. 199-205

Arrow, K. J. (1951, 1963): Social choice and individual values, 2nd ed. 1963, Wiley

Arrow, K. J. (1982): Risk perception in psychology and economics, *Economic Inquiry,* vol. 20, S. 1-9

Asch, D. A., Baron, J., Hershey, J. C., Kunreuther, H., Meszaros, J., Ritov, I. und Spranca, M. (1994): Omission bias and pertussis vaccine, *Medical Decision Making*, vol. 14, S. 118-123

Bamberg, G. (1986): The hybrid model and related approaches to capital market equilibria, *Capital Market Equilibria*, Eds. Bamberg, G. und Spremann, K., Springer, S. 7-54

Baron, J. und Ritov, I. (1994): Reference points and omission bias, *Organizational Behavior and Human Decision Processes*, vol. 59, S. 475-498

Bawa, V. S. (1982): Stochastic dominance: A research bibliography, *Management Science*, vol. 28, S. 698-712

Bayes, Thomas (1763, 1764, 1958): An essay towards solving a problem in the doctrine of chances, *Philosophical Transactions*, vol. 53, S. 376-398 und vol. 54, S. 298-310. Wiederabgedruckt in *Biometrica*, vol. 45 (1958), S. 296-315

Bazerman, M. H. (1994): Judgment in managerial decision making, 3rd ed., John Wiley & Sons

Becker, J. L. und Sarin, R. K. (1987): Lottery dependent utility, *Management Science*, vol. 33, S. 1367-1382

Bell, D. E. (1982): Regret in decision making under uncertainty, *Operations Research*, vol. 30, S. 961-981

Bell, D. A. (1984): Bidding for the S. S. Kuniang, *Interfaces*, vol. 14, S. 17-23

Bell, D. E. (1985): Disappointment in decision making under uncertainty, *Operations Research*, vol. 33, S. 1-27

Bernoulli, D. (1738, 1954): Specimen theoriae novae de mensura sortis, *Commen. Acad. Sci. Imper. Petropolitanae*, vol. 5, S. 175-192; übersetzt von Sommer, L. (1954), *Econometrica*, vol. 22, S. 23-36

Berthel, J. (1973): Zielorientierte Unternehmungssteuerung

Boadway, R. und Bruce, N. (1980): Welfare economics, Blackwell

Bodily, S. E. (1978): Police sector design incorporating preferences of interest groups for equality and efficiency, *Management Science*, vol. 24, S. 1301-1313

Bodily, S. E. (1979): A delegation process for combining individual utility functions, *Management Science*, vol. 25, S. 1035-1041

Bodily, S. E. (1985): Modern decision making, McGraw-Hill

Borcherding, K. (1983): Entscheidungstheorie und Entscheidungshilfeverfahren für komplexe Entscheidungssituationen, *Methoden und Anwendungen in der Marktpsychologie*, Enzyklopädie der Psychologie, Bd. D III 5, Hrsg. Irle, M., Hogreve, S. 64-173

Borcherding, K., Eppel, T. und von Winterfeldt, D. (1991): Comparison of Weighting Judgement in Multiattribute Utility Measurement, *Management Science*, vol. 37, S. 1603-1619

Bossert, W. und Stehling, F. (1990): Theorie kollektiver Entscheidungen, Springer

Brachinger, H. W. (1982): Robuste Entscheidungen, Verlag statistische Hefte, Heidelberg

Brachinger, H. W. und Weber, M. (1997): Risk as a primitive: a survey of measures of perceived risk, *OR Spektrum*, Jg. 19, S. 235-250

Brams, S. J. und Fishburn, P. C. (1978): Approval voting, *The American Political Science Review*, vol. 72, S. 831-847

Brams, S. J. und Nagel, J. H. (1991): Approval voting in practice, *Public Choice*, vol. 71, S. 1-17

Brauers, J. und Weber, M. (1986): Szenarioanalyse als Hilfsmittel der strategischen Planung: Methodenvergleich und Darstellung einer neuen Methode, *Zeitschrift für Betriebswirtschaft*, Jg. 56, S. 631-652

Brown, R. V. (1970): Do managers find decision theory useful?, *Harvard Business Review*, vol. 48, S. 78-89

Bühler, W. (1975): Characterization of the Extreme Points of a Class of Special Polyhedra, *Zeitschrift für Operations Research*, Jg. 19, S. 121-137

Bühlmann, H., Loeffel, H. und Nievergelt, E. (1975): Entscheidungs- und Spieltheorie, Springer

Burgemeister, J. und Weber, M. (1993): Risiko und Akzeptanz von Industrieansiedlungen, *Zeitschrift für Betriebswirtschaft*, Jg. 63, S. 147-169

Camerer, C. F. (1987): Do biases in probability judgment matter in markets? Experimental evidence, *American Economic Review*, vol. 77, S. 981-997
Camerer, C. F. (1989): An experimental test of several generalized utility theories, *Journal of Risk and Uncertainty*, vol. 2, S. 61-104
Camerer, C. F. (1995): Individual decision making, *Handbook of Experimental Economics*, Eds. Kagel, J. H. und Roth, A. E., Princeton University Press, S. 587-703
Camerer, C. F. und Ho, T.-H. (1994): Violations of the betweenness axiom and nonlinearity in probability, *Journal of Risk and Uncertainty*, vol. 8, S. 167-196
Camerer, C. F., Loewenstein, G. und Weber, M. (1989): The curse of insight in economic settings: An experimental analysis, *Journal of Political Economy*, vol. 97, S. 1232-1254
Camerer, C. F. und Weber, M. (1992): Recent developments in modeling preferences: Uncertainty and ambiguity, *Journal of Risk and Uncertainty*, vol. 5, S. 325-370
Clarke, J. R. (1987): The Application of Decision Analysis to Clinical Medicine, *Interfaces*, vol. 17, S. 27-34
Cohen, M. und Jaffray, J. Y. (1988): Preponderance of the certainty effect over probability distortion in decision making under risk, *Risk, decision, and rationality*, Ed. Munier, B. R., D. Reidel, S. 173-187
Corner, J. L. und Kirkwood, C. W. (1991): Decision analysis applications in the operations research literature, 1970-1989, *Operations Research*, vol. 39, S. 206-219
Currim, I. S. und Sarin, R. K. (1989): Prospect versus utility, *Management Science*, vol. 35, S. 22-41
Cyert, R. M. und March, J. G. (1963): A behavioral theory of the firm, Prentice-Hall
Daniel, K., Hirshleifer, D. und Subrahmanyam, A. (1998): Investor psychology and security market under- and overreactions, *Journal of Finance*, vol. 53, S. 1839-1885
Davey, A. und Olson, D. (1998): Multiple Criteria Decision Making Models in Group Decision Support, *Group Decision and Negotiation*, vol. 7, Nr. 1, S. 55-75
Dawes, R. M. (1988): Rational choice in an uncertain world, Harcourt Brace Jovanovich
Diedrich, R. (1997): Entscheidungstheorie für Ungewißheitssituationen bei reichhaltigen Ergebnis- und Zustandsräumen, Habilitationsschrift (BWL), Universität Köln
Dinkelbach, W. (1982): Entscheidungsmodelle, Springer
Drukarczyk, J. (1975): Probleme individueller Entscheidungsrechnung, Gabler
Dyckhoff, H. (1986): Informationsverdichtung zur Alternativenbewertung, *Zeitschrift für Betriebswirtschaft*, Jg. 56, S. 848-872
Dyckhoff, H. (1988): Zeitpräferenz, *Zeitschrift für betriebswirtschaftliche Forschung*, Jg. 40, S. 989-1008
Dyckhoff, H. (1993): Ordinale versus kardinale Messung beim Bernoulli-Prinzip: Eine Analogiebetrachtung von Risiko- und Zeitpräferenz, *OR Spektrum*, Jg. 15, S. 139-146
Dyckhoff, H. und Weiner, M. (1992): Die Bedeutung der Zeitpräferenz für die Unternehmensplanung: Überlegungen auf der Basis empirischer Untersuchungen, *Betriebswirtschaftliche Forschung und Praxis*, Jg. 44, S. 28-42
Dyer, J. S. und Sarin, R. K. (1979a): Measurable multi-attribute value functions, *Operations Research*, vol. 27, S. 810-822
Dyer, J. S. und Sarin, R. K. (1979b): Group preference aggregation rules based on strength of preference, *Management Science*, vol. 25, S. 822-832
Dyer, J. S. und Sarin, R. K. (1982): Relative risk aversion, *Management Science*, vol. 28, S. 875-886
Edwards, W. (1984): Diskussionsbeitrag in: What constitutes a "good decision"? *Acta Psychologica*, vol. 56, S. 7-15

Eisenberger, R. und Weber, M. (1995): Willingness-to-pay and willingness-to-accept for risky and ambiguous lotteries, *Journal of Risk and Uncertainty*, vol. 10, S. 223-233

Eisenführ, F. (1988): Zeitpräferenzen über buchmäßigen Erfolgen, *Der Unternehmenserfolg: Planung - Ermittlung - Kontrolle*, Hrsg. Domsch, M. et al., Gabler, S. 127-139

Eisenführ, F. (1992): Budgetierung, *Handwörterbuch der Organisation*, 2. Aufl., Hrsg. Frese, E., Poeschel, Sp. 363-373

Eisenführ, F. und Weber, M. (1986): Zielstrukturierung: Ein kritischer Schritt im Entscheidungsprozeß, *Zeitschrift für betriebswirtschaftliche Forschung*, Jg. 38, S. 907-929

Ellsberg, D. (1961): Risk, ambiguity, and the Savage axioms, *Quarterly Journal of Economics*, vol. 75, S. 643-669

Elster, J. (1979): Ulysses and the Sirens. Studies in rationality and irrationality, Revised edition 1984, Cambridge University Press

Elster, J. und Loewenstein, G. (1992): Utility from memory and anticipation, *Choice over Time*, Eds. Loewenstein, G. und Elster, J., Russell Sage, S. 213-234

Farquhar, P. H. (1984): Utility assessment methods, *Management Science*, vol. 30, S. 1283-1300

Farquhar, P. H. und Keller, L. R. (1989): Preference intensity measurement, *Annals of Operations Research*, vol. 19, S. 205-217

Ferrell, W. R. (1985): Combining individual judgments, *Behavioral decision making*, Ed. Wright, G., Plenum Press, S. 111-145

Ferris, S. P., Haugen, R. A. und Makhija, A. K. (1988): Predicting contemporary volume with historic volume at differential price levels: Evidence supporting the disposition effect, *Journal of Finance*, vol. 43, S. 677-697

Fischer, K. und Jungermann, H. (1996): Rarely occurring headaches and rarely occurring blindness: Is rarely = rarely? The meaning of verbal frequentistic labels in specific medical contexts. Journal of Behavioral Decision Making, vol. 9, S. 153-172

Fischhoff, B. (1975): Hindsight is not equal to foresight: The effect of outcome knowledge on judgment under uncertainty, *Journal of Experimental Psychology: Human Perception and Performance*, vol. 1, S. 288-299

Fischhoff, B., Slovic, P. und Lichtenstein, S. (1978): Fault trees: Sensitivity of estimated failure probabilities to problem representation, *Journal of Experimental Psychology: Human Perception and Performance*, vol. 4, S. 330-334

Fischhoff, B., Lichtenstein, S., Slovic, P., Derby, S. und Keeney, R. L. (1981): Acceptable risk, Cambridge University Press

Fishburn, P. C. (1970): Utility theory for decision making, Wiley

Fishburn, P. C. (1984): SSB utility theory: An economic perspective, *Mathematical Social Science*, vol. 8, S. 63-94

Fishburn, P. C. (1987): Nonlinear preference and utility theory, Johns Hopkins Univ. Press

Fishburn, P. C. (1991): Nontransitive preferences in decision theory, *Journal of Risk and Uncertainty*, vol. 4, S. 113-134

Fishburn, P. C. und Little, J. D. C. (1988): An experiment in approval voting, *Management Science*, vol. 34, S. 555-568

Fishburn, P. C. und Rubinstein, A. (1982): Time preference, *International Economic Review*, vol. 23, S. 677-694

Fox, C. R. und Tversky, A. (1998): A belief-based account of decision under uncertainty, *Management Science*, vol. 44, S. 879-895

Franke, G. und Hax, H. (1994): Finanzwirtschaft des Unternehmens und Kapitalmarkt, 3. Aufl., Springer

Franke, G. und Weber, M. (1998): Risk-value efficient portfolios and asset pricing, Working Paper 97-32, Sonderforschungsbereich 504, Universität Mannheim

Frese, E. (1987): Grundlagen der Organisation. Die Organisationsstruktur der Unternehmung, 3. Aufl. (5. Aufl. 1993), Gabler

Frey, B. S. und Eichenberger, R. (1989): Anomalies and institutions, *Zeitschrift für die gesamte Staatswissenschaft*, Jg. 145, S. 423-433

Friend, I. und Blume, M. (1975): The demand for risky assets, *American Economic Review*, vol. 64, S. 900-922

Fritz, W., Förster, F., Raffée, H. und Silberer, G. (1985): Unternehmensziele in Industrie und Handel, *Die Betriebswirtschaft*, Jg. 45, S. 375-394

Gabriel, R. und Frick, D. (1991): Expertensysteme zur Lösung betriebswirtschaftlicher Problemstellungen, *Zeitschrift für betriebswirtschaftliche Forschung*, Jg. 43, S. 544-565

Gäfgen, G. (1974): Theorie der wirtschaftlichen Entscheidung, 3. Aufl.

Geibel, R. (1993): Computergestützte Gruppenarbeit. M&P Verlag

Gerke, W. und Bienert, H. (1993): Überprüfung des Dispositionseffektes in computerisierten Börsenexperimenten, *Zeitschrift für betriebswirtschaftliche Forschung*, Sonderheft 31, S. 169-194

Gibbard, A. (1973): Manipulation of voting schemes: A general result, *Econometrica*, vol. 41, S. 587-601

Gilboa, I. (1989): Expectation and variation in multi-period decisions, *Econometrica*, vol. 57, S. 1153-1169

Gold, M. R., Siegel, J. E., Russell, L. B. und Weinstein, M. C. (Hrsg.)(1996): Cost-effectiveness in health and medicine. Oxford University Press

Grether, D. M. und Plott, C. R. (1979): Economic theory of choice and the preference reversal phenomenon, *American Economic Review*, vol. 69, S. 623-638

Gul, F. (1991): A theory of disappointment aversion, *Econometrica*, vol. 59, S. 667-686

Güth, W. (1999): Spieltheorie und ökonomische (Bei)Spiele, 2. Aufl., Springer

Hacking, I. (1975): The emergence of probability, Cambridge University Press

Hamel, W. (1974): Zieländerungen im Entscheidungsprozeß, J. C. B. Mohr

Harless, D. W. und Camerer, C. F. (1994): The predictive utility of generalized expected utility theories, *Econometrica*, vol. 62, S. 1251-1289

Harsanyi, J. C. (1955): Cardinal welfare, individual ethics, and interpersonal comparisons of utility, *Journal of Political Economy*, vol. 63, S. 309-321

Harvey, C. M. (1981): Conditions on risk attitude for a single attribute, *Management Science*, vol. 27, S. 190-203

Harvey, C. M. (1986): Value functions for infinite period planning, *Management Science*, vol. 32, S. 1123-1139

Hauschildt, J. (1977): Entscheidungsziele: Zielbildung in innovativen Entscheidungsprozessen. Theoretische Ansätze und empirische Prüfung, J. C. B. Mohr

Hauschildt, J. (1994): Innovation, Kreativität und Informationsverhalten, in: Forschungsgruppe Konsum und Verhalten (Hsg.): Konsumentenforschung, Festschrift für W. Kroeber-Riel, Verlag Franz Vahlen

Hax, H. (Hrsg.) (1970): Entscheidungen bei unsicheren Erwartungen, Westdeutscher Verlag

Heath, C. und Tversky, A. (1991): Preference and belief: Ambiguity and competence in choice under uncertainty, *Journal of Risk and Uncertainty*, vol. 4, S. 5-28

Heinen, E. (1976): Grundlagen betriebswirtschaftlicher Entscheidungen. Das Zielsystem der Unternehmung, Gabler

Hershey, J. C., Kunreuther, H. C. und Schoemaker, P. J. H. (1982): Sources of bias in assessment procedures for utility functions, *Management Science*, vol. 28, S. 936-954

Hershey, J. C. und Schoemaker, P. J. H. (1985): Probability versus certainty equivalence methods in utility measurement: Are they equivalent?, *Management Science*, vol. 31, S. 1213-1231

Herstein, J. N. und Milnor, J. W. (1953): An axiomatic approach to measurable utility, *Econometrica*, vol. 21, S. 291-297

Hertz, D. B. (1964): Risk analysis in capital investment, *Harvard Business Review*, vol. 42, Nr. 1, S. 95-106

Hertz, D. B. (1968): Investment policies that pay off, *Harvard Business Review*, vol. 46, Nr. 1, S. 96-108

Hertz, D. B. und Thomas, H. (1983): Risk analysis and its applications, Wiley

Hertz, D. B. und Thomas, H. (1984): Practical risk analysis. An approach through case histories, Wiley

Hogarth, R. M. und Reder, M. W. (1986): The behavioral foundations of economic theory, *Journal of Business*, vol. 59, S. S181-S505

Holler, M. J. und Illing, G. (1991): Einführung in die Spieltheorie, Springer

Howard, R. A., Matheson, J. E. und Miller, R. L. (Eds.) (1976): Readings in decision analysis, 2nd ed., Decision Analysis Group

Howard, R. A.und Matheson, J. E. (1984): Influence diagrams, in: Howard und Matheson (Eds.): The principles and applications of Decision Analysis, vol. II, Strategic Decision Group

Humphrey, S. J. (1996): Do anchoring effects underlie event-splitting effects? An experimental test, *Economic Letters*, vol. 51, S. 303-308

Humphreys, P. C. und McFadden, W. (1980): Experiences with MAUD: Aiding decision structuring versus bootstrapping the decision maker, *Acta Psychologica*, vol. 45, S. 51-71

Isermann, H. (1979): Strukturierung von Entscheidungsprozessen bei mehrfacher Zielsetzung, *OR Spektrum*, vol. 1, S. 3-26

Jensen, D. D., Tome, A. E. und Darby, W. P. (1989): Applying decision analysis to determine the effect of smoke detector laws on fire loss in the United States, *Risk Analysis*, vol. 9, S. 79-89

Jia, J. und Dyer, J. S. (1996): A standard measure of risk and risk-value models, *Management Science*, vol. 42, S. 1691-1705

Jungermann, H., Pfister, H.-R., Fischer, K. (1998): Die Psychologie der Entscheidung. Eine Einführung. Spektrum Akademischer Verlag

Kachelmeier, S. J. und Shehata, M. (1992): Examining risk preferences under high monetary incentives: Experimental evidence from the People's Republic of China, *American Economic Review*, vol. 82, S. 1120-1141

Kahneman, D. und Tversky, A. (1972): Subjective probability: A judgment of representativeness, *Cognitive Psychology*, vol. 3, S. 430-454

Kahneman, D. und Tversky, A. (1973): On the psychology of prediction, *Psychological Review*, vol. 80, S. 237-251

Kahneman, D. und Tversky, A. (1979): Prospect theory: An analysis of decision under risk, *Econometrica*, vol. 47, S. 263-291

Kahneman, D. und Tversky, A. (1984): Choices, values, and frames, *American Psychologist*, vol. 39, S. 341-350

Kahneman, D., Knetsch, J. L. und Thaler, R. H. (1990): Experimental tests of the endowment effect and the Coase theorem, *Journal of Political Economy,* vol. 98, S. 1325-1348

Kahneman, D., Knetsch, J. L. und Thaler, R. H. (1991): The endowment effect, loss aversion, and status quo bias, *Journal of Economic Perspectives*, vol. 5, S. 193-206

Kahneman, D., Slovic, P. und Tversky, A. (Eds.) (1982): Judgment under uncertainty: Heuristics and biases, Cambridge University Press

Keeney, R. L. (1979): Evaluation of proposed storage sites, *Operations Research,* vol. 27, S. 48-64

Keeney, R. L. (1981): Analysis of preference dependencies among objectives, *Operations Research,* vol. 29, S. 1105-1120

Keeney, R. L. (1992): Value-focused thinking. A path to creative decisionmaking, Harvard University Press

Keeney, R. L. und Raiffa, H. (1976): Decisions with multiple objectives: Preferences and value tradeoffs (14. Aufl. 1993), Wiley

Keeney, R. L., Renn, O., von Winterfeldt, D. und Kotte, U. (1984): Die Wertbaumanalyse. Entscheidungshilfe für die Politik, High Tech

Keller, L. R. und Ho, J. L. (1988): Decision problem structuring: Generating options, *IEEE transactions on systems, man, and cybernetics,* vol. 18, S. 715-728

Keller, L. R. und Ho, J. L. (1990): Decision problem structuring, *Concise encyclopedia of information processing in systems & organizations*, Ed. Sage, A. P., S. 103-110

Keller, L. R., Sarin, R. K. und Weber, M. (1986): Empirical investigation of some properties of the perceived riskiness of gambles, *Organizational Behavior and Human Decision Processes*, vol. 38, S. 114-130

Kelly, S. J. (1988): Social choice theory, Springer

Keppe, H. J. und Weber, M. (1989): Stochastic dominance and incomplete information on probabilities, *European Journal of Operational Research*, vol. 43, S. 350-355

Keppe, H. J. und Weber, M. (1993): Risikoanalyse bei partieller Wahrscheinlichkeits-information, *Die Betriebswirtschaft*, Jg. 53, S. 49-56

Keppe, H. J. und Weber, M. (1995): Judged knowledge and ambiguity aversion, *Theory and Decision*, vol. 39, S. 51-77

Kimbrough, S. O. und Weber, M. (1994): An empirical comparison of utility assessment programs, *European Journal of Operational Research*, vol. 75, S. 617-633

Kirchler, E. M. (1995): Wirtschaftspsychologie, Göttingen, Hogrefe

Kirkwood, C. W. und Sarin, R. K. (1985): Ranking with partial information: A method and application, *Operations Research,* vol. 33, S. 38-48

Klein, H. J., Weber, M. und Shortliffe, E. H. (1992): A framework for computer-based explanation of multiattribute decisions in export systems, *IX-th International Conference on multiple Criteria Decision making*, Ed. Goicoechea, A. et al., Springer, S. 159-171

Klose, W. (1994): Ökonomische Analyse von Entscheidungsanomalien, Frankfurt am Main, Lang

Kofler, E. und Menges, G. (1976): Entscheidungen bei unvollständiger Information, Springer

Kolmogoroff, A. N. (1933): Grundbegriffe der Wahrscheinlichkeitsrechnung, Springer

Koopmans, T. C. (1960): Stationary ordinal utility and impatience, *Econometrica*, vol. 32, S. 287-309

Krantz, D. H., Luce, R. D., Suppes, P. und Tversky, A. ((1971): Foundations of measurement (Vol. 1), Academic Press

Kraus, A. und Litzenberger, R. H. (1976): Skewness preference and the valuation of risk assets, *Journal of Finance*, vol. 31, S. 1085-1100

Krelle, W. (1968): Präferenz- und Entscheidungstheorie, Mohr

Krischer, J. P. (1980): An annotated bibliography of decision analytic applications to health care, *Operations Research*, vol. 28, S. 97-113

Kroll, Y., Levy, H. und Rapoport, A. (1988): Experimental tests of the separation theorem and the capital asset pricing model, *American Economic Review*, vol. 78, S. 500-519

Kruschwitz, L. (1980): Die Risikoanalyse in theoretischer Sicht, *Zeitschrift für Betriebswirtschaft*, Jg. 50, S. 800-808

Kürsten, W. (1992a): Präferenzmessung, Kardinalität und sinnmachende Aussagen, *Zeitschrift für Betriebswirtschaft*, Jg. 62, S. 459-477

Kürsten, W. (1992b): Meßtheorie, Axiomatik und Bernoulli-Prinzip, *Zeitschrift für Betriebswirtschaft*, Jg. 62, S. 485-488

Langer, E. J. (1975): The illusion of control, *Journal of Personality and Social Psychology*, vol. 32, S. 311-328

Laschke, A. und Weber, M. (1999): Overconfidence bei individuellen Entscheidungen und in Marktsituationen – Zum Stand der Forschung, Working Paper, Universität Mannheim

Laux, H. (1988): Entscheidungstheorie II, Erweiterung und Vertiefung, 2. Aufl. (3. Aufl. 1993), Springer

Levine, M. E. und Plott, C. R. (1977): Agenda influence and its implications, *Virginia Law Review*, vol. 63, S. 561-604

Levy, H. (1992): Stochastic dominance and expected utility: Survey and analysis, *Management Science*, vol. 38, S. 555-593

Lichtenstein, S. und Slovic, P. (1971): Reversals of preference between bids and choices in gambling decisions, *Journal of Experimental Psychology*, vol. 89, S. 46-55

Lichtenstein, S., Fischhoff, B. und Phillips, L. D. (1982): Calibration of probabilities: The state of the art to 1980, *Judgment under Uncertainty: Heuristics and Biases*, Eds. Kahneman, D., Slovic, P. und Tversky, A. (1982), Cambridge University Press, S. 306-334

Lillich, L. (1991): Nutzwertverfahren, Physica

Lindley, D. V. (1971): Making decisions (2. Aufl. 1985), Wiley

Locke, E. A. et al. (1981): Goal setting and task performance 1969-1980, *Psychological Bulletin*, vol. 90, S. 125-152

Loewenstein, G. (1987): Anticipation and the valuation of delayed consumption, *Economic Journal*, vol. 97, S. 666-684

Loewenstein, G. (1992): Negative time preference, *American Economic Review*, vol. 81, S. 347-352

Loewenstein, G. und Elster, J. (Eds.) (1992): Choice over time, Russell Sage Foundation Press

Loewenstein, G. und Prelec, D. (1993): Preferences for sequences of outcomes, *Psychological Review*, vol. 100, S. 91-107

Loomes, G. und Sugden, R. (1982): Regret theory: An alternative theory of rational choice under uncertainty, *Economic Journal*, vol. 92, S. 805-824

Loomes, G. und Sugden, R. (1986): Disappointment and dynamic consistency in choice under uncertainty, *Review of Economic Studies,* vol. 53, S. 271-282

Machina, M. J. (1982): "Expected utility" analysis without the independence assumption, *Econometrica*, vol. 50, S. 277-323

Machina, M. J. (1987): Choice under uncertainty, *Journal of Economic Perspectives,* vol. 1, S. 121-154

Makridakis, S. und Winkler, R. L. (1983): Averages of forecasts: Some empirical results, *Management Science*, vol. 29, S. 987-996

Mangelsdorff, L. (1990): Aggregationsmechanismen in der Kollektiventscheidungstheorie, *Wirtschaftswissenschaftliches Studium*, Jg. 19, S. 189-192

Mangelsdorff, L. und Weber, M. (1994): Testing Choquet expected utility, *Journal of Economic Behavior and Organization*, vol. 25, S. 437-457

March, J. G. und Simon, H. A. (1993): Organizations, 2nd ed., Blackwell Publishers

McCord, M. und de Neufville, R. (1986): "Lottery equivalents": Reduction of the certainty effect problem in utility assessment, *Management Science*, vol. 32, S. 56-60

McCrimmon, K. R. (1968): Descriptive and normative implications of the decision theory postulates, *Risk and Uncertainty,* Eds. Borch, K. und Mossin, J., Macmillan, S. 3-23

Menges, G. (1968): Grundriß der Statistik. Teil 1: Theorie, Westdeutscher Verlag

Merkhofer, M. W. (1990): Using influence diagrams in multiattribute utility analysis – improving effectiveness through improving communication, *Influence Diagrams, Belief Nets and Decision Analysis*, Eds. Oliver, R. M. und Smith, J. Q., Wiley, S. 297-317

Morgan, M. G. und Henrion, M. (1990): Uncertainity. A guide to dealing with uncertainty in quantitative risk and policy analysis, Cambridge University Press

Mosler, K. (1982): Entscheidungsregeln bei Risiko: Multivariate stochastische Dominanz, Springer

Mosler, K. (1984): Stochastic dominance decision rules when the attributes are utility independent, *Management Science*, vol. 30, S. 1311-1322

Mosler, K. (1991): Multiattribute utility functions, partial information on coefficients, and efficient choice, *OR Spektrum*, Jg. 13, S. 87-94

Mus, G. (1988): Das Prinzip der Zeitdominanz, *Zeitschrift für betriebswirtschaftliche Forschung*, Jg. 40, S. 504-516

Nash, J. F. (1959): The bargaining problem, *Econometrica*, S. 155-162

Nisbett, R. A. und Wilson, T. (1977): Telling more than we can know: Verbal reports on mental processes, *Psychological Review,* vol. 84, S. 231-259

Nurmi, H. (1987): Comparing voting systems, D. Reidel

Odean, T. (1998a): Are investors reluctant to realize their losses?, *Journal of Finance*, vol. 53, S. 1775-1798

Odean, T. (1998b): Volume, volatility, price, and profit when all traders are above average, *Journal of Finance*, vol. 53, S. 1887-1934

Oehler, A. (1992): „Anomalien", „Irrationalitäten" und „Biases" der Erwartungsnutzentheorie und ihre Bedeutung für Finanzmärkte, *Zeitschrift für Bankrecht und Bankwirtschaft*, Jg. 4, S. 97-124

Oliver, R. M. und Smith, J. Q. (Eds.) (1990): Influence diagrams, belief nets and decision analysis, Wiley

Osborn, A. E. (1963): Applied imagination. Principles and procedures of creative problem solving, 3. Auflage. Scribner

Paterson, I. und Diekmann, A. (1988): A paradox in decision theory and some experimental results: The relative nature of decisions, *Theory and Decision*, vol. 25, S. 107-116

Pearman, A. D. und Kmietowicz, Z. W. (1986): Stochastic dominance with linear partial information, *European Journal of Operational Research*, vol. 23, S. 57-63

Perin, S. und von Nitzsch, R. (1993): Systematische Unterstützung bei der Zielstrukturierung, Arbeitsbericht, Universität zu Köln

Pratt, J. W. (1964): Risk aversion in the small and in the large, *Econometrica*, vol. 32, S. 122-136

Prelec, D. (1998): The probability weighting function, *Econometrica*, vol. 66, S. 497-527

Quattrone, G. und Tversky, A. (1988): Contrasting rational and psychological analyses of political choice, *American Political Science Review*, vol. 82, S. 719-736

Quiggin, J. (1982): A theory of anticipated utility, *Journal of Economic Behavior and Organizations*, vol. 3, S. 323-343

Raiffa, H. (1968): Decision Analysis: Introductory lectures on choices under uncertainty, Addison-Wesley

Raiffa, H. (1973): Einführung in die Entscheidungstheorie, Oldenbourg

Raiffa, H. (1996): The art and science of negotiation, 13th ed., Harvard University Press

Rasmussen, E. (1989): Games and information, an introduction to game theory, Basil Blackwell

Rauhut, B., Schmitz, N. und Zachow, E. W. (1979): Spieltheorie, Teubner

Rescher, N. (1993): Rationalität. Eine philosophische Untersuchung über das Wesen und die Rechtfertigung von Vernunft. Königshausen & Neumann

Richard, S. F. (1975): Multivariate risk aversion, utility independence and separable utility functions, *Management Science*, vol. 22, S. 12-21

Rios Insua, D. (1990): Sensitivity analysis in multiobjective decision making, Springer

Roberts, F. S. (1979): Measurement theory, Addison Wesley

Roth, A. E. (1979): Axiomatic models of bargaining. Springer Verlag

Rothschild, M. und Stiglitz, J. E. (1970): Increasing risk I: A definition, *Journal of Economic Theory*, vol. 2, S. 225-243

Roy, B. (1980): Selektieren, Sortieren und Ordnen mit Hilfe von Präferenzrelationen: Neue Ansätze auf dem Gebiet der Entscheidungshilfe für Multikriteria-Probleme. *Zeitschrift für betriebswirtschaftliche Forschung*, Jg. 32, S. 465-497

Russell, T. und Thaler, R. H. (1985): The relevance of quasi-rationality in competitive markets, *American Economic Review*, vol. 75, S. 1071-1082

Russo, J. E. und Schoemaker, P. J. H. (1989): Decision traps. The ten barriers to brilliant decision-making & how to overcome them, Doubleday/Currency

Samson, D. (1988): Managerial decision analysis, Irwin

Samuelson, W. und Zeckhauser, R. (1988): Status quo bias in decision making, *Journal of Risk and Uncertainty*, vol. 1, S. 7-59

Sarin, R. K. (1978): Elicitation of subjective probabilities in the context of decision-making, *Decision Science*, vol. 9, S. 37-48

Sarin, R. K. (1982): Strength of preference and risky choice, *Operations Research*, vol. 30, S. 982-997

Sarin, R. K. und Weber, M. (1993a): Risk-Value models, *European Journal of Operational Research*, vol. 70, S. 135-149

Sarin, R. K. und Weber, M. (1993b): The effect of ambiguity in market setting, *Management Science*, vol. 39, S. 602-615

Satterthwaite, M. A. (1975): Strategy-proofness and Arrow's conditions: Existence and correspondence theorems for voting procedures and social welfare functions, *Journal of Economic Theory*, vol. 10, S. 187-217
Savage, L. J. (1954, 1972): The foundations of statistics, Wiley
Schauenberg, B. (1990): Dreiecksdiagramme in der Diskussion um die Erwartungsnutzentheorie, *Zeitschrift für betriebswirtschaftliche Forschung*, Jg. 42, S. 135-151
Schauenberg, B. (1992a): Entscheidungsregeln, kollektive, HWO, Hrsg. Frese, E., 3. Aufl., Poeschel, Sp. 566-575
Schauenberg, B. (1992b): Die Hare-Regel und das IOC, *Zeitschrift für betriebswirtschaftliche Forschung*, Jg. 44, S. 426-444
Schindel, V. (1977): Risikoanalyse
Schlicksupp, H. (1980): Innovation, Kreativität und Ideenfindung
Schlicksupp, H. (1989): Kreativitätstechniken, *Handwörterbuch der Planung*, Sp. 930-943
Schlicksupp, H. (1992): Innovation, Kreativität und Ideenfindung, 4. Auflage. Vogel Buchverlag
Schmeidler, D. (1989): Subjective probability and expected utility without additivity, *Econometrica*, vol. 57, S. 571-587
Schneeweiß, C. (1991): Planung 1, Systemanalytische und entscheidungstheoretische Grundlagen, Springer
Schneeweiß, H. (1967): Entscheidungskriterien bei Risiko, Springer
Scholl, C. (1992): Wahrscheinlichkeit, Statistik und Recht, *Juristen-Zeitung*, S. 122-131
Schulenburg, J.-M. (1994): Wie wahr ist der Schein? Die Wahrscheinlichkeit, *Risiko, Versicherung, Markt*, Hrsg. Hesberg, D., Nell, M. und Schott, W., VVW, S. 39-52
Sen, A. K. (1970): Collective choice and social welfare, Holden-Day
Sen, A. K. (1986): Social choice theory, *Handbook of mathematical economics*, Eds. Arrow, K. J. und Intriligator, M. D., Vol. 3, S. 1073-1181
Sen, A. K. (1987): On ethics and economics, Raiders
Shefrin, H. M. und Statman, M. (1985): The disposition to sell winners too early and ride losers too long: Theory and evidence, *Journal of Finance*, vol. 40, S. 777-790
Shumway, T. (1997): Explaining returns with loss aversion, Working Paper, University of Michigan
Slovic, P. (1987): Perception of Risk, *Science*, vol. 236, S. 280-285
Slovic, P. und Lichtenstein, S. (1971): Comparison of Bayesian and regression approaches to the study of information processing in judgment, *Organizational Behavior and Human Performance*, vol. 6, S. 649-744
Slovic, P. und Tversky, A. (1974): Who accepts Savage's axiom? *Behavioral Science*, vol. 19, S. 368-373
Smidts, A. (1997): The relationship between risk attitude and strength of preference: A test of intrinsic risk attitude, *Management Science*, vol. 43, S. 357-370
Smith, V. L. (1991): Rational choice: The contrast between economics and psychology, *Journal of Political Economy*, vol. 99, S. 877-897
Spetzler, C. S. und Staël von Holstein, C. A. S. (1975): Probability encoding in decision analysis, *Management Science*, vol. 22, S. 340-358
Straffin, P. D. (1980): Topics in the theory of voting, Bosten
Strebel, H. (1978): Scoring-Modelle im Lichte neuer Gesichtspunkte zur Konstruktion praxisorientierter Entscheidungsmodelle, *Der Betrieb*, Jg. 31, S. 2181-2186

Strotz, R. H. (1957): Myopia and inconsistency in dynamic utility maximization, *Review of Economic Studies*, vol. 23, S. 165-180

Svenson, O. (1981): Are we all less risky and more skillful than our fellow drivers?, *Acta Psychologica*, vol. 47, S. 143-148

Taylor, F. W. (1911): The principles of scientific management, Reprint 1919, Harper

Thaler, R. H. (1980): Toward a positive theory of consumer choice, *Journal of Economic Behavior and Organization*, vol. 1, S. 39-60

Thaler, R. H. (1985): Mental accounting and consumer choice, *Marketing Science*, vol. 4, S. 199-214

Thaler, R. H. (1992): The Winner's Curse, *The Winner's Curse – Paradoxes and Anomalies of Economic Life*, Ed. Thaler, R. H., Free Press, S. 50-62

Turban, E. und Metersky, M. L. (1971): Utility theory applied to multivariable system effectiveness evaluation, *Management Science*, vol. 17, S. 817-828

Tversky, A. und Fox, C. R. (1995): Weighing risk and uncertainty, *Psychological Review*, vol. 102, S. 269-283

Tversky, A. und Kahneman, D. (1971): Belief in the law of small numbers, *Psychological Bulletin*, vol. 76, S. 105-110

Tversky, A. und Kahneman, D. (1973): Availability: A heuristic for judging frequency and probability, *Cognitive Psychology*, vol. 5, S. 207-232. Gekürzt wiederabgedruckt in Judgment under Uncertainty: Heuristics and Biases, Eds. Kahneman, D., Tversky, A. und Slovic, P. (1982), Cambridge University Press, S. 163-178

Tversky, A. und Kahneman, D. (1974): Judgment under uncertainty: Heuristics and biases, *Science*, vol. 185, S. 1124-1131

Tversky, A. und Kahneman, D. (1981): The framing of decisions and the psychology of choice, *Science*, vol. 211, S. 453-458

Tversky, A. und Kahneman, D. (1982): Judgments of and by representativeness, *Judgment under uncertainty: Heuristics and biases*, Eds. Kahneman, D., Slovic, P. und Tversky, A., Cambridge University Press, S. 84-98

Tversky, A. und Kahneman, D. (1983): Extensional vs. intuitive reasoning: The conjunction fallacy in probability judgment, *Pychological Review*, vol. 91, S. 293-315

Tversky, A. und Kahneman, D. (1988): Rational choice and the framing of decisions, *Decision making. Descriptive, normative, and prescriptive interactions*, Eds. Bell, D. E., Raiffa, H. und Tversky, A., Cambridge University Press, S. 167-192

Tversky, A. und Kahneman, D. (1991): Loss aversion and riskless choice: A reference dependent model, *Quarterly Journal of Economics*, vol. 106, S. 1039-1061

Tversky, A. und Kahneman, D. (1992): Advances in prospect theory: Cumulative representation of uncertainty, *Journal of Risk and Uncertainty*, vol. 5, S. 297-323

Tversky, A. und Koehler, D. J. (1994): Support theory: A nonextensional representation of subjective probability, *Psychological Review*, vol. 101, S. 547-567

Tversky, A. und Simonson, I. (1993): Context-dependent preferences, *Management Science*, vol. 39, S. 1178-1189

Tversky, A. und Wakker, P. P. (1995): Risk attitudes and decision weights, *Econometrica*, vol. 63, S. 1255-1280

Tversky, A., Sattath, S. und Slovic, P. (1988): Contingent weighting in judgment and choice, *Psychological Review*, vol. 95, S. 371-384

Ulvila, J. W. (1987): Postal automation (ZIP+4) technology: A decision analysis. *Interfaces*, vol. 17, S. 1-12

Ulvila, J. W. und Snider, W. D. (1980): Negotiation of international oil tanker standards: An application of multiattribute value theory, *Operations Research*, vol. 28, S. 81-96

Vetschera, R. (1991): Entscheidungsunterstützende Systeme für Gruppen. Ein rückkopplungsorientierter Ansatz, Physica

von Mises, R. (1951): Wahrscheinlichkeit, Statistik und Wahrheit. Einführung in die neue Wahrscheinlichkeitslehre und ihre Anwendung, 3. Aufl., Springer

von Neumann, J. und Morgenstern, O. (1947): Theory of games and economic behavior, 2nd ed., Princeton University Press

von Nitzsch, R. (1992): Entscheidung bei Zielkonflikten, Gabler

von Nitzsch, R. (1993): Analytic hierarchy process und Multiattributive Werttheorie im Vergleich, *Wirtschaftswissenschaftliches Studium*, Jg. 22, S. 111-116

von Nitzsch, R. und Weber, M. (1986): Die verläßliche Bestimmung von Nutzenfunktionen, *Zeitschrift für betriebswirtschaftliche Forschung*, Jg. 38, S. 844-862

von Nitzsch, R. und Weber, M. (1991): Bandbreiten-Effekt bei der Bestimmung von Zielgewichten, *Zeitschrift für betriebswirtschaftliche Forschung*, Jg. 43, S. 971-986

von Randow, G. (1992): Das Ziegenproblem. Denken in Wahrscheinlichkeiten, Rowohlt

von Winterfeldt, D. und Edwards, W. (1986): Decision analysis and behavioral research, Cambridge University Press

Wakker, P. P. und Tversky, A. (1993): An axiomatization of cumulative prospect theory, *Journal of Risk and Uncertainty*, vol. 7, S. 147-176

Watson, S. R. und Buede, D. M. (1987): Decision synthesis. The principles and practice of decision analysis, Cambridge University Press

Weber, M. (1983): Entscheidungen bei Mehrfachzielen, Verfahren zur Unterstützung von Individual- und Gruppenentscheidungen, Gabler

Weber, M. (1985a): A method of multiattribute decision making with incomplete information, *Management Science*, vol. 31, S. 1365-1371

Weber, M. (1985b): Entscheidungen bei Mehrfachzielen und unvollständiger Information - eine empirische Untersuchung über einen Methodenvergleich, *Zeitschrift für betriebswirtschaftliche Forschung*, Jg. 37, S. 311-331

Weber, M. (1987): Decision making with incomplete information, *European Journal of Operational Research*, vol. 28, S. 44-57

Weber, M. (1989): Ambiguität in Finanz- und Kapitalmärkten, *Zeitschrift für betriebswirtschaftliche Forschung*, vol. 41, S. 447-471

Weber, M. (1990): Risikoentscheidungskalküle in der Finanzierungstheorie, Poeschel

Weber, M. (1991): Neue Verhaltensannahmen als Basis für Modelle der Investitions- und Finanzierungstheorie?, *Betriebswirtschaftslehre und ökonomische Theorie*, Hrsg. Ordelheide, D., Rudolph, B. und Büsselmann, E., Poeschel, S. 311-327

Weber, M. (1993): Besitztumseffekte: Eine theoretische und experimentelle Analyse, *Die Betriebswirtschaft*, Jg. 53, S. 479-490

Weber, M. und Borcherding, K. (1993): Behavioral influences on weight judgments in multiattribute decision making, *European Journal of Operational Research*, vol. 67, S. 1-12

Weber, M. und Camerer, C. F. (1987): Recent developments in modelling preferences under risk, *OR Spektrum*, vol. 9, S. 129-151

Weber, M. und Camerer, C. F. (1998): The disposition effect in securities trading: An experimental analysis, *Journal of Economic Behavior and Organization*, vol. 33, S. 167-184

Weber, M., Eisenführ, F. und von Winterfeldt, D. (1987): Bias in Assessment of Attribute Weights, *Toward Interactive and Intelligent Decision Support Systems*, Eds. Sawaragi, Y., Inoue, K. und Nakayama, H., Springer, S. 309-318

Weber, M., Eisenführ, F. und von Winterfeldt, D. (1988): The effects of splitting attributes on weights in multiattribute utility measurement, *Management Science*, vol. 34, S. 431-445

Weber, M., Krahnen, J., Weber, A. (1995): Scoring-Verfahren – häufige Anwendungsfehler und ihre Vermeidung, *Der Betrieb*, S. 1621-1626

Wechsler, W. (1978): Delphi-Methode: Gestaltung und Potential für betriebliche Prognoseprozesse, V. Florentz

Wilhelm, J. (1986): Zum Verhältnis von Höhenpräferenz und Risikopräferenz, *Zeitschrift für betriebswirtschaftliche Forschung*, Jg. 38, S. 467-492

Witte, E. (1968): Phasen-Theorem und Organisation komplexer Entscheidungsverläufe, *Zeitschrift für betriebswirtschaftliche Forschung*, Jg. 20, S. 625-647

Wooler, S. (1982): A Decision aid for structuring and evaluating career choice options, *Journal of the Operational Research Society*, vol. 33, S. 343-351

Wrapp, H. E. (1984): Gute Manager sind ganz anders, *Manager Magazin*, S. 180-195

Wu, G. und Gonzalez, R. (1996): Curvature of the probability weighting function, *Management Science*, vol. 42, S. 1676-1690

Wu, G. und Gonzalez, R. (1999): Curvature of decision weights in decision making under uncertainty, *Management Science*, vol. 45 (to appear)

Yaari, M. E. (1987): The dual theory of choice under risk, *Econometrica*, vol. 55, S. 95-115

Zimmermann, H.-J. und Gutsche, L. (1991): Multi-Criteria Analyse. Einführung in die Theorie der Entscheidungen bei Mehrfachzielsetzungen, Springer

Sachverzeichnis

Druck- und Bindearbeiten: Legoprint, Italien